W I Z A R D

WIZARD BOOK SERIES
Vol. 44

# SECURITY ANALYSIS

The Classic 1934 Edition
by Benjamin Graham and David Dodd

# 証券分析

## 1934年版

ベンジャミン・グレアム＋デビッド・L・ドッド［著］
関本博英，増沢和美［訳］

Pan Rolling

# 訳者まえがき

本書は、1930年代半ばからほぼ半世紀の間に５巻出版されたグレアム／ドッドの『証券分析』シリーズの第１版である。第５版（1988年刊）まで出版されたその『証券分析』シリーズのなかで、1934年に初出版された本書が今なお投資家の間で高い人気を勝ち得ているのは、劇的な時代が証券分析の対象になっていることであろう。

第一次世界大戦以降に大きな工業発展を遂げ、また連合国に対する経済援助などによって世界経済の頂点に立った米国。ところがこれまでの繁栄がいつまでも続くかに見えた1929年10月24日、ニューヨーク証券取引所で株価が大暴落。「暗黒の木曜日」として知られるこの日を境に、ダウ平均は380ドルの高値から1932年には40ドル近くまで暴落する。

しかし、こうした株式市場のハデな値下がりの陰で実はもっと深刻な事態が進展していた。安全な投資対象と考えられ、株式市場が大暴落しても相応の値段を保っていた債券市場が1931年半ばからつるべ落としに転じたのである。株価の熱狂的な大暴騰と大暴落、世界恐慌の深刻化と相場の低迷、最後のよりどころであった債券に対する投資家の不信感が日増しに深まっていく証券市場。グレアム／ドッドの『証券分析』がこの世に出る必然性はもはや不可避であった。

ベンジャミン・グレアムはコロンビア大学を首席で卒業したあと、ウォール街で資産運用の実務に就き、幾度となく株式ブームと暴落を実体験した。その経験をもとに展開されたのがこの『証券分析』の理論である。グレアムによれば、証券分析の目的は当該証券に関する重要な事実を提供し、さらにその証券の安全性や魅力について信頼できるデータを提示することである。この『証券分析』の第１版が世に出た当時、企業の正確な情報を入手するのは難しく、各企業の財務上の健全性と証券の安全性に対して投資家の間で大きな不信感が深まっていた。このため企業が発表する財務諸表を詳細に分析して、正確なデータを提供する証券アナリストへの期待感は高まる一方だった。

一方、これまでは証券の価格を決めるのは市場の心理や需給、将来の収益トレンドなどであると考えられていたが、グレアムによれば、実際にはどの銘柄にもそれぞれの本来的な価値、いわゆる「本質的価値」があり、しかもそれは客観的なデータの分析で測定が可能である。その証券の時価がその本質的価値よりも安ければ買い、高ければ売ればよい。証券分析の理論を踏まえた「バリュー投資法」である。

グレアム／ドッドの『証券分析』のもうひとつの大きな特徴は、「投資」と「投機」がはっきりと区別されていることである。その根底には、「投資と投機を明確に定義しなかったことが1928～29年の熱狂的な相場とその後の暴落を招いた一因になっている」との反省がある。しかし、この２つも「投資とは成功した投機であり、投機とは失敗した投資である」とも言われるようにけっして固定的な概念ではなく、その証券の「価格」によってその実質も変化していく。つまり、ある価格では投資にも値しない証券でも、別の価格になれば素晴らしい投機的な魅力を持つ証券になるのである。本書ではこうした「投資」と「投機」をめぐるさまざまな考察をはじめ、「本質的価値」に基づく割安証券の見つけ方、その反対に一見安全そうに見えながら実際にはかなり危ない証券の見分け方——などについて数多くの事例を挙げて分析している。

年代やデータの古さなどにはこだわらず、今なお不朽の価値を持つグレアム／ドッドの『証券分析』のアプローチを読み取ってほしい。それがさまざまな証券の本質を見抜く目を肥やすことになるからである。

歴史的な傑作の翻訳の機会を与えてくださった後藤康徳氏（パンローリング）、多くの表の挿入で複雑な構成になっている原書をスッキリした形の邦訳書に仕上げていただいた編集・校正の阿部達郎氏（FGI）、膨大な企業の邦訳リストを作成され、また共訳者として第６部の「バランスシートの分析」以降の専門的な区分をていねいに訳していただいた増沢和美氏、シックな装丁で時代の雰囲気を出してくださった新田和子氏、皆さまのご協力がなければ、今なお多くの投資家の間で読み継がれているこの世界的な古典の邦訳は成らなかったであろう。皆さまのご尽力に対して心からお礼申し上げます。

2002年８月

関本博英

「失意のどん底にある者はやがてよみがえり、得意の絶頂にある者はやがて落ちる」

ホラティウス「詩論」

# 証券分析
## SECURITY ANALYSIS

著者

ベンジャミン・グレアム

投資ファンド・マネジャー、コロンビア大学証券分析学部長

デビッド・L・ドッド

コロンビア大学証券分析学部助教授

ロズウェル・C・マクレアに捧げる

# まえがき

本書は証券の価値というものに深い関心を持つ人たちのために書かれたもので、まったくの初心者は対象としていない。本書を理解するには、証券と財務の専門用語およびそれらの基本的概念に関する基礎知識が必要である。本書で検討する問題は、証券分析という表題に示された範囲よりもはるかに広範に及ぶ。各種証券の分析から投資適格証券を選択するときの一般的な原則や証券保有者の保護の問題にいたるまで、その分析の範囲はかなり広い。なかでも投資と投機の違い、安全な証券の選び方、上位証券や普通株の保有者の権利と利益——などの問題については特に詳細な分析を加えた。

ただし、こうした多様な問題について検討する場合でも、その重要度に応じてページ数に差をつけた。例えば、その企業の将来の見通しといった問題はそれなりに重要ではあるが、本書で取り扱うテーマからは離れるためほとんど取り上げなかった。また、読者の皆さまが十分に知っている事柄などについても簡単に触れるにとどめた。

一方、「割安株」の見つけ方といった問題は、証券分析の分野全体のなかではそれほど重要ではないかもしれないが特に詳しく分析した。証券アナリストにとって、そうした能力はとりわけ重要な意味を持つからである。このほか、特権付き上位証券（転換社債など）の特徴などについても詳細な分析を加えた。最近ではこの種の証券が広く普及してきたにもかかわらず、一般の投資関連の書籍ではこの種の証券について論じられているものが少ないからである。

とはいえ、われわれの分析法はそれらの問題について説明的に論じるのではなく、批判的に検討することである。すなわち、それぞれのテーマについてその概念、分析の方法、基準そして原則を明確にして論理的な考察を加えた。その場合でも単なる論理のための論理ではなく、その実際的な価値というものを常に念頭に置いて分析を進めた。そのため、実行するのが難しすぎるような基準について長々と説明したり、その有効さより煩わしさのほうが多いような技術的な方法論などについてはできるだけ避けるようにした。

本書では過去と最近に起こったさまざまな現実をひとつにまとめ、不確実な未来にいたる時の経緯という試練にも耐えられるような全体像を提起するように心掛けた。ただし本書を執筆している最中でも、株価暴落に伴う相場の低迷がこれからもずっと続くのではないかといった人々の懸念を追い払うのに苦労した。もっとも本書を出版するころになると、投資金を握ってウズウズしている昔からの投資家がどんどん出てくるようになった。

しかし、1929年の株式大暴落とそれに続く1931～33年に起こった歴史の教訓を深く肝に銘じなければならないのは、ほかならぬ保守的な投資家たちである。いわゆる「確定利付き証券」というものは、スピノザ風に言うならば「苦しみを承知で」購入するときしか安全な投資とはならないのだ。またその他の証券を購入するときでも、皮相的な人々や目先のことしか考えないような人々の言うことにはあまり耳を傾けてはならないと口を酸っぱくして投資家たちに警告してきた。ウォール街で過去20年間に起きたさまざまな出来事に対するわれわれの経験によれば、そのような人々の言うことを真に受けることはまったくの誤りであるが、相場の世界では避けられないことである。

本書の執筆・出版を支え、さまざまな面でわれわれを励ましてくれた多くの友人たちに心よりお礼申し上げます。

1934年５月　ニューヨーク

ベンジャミン・グレアム

デビッド・L・ドッド

# CONTENTS

# 序文

## 最近の出来事が意味するもの

### 1927～33年の出来事

1927～33年に起きた経済的な出来事は、これまで繰り返されてきた単なる景気や株価の循環とはまったく性質が違うものである。以下に掲載した1897年以降のダウ工業株30種平均（ダウ平均）の動きを見ると、最近の暴騰とその後の暴落ぶりは前代未聞の出来事だった。そのとてつもない暴騰と暴落ぶりはこれまでの株価の循環的な変動とはまったく性質が異なっており、おそらく特殊な原因によってもたらされたと考えられるため、その影響も前例のないものになるだろう。

こうした株式市場の大変動の背後に存在する論理や法則を理解するには、まず最初に最近起こった出来事の大きな特徴を取り上げ、それらの現実がわれわれに投げかけるまったく新しい問いに真っ正面から答えていくべきであろう。それらの問いを明確にするため、これから検討するテーマを次の４つの問題に絞る。

①投機
②A．債券と優先株の投資
　B．普通株の投資
③投資銀行と一般投資家
④相場における人間の心理的要素

## 投機

われわれはこの６年間に、それまでまったく経験しなかったような投機のある面に直面した。今回の強気と弱気の大相場は、その程度と継続期間という点で最近の歴史では前例のないものであった。しかし投機家の経験に照らして見ると、基本的にはこれまでの相場の循環とそれほど大きく異なるものではないといわれる。この時期の相場の変動がどれほど異常なように見えても、投機家の目から見れば、それは単に「その変化が大きければ大きいほど、その結末は似通ってくる」というフランスの古い諺をウォール街にも当てはめたにすぎない。大きな利益の先には大損失があるし、新しい理論が普及すればするほどそれは陳腐なものに思えてくる。また楽観が絶頂に達すれば、それはまた悲観の始まりでもあるというのも、これまた古い諺が教えるとおりである。そうであるならば、大暴落が極まったときには大きな投機のチャンスが生まれるというのも、古い諺がわれわれに教える真理であろう。しかし、投機をするときに重要であるのは、「何を」買うのかということよりも「いつ」買って「いつ」売るのかということである。さらに数学的な法則に従えば、利益を得るよりも損失を被る可能性が高いというのもこれまた投機家の宿命であろう。

## 投資をめぐる新しく厄介な問題

1927年以降の出来事は、われわれに投資という分野で新しく厄介な問題を突きつけている。そのひとつは、「投資」という名の下にやりたい放題の投機がまかり通っていることである。もっとも、それが投資を難しくしている唯一の原因であるとすれば、これまでの方法に従って投資と投機を明確に区別すればことは簡単であろう。しかし、投資と投機をめぐる本当に難しい問題は単にこの２つを定義するだけで済むものではない。問題は投資に見せかけた投機が大失敗に終わるといったことよりも、昔から安全であるといわれてきた確実な方法による投資が悲惨な失敗に終わっていることである。少なくとも投資の理

表A　ダウ工業株30種平均（1897～1934年の月間終値平均）

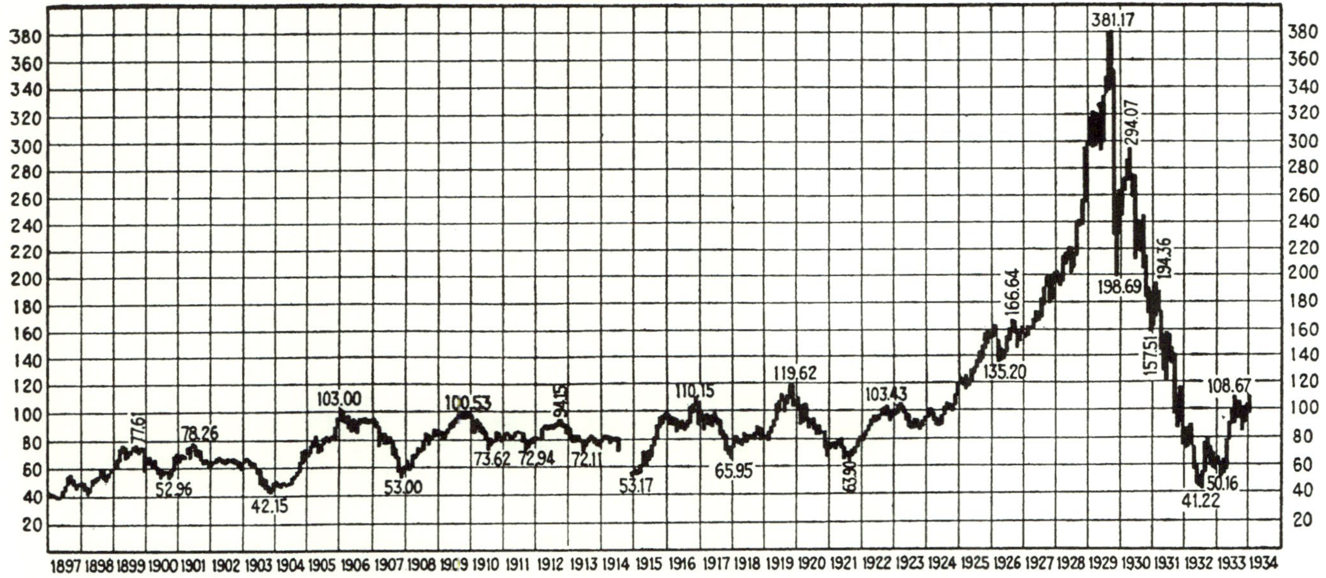


出所＝ダウ・ジョーンズ

論と実際という観点から見て、証券の歴史上これまでには経験もしなかったような最近の際立った特徴は、普通株平均の荒い値動きではなく、債券相場がつるべ落としに暴落したことである。保守的な投資家が1928年以降に被った大きな損失は、「満足すべき利益を安全に確保できる投資というものがはたして存在するのだろうか」という深刻な疑問を提起している。さらに投資家の間では、「投資銀行の言うことを本当に信用してもよいのだろうか」といった疑惑の念が深まっている。

## 1914年以降の債券保有者の不幸

第一次世界大戦の勃発以降、全体として債券保有者の成績はあまり芳しくなく、1928年に先立つ数年間の時期には投資家の間で、債券は株式の損失を埋め合わせる十分な防衛手段にならないのではないかといった疑問が起こってきた。

1917～20年には戦時財政とそれに続く戦後のインフレ、財政のひっ迫などを反映して債券相場は大幅に下落した。その後相場は上昇に転じたが、多くの個人投資家の表情はさえなかった。保有債券の多くは鉄道債であり、運輸債は一貫して下落基調をたどっていたのに対し、大きく上昇したのは一部の工業債に限られていたからである。1919～22年には公共料金の値上げも思うに任せず、その一方で戦後の営業費用の上昇を反映して公益事業債もさえない動きを続けていた。また工業債で上昇したのはほんの一部に限られ、全体として工業債の多くも低迷を続けていた。その結果、工業債の投資家は大きなリスクを余儀なくされ、利益を上げてもその額は少なく、損失だけが膨らんでいった。

その当然の成り行きとして、投資家の債券離れが進む一方で、普通株は債券よりも有利な投資対象ではないだろうかといった新しい考え

表B　ダウ債券平均

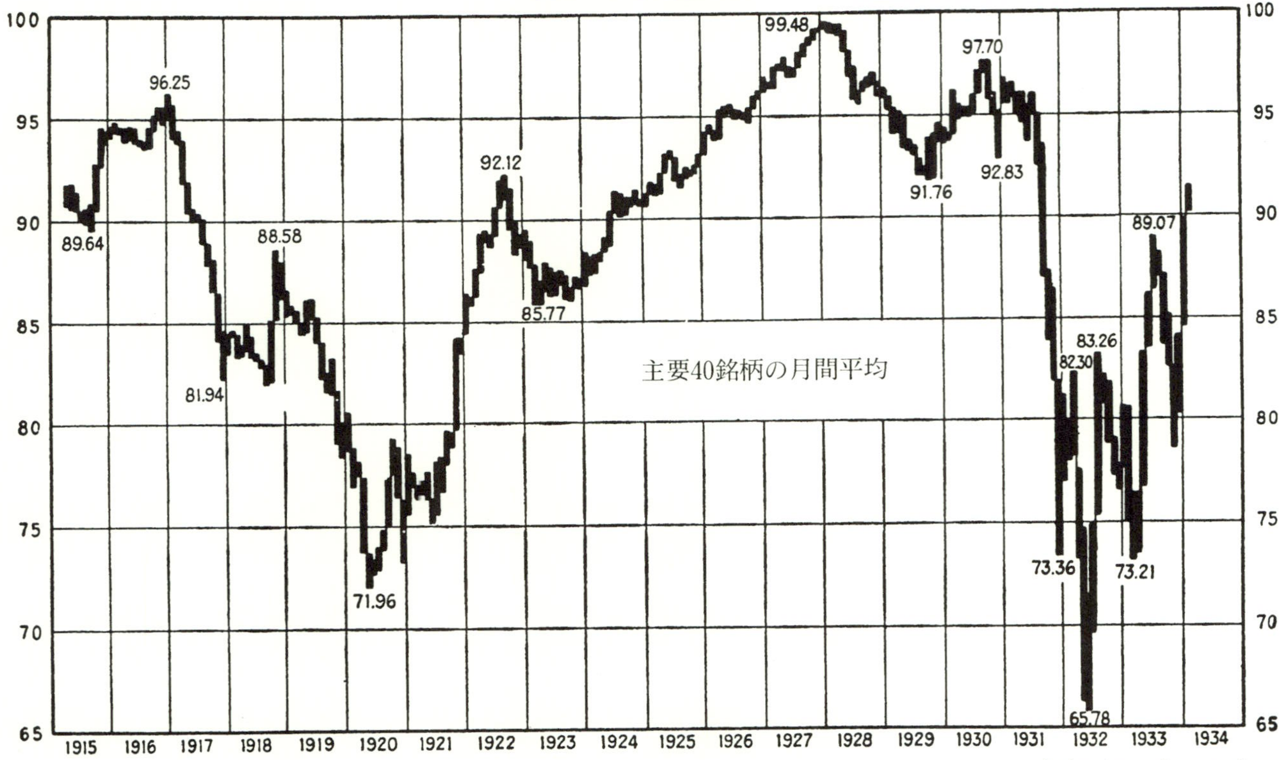


出所＝ダウ・ジョーンズ

が広がってきた（たしかに節度を持った投資であれば普通株は有効な投資対象となり得るが、そうした投資スタンスを守る投資家は極めて少なく、その結果は言うまでもなく悲惨なものになるだろう）。今日では普通株を長期の投資対象と考える人々は少なく、それに代わる債券が安全な投資対象であるというこれまでの考えを信じている人もまた少なくなったが、それは最近の債券投資家の不幸な結末を見ても明らかであろう。

もしわれわれが1927年以降の債券相場の低迷が今後も続くと考えるならば、債券を額面近辺で買うことが安全な投資法であるとする従来からの考え方はまったく正当化されないだろう。一部の優良債券はこの時期でも大きく値を下げることはなく、またその信用格付けも大幅に引き下げられるようなことはなかったが、そうした優良債券の数は極めて少ないため、そうした銘柄を注意深く選んで投資すればほかの証券の損失を埋め合わせられると考えた抜け目のない投資家の思惑も外れてしまった。債券相場の大幅な下落をもたらしたのは投資家の債券離ればかりでなく、銀行が流動性を確保するためになりふりかまわず大量に債券を売却したこともその一因である。しかし、そうした一時的な現象や投資家の心理的な要素のほかに、債券の安全性に対して投資家の間に大きな不信感が深まっていったことは確かである。

その結果、相場の低迷期でも優良債券は安全であるという従来からの神話は完全に崩れてしまった。十分な安全余裕率（Margin of Safety）をとれば損失を最小限に抑えられるとするこれまでの常識はもはや通用せず、これまで不況に強いと見られていた企業でもその金融費用を賄うことさえ難しくなっている。もしもわれわれのこうした判断が主に最近の出来事に基づいているとすれば、（短期国債を除いて）限られた値上がり益しか期待できないあらゆる確定利付き証券の投資をストップしなければならないだろう。そしてもし債券や株式を購入するならば、自分のしていることが投機であることを承知し、投機的なリスクを取るのをいとわない投機家だけがその資格を持つのだろう。

## 1927～33年の異常な実験テスト

われわれは1927～33年の出来事が将来の投資のあり方を判断する適切な基準になるという一般的な考えを受け入れることはできない。しかし、この時期の相場の変動ぶりはあまりにも異常であり、将来にはこのような事態は二度と起きないだろうという考えにはそれなりにうなずける。つまり、この時期の出来事はかつての南海泡沫事件に酷似した経済現象であり、将来の一般的な相場の循環を示唆するものではなく、単なる異常なギャンブル的熱狂相場であったと言えなくもない。「投機」の経験に照らしても、最近の出来事はこれまでの事態とはまったく異なっており、「投資」に対する影響という点でも二度と起きないようなユニークな特徴を持つ事態であると言ってもよい。

こうした点を踏まえ、われわれは債券投資という観点から見て、この６年間の出来事は将来の平常時ではけっして再発しないある種の異常な「実験テスト」であると考える。こうした観点に立てば、債券投資もまったく望みのない行為でもないと言えるだろう。今回の「実験テスト」から得られた教訓を債券投資に適用すれば、今後数年間にはそれなりの満足すべき成果が得られるだろう。とはいえ、そうした教訓も次の２つの安全性が保証されなければ生かされないだろう。その２つの安全性とは、①（業種、規模、経営陣の能力および知名度などによって裏付けられた）その企業の本来的な安全性と安定性、②長期の好業績と既発証券を十分に償還できるほどの収益の安全余裕率――である。しかし、こうした基準を厳しく適用しようとすれば、安全な投資対象に値する債券は極めて限られてしまうが、債券投資から満足すべき利益を得ようとするならばそれも仕方のないことである。

## 債券投資の教育

一部の人々にとって以上の結論はあまりにも楽観的すぎると映るだろう。しかし、それが本当に楽観的かどうかは現実にそうであるというよりは、そう見えるというのが真実であろう。債券投資が長期間にわたって見た場合にはあまり儲からなくても、投資銀行はこれまでと同じように債券を販売し、投資家はそれを購入し続けるだろう。それはちょうど多くの投機が結果的には損失になることが分かっていても、多くの人々が依然として投機をやり続けるのと同じである。そして債券購入者の多くは賢明に投資を行ったつもりでも、株式への投機による大きな損失ほどではないにしても、それほど大きな利益は手にしていない。こうした現実を踏まえると、一部の投資家は最終的にはこれまでと同じように損失を避けることができないという悲観的な結論になるため、一般投資家に対しては安全かつ慎重に債券を選択するための教育が強く求められる。

ところでこの序文を執筆中に、優良債券の保有者は新しい重大なリスクに直面することになった。それはインフレの高進とそれに伴う通貨の下落が債券の元利価値を目減りさせていることである。しかし、こうしたリスクがどれほど重大であろうとも、こうした問題は基本的には一時的な性質のものである。その影響は投資対象としての債券の価値ではなく、通貨そのものの価値に関係しているため、その適正な水準がどこであろうとも、通貨の価値がそこに収まればこの問題は解消する。例えば、ドイツのインフレは戦前に発行された国内債券を台無しにしたが、その債券投資の論理の価値を永久に破壊したわけではない。またフランスでもフランの価値は80％も下がったが、通貨の価値が安定すると債券投資がまた始まるなど、安全な債券を選択する方法と原則は通貨切り下げ以前と何ら変わりはなかった。通貨の価値が下がっているときにはおカネよりも有形資産を持つほうが有利であるのは確かだが、通貨の価値が再び安定すればそうしたカネ離れはすぐに解消する。こうした現象は優良債券についてもまったく同じである。

## 普通株の投資の問題点

債券投資に比べて、普通株の投資には依然として多くの問題がつきまとう。長期の投資対象として普通株は最も有利であるという考えは次第に影を潜めたが、投資分野の権威であるローレンス・チェンバレンにいたっては、「すべての株式はその性質からいって本質的に投機的である」とまで断言している（ローレンス・チェンバレンとウィリアム・W・ヘイの共著『投資と投機』［1931年、ニューヨーク］。そこでは、「普通株は長期の投資対象としては債券より劣る。基本的に普通株の購入は投資ではなく投機である」と断言している）。彼の論理によれば、近年における唯一の安全な投資対象は債券であるということになる。この問題については、その著書『投資と投機』のなかで詳細に論じられている。

しかしここでは、最近の出来事のなかで顕著になったやや狭い範囲の問題について検討してみよう。これについてわれわれは、「普通株の熱狂」は安全な投資原則が著しく歪められた典型的なケースであるというこれまでの主張をもう一度繰り返したい。普通株の歴史はわれわれに普通株の性質というよりは、人間の性質について多くのことを教えている。新しい神話が生まれるずっと以前には、投機と厳密に区別される投資対象としての普通株の選択の原則が存在していた。たしかに株式が投資適格となるには債券と同じようにその安全性と安定性を保証する厳しい基準をクリアしなければならなかった。こうした厳しい基準を満たした普通株だけが投資適格の対象となり、債券にはない元本の値上がりの楽しみがあったのである。

## 揺らぐ普通株の投資の信仰

われわれの目から見ると、1928～33年の普通株の熱狂とその後の暴落ぶりは債券のそれよりも壊滅的ではない。もちろん、安全であると見られていた会社の株式も予想外の収益の落ち込みの影響を受けたのは確かであり、「安全な債券」と「安全な株式」を比べた場合、株式のほうが景気の悪影響をまともに受けるのは事実である。

しかし、昔ながらの普通株の投資基準に従えば、相場の上昇期の早い時期に保有株式を売却して利益を確保し、それ以降は再びチャンスの時期が来るまで投資を控えるというのが常道である。そのチャンスの時期を現在に当てはめれば、企業の収益やその他の要因を考慮して、株価が再び魅力的な水準になった1929年以降である（もっとも、出動時期が早すぎて評価損や確定損を出すリスクもあるが……）。その実際の結果がどうであれ、普通株の投資家が昔ながらの保守的な基準に従って出動すれば、リスクと同じ程度の利益を得るチャンスがあり、こうしたメリットは債券購入者では味わえないことも事実である。しかし、こうした投資原則の大きな欠陥は1928～29年のような投機熱がまん延した時期をチャンスと読み誤ることである。とはいっても、株価がこれまでの狭い範囲の動きから上放れるならば、慎重な分析に基づいて普通株に分散投資する保守的な投資家は満足すべき利益を手にすることができるだろう。

## 投資銀行のモラルの崩壊

もうひとつの問題は、投資銀行の立場と投資銀行に対する一般投資家の態度である。つい最近まで大手投資銀行は、顧客の利益を守りながら自分も利益を上げるというやや矛盾する難しい役割をなんとかこなしてきた。投資銀行の名声と存続は販売する商品の安全性にかかっているため、投資家は顧客としてもまたその倫理にも守られてきた。投資銀行は顧客といわば信託・受託の関係を結んでいると考えられてきたし、自らもそう信じていた。しかし1928～29年にいたって、名声のある投資銀行が営々と築いてきたこうした安全性の実績は全面的に崩壊したのである。発行される証券の多くは劣悪なものであり、しかも一般投資家に対する情報の開示方法にはさまざまな問題があった。こうした投資銀行のモラルの崩壊で一般投資家にはリスクの大きいいかがわしい証券が大量に販売された結果、それらの投資家が被った損失は巨額なものとなった。

## モラル崩壊の原因

こうした投資銀行のモラルの崩壊には２つの原因があった。そのひとつはどんな証券でも売れるという安易さであり、もうひとつは安全な投資対象となる証券が絶対的に不足していたことである。投資適格な証券の不足は、企業の間で普通株発行による資金調達がブームになったことがその大きな原因である。その結果、強力な企業は債券の新規発行をストップしただけでなく、大量の既発債の償還にも乗り出した（こうしたケースについては参考資料の注１を参照）。従来の厳しい投資適格の基準を満たす新発債が急速に減少する一方で、有利な投資対象を求める資金は記録的な水準に達していたのである。これまでは投資銀行が債券を販売するときに、優良な債券または劣悪な債券のいずれかの選択を迫られた場合、自らの引受手数料を犠牲にしても優良な債券を顧客に勧めたものであった。ところが現在の投資銀行のやり方は劣悪な債券を売るのか、それとも何も売らないのか（換言すれば、大きな利益を得るのか、それとも店じまいするのか）であり、このような状況の下では投資銀行に顧客の利益を守るというこれまでの高いモラルを期待するのは無理というものであろう。

## 失った信頼の回復

こうした状況から、投資銀行はその役割と販売方法の両面で投資家から失った信頼をどのように回復するのかといった難しい課題を抱えている。このため投資銀行は新しい証券を顧客に販売することに極めて慎重になっているが、その背景には現在の債券市場では高格付けの債券が極めて少なく、さらに1933年に制定された証券法が新たな義務を課してきたという事情もある。しかしこれまでの経験によれば、投資銀行に対する一般投資家のこのような批判的な態度がこのままずっと続くことはないだろう。この次の上昇相場までに豊富な投資資金が集まれば、これまでにもそうだったように、一般投資家は投資銀行が彼らに犯した罪を許すかまたは忘れてしまうものだ。このため将来における一般投資家の保護は、彼ら自身が投資銀行の不正行為を見抜くというよりは、投資銀行が一度犯した間違いを繰り返すことなく、失った信頼を徐々に回復すべく顧客に対して節度ある態度を続けることによってしか実現しないだろう。

## 求められる投資原則の確かな知識

しかし、投資銀行が健全な販売政策を推進するときに直面する大きな障害は、過去15年の経験から得られた厳しい基準を満たすような新発債が極めて不足していることである。このためもし債券に対する一般投資家の人気が急速に高まれば、そのニーズを十分に満たす優良な債券を確保するのが難しくなり、その結果劣悪な債券の発行が増えて再び損失を被る投資家が後を絶たないという状況が再現しかねない。こうした点を踏まえると、一般の債券投資家のみならず、彼らに助言を与える専門家にとっても、投資原則の確かな知識がこれまでにもまして求められる。

もっとも、1933年証券法が制定されたことによって、そうした知識や専門家の助言の必要性も幾分は弱まったと言えるかもしれない。証券法では新規証券の発行に際して投資家に対する詳細な情報の提供を義務づけるとともに、虚偽の記述や情報不足で投資家が損失を被った場合には投資銀行や発行会社の取締役も責任を取るよう定めている。とはいえ、こうした規定の目的は証券の安全性を保証するというよりは、投資家にありのままの事実を提供することにある（「この証券法の目的は、証券発行時に投資家に対して当該証券に関する真実を伝えることにあり、それが順守されない場合には罰則が適用される。しかし、この義務さえ順守すれば、あとはすべて投資家の責任である」――ウィリアム・ダグラスとG・E・ベーツの共著『1933年連邦証券法』［エール大学、1933年12月］）。そのことは同証券法が制定されたあとでも多くの投機的な株式が発行されているという事実を見てもよく分かる。

## 人間の心理的要素

過去５年間の出来事から分かったことは、証券市場でも人間の純粋な心理的要素が大きく支配しているということである。かつての強気相場では、株価上昇の多くは景気循環における企業の業績回復と密接に結びついており、株価が投機的な楽観のなかで異常な高値をつけてもその絶頂期は短命に終わるのが常だった。しかし1921～33年の株式循環期では、その「絶頂期」は数カ月どころか数年にもわたって続き、しかもその相場を支えたのは一握りの投機家ではなく証券にかかわるすべての人々だった。「よい株」（または「優良株」）はいくら高値をつけても安全な投資対象であるという新しい神話が、「投資」という名の下にすべての人々をギャンブル的な熱狂へと駆り立てていった。こうした心理的な現象は、のれん、経営陣の能力、予想収益力などといった無形資産の価値がこのところかなり重視されていることとけっして無関係ではない。そうした無形資産の価値は紛れもなく現実に存在しているが、数字では表せない性質のものである。それらの測定基準はかなり恣意的であり、人間の心理状態で大きく変化する。そのため、投資家の多くはこうした無形資産の投機的な評価額で現実の株価を測り、元本の価値はインカムゲインによって決まるという昔からの厳しい基準を適用することの大切さを忘れてしまったのである。

## 連動しない証券の価値と価格

このほか、ウォール街の最近の経験からわれわれが学んだもののなかには、以前よりも注目しなければならない人間の性質におけるいくつかの要素がある。それはある証券の価格は、その本来的な価値に対する直接的な反応やその価格と価値の関係をそのまま反映したものではなく、売り手と買い手のさまざまな感情や心理を映したものだということである。さらに、投資家のメンタルな態度が市場の価格に大きな影響を及ぼすばかりでなく、市場からも強い影響を受けていることをよく知らなければならない。投資において重要なことは、満足すべき市場価格がずっと維持されていることである。また投資対象となる証券を選ぶときには、たとえインカムゲインだけを目的とする場合でも、そうした市場価格の条件に加えてその証券の「本質的価値」（Intrinsic Value）についても十分に考慮する必要がある（生命保険会社や貯蓄銀行などの大手機関投資家は、個人投資家ほど投資対象証券の価格水準にはあまり注意を払わなかった。しかし、1931～32年の株価低迷期を境に以前よりも相場水準に目を向けるようになった）。

## 投機は投資の代替とはならない

安全な投資法が大きくぐらつけば、「うまい投機はへたな投資より明らかに優れている」という論理に従って、投資家の目が投機のほうに向くのは当然であろう。しかしそうはいっても、やはり投機というのは成功するのが極めて難しいという現実に変わりはない。人間の心理というものは相場が最高値にあるときに最も強気になり、どん底にあるときに最も弱気になるからである。このようにすべての物事と同様に、成功し続けるのは一握りの並外れた投機家だけであり、ほかの多くの人々が損をしているときに自分だけが利益を手にするというのはどう見ても現実的ではない。こうした理由から、投機に関する訓練がどれほど賢明に行われようとも、一般投資家にはあまり利益をもたらさないだろう。市場の不可解な動きのなかでは、最初は小さな成功を収めるかもしれないが、最終的には悲惨な失敗に終わるのが常である。

このように投資が満足するような成果を上げず、また投機も危険だとすれば、投資家としては何を頼りにすればよいのだろうか。おそらく債券や株式を問わず、重要な事実を慎重に分析することで適切に正当化される水準よりもかなり安く売られている割安な証券、すなわち過小評価されている証券を探すことに目が向くだろう。たしかにこの分野には多くのチャンスがあるが、割安な証券探しにもそれなりの落とし穴は付きものであり、とりわけ近年では多くの投資家がその落とし穴に泣かされてきた。しかし、平時の状況下では平均的に満足すべき成果が得られるばかりか、とりわけ重要なことはこうしたやり方が基本的には慎重な投資に向けて投機の誘惑から投資家を守る貴重な防衛策になるということである。

# 第 1 部

# 証券分析とそのアプローチ

SURVEY AND APPROACH

# 第1章

# 証券分析の役割と本質的価値

分析とは、入手可能な事実を詳細に検討し、確立された原則と有効な論理に従ってそこからある種の結論を引き出すことと定義される。その意味からすれば、分析とは科学的な方法論のひとつであると言える。しかし、証券分野でそうした分析を適用しようとすれば、投資というものが本来的には厳密な科学ではないことによる多くの困難に直面する。これと同じことは法律や医学についても当てはまるが、その理由はこれらの分野でも技能（技術）や運がその成否を分ける大きな条件であるからだ。とはいっても、法律や医学の分野でも分析は有効かつ不可欠のものであり、これと同じことは投資、さらにはおそらく投機の世界についても言えるだろう。

過去30年間のウォール街の証券分析は、株価の大変動とまではいえないにしろ、名誉ある正確さと不名誉な的外れという両方の経験を重ねてきた。そして1927年までの長期にわたる証券分析の歴史では、あらゆる面の財務報告と統計データの分析に焦点が当てられてきた。しかし1927年を境に、証券分析は依然として事実と統計データをベースとしながらも、基本的にはそうした従来の分析のアプローチから大きく方向転換するという「新しい時代」を迎えた。冷静な証券アナリストたちにとって1929年10月の株式大暴落はそれほど大きな驚きではなかったが、それに続く実体経済の崩壊と企業収益に対するその壊滅的な影響は証券アナリストたちを大混乱に陥れた。その結果従来の証券分析は、①株式大暴落の前までには架空の株式価値を広く推奨していた、②株式大暴落後には株式の実体的な価値が崩壊した――ことから、いわば二重の信用失墜を余儀なくされた。

われわれは序文のなかで、1927～33年の出来事を将来の債券投資の判断基準にしてはならないと警告した。そしてこの時期の前代未聞の証券の大変動が近い将来に再発する可能性は小さいため、証券分析においてもこの時期の出来事を将来を予測するためのベースとしてはならないと強調する。有効な分析が証券投資の成功に欠かせないのと同じように、分析を有効にさせる合理的な環境とそれを支える安定した価値というものもまた不可欠なのである。

## 証券分析の役割

### 記述的な役割

証券分析の役割は、記述的、選択的および批判的な役割の３つに大別される。具体的に言えば、記述的な役割とはある問題に関する重要な事実を列挙し、それらを一貫した分かりやすい方法で説明することである。スタンダード・スタティスティクスやフィッチのさまざまなサービスをはじめ、その他の情報機関による有価証券に関する広範な情報提供などがこれに当たる。それよりさらに突っ込んだ記述的な役割としては、特定証券の利点と欠点を評価したり、またはその発行会社の業績を同業他社の業績と比較検討し、将来の業績に影響を及ぼすさまざまな要因を検討するサービスなどである。この種の分析はあらゆる企業の証券について行われ、それらが投資または投機を目的とした判断材料を提供しているという点で、証券の投資のみならず賢明な投機にとっても不可欠な存在になっている。

## 選択的な役割

証券分析の選択的な役割では分析がさらに深化し、それによる独自の判断データを提供している。具体的には、その証券は買い、売り、保有または別の証券に乗り換えるべきであるといった判断に関するアドバイスなどである。この選択的な役割において、証券分析がその力を最も発揮できる証券の種類またはその状況とはどのようなものであろうか。その半面、その弱点と限界にはどのようなものがあるのだろうか。以下ではあとで詳しく分析するさまざまな事例の手始めとして、一部の企業のケースを取り上げて検討してみよう。

### 分析的判断の事例

セントルイス・サンフランシスコ鉄道は1928年に、額面100ドルの非累積的優先株（配当６％）を大量に発行した。その決算報告によれば、同社ではこれまでに金融費用と優先配当を合算した支払費用の1.5倍以上の収益を上げた年はなかった。同社のこうした事実を踏まえれば、この証券の安全性は不十分であり、この証券の購入は見合わせるのが賢明であるという判断になる。

これと対照的なケースは、オーエンス・イリノイ・ガラスが1932年６月に70ドルで発行した利率５％の中期債（満期1939年、最終利回り11％）である。同社の収益は平常年のみならず深刻な不況期においても支払利息の何倍にも達している。さらにその流動資産だけをとっても元利償還額の何倍にも上っているうえ、その普通株と優先株の時価総額は史上最低水準にとどまっている。以上の事実を考慮すれば、この証券には十分な裏付けがあり、また魅力的な価格水準であることから買い推奨となる。

一方、普通株のケースを検討してみよう。ライト・エアロノーチカルの普通株は航空証券ブームが起きる前の1922年には、NYSE（ニューヨーク証券取引所）でわずか８ドルで取引されていた。配当率は１ドル、一時は１株当たり利益が２ドル以上、その保有現金資産も１株当たり８ドル以上にも達しているにもかかわらずである。このような普通株について、証券アナリストは即座にその本質的価値は時価をかなり上回っていると判断するだろう。その後、同社の普通株は1928年には280ドルまで上昇した。１株当たり利益も1927年の3.77ドルから８ドルに上昇した。配当率は２ドル、１株当たり正味資産価値は50ドル以下となった。この水準となれば、その時価は完全に将来の期待収益を織り込んでおり、換言すればその本質的価値は時価をかなり下回っているという判断になる。

三番目のケースは、インターボロー・ラピッド・トランジットの一番抵当付き借り換え債（利率５％）と担保付き中期債（同７％）であり、この２つの債券は1933年に同じく62ドルで売買されていたが、５％債よりも７％債のほうが有利なことは明らかである。というのは、額面1000ドルの７％債は５％借り換え債の1736ドルの積立金で担保されており、保有者は満期時に元本全額を受け取るか、または担保部分だけを売却してもよいからである。この中期債保有者がその契約上の権利を即時かつ全面的に行使するのは難しいとしても、７％債の価値が本質的に５％債の価値よりも高いという事実を否定することはできないだろう。

## 本質的価値と価格

以上の例からも分かるように、証券アナリストの役割とは当該証券の実際の具体的な価値を明らかにすることであり、こうしたことはさまざまな状況について当てはまる。なかでも当該証券の本質的価値、とりわけその本質的価値と市場価格の差を発見することは証券アナリストの重要な役割である。しかし、証券の本質的価値（Intrinsic Value）がある面ではとらえどころのない概念であることもまた事実である。一般に証券の本質的価値とは、恣意的な価格操作や市場の心理的な雰囲気などで形成された価格水準とは別に、その発行企業の資産、収益、配当、将来の業績見通しなどの事実によって裏付けられた本来的な価値であると考えられる。とはいえ、その証券の本質的価値を市場価格のように明確に決定されるものと考えるのも大きな間違いである。以前には（特に普通株の）本質的価値とは「簿価」とほぼ同じもの、すなわちその企業の正味資産を適正な価額で表したものと考えられていた。こうした考え方は極めて明快ではあるが、その企業の平均的な収益力や市場価格はその正味資産の簿価をそのまま反映したものではない。

## 本質的価値と「収益力」

その後こうした考え方は、証券の本質的価値とはその企業の収益力によって決まるという別の新しい考え方に取って代わった。しかし、この「収益力（Earning Power）」という概念もその企業の将来的な期待収益を表している。その企業の収益力を知るには過去の平均収益を集計するだけでは不十分であり、ましてや収益トレンドが上昇と下降を繰り返しているような場合には収益力の測定はさらに難しくなる。過去の平均的な収益または収益トレンドは将来の収益傾向を知るための大きな手掛かりになるというもっともらしい見方もあるが、これまでの経験に照らせばそうしたことは真実ではない。明確な数字で表された「収益力」という概念と同じように、明確な実体として算出された本質的価値というものを証券分析の前提としてはそのまま受け入れることはできないのである。

### 事例

この点を明確にするため、以下の具体例で検証してみよう。例えば、1933年初めの時点におけるＪ・Ｉ・ケースの普通株の本質的価値はいくらになるのだろうか。その時価は30ドル、１株当たり資産価値は176ドル、無配、過去10年間の１株当たり平均利益は9.50ドル、1932年の業績は１株当たり17ドルの赤字である。これまでの評価基準に従うならば、過去10年間の普通株の１株平均利益を10倍すれば95ドルという本質的価値を求めることができる。しかし、以下に示した同社の過去10年間の平均利益の数字を分析すると次のような結論が出てくる。

| | | |
|---|---|---|
| 1932年 | | 17.40ドル（赤字） |
| 1931年 | | 2.90ドル（赤字） |
| 1930年 | | 11.00ドル |
| 1929年 | | 20.40ドル |
| 1928年 | | 26.90ドル |
| 1927年 | | 26.00ドル |
| 1926年 | | 23.30ドル |
| 1925年 | | 15.30ドル |
| 1924年 | | 5.90ドル（赤字） |
| 1923年 | | 2.10ドル（赤字） |
| | 平均 | 9.50ドル |

１株当たり9.50ドルという平均利益は、互いに何の関連もない過去10年間の数字を単に平均化したものにすぎない。この平均利益は過去の一定期間の典型的な業績を表したものではないし、また将来の予想収益を示すものでもない。この平均値から求められた「実体的な価

値」または「本質的価値」は偶然的または恣意的なものにすぎない。

## 本質的価値の意味

以下ではさまざまなケースについて、証券アナリストの役割における本質的価値の意味を考えてみよう。その場合に重要なことは、証券分析の目的は特定証券の本質的価値を正確に求めることではないという点をよく認識することである。証券分析にできることは、①その証券の時価はその価値が保証され、またはその証券を購入することが正当化される水準として妥当なものなのか、②その証券の本来的な価値は時価をかなり上回っている、または下回っている――などについてヒントを示すことである。こうした目的を果たすには、本質的価値の大ざっぱな数字を求めるだけで十分である。これを身近な例でたとえると、正確な年齢は知らないがその女性はすでに投票できる年齢に達していること、または正確な体重は知らないがその男性の体重は適正な範囲を超えていること――などを客観的に示すことである。

こうしたたとえ話は次のような具体例でいっそう明確になるだろう。セントルイス・サンフランシスコ鉄道の優先株に投資できるかどうかは、その本質的価値を正確に分析しなくても即座に判断できる。これまでの業績を見ただけで、同社の資産に対する債券や優先株の安全余裕率はあまりにも小さい。これと好対照をなすのが、オーエンス・イリノイ・ガラスの５％債である。同社の事業を適正に評価するのは容易ではないが、どこから見ても同社の価値が負債を大きく上回っていることは確かである。

ライト・エアロノーチカルの先の例をとっても、あらゆる事実に照らしても同社の価値が１株当たり８ドル（または企業価値が180万ドル）をかなり上回っていたのは明らかである。そしてその後につけた１株280ドル（7000万ドル）という企業価値は同社のどの数字から見ても正当化されることはない。証券アナリストは1922年の同社の本来的な価値が１株当たり20～40ドル、1929年の価値は50～80ドルであると断言することはできない。さらに同社の株価が８ドルであれば魅力的だが、280ドルでは危険であることを証明するために、証券アナリストがその適正価格を提示する必要もないのである。

Ｊ・Ｉ・ケースの例は、証券アナリストが普通株の本質的価値と市場価格との関係について明確な結論は引き出せないことを示している。しかしその場合でも、「株価が十分に安かったり、またはかなり高ければ」、証券アナリストの結論が十分に正当化されることもあるだろう。市場という不確実な状況の下では、1933年初めのＪ・Ｉ・ケースの普通株の本質的価値は30ドル、それとも130ドル近辺であると断言することはできない。しかし、もしもその株価が10ドルまで売られたとすれば、その本質的価値は市場価格を大きく上回っていると断言することは間違いなく正当化されるだろう。

## 本質的価値の柔軟な概念

本質的価値という概念を証券分析に当てはめる場合には、柔軟に適用しなければならない。われわれのいう本質的価値の概念は、個別の状況においては幾分その性質が変化する。どの程度変わるのかはその前提となる「大まかな価値の範囲」によって決まり、状況が不確実であればあるほどその変化率は大きくなる。1922年にライト・エアロノーチカルの株価が20ドルから40ドルに、また1933年にＪ・Ｉ・ケースの株が30ドルから130ドルに急騰した場合などがそうである。しかし、たとえその株価が本質的価値の最大または最小の範囲を大きく超えたとしても、本質的価値のまさに柔軟な性質ゆえにある種の結論を引き出すことは可能なのである。

## 特殊なケースにおける明白な概念

インターボロー・ラピット・トランジットのケースが本質的価値のこうした性質を端的に物語っている。すなわち、同社の５％債の市場価格が７％債の価値を決めているようなときがそれである。利率７％の担保付き社債を購入しようとするときには、両社債の価格の関係（７％債が1736ドル、５％債が1000ドル）が存在しているとはいっても、現実の変化する市場の下で両社債のこうした関係が常に成り立っているわけではない。実際に７％債の価値が５％債の価値をいつも74％上回っていることはないだろう。しかし、７％債は５％債よりも「その価値がかなり大きい」と断言することは可能であり、こうしたことは両社債が同じ値段をつけているときにはとりわけ有効な助言となるだろう。

インターボローのこうしたケースは、本質的価値に基づく証券分析が通常の分析よりも明確な結論を引き出せた典型的な例である。一般に同社のようなケースでは、「サヤ取り」または「ヘッジ」などといったテクニカルな取引手法が利用される。理論的に見ればそうした取引手法では証券アナリストの役割が有効に発揮されるものだが、そうしたケースはそれほど頻繁に起こるものではないため、投資理論とその実践という広範な観点から見ればインターボローのケースを一般化することはできない。

## 有効な証券分析を妨げる３つの障害

### ａ．不十分または不正確なデータ

言うまでもなく、証券アナリストが常に正しい分析を行えるわけではない。また、その結論が理論的に正しくても、実際にうまく適用できないこともある。証券アナリストの有効な役割を妨げるのは、①不十分または不正確なデータ、②将来の不確実さ、③不合理な市場の動き——である。一番目の障害はかなり深刻なものだが、ほかの２つの障害に比べるとそれほど重要なものではない。というのは、データの意図的な誤りはそれほど多くはなく、不正確なデータの多くは会計処理に伴うものであり、有能なアナリストであればそれを発見するのはそれほど難しくはないからだ。記述の誤りよりも多いのが事実の隠ぺいである。証券アナリストの多くは長年の経験と能力で重要事項に関する情報の不備に気づくが、隠ぺいされた事実を見逃して間違った結論を引き出すこともある。

**b．将来の不確実さ**

証券アナリストにとって、不正確なデータよりもはるかに難しいのは将来の不確実さである。多くの事実と確かな見通しによって裏付けられた証券分析の結論でも、新たな事態の出現でいとも簡単に崩れてしまう。そうなると証券分析は将来の変化をどれほど正確に予測できるのかといった根本的な問題に直面せざるを得ない。しかしここでは、さまざまな要因を考慮した証券分析の価値を十分に検討するまで、この問題に対する結論は出さないでおこう。将来の変化は予測不能であるため、証券アナリストは「過去の記録は少なくとも将来に起こる可能性の大ざっぱな手掛かりにはなる」という前提で証券分析を進めるしかない。そうであればこの前提が揺らげば揺らぐほど、その分析結果も不確実なものになるのもこれまた仕方のないことである。しかし、こうした分析手法であれば普通株よりは不確実さの程度が少ない上位証券については有効であろう。また、変化の激しい企業よりは本質的に安定した業種の企業、さらに不確実で激変する状況よりも通常の状況下で適用すればその効果も大きいだろう。

## C．不合理な市場の動き

証券分析にとって三番目の障害は市場そのものである。ある意味で市場と将来は同じ種類の障害である。市場の動きと未来については証券アナリストでも予測も支配もできないものであるが、皮肉なことに投資の成否はまたこの２つの成否にかかっている。従来の考え方によれば、証券アナリストの主な役割は相場の動きとはほとんどまたはまったく関係がない。その主な役割は確定利付き優良債券の選択であり、その分析に基づいて当該債券の元利の安全性を判断することであるとされてきた。債券の購入者は相場の動きには関心を払う必要はなく、もっぱらどの債券が安全な投資対象であるのかといったことだけを考えればよかったのである。しかし、こうした投資法は今ではまったく時代遅れになってしまった。それがどのような証券であろうとも、その保有者が相場の動きに無関心でいられるはずはない。投資というときに常に強調されるのがその証券の「市場性」であるという事実を見てもそれは明らかである。その証券が容易に売却できることが重要であるならば、その証券が満足すべき値段をつけていることもまた重要であるだろう。優良債券の投資家が投機家よりも相場の変動について関心が低いのは事実だが、相場の変動はそれらの投資家にも心理的に強い影響を及ぼしている。こうした理由から、証券アナリストは証券に悪影響を及ぼすさまざまな要因、とりわけ当該証券の基本的な安全性を左右する要因には十分に注意しなければならない。

証券アナリストの役割が過小評価、ときには過大評価されている証券の発見に深くかかわっているため、証券アナリストが相場の動きと無関係であるわけにはいかない。いやむしろ、証券アナリストの判断の成否は最終的には当該証券の価格そのものによって証明されるといっても過言ではない。証券アナリストのこうした役割は次の２つの前提を条件としている。すなわち、①証券の時価はその本来的な価値から常にかい離している、②時価と本質的価値とのかい離は自律的に修正される傾向がある――ということである。①の真実についてウォール街ではよく「マーケットは絶対に間違わない」といわれるが、その一方で「株価とはその株を売れる値段であり、それ以外の何物でもない」というのもまた確かな真実なのである。

## 本質的価値に遅行する価格修正のリスク

②の前提も理論的には正しいが、実際のその状況はかなり不可解である。例えば、市場参加者の見落としや偏見によって生じたある証券の過小評価はかなり長期にわたることもあり、または過度の熱狂や人為的な好材料からある証券が長期にわたって上昇し続けることも少なくない。証券アナリストにとってこうした場合の問題点は、市場価格が自律修正してその本来の価値を適正に反映する前に新たな材料が次々と出現することである。つまり、その証券の市場価格にその本来的な価値が反映されないうちに、その証券の価値そのものが大きく変化し、証券アナリストが判断基準としていた諸々の事実や推論が無価値になってしまうことである。

こうした状況に対して、証券アナリストは次のような方法によってこうしたリスクに対処しなければならない。すなわち、①できればそうした突然の変化が起きないような状況に分析活動を限定する、②一般投資家の関心が高く、価値の変化に対して価格が即座に修正されることを真っ先に知り得るような証券に分析の対象を絞る、③一般的な経済状況の下で証券分析を行う（つまり、企業とその発行証券の市場価格にバランスがとれていて、ある程度不確実な状況の下でも細心の注意をもって対処すれば割安な証券を発見できるようなケース）――などである。

### さまざまな要因と市場価格との関係

- Ⅰ.全体的な市場要因
- Ⅱ.個別の要因
  - A.投機的要因
    - 1.市場要因
      - a.テクニカル要因
      - b.市場操作的要因
      - c.心理的要因
    - 2.将来の価値の要因
      - a.経営能力・知名度
      - b.競争力・成長性
      - c.生産量・価格・コスト面での有望さ
  - B.投資的要因
    - 3.本質的価値の要因
      - a.収益
      - b.配当
      - c.資産
      - d.資本構成
      - e.証券発行条件
      - f.その他

→ その証券に対する投資家の見方 → 買い・売り → 市場価格

## 本質的価値と市場価格

本質的価値と市場価格との関係は、さまざまな要因が積み上げられてその頂点で市場価格が形成されると考えられる。この考え方によれば、市場価格の形成に働くいわゆる分析的な要因の影響は「部分的」であると同時に、「間接的」でもある。「部分的」というのは、それらの要因が相場を反対方向に引っ張る投機的な要因としばしば対立するからである。またそれらの要因は、市場参加者の気分や感情という仲介物を通して作用するという意味では「間接的」でもある。換言すれば、マーケットは各証券の特質に応じて非人格的で正確なメカニズムに基づいてその価値を反映する計量器ではない。マーケットとはむしろ、無数の個人が理性と感情に基づいて選択した結果を集計する「票数計算機」のようなものである。

## 証券分析と投機

優れた証券分析とは、大きなリスクと不確実さが伴う明らかに投機的な状況下でもそれなりの成果を出すものであると考えられる。しかし、もしもある企業の財務内容を分析して投機的な銘柄を推奨したとすれば、そうしたやり方もその証券の購入者に利益をもたらすのだろうか。また将来は不確実であることを認めたうえで、好材料と悪材料が次々と現れる状況のなかで、優れた分析に基づいて一時的には利益を上げられても平均して利益を上げ続けることができるのだろうか。こうした問題の提示は一見もっともらしく見えるが、実際には多くの誤りを含んでおり、証券アナリストとしてはそれを真に受けることはできない。この問題について、以下では主に投機的な状況下での証券分析に焦点を当てて検討してみよう。

まず最初にはっきりしておかなければならないのは、投機というものは投機家自身にも大きなハンディを負わせるもので、そのリスクは証券分析に基づく利益よりも大きいということである。投機の経費には手数料や支払利息もあり、さらには「逆ザヤ」（買値と売値の損失額）と呼ばれるリスクもある。こうした投機においては証券分析に基づくアプローチとはまったく異なる特殊なトレード・テクニックがなければ、平均損失が平均利益を上回ることは避けられないだろう。

二番目の問題は、投機的な状況下では基本的な分析的要因を瞬時かつ速やかに修正していかなければならないことである。既述したように、投機的な状況下では当該証券の時価にその本来的な価値が適正に反映される前に、その証券の価値そのものが変化してしまうという危険性がある。

三番目の問題は、証券分析の対処能力を超えた未知の要因が出現することである。しかし理論的には、その要因が有利または不利に働く確率は半々であり、それらは最終的には相互に相殺されると考えられる。例えばおカネを儲けるひとつの簡単な方法は、時価総額の最も大きい普通株を買うと同時に、時価総額の最も小さい株を売ることであるといわれる。これらの両銘柄にほぼ同じ好・悪材料が働くとすれば、買い銘柄は全般に好業績を維持しているため、そのパフォーマンスは市場平均を上回るといわれる。しかし、明らかに魅力的な銘柄がその会社の内部者だけが知っていて、いまだ市場に広まらない何らかの大きな悪材料の影響で安値に放置されていたり、その逆にある銘柄がその本来的な価値をかなり上回る値段をつけているケースも少なくない。こうした投機的な状況の下では、いわゆる「インサイダー」（内情に通じた人々）は好悪の材料は互いに相殺し合うという前提を帳消しにするような大きな利益を手にするものであり、こうした状況は知り得ない事実をもとに証券分析を行わなければならない証券アナリストにとっては明らかに不利な状況であろう。

## 証券分析の価値を低下させる偶然の要素

最後の問題点はやや抽象的であるが、実際には極めて重要なものである。証券分析が投機家にも利益をもたらすのは確かだが、だからといって利益になることを保証するわけではない。投機には大きなリスクが伴い、個別のケースでは損失になる可能性も高い。投機的売買を終了したあとで、はたして証券アナリストの貢献で利益が上がったのか、それとも損失を招いたのかを確かめるのは難しい。このように投機的状況においては証券アナリストの立場は不確実であり、職業上の威信を保つのは困難である。それはちょうど証券アナリストと運命の女神が投機というピアノで二重奏曲を弾き、気まぐれな女神が指揮をとっているようなものである。

これを次のようなもっと現実的な比喩（ひゆ）でたとえると、証券分析というものが本来的に投機的な状況よりも投資的な状況に適していることが納得できるだろう（これについて以下の章で詳しく検討するので、ここでは投資は安全を期待し、投機はリスクを認める行為であるというにとどめる）。モンテカルロではルーレットの円盤のオーナーにとって19対18の確率で勝算があり、人々が賭ける37の番号から平均して１ドルを儲けることができる。こうした勝率は未熟な投資家や投機家の勝率とは反対である。次に適切な分析に基づいて、ルーレット・プレーヤーが限定した賭け金でその勝率を反対にできると仮定すれば、その勝算は19対18で自分のほうに有利になる。そしてすべての番号に均等に賭け金を投ずれば、どの番号が出ても一定の儲けを手にすることができる。これは優れた証券分析による投資プログラムに基づいて有利な条件で投資を行うことに似ている。

しかし、もしもルーレット・プレーヤーがすべてのおカネをひとつの番号に賭けるとすれば、その勝算はその番号が出る確率という一点によって決定される。もしその人がラッキーであれば、その「分析力」

で少しは儲けることができるだろうが、運がなければその分析力には何の価値もない。これは少し極端なたとえかもしれないが、基本的に投機的な状況に対処する証券分析の立場をよく表している。つまり、投資の分野ではかなりよい成績を収める数学的な有利さも、投機的な状況下では運がなければまったく価値がなくなってしまうのである。

このように、証券分析は投機においては「補助的なもの」と考えるのが妥当であろう。そこでは運という後ろ盾がなければ、証券アナリストは自信をもってある証券を推奨できないし、またその判断結果に対して責任を持つこともできないのである。

## 証券分析の基本的な役割

投資の原則と企業の資金調達法は、証券分析の取り扱い範囲に含まれる。証券分析ではさまざまな事実を一定の基準に当てはめて分析的な判断を下す。このように証券分析は選択基準の有効性と実用性に深く関係している。また証券分析では、特に債券や優先株などの有価証券には十分な保護条項が付いているのか、さらにそうした保護条項の実施法は一般的な慣行になっているか——などにも強い関心が向けられている。

証券アナリストにとって、さまざまな事実が適切に提供されることは極めて重要なことである。それによって、企業の会計処理の問題点などを批判的に見ることができるからである。証券アナリストはまた、自ら分析する証券の価値がその企業の経営陣の行為に大きく左右されるため、その証券保有者に大きな影響を及ぼす当該企業の経営方針にも常に目を光らせている。そこには資本構成、配当政策、将来の発展の可能性、経営指針、不採算部門の再建・整理——などが含まれる。こうした重要な問題について、優れた証券アナリストは批判的に分析し、間違った慣行を是正するよう勧告し、さらにはその企業の債券や株式の保有者の利益を守るという重要な役割を担っているのである。

# 第２章

# 証券分析の数量的要因と質的要因

前章では証券分析の役割といった観点から、証券分析の概念とその対象について検討した。ここでは証券分析の内容と広範な観点に基づいたアプローチ、および証券アナリストが扱うさまざま情報に対してどのように対処するのかといった問題を考察する。

## ４つの基本的な要因

証券分析の目的は、極めて実際的な問題についてその解決策を提示し、またはそれを支援することにある。そのなかで最も一般的な問題は次のようなものであろう。すなわち、①特定の目的を満たすにはどの証券に投資すべきか、②当該証券を購入すべきか、それとも売却・保有すべきか――などである。

こうした問題について解決策を提示するには、①選択する証券、②購入価格、③投資時期、④投資家――という４つの主な要因について考慮しなければならない。この問題についてもっと具体的に言うならば、Ｉという投資家が、Ｔの時期に、Ｐ価格でＳという証券を購入（または売却・保有）すべきか――ということになる。これら４つの要因は相互に深く関連しているが、便宜上逆の順序で検討していく。

## 投資家

この要因は程度の差はあれ、あらゆる証券の投資において真っ先に考慮しなければならない問題である。そのなかで最も重要な問題はその投資家の経済状態であろう。ビジネスマンにとっては魅力的な投機的銘柄でも、それを他人のおカネを預かって運用している受託会社や収入の少ない寡婦などに勧めることができるだろうか。また表面利率が3 1/2％の自由国債（戦時国債）より高利回りの一部非課税の国債を購入できるのに、全額非課税の自由国債のメリットを享受できないような投資家に勧めるのはバカげていないだろうか。

証券の個人的な選好を左右するその他の条件には、その人が受けてきた金銭教育と能力、気質、個人的な好みなどがある。しかし、これらの条件が重要であることには変わりはないが、証券分析全体においては特に決定的な要因ではない。証券分析から引き出される結論の多くは、投資家または投機家全体に適用するという一般的な形で示されるからである。

## 投資時期

証券分析において、投資時期はさまざまな点で分析結果に大きな影響を及ぼす。ある企業の業績が一時期よりも上向いてきたり、または上向く見通しであっても、環境の変化に伴ってその証券に対する証券アナリストの見方は変わってくる。また証券の信用格付けや利回りの基準に従って推奨した銘柄でも、全体的な経済情勢の変化に応じてそれらの状況（特に利回り）は変わってくる。例えば1931年６月時点での最優良の鉄道債（利率５％）は、類似の債券の平均利回りが4.32％であったことを考えればかなり魅力的だった。しかし、それからわずか６カ月後には債券価格が暴落して類似の債券の利回りが5.86％に上昇したため、その鉄道債の魅力は吹き飛んでしまった。このほか、ほぼすべての証券投資はその時点の経済や景気の見通しに大きく左右される。特に投機的な状況下ではそうした要因は大きな影響を及ぼすが、保守的な投資においてはこれらの要因はあまり重要ではないと考えられてきた。しかし、不確実で不安定な時期にこうした要因を完全に無視するのは間違いである。証券分析はあらゆる状況（少なくとも平時の状況）においてもかなり有効な原則と方法を持つとされているが、その分析結果を実際の状況に適用する場合には、環境の変化という条件も常に念頭に置かなければならない。

## 購入価格

購入価格はあらゆる証券投資において最も重要なものである。ただし、優良債券の選択ではその購入価格は二次的な問題かもしれないが、それは価格に対して無関心というよりは法外に高い債券が存在しないことによる。そうした場合の問題点はむしろその債券の保証は十分であるのかということであろう。しかし、特に優良な転換社債などを購入する場合には、購入価格は十分な保証と同じく重要な問題となる。例えば、1929年に200ドル以上で売られていたアメリカン・テレフォン・アンド・テレグラフ（ATT）の転換社債（利率4 1/2%、1939年満期）についてみれば、元利支払いという点では間違いなく問題のない優良債券でも、その価格が半分近くに下落することもある（ATTのこの転換社債のその後の価格は次ページのようになっている）。

普通株の場合、購入価格は銘柄選択と同じように重要であるが、債券の場合よりもはるかに大切である。あとで詳しく検討するように、新しい時代の投資理論では購入価格は二次的な問題とされているが、そんなことを真に受けるものならばその結末は悲惨なものになるだろう。

| 年 | 高値 | 安値 |
|---|---|---|
| 1929年 | 227ドル | 118ドル |
| 1930年 | 193 3/8ドル | 116ドル |
| 1931年 | 135ドル | 95ドル |

## 選択する証券

証券分析の役割と証券の購入価格という問題を異なる観点から見ると、この問題の本質がいっそうはっきりするようだ。例えば、①どの証券を、②いくらで購入するのか――といった見方から、①どの企業に、②どのような条件で投資するのか――といった視点に変えてみると、証券分析における２つの基本的な要因を全体的にバランスよくとらえることができる。逆に言えば、投資または投機の条件に応じて購入価格、投資する証券、その企業の地位や業績を決定するのである。

## 不利な条件の投資例

安全な会社の証券をリスクの大きい不利な条件で購入したとしよう。例えば、都市部の不動産価格は長期にわたり一貫して上昇しており、多くの人々はこうした分野への投資は「最も安全である」と考えている。しかし、1929年にニューヨーク市のある不動産会社の優先株を「投資的な条件」で購入したとしても、そこには安全という要素はまったく存存しない。この種の株式の状況は次のようなものであった（これはフレッド・F・フレンチとその子会社が立案・実施した資金調達法で、会社側のオプションで確定利付き証券を優先株に転換できるというものである）。

①内容——この優先株は一番抵当権よりも劣後し、配当や元本の支払いに対する無条件の権利はない。現金配当のない普通株よりは上位にあるものの、損失を被る可能性に対して手にすることのできる利益は微々たるものである。一方、普通株主は失うものは何もないが、大きな利益を得る可能性がある。

②条件——調達資金は豪華なビルの建設コストに充当されるが、この優先株主にはそのビルが破産した場合でも残余財産や下位資本に対する分配権はない。

③配当率——額面での配当率は６％となっているが、この利率は不動産の二番抵当権の利率よりもはるかに低い（この不動産会社は優先株主に普通株の特別配当を支払っている。普通株は当面のところあまり大きな価値はないが、有利な条件がそろえば大きく値上がりする可能性がある。投資という観点から見れば、この会社の優先株はわれわれの基準に照らせば問題だらけである）。

## 有利な条件の投資例

近年において魅力のない産業で有利な証券を見つける場合には鉄道会社を探せばよい。例えば、ブルックリン・ユニオン・エレベーテッド鉄道の一番抵当付き社債（利率５％、1950年満期）は1932年に60ドルで売買されていた（最終利回りは9.85％）。この社債は実質的には親会社のブルックリン・マンハッタン・トランジットの債務である。運輸・鉄道業界は主に自動車産業との競争激化、厳しい規制、それに料金値上げの難しさなどから、長い間低迷を余儀なくされていた。この業界の証券はいわゆる「魅力のない会社」の代表だった。しかし実際には、その「投資条件」は以下のような理由からかなり魅力的だったのである。

①内容――この鉄道会社とニューヨーク市との契約によれば、両者が所有する地下鉄網と高架鉄道システムから得られる運賃収入はこの証券発行規模をはるかに超える金額に達する見込みである。

②条件――一部の特別条項を除き、これらの発行証券は高い収益力を持つ財務の安定した企業の保証付きである。

③利回り――この証券の最終利回りは1968年満期のブルックリン・マンハッタン・トランジット債よりも高い（1932年の68ドルの安値での利回りが９％であるのに対し、ブルックリン・ユニオン鉄道債の利回りは9.85％）。

## 企業と投資条件

それでは一体、企業と投資条件のどちらを重視すべきだろうか。つまり、不利な条件でも魅力的な企業に投資すべきなのか、それとも有利な条件で魅力のない企業に投資したほうがよいのだろうか。一般投資家はためらうことなく前者を選ぶだろうが、それは論理に従ってというよりは直観的にそうするのであろうが、その選択は正しいのである。これまでの長い経験によれば、二流企業へ投資して大儲けしようとするよりも、一流企業の証券を高値で買った投資家のほうがそれほど大きな損失を出さなかったことは実証済みである。

しかし分析の見方を変えれば、こうした経験上の結果だけでは問題の解決とはならない。それは単にあらゆる商品についての一般的な原則を述べたにすぎない。「未熟な投資家」であれば比較的高い値段を払おうとも、超一流企業の商品を購入したほうがよい。しかし言うまでもなく、こうした方法はプロの商品購入者のやり方ではない。プロのやり方とは単なる評判だけで商品を選ぶのではなく、緻密な調査に基づいてその商品の品質を判断する。もしその商品が自分の目的に合致して値段も手頃であるならば、品質面では幾分譲歩するかもしれない。こうしたやり方はペンキや時計を買う場合と同様に、証券を購入する場合にも当てはまるだろう。つまり、まったく違う２つの原則があり、ひとつは初心者向け、もうひとつはプロのやり方である。すなわち、

①初心者向けの原則――「二流企業の証券に絶対におカネを投じてはならない」

②プロの原則――「すべての証券はある値段では安いかもしれないが、別の値段になれば高くもなる」

しかし、企業内容を重視するあまりよい証券にあまりにも高い値段を払うのは考えものである。選択する企業を間違うこともあるからだ。規模が大きく、経営陣が優秀で業績もよく、将来にも増収が見込まれる企業を選ぶのも結構である。しかし、そうした期待はそれがどれほど正しい根拠に基づいているように見えても、あとで裏切られることも少なくない。昨日の先導的企業が今日になったら見る影もないというのはそれほど珍しいことではない。過去20年間に鉄道債の信用格付けがガタ落ちになったというのはその一例である。企業の投資ランクというものは事実に基づいていると同時に、人々の評価も反映している。この数年間の人々の投資評価は極端に移り気でまったく当てにならなかった。例えば、1929年にはウェスチングハウス・エレクトリックはとりわけ有望な産業に属していると広く考えられていた。しかしそれから２年後には、将来の収益力を疑問視する見方が広がったことから、その株価は正味流動資産を割り込む水準にまで下落したのである。

しかしだからといって、未熟な投資家は超一流企業に投資を限定せよとする先の勧告を撤回するものではない。しかし、未熟な投資家のそうした投資スタンスには最も人気のある銘柄が最も安全であるという理由もさることながら、ほかの投資法ではリスクが大きすぎるとい

うこともある。もちろん、証券アナリストも市場の判断や企業の強みなどには十分な注意を払っているが、独立した批判的な立場はけっして崩してはいない。十分な理由とそれを裏付ける確かな材料があるときには、人気株への投資を控える一方で、不人気株の買いを推奨することもある。

## 証券分析の数量的要因と質的要因

証券分析には企業の分析も含まれる。そうした分析は限りなく詳しく進めることもできるが、その程度は実際上の必要から決定すべきであり、当然のことながらそれはそのときの状況によって変わってくる。例えば、1000ドルの債券の購入者は50万ドル単位の大口投資家である大手生命保険会社ほどその証券を徹底的には分析しないだろう。逆に、それらの生命保険会社の分析も投資銀行の証券分析よりは詳しくはないだろう。これを別の観点から見ると、表面利率4 1/2%の優良債券を購入する場合には、利率８％の十分に保証された債券や「確実に割安な普通株」を見つけようとするときほど詳しい分析は必要としないだろう。

## 投資の目的と性格がカギ

証券アナリストが分析テクニックを行使するときには、ある程度のバランス感覚が求められる。分析材料を選んで証券分析に取りかかるときには、データの重要性と信頼性をはじめ、入手のしやすさや利便性も考慮しなければならない。例えばICC（州際商業委員会）に提出する鉄道会社の詳細な報告書のように、膨大なデータを入手したものの取り扱いを間違ったために、瑣末的なことを念入りに調べるといったことにもなりかねない。一方、時間がないとか問題が複雑すぎるといったことよりも、単に努力不足から重要な情報が入手できなかったという危険性もある。こうしたことはとりわけ詳細な企業分析を行う場合にはよくあることであり、特にその企業が特許権、地理的な有利さまたは良好な労使関係といった目に見えない財産を有している場合、それらの情報を入手するのは難しい。

## 企業のタイプによるデータ価値の相違

証券アナリストが認識しなければならないもうひとつの重要な点は、そのデータの価値が分析対象企業のタイプによって大きく違ってくるということである。例えば、鉄道会社や大手チェーンストアの過去５年間の総収益や純利益は決定的とはいえないにしろ、その上位証券の安全性や普通株の魅力を測るときにかなり信頼できるデータとなるだろう。これに対し、小規模石油会社の同じようなデータは有益というよりはかなりだまされやすいものである。というのは、主に石油会社の収益を決める原油価格と生産量は将来的に大きく変動する可能性があるからである。

## 企業分析の数量的要因と質的要因

企業分析のさまざまな要因を数量的要因と質的要因に大別することは便利である。数量的要因とは主に当該企業の統計データである。それには損益計算書やバランスシート（貸借対照表）などの重要な統計のほか、生産、製品価格、経費、生産能力、受注残などのデータも含まれる。これらのデータは、①資本、②収益・配当金、③資産と負債、④営業収支――の各項目に分類されている。

一方、質的要因はその企業の特質に関するもので、それには産業界における地位、物理的・地理的および営業的な特徴、経営陣の能力などのほか、その企業・業界および経済界全体の将来の見通し――などが含まれる。通常、この種のデータは企業の決算報告書には盛り込まれない。しかし、証券アナリストは人々のさまざまな見解を含めて、信頼性の異なるさまざまな情報についても自らの判断で対処しなければならない。

一般に、数量的要因は質的要因に比べて詳細な分析が可能である。数量的要因は質的要因ほど多岐にわたることもなく、入手も容易であり、信頼するに足る明確な結論を出しやすい。一方、企業の財務報告では多くの質的要因が要約されているため、質的要因についてそれほど詳しく分析する必要がないという見方もある。このため、証券会社の資料や統計サービス機関が発行する報告書では表面的または要約的に質的要因に触れているだけで、それらの数字に多くのページを割いているものは少ない。

## 企業の特質と将来の見通しを映す質的要因

企業の質的要因とは、その企業の特質や経営陣の能力などに関するものである。これらの要因は極めて重要ではあるが、明確に把握するのが極めて難しい性質のものである。まず最初に、その企業の将来の見通しが読み取れる企業の特質について検討してみよう。一般の人々はその企業が「優良企業」かどうかについては明確な考えを持っている。そうした考えはその企業の業績、業界におけるその地位に関する知識、または推測や単なる思い込みなどに基づいている。

1923～29年の全般的な繁栄期においても一部の主要産業では業績が悪化した。それらの産業とは葉巻きタバコ、石炭、綿製品、肥料、皮革、木材、食肉加工、紙、海運、電鉄、砂糖、羊毛製品などである。その主な原因は競合する製品やサービスの出現（石炭、綿製品、電鉄）、または生産過剰と取引慣行の変化（紙、木材、砂糖）であった。しかし、この同じ時期に平均以上に繁栄した産業もある。それらは製缶、チェーンストア、紙巻きタバコ、映画、公益事業などである。その好業績の主な原因は、需要の特別な増大（紙巻きタバコ、映画）、事業の独占または競争の制限（公益事業、製缶）、他産業の顧客の獲得（チェーンストア）――などである。

平均よりも業績が悪化した産業では顧客が逃げていったのに対し、好業績の産業ではその逆のことが起こったと考えられるだろう。しかし、そうした考えは必ずしも正しくはない。異常な好景気や不況というものは永遠に続くものではないからだ。それは経済全体についても言えるし、特定の産業についても言えることである。普通は自律修正力というものが働いて、不況の産業には利益が舞い戻り、資本に不相応の利益を上げていた産業では減益となるものである。

特に需要の増大で潤っていた産業では、供給量が急増して減益となる。最近ではラジオ、航空機、電気冷蔵庫、バス運輸、絹製品などの産業がそうだった。またデパートでは1920～21年の不況のあと、1922年には業績が急好転したが、その数年後には再び業績が悪化した。公益事業は重い経費による業績の悪化から1919年の証券ブームのときでも人気がなかったが、1927～29年には投機と投資の熱狂的な対象となった。しかし、1933年にはインフレと料金値上げの規制から再び人気が離散した。一方、長期にわたって低迷を続けていた綿製品産業は1933年にはほかの多くの産業よりも業績が急好転した。

## 経営能力

「優良産業」の選択眼を磨くことの大切さはよく理解できるが、それは口で言うほど簡単ではない。同じように、特に優れた経営能力を持つ企業を探すのもこれまた簡単ではない。経営能力を測る客観的で科学的な基準があるわけではないからだ。多くの人々はそれに値すると思われる評判を頼りに投資している。そのなかで優れた経営能力を測る最も納得できる証拠のひとつは一定期間にわたる好業績であろうが、これも突き詰めれば数量的要因に含まれてしまう。

株式市場ではその企業の経営能力というものを２回評価する傾向がある。ある企業の株価とはその優れた経営能力が生み出した好業績を反映したものだが、株式市場ではそれに加えて「優れた経営能力」をもうひとつの好材料として織り込んでしまう。こうした同じ材料を２回使うことで、過大評価による株価の異常な高値が生まれるのである。

## 収益トレンド

最近では「収益トレンド」というものが大きな注目を集めている。言うまでもなく増益基調は好材料だが、証券市場ではそれをさらに押し進めて、過去のトレンドを未来にまで延長することで将来の収益を予測し、これをその企業の評価基準とする傾向がある。こうしたプロセスではそれなりの数字が使われるため、多くの人々はそれが数学的に正しいものと錯覚してしまう。しかし、過去のトレンドは事実であるが、「将来のトレンド」は単なる推測でしかない。異常な繁栄や不況は永遠に続くものではないと先に指摘したが、同じように上昇または下降トレンドも永久に続くものではない。トレンドが確実に多くの人目を引くころには、すでに変化の機が十分に熟しているのである。

将来に関するかぎり、過去のトレンドがその後も続くと考えることは、過去の平均的なトレンドがそのまま繰り返されると考えることと同様に正しくはない。ある面ではそうしたことがあるかもしれないが、証券分析においてはそうしたトレンドが過去のばらばらな数字や平均値よりも有益であるとはいえないだろう。証券分析では過去の平均値が将来にも繰り返されると考えるのではなく、それは単に将来を予測するときの大ざっぱな手掛かりになるといった程度のものである。しかし、たとえトレンドがその程度のものにすぎないとしても、その企業の将来の業績が上向くのか・下向くのか、または良いか悪いのかを占うひとつのヒントにはなる。トレンドに対する証券アナリストの見方が明確に表れているひとつの例を示そう。

1929年の鉄道会社の決算報告によれば、過去7年間の支払利息に対する平均収益の倍率は3倍だった。それをもって証券アナリストは鉄道債は安全であるとの判断を下すだろう。それは数量的データと数量的基準をもとにした判断である。しかし、そうしたトレンドは今後7年間も同じ収益倍率が続くことを予測させるものではなく、おそらく収益倍率は3倍以下には落ち込まず、それゆえ鉄道債のリスクもそれほど大きくはならないといった程度のものである。現実のほぼあらゆるケースにおいてそうした結論は正しいのであるが、その後に景気後退が起こったケースも少なくないのもこれまた事実である。

トレンドに基づく同じような判断のケースを見てみよう。1929年にはほぼすべての公益事業会社が増益基調を維持していたが、(多額の債券債務を抱えていたために)その多くの会社の金融費用はかなり重く、ほとんどすべての純利益を食いつぶしていた。しかし、多くの投資家は増益基調が今後も続くのは確実であり、その証券の安全余裕率は大きいと見て活発に鉄道債を購入していた。そうした見方は明らかに将来の予測に基づいたものであり、その正しさは投資結果によって立証されるだろう。そして、もしもその予測が間違っているならば(おそらくそういうことになるだろうが)、それらの投資家は大きな損失を被ることになる。

## トレンドは質的要因

あとの章ではこの問題を含めて普通株の評価について詳しく検討するが、ここではトレンドを重視しすぎると過大評価や過小評価といった間違いを犯すことになると言うにとどめる。このことはトレンドを将来にも際限なく延長しがちであるという点ではよくあることであり、したがって一見数学的に見える評価法も実際には心理的かつ恣意的な要因に基づいているのである。以上の理由から、トレンドがどれほど数量的要因として強調されようとも、現実には「質的要因」であると考えるべきである。

### 不確実な質的要因

トレンドとは正確な予測という形をとった将来の見通しである。同じように、企業の性質や経営能力に関するさまざまな結論も基本的には将来の見通しに基づいている。このように、これらすべての質的要因はみな同じ性質を持っている。つまり、すべての質的要因には証券アナリストの理解を超える難しさが潜んでいるということである。突き詰めて言えば、証券アナリストはさまざまな質的要因がその証券の価格にどれほど反映されているのかということを正確に判断することは不可能である。たとえそれが読み取れるような場合でも、その判断は概して特定の方向に強調されがちである。市場全体にはいつも同じような判断が流れているが、相場の上昇と下落が繰り返されるのは、将来の見通しに基づいて価格が形成されるときに、人々の判断が数学的に妥当な範囲を超えてどちらか一方の極端に向かうためである。

証券分析で取り扱う数値は事実によって裏付けられたものであり、期待値による数字ではない。その点で証券アナリストの分析アプローチは、将来の予測能力がその成否を決める投機家のそれとは正反対である。とはいえ、証券アナリストも将来の変化の可能性については考慮するが、その目的はそこから「利益を得る」ことではなく、それによって「身を守る」ことにある。一般的に言えば、証券アナリストが企業の将来を予測するときには自らの判断の正しさを証明するためではなく、自分が判断する結果は危険な冒険であることを十分に承知しているのである。

## 質的要因は安定した要因

証券アナリストが最も重視する質的要因とは「本来的には安定した要因」である。安定した要因というのはあまり変化せず、それゆえ企業業績の予測にとって信頼性が高いものである。そのことを証明するひとつの例を見てみよう。ゼネラル・ベーキングの1923～32年の収益は1932年の支払利息の10倍以上に達していたが、ウールワースの1924～33年の普通株１株当たりの営業利益はわずか2.12～3.66ドルにすぎなかった。しかしわれわれの見解によれば、企業の安定性とは業績というよりは主にその企業の性質を反映する質的な要因である。安定した業績を上げている企業は本来的に安定した企業であるといわれるが、以下の実例は必ずしもそうではないことを示している。

### 事例

1932年初めのスチュードベーカー（自動車）とファースト・ナショナル・ストアーズ（食料雑貨）の優先株はともに額面以上で売買されていた。両社の業績は似たようなものであり、両社の収益はいずれも優先配当支払額を常に十分上回っていた。しかし、スチュードベーカーの優先配当に対する収益の倍率はファースト・ナショナル・ストアーズの収益倍率の何倍にも達していた。

とはいえ、証券アナリストとしては単にこれらの数字が示すものだけにとどまらず、これら２社の事業の本質的な面を見通さなければならない。つまり、食料雑貨チェーンストアのほうが安定した需要、分散化した立地、在庫回転率の速さ――など多くの安定した要素を持っていることに気づく必要がある。この業界の大手企業は無謀な経営拡

**優先配当に対する収益の倍率**

| ファースト・ナショナル・ストアーズ | | スチュードベーカー | |
|---|---|---|---|
| 期間 | 倍率 | 暦年 | 倍率 |
| 1930/3/31に終了した1年 | 13.4 | 1929 | 23.3 |
| 1929/3/31に終了した1年 | 8.4 | 1928 | 27.3 |
| 1928/3/31に終了した1年 | 4.4 | 1927 | 23.0 |
| 1927/3/31に終了した15カ月 | 4.6 | 1926 | 24.8 |
| 1925(暦年) | 5.7 | 1925 | 29.7 |
| 1924(暦年) | 4.9 | 1924 | 23.4 |
| 1923(暦年) | 5.1 | 1923 | 30.5 |
| 1922(暦年) | 4.0 | 1922 | 27.3 |
| 平均 | 6.3 | | 26.2 |

大策をとらないかぎり、収益が大きくぶれるようなことはない。しかし、もう一方の典型的な自動車メーカーであるスチュードベーカーはこれと事情がまったく別である。自動車産業は業界全体としてはかなり安定しているものの、個別の企業となると顧客の気まぐれな好みということもあってその業績の見通しはかなり不確実である。スチュードベーカーの収益が安定しているのは、同業他社が直面している激しい競争から同社だけが無縁であるという事実によるものではない。同社の優先株が安定しているのはそれまでの好業績を単に反映したもので、個別の企業としての同社の業績はこの業界では例外的なものである。これに対し、ファースト・ナショナル・ストアーズの優先株もその好業績を反映したものだが、それはこの業界の本来の性質に合致している。以上の要因を踏まえて、証券アナリストは自動車メーカーの統計上の業績結果にもかかわらず、確定利付き証券として本来的に安全であるのはスチュードベーカーではなくファースト・ナショナル・ストアーズの優先株であるという結論を出すべきである。

## 要約

数量的要因と質的要因に関する以上の分析結果を要約すると、証券アナリストの判断は常に事実に基づく数字と確立された基準に基づくべきであるという結論になる。もちろん、それらの数字だけで十分とはいえないだろうが、それらの吟味された数字であれば反対の傾向を示す質的要因によって完全にその価値を失うようなことはないだろう。その証券の発行会社が統計的に目を見張るような業績を示していても、将来の業績や経営能力に疑問や不信感を抱く要因が認められるような場合には、その証券への投資は見合わせるのが賢明である。繰り返すが、過去の信頼できる統計データに基づく結論は不確実な将来の状況によって覆されることは少ないため、証券アナリストとしては「安定性のある」質的要因を重視すべきである。そして数量的要因に基づく決算数字などが極めて有利な質的要因によって裏付けられているような場合には、かなりの自信をもって証券の選択に臨むこともできるだろう。

しかし、その判断が多くの質的要因に基づく場合には（その証券の価格が統計データで裏付けられる範囲をかなり上回っているような場合など）、往々にしてその分析判断の許容範囲はあいまいになるものである。これを数学的な表現で言えば、好業績の統計データは証券アナリストの正しい判断にとって「必要条件」ではあるが、けっして「十分条件」ではないのである。

# 第3章

# 情報源

証券アナリストが自らの役割を果たすうえで参考にできるすべての情報源について論じたり、またはそれらをすべてリストアップすることは不可能である。それゆえこの章では、重要な情報源について簡潔に触れながらそれらを批判的な観点から検討する。さらに多岐にわたる特殊な情報源やその利便性などについても多くの例を挙げて検討する。

## 問題の条件に合致する情報

証券アナリストが求める情報は、①検討する特別な問題、②当該企業、③当該産業——などに関するものであろう。これらに関する情報は証券の便覧や統計サービスなどに要約されている。債券契約の内容についてもっと詳しい情報が知りたい場合には、証券の信託証書を参考にしたり、その写しを受託会社の店頭で入手・閲覧することもできる。ある会社の株式発行条件などはその定款に詳しく記されている。こうした資料は通常では入手できないが、その株式が上場されるときに詳しい情報が上場申請書類に盛り込まれるのでそれを参考にすることができる。

# 企業に関する情報

## 株主向け報告書

企業に関する主な統計データの情報源は、株主向けに発表される報告書である。これらの報告書は発表の頻度やその範囲において多岐にわたっており、その現況は次のようになっている。

大手鉄道会社は賃借費用控除後の純利益（鉄道営業純利益など）に関する月間データを公表している。そのなかには株主配当可能利益のほか、貨物量に関する週間データも含まれている。また週間の総収益を公表している鉄道会社もあり、それらの年次報告書には詳細な財務・営業損益データが盛り込まれている。

公益事業会社の多くは月間および四半期ごとに報告書を公表しており、それには総収益、税引後純利益、配当可能利益――などが盛り込まれている。このほか、直近の12カ月だけのデータを公表している企業もあるが、多くの公益事業会社は販売したキロワット時の週間・月間データを公表している（アメリカン・ウオーターワークスは月間データ、ノースアメリカンは四半期データを発表している）。これに対し、製造会社はそれぞれ独自の慣行を採用しているが、同じ業種の企業は同じ方式をとっている。

### A．月間統計

多くのチェーンストアは月間売上高を発表している。産銅会社は1931年までは定期的に月間生産高を公表しており、ゼネラルモーターズ（GM）も月間販売台数を発表している。USスチールは1902～33年には各月の受注残を公表してきたが、1933年からは月間出荷高の統計に切り替えた。ボールドウィン・ロコモーティブ・ワークスは出荷高、新規受注高および受注残に関する月間統計を公表している。石油会社のスタンダード・オイル・グループはバレル換算の月間生産高を発表している。

一方、純利益の月間データを公表している企業もあるが、そうした慣行を採用している企業は極めて少ない（オーチス・スチール、マリンズ・マニュファクチュアリング、アラスカ・ジューノーなど）。一般に業績が上向きのときには月間データを公表するが、業績が落ち込むと発表を取り止める傾向がある。このほか、四半期報告のなかに月間統計を盛り込む企業もある（1932年までのUSスチールなど）。

## B．四半期報告

四半期報告の発表はほぼすべての業界で採用されている一般的な慣行である。ニューヨーク証券取引所も各企業に対して四半期報告の開示を強く求めており、証券の新規上場や増資に際してはこれを義務づけている。しかし、一部の業種の企業では季節変動を理由にこうした義務を免除できると考えている。それらの業種とは砂糖生産、肥料、農業製品などで、直近12カ月の収益データを四半期ごとに発表することで季節変動の影響を隠している企業もある（コンチネンタル・カンなど）。

一方、大手タバコ会社や百貨店の多くが年間統計の公表を拒んでいる理由は何とも理解できない。ウールワースほどの会社が月間売上高だけしか公表せずに、純利益に関する中間報告書を発表しないのは納得がいかない。この業界に属する多くの企業はいまだに四半期報告を公表していない。多くの場合、そうした中間報告は経営陣には発表されるものの株主には公表されないが、それにははっきりした理由はないようだ。

四半期報告に盛り込まれるデータは（ときに減価償却費や連邦所得税控除前の）純利益だけの数字から、損益計算書やバランスシートのほかに社長のコメントまで添えた詳細な統計にいたるまでその内容は多岐にわたっている。GMなどはこうした詳しい統計を公表している典型的な企業である。

### C．半期報告

ゴム会社などを除き、半期報告を公表する慣行が定着している業界は少ない。アメリカン・ロコモーティブやアメリカン・ウールンなどはそうした数少ない企業のひとつである。

### D．年次報告

すべての上場企業は何らかの形で年次報告を公表している。全般に年次報告の内容は中間報告の内容よりも詳細にわたっている。そのなかには過去の業績や将来の見通しに関する会長のコメント（必ずしも明るいものだけとは限らない）を盛り込んでいるものもある。ほぼすべての年次報告にはバランスシートのデータが掲載されている。損益計算書に盛り込まれる情報は多岐にわたるが、配当可能利益や配当額だけしか公表しない会社もある（USレザーなど）。（ポカホンタス・フューエルは上場企業のなかでは、バランスシートの年次報告は公表するが損益計算書のデータは公表しない珍しい会社である。）

### 損益計算書

われわれの見解によれば、損益計算書には、①売上高、②（以下の項目を控除前の）純利益、③減価（減耗）償却費、④支払利息、⑤営業外収益、⑥支払所得税、⑦支払配当額、⑧剰余金修正額――などの統計が盛り込まれていなければ、けっして完全なものとはいえない。

しかし、半数近くの大手企業がまさにこうしたデータを公表していないのは本当に残念なことである。一部のデータ（特に年間売上高など）を公表しないのは、それを競合他社や顧客が悪用して株主などに迷惑をかける恐れがあるという見解もあるが、そうした口実はあらゆる産業の企業が積極的な情報の開示を進めている現状から見るとあまり説得力はない。売上高や減価償却費に関する情報が入手できないとその企業の詳しい業績分析が難しいので、証券アナリストや株主にとっては大きな問題である。さらに、経営陣に近い少数グループだけがそうした重要な情報を握っていることは一般投資家にとっても不公平であろう。また、そうした情報が１年に１回しか公表されないことも問題である。しかし、もしそれらの企業の株主がそうした古い慣行を改めるように経営陣に強く迫るならば、事態が好転する可能性もある。

とはいえ、年次報告書の「ほどほどの完璧さ」の条件を満たすうえで、われわれは何も株主に対してすべての情報を開示せよと言っているわけではない。包括的な情報という点ではUSスチールの報告書はひとつのモデルとなるだろう。以下に示すのは同社の開示項目であり、それらはわれわれの求める基準を十分に満たしている。

①生産・販売高、設備稼働率

②国内／海外向け生産高、グループ会社間／グループ会社外向け生産高

③営業費用（賃金、従業員数、国税・地方税、販売費・一般管理費、維持費など）

④資本支出

⑤棚卸資産

⑥保有資産

⑦株主数

## バランスシート

バランスシートの形式は損益計算書の形式に比べて標準化されており、損益計算書の場合ほど批判の対象となる項目は少ない。以前にはよく無形資産と有形固定資産を区別せずに記載している企業もあったが（アリス・チャマーズ・マニュファクチュアリングなど）、最近で

はそのようなこともなくなった。

多くの企業の開示慣行に対する批判のひとつは、例えば減価償却費を控除しない有形固定資産勘定の純額だけが公表されることである。その他の批判には、保有有価証券の時価を公表しない（1932年のオッペンハイム・コリンズ）、企業への投資を市場性ある有価証券として計上する（ピッツバーグ・プレート・ガラス）、棚卸資産を取得原価または時価のいずれか低いほうで表示する（1931年のセラニーズ）、さまざまな名称をつけた準備金を計上する（ヘーゼルアトラス・ガラス）、自社株の保有額を計上する（アメリカン・アーチ）――などである（これらの問題をめぐってニューヨーク証券取引所とアライド・ケミカル・アンド・ダイは長期にわたる訴訟を展開したが、結局1933年の判決でニューヨーク証券取引所側が勝訴した）。

## 公的機関に提出される定期報告

鉄道会社と公益事業会社は関係する連邦・州委員会に対して情報の提供を義務づけられている。一般にそれらの情報は株主に対するデータよりも詳細にわたるため、それらを利用することも有益である。以下に示すのはそうした価値ある情報の一例である。

1927年までの長期間にわたり、コンソリデーテッド・ガスは株主に対してほとんど情報を提供しなかったことから、その株式はウォール街では「ミステリー株」と呼ばれていた。その多くの子会社が保有する未公開の資産の価値を投機家が煽っていたからである。しかし、ニューヨーク公益事業規制委員会に提出する年次報告書のなかに、同社とその子会社の営業損益と財務内容に関するほぼすべてのデータが盛り込まれているのが分かった。同じように、ポスタル・テレグラフ・アンド・ケーブルを保有するマカイ・カンパニーズは長期間にわたり株主に対して詳細な情報を提供しなかったが、ICC（州際商業委員会）

には詳しいデータを提出していた。またフィフス・アベニュー・バス・セキュリティーズも株主には限られた情報しか提供しなかったが、ニューヨーク交通委員会に対してはその営業子会社の完全なデータも提出していた。

石油会社のスタンダード・オイル・グループも株主に対する情報の提供はかなり慎重であるが、ICCには詳細な年次報告の提出が義務づけられている。数年前にそれらの報告書を調査したところ、これらの企業が保有する現金と市場性ある有価証券について驚くべき事実が分かった。

一方、商務省が月次で発行している「サーベイ・オブ・カレント・ビジネス」には、一般には知り得ないチェーンストア各社の詳細な売上データが盛り込まれている（ウォルドーフ・システム、Ｊ・Ｒ・トンプソン、ユナイテッド・シガー・ストアーズ、ハートマンなど）。業界誌や産業情報サービスからも特定企業の詳しい統計データが入手できる。

**事例**

「クラムズ・オート・サービス」は自動車メーカー各社の週間生産台数の情報を提供している。ウィレット・アンド・グレーは砂糖生産会社の収穫期間の生産推計を公表している。「オイル・アンド・ガス・ジャーナル」は石油各社の主要な油田の生産統計を掲載している。「レールウェー・エイジ」は鉄道設備受注高に関する詳細な情報を提供している。ダウ・ジョーンズはUSスチールなどの週間生産率の推計を発表している。

## 上場申請書類

これらは不定期ながら最も重要な情報源のひとつである。証券上場のひとつの条件としてニューヨーク証券取引所が提出を義務づけている報告書は、一般に株主に提出されるものよりもかなり詳細にわたっている。それには売上高、生産量、連邦所得税、子会社の損益収支、減価・減耗償却費の対象資産とその金額——などの詳細な情報のほか、保有資産、契約条件、採用した会計方式などに関する貴重な情報も盛り込まれている。証券アナリストにとって、これらの上場申請書類は極めて貴重なものである。ただし、それらは不定期にしか入手できないという難点があり、定期的な情報源として利用できないのが残念である。

## 登録届出書と目論見書

1933年証券法では、証券の新規上場に際してFTC（連邦取引委員会）に詳細な登録届出書の提出を義務づけている。それらの書類は同委員会の事務所で閲覧できるほか、有料で入手することも可能である。また、上場企業に関する重要な情報は証券引受会社が購入者に提供する目論見書からも入手することができる。証券アナリストや投資家にとって、登録届出書や目論見書などの書類は極めて貴重な情報源である。

## 各種の公式報告書

各種の公式報告書からも各企業に関する貴重な情報を入手することができる。例えば、1923年の石炭委員会の報告書（1925年に上院資料として提出）には、それまでには明らかにされなかった無煙炭生産各社の詳細な財務・営業損益情報が盛り込まれていた。このほど公表された連邦取引委員会の報告書にも、公益事業会社の持ち株会社の情報が掲載されている。ICCの報告書も証券アナリストにとって極めて貴重なものである。このほか、証券受託会社も信託証書に記載すべき情報を保有しており、それらの情報も貴重である。例えば、メーソンシティー鉄道債（利率４％）の受託会社の未公開報告書によれば、同社の収益水準は支払利息に達していないため、その債券の利払いはシカゴ・グレート・ウエスタン鉄道が引き受けるとされており、同債券は一般に考えられているよりはるかに危険であることが分かった。

## 統計・財務刊行物

証券アナリストが日常業務で必要とする情報の多くは、多様で便利なデータが盛り込まれている各種の統計サービスから入手している。それらは定期刊行物に盛り込まれる包括的な情報（プアーズ・マニュアル、ムーディーズ・マニュアル）、頻繁に更新される詳細な株式・債券情報（スタンダード・スタティスティクス、フィッチ、プアーズ・マニュアル）、毎日提供される各企業のニュース・ダイジェスト（スタンダード・コーポレーション・レコーズ、フィッチ）――などがある。これらのサービスは過去20年間に提供する情報の正確さと包括さという点で大きな進歩を遂げた。しかし、オリジナルな情報源から得られたものではないという点では全面的に信頼できない部分もある。それらのサービスはときに情報源を明らかにしなかったり、または重要な情報をそのまま提供しないこともある。それゆえ、証券アナリストは各企業について詳細に分析する場合には、これらの要約データやコピー情報に全面的に頼らず、できるかぎりオリジナルな企業報告書やその他の資料を参考にすべきである。

一方、財務情報に関する定期刊行物として毎週発行される「コマーシャル・アンド・フィナンシャル・クロニクル」も重要な情報源である。同誌がカバーする財務・産業情報は極めて広範囲にわたり、なかでも最も評価できるのは企業の各種報告やその他の詳細な資料が加工されずにそのまま提供していることである。

## 企業から直接入手する情報

これらの公表された情報を、自分で直接調べたデータや経営陣との会見で得た情報で補足すればそれはかなり価値あるものになるだろう。株主が当該企業に特別の問題に関する情報の提供を求めてはいけないという理由はないし、また要請すれば何らかの情報は得られるものである。株主はその会社の「オーナー」であり、またそれらの役員の「雇い主」であることを忘れてはならない。それゆえ、株主は当該企業に悪影響を及ぼさないかぎり、正当な質問をしてそれに対する回答を受け取る権利がある。

こうした極めて大切なことがなおざりにされている。裁判所も善意の株式保有者が私企業のパートナーとして完全な情報を入手する権利があることを認めている。この種の権利をその企業に悪影響を及ぼすように悪用すべきではないが、経営陣には株主によって明らかにされた誤った動機や情報の開示がなぜ会社に悪影響を及ぼすのかなどについて説明する義務がある。

企業に情報の提供を求めるときに多額の弁護士報酬などが必要となるため、自らの権利を主張する株主はそれほど多くはない。しかしこれまでの経験によれば、会社側に正当な情報の提供を強く求めたところ、最も頑固な経営陣でもそれに応じたというケースも少なくない。こうしたことは、提出を求めた情報が同業他社では定期的に公表されているような情報である場合にはよくあることである。

## 産業情報

産業全体に関する統計データも豊富に入手することができる。例えば、「サーベイ・オブ・カレント・ビジネス」は多くの産業の生産高、消費、在庫、受注残などに関する月次統計を提供している。また、「スタティスティカル・アブストラクト」や「ワールド・アルマナク」などの要約情報サービスでは各産業の年間統計を提供している。それより詳細なデータは「バイエニアル・センサス・オブ・マニュファクチュアーズ」などから入手できる。

さまざまな業界誌も定期的に多くの重要な要約統計を公表している。それらの刊行物から各産業の現在と将来の業績に関する継続的なデータを入手できる。これらのサービスを利用すれば、証券アナリストはそれほど苦労せずに分析の対象となる産業の歴史やさまざまな問題点について、ほぼ完全な背景情報などを入手することができるだろう。

# 第4章

# 投資と投機

ほとんどすべての人々は投資と投機の違いを理解しているが、その違いを厳密に定義しようとすればいろいろな問題に直面する。この２つの違いについて、投資とは成功した投機であり、投機とは失敗した投資であると定義する皮肉屋もいる。一般に米国債の購入は投資であるが、1933年のラジオ・コーポレーションの普通株（無配、収益ゼロ、有形資産ゼロ）の購入は明らかに投機であると考えられる。しかし、（価格の急上昇を見込んだ機関投資家の大口買いなど）明らかに投機的な行為が米国債でも行われているのに対し、1929年のラジオ・コーポレーションの普通株が大手投資信託のポートフォリオにも組み込まれていることから一般には投資と考えられている。

われわれが検討する問題点をできるだけ明確にするためにも、この２つの用語を正確にかつ広く受け入れられる形で定義するのが望ましいだろう。その理由のひとつは、投資と投機を明確に定義しなかったことが1928〜29年の熱狂的な相場とその後の暴落を招いた一因にもなっているからだ。こうした反省を踏まえて、われわれはこの問題を通常の問題よりも徹底的に検討すべきであろう。そのための最初のステップとして、この２つの用語が使われるときに一般に意図されるいろいろな意味を批判的に検討し、次にそこからそれらの明確な概念を具体的に示していく。

## 投資と投機の一般的な違い

投資と投機の一般的な違いは次のようなものである。

| 投資 | 投機 |
| --- | --- |
| 1．債券 | 株式 |
| 2．現物買い | 信用買い |
| 3．長期保有 | 回転売買 |
| 4．インカムゲインが目的 | キャピタルゲインが目的 |
| 5．安全な証券 | リスクの大きい株式 |

最初の４つの区別は極めて明確であり、それらの区別は投資と投機の一般的な特徴を表している。しかし実際的な状況に照らせば、これらの区別についてもさまざまな反論があるだろう。

### 1．債券と株式

最初の定義は投資と投機の一般的な考えを示しており、投資に属するのは債券だけであると断言する投資界のある権威者の主張を念頭に置いたものである（ローレンス・チェンバレン著『投資と投機』）。しかし、この権威者の主張は優良優先株の購入も投資であるという一般に広く受け入れられている考えとも相反している。これに対するわれわれの考えによれば、債券を全面的に信頼できる投資適格証券と妄信するのは極めて危険である。というのは、保証の薄い債券の購入は完全に投機的であり、しかも最も危険な投機対象であることも少なくないからだ。その一方で、それが将来キャピタルゲインを生む可能性があるという理由だけで、強力な経営の企業の普通株を投資のカテゴリーから除外するのもやはり問題である。というのは、多くの一般投資家は一部のとりわけ安全な普通株を投資適格証券とみなし、自らを投機家ではなく投資家と考えてそれらを購入しているからである。

## ２～３．現物買いと信用買い／長期保有と回転売買

２と３の定義は投資と投機の本来的な違いというよりは、一般的な「購入方法」や「やり方」に関するものである。株式の現物買いではそれ自体の行為を投資とはいえない。実際、最も投機的な株式であるペニーストック（投機的な低位株）は、その購入資金を貸してくれる人などだれもいないので現物で買わなければならない。それとは対照的に、アメリカ国民は戦時中に自由国債を借入金で購入するよう求められたが、そうした行為は広く投資と見なされている。このように、証券の購入方法に厳密な論理を適用しようとすれば、実際の状況は正反対の結果となることもある。より安全な投資適格証券が信用買いに適していると考えられたり、その反対にリスクの大きい投機的な証券が現物で買われることも少なくない。

同じように、長期保有と回転売買の定義も大ざっぱに区別する必要がある。普通株のある権威者は最近、１年以上保有する目的で証券を購入する場合に限ってそれを投資と定義したが、そうした定義は明らかにそれ自体の意味というよりは便宜上そうしただけであろう（ローレンス･スローン著『一般投資家と普通株』［ニューヨーク、1931年］）。こうした定義が正確でないのは、「短期の投資」が広く行われていることを見ても明らかである。その一方で、（証券購入者がその評価損を取り戻すために）やむなく「長期の投機」を行っているのも珍しいことではなく、しかもこうした行為はそれなりの目的があって行われているのである。

## ４〜５．インカムゲインとキャピタルゲイン／安全な証券とリスクの大きい株式

これらの区別はひとまとめにすると理解しやすいだろう。たしかに1928年までの長期においては、一般投資家の関心は主に元本の安全性と長期保有によるインカムゲインに向けられていた。しかし現在では、普通株はベストの長期投資であるというときのその目的は現在の利益よりも将来の利益であり、元本の将来的な値上がりが人々の最大の関心事となっている。このように将来的な値上がり益が最大の目的となった結果、（投資信託の一般的な資金運用法に見られるように）新しい時代の投資と投機は実際にははっきりと区別がつかなくなってしまった。

こうした状況のなかで、投資の主な目的がインカムゲインであるのに対し、投機の大きな目的がキャピタルゲインであるという広く受け入れられた考えに戻るのも大切であるかもしれない。とはいっても、投資の本質がそうした区別によって明確になるかどうかは依然として疑問である。これまでの一般的な慣行を見ると、現在の利益を得ることがもはや投資の主な目的ではなくなったのは明らかである。そのことは銀行株のケースを見ても分かる。銀行株は最近まで裕福な投資家だけが購入する株式だった。銀行株は優良債券よりも利回りは小さく、銀行の収益と剰余金が着実に増加すれば、特別な利益配当と元本価格の上昇がもたらされるであろうという期待感から購入されていた。つまり銀行株は証券の主な購入理由である高配当利回りというよりは、キャピタルゲインという期待利益から買われていた。しかし、これを投機的であると呼ぶのは適切ではないようだ。というのは、収益の多くを配当として株主に支払う銀行株などの購入を投資とするならば、剰余金を社内に留保する保守的な政策をとる企業の株は投機的ということになってしまう。こうした論理は明らかに矛盾しており、こうし

た事実に照らせば、普通株の投資に際して現在の配当利回りを考慮しなければ、その会社の収益力だけが頼りということになる。

ここで改めて新しい時代の投資理論というものを考えてみよう。1929年に低利回りの工業株を買うことは第一次世界大戦以前に低利回りの銀行株を購入することと同じように投資といえるのだろうか。この問いに答えるには果てしのない考察が必要であろうが、その適切な回答のひとつは先の５つの区別（安全性とリスクに関する定義）を検討することで得られるだろう。

この定義は投資という用語をめぐる最も広範な概念に関連するが、それを実際に適用しようとするとさまざまな問題が出てくる。もしも安全性というものがその結果によって決まるのであれば、この問題の実際的な答えは「投資とは成功した投機である」という皮肉屋の定義に近いものとなる。そうであれば、安全性というものは事前に決定されなければならないわけだが、ここにもまた不確実で主観的な要素が数多く存在する。例えば、「絶対に勝てる馬」に賭け金を投じる競馬場のギャンブラーは、自分の投資は安全であると確信している。また1929年に値がさ株を購入した投資家は、自らの投資に十分報いてくれるであろうと期待してその企業の将来的な成長を買ったのである。

## 安全性の基準

安全性の概念は、それが証券購入者の思いや心理よりももっと具体的なものに基づいている場合に限って明確なものとなるだろう。つまり、安全性というものは十分に確立された明確な基準を適用することで明らかになるだろう。1912年の銀行株の購入者と1929年の普通株の投資家を区別するのはまさにこの点である。自らの経験に照らして安全であると考えた価格水準で銀行株を買った人々は、その銀行の資産や収益力を知ることで自分の投資金を投じたことに満足していた。もし投機的な相場がその本来的な価値とかけ離れた水準まで銀行株を押し上げるならば、それらの投資家は保有株を売却し、買い戻せる妥当な水準まで再び下がるのを待っているだろう。

これに対し、もしも1928～29年の普通株の投資家がそれと同じやり方をしたら、投資という言葉は悲劇の代名詞になっていただろう。「ブルーチップ（優良株）」という名称をあえて値がさ株の代名詞とするならば、一般投資家は自分では投資適格銘柄を選択していると思いながら、無意識のうちにギャンブル的な動機で行動していたのである。これらの投資家がかつての銀行株の購入者と大きく異なるのは、十分に確立された基準に従って資金を投じるという価値判断がないことである。市場は（それがどれほど高い水準であろうとも）現在の価格を次々と織り込み、それを唯一の価値として刻々と新しい基準を更新していく。こうしたダイナミックな動きに基づく安全性の考えなどは明らかに錯覚であり、危険に満ちていると言えないだろうか。この論理を極端にまで押し進めると、良い株に高すぎる値段などは存在せず、そうした銘柄はたとえ25ドルから200ドルに高騰しても依然として「安全である」ということになってしまう。

### 提案する投資の定義

以上のように、投資と安全性を同一視するのは適切ではなく、安全性とは明確な基準に基づいて決定しなければならない。同じように、投資家はその関心の対象を現在の利益というものだけに限定せず、ときには将来のリターンを見込んで証券を購入し、ある程度の期間を待つという心構えも必要である。こうした考えを念頭に置きながら、われわれは投資という用語に対する一般投資家の理解の範囲と、ある程度の用語上の正確さという条件を満たすべく以下のような定義を提案する。すなわち、

「投資とは詳細な分析に基づいて、元本の安全性と満足すべきリタ

ーン（投資収益）を確保する行為である。この原則を満たさない行為を投機と呼ぶ」

この定義のいくつかの意味についてはさらに詳しく検討する必要がある。われわれは単に特定の証券を購入することを「投資」とは呼ばない。証券それ自体に内在しているものを投資の性質であると考えるのは正しくない。基本的に重要であるのはその証券の価格であり、それゆえその株式（または債券でさえも）はある価格水準では投資メリットがあっても、違う価格水準になれば投資妙味がなくなるのは当然である。また、ある株式のグループに投資することはそれなりの成果を期待できるが、個々の銘柄に投資すれば十分な安全性は確保できないということもある。換言すれば、投資基準を最低限に満たしながら、個別銘柄の投資に伴うリスクを軽減するうえでも分散投資は有利であろう。

われわれの考えによれば、ある証券を購入すると同時に別の証券を売却するという裁定取引やヘッジ取引も投資行為に含めることができる。こうした投資手法においては、買いと売りを組み合わせることで高い安全性を確保できる。この種の手法は通常の投資の概念からは少しはみ出していると考えられるが、われわれにとっては理にかなっている。

ところで、「詳細な分析」「安全性」および「満足すべきリターン」などの用語には不確定なニュアンスが伴うが、それらの意味を明確にすれば、重大な誤解は避けられるだろう。まずは「詳細な分析」というものについて、それは十分に確立された安全性の基準に照らしてさまざまな事実を検討することを意味する。この定義に従えば、史上最高の業績を反映してその株価収益率が40倍になったゼネラル・エレクトリックの普通株の買いを勧めるような「分析」はまったく論外である。

一方、投資における「安全性」は絶対的または完全なものではない。

それはむしろ、平時またはかなり一般的な状況の下で損失から身を守るといった程度の意味である。例えば、安全な優良債券でもデフォルト（債務不履行）といった事態もないわけではないが、それは本当に例外的でほとんど考えられないような事態であろう。同じように、安全な株式というものは予想外の偶発事態を除けば、将来も投資した価格を保つであろうような株式である。これまでの分析と経験に照らして、もしも将来的に損失を被るかなり高い確率が見込まれるならば、それは投機的な状況であると言えるだろう。

次に「満足すべきリターン」という用語は現在の利息・配当利回りをはじめ、将来の元本の値上がり益も意味するため、「十分な利益」よりは広範な意味合いが含まれている。また「満足すべき」は主観的な表現であるが、もしもその投資家がそれなりの賢明な努力をしたのであれば、その利益の多少は問わず、その投資家が手にするある程度のリターンを意味している（1932年に1/4％の利回りの米財務省証券を購入することは、投資家がそうした超低利回りを十分に承知しているならば、これは明らかに投資行為である。これに対し、1932年12月に発行された自由国債［利率4 1/4％］の103 3/4ドルという価格は、もし政府が1933年初めにこの国債を繰上償還すれば、投資家のリターンはマイナスになる可能性もあるという点で投資というよりは投機である。国債が実際に繰上償還されるならば、投資家は利益どころか元本の一部を失うことにもなりかねないからである）。

以上検討してきた投資の概念は、一般に使われている意味よりもかなり広範にわたっている。それに従えば、投資には（あまり一般的ではないかもしれないが）株式の信用買いや短期の利益をめざした買いも含まれる。この点ではこの章の初めに述べた１～４の定義と相反するかもしれない。しかし、こうした幾分あいまいに見える定義を補うためにも、われわれは十分な分析に基づいた安全性の保証というものを強調するのである。その意味からすれば、われわれが考える分析と投資の範囲は大筋では一致しているといえるだろう。

# 第5章

# 証券の分類

証券は習慣的に債券と株式に大別され、さらに株式は優先株と普通株に分けられている。こうした証券の分類における第一の基本的な基準は、債権者とパートナー（共同経営者）の立場に関する法律的な区別であろう。債券保有者は元利に対する一定の優先請求権を有しているのに対し、株式保有者は大きなリスクを取りながらもその会社のオーナー利益を受けることができる。つまり、全体として債券にはより大きな安全性があるのに対し、株式には大きなリスクが伴うが投機的な利益を得るチャンスがある。こうした保有者の法律的な立場と投資上の性質が債券と株式という２つの証券を区別する大きな特徴である。

## 伝統的分類には反対

### １．優先株と普通株を一括した分類

伝統的にこうした分類が一般に行われてきたが、われわれはそうした分類の仕方に強く反対する。優先株を普通株と同じカテゴリーに含めていることについて、少なくとも投資という性質に関するかぎり、優先株は明らかに債券のカテゴリーに分類されるべきである。というのは、標準的な優先株は確定利息と元本の安全性を目的に購入されて

いるからである。さらに債券の保有者は自らをその会社のパートナーではなく、パートナーの利益に優先する請求権の保有者であると考えている。優先株の保有者は形式的にはその会社のパートナーまたはオーナーであるかもしれないが、投資と期待の目的から見ると債券保有者に似ている。

## 2．安全性と同一視される債券

債券と株式を区別する大きな特徴は、「債券形態」が安全性と同一視されていることであろう。投資家は「債券」という名称に損失に対して何か特別な保証があるかのように思っている。こうした考えは基本的に間違っており、債券が大きな損失を招くことも珍しくない。投資家が自らの判断の間違いによって損失という処罰を受けるのをかろうじて免れているのは、債券という形態を悪用するような証券発行会社がたまたまいなかったという偶然の結果にすぎない。その結果、債券は一般に平均的な株式よりは高い安全性が保証されてきたのである。しかし、そうした安全性の保証も債券形態の本質的な利点によるものというよりは、多くの企業がそれによって誠実に資金を調達し、元利返済の義務を履行するという投資家の期待に応えてきた結果にほかならない。とはいえ、証券の安全性を保証しているのはそうした企業の義務感ではなく、またデフォルトという事態における債券保有者の法律的な救済策でもない。「（その証券の）安全性とは債務者である当該発行会社の元利返済能力そのものであり、安全性の度合いはその能力によって100％決まる」。

この基準に従えば、資産や収益力のない企業の債券は、そうした企業の株式と同じくまったく価値がない。新興企業の多くの債券はその株式と同様に安全ではなく、それゆえ魅力にも欠けるのである。というのは、債券保有者は元利の優先請求権は持つが、将来の利益の追求には限界があるからである。こうした明白な事実が存在するにもかかわらず、伝統的に債券形態が証券の安全性と同一視されてきたために、多くの投資家は単純にリターンを制限されていることが損失を防ぐ保証であるかのような錯覚を抱いているのである（これについては、USエキスプレスの清算事例を紹介した参考資料の注2を参照）。

## 3．名称だけではその証券の特徴が分からない

さまざまな証券を債券と株式に大別する分類法に（さらには債券、優先株、普通株の3種に分けるやり方にも）反対する三番目の理由は、その名称がその証券の正確な特徴を表していないことである。その背景には従来の標準的な内容とは異なる変種の証券が続々と登場し、また標準的な証券の特徴を変更したり、またはハイブリッド的な証券も数多く見られるようになったことがある。

これまでの標準的な証券の特徴をまとめると次のようになる。

Ⅰ．債券の特徴

A．一定期日に一定の利息を受け取る無条件の権利

B．一定期日に一定の元本を償還される無条件の権利

C．当該企業の資産や利益に対するそれ以上の請求権はなく、また議決権もない

Ⅱ．優先株の特徴

A．普通株に優先して表示額の配当を受け取る権利（普通株に配当がある場合には満額の優先配当を受けられるが、普通株が無配になれば優先配当の有無は取締役会の決定に委ねられる）

B．当該企業の解散に際して普通株に優先して表示額の元本を受け取る権利

C．普通株が持つ議決権はない

Ⅲ．普通株の特徴

A．債務の返済と優先配当を差し引いたあとの資産に対する比例的な分配権

B．優先支払額を差し引いたあとの利益に対する比例的な持ち分

C．取締役の選任などの比例的な議決権

これらの標準的な特徴を持つ債券や優先株は、「普通社債（Straight Bond）」または「普通優先株（Straight Preferred Stock）」と呼ばれる。

**変種の証券**

今日の証券市場では、このような標準的な特徴からかけ離れたさまざまな証券が数多く発行されている。その最も代表的なものは収益社債、転換社債・転換優先株、ワラント付き社債・優先株、参加的優先株、優先権付き普通株、無議決権普通株――などである。また最近登場したものには、保有者の選択で現金または普通株で利息や配当が受け取れる新種の債券や優先株もある。多くの債券に付与されている「繰上償還条項」も、一定の満期日における元本の償還といった標準的な特徴から幾分かけ離れたものである。

これらのほかにも、標準的な証券からかけ離れたユニークな特徴を持つ変種の証券が続々と発行されている（これについては巻末の参考資料の注３を参照）。例えば、何年にもわたって発行されてきたグレート・ノーザン鉄道の優先株はどこから見ても完全に普通株である。またアソシエーテッド・ガスのある債券などは「会社側のオプション」で優先株に転換できるというかなりいかがわしいもので、これなどはどう見ても本来の債券とは言えない。

最近発行されている変種の証券は従来の標準的な債券や株式の特徴とは大きくかけ離れているため、まったく異なる名称をつけたほうが

よいくらいである。そのなかのひとつに1929年以前の数年間に盛んに発行されたオプション・ワラントというものがあるが、これなどは今では悪名高い金融商品になってしまった。例えば、オプション・ワラント付き証券を発行したアメリカン・アンド・フォーリン・パワーの1929年のその時価総額は10億ドルを突破し、その金額は1914年の国内債務を上回ってしまった。巻末の参考資料の注３にはその他の変種の証券がリストアップされているが、そのなかには株式割当証書（Allotment Certificate）や配当参加証書（Dividend Participation Certificate）などといったものもある。

このように、最近ではユニークで複雑な特徴を持つ証券が続々と発行されているため、その名称に従って証券を分類するという従来の方法は通用しなくなってしまった。従来の分類法もそれなりに便利でメリットもあるが、より正確で柔軟な分類法に代えたほうがよいだろう。われわれの考えによると、その目的にかなう最も有効な基準はその証券の購入後の「一般的な特徴」、つまりその証券の購入者や保有者にとってそのリスクとリターンがどのようなものなのかをもとにすべきであろう。

## 新しい分類法の提案

以上の点を念頭に置き、われわれは次ページのように３つの種類に証券を分類するよう提案する。

| クラス | 代表的な証券 |
|---|---|
| Ⅰ．確定利付き証券 | 優良な債券・優先株 |
| Ⅱ．変動利付き上位証券 | |
| Ａ．利益が十分に保証された証券 | 優良な転換社債 |
| Ｂ．利益が十分には保証されない証券 | 二流の債券・優先株 |
| Ⅲ．普通株の形態 | 普通株 |

以上の証券分類は、次のようにより簡単な分かりやすい形にすることもできるだろう。

Ⅰ．投資適格の債券・優先株

Ⅱ．投機的な債券・優先株

　Ａ．転換社債など

　Ｂ．二流の上位証券

Ⅲ．普通株

さまざまな証券にこうした新しい名称をつけて分類すると、それらの証券の特徴がかなり分かりやすくなるだろう。そして各種類の証券の特徴が分かれば、それらを購入するときにも便利であろう。

### 各証券の特徴

最初のクラスの証券はその名称がどのようなものであろうとも、将来的にもその元本価値の変動は極めて小さいというのがその大きな特徴である。この証券に対する保有者の主な関心は元本の安全性にあり、投資の唯一の目的は確実なインカムゲインを得ることである。二番目のクラスの証券は、将来的に元本価値の変動が見込まれるものである。Ａタイプの証券の投資家は安全なインカムゲインを望みながらも、転換権やその他の優先権を行使してキャピタルゲインを得ることも可能である。Ｂタイプの証券では損失のリスクはあるが、そうしたリスクはそれ以上のキャピタルゲインのチャンスで補うことができる。クラスⅡ－Ｂに含まれる証券は、①一部の下位証券より実質的な優先権を持つために、ある程度の安全性の保証がある、②利益のチャンスはあるが、理論的にまたは運がよければ普通株の投資で得られる大きな利益のチャンスに比べるとその利益の程度は限られる――という点で普通株の形態（クラスⅢ）とは異なる。

確定利付き証券には、すべての普通社債と通常の価格で発行される優良優先株が含まれる。そのほか、このクラスの証券に含まれるのは次のような証券である。

①優良な転換社債（しかし、転換権それ自体は投資の主な対象とはならない。類似の特徴を持つ参加的またはワラント付き上位証券についても同じ）

②投資適格の保証付き普通株

③優良優先株の権利を持つクラスＡ株式や優先権付き普通株

一方、かなり低い価格で売買されている投資適格の債券などは、将来の値上がり益が期待できるという点では二番目のクラスに分類される。この場合、価格そのものは唯一の決定条件ではない。例えば、60ドルで売買されている表面利率３％の長期債は一般に確定利付き証券に分類されるのに対し、80ドルで売られている１年満期の短期債は利率がどれくらいであろうとも、短期間内に割増価格で繰上償還されるか、またはデフォルトや価格の急落といった事態も考えられるため、確定利付き証券に分類することはできない。このように、特にクラスⅠとⅡの証券の境界線はかなりあいまいであるため、その証券をどちらのクラスに含めるのかは証券アナリストや投資家の個人的な判断による。

普通株の特徴を持つ証券は、それが「普通株」「優先株」またはたとえ「債券」の名称がつけられていようともすべてクラスⅢに分類される。その典型例は約200ドルで売られていたATTの転換社債（利率4 1/2%）である。このような高値をつけた証券はさらに上値を追うか、または大幅に反落するかのどちらかであるため、その購入者や保有者は実際には普通株に投資しているのと同じである。この種の証券のもうひとつの例は、クルーガー・アンド・トウルの参加的無担保社債であろう。その公募価格は優先請求権の価格水準をはるかに上回っているため、そうした名称は実質的に何の意味もなく、単に誤解を招くだけである。これらの「債券」が普通株と同じ特徴を持っているのは明らかである（その詳細については参考資料の注４を参照）。

これらと好対照をなすのは、上位証券という名称で特定の証券が極めて安い価格で売られたために、その会社の下位証券の実質的な持ち分がなくなったケースである。そのような場合には、低位の債券や優先株は実質的に普通株のランクに格下げされてしまう。例えば、10ドルで売られている優先株はどう見ても優先株ではなく普通株である。それは上位証券の主な条件を欠いているうえ、現在の価格水準から見た値上がり益はほぼ無限大であるため、どこから見てもハイリターンの特徴を持つ普通株である。

クラスⅡとⅢの区分は、クラスⅠとⅡの区分と同じように不明確である。しかし、異なるカテゴリーという観点から見れば、両クラスの間に境界線を引くのはそれほど難しいことではない。例えば、30ドルで売買されている配当率７％の優先株は低位の上位証券だろうか、それとも普通株と同じ種類の証券だろうか。その答えは当該企業の業績とその証券に対する投資家の見方によって決まる。優先株の額面超過分に何らかの実質的な価値があれば、この証券は上位証券としての有利な権利を持つ。その反対に、投資家がこの同じ証券を普通株と同じ種類のものと見ているかどうかは、その投資家が250％の値上がりを期待しているのか、またはそれ以上の投機的なリターンを見込んでいるのかによって決まる。

以上の検討から、われわれが意図している証券分類の主な内容と目的がかなりはっきりしたと思われる。繰り返すが、証券分類の基準はその名称にあるのではなく、その証券特有の内容と投資家の見方という実際上の基準に基づくべきである。つまり重要なことはその証券の保有者が法律的に要求できるものではなく、将来的に得ることができるもの、またはその証券を購入した時点で得られる可能性のあるものを基準にすべきだということである。

# 第 2 部

# 確定利付き証券

FIXED-VALUE INVESTMENTS

# 第6章

# 確定利付き証券の選択

前章ではその名称ではなくその特徴によって証券を分類すべきであると提言したが、この章ではさまざまな証券の選択の原則と方法について検討しよう。既述したように、さまざまな確定利付き証券は次のように分類される。

①優良な普通社債・優先株

②優良な特権付き証券（しかし、その特権の価値自体は投資の対象とはならない）

③保証または優先条項が付与されているため、優良な上位証券にランクされる普通株

## 優良優先株の基本的な特徴

優良優先株と優良債券をひとつのグループに含めることによって、これらの証券に対して同じ投資・分析法を適用することが可能になる。ただしその場合、優先株保有者の法律上の請求権がほかの証券に比べて劣後するという点は除外する。その理由は投資の安全性は法律上の権利や投資家の救済策にあるのではなく、当該企業の強力な財務能力にあるからである。こうした事実は、過去30年にもわたり優良債券と

しての基本的な条件を備えているといわれるナショナル・ビスケットの優先株に対する投資家の態度にも表れている（これについては参考資料の注５を参照）。

## 優先株と債券を組み合わせるのは適切でない

しかし、このナショナル・ビスケットの優先株のように長い歴史と投資適格の条件を備えた優れた証券は、すべての優先株のなかでは数えるほどしかない。逆に言えば、優先株と債券の投資法をひとまとめにすることはけっして適切ではない。以下の章でも検討するように、平均的な優先株は平均的な債券よりも低いランク付けしかなされていないが、それでも一般投資家は優先株をあまりにもありがたがって受け入れている。優先株の多くは継続的な配当の支払いという点では十分に保証されていない。こうした事実に照らせば、優先株は変動利付きまたは投機的な上位証券（クラスⅡ）に分類すべきであり、このクラスの証券では債券と優先株の契約条項の違いが大きな意味を持つ。その意味からすれば、標準的な優先株と優良優先株は厳密に区別しなければならない。確定利付き証券に分類され、優良債券と同じように取り扱われるのは優良優先株だけである。

## 最近の経験

序文で述べたように、近年の極端ともいえる相場と景気の大変動は債券投資に関する基本的な論理を狂わせた。もし投資家が限られたリターンと引き換えに投機的な利益のあらゆるチャンスも放棄しなければならないとすれば、そこには投資という名に値するものがあるのだろうか。これに対するわれわれの答えは、1927～33年の現象は極めて異常であるため、投資理論または投資の実践にとって適切な参考とはなり得ないというものだった。とはいえ、10年間債券を保有した投資家はその後も惨めな時期を余儀なくされ、その間の債券相場は高金利と深刻な景気停滞というダブルパンチで大暴落したのは事実である。しかし、今後10年間には明るい展望が開け、確定利付き証券の投資家にとって再び幸運な時期が訪れるのかもしれない。例えば、今後のアメリカ経済が長い安定期に入れば、債券相場は景気や株式の変動の影響は受けずに安定した足取りをたどるだろう。もっとも投資原則の分析においては、現実に繰り返された経験から目をそらすために、こうした明るい未来だけを予想することはできないのであるが……。

## 安全性の条件

こうした苦い経験の教訓は、投資家、証券発行会社または証券界の人々が考える以上にこれからの債券投資で生かされなければならない。債券形態を安全性の保証として無条件に受け入れることには、株式のリスクよりは小さいかもしれないが、さまざまな危険が伴うことはすでに言及した。そうであれば（長い間の慣行になってきた）債券を「安全性」と同一視する考え方はやめて、債券は「限られたリターン」の投資対象であるという認識から出発したらどうだろうか。そうすれば、債券保有者は将来の利益を得るチャンスは限られるが、当該企業の現在の利益に対する優先請求権と利息を得るという約束は取り付けられる。これに対し、優先株の保有者は優先請求権は持つが、確実に配当を得るという約束は与えられていない。しかし、そうした優先請求権や配当の約束それ自体は何ら利払いを保証するものではない。利払いを保証するのはその約束を履行できるその企業の能力であり、それはその財務力、現在の業績、将来の収益見通しによって裏付けられるものである。こうした事実に照らせば、正しい債券選択の基本は将来の利益のチャンスを放棄する見返りに、明確な形で現在の安全性というものを確保することにあると言えるだろう。

## 大切なのは損失の回避

債券投資の大きな目的が損失を避けながら、一定のリターンを確保することにあるとするならば、債券投資は主に消極的な選択のプロセスということになる。それは追求や探求というよりは、除外や消去のプロセスである。この点では普通株の選択のプロセスとは正反対である。普通株の投資家も同じように損失を回避しながら利益を追求しようとするが、ある銘柄を買いそびれたことの代償は間違った銘柄に投資したことの代償と同じくらいに大きいものである。しかし、債券投資家は最終的にリスクの大きい債券を購入しないかぎり、どれほど多くの優良債券を拒否しようとも実質的には何の代償を払う必要はない。このように、確定利付き証券の投資にはそれほど難しい要件があるわけではない。かつてワルター・バジョットは銀行関係者に向かって「もし証券の選択が難しかったり、その証券が疑わしいと感じた場合にはそれを拒否すべきである」と強調したが、彼のこの言葉は債券の選択についても完全に当てはまるのである（ワルター・バジョット著『ロンバード・ストリート』［ニューヨーク、1892年］を参照）。

## 証券の選択における４つの原則

われわれが検討している確定利付き証券の一般的なアプローチとして、個別銘柄の選択でも適用できる次のような４つの原則を提案したい。

Ｉ．その証券の安全性は特定の先取特権やその他の契約上の権利にあるのではなく、すべての責務を履行できるその発行会社の財務能力によって決まる。

Ⅱ．そうした能力はその企業の好況期ではなく不況期で明らかになる。

Ⅲ．その証券の低い安全性は表面利率をどれほど高くしても補うことはできない。

Ⅳ．投資適格債券の選択は「消去法」の原則に従うとともに、発行会社の定款に記載された条項については厳しい基準を適用すべきである。

これらの原則に基づく債券選択法は、多くの点で従来の選択法とは異なるだろう。ただしこれまでの古い考え方とは異なるとはいってもまったく新しいものではなく、賢明な投資家の間では着実に実践されてきた方法なのである。以下ではこれらの原則の特徴とメリットについて検討する。

## Ⅰ．第一の原則――証券の安全性は発行会社の財務能力で決まる

まず初めに、従来の考え方との相違点を明確にしておこう。これまでは証券の安全性を測る場合には、その証券が先取特権を持つ資産や推定価値が重視されてきた。しかしわれわれの基準によれば、そうした基準は二次的なものであり、最も重視すべきであるのは債務者であるその発行会社の財務力と支払い能力である。ここが従来の考え方と大きく違う点である。債券はその企業の資産に対する請求権であると同時に、その企業価値に対する請求権でもある。

従来の考え方にもその由来から見てそれなりの道理はある。それによれば、発行会社の倒産に備えて債券保有者には十分な財産の分配保証を与えることで損失のリスクを回避しようとしてきた。もしその会社が債券保有者の財産請求権に応じられなければ、債券保有者はその抵当資産を差し押さえて処分し、投資金を回収することができる。そ

れが可能であれば、こうしたシナリオもそれなりに有効であろうが、現実にはほとんど不可能である。その理由は、①企業が倒産すればその資産価値も下落する、②債券保有者の本来の法的権利を主張するのは難しい、③破産管財の下では残余資産の処分の遅れやその他の不都合が生じる――からである。

## 資産価値を保証しない先取特権

発行会社の安定した経営と切り離して、財産の優先抵当権をその証券の保証と考えるのは完全な間違いである。一般にその企業の担保資産の価値はその収益力によって決まるからである。債券保有者は鉄道線路、工場の建物・設備、発電施設やその他の公益事業の資産、橋またはホテルの建物などに対する先取特権を有するかもしれない。しかし、これらの資産はそれらの建設者以外にはまったく利用価値のないものである。このため、もしもその企業が倒産という事態になれば、その固定資産の換金可能な価値は大幅に下落する。こうした理由から、その企業の担保資産の取得原価や評価額をその証券の購入基準と考えるのは完全に間違っている。担保資産はデフォルトという場合に限って実際的な重要性を持つが、たとえそうであってもそれらの簿価はほとんど当てにならないのが現実である。その典型的なケースはシーボード・オール・フロリダ鉄道の一番抵当付き社債（利率６％）で、この債券の価格は線路完成直後にわずか１ドル（額面100ドル）になってしまった（これについては参考資料の注６を参照)。

## 難しい法的権利の実行

担保資産が負債と同じくらいある場合でも、債券保有者がそれを差し押さえて換金するのはほとんど不可能である。債券のデフォルトに伴う手続きは、個人所有の不動産に設定された抵当権の実行とはまったく異なる。いずれの場合も先取特権の基本的な法的権利は同じであると考えられる。しかし実際には、その資産が先取特権の請求額以上の価値を持つ場合、裁判所が債券保有者に対してその資産を差し押さえて担保権を実行するのを認めるはずがない。そうしたことが認められるならば、同じ資産に対して大きな持ち分を持ちながらその資産を保全する立場にない株式所有者や下位債券の保有者にとってかなり不公平である。こうした状況ゆえに、その時点での資産価値が債券保有者の請求額をかなり下回っていないかぎり、債券保有者が担保資産を実際に手に入れることはほとんど不可能である。債券保有者が手にすることができるのは再建企業が発行する新証券くらいである。ときにその企業がデフォルトを克服してその証券の価値を取り戻したとしても、つらく長い期間のあとにそれらの証券が全額償還されるというのが関の山である（これについては参考資料の注７～８を参照）。

## 待ち時間は高くつく

担保資産を債券投資の安全基準とする考え方のもうひとつの問題点は長い待ち時間である。先取特権の金額に比べて担保資産の価値が大きければ大きいほど、さまざまな利害がからんで担保権の実行はますます難しくなる。その結果、債券や株式保有者の間で資産を公平に分配するときもいっそう長い時間がかかる。破産管財となった企業の債券保有者にとって、最も有利な状況というものを考えてみよう。その債券保有者は比較的小口の一番抵当権を持つが、その下には多くの低位抵当権が存在し、この企業はそれらすべての請求権を満たすことはできない。この場合、一番抵当権の所有者は最も有利な立場にあり、最終的に損失を被る可能性はないように見える。しかし、その企業の財務上の破綻はその実質的価値はけっして損なわれないと思われたすべての発行証券の保有者にも悪影響を及ぼすのである。そして管財人の管理が長引くにつれ、投資家はそうした難しい企業のトラブルには巻き込まれたくないと思うため、その証券の下落にはさらに弾みがつく。最終的には一番抵当権付き社債は再建過程でも損失を被ることはないかもしれないが、このうんざりするほど長い管理期間中にその企業の証券が軒並み急落しているのを目の当たりにしたとき、その結末について大きな懸念を抱かない者がいるだろうか。ミズーリ・カンザス鉄道の一番抵当権付き社債（利率４％）やブルックリン・ユニオン鉄道債（利率５％）などはこうしたケースの典型例である（これについては参考資料の注９を参照）。なお、破産管財や企業の再建プロセスがその債券保有者に及ぼす影響については以下の章で詳しく検討する。

## 基本原則はトラブルを避けること

以上の検討結果をまとめると、債券購入に際して重要なことはトラブルを避けることであり、トラブルが起こってからわが身を守ることではないということである。たとえ特別な先取特権が実質的なメリットを持つ場合でも、そうしたメリットは確定利付き証券が持つ本来の性質とはまったく異なる状況の下でしか生かされないことを知るべきである。その企業が破産管財となればその証券は大幅に下落するのが普通であり、投資家がその証券の信託証書の誓約条項に訴えざるを得ないというその事実そのものが、その投資は失敗または賢明ではなかったことを何よりも雄弁に物語っている。担保資産がそうした投資家に与える保護とは、そうした間違った投資をした自分を慰める気休め程度のものでしかないのである。

## 以上の検討結果から得られる原則

### 1．先取特権はそれほど重要ではない

これまでの検討結果からは、債券投資の際に有益ないくつかの原則が得られる。優良債券の選択に際して先取特権がそれほど大きな重要性を持たないとすれば、先取特権そのものがあまり大きな意味はないということである。支払利息の負担に十分耐えられる強力な企業の無担保社債は、担保付き社債と同じく無条件で受け入れることができる（アメリカの証券慣行における「無担保社債［Debenture］」という用語は、「無担保の中長期債」の意味で使われている。この用語はときに特別な理由もなくその他の証券を指すこともある。例えば「担保付き社債［Secured Debenture］」の例としては、シカゴ・ヘラルド・アンド・エグザミナー債［利率6 1/2%、1950年満期］やクルーガー・アンド・トウル債［利率５％、1959年満期］などがある。また、一部の優先株は「無担保優先株［Debenture Preferred Stock］」または単に「Debenture Stock」と呼ばれている。この種の株式を発行しているのはデュポン、ブッシュ・ターミナル、GM［1930年に償還］、ゼネラル・シガー［1927年に繰上償還］――などである。

このほか、当初は無担保で発行されたが、その後に保護条項などの担保を付与した無担保証券［Debenture Issue］もある。第19章で検討するニューヨーク・ニューヘブン・アンド・ハートフォード鉄道の発行証券などがこれに当たる。また、1933年に再建されたフォックス・ニューイングランド・シアターズの無担保社債［利率6 1/2%］もこの種の証券である。同社のこの証券は一番抵当付き社債で担保されていたが、将来の収益確保が難しくなったオーナーがこの会社を他社に譲渡してしまった。

なお、債券の「ボンド［Bond］」と「ノート［Note］」は明確には区別されていないが、一般にノートは償還期限が10年以下の比較的短

期の債券を指している)。また、強力な企業の無担保社債は明らかにぜい弱な企業の担保付き社債よりも安全である。例えば、ゼネラル・エレクトリックの無担保社債(利率3 1/2%、1942年満期)よりも信用格付けが高い一番抵当付き社債は存在しないだろう。債券リストを詳細に調べると、おそらく担保付き社債を発行していない企業の無担保社債は平均的な担保付き社債とほぼ同じ信用格付けランクにあることが分かるだろう。そうした企業は高い信用を得ているために、無担保の長期債でも十分に必要な資金を調達できるのである。

### 2.安全な企業の高利回り債を買う

その会社のすべての証券が確定利付き証券に値するものであれば、同社が発行するすべての債券もそうである。逆に言えば、その企業の下位債券が安全でなければ、その一番抵当付き社債も確定利付き証券には値しないことになる。つまり、もし二番抵当付き社債が安全でなければその企業の経営基盤はぜい弱であり、一般的に言えばぜい弱な企業の優良債券は存在しないということである。それゆえ理論的に正しい債券投資法とは、まず安全性と財務内容のあらゆる基準を満たす企業を選び、次にその一番抵当付き社債よりも下位にある高利回りの債券を購入することである。企業の選択という点を間違わないかぎり、この方法はかなりの成果を上げるだろう。しかし、もし企業の選択を間違えば、元本の損失を防ごうとするあまり利回りが犠牲になる可能性もある。その反対に、一番抵当付き社債のような低利回りの債券ばかりを好んで購入する投資家は、選択する企業の安全性に対する自らの判断力に自信がないことを証明している。これを突き詰めれば、特定の企業のあらゆる債券に投資する資格そのものが疑われることにもなる。

**事例**

どちらの債券を購入すべきかという選択の一例として、カダヒー・パッキングの一番抵当付き社債（利率５％、1946年満期）と無担保社債（利率5 1/2%、1937年満期）を取り上げてみよう。1932年６月時点で一番抵当付き社債の価格は95ドルで最終利回りは約5 1/2%、無担保債は59ドルで利回りは20%を超えていた。一番抵当付き社債のその価格は、同社は今後も好業績を維持しそうなので債務の支払い能力という点では大丈夫であるという投資家の信頼感を反映したものである。そうでなければ、その水準を維持することはできないだろう。しかし、もし投資家が同社の将来性を信頼しているのであれば、なぜ無担保社債を購入して大きなリターンを手にしないのだろうか。そのたったひとつの理由は、自分の判断が間違ってこの会社が経営難に陥った場合、一番抵当による優位の保証が欲しいからである。そうした事態が起きれば、そうした投資家は一番抵当付き社債の保有者として下位債券の保有者よりも損失は少ないだろう。しかしたとえそうであるにしても、もしもカダヒー・パッキングがフィスク・ラバーのような倒産という事態に直面すれば、その一番抵当付き社債も無担保社債と同じくらい大幅に下落するのは明らかである。その証拠に、経営難に陥ったフィスク・ラバーの一番抵当付き社債（利率８％）は1932年４月に17ドルまで売られ、同社の無担保中期債（利率5 1/2%）の12ドルとほぼ同じ価格水準になってしまったのである。カダヒー・パッキングの一番抵当付き社債を選んだ投資家は損失に対するほんのわずかな安心料を得るために、無担保社債よりも１年に約15%ものプレミアム（割増価格）を支払っているのである。このように、これらの投資家は手に入れるリターンの代わりにあまりにも大きな代価を支払っている。以上から得られる結論は、賢明な投資家であればカダヒー・ラバーの債券は一切買わないか、または買うのであれば高利回りの下位債券を購入すべきだということである。こうした選択基準は、ある会社の一番抵当付き社債が一定価格（例えば額面近辺）を維持しているときにその下位債券が高利回りの水準で売られている場合などを含め、あらゆるケースに適用できるだろう。

### 3．下位債券に大きなメリットがない場合には上位債券を選択する

ただし下位債券を選ぶのは、大きなリターンというメリットがあるときだけである。一番抵当付き社債の利回りが下位債券の利回りをわずかに下回っているような場合には、予期せぬ事態から身を守るためにもわずかなプレミアムを支払うほうが賢明である。

### 事例

これについて、アチソン・トピーカ鉄道の一般担保付き社債（一番

**アチソン・トピーカ鉄道の２つの社債の価格推移**

| 日 | 一般担保付き社債 | 整理社債 | 価格差 |
|---|---|---|---|
| 1913/1/2 | 97½ | 88 | 9½ |
| 1915/1/22 | 95¼ | 86⅞ | 8⅜ |
| 1917/1/5 | 95½ | 86¾ | 8¾ |
| 1919/2/28 | 82⅜ | 75⅛ | 7¼ |
| 1920/5/21 | 70¼ | 62 | 8¼ |
| 1921/5/6 | 77¾ | 69¾ | 8 |
| 1922/8/4 | 93½ | 84½ | 9 |
| 1923/8/2 | 89¼ | 79¾ | 9½ |
| 1924/8/1 | 90⅜ | 84¼ | 6⅛ |
| 1925/12/4 | 89¼ | 85¼ | 4 |
| 1930/1/3 | 93¼ | 93 | ¼ |
| 1931/1/7 | 98½ | 97 | 1½ |
| 1932/6/2 | 81 | 66½ | 14½ |
| 1933/6/19 | 93 | 88 | 5 |

抵当付き、利率４％、1995年満期）と整理社債（二番抵当付き、利率４％、1995年満期）の価格を比較検討してみよう。

1924年までは一般担保付き社債は整理社債よりも７～10ポイントほど割高な水準をつけ、その利回りは約1/2％ほど小さかった。両債券は問題なく安全であると考えられていたため、下位債券の整理社債を10％ほど安く購入するのが理にかなっているだろう。1923年以降の価格推移を見るとその正しさが証明されているが、両債券の価格差は次第に縮小している。1930～31年にかけて整理社債は一般担保付き社債とほぼ同値をつけている。両債券はともに安全であるが、整理社債のほうが下位債券にランクされるわりにはあまりにも有利な価格と利回りを持っていることを考えると、整理社債のこの価格は1922～23年の大きな価格差に比べて非論理的である。

こうした非論理的な価格差は極めて短期間に、すなわち1932年６月の債券相場の急落に伴って両債券の価格差が再び14ドル以上開いたことで急速に修正された。両債券の長期の価格推移を見ると、その妥当な価格差は約５ドルであり、この事実を踏まえると価格差が大きく開いたり、または同水準に並んだときには相互に乗り換えたほうが有利である。

一般に次の２つの要件のどちらかひとつを満たすならば、Ｙ社の一番抵当付き社債よりはＸ社の下位債券を購入したほうが有利である。すなわち、

①Ｘ社のすべての債務の返済が十分に保証されており、その下位債券の利回りがＹ社の同等債券の利回りをかなり上回っているとき

または、

②利回り面ではそれほど大きなメリットはないが、Ｘ社のすべての債務の返済の保証がＹ社のそれよりもかなり確実であると見られるとき

## ②の事例

| 債券の種類 | 1929年の価格 | 金融費用に対する収益の倍率(1929年＊) |
|---|---|---|
| パシフィック・パワー・アンド・ライトの一番抵当付き社債（利率5％、1955年満期） | 101 | 1.53倍 |
| アメリカン・ガス・アンド・エレクトリックの無担保社債（利率5％、2028年満期） | 101 | 2.52倍 |

＊平均業績はほぼ同じ

もしこれらの債券がほぼ同じ価格をつけているならば、アメリカン・ガス・アンド・エレクトリックの収益倍率がかなり高いという事実に照らして、パシフィック・パワー・アンド・ライトの一番抵当付き社債よりもアメリカン・ガスの無担保社債を選んだほうが賢明である。

### 「優先担保付き社債」

鉄道産業には一般に「優先担保付き社債（Underlying Bond）」と呼ばれる特殊な種類の債券が存在する。この債券は債務者である鉄道会社の主要な線路に対する先取特権で担保されている社債で、それはときに一連の「包括抵当（Blanket Mortgage）」で保証されている。この優先担保付き社債には通常は一番抵当権が付いているが、上位債券が存在する場合には、二番抵当または三番抵当付き社債となる。

**事例1**

ニューヨーク・アンド・エリー鉄道の三番抵当付き延長可能債（利

率4 1/2%、1938年満期）は、同社の主要線路の重要区域の先取特権で担保された2つの上位債券よりも下位にあった。しかし、この延長可能債は同社の線路に対して4件の包括抵当で保証されていたため、優先担保付き社債にランクされていた。

この種の債券はその鉄道会社に何が起ころうとも、一般には安全であると考えられている。たとえその会社が再建手続きに入った場合でも元利の支払いに支障はなく、さらに破産管財という事態になっても、利息が比較的小口であるという理由から利払いも滞ることはないと考えられている。しかし、もしその鉄道会社が支払い不能に陥ったならば、この種の債券も価格の急落は免れないだろう。

**事例2**

パシフィック・レールロード・オブ・ミズーリの二番抵当付き社債（利率5%、1938年満期）はミズーリ・パシフィック鉄道の優先担保付き社債で、1915～33年の破産管財下でも利払いは継続され、相応の価格を維持していた。これに対し、パシフィック・レールロードの二番抵当付き社債より下位にあったミズーリ・パシフィック鉄道の三番抵当付き社債（利率4%、1938年満期）も優先担保付き社債で利払いを続けていたにもかかわらず、その価格は1932～33年には50ドルに急落した。

こうした例を見ると、この種の優先担保付き社債は「その会社が安全でなければ、その債券も安全ではない」というわれわれの投資原則からはやや外れるようだ。そのひとつの理由は、この種の債券の多くが機関投資家や大口の投資家によって保有されているからである（公益事業持ち株会社の営業子会社が発行する一部の一番抵当付き社債もこうした大口投資家によって保有されている）。

こうした鉄道債にとっては、先取特権の付いた線路の立地や事業上の価値が大きな重要性を持つ。ときに「ディビジョナル・リーエン（Divisional Lien）」と呼ばれる採算率の低い線路を担保とする一番抵当付き社債などは、優先担保付き社債という用語の本来の意味からすれば優先担保付き社債と呼ぶことはできないだろう。その証拠に、あまり価値のない線路を担保とするディビジョナル・リーエンはその会社の再建時などにおいては、それよりも下位にある包括抵当付き社債よりも低い評価しか受けないからである。

# 第７章

# 確定利付き証券の選択（続）

## Ⅱ．第二の原則――債券は不況期に購入する

安全な投資とは不況期にも耐え得るものであるというのは分かり切った原則である。好況期にはどのような債券を購入してもそれなりのリターンを得られるものである。優良債券がぜい弱な企業の債券より大きな強みを発揮するのは、不況の真っただなかの厳しい環境下である。こうした理由から、賢明な投資家は常に好況期と不況期のいずれにも耐えられる強力な経営基盤を持つ会社の債券を選択してきた。

### 業種と保護の度合い

不況期にも耐えられる債券への信頼感は、この２つの条件のいずれかにかかっている。投資家は特定の産業では収益力の大きな落ち込みはないだろう、またはその債券の安全余裕率はかなり大きいので価格の急落といったリスクはないだろうと信じている。一般に電力債はその産業に対する信頼感から購入され、またUSスチールの子会社の債券などは親会社によって手厚く保護されているという理由で買われて

いる。こうした条件のなかで、平均的な債券投資家にとって最も大きな購入の動機は不況期のリスクを避けたいというものであろう。ある会社の業績が悪化したにもかかわらずその債券が相応の価格を維持しているのは、投資家がその会社の強力な財務力を信じて債券を購入したというよりは、単にその会社が不況に強そうなのでその債券を購入したというまったく単純な面もある。

## 不況に耐えられる企業など存在しない

そうした投資論理の大きな間違いは、収益力がまったく落ちないほど不況に強い企業などこの世に存在しないということである。エディソン・グループは、例えば鉄鋼メーカーなどに比べて収益の落ち込みが軽微にとどまっているというのも事実である。しかし、その産業が好況期に上げられる収益のぎりぎりの水準をかろうじて維持しているとすれば、ちょっとした収益の落ち込みも致命傷となるだろう。その産業の収益が少しでも落ち込むならば、投資家は将来の下落分を推測し、利払いに充当できる剰余金はどのくらい残っているのだろうかと計算するだろう。このようにその産業のさまざまな債券を購入する投資家は、その企業がはたして来る不況を乗り越える能力があるのかと厳しく注視しているのである。

重要なことは、不況に耐え得る企業とぜい弱な企業を区別するのではなく、その債券が大幅に下落するのか、それとも軽微な落ち込みで済むのかといった観点からその発行会社を見るべきである。その会社が安定した産業の企業であれば債券発行による資金調達も可能であり、また平時の収益力が大きいほど支払利息の負担能力も大きいのである。逆に言えば、その企業の収益力が不安定であれば、利払い能力を測るときには大きな安全余裕率をとる必要がある。そうした企業は資本構成に占める債券の比率を小さくしなければならないのである。

## 産業の性質

長年の投資慣行ではその産業の性質が大きく重視されてきた。しかし、例えば鉄道、公益事業または工業といった３つの産業でも、企業の安定性と利払い能力は大きく異なっている。例えば鉄道債の支払利

**鉄道産業と公益事業の比較（1922〜32年、単位：100万ドル）**

| 年 | 鉄道産業 | | | 公益事業 | | | | |
|---|---|---|---|---|---|---|---|---|
| | 総収益[1] | 純利益[2] | 鉄道債利回り(%)[3] | 総収益[4] | 総収益[5] | 純利益[4] | 純利益[6] | 公益事業債利回り(%)[3] |
| 1922 | 5,618 | 777 | 4.85 | 1,435 | | 447 | | 5.46 |
| 1923 | 6,356 | 978 | 4.98 | 1,593 | | 510 | | 5.41 |
| 1924 | 5,985 | 987 | 4.78 | 1,691 | | 546 | | 5.22 |
| 1925 | 6,189 | 1,138 | 4.67 | 1,827 | | 632 | | 5.06 |
| 1926 | 6,451 | 1,231 | 4.51 | 1,995 | | 715 | | 4.90 |
| 1927 | 6,206 | 1,085 | 4.31 | 2,113 | | 776 | | 4.78 |
| 1928 | 6,185 | 1,195 | 4.34 | 2,230 | | 869 | | 4.68 |
| 1929 | 6,355 | 1,274 | 4.60 | 2,309 | 5,004 | 1,007 | 673 | 4.86 |
| 1930 | 5,342 | 885 | 4.39 | 2,382 | 4,966 | 1,025 | 632 | 4.65 |
| 1931 | 4,236 | 537 | 4.61 | | 4,811 | | 606 | 4.60 |
| 1932 | 3,162 | 332 | 5.99 | | 4,339 | | 496 | 5.36 |

1.車両交換・ターミナル会社を含め、アメリカの「クラスⅠ」鉄道会社に含まれるすべての企業の営業利益
2.営業利益に含まれる「クラスⅠ」鉄道会社のすべての営業純利益
3.スタンダード・スタティスティクスのデータに基づく両産業の上位15社の債券の平均利回り
4.商務省のデータに基づくガス、電力、光熱、運送、水道会社の総収益と純利益。同省のデータ提供は1930年12月31日に終了した
5.電力、ガス、電鉄、電話会社の業績をカバーする「サーベイ・オブ・カレント・ビジネス」の最新データから引用
6.ニューヨーク連邦準備銀行のデータに基づく電話会社の営業純利益とその他の公益事業会社の純利益

息に対する収益の倍率は２倍以上であるが、工業債に投資する場合にはこの倍数では不十分である。一方、1920～30年の10年間に公益事業は大きな変貌を遂げ、それまでは電力会社と電鉄会社は同じ産業に属していたが、これらの企業は別々の業種に分かれていった。例えば、証券業界では業績の悪化を理由に電鉄会社を公益事業から除外し、公益事業の産業を電気、ガス、水道、電話会社に限定した（その後の会社設立者たちは、公益事業という聞こえの良い名称を天然ガス、製氷、石炭さらには倉庫業といった会社の呼び名に利用した）。公益事業会社は1924年と1927年の小さな不況期を乗り越えて順調に発展し、投資家の人気を着実に勝ち得ていった。そして1929年までには鉄道会社とほぼ同じランクの信用格付けを得るまでになった。その後の不況期においても、公益事業会社は運送会社などに比べて総収益と純利益の面でも軽微な落ち込みにとどまり、強い財務力を持つ公益事業会社の債券は優良な鉄道債に取って代わる有望な投資対象となった（料金引き下げ、政府による競争の促進、インフレ高進の懸念などから、1933年には公益事業の債券と株式の人気も大きく離散したが、われわれは公益事業証券は今後も有望な投資対象であると考えている）。

## 1931～1933年における公益事業債の安全性の崩壊

しかし、1932年の公益事業債の価格を見ると、優れた投資対象としての公益事業債の安全性にも大きな疑問を抱く。相場の全体的な急落にも耐えてきた公益事業債には、３つの公益事業の代表的な債券も数多く含まれている。鉄道株が軒並み工業株の倒産価格水準まで落ち込んだのに続き、公益事業債もその水準まで急落したのである。これが意味するものは、不況から身を守る投資家の保護力の程度はいわゆる「並みの不況」までで、1931～33年のような壊滅的な大不況にはなすすべもないということである。しかし、この期間の経験を投資原則の実験テストと見ているわれわれの考えに従えば、ここから将来に向けた貴重な教訓も引き出せるだろう。

## 債券暴落の原因

### 1．公益事業会社の債券発行による過大な債務

バブル期以降の債券相場の暴落を詳しく分析すると、公益事業会社のさまざまな問題点が浮かび上がってくる。そこから分かるのは、公益事業会社のデフォルトは収益の悪化によるものではなく、並みの不況にも耐えられないほど限度を超えた債務による重荷によるものであった。これまでの基準に照らせば極めて安定した資本構成であると考えられた公益事業会社でも、債券の重い利息負担には耐えられなかったのである。多くの持ち株会社も長期債務に依存した資本構成でありながらも、金融費用に充当可能な利益は上げてきたし、また利益の多少の落ち込みにも耐えられるほどの安全余裕率は何とか維持してきた。公益事業会社が軒並み経営難に陥ったのは電力産業などが持つ本来的な弱さによるのではなく、その資金調達の無謀なやり方が原因であった。もしも公益事業債の投資家が賢明に債券選択を行っていたならば、それほど大きな損失は出さなかっただろう。結果的には、公益事業会社の無謀な資金調達が通常の景気循環期においても各社の経営難を招いたのである。逆に言えば、安全な公益事業債の投資原則は1931～33年の経験に照らしても大きく損なわれることはないということである。

### 2．過信された鉄道会社の収益の安定性

一方、鉄道会社の状況は公益事業会社とは少し異なる。鉄道債への投資が失敗だったのは運送業全体の安定性を過信した結果、投資家が実際には不十分でしかなかった安全余裕率を読み誤ったことにある。つまり、投資家はぜい弱になった公益事業会社の資本構成と同時に、

債券の安全性に対する昔からの投資原則を無視したというよりは、厳しい基準を適用しなければならないほど状況が変化したのにそれに気づかなかったのである。歴史を振り返ると、運送業が第一次世界大戦後の国内経済の大発展と歩調を合わせて収益を伸ばせなかったという事実そのものが最大の問題であり、投資家としてはこの事実にもっと厳しい目を向けるべきであった。もし投資家が工業債に適用してきた同じ厳しい基準を鉄道債にも当てはめたならば、強固な経営基盤の一部の鉄道債にしか投資しなかっただろう（もし投資家が1928年の好況期に金融費用に対する収益の倍率が2.5倍以上の鉄道債に投資を限定するとすれば、その投資対象は次のようなものであろう。アチソン・トピーカ、カナディアン・パシフィック、チェサピーク・アンド・オハイオ、シカゴ・バーリントン・アンド・クインシー、ノーフォーク・アンド・ウエスタン、ペレ・マーケット、レディング、ユニオン・パシフィック——など。ペレ・マーケットを除き、これらの鉄道債は不況期でも比較的値を保っていた。この基準は、金融費用に対する平均収益の倍率が２倍というわれわれがあとで提案する基準より厳しいものである）。それらの会社は1929年以降の利用者の大幅な落ち込みにもかかわらず、金融費用の負担を物ともせずに困難な事態を乗り切っていったのである。過去の経験から未来の手掛かりをくみ取るためにも、われわれは不況期に鉄道債を購入するときには平常時以上の安全余裕率を取るよう肝に銘じるべきである。

### ３．不安定な工業会社の収益

一方、工業債にはまた別の問題が存在する。工業債が急落したのは公益事業債のような不安定な財務体質のためではなく、また鉄道債の場合のように投資家が必要とされる十分な安全余裕率を取り間違ったためでもない。その原因は工業会社の収益が突然落ち込んだあとに、再び収益を持ち直せるかどうかがかなり疑問だったことである。例えば、ガルフ・ステーツ・スチールの支払利息に対する収益の倍率は1922～29年には少なくとも3.5倍を維持していたが、1930～31年には大幅な営業損失を計上してその利払い能力はガタ落ちとなった（これに関する資料とその他の会社のケースについては参考資料の注11を参照）。

一方、キューバ産砂糖メーカーや国内石炭会社など多くの素材産業は、1929年の株式大暴落に先だって深刻な業績悪化に直面していた。それ以前のこれら各社の業績の落ち込みは常に一時的なもので、投資家は業績の急回復を期待してそれらの会社の債券を保有していればいつも報われてきた。しかし、これまでに経験したこともなかったような今回の長い大不況は、投資家のそうした期待を裏切ってそれまで人々が信じてきた投資スタンスを粉々に打ち砕いてしまった。

こうした経験からわれわれは、長期の不況に伴う企業の営業損失の拡大に対しては好況期における十分な安全余裕率でさえも有効ではないという苦い教訓を得たのである。この基準に従えば、平常時における債券のインタレスト・カバレッジを多少厳しくしたぐらいでは、将来の工業債の問題に根本的に対処することはできないだろう。

## 投資適格基準を維持できない工業債

ニューヨーク証券取引所に上場している工業債のなかで、1932～33年でも高い信用格付けを維持している債券について検討することは極めて有益であろう。そうした債券の安全性に対する投資家の信頼感を反映して相応の価格を維持している債券を限定すると（具体的には90を割り込まない、または最終利回りが７％強の水準を維持している債券）、それに該当する債券はニューヨーク証券取引所に上場されている工業債の企業200社以上のうちわずか18社にすぎない。それらの企業の債券は次のとおりである。

| | 会社名と社債と利率と満期年 | 1932～33年の最低価格 |
|---|---|---|
| 1. | アメリカンマシーン・アンド・ファンドリー | |
| | 償還期限15年の減債基金債、６％、1939年 | 102 1/4 |
| 2. | アメリカン・シュガー・リファイニング | |
| | 15年、６％、1937年 | 98 |
| 3. | アソシエーテッド・オイル | |
| | 12年、６％、1935年 | 94 1/8 |
| 4. | コーン・プロダクツ・リファイニング | |
| | 一番抵当付き減債基金債、５％、1934年 | 100 5/8 |
| 5. | ゼネラル・ベーキング | |
| | 無担保社債、5 1/2%、1940年 | 89 1/2 |
| 6. | ゼネラル・エレクトリック | |
| | 償還期限40年の無担保社債、3 1/2%、1942年 | 93 |
| 7. | ゼネラルモーターズ・アクセプタンス | |
| | 無担保社債、６％、1937年 | 97 3/4 |
| 8. | ハンブル・オイル・アンド・リファイニング | |
| | 償還期限10年の無担保社債、5 1/2%、1932年 | 99 |
| | 無担保社債、５％、1937年 | 94 |
| 9. | IBM | |
| | コンピューティング・タビュレーティング・レコーディングの一番抵当付き債、６％、1941年 | 104 |
| 10. | リゲット・アンド・マイヤーズ・タバコ | |
| | 無担保社債、５％、1951年 | 96 1/2 |
| | 無担保社債、７％、1944年 | 115 1/8 |
| 11. | ロリラード | |
| | 無担保社債、５％、1951年 | 81 1/4 |
| | 無担保社債、７％、1944年 | 101 5/8 |

| | | |
|---|---|---|
| 12. | ナショナル・シュガー・リファイニング | |
| | ワーナー・シュガー・リファイニングの | |
| | 一番抵当付き債、７％、1941年 | 97 1/2 |
| 13. | ピルズベリー・フラワー・ミルズ | |
| | 一番抵当付き債、６％、1943年 | 90 |
| 14. | Ａ・Ｏ・スミス | |
| | 10年、6 1/2%、1933年 | 95 1/2 |
| 15. | ソコニー・バキューム | |
| | ゼネラル・ペトロリアムの | |
| | 一番抵当付き債、５％、1940年 | 95 3/4 |
| | スタンダード・オイル・オブ・ | |
| | ニューヨーク債、4 1/2%、1951年 | 82 |
| | ホワイト・イーグル・オイル債、5 1/2%、1937年 | 96 1/2 |
| 16. | スタンダード・オイル・オブ・インディアナ | |
| | パンアメリカン・ペトロリアムの | |
| | 転換社債、６％、1934年 | 100 |
| | シンクレア・クルードオイル・ | |
| | パーチェシング債、5 1/2%、1938年 | 91 3/4 |
| | シンクレア・パイプライン債、20年、５％、1942年 | 89 1/8 |
| 17. | スタンダード・オイル・オブ・ニュージャージー | |
| | 償還期限20年の無担保社債、５％、1946年 | 98 3/4 |
| 18. | USスチール | |
| | イリノイ・スチール債、4 1/2%、1940年 | 90 3/4 |
| | テネシー・コール・アイアンの | |
| | 一般担保付き債、５％、1951年 | 93 |

これらの企業はそれぞれの産業では代表的な会社である。それが意味するものは、「会社の規模」は工業産業が深刻な不況に陥っても好

業績を維持できる重要な条件であり、この基準に照らせば工業債への投資は大手企業の債券に限定すべきである。この基準の有効性について今回のような異常な状況の下ではやや疑問視する見方もあった。しかし逆に言えば、1922～29年の好況期においても、中小工業会社の債券は信頼できる投資対象とはなり得なかったのである。それらの企業ではずっと維持してきた収益力が突然落ち込んだケースも少なくなかった（これに関する各社のケースについては参考資料の注12を参照）。事実、そうした予想外の出来事が頻発したことから、中小工業会社の安全性というものは本来的に当てにならず、それゆえ債券による資金調達には適していないと思われる。中小工業会社のこうした経営基盤の弱さが、資金調達の手段として転換社債やワラント債などの甘味料を付与した債券の発行を促してきたのも事実である。なお、こうした甘味料付きの債券については、第22章以下の「投機的な性質を持つ上位証券」の各章で詳しく検討する。いずれにせよ、こうした利益分配の甘味料を使わなければならないという事実ひとつをとっても、中小工業会社の債券は確定利付き証券としての資格を持たないというわれわれの考えを裏付けている。

## 劣後債を買う誤り

しかし、もし工業債の投資を大手企業の債券に限定するとすれば、これに該当する企業の数はかなり少なく、またそれらの企業の多くは債券をほとんど発行していないという現実に直面する。その一方で、二流企業の債券発行による資金調達は問題が多く、投資銀行の活動にさまざまな悪影響を及ぼしている。こうした状況の下で、投資適格な価格でリスクの大きい債券を購入することはけっして賢明ではないだろう。つまり、優良な債券がないという理由から劣後債を購入してはならないということである。投資家は利回りを多少犠牲にしても、自らの厳しい基準に合致した証券だけを選択すべきである。あとで検討するように、安全性を犠牲にして高い利回りを得ようとすることは結果的には何の利益にもならないのである。これを企業と投資銀行の立場から見ると、もしその証券がインカムゲインを目的とした投資対象の資格がないとすれば、リスクを犯してまでもそうした証券を購入する投資家に対してはそのリスクに見合った大きな利益のチャンスを提供すべきである。

## 債券発行に対する２つの見方

企業の債券発行による資金調達については、一般に相反する２つの見方があるようだ。そのひとつは、債券を発行するのはその企業の財務力が弱いからであり、そうであればそうした企業が長期の債券債務を持つのは望ましくないという見方である。これに対し、その企業が株式発行による資金調達ができない場合、債券を発行して資金を調達することはむしろ妥当な手段であるという別の見方もある。広く受け入れられているこうした２つの見方について、われわれはそのどちらも正しくはないと考える。もし債券発行による資金調達についてこうした見方しかないならば、本当に安全な資金調達法など存在しないのではないだろうか。逆に言えば、ぜい弱な企業だけしか債券を発行しないとすれば、そんな債券に対してはすべての投資家がそっぽを向いてしまうだろう。

## 債券発行の正しい論理

債券発行による資金調達の正しい論理とは、そうした見方とはまったく異なるものである。すなわち長期債務としての債券は、その発行会社が債券保有者の資本を使って生み出す支払利息以上の利益を株式保有者もあずかることができるという点で、繁栄する企業にとっては大きなメリットがあるのである。逆に言えば、企業がそうした資金の借り入れをどのような状況の下でも安全に返済できる水準に抑えていれば、それはその企業と投資家の双方にとっても望ましいということである。このように安全な資金調達という観点から見ると、債券を発行する経営基盤のしっかりした企業とそれを購入する投資家の間に基本的な利害の対立などは存在しないのである。一方、ある企業が気乗りしないままに債券を発行したり、または債券を発行せざるを得ない事情があるような場合、そうした事実そのものがその債券の二流さを表しているため、投資家はそうした債券を絶対にインカムゲインを目的とした証券として購入してはならない。

## 安全ではないやり方

しかし現実には、企業と投資家は長年にわたりこうした原則とは正反対のやり方を行ってきた。例えば、鉄道会社はその必要資金の多くを債券発行で賄ってきた結果、そうした長期債務は株式資本をかなりオーバーしてしまった。関係当局は鉄道会社のこうした傾向に対して再三にわたり警告を発してきたが、業績の悪化が株式発行を不可能にしているとの理由で黙認されてきた。しかし、もしこれが事実とするならば、そうした債券を保有する投資家としては爆弾を抱えているようなものである。投資家はそうした資金調達を迫られているような鉄道会社に対して大切なおカネを絶対に貸してはならない。

こうしたぜい弱な企業が債券の発行によって何とか資金を取り入れようとしている一方で、強力な企業は株式発行を通じて難なく必要な資金を調達している。もっとも、こうした企業の資金調達法にはかなりの安全性があるとはいえ、この方法にもいくつかの落とし穴がある。つまり、企業が低金利で大量の資金を調達すればそれは株式保有者にはメリットになるかもしれないが、さらに増資を続けていけばそうしたメリットも次第に薄れてくるということである。債券債務をすべてなくすことは明らかに経営陣の気苦労をなくすことにはなるが、だからといって債券投資家のことを無視するのは配慮に欠けるというものであろう。そんなことをしていれば、企業は株主だけからしか資金を集めることができず、やがてはそれによる事業利益を配当という形で株主に還元することもできなくなるだろう。1927～29年には大手企業による既発債の償還ラッシュが続いたが、こうしたことは銀行業務に大きな影響を及ぼした。優良な資金の借り手がなくなり、その代わりに怪しげな企業や株式担保金融会社などが大口の借り手として登場した結果、銀行のリスクは著しく増大したのである。

## 投資家に意味するもの

以上、過去10年間に発行された工業債の状況について検討してきたが、そこから得られるのは確定利付き証券の選択は不況期に行うべきであるという教訓である。とはいえ、工業債の選択ではかなり厳しい基準を適用しなければならないという一方で、優良企業の多くが続々と長期債務を返済した結果、債券投資家が投資適格債の品不足に直面したことも事実である。しかし、投資家としては優良な債券がないからといって二流会社の債券を購入すべきではなく、自らの投資基準に見合った適当な債券が入手できなければ債券投資そのものを手控えたほうがよい。一般に相場の世界では、投資金が手元にあるときには必ず投資すべきであり、また相応の利回りが得られる優良な債券が見つからないときには二流の債券を購入すべきだといった常識がまかり通っている。しかし、慎重で賢明な投資家であればこうした常識に惑わされることなく、少し高い利回りの二流債券を購入して元本を失うリスクを犯すよりは、優良債券の低い利回りで満足すべきであろう。

## 要約

不況抵抗力がある債券を購入するというのは、昔から言われてきた投資原則のひとつである。この原則は1929年を頂点とするそれまでの好況期にはほとんど無視されてきたが、その後の証券暴落でその重要性が再び認識されてきた。資本力の強大な電力・ガス会社の債券はこの不況期でも満足すべき価格を維持し、1930年以前から支払利息を十分に賄えるほどの収益力を持つ一部の鉄道会社の債券もそれなりの価格を保っている。これに対し、工業債ではそれまで目を見張るほどの好業績を上げてきた工業会社の債券でさえも当てにならず、ましてや中小企業の債券の惨状は目に余るほどである。こうした状況を踏まえ、投資家は工業債の購入に際しては、①会社の規模、②支払利息を十分に賄えるほどの収益力——という２つの基準を厳しく適用して、さまざまなリスクからわが身を守るべきである。

## Ⅲ．第三の原則——利回りのために元本の安全性を犠牲にしてはならない

債券投資の伝統的な論理では、利子率とリスクの度合いの間には数学的な相関関係があると考えられてきた。それによれば、利回りには①損失のリスクがないと仮定して計算された理論上の利子率である「純粋利子」と、②このリスクを補うために一定のプレミアムを加えた実際の利子率——の２つがある。例えば、もし「純粋利子率」を３％と仮定すれば、1/100の損失の可能性をカバーするのは４％の利回りが必要である。さらに、もし損失率をその５倍の1/20と仮定すれば、８％の利回りを確保しなければならない（こうした「保険料」を考慮すれば、仮定される損失率は実際の損失率よりも小さくなる）。

この理論によれば、債券の利子率は保険料率に極めて類似しており、そこではかなり正確な保険数理の基準に基づいてリスクの度合いが測

定されている。一般にインカムゲインが大きくなれば、それに伴って元本の損失率も大きくなる（その逆も同じ）ため、異なる利回りの投資対象から得られるリターン率は等しくなるといわれる。

## 数学的な相関関係など存在しない

しかし、こうした理論は実際の債券投資にはほとんど当てはまらないようだ。証券の価格と利回りは予想リスクの正確な数学的計算によって決まるのではなく、その証券の「人気」に大きく左右される。一般に証券のそうした人気はそこに内在するリスクに対する投資家のさまざまな見方を反映しているが、それ以外にもその発行企業の知名度、証券価格の安定さ、証券の売却の容易さ（市場性）などにも左右される。

このように、証券の投資リスクを保険数理に基づく机上の計算で求めるのは理論的にも、また実際上もまったく無意味である。さまざまな種類の証券の「予定死亡率」を決定できるような経験則の統計表などは存在しない。たとえ過去の長期間の包括的な分析に基づいてそうした統計表を作成したとしても、それが将来も有効に機能するかどうかはかなり疑問である。生命保険においては年齢と死亡率との関係は正確に計算され、その誤差はかなり小さい。こうしたことは程度の差はあれ、さまざまな構築物と火災の危険の関係にも当てはまる。しかし、さまざまな投資対象とその損失のリスクとの関係はまったく不確実で状況に応じて変化していくため、正確な数学的計算などはできるはずがない。その大きな理由のひとつは、投資リスクを一定期間内で均等にならすことはできず、むしろ不況期などの特定期間に集中して増大することである。このように、通常の投資リスクは生命保険や火災保険などにおける例外的または予測不能な事態である大火災や流行病などに似ている。

## 投資に保険はかけられない

もし利回りと投資リスクとの間に正確な数学的関係が存在すると仮定すれば、すべての投資家にはこの理論に基づいて、最低利回りのそれゆえ最も安全性が高い債券の購入を勧めるべきであろう。というのは、個人投資家は保険会社にはなれないからである。個人投資家はリスクに投資するのではなく、その反対に損失の保険料としてなにがしかのプレミアムを支払っているのである。例えば、ある債券投資家は1000ドルを投資してリスクを取らずに年に30ドルの利益を上げるか、または元本を失う確率が1/20あるために80ドルは儲けたいと仮定する。後者のケースの場合、50ドルの期待利益の上積み分は数学的にはその損失リスクの大きさと等しい。しかし、個人的な必要性という観点から見ても、この投資家が50ドルの利益追加分と引き換えに、たとえ小さくとも1000ドルの元本を失うリスクを犯す必要はないだろう。そうしたことは火災や窃盗による被害から財産を守るために、わずかな保険料を支払うという世間一般の常識的なやり方とは正反対であるからだ。

## 周期的なリスク

一般投資家は保険会社ではないため、年に一定のプレミアムを支払って利回りを高める代わりに、元本を失うというリスクは取るべきではない。一方、保険会社は偶然の影響を最小限に抑え、確率の法則を最大限に活用してリスクをできるだけ均等にならそうとする。投資家も投資対象を分散化することでそうしたことができなくもないが、実際問題として保険会社のようにそうした方法でリスクを分散化することは極めて難しい。なぜならば、リスクの大きい証券は不況期には総崩れとなるものであり、そうなれば高利回り証券の投資家がそれまでに稼いできたインカムゲインはもとより、元本を失うという事態にもなりかねないからである。

一般に高利回り債券のリターンを手に入れるには、それに応じたリスクのプレミアムを支払わなければならない。換言すれば、投資家はリスクを取る代わりに、元本損失の可能性を上回る利益を上げる必要があるが、これは言うに易く、その実現は極めて難しいものである。さらに、その債券の利回りが保険数理に基づく予想リスクを上回るほど高いものであったとしても、一般投資家の個人的な必要性という観点から見ると、そうした債券はやはり望ましい投資対象とは言えないだろう。たとえすべての保険会社が保険数理の基準に基づいて利益を出したとしても、一般投資家がそうした保険会社のやり方にならって利益を出すことはできない。債券投資家は経済的にもまた心理的にも、不確実に起きる大きな損失を埋め合わせるための定期的な準備金の積み立てなどできないからである。

## 同じ基準で測れないリスクと利回り

以上の考察から、われわれはリターンと元本損失のリスクは同じ基準では測れないという原則を得ることができる。それが実際に意味するものは、元本損失のリスクは単なる高利回りで補うのではなく、むしろ元本の値上がりのチャンスで埋め合わせるべきだということである（例えば、額面よりかなり割安になっている債券を購入する、かなり有利な転換権の付いた債券を買う――など）。元本損失のリスクを高利回り、または元本値上がりのチャンスで埋め合わせるということに大きな「数字上の」違いはないかもしれないが、その「心理的な」違いは極めて大きいものである。というのは、低位債券の購入者は自分が取っているリスクを十分に承知しており、その債券については詳しく調査して損失と利益のチャンスを慎重に計算しているはずである。

重要なことは、そうした投資家は被るかもしれない損失を覚悟し、利益はそのリスクの見返りであると考えていることである。実際の投資経験によれば、典型的な高利回り債を額面近くで購入するのはけっして得策ではない。なぜならば、例えば７％という高利回りはその債券が明らかに劣後的であることを示しているからである（しかし、1921年のような例外的な年には、全体的な高金利のなかで表面利率が７％というかなり高利回りの債券も存在していた）。

## 「ビジネスマンの投資」の誤り

この種の証券は相場の世界では「ビジネスマンの投資」と呼ばれ、ある程度のリスクを取れる人々だけが売買するものと考えられている。1923～29年に発行された多くの外国債などがこれに当たる。また、インカムゲインを目的とした優先株の多くもこれに含まれるかもしれない。われわれの見解によれば、こうした「ビジネスマンの投資」とは非論理的な投資である。ある程度のリスクを覚悟した投資家はそれと同じくらいの元本の値上がりを期待しており、そこから得られるインカムゲインなどは二次的なものと考えているからである。

## 一般の投資法とは反対のやり方を

この問題をもっと広範な観点から考えると、投資家はインカムゲインに対する一般的な投資法と反対のやり方をすればよいということになる。例えば、自らの条件に合致した債券を選択する場合には最上位の基準から出発し、まず最大の安全性を確保するために最低利回りの債券を調べ、次に最も魅力的なインカムゲインを持つ理想的な債券からどれだけ譲歩するのかを計算するのである。こうしたやり方をすれば、平均的な投資家も自分の条件に合致した債券とはベストの債券よりもやや下位にランクされるものだということが次第に分かってくるため、高利回りという魅力や債券セールスマンの甘言に乗ってリスクの大きい債券に手を出すようなこともなくなるだろう。

もう一度繰り返すが、投資家は投資対象となるすべての債券に適用する安全性の最低基準から出発せよと強調したい。こうした最低基準を満たさない債券は、たとえそれが高利回り、発行会社の好業績予想またはその他の好材料があってもインカムゲインを目的とする投資対象としてはすべて除外すべきである。こうして投資適格債券の範囲を限定していけば、適当と思われる別の選択基準を加えることもできるだろう。投資家としては一般的な基準よりははるかに厳しい安全基準を採用すべきであり、いずれの場合でも利回りが幾分犠牲になるのは仕方がないだろう。一般投資家はどうしてもその会社の業種や経営陣の能力などに目を向けがちである。しかし債券の選択とは本質的に、理想的だが受け入れ難い最上位の債券から何となくランクを下げていくことによって決めるのではなく、明確な最低基準の出発点から上方にランクを上げていくことで投資対象を絞っていったほうがよい。

# 第8章

# 債券投資の基準

## Ⅳ．第四の原則――厳しい安全基準を適用する

優良債券の選択は全体として消去のプロセスであることから、安全性に欠ける債券を除外するための明確な原則と基準を適用すべきである。アメリカの多くの州では、貯蓄銀行やトラスト・ファンドの投資を規制するこの種の法令・規則が制定されている。それらの州では銀行局が毎年、そうした法令・規則を適用して「適法投資」（法令に照らして投資適格と認められた証券）と見なされる証券のリストを作成している。

そうした原則と基準は、インカムゲインを目的としたすべての投資分野に拡大適用するのが望ましい。それらの法令規制の目的は投資対象の平均レベルを引き上げるとともに、安全性に欠ける証券への投資による損失から投資家を保護することにある。もしそうした規制が投資会社・機関にとって有効であるならば、個人投資家もそうしたやり方を取り入れるべきであろう。われわれは先に、一般投資家は貯蓄銀行などよりも大きな投資リスクを取ることができるため、確定利付き証券の安全性について貯蓄銀行ほど厳しい態度で臨む必要はないとい

う一般的な考え方に強く反対した。1927〜33年の経験を踏まえれば、今後は投資基準を全体的に厳しくすべきであり、そのためには投資対象となるすべての債券を貯蓄銀行やトラスト・ファンドが採用している適法投資基準のふるいにかけなければならない。こうしたやり方は、インカムゲインを目的とした投資対象は高い安全性を持つ証券だけに絞る一方で、劣後証券は投機と割り切れば購入してもかまわないというわれわれの基本原則とも合致するだろう。

## 出発点となるニューヨーク州法令

実際問題として、債券投資家は貯蓄銀行の投資を規制している法令・規則の基準を取り入れることでかなり満足すべきリターンを得ることができるだろう。しかし、それらの法令・規則は貯蓄銀行にとってはベストの理論的基準かもしれないが、「一般的な投資原則」として適用するにはあまりにも不備が多すぎて使えないこともある。各州の法令の範囲は極めて多岐にわたっているが、その多くは重要な点で時代遅れであったり、また完全に理論的または科学的な基準に基づいているものも少ない。その大きな理由は、それらの法令策定者には広範に使用できる安全な投資基準を確立するといった視点が欠けているからだろう。その結果、貯蓄銀行やトラスト・ファンドだけを対象とした規制法令が策定され、一般投資家がそれらを採用するのが難しくなったのである。そのなかでもニューヨーク州の法令はいくつかの欠陥はあるものの、この種の規制法令としてはベストであろう。それゆえ包括的な投資基準を作成する場合には、最終的な手本というよりはガイドラインまたは出発点としてニューヨーク州法令を検討すべきであろう。以下では、この法令の内容を検討するとともに、何らかの修正が望ましいと考えられる場合には、それらの個所について批判・手直しを加えていくことにする。

## ニューヨーク州法令の一般基準

ニューヨーク州法令に規定された債券投資の一般基準は、①発行体の性質と立地、②発行体の規模、③発行証券の条件、④債務返済・配当能力の実績、⑤支払利息に対する収益の比率、⑥債券発行残高に対する資産価値の比率、⑦債券発行残高に対する株式資本の比率――に大別される。

## 性質と立地

貯蓄銀行の投資を規制する法令の最も際立った特徴は、一部の広範な部門の債券を完全に除外していることである。これについてニューヨーク州法令の関連規定では次のように定めている。

| 容認 | 除外 |
|---|---|
| 米国債、州債、地方債 | 外国政府債、外国企業債 |
| 鉄道・ガス・電力・電話債 | 電鉄・水道債 |
| 不動産の一番抵当で担保された債券 | すべての工業債、一部金融会社（投資信託・クレジット会社など）の債券 |

### 全面禁止の誤り

ニューヨーク州の法令では、除外分野のすべての債券は基本的に安定性に欠けるため、貯蓄銀行の投資には適していないと規定している。もしこの基準が完全に正しいとすれば、それらの分野のすべての債券は保守的な投資には不適当であるとするわれわれの原則にかなっている。証券市場に流入する資金の多くは明らかに投機を目的としているため、そうした基準は相場の世界ではかなり珍しいと思われるかもしれない。

しかしわれわれの考えによれば、投資範囲が極めて限定されてしまったのは長年にわたり多くの債券投資家が手痛い打撃を受けてきたことがその大きな原因である。こうした理由から、そのような除外分野への債券投資を全面的に禁止することには強く反対する。第７章でも検討したように、例えば工業債の不安定な性質を十分に認識している場合でも、この分野の優良な債券までも投資対象から除外することは現実的ではないし、また望ましいことでもない。工業債のなかにも厳しい基準をクリアして投資適格ランクを立派に維持している債券もあるため（その数は少ないが）、そうした極端な基準の適用は投資家の反発を買うだけである。さらに投資対象を一部の最優良な債券だけに絞りすぎれば品不足となり、その結果投資家はさまざまな劣後証券にも手を出すようになるだろう。そんなことにでもなれば、現在の法令規制は完全に裏目の結果を招くことになる。

### その分野の不安定さを認めながらも、安定した個別銘柄に着目

以上の理由から、さまざまな債券を容認か除外かといった二者択一のやり方でふるい分けるよりは、その分野に内在する不安定さを承知しながらも、「個別銘柄」の安定した実績に着目するのが賢明な方法であろう。例えば工業債についていうならば、ガス・電力債よりは支払利息に対する収益の安全余裕率を高めに取る一方で、継続企業としての価値に対する債務の比率ができるだけ低いものを選ぶといった具合である。こうした方法は運輸債にも適用できるだろう。ニューヨーク州法令では水道債を除外しているが、ほかの多くの州では水道債をガス・電力・電話債と同じカテゴリーに含めているという事実も知る

べきである。水道債だけにほかの公益事業債よりも厳しい基準を適用するという根拠はまったくないのである。

## 外国政府債

外国政府債にはこれとは違う状況が存在する。一般に外国政府債を購入する場合には、その国の政治経済的な安定さや債務の確実な返済能力といった要因も十分に検討しなければならない。外国政府債についてはほかの債券よりも、確定利付き証券としてどれだけ望ましいのかという点をよく考慮する必要がある。

### 政治的要因

外国政府債がアメリカで第一次世界大戦後に急速に広まった歴史を詳しく調べると、各国の政治的な安定さについての結論はあまり好ましいものではない。つまり、外国政府債の元利払いはあまり当てにならないのである。外国政府債の場合、元利の支払いが滞ってもその保有者には直接的な救済策がない。たとえ特定の利益権や資産が担保として付いていても、それらの担保価値が失われれば投資家としてはまったくのお手上げである。外国政府債は理論的にはその国のすべての資産に対する請求権であるといわれても、実際にその資産が対外債務をどの程度返済できるかはひとえにその政治的安定さにかかっている。第一次世界大戦後に深刻な国際的混乱が起こったため一部の外国政府債の利払いはデフォルトを余儀なくされたが、それがほかの外国政府債のデフォルトの口実になってしまった。そして、各国の政府債のデフォルトがあまりにも頻発した結果、債務返済に対する発行国の責任がぼやけてしまったのである。こうした現実に直面すると外国政府債の投資家としてはもはや、困難な時期でもその債務は必ず返済しますという外国政府の約束の言葉をそのまま受け取ることはできないだろう。

## 対外貿易

一方、世界の秩序を回復するには大規模な国際借款の再開が必要であるといった議論が広く展開されている。そうした国家間の信用供与は各国の対外貿易の回復・促進にとっては極めて重要である。しかし投資家としては、理想主義的な使命感やアメリカの輸出企業に貢献するといった安易な理由でリスクの大きい外債に大切なおカネを投じないほうがよい。1932年のようなときに安い外国政府債を「投機」の目的で購入するならば利益のチャンスもあるだろうが、そうした価格の急落そのものが外国政府の新発債（その表面利率がどれほど高かろうとも）を額面近辺で買うことの危険性をはっきりと示している。

## 各国の信用格付け

しかし、どのような証券に投資するにもそれなりの識別力と判断力が求められるという点では、外国債への投資も基本的にはその他の債券投資と大きな違いはない。一部の国はこれまでの実績に基づいて高い信用格付けを維持しているため、好業績の国内企業と同じように投資適格に値する。いくつかの州の議会ではカナダに高い信用格付けを与え、貯蓄銀行がカナダ債を購入するのを認めている。また、バーモント州ではベルギー、イギリス、オランダおよびスイスが発行するドル建て債への投資を許可している。

以下のリストは、1932年の相場低迷期の価格をもとに作成した各国政府債の信用格付けランキングである。

①投資適格

カナダ、フランス、イギリス、オランダ、スイス

②投機的

アルゼンチン、オーストラリア、オーストリア、ボリビア、ブラジル、ブルガリア、チリ、中国、コロンビア、コスタリカ、キューバ、チェコスロバキア、デンマーク、ドミニカ共和国、エストニア、フィンランド、ドイツ、グアテマラ、ギリシャ、ハイチ、ハンガリー、日本、ユーゴスラビア、メキシコ、ニカラグア、パナマ、ペルー、ポーランド、ルーマニア、ロシア、エルサルバドル、ウルグアイ

③その中間

ベルギー、アイルランド、イタリア、ノルウェー、スウェーデン

しかし、投資適格の５カ国のうちフランスとイギリスは1921～22年の不況期には「投機的」と見なされていた。これら42カ国のうち、1932年までの12年間に投資適格のランクを維持したのはカナダ、オランダおよびスイスの３カ国だけである。

## 外国政府債の購入に反対する理由

外国政府債の購入に反対する理由のひとつは、外国政府債の信用格付けが基本的に信用できないことである。実際にこれまでの経験に照らしてみると、満足する利益が得られたケースは極めて少ない。外国政府債のこうした信用失墜をばん回するには、長期間にわたって国際債務を期限どおりに返済するという実績を積む一方で、世界秩序を回復することも必要であろう。

カナダ債が高い信用格付けを維持しているのはその実績もさることながら、アメリカとの緊密な関係が評価されている点も見逃せない。一般投資家が個人的な理由でまたはそうした信用格付けデータを参考に外国債を購入するときには、各国の優良な債券に投資すべきであろう。ここ何年かにおいて、もし個人投資家が外国債を全面的に除外す

るという一般原則とは反対の行動をとり、これまで大きな安全性と安定性を維持してきた外国債を購入したらそれなりのリターンを得られたであろう。

## 外国企業債

その企業がどれほど繁栄していようとも、基本的に外国企業債は国内に本拠を置く企業の債券ほど安全ではない。政府はその徴税力によって、国内企業の資産と利益に対して無限の優先請求権を持つ。別の言い方をすれば、政府は個人の債券保有者からその資産を取り上げてそれを対外債務の返済に充てることもできるのである。しかし現実には、政府がそうした徴税力を発揮するためにもまずは国内の政治的安定を図るのが先決である。われわれは、その国の政府がデフォルトに陥ってもその国の企業がドル建て債務を期限どおりに返済したケースをいくつも見てきた（こうした参考例については参考資料の注13を参照）。

債券保有者が発行会社のデフォルトに際して特別な法的救済策（担保権の実行など）を取れるという点では、外国政府債より外国企業債のほうが有利である。このように、外国企業は政府に比べて債務返済の大きな責任を強いられているのは確かである。しかしその一方で、政府債のデフォルトという事態になればその国の企業債の保有者も悪影響を受けることは避けられないだろう。たとえその発行会社に十分な返済能力がある場合でも、海外送金の規制が実施されればドル建ての利息も受け取ることはできなくなるからである（そうした参考例については参考資料の注14を参照）。さらに債権者が企業の資産の場所から遠く離れているうえ、政府によるさまざまな規制があれば、担保付き外国企業債の実質価値も大きく損なわれてしまうだろう。以上の理由から、外国政府債と同じく外国企業債も確定利付き証券としてはけっして推奨できるものではない。

## 発行体の規模

かなり小規模な企業の債券は、保守的な投資家向きの証券としては望ましくない。そうした小さな企業は不測の事態に対して大手企業よりも支払い能力がないうえ、銀行とのつながりや技術資源の面でも大きなハンディがある。また、小規模な企業は広く資金を調達できないため個人資金に頼らざるを得ず、そうした企業への資金提供者が利益の分配や経営権に直接干渉する恐れもある。こうした小規模な企業への投資が適切ではない理由は小さな町などが発行する債券にも当てはまるもので、そうした地方債を購入する場合には一定規模以下の人口の地方自治体債などは避けたほうがよい。

しかし、そうした人口の基準の境界線をどこに引くのかということになるとその基準ははっきりしない。企業債であれ地方債であれ、投資適格と不適格の境界線をどこで引くのかという数学的な基準など存在しないからである。またそれらの債券については、支払利息に対する収益の倍率や債券発行残高に対する資産価値の倍率といったその他の数量的基準を適用するのも簡単ではない。このため、そうした基準の適用は経験則に基づくしかなく、投資家としてはもっと確かな基準があればそれらを自分の投資原則に取り入れていくのも悪くはないだろう。ただその場合に気をつけなければならないのは、そうした任意の基準がリスクの大きい債券から自分を守ってくれるという点で実用的な価値を持たなければ意味がないということである。

## ニューヨーク州法令の規定

ニューヨーク州法令では、貯蓄銀行が投資できる最低規模についてさまざまな基準を設けている。まず州債については、ニューヨーク州に隣接した州では人口1万人以上、その他の州では3万人以上と定めている。投資適格の鉄道債では発行会社の標準線路の規模は500マイル以上、または年間の営業利益は1000万ドル以上となっている。鉄道会社の無担保社債や収益社債は、配当可能な純利益が1000ドル以上という基準を満たした場合に限り購入が許可されている。ガス・電力債については発行会社の過去5年間の総収益が年平均で100万ドル以上、電話債では500万ドル以上となっている。これらの社債については発行額も定められており、ガス・電力債が100万ドル以上、電話債が500万ドル以上となっている。

### 基準に対する批判

しかし、債券投資という全体的な観点から見ると、こうした収益の最低基準はあまり意味がないと思われる。鉄道債の投資適格性を決めるのに、その会社の線路の長さや総収益の多寡を基準とするのは混乱を招くだけであろう。1000万ドル以上の総収益という基準も厳しすぎる。そのような基準を適用したら、1930〜33年の不況期でも立派な業績を上げてきた数少ない鉄道会社のひとつであるバンゴア・アンド・アルーストク鉄道債などは買えなくなってしまう。同じように納得できないのは電話会社の総収益が500万ドル以上であるのに対し、ガス・電力会社の総収益がわずか100万ドルという基準である。この基準を適用すれば、1927年（そしてそれ以前でも）には明らかに有利だったトライステート・テレフォン・アンド・テレグラフ債も購入できないことになる。こうした状況を踏まえ、われわれはそれらの基準に代わるものとして以下のような最低基準を提案する。それらは必要に応じて任意に決められているが、安全な債券投資の現実にはかなり合致しているだろう。

| | 規模の最低基準 |
|---|---|
| 地方自治体債 | 25,000人（人口） |
| 公益事業債 | 2,000,000ドル（総収益） |
| 鉄道債 | 3,000,000ドル（総収益） |
| 工業債 | 5,000,000ドル（総収益） |

## 工業債の要件

ニューヨーク州法令では貯蓄銀行の工業債への投資は認めていないので、工業会社の最低基準は定められていない。しかしわれわれの考えによれば、工業債のなかには安全性の厳しい基準をクリアした優良な債券も存在する。過去10年間の経験を踏まえると、鉄道債や公益事業債に比べて安全性に劣る工業債のリスクから身を守るには、その工業会社の優位性またはそれなりの規模というものを重視すべきである。最近の教訓を肝に銘じて利益を得ようとする慎重な投資家であれば、各分野の工業債から大手６社の債券を選んだあと、年間の総収益が500万ドル以上というわれわれの提案した最低基準を満たす債券を購入すればそれなりに報われるだろう。

しかし、われわれのこの基準も工業債全体に適用すれば（現実にこうしたことはあり得ないのだが）、普通社債を発行しているそれなりの規模で安全な会社などは存在しないのではないかといった批判も出てくるだろう。アメリカの全体的な経済環境が安定してくれば、好不況に大きく揺れた最近の経験から得られた結論などはまったく役に立たなくなるかもしれない。しかし、そうした安定した経済環境が現実のものとなるまでは、投資適格の工業債の購入には極めて厳しい態度で臨むべきであろう。

## 規模の大きさと債券の安全性

これが意味するのは、規模の大きさそれ自体がその企業の繁栄度と財務力を表すものではないということである。業界最大手の企業といっても、分不相応に債券債務が多ければその業界では最もぜい弱な企業であるということにもなる。鉄道、公益事業または地方自治体を見ても、大きな規模を持つというだけで実際的な優位性を有しているとは限らない。その電力会社の総収益が2000万ドル、いや１億ドルを超えようとも、その債券の実際の安全性が100％保証されるわけではない。同様に、人口が７万5000人しかいないある都市が数百万人の人口を抱える大都市よりも高い信用格付けを得ているケースもある。工業債の分野では大手企業の債券は中小企業の債券よりも安全であると言えるが、それでもその大手企業の債券が投資家の信頼を得るには好業績という裏付けが必要である。

## ニューヨーク州法令のその他の規定

ニューヨーク州法令では無担保の鉄道債について、支払利息控除後の純利益が1000万ドル以上でなければならないといった追加要件を設けている。われわれが先に主張したように、担保の有無はそれほど重要な意味を持たないという理由に照らせば、そうした厳しい要件も不要である。このほか、公益事業債の最低発行基準といったような規定も実際上は無意味である。その企業が規模に十分見合うほどの収益を上げているならば、債券の発行額が少なければ少ないほど、元利払いの負担も軽くなるのは当然である。おそらくそうした規定を盛り込んだのは、発行額が少ないとその債券の流通性が損なわれるという配慮からであろう。しかしわれわれの見解によれば、投資家は債券の流通性というものをそれほど重視していないため、債券投資の一般基準に発行規模の要件を盛り込むことにはあまり意味はない。

# 第9章

# 債券投資の基準（続）

## 発行条件

発行条件にはその債券の安全性、利払い条件、満期日――などが含まれる。信託証書に記載されている転換権や類似の優先権などはそれ自体もちろん重要ではあるが、確定利付き証券を選択するときの決定的な目安ではない。

例えばニューヨーク州法令では、公益事業債では担保付き社債しか購入が認められていない。その一方で、収益と配当の実績が担保付き社債よりも厳しい基準を満たしている無担保の鉄道債は投資適格となっている。法令ではまた、信託証書と同じ基準を満たす収益社債（発行会社の収益の程度によって利息が変動する債券）の購入は認めている。

## 非論理的で時代遅れの規制

こうした一連の規制は極めて非論理的で時代遅れである。第6章でも特定の証券を偏重することには反対したが、特定の無担保社債を投資適格の範囲から除外したり、または無担保社債よりは担保付き社債のほうが安心であるといったような偏った基準や要件を設けることにも反対である。

言うまでもなく、もしもほかの条件が同じであれば、二番抵当付き社債よりは一番抵当付き社債のほうが、無担保よりは二番抵当のほうが有利である。このため、賢明な投資家といわれる人々は一番抵当付き社債に比べて無担保社債を購入する場合、厳しい基準（特に収益カバレッジ）を適用する。しかし、一番抵当付き社債を選好するというのは個人的な好みや判断によるもので、数量的な基準を適用したためではない。

## ランクが低い収益社債

ニューヨーク州法令では投資適格基準からすべての無担保公益事業債を除外しているにもかかわらず、それと同じ基準で鉄道会社の収益社債の購入を認めているが、これにはまったく納得がいかない。収益社債の条件は銘柄によって大きく異なっており、収益が上がれば必ず配当するといったものから、配当の有無は取締役会の決定によるといったものまで多岐にわたるからである。全体として収益社債は通常の確定利付き債券というよりはむしろ優先株に似ている。なお、それらの証券の類似点と相違点などについては優先株の特徴を分析した各章で検討する（そこではインカムゲインを目的として優先株を購入する場合には、特別な注意と厳しさが必要であることが強調されている）。

## 短い満期に甘い基準は禁物

投資家は短期債または長期債のいずれを問わず、債券の「満期日」をかなり重視する傾向がある。安全性という観点から見て、短い満期のほうが有利であると考えているのがその理由である。その結果、長期債よりも短い満期（例えば３年以内）の債券を購入するときにはその安全基準を甘くしがちである。

われわれの考えによれば、こうしたやり方は正しくない。短い満期というのは、逆に言えばその発行企業が投資家に対してすぐに元利を返済し、借り換えを迫られることを意味する。投資家は単なる満期の長短をもってその債券の安全性を測ってはならない。その企業が新たに資金を調達するには十分な現金を保有しているか、またはそれを可能にするだけの収益力や財務力を持っているのかという点が重要である。信用格付けが低いために相応の価格で長期債を発行することができないために、短期債を発行する企業も少なくないからである。こうして発行された短期債が満期時に、発行企業のみならずそれを購入した投資家にもさまざまなトラブルを引き起こすケースもよく見られる。以上の理由から、われわれは短期債と長期債を区別して、短期債のほうに甘い基準を適用することには反対する。

## 利息と配当の実績

安全基準に照らして債券を購入する場合には、その発行会社に長期にわたる好業績と安定した財務力の裏付けがあるのかどうかを見極めなければならない。新興企業や経営危機を脱したばかりの企業は高い信用格付けが得られないため、確定利付き債券の投資対象としては不適当である。これまでの何年間に満期日の償還を滞らせたような州や地方自治体も投資適格の基準から除外したほうがよい。

### ニューヨーク州法令の規定

ニューヨーク州法令ではこれについて具体的な基準を定めている。

例えば、ニューヨーク州以外の州の債券は過去10年間に元利の支払いでデフォルトがなければ投資適格としている。その審査期間はニューヨーク州以外の地方自治体の場合は５年、鉄道会社は６年、ガス・電力・電話会社は８年となっている。

しかし、債券の投資基準のひとつである「収益カバレッジ」を見る場合には、これまでの実績を詳細に分析すべきである。もっとも、その審査期間を上記の期間よりもやや短く取れば、過去の元利支払い能力と収益力を見る場合でもそれほど複雑にはならないだろう。一方、債券の評価はその発行会社の業績だけに基づいてはならない。投資家は期日どおりの元利支払いにきちんとした実績があるのかどうかについてもよく調べるべきである。この点に関するニューヨーク州の法令規定は、平均的な投資家にとって大いに参考になるだろう。

ただし、そうした法令規定を広く適用することの正否をよく検討しないで、そうした投資原則を無分別に取り入れるのは避けるべきである。もしもあらゆる地方債の購入に際して過去25年間の潔白な実績という基準を適用しようとすれば、この期間中に債券を発行した市町村のなかでこの基準を満たす自治体をどれだけ見つけられるだろうか。また、もしもある州や都市がデフォルトに陥った場合、今後それぞれ10年と25年の期間中にこれまでの債務を返済して投資適格ランクを取り戻すにはどうすればよいのだろうか。これが企業の場合であれば、株式や転換社債を発行、それができなければ大幅な割引社債などを発行して投機的な資金調達をすることも可能である。しかし、地方自治体にはこうした方法も閉ざされている。信用格付けの低い州や地方自治体ができることといえば、その債券の表面利率を引き上げることぐらいであろう。例えば、財政難からようやく立ち直ったフロリダ州の一部の都市などは、ニューヨーク州債の利率が３％のときにも６％の利率を付けなければ新たに資金を調達することはできないだろう。しかし、こうした方法はわれわれが先に示した原則とは真っ向から対立する。その原則とは、高い表面利率が元本損失のリスクを十分に補うことはできないというものだった。換言すれば、もしその地方債の信用格付けが低く、デフォルトの可能性が少しでも認められるような場合には、いくら高利回りの債券であってもそれらを購入してはならないということである。

## ジレンマとその解決策

ここでわれわれはひとつのジレンマに直面する。すなわち、理論的には正しい債券投資家のそうした対応が多くの地方自治体が必要としている資金調達を困難にするというジレンマである。しかし実際には、一見すると魅力的な信用格付けを持つような市町村債を購入する識別力のない投資家が常に存在するという現実が、この問題を解決しているのかもしれない。その結果、論理的で賢明な投資家は実際には二流の信用格付けしかないそれらの債券を避けることができるのである。

そうしたジレンマのこうした解決策はあまりにも皮肉っぽくてけっして気持ちのよいものではない。その理想的な解決策とはおそらく、地方自治体が過去25年間に期限どおりの債務返済を履行できなかったことを埋め合わせられるほど厳しい数量的基準を設定することにあると思われる。もしもある都市が財政難に陥った場合、その脱出策としては支出の削減、増税、ほかの収入源の確保などのほかに、企業再建の場合における債務の強制的な削減もある。こうした手段を通じてその都市は過去のデフォルトというハンディを乗り越えて、再び債券発行による資金調達を可能にする信用格付けを得ることができるだろう。しかし慎重な投資家としては、その人口、資産価値および歳入規模に対する支出と債務総額の比率といった財務内容を詳細に分析したあとで、そうした信用格付けの結果を受け入れるべきである。通常よりも高い利回りのこうした地方債は、「大きなリスクを取ることによってではなく、その債券の安全性を自分で確認することによって」初めて購入が可能となるのである。設立されてまだ日が浅く、期限どおりの債務返済の実績がまだない企業の債券などについても同じような対応が必要であろう（州債や地方債の分析は厄介でこれといった近道はない。この問題についてこれ以上詳しく論じるのは本書の目的ではない。この問題について詳しく知りたい読者は、次の文献を参考にしてほしい。ヘースティングズ・ライアン著『投資』［ニューヨーク、1926年］、ローレンス・チェンバレンとジョージ・エドワーズの共著『債券投資の原則』［ニューヨーク、1927年］、ラルフ・E・バジャー著『投資の原則と実践』［ニューヨーク、1928年］）。

## 配当実績

適法投資に関する各州の法令では、債券発行会社の配当実績がかなり重視されている。多くの州では、少なくとも過去５年間に最低基準の定期配当を支払った企業の債券だけを投資適格としている。こうした要件はおそらく、企業というのは配当を支払うために存在しているので、実際に配当を支払った企業だけが本当に成功していると言えるのであり、それゆえそうした企業の債券だけが投資適格となるという考えに基づいているのであろう。

### 配当は財務力を表すものではない

一般に配当実績のある企業が無配の企業よりも繁栄していることは否定できない。しかしだからといって、無配の企業のすべての債券を投資適格のカテゴリーから除外してしまうのも問題である。その理由は、配当というものはその企業の財務力を表すひとつの指標にすぎず、それはその債券保有者に直接的なメリットをもたらすものではなく、それどころかその企業の業績が悪化すればすぐに減配・無配ということになるからである。実際、適法投資に関する各州の法令の配当規定が配当を期待して投資した人々にそれとは反対の結果を招いたというケースも少なくない。例えば、財務力の弱い鉄道会社が相応の債券格付けを維持するために無理な株式配当を続けているケースもあり、債券格付けの裏付けとなる財務力を維持するためのそうした行為そのものが実際にはその債券の安全性を損なっているのである。

### 配当実績の意味

その企業の安全性を調べる場合、配当実績よりも確実なヒントはバランスシートと損益計算書から得られる。このため、インカムゲインを目的とした債券の投資適格性を調べる場合には、配当実績に関する厳しい基準はあまり当てにしないほうがよい。しかし、配当可能な利益が十分あるのに無配の企業については、とりわけ注意深くその原因を調査しなければならない。損益計算書には表れない何らかの弱点を取締役らが隠していることもあるからだ。有配企業の債券は、その保有者があとで無配になった場合などにはその企業の経営難など事前に察知できるという点ではたしかにそれなりのメリットはある。そうした点に対して常に目を光らせておけば、いざというときの大きな損失から事前に身を守ることもできる。その意味では無配企業の債券はかなり注意する必要があるが、われわれの見解によれば、そうした債券のリスクも投資家が少し気をつけていれば十分に避けられるものである。

配当問題についてニューヨーク州法令は他の州の法令より少し進んでいる。例えば鉄道債では、過去６年間のうち５年間に一定の配当を支払ったか、または金融費用に対する収益カバレッジのやや厳しい基準を満たしているか――のいずれかをクリアすれば投資適格となる。公益事業債も過去５年間に一定の配当を支払ったか、またはそれに見合う水準の収益を上げているか――のどちらかの基準を満たせばよい。

こうした柔軟な基準を設けていないと、収益の伴わない配当を行う企業が後を絶たないということにもなりかねない。しかしその一方で、こうした進んだ基準が収益を上げている企業の無配を許すという逆の結果を招いているというのも事実である。

## 支払利息に対する収益の比率

最近の投資家は支払利息に対する収益の比率を、債券の安全性を測る最も重要な指標と見なしているようだ。このため、債券の適法投資に関する各州の法令にもこの指標の最低基準が盛り込まれている。しかし、この指標に対する多くの州法令での取り扱いは断片的で一貫性に欠けている。逆に言えば、多くの州法令では企業の満足すべき収益力を測る指標として、いまだに配当実績に固執しているのである（例えばバーモント州では、収益基準は適用しないで配当実績だけに基づいてニューイングランド地方の鉄道債への投資を認めている。しかしその他の鉄道債については、継続的な配当実績に加え、金融費用が総収益の20％を超えてはならないという基準も適用している）。繰り返すが、こうした基準は完全に間違っている。その意味ではニューヨーク州の法令は、次の２つの点で他の州の法令よりはるかに優れている。すなわち、①その企業の十分な収益実績を重視していること、②その企業の「金融費用総額」を重要な指標として投資適格基準に含めていること――である。

### ニューヨーク州法令の基準

企業の「収益カバレッジ」について、ニューヨーク州法令では次のように規定している。

①鉄道会社の担保付き社債（または証券担保付き社債）および設備

債務（Equipment Obligation）については、直近６年中の５年間と直近年の金融費用に対する収益の倍率を1.5倍以上とする。ただし、定期配当を行わなかった場合には、この審査期間を10年中の９年間とする。

②その他の鉄道債（無担保社債や収益社債など）については、直近６年中の５年間と直近年の金融費用（収益社債の利息も含む）に対する収益の倍率を２倍以上とする。ただし、これらの債券については配当支払いが必須の条件となり、例外措置は認めない。

③ガス・電力・電話債については、過去５年間と直近年の平均支払利息に対する平均収益を２倍以上とする。

## 収益カバレッジの３つの要因

### １．計算法

企業の収益カバレッジを分析する場合、①その計算法、②最低基準、③審査期間――という３つの要因を考慮しなければならない。

#### プライア・ディダクションズ・メソッド

支払利息に対する収益の比率を計算する方法はいろいろあり、プライア・ディダクションズ・メソッド（Prior-deductions Method）はそのひとつであるが完全に間違った計算法である。しかし、この方法によれば発行会社の業績数字を粉飾することができるため、債券引受会社の多くは下位債券の募集案内書にこの計算法に基づく数字を記載している。この計算法によれば、まず最初に上位債券の控除費用を差し引いて、その残高を下位債券の費用として収益の倍率を計算する。以下はその具体例である。

**一番抵当付き社債（利率5%）1000万ドルと**
**無担保社債（同6%）500万ドルを発行しているA社のケース**

| | | |
|---|---|---|
| 平均収益 | | 1,400,000ドル |
| ５％債の支払利息 | －） | 500,000ドル |
| | | （利息に対する収益の倍率　2.8倍） |
| ６％債に充当可能な収益 | | 900,000ドル |
| ６％債の支払利息 | | 300,000ドル |
| | | （利息に対する収益の倍率　３倍） |

このように、おそらくA社発行の債券の募集案内書には、利率６％の無担保社債の支払利息に対する収益の倍率は３倍と記載されるだろう。しかし、利率５％の一番抵当付き社債の収益倍率は2.8倍である。この計算法によれば、上位債券よりも下位債券の収益倍率のほうが高くなり、この数字は明らかにバカげている。つまり、この計算法による下位債券の収益カバレッジの数字は完全に偽りであり、賢明な投資家としては募集案内書のこうした数字をけっして信じてはならない。

### キュミラティブ・ディダクションズ・メソッド

収益カバレッジを計算する二番目の方法は、キュミラティブ・ディダクションズ・メソッド（Cumulative deductions Method）と呼ばれるものである。この計算法によれば、下位債券の利息も上位債券やそれと同等の債券の利息と併せて計算する。A社の例で見ると、平均収益額（140万ドル）を両債券の利息合計（80万ドル）で割って計算すると、利率６％の無担保社債の利息に対する収益の倍率は1.75倍となる。しかし、この方法では下位債券の利息は計算から除外されるため、一番抵当付き社債の支払利息に対する収益の倍率は2.8倍と変わらない。多くの投資家にとってはこの計算法のほうが完全に適切であり、いくつかの州でも貯蓄銀行の投資適格債券に関する法令にこの計算法を採用している（例えば、メーン州の鉄道・公益事業・電話債の投資適格基準に関する改正法令やバーモント州の公益事業債に関する法令。これに対し、ニューハンプシャー州ではほぼすべての債券にキュミラティブ・ディダクションズ・メソッドを適用しているが、電信電話債に限ってオーバーオール・メソッドを採用している）。

## オーバーオール・メソッドまたはトータル・ディダクションズ・メソッド

われわれは前章で、すべての金融費用を賄える企業の支払い能力の重要性を強調したが、それはたとえ下位債券のデフォルトであってもその影響は優先担保付き社債の保有者にも及ぶからである。このように投資家の身の安全はその企業がすべての利息費用を完全に賄える状態にあって初めて保証されるのである。このように考えると、支払利息の正しい計算法はすべての利息費用が正確に収益倍率に反映される「オーバーオール・メソッド（Over-all Method）」ということになる。この計算法ではその企業の上位・下位債券を問わず、「すべての債券分析について同じ収益レシオが使われる」。Ａ社の例で見ると、1.75倍という収益レシオを利率５％の一番抵当付き社債、または６％の無担保社債のどちらに適用してもよい。現在では債券の募集案内書やアニュアル・レポートに、収益カバレッジを計算する正しい方法としてこの「オーバーオール・メソッド」が広く使われている（「収益レシオ」「支払利息に対する収益の倍率」および「収益カバレッジ」という用語はすべて同じ意味で使われている。例えば、「支払利息に対する収益の倍率が1.75倍」というのは「安全率が75％」と同じ意味だが、われわれは前者の用語を統一して使用するのが望ましいと考える。一部の情報機関［例えば、1930年までのムーディーズ・マニュアルなど］では、支払利息に対する収益の比率を表すのに「安全余裕率［Margin of Safety]」という用語を使っている。これによれば、例えば支払利息に対する収益の倍率が1.75倍であるという場合、その安全余裕率は3/4÷1 3/4=42 6/7%となる）。

それにしても、なぜ上位債券の収益カバレッジをキュミラティブ・ディダクションズ・メソッドで計算してはならないのか、そしてもしこの比率が極めて大きい場合、それは上位債券にとって好材料となるのではないか――といった疑問が当然出てくるだろう。この問いに対するわれわれの見解は、その企業の財務力を測るための最低基準を適用する場合、すべての金融費用を含めて計算すべきであるというものである。ニューヨーク州法令では常にこの立場を取っており、われわれはこの点を大きく評価するとともに、他の州もこれにならうべきであると考える。

## 2．収益カバレッジの最低基準

ニューヨーク州法令では公益事業債に対して鉄道債よりも厳しい基準を適用しているが、両産業の最近の業績を見ると、公益事業会社のほうが鉄道会社よりも好業績を上げている。一方、工業債については公益事業債や鉄道債よりも幾分厳しい基準を適用したほうがよい。以上の点を念頭に置き、われわれはこれらの債券に対する金融費用の収益カバレッジ倍率の最低基準を次のように提案する。

| | |
|---|---|
| 公益事業債 | 1.75倍 |
| 鉄道債 | 2倍 |
| 工業債 | 3倍 |

## ３．収益カバレッジの審査期間

ニューヨーク州法令では、公益事業債の審査期間を平均５年としている。これに対し、鉄道債の審査期間は直近６年中の任意の５年間となっている。しかし、いずれの債券も投資する直近年は最低基準を満たさなければならない。

審査期間の直近２年間については最低基準をクリアするのはそれほど難しくはないが、その時期が世界経済の深刻な不況期と重なった場合には債券投資にとっては不幸であろう。もしも景気全体が平均して８年の好況期と２年の不況期を相互に繰り返すならば、この基準を適用した結果は好況期（債券相場が高いとき）に債券を購入し、不況期（債券相場が安いとき）にそれを売却するということになる。

われわれの考えによれば、収益カバレッジの最低基準を厳しくかつ実際的に適用する場合には、一定の審査期間の平均値を取るべきである。この方法によれば、ニューヨーク州法令に定める公益事業債の平均５年間という審査期間は平常時では短すぎるようであり、それよりは７年という期間のほうが適当であろう。

## 収益実績のその他の要因

投資家が企業の収益実績を見る場合、注意しなければならないいくつかの要因がある。それは「収益トレンド」「最低限の業績」「当期の数字」などである。ただし、これらはいずれも重要なものではあるが、厳しい基準を適用する場合には柔軟に対処すべきであろう。例えば担保付き社債などにおいては、厳しい基準を広範に適用できる一部の要因とそれができない他の多くの要因を区別しなければならないが、それを最終的に決めるのは「その投資家の判断力」である。

## 業績悪化を相殺する基準

例えば、企業業績を見るときに厳しい基準を適用できないような場合を考えてみよう。投資家としては少なくとも平均した最低基準を満たすような数字を望むだろう。そのうえで、①その収益が上昇トレンドをたどっているか、②当期の業績は良好か、③審査期間のすべての年において支払利息に対する収益の比率は満足すべき水準にあるか——などの点に注目するだろう。もっとも、ある債券がこれらの基準のひとつを満たしていなくても、その債券を投資対象から即座に除外しないほうがよい。収益カバレッジの平均値が最低基準を十分に上回っているような場合には、その全体的な質的要因についてもっと詳しく調べるのが賢明であろう。これとは逆に、その収益が下降トレンドをたどっていたり、または直近の業績数字が極めて悪いときには、①収益の平均が最低基準をかなり上回っている、②収益の下降トレンドや現在の業績悪化がまもなく好転することを示す十分な証拠がある——のでないかぎり、投資家はそうした債券を購入すべきではないだろう。ただしこの場合でも、収益の下降トレンドや現在の業績悪化を相殺するにはどれだけの収益水準が必要なのかを決めるのは言うまでもなく「その投資家の判断力」にかかっており、何らかの数学的な公式を当てはめることなどはできないのである。

# 第10章

# 債券投資の基準（続）

## 債券と不動産の価値

われわれは第6章で、債券投資の安全性は担保となっているその不動産の価値ではなく、債務者であるその発行会社の元利支払い能力であると強調した。この基本的な原則は、広く採用されている担保資産の価値（当該企業の業績とは無関係の価値）に基づいた債券の安全性に関する一般的な基準とは相反するものである。

これを別の観点から見ると、通常の債券（鉄道・公益事業・工業債など）の場合、（取得原価または再生産原価で評価された）担保不動産の価値とその債券価格の間に何らかの相関関係は見られない。こうした理由から、われわれは（ニューヨーク州を含む）多くの州法令に反映された不動産価値を重視した従来の考え方には反対である。例えばニューヨーク州法令の場合、ガス・電力・電話債はその価格を66 2/3%上回る価値を持つ不動産で担保されなければ投資が認められない。おそらくその価値は、取得原価から減価償却費を差し引いた簿価、または譲渡や再評価によってつけられた人為的な価値であろう。

## 特殊な債務

### 1．設備債務

われわれの考えによれば、公益事業会社の不動産や鉄道会社の設備、および普通の工業会社の工場の簿価は、それを担保にした債券の安全性を決定する手掛かりとはならない。とはいえ、継続企業の価値とは切り離された担保資産の価値によってその債券の安全性が大きく保証される特殊な債務があるのも事実である。そのひとつが、機関車、貨物列車または客車などの所有権と、これらの設備を使用する鉄道会社に対する賃貸権で担保された鉄道会社の設備信託証書（Equipment Trust Certificate）である。この設備信託証書の投資実績は、それを発行した鉄道会社が深刻な経営危機に陥った場合でも元利の支払いがほとんど滞らなかったことにも見られるように、かなり高い成果を上げている（この設備信託証書の投資実績については参考資料の注15を参照）。その大きな理由は、その特殊な担保資産が移動可能で他の鉄道会社でも使用できることであろう。その結果、これらの設備は自動車、宝石および個人向けローンの担保となるその他の動産などと同じように独立した売却可能な価値を持つのである。たとえこの鉄道車両がほかの鉄道会社に相応の価格で売却するのが実際には難しい場合でも、その移動可能性がこの信託証書の保有者にほかの担保よりも大きな安心感を与えている。これらの設備と線路資産はいずれも鉄道会社の経営には不可欠のものであるが、線路を担保とした鉄道債の保有者には線路をほかの会社に使ってもらうという選択肢しかないが、設備信託証書の保有者は最後の手段としてそれらの設備動産を持ち去ることも可能である。この点がこの信託証書の保有者の大きな強みであり、その結果鉄道線路の一番抵当保有者の請求権もこの証書よりは劣後的な立場を余儀なくされるのである。

この設備信託証書の保有者には、①賃貸する鉄道設備の債権とその利益報酬、②担保となる鉄道車両の価値――といった２つの保証がある。もしその鉄道車両の価値が投資金をかなり上回る場合には、それに対する債権のメリットを差し引いても十分に報われる。この点は質屋がおカネを借りに来た客の経済状態には無関心で、ただ担保物件だけにしか関心がないことと類似している。

実際、この設備信託証書の条件は購入者を大きく保護している。元利支払いが滞った場合でもその保有者の権利は法律的にも守られている。ほぼすべてのケースについて、設備コストの少なくとも20％はその鉄道会社が負担しているため、それらの設備債務（Equipment Obligations）が担保価値の80％以上であれば保有者に損はない。さらに一般には、元本は発行年から15年間の均等払いであるため、債務額は通常の減価償却よりもはるかに速く減少する。

しかし、設備信託証書のこうしたメリットも最近では物価の下落で取得原価が再生産価値（それに伴う売却可能な価値）を割り込んだり、また鉄道利用客の減少に伴う鉄道設備への需要減退から急速に薄れてきたようだ。その結果、1930～33年の不況期に管財人の管理下にあった一部の鉄道会社（シーボード・エアライン鉄道やウォバッシュ鉄道など）は、満期を迎えた設備信託証書の保有者に対して一時的な元利支払いの延期を要請した。こうしたケースを見るとこの信託証書の「ほぼ完全な安全性」もやや薄れてくるが、それでもこの信託証書への投資は担保資産の換金性に裏付けられているため、依然として大きなうま味があることは事実である（この設備信託証書の詳細と参考データについては参考資料の注16を参照）。

## ２．証券担保付き社債

証券担保付き社債（Collateral-trust Bond）とは、株式やその他の債券で担保された債券である。一般に担保となる証券は債務者である当該発行会社自身の債券、その子会社の債券や株式などである。このため、担保となる証券の換金価値はその企業の成否に大きく左右される。その結果、最近ではこの社債保有者の関心は主に担保証券の市場価格に向けられており、また信託証書に記載された保護条項によってこの証券の保証もかなり手厚くなっているようだ。この点では、債券の安全性は担保資産ではなくその発行企業の成否で決まるとするわれわれの基本的な原則の例外的なケースとして、先の設備信託証書と類似している。

この社債は投資信託などの無担保社債に似ている。それが信託証書の記載どおりに受託会社によって保証されているか、またはこの社債の請求権の履行義務を負う企業によって保有されているかなどにそれほど大きな違いはない。一般にこの種の債券は債務を増加させないという約束条項や、その会社の資産価値を既発債の額面総額より一定率だけ高い水準に維持するという誓約条項などで保証されている。

**事例**

リライアンス・マネジメントの無担保社債（利率５％、1954年満期）は、この種の保護条項が付与された好例である。この会社自身の業績はかなり悪く、その株価は1929年の69ドルから1933年にはわずか１ドルにまで急落した。通常であれば株価がこのように暴落すれば既発債の一部もデフォルトとなり、その元本は大きな損失となる。しかし、この社債にはその資産をいつでも現金化できるという保護条項が付いていた。これによって、その資産を現金化した会社自身がこの既発債の3/4以上を買い戻す一方、株主は信託証書の保護条項に記載された一定水準以下に下がった資産価値の不足分を埋め合わせるために増資を余儀なくされた。その結果、1932年にはその株価が依然として２1/2ドルにとどまっていたのに対し、この社債は88ドルまで上昇した。

保護条項の問題を取り扱う第18章ではある投資会社（フィナンシャル・インベスティング）の証券担保付き社債のケースを検討するが、この種の債券には本来的なメリットがあるとはいえ、債券保有者が自らの権利を主張しないとそのメリットも低下するという点をよく知っておかなければならない。

## 3．不動産抵当債券

設備信託証書や証券担保付き社債よりもはるかに広範な分野にわたるのは、モーゲージ（不動産抵当）と不動産抵当債券（Real-estate Bond）である。特に不動産抵当債券は個人向けに発行された抵当証券としてかなりの規模に達している。これらの証券の価値は担保となる土地や建物で決まる。熟練した投資家が購入する通常の不動産抵当ローンでも、担保となる当該不動産の価値が評価の対象となる。しかしさらに広い観点から見ると、これらの不動産抵当証券の価値を決めるのは「継続企業としての価値」であり、逆にそれがその不動産の収益力を裏付けているとも言える。つまり、その担保資産の価値は（鉄道会社の設備信託証書の場合と同じように）その企業の業績と切り離されたものではなく、むしろ同一のものなのである。

これを証明する具体的な例として、代表的な不動産抵当証券のひとつである一家族用住宅のモーゲージを取り上げてみよう。これまでの一般的な状況下では、１万ドルで建てた住宅は年間で約1200ドルの賃貸価値があり、そこから税金や諸経費を差し引いた純利益は約800ドルだった。このため、銀行から１万ドル（金利６％）を借り入れて一家族用住宅のモーゲージを購入しても、その６％（600ドル）の金利支払分は十分に保証されていることになる。これまでは住宅所有者の金利負担を問題にしなくても、少なくとも借入金の６％を十分に賄える金額でその住宅を賃借・購入する人が数多く存在した（しかし、もし100万ドルを投じて製造工場を建設しても、その会社が倒産すればこの工場を売却・賃貸したとしても６％の金利をカバーすることはできないだろう）。

### 不動産価値と収益力

一般に住宅、オフィスまたは店舗などの場合、その不動産価値と賃貸価値はけっして切り離すことができない。その意味ではそれらの不動産の貸し主がその物件の売却可能な価値や収益力をどの程度に評価していようと、それはあまり重要なことではない。こうしたことは空き地や未使用の住宅・店舗についても当てはまり、これらの売却可能な価値は賃貸価値と不可分の関係にある（しかし、こうした関係は工場など特殊な目的で建設した建物には当てはまらない）。

### 評価法のミスリーディング

こうした事実は、不動産抵当債券の投資家がその不動産の価値をどのように評価するのかという点で極めて重要である。不動産抵当債券ブームが続いた1923～29年には、この種の債券発行を支えた唯一の基準はその不動産の将来の推定収益価値ではなく、債券価格を60％以上も上回るその不動産の「評価額」であった。もしもこの評価額がそうした不動産の購入者や貸し主が考える売却可能な価値と一致していれば、安全な不動産抵当証券としてこの種の債券にも実質的なメリットがあっただろう。しかし不幸なことに、そうした評価額は不動産鑑定士が手数料を稼ぐために算出した完全に人為的な価格であり、これらの人々がやったことといえば保護すべき投資家を単にだましただけであった。

これらの不動産鑑定士が使った評価法とは、それらの不動産から得られる賃貸料を任意に見積もってその収入をはじき出したことである。この評価法によれば、100万ドルで建てた普通のビルの評価額はたちどころに150万ドルとなる。こうした評価額に基づいて債券が発行された結果、そうしたビルの建設者や関係者は一銭の投資もしないでそのビルの所有権を手にしたうえ、かなりの利益を懐に収めたのである（例えば419－4アベニューなどは1927年に、わずか7万5000ドルの払込資本金だけで123万ドルの不動産抵当債券を発行した。ちなみに、同社が約130万ドルで取得した土地と建物の評価額はすぐに190万ドルとなった。1931～32年に同社が同債券のデフォルトに伴って倒産したのは当然の成り行きだった）。こうした不動産金融にはもともと大きな落とし穴がたくさんあったにもかかわらず、すべての当事者のモラル、見識および常識が曇っていたために単にそれらが表面化しなかっただけだった。その結果、とんでもない水準にまでバブルが膨らみ、最後には当然のことながらバブルがはじけたのである（この分野のデフォルトに関する米投資銀行協会の不動産証券委員会の報告については参考資料の注17を参照）。

### 異常な賃貸価値

1928～29年には新しい不動産を購入してそれを賃貸すれば法外な収入が得られた。しかし、新築ビルの価値が直ちに実際原価から50％も跳ね上がり、とてつもない収入が得られるという状況は一時的なものにすぎなかった。というのは、ビルの建設ラッシュが続けば供給過剰から賃貸価格が暴落するというのは火を見るよりも明らかであったからだ。ビルの所有者がリスクを一切負わないで、建設資金のすべてを一般投資家から調達するというような状況が長く続くはずはない。

### 建設コストの高騰

こうしたビルの建設ラッシュは建設コストの異常な上昇を引き起こした。1928～29年に行われたかなり控えめなローンでも、ビル建設の実際原価の2/3以上は保証の裏付けがなかった。その後の建設コストの急落でその不動産の価値が借入額を割り込むケースが続出した。

### 特殊な目的で建設したビルの弱点

不動産抵当債券の大きな問題点のひとつは、担保価値を持つ建物とそうでない建物がみなごっちゃになっていたことである。普通のモーゲージは一般住宅だけを対象としていたので住宅の購入者や賃借人はいつでも存在しており、そのときの価格水準を少し下げればいつでも賃貸・処分できたのである。こうしたことは一般のアパート、店舗またはオフィスビルなどにも当てはまる。しかし、その建物が特殊な目的で建てられた場合（例えば、ホテル、車庫、クラブ、病院、教会または工場など)、それらを処分するのは極めて難しくなる。つまりこうした建物の場合は、本来の建設当事者がその建物を利用してどれほど利益を上げるのかということによってのみその価値が決まるのである。その意味では、この種の建物を担保とする債券は一般的な意味での不動産抵当債券とは言えず、むしろ企業向けの融資に近いものである。こうした理由から、この種の債券の安全性は工業債に適用したような最も厳しい基準を当てはめて判断すべきである。

不動産価格の暴落に至る前の不動産金融のラッシュ時には、この点が完全に見逃されていた。一般住宅やアパートと同じ基準に基づいて、ホテル、車庫、病院などの建設資金を賄うために債券が発行された。逆に言えば、債券価格を大幅に上回るそうした不動産の評価額がローンの安全性を保証していたのである。しかし、こうした手法が経済的に行き詰まり、建物の建設者が借入金の金利を支払えなくなったとき、こうした不動産抵当債券の保有者も業績が悪化した鉄道会社や工場不動産の担保付き社債の保有者と同じように苦しい立場に追い込まれるのも当然だった（参考事例のハドソン・タワーズのケースについては参考資料の注18を参照)。

### 新築時の家賃に基づいた価値のミスリーディング

こうした不動産金融のもうひとつの落とし穴は、アパートなどの賃貸収入が当初の賃貸料をもとに計算されていたことである。一般に賃借人は新しいアパートにはかなり割高な家賃を支払っても入居するが、築後何年もたった古いアパートには見向きもしない。その結果、最初の数年間に受け取ったかなり割高な賃貸料をベースとした利回りがその不動産抵当債券の満期まで得られると考えられたのである。

### 正しい投資原則

以上、過去10年間における不動産金融の落とし穴について詳しく分析したが、そこから将来の投資の指針となるいくつかの有益な原則を引き出すことができるだろう。

まず一家族用住宅の場合、一般に賃貸料は発行された抵当債券の仲介者を通さず、モーゲージ所有者から直接住宅の所有者に引き渡される。しかし、そうした住宅の担保となる不動産保証モーゲージ（Guaranteed Mortgage）や不動産抵当参加証書（Mortgage-Participation Certificate）などについては、モーゲージ会社（不動産抵当金融会社）が仲介に入る。

この種の証券に投資する場合、投資家は次の点に注意しなければならない。すなわち、①最近の実際原価や不動産専門家が評価する不動産の適正な価額に示されているように、不動産の価値が借入金を60％も上回るようなことはもはや起きないだろう、②こうした不動産の実際原価や適正価額はこれまでの投機的なインフレ価格よりはかなり低い水準に落ち着くだろう――という事実である。こうした点を考慮すれば、不動産の現在価値をベースとした抵当債券の価格も大幅に下方修正されなければならない。

一般の不動産抵当債券は新築アパートやオフィスビルの一番抵当権を担保にしたものである。このため、まず投資家としてはこの点を十分に認識してこれまでの不動産の評価額には一切とらわれず、当該不動産の実際原価が抵当債券価格を少なくとも50%は上回るような銘柄を選択すべきである。二番目には、空き部屋による収入減と建物の老朽化に伴う賃貸価値の減少分を十分に踏まえた予想損益計算書を作成すべきである。この損益計算書では既発債を徐々に消却するための減債基金を積み立てるように、収入から減価償却費を控除した利益の安全余裕率を支払金利の少なくとも２倍は持たせるべきである。

一方、「賃借地一番抵当付き債券（First-Leasehold Mortgage Bond）」と呼ばれる証券は、実際には二番抵当付き債券である。それらの証券は賃借地に建てられる建物を担保としているが、その資産に対する第一順位の費用は地代である。この種の証券を購入するときには、こうした点をよく理解しなければならない。さらに、不動産抵当証券では通常の商取引の場合に比べて、一番抵当権が二番抵当権よりもはるかに強い権利を有していることをよく認識しておくことも大切である（これについては参考資料の注19を参照）。こうした目に見える要因のほかに、入居者を常に確保し、まわりの快適な環境を維持して資産価値を減らさないためにも、立地と建物の造作が極めて大切であることも念頭に置かなければならない（1933年に発行された不動産抵当債券の好例のひとつは、ニューヨークの金融街にある２棟のオフィスビルを担保としたトリニティー・ビルディングズ・オブ・ニューヨークの一番抵当付き社債［利率5 1/2%、1939年満期］であろう。発行額は430万ドルで、1300万ドルの課税評価額の土地と建物の一番抵当権で担保されていた。同社の1931年の総収益は223万ドルで、減価償却費控除後の純利益は同社債の支払利息の約６倍に達していた。1932年に賃貸収入は165万3000ドルに減少したが、支払利息に対する収益の倍率はまだ3.5倍を維持していた。しかし、1933年９月に同社債は額面近辺まで下落した）。

ここでもう一度警告するが、ホテルや車庫などの特殊なまたは限定された目的の建物の抵当証券は絶対に購入すべきではない。この種の抵当証券に投資するとすれば、それは個人レベルの融資と考えるべきである。優良な工業債の投資基準に関するわれわれの先の見解でも示したように、新設のホテルなどを担保とした証券の投資はどこから見てもインカムゲインを目的とした投資とは言えない。

# 第11章

# 債券投資の基準（完）

## 資本金と債券債務

債券債務を差し引いたあとの資本金と剰余金の合計は、負債を差し引いた資産ということができる。これは次のような要約バランスシートで表される。

| | |
|---|---|
| 資産－流動負債（＝純資産） | 1,000,000ドル |
| | 1,000,000ドル |
| 債券債務 | 600,000ドル |
| 資本金＋剰余金（＝株主資本） | 400,000ドル |
| | 1,000,000ドル |

これを簡単な算式で表すと次のようになる。

株主資本÷債券債務＝純資産÷債券債務－1

## ニューヨーク州法令の規定

こうしたバランスシートの数字を分析することで、その会社の債券債務のカバー率や財務力の安全余裕率を表す純資産や株主資本を求めることができる。貯蓄銀行の投資基準に関するニューヨーク州の法令では、公益事業債について次のように定めている。①固定負債は固定資産の60％を超えてはならない、②株主資本は固定負債の少なくとも2/3以上は確保しなければならない。上記のバランスシートの算式を見ると、実はこの２つの算式はほぼ同じことを意味していることが分かる。しかし、もしある企業がかなり多くの債券を発行しているならば、①の基準は満たしているが、②の基準は満たしていないため、その債券の安全性を確保するには②の基準の達成が条件となる。これを具体的に表すと次のようになる。

| | | | |
|---|---|---|---|
| 固定資産 | 10,000,000ドル | 固定負債 | 6,000,000ドル |
| 運転資本 | 1,000,000ドル | 債券債務 | 3,000,000ドル |
| | | 資本金・剰余金 | 2,000,000ドル |
| | 11,000,000ドル | | 11,000,000ドル |

この会社の場合、固定負債は固定資産の60％にとどまっているが、株主資本が固定負債の2/3よりはるかに少ないため、その債券は投資不適格となる。

一方、ニューヨーク州の法令では（優先株と普通株を含めた）資本金を額面または表示価額でしか評価せず、また同じく株主資本を構成する剰余金の簿価もあまり重視されていない。その大きな理由は、剰余金というものは法律的には株主に分配されるべき性質のものであり、債券保有者を保護するためのものではないとの考えによる。しかし現実には、公益事業会社の剰余金はその多くが固定資産に投資され、株主に現金で分配されていない。ニューヨーク州法令の基準を正しく適用するならば、資本金だけよりも「資本金＋剰余金」の数字を使うのが適切であろう。

## こうした安全基準を適用する問題点

しかし、こうした資本金の安全基準を公益事業債に適用することには多くの問題がある。決算数字だけでその債券の安全性を測ることの誤りについては先に指摘したが、実際には次のようなケースもある。例えば、ある公益事業会社の損益計算書の決算数字は満足のいくものだが、資産のカバー率が極めて低いような場合、その収益率は高いが財務力は弱いということになる。つまりこの会社の問題点は、実際の現金投資またはそのベースとなる再生産価値を表すバランスシートの株主資本の資産価値が低いということである。こうした状況の下では、資産価値または株主資本に関するこうした投資適格基準を公益事業債や鉄道債に適用することは問題である。

もちろん、その会社が将来の債券債務の支払利息をどれだけ賄えるかのベースとなる業績見通しが疑わしいような場合、簿価に基づくこうした株主資本基準を公益事業債や鉄道債などに適用することに反対する理由はない。ただしそのような場合でも、債券債務60％に対して資本金＋剰余金が40％という一般的な基準は、支払利息に対する収益の倍率が1.75倍という最低基準よりも厳しくすべきである。しかし、債券債務の比率が固定資産の最大で75％、または資本金＋剰余金の３倍という財務比率を認めざるを得ないケースが出てくるかもしれない。

## 企業の実質価値を重視

われわれがこうした資産価値の基準に反対するのは、「固定資産の簿価」はその債券の安全性を測る基準としては実際にはまったく意味がないという理由による。しかしその一方でわれわれは、債券債務に対する「継続企業としての価値」の大きな安全余裕率は重要であるばかりか、確定利付き証券の安全性を保証する確かな条件でもあると考えている。そうであるならば、それが鉄道債、電話債またはデパート債であるとを問わず、投資家がその会社の債券に自分のおカネを投じるときには、その会社の継続企業としての価値が資産をどれほど上回っているのかをよく考えてみる必要がある。この点では、債券投資家は住宅やダイヤの指輪の購入者に資金を貸す人とよく似ている。ただ債券投資家がそれらの人々と大きく異なるのは、対象となる商品が目に見える資産ではなく、その会社の「企業実体としての価値」であるということである。

## 継続企業としての価値と収益力

その会社の「企業実体としての価値」はその収益力によって決まる。そしてその収益力を裏付けるのはその会社の業績である。というのは、収益力とはその会社の支払利息の負担能力と、継続企業としての価値が債券発行残高の額面総額をどれだけ上回っているのかを反映したものであるからだ。債券の選択に際して、多くの投資家が数字上のまたは数量的要因の大きな目安としてその会社の業績を重視するのもこうした理由による。それ以外のすべての基準は、質的または主観的な要因である（経営陣の能力や業績見通しなどに関する個人的な見方など）。

その債券の安全性を測る基準は単純で検討項目が少ないに越したことはないが、もしも支払利息に対する収益の安全余裕率などをひとつの基準だけで測ろうとすれば、問題があまりにも単純化される危険性がある。例えば、業績の検討期間を一時期だけに絞れば、その期だけの業績しか分からず、または損益計算書にその期の正確な収益の数字が反映されない場合もあり、業績の実際の傾向を把握するのが難しくなるだろう。こうしたケースは工業会社などにはよくあることで、そこでは各企業の業績が明暗まちまちだったり、または鉄道会社や公益事業会社などに比べて甘い会計監査が行われている会社も少なくないのである。

## 株式時価に基づく株主資本

こうした理由から特に工業債などについて、継続企業としての価値がその債券債務をどれほど上回っているのかを見る場合にはほかの数量的指標で補足する必要がある。そうした目的を満たすひとつの指標は、債券債務に対する「株式時価レシオ」であろう。もちろん、株式相場がしょっちゅう乱高下を繰り返しているため、この指標を使うことに大きな反対が出るのは承知している。しかし、どのような指標にも何らかの欠点は付き物であり、この株式時価レシオはバランスシートの数字や普通の評価法に比べて、継続企業としての適正な価値をよく表す指標のひとつとして広く認められている（主に正味流動資産から算出された清算価値がときに株式の時価総額を超えることもあるが、そうしたことは優良債券の選択に当たってそれほど重要ではない）。

ただそこで注意しなければならないのは、われわれが提案するこの株式時価レシオは、株主資本が債券債務をどのくらい上回っているかを見るいわば限定された目的でしか使用できないということである。われわれは何も、株式の時価がその企業の適正な価値または本質的価値を正確に表していると言っているのではない。そうではなくて、その企業の価値を測る「ひとつの大ざっぱな指標」または手掛かりとしてこの株式時価レシオを提唱しているのであり、業績データを分析するひとつの手段として活用すれば有効であろうと言っているのである。

実際、この株式時価レシオをうまく使えばその効果はかなり大きい。時価換算の株主資本金が債券債務の何倍になっているかを見れば、その債券の安全性は一目で分かり、逆に時価換算の株式資本金が債券債務よりもかなり少なければその会社の債券はリスクが大きいとすぐに理解できる（これについては、第50章で紹介する1933年12月に発行されたフォックス・フィルムの中期債［利率６％］のケースを参照)。資本金を時価で換算し、それを債券債務の総額と比較することは債券の選択に際してよく使われる分析法であり、（特にその分析結果が満足すべき数値である場合には）それが債券の募集案内書に記載されることも珍しくない。われわれはこの株式時価レシオをとりわけ工業債の投資適格を測るひとつの指標として提唱したい。

## 株式時価レシオの最低基準

それでは一体、株式の時価と債券債務との間にどれほどの最低基準を持たせればよいのだろうか。その目安をつけるうえで、ここに1932年９月現在の代表的な公益事業会社、鉄道会社および工業会社の財務状態の要約を掲載する。

この時期の株式環境は全般に異常であったが、株価と収益について1928～29年の株式ブーム期以前と比べて大きな変化がない例を選んだ。ただ、電力会社の普通株１株当たり利益についてはやや恣意的な評価が行われている。この表からは、インタレスト・カバレッジと株式と債券の比率の間に大まかな相関関係が存在しているのが分かる。これを産業別に当てはめると次のページの表のようになる。

**インタレスト・カバレッジと株式時価レシオ**

| 項目 | ノースアメリカン | アチソン・トピーカ鉄道 | ピルズベリー・フラワー・ミルズ |
|---|---|---|---|
| 期末 | 1932/6/30 | 1932/6/30 | 1932/6/30 |
| 支払利息に充当可能な利益（ドル） | 46,000,000 | 31,200,000 | 1,236,000 |
| 当期支払利息（ドル） | 24,600,000* | 13,000,000 | 406,000 |
| 支払利息に対する利益の倍率 | 1.87 | 2.40 | 3.04 |
| 配当可能利益（ドル） | 21,400,000 | 18,200,000 | 830,000 |
| 優先配当（ドル） | 1,800,000 | 6,200,000 | |
| 普通株の利益（ドル） | 19,600,000 | 12,000,000 | 830,000 |
| 1株利益（ドル） | 2.73 | 5.00 | 1.51 |
| 債券債務（ドル） | 450,000,000* | 310,000,000 | 6,770,000 |
| 優先株時価総額（ドル） | 600,000株×45= 27,000,000 | 1,240,000株×67= 83,000,000 | |
| 普通株時価総額（ドル） | 7,170,000株×33=237,000,000 | 2,430,000株×50=121,500,000 | 550,000株×15=8,250,000 |
| 株式時価総額（ドル） | 264,000,000 | 204,500,000 | 8,250,000 |
| 株式時価総額と債券債務総額の比率 | 0.59：1 | 0.66：1 | 1.22：1 |

＊子会社の優先配当やその他の利息費用を含む

| 業種 | 金融費用に対する収益の最低倍率（インタレスト・カバレッジ） | 株式時価と債券債務の最低比率（株式時価レシオ） |
|---|---|---|
| 公益事業 | 1.75倍 | 1：2 |
| 鉄道 | 2倍 | 1：1.5 |
| 工業 | 3倍 | 1：1 |

もしこの２つの指標の間にこのような関係が常に成り立っているのであれば、これら２つの指標を適用する必要はなく、どちらか一方を使うだけでよい。しかし２つの指標が一致しないときには、その原因についてよく考えてみる必要がある。

## 株式時価レシオがかなり大きいとき

まず最初にインタレスト・カバレッジは最低基準をわずかに上回っている程度だが、株式時価レシオがそれよりかなり大きいときのケースを考えてみよう。それが意味するものはその会社の業績に対する投資家の評価がかなり高く、その結果その債券の安全性に対する信頼も大きくなっているということである。

**事例**

ロリラードの５％債（1951年満期）と７％債（1944年満期）

| | |
|---|---|
| 1931年の支払利息に対する収益の倍率 | 3.7倍 |
| 過去５年間の平均倍率 | 2.5倍 |
| 過去７年間の平均倍率 | 3.2倍 |
| 債券債務総額 | 19,800,000ドル |
| 1932/9の株式時価　優先株113000株×１株105ドル＝11,900,000ドル | |

| | |
|---|---|
| 普通株1900000株×１株17ドル | =32,300,000ドル |
| 株式時価総額 | 44,200,000ドル |
| 株式と債券の比率 | 2.25：1 |

このように、株主資本の時価総額はかなり信頼できる数字であり、インタレスト・カバレッジの過去５年平均の数字に関するさまざまな疑問を解くカギともなる。

## 株式時価レシオが小さいとき

これと逆のケースがインタレスト・カバレッジは満足すべき水準にあるものの、株式時価レシオが小さいという場合である。

**事例**

それを理解するひとつのヒントは、インランド・スチールが1932年９月に発行した一番抵当付き社債（利率4 1/2%）の財務内容を他の２つの債券のそれと比較した次ページの数字から得られるだろう。

インタレスト・カバレッジという点から見ると、インランド・スチールの財務内容は満足すべきものである。もっとも1931～32年の業績は振るわず、現在の状況が続くかぎり好転する見込みはない。しかし、平年の高いインタレスト・カバレッジに加え、過去6.5年間の平均カバレッジも最低基準を十分に上回っているため、現在の業績の落ち込みは十分にカバーされているようだ。

一方、同社の株式時価レシオはかなり低く、株式時価総額と債券債務の比率は0.57対１となっている。1932年の全体的な株安を考慮しても同社の株価は異常に安すぎるが、問題は債券投資家が同社の債券を購入するときに株価が安すぎるという事実をどのように見るのかということである。もしある会社の株価が安すぎるという理由でその会社

## 3社の債券の財務内容

| 項目 | インランド・スチールの4 1/2%債(1978年と1981年満期)、流通価格82、利回り5.6% | クルーシブル・スチールの5%債(1940年満期)、流通価格60、利回り13.4% | ゼネラル・ベーキングの5 1/2%債(1940年満期)、流通価格97、利回り6% |
|---|---|---|---|
| 年間の支払利息(ドル) | 1,890,000 | 675,000 | 313,500 |
| 各年の支払利息に充当可能な収益(ドル) | | | |
| 1932(上半期) | 496,000(赤字) | 1,348,000(赤字) | 2,271,000 |
| 1931 | 3,126,000 | 1,339,000(赤字) | 5,151,000 |
| 1930 | 7,793,000 | 4,542,000 | 5,433,000 |
| 1929 | 13,042,000 | 8,364,000 | 7,240,000 |
| 1928 | 10,569,000 | 5,849,000 | 7,597,000 |
| 1927 | 7,482,000 | 5,844,000 | 7,784,000 |
| 1926 | 7,851,000 | 6,787,000 | 6,321,000 |
| 過去6年半の平均(ドル) | 7,595,000 | 4,400,000 | 6,430,000 |
| インタレスト・カバレッジ | 4.6倍* | 7.1倍* | 20.1倍 |
| 債券債務(ドル) | 42,000,000 | 13,500,000 | 5,700,000 |
| 株式時価(ドル) | | | |
| 優先株 | | 250,000株×30=7,500,000ドル | 91,000株×110=10,000,000ドル |
| 普通株 | 1,200,000株×20=24,000,000ドル | 450,000株×17=7,650,000ドル | 1,595,000株× 15=24,000,000ドル |
| 株式時価総額(ドル) | 24,000,000 | 15,100,000 | 34,000,000 |
| 株式時価レシオ(株式と債券の比率) | 0.57：1 | 1.12：1 | 6：1 |

＊対象期間中の債券債務の変動分は調整済み

の債券を購入するならば、それは基本的には間違った考え方である。それはいわば「(コインの）表が出たらキミの負け、裏が出たらボクの勝ち」といったペテン師のせりふに似ている。株価が安すぎるという自らの判断に自信があるならば、なぜ債券ではなく株式を買わないのだろうか。もしもその株価に対する自分の判断が間違っていたならば、株式と同様に魅力のない債券を購入することになる。もしそのような株式の購入が得策ではないと判断したならば、別の会社の債券に目を向けるのが正しい論理ではないだろうか。その会社の債券を購入するのに、その株価が異常に安すぎるといったような判断に何の意味があるのだろうか。

インランド・スチールと並んでクルーシブル・スチールとゼネラル・ベーキングの財務データを掲載したのは、1932年９月の時点ではインランド・スチール債（利回り5.60％）に特別の魅力はないという事実を示したかったからである。これに対し、クルーシブル・スチール債はその業績に照らしても、また株式時価レシオから見てもはるかに魅力的である。利回りをとってもインランド・スチールの２倍以上である。しかし、インランド・スチールの知名度ははるかに高く、両社の業績を比べたときにクルーシブル・スチールのほうが優れていても、多くの投資家はインランド・スチール債を購入するだろう。そうした判断は結果オーライとなるかもしれないが、ここでもまた問題になるのは、インランド・スチール債の購入を正当化するためには、同社の株は過小評価され、一方クルーシブル・スチールの株は過大評価されているとする根拠を、自分なりに見つけなければならないということだ。あまりに複雑かつ不確実なため、われわれにはそうした根拠を提示することはできない。

インランド・スチール債とゼネラル・ベーキング債の利回りはほとんど同じであるが、インタレスト・カバレッジと株式時価レシオのいずれをとってもゼネラル・ベーキングの数字には目を見張るものがある。同社のそれらの数字は1932年９月という証券市場の低迷期においても、投資家は探そうと思えば債券投資の最も厳しい基準をクリアできる高利回り債を見つけることができるということを証明している。

ここでもう一度、債券の選択は「消去法である」という基本原則に立ち戻るべきである。とはいえ、われわれは何もインランド・スチール債をまったく魅力のない投資対象と言っているのではない。ただわれわれは、1932年９月という時点で同社の財務内容を客観的に分析すると、同社の債券を推奨することはできないということを言いたいのである。

## 鉄道と公益事業会社の株式時価レシオ

工業会社の株式時価レシオはわりと簡単に算出できる。しかし、鉄道と公益事業会社の株式時価レシオは複雑である。バランスシートに記載された債券債務に加え、賃借債務、親会社の債券に優先する子会社の債券や優先配当も考慮しなければならないからである。こうした理由から、鉄道債と公益事業債に株式時価レシオを適用することはかなり困難である。別の言い方をすれば、それらの債券には工業債の場合ほど厳密にこの指標を適用する必要がないということである。もしこれらの債券にも株式時価レシオを適用したいというのであれば、金融費用を資産に計上すれば十分であろう。これについては、鉄道債と公益事業債を分析するときの特殊な要因について検討した次章で詳述する。

## 株式時価レシオの調整は不要

「市場環境の変化を反映させるために、どのように株式時価レシオを調整すればよいのか」といった質問をよく受ける。一般に不況期よりも好況期には債券債務に対する株式時価レシオが高くなるため、こうした質問が出るのも当然であろう。例えば、工業会社の通常の比率を１対１（株式時価総額と債券債務の比率）とすれば、株価が上昇したときには２対１に、逆に株価がその本質的価値を下回ったときには0.5対１としなければならないのだろうか。これについては、①債券投資家は株価の異常な高安は十分に知っている、②それゆえ株式のブーム期には慎重に、低迷期には大胆に行動することができる――という２つの条件を満たしているのであればそれほど問題にすることはないだろう。しかし、これは「言うは易く行うは難し」である。債券投資家も人間である以上、強気相場の熱狂やどん底の恐怖から逃れることはできない。

以上の理由からわれわれは投資家に対して、株価が高いときには株式時価レシオを高めに取るべきであると忠告することはできない。こうした忠告が実行されないことは分かっているからである。また、弱気相場のときにその逆のことを勧めることもできない。ゼネラル・ベーキングの例で示したように、探す気さえあれば不況期でも通常のあらゆる基準をクリアできる魅力的な債券を見つけることができるからである。

### ≪確定利付き証券を選択するときの最低基準の要約≫

| | |
|---|---|
| １．発行体の規模 | |
| 地方自治体（人口） | 30,000人 |
| 公益事業会社（総収益） | 2,000,000ドル |
| 鉄道会社（総収益） | 3,000,000ドル |
| 工業会社（総収益） | 5,000,000ドル |
| ２．インタレスト・カバレッジ | |
| 公益事業債（過去７年平均） | 1.75倍 |
| 鉄道債（過去７年平均） | ２倍 |

| | |
|---|---|
| 工業債（過去７年平均） | ３倍 |
| 不動産抵当債券（推定値） | ２倍 |

３．不動産抵当債券

（平常時の実売価格に基づく）その不動産の適正価額が債券価格の50％以上であること

投資信託債――資産の時価に基づいた上記と同じ基準

４．株式時価総額

| | |
|---|---|
| 公益事業会社 | 債券債務の50％ |
| 鉄道会社 | 債券債務の66 2/3％ |
| 工業会社 | 債券債務の100％ |

# 第 12 章

# 鉄道債と公益事業債の分析

## 鉄道債

鉄道債を選択するときの検討要因は極めて複雑である。鉄道会社がICC（州際商業委員会）に提出する報告書には、財務および物理的要因に関する膨大なデータが含まれている。それらのなかで注目すべき項目には次のようなものがある。

①財務要因

営業収益の内訳

総収益と維持費用

輸送費用

営業外収益

支払利息などのカバー率

②物理的要因

路線区域

複線と複々線

線路の長さ

バラス（道床）の特徴
設備の規模と能力

③営業要因
鉄道利用率
平均輸送量と料金
乗客率
燃料費
貨車・客車の営業費用
設備の維持費用

鉄道会社全体にかかわる以上の項目に加え、抵当権などが付いている路線についても特別な分析が必要である（鉄道抵当の先取特権や、抵当権付きの具体的な軌道共同使用権について、裏付けとなるデータ等を交えながら詳細な説明がなされている書物に、ホワイト・アンド・ケンブルによる『Atlas and Digest of Railroad Mortgages』があり、そこには主要鉄道会社すべてが網羅されている）。

## 優良鉄道債に詳しい分析は不要

鉄道債を購入する大手機関投資家の投資部門などでは、これらの項目について詳細な分析を行っているところもある。しかし、そうした分析は明らかに個人投資家の能力の範囲を超えており、またわれわれの見解によれば、優良鉄道債の投資原則にかなっているとも思えない。限られたインカムゲインを目的とする確定利付き証券を選択するときには、そうした難しい分析は必要ではないだろう。投資家は数量的基準に従って、その鉄道会社の収益は支払利息を十分に上回っているか、継続企業としての価値は債務よりも大きいのか――といった点などを確認すればよい。このほか、その会社の性質から見てこれからも将来性は望めるのか、逆に倒産の可能性はないのか――などについて自分なりの判断を付け加えれば十分であろう。

そうした投資基準の適用や個人的な判断には、それほど高度な分析テクニックは必要としない。もし鉄道債の投資家がその会社の乗客率は増加傾向にあるのか、それとも分散化しているのかといった要因についてまで検討しなければならないとすれば、そんな苦労は一切しないで別の債券でも購入して４～６％の確定利息をもらったほうがよほどましであろう。例えば米国債などは鉄道債に比べて利回りは少し低いかもしれないが、鉄道債よりもかなり安全であるし、または多くの有能な専門家を抱える大手貯蓄銀行にでもおカネを預けて運用してもらったほうがはるかに気楽である。

## 提案する方法

鉄道債の分析が複雑なのは、関連するデータがあまりにも膨大であることによる。膨大なデータが入手できるということは、鉄道債の分析にとっては必ずしも必要な条件ではない。優良鉄道債の投資家は、その数量的分析をその会社の支払利息のカバー率や株主資本の比率だけに限定してもかまわないのである（ただしその場合には、収益トレンドや維持費用のカバー率などには特に注目すべきである）。もしもさらに慎重を期したい場合には、アニュアル・レポートの細かい項目にまで分析範囲を広げるよりは、上記の２点に対する最低基準をさらに厳しくするほうが賢明である。

ただし、もし投資家が将来の見通しに対する自分の判断力を手掛かりに投機的な鉄道債や株式を購入したいときには、そうした詳細な分析もそれなりの価値があるだろう。しかし、確定利付き証券に投資するというそのこと自体が将来の予測に基づく投機とは正反対の性質のものである。そうした投機では判断力を駆使した結果が正しかったときには大きな利益を手にすることができるかもしれないが、それが予想に反した場合にはそれに見合った処罰を受けなければならないのである。

## 鉄道債の分析のテクニカルな問題

鉄道債にインタレスト・カバレッジの指標を適用するときに、注意しなければならないいくつかのテクニカルな問題がある。鉄道路線の運営にはさまざまな金融費用がかかるが、それらは債券利息と同じ性質の債務であり、鉄道会社の安全余裕率を見る場合にはそれらも含めた債務総額を使うべきである。鉄道の経営にはそれ以外にも金融費用や営業費用に含められる費用がある。一方、ほかの鉄道会社と業績を比較するときには、支払利息と相殺される債券投資の受取利息などの営業外収益も見なければならない。次の項目は鉄道会社の財務諸表に記載されるこの種の主な内容である。

①債券利息とその他の費用
　長短期債務の利息
　賃借線路のリース料
　共同施設賃借料

②金融費用と営業費用の中間的な性質の費用
　設備使用料
　その他の賃借費用

③債券利息と相殺される受取収入
　債券の受取利息、賃貸線路のリース料、共同施設賃貸料
　設備賃貸料、受取配当

その他の営業外収益

## 金融費用カバレッジの計算法

金融費用を正確に算出するために、関係するすべての項目を合理的に処理する方法についてさまざまな論議が行われている。しかし、債券投資家にとってそうした計算法はあまり重要ではなく、ほどほどに正確であればよい。というのは、投資家が入手するデータは過去のものであり、大切なことはそこから未来のヒントや手掛かりをどうやって得るかということなのである。こうした目的からすれば、計算の厳密さなどについてうんぬんすることはそれほど意味がないだろう。われわれが提案するのは、鉄道債の金融費用カバレッジについては2つの指標を適用し、それぞれの結果からその鉄道債の安全余裕率を求めることである。提案する計算法とは次のようなものである。

### テストA

金融費用テスト――金融費用に対する収益の倍率の計算法

金融費用＝経常利益－純利益

金融費用に対する収益の倍率＝経常利益÷（経常利益－純利益）

注：「経常利益」とは「賃借料控除後の純利益＋営業外収益」を意味する。「純利益」とは配当に充当可能な利益である（スタンダード・スタティスティクスの計算法に基づく金融費用には、「雑控除」として総収益から差し引かれる一部の控除項目が含まれていない。その点ではわれわれの計算法のほうが単純といえるが、いずれの結果もほぼ同じであるため、どちらを使っても大差はない）。

## テストB

純営業費用テスト――純営業費用に対する収益の倍率の計算法

純営業費用＝鉄道営業利益－純利益

純営業費用に対する収益の倍率

＝鉄道営業利益÷（鉄道営業利益－純利益）

注：「鉄道営業利益」とは「税引後純利益」と同じである（すなわち、総収益－営業費用・税金）。

これらのテストのひとつ（実際に使ってみてより厳しいほう）を適用すれば十分である。すなわち、もし経常利益が税引後純利益を上回る場合は、テストＡ（金融費用テスト）を適用する。税引後純利益が経常利益より多いときには、テストＢ（純営業費用テスト）を適用する。次の表はどちらのテストを使うのかを具体的に示したものである。

**鉄道債の安全余裕率（単位：1000ドル、1931暦年）**

| 項目 | チェサピーク・アンド・オハイオ債 | シカゴ・グレート・ウエスタン債 | ノーザン・パシフィック債 |
|---|---|---|---|
| 1.総収益 | 119,552 | 20,108 | 62,312 |
| 2.税引後純利益（鉄道営業利益） | 35,417 | 4,988 | 3,403 |
| 3.設備・共同施設貸借料 | 借方　88 | 借方　2,417 | 貸方　3,398 |
| 4.賃借料控除後純利益（鉄道純営業利益） | 35,329 | 2,571 | 6,801 |
| 5.営業外収益 | 2,269 | 196 | 16,853 |
| 6.経常利益 | 37,598 | 2,767 | 23,654 |
| 7.支払利息・その他の金融費用 | 10,902 | 1,866 | 14,752 |
| 8.配当可能利益 | 26,696 | 901 | 8,902 |

**チェサピーク・アンド・オハイオ債**（1931年）

経常利益が税引後純利益を上回っているので、テストA（金融費用テスト）を適用する。すなわち、金融費用に対する収益の倍率＝（6）÷［（6）－（8）］＝37,598÷10,902＝3.45倍

**シカゴ・グレート・ウエスタン債**（1931年）

税引後純利益が経常利益を上回っているので、テストB（純営業費用テスト）を適用する。すなわち、純営業費用に対する収益の倍率＝（2）÷［（2）－（8）］＝4,988÷4,087＝1.22倍

**ノーザン・パシフィック債**（1931年）

経常利益が税引後純利益を上回っているので、テストA（金融費用テスト）を適用する。すなわち、金融費用に対する収益の倍率＝23,654÷14,752＝1.60倍

**上記テストの注**

1.チェサピーク・アンド・オハイオ鉄道の業績は、２つのテストの結果がほぼ一致した典型的なケースである。それゆえ、同社の債券には十分な安全余裕率がある。

2.シカゴ・グレート・ウエスタン鉄道の業績にテストAを適用したところ、かなりの金額に上る賃借費用の重い負担を正確に反映させることはできなかった。そのためテストBを適用して計算したのが上記の数字であるが、投資家としては同社のあまりぱっとしない業績に照らしてこの債券への投資は避けるのが賢明である。

3.ノーザン・パシフィック鉄道はシカゴ鉄道とは反対のケースである。その営業外収益は支払利息を上回っており、施設賃借料も収入として貸方に記載されている。同社の業績について投資家はテストAの結果に従うべきであり、テストBの結果は参考データとして見たほうがよい。

一方、ペンシルベニア鉄道の業績は営業外収益の多くが金融費用と相殺されているという点で例外的なケースである。それらの営業外収益は子会社の保有証券からの利息や配当金などであり、それらの収入分は支払利息や設備賃借料などに充当されている。1932年のそれらの相殺金額は約2800万ドルに達しているが、これらの勘定は損益計算書から控除しなければならない。次のページの表に示されるように、もしこれらの勘定が損益計算書に記載されると、金融費用テストによるインタレスト・カバレッジの倍率が低くなるからである。

| 1932年 | 金融費用テスト | | 純営業費用テスト | |
|---|---|---|---|---|
| | 公表値 | 修正値 | | |
| 経常利益(ドル) | 95,500,000 | 67,500,000 | 税引後純利益 | 61,000,000 |
| 金融費用(ドル) | 82,000,000 | 54,000,000 | 純営業費用 | 47,500,000 |
| 金融費用に対する経常利益の倍率 | 1.17 | 1.25 | | 1.28 |
| 過去7年間の平均倍率 | 1.77 | 2.25 | | 2.42 |

この場合、金融費用テストによる修正値に比べて純営業費用テストの数字のほうが実体を正確に反映している。とりわけ慎重に分析する場合には、入手できるデータを加味して上記のように公表値を修正したほうがよい。

## 維持費用と受取配当金

鉄道会社の収支のなかで経営陣が恣意的に決定することによって、その期の業績を意図的に操作できる２つの重要な項目がある。そのひとつは維持費用である。例えば、線路や設備の維持費用をかなり少なく計上すれば、資産に対する純利益は増加するが、こうしてひねり出した金融費用に充当可能な利益はその企業の本当の収益力を表したものではない。このため債券投資家としては、維持費用が意図的に低く抑えられていないかどうかを確認するため、維持費用レシオ（総収益に対する線路・車両などの維持費用の比率）をよくチェックしなければならない。本書の執筆時点では、このレシオの適正水準に関してはっきりした目安を示すことはできないので、われわれは1930年までの過去５年間の平均維持費用を大ざっぱな目安とするように提案したい。それによれば、全米鉄道各社の維持費用レシオは32～34.5%となっている（各地域別の維持費用レシオの詳細については参考資料の注20を参照）。

### 特別配当

一方、注意を要するもうひとつの項目は受取配当金である。鉄道会社は多くの子会社を擁しているため、特別配当の形で不定期な利益が入る。その結果、子会社からのこうした特別配当を受け取った期には、親会社の収益が水増しされることになる（第31〜33章参照）。

### 過大な維持費用と配当されない当期利益

これと反対のケースが維持費用を過大に計上したり、子会社の多額の当期利益を親会社の損益計算書に表示しないで子会社に留保する場合である。こうした会計操作を通じて親会社の収益を実際より低く見せる。こうした会計操作は株式価値の分析にとっては興味ある問題であるが、債券投資家にとってはそれほど重要ではない。債券の安全性にとって悪材料となるものに目を向けるよりは、安全性の裏付けとなるような好材料を探すほうがよほど賢明である（これについては参考資料の注21を参照）。

## 公益事業債

公益事業債の人気が高まった1926〜29年には各社の債券が続々と発行されたが、それと比例してそれらの質は低下し、また販売会社の販売方法も節度がなくなっていった。高い名声を誇っていた投資銀行なども公益事業債を実際よりも安全に見せるために、募集案内書に誇大な文句を並べるようになった。そうしたやり口の典型的なものは、①

工業債にも「公益事業債」という名称を使うようになった、②プライア・ディダクションズ・メソッドを使ってその収益カバレッジをよく見せかけた、③支払利息に充当可能な利益を表す場合に減価償却費を控除しない数字を記載していた――などである。

## 「公益事業」の乱用

公益事業とは何かについてはさまざまな議論があるだろう。それを一般的に定義すれば、国の認可や規制の下に国民に必要なサービスを提供する事業と言えるだろう（蒸気鉄道会社も立派な公益事業会社であるが、通常の公益事業会社とは別のカテゴリーに含めるのがこれまでの慣行である）。これを投資という観点から見ると、公益事業の最も重要な条件はその「安定性」である。その裏付けとなるのは、まず第一に多くの顧客に対して不可欠のサービスを独占的に提供していることであり、もうひとつは投下資金に対して十分な収益を保証する認可料金制である。

しかし、こうした安定性も絶対的というよりは相対的なものであり、通常の企業と同様に世の中の大きな変化から逃れることはできない。20年前の代表的な公益事業は電鉄業だったが、その後は他の運送業との競争が激化し、設備投資に対して十分な利益を確保することができなかった。一方、電力会社も1918～20年の戦時インフレ期において、人件費や原材料費の高騰とそれを吸収するための料金の値上げの遅れという大きな打撃を受けた。こうした状況からすべての公益事業債の人気は離散していったが、その後はガス、電気、水道および電話会社の総収益と純利益がともに急拡大したため、これらの債券の人気も急速に回復していった。しかし、ニューヨーク州法令で貯蓄銀行の投資が制限されている公益事業がまさにこれらの業種なのである。既述したように、われわれは広域に水を供給している水道会社も公益事業会社に含めるべきであると考える。

### 疑似公益事業

しかし、公益事業債の発行が絶頂期を迎えていたころ、投資銀行がこの人気の高い名称を公益事業らしき会社の債券を販売するために乱用した結果、それらの会社は「疑似公益事業」という異名で呼ばれるようになった。製氷、タクシー、冷蔵会社などにも一般投資家の関心が向けられ、それらの会社の債券は公益事業債としてもてはやされた。債券を発行しまくったのは小規模なガス、電気または電話事業のほかに製氷・冷蔵事業なども兼営した企業である。こうした多業種を兼営した代表的な企業のひとつがシティーズ・サービスであり、同社は本来の公益事業のほかに石油の生産・精製・販売事業も兼営していた。

### 天然ガス

一方、1929年の株式大暴落に先立つ株式ブーム期は、たかだか石油産業の一部門であった天然ガスを突然「全米でも主要な公益事業のひとつ」に押し上げた。それまで天然ガスは主に産業用燃料やカーボンブラックの原料として使われていた。しかし、パイプラインの建設が急速に進められた結果、天然ガスは生産地から遠く離れた都市部まで運ばれ、都市ガスに代わる新しい燃料として普及していった。このため、販売会社や投資銀行はこの新しい「公益事業」を一般投資家向けに広くアピールし、公益事業債と銘打った天然ガス債を大量に売り込んでいった。公益事業を装って販売されたこれらの天然ガス債は、一般投資家の信頼を完全に裏切るものだった。というのは、天然ガスの多くは産業用燃料として使われているため、燃料産業のさまざまなリスクをもろに受けるからである。

このように証券市場には２つの公益事業が存在することになり、もはや投資家としてはすべての公益事業債の安全性を安心して受け入れることはできなくなった。とりわけ電気・電話事業と工業事業を兼営する企業はほとんどがインチキ会社であった（これについては参考資料の注22を参照）。

## 間違った計算法

第９章でも指摘したように、最初に収益から上位証券の控除項目を差し引いてインタレスト・カバレッジを計算するのは完全に間違った方法である。いまだにこの計算法を使っている発行会社ではおそらくこの方法の不適切さを承知しているため、その債券の安全性を偽ることが目的なのであろう。

## カバレッジを計算するときには減価償却費をほとんど控除しない

さらに、債券の募集案内書で減価償却費を控除しないインタレスト・カバレッジが広く記載されていることも問題である。減価償却費は公益事業では大きな営業費用のひとつである。しっかりした経営の会社では多くの減価償却費を計上して磨耗・陳腐化した設備を更新しており、その意味では減価償却費は絶対に軽視できないバランスシートの重要項目なのである。もっとも、どれほどの減価償却費を計上すべきかについてはさまざまな意見があるが、設備の陳腐化を極めて重視する会社であれば、現在の一般的な会社の減価償却費はけっして過大ではなく、むしろ過小な金額であると言ってもよい（この問題については、ウィリアム・Ｚ・リプリ著『メインストリートとウォール街』［ボストン、1927年］を参照。減価償却費については第34章で詳しく検討する）。

われわれの見解によれば、支払利息に充当可能な利益を表すときに減価償却費をほとんど控除しないのは、事実を完全に歪曲するものである（貯蓄銀行の公益事業債の投資に関する各州の法令では減価償却費を控除しない利益の表示が認められており、こうした甘い法令規定がこれらの悪しき慣行を助長している面もある。例えばバーモント州では、電話会社の純利益を表すときには減価償却費を控除することになっているが、ガス、電気、水道および鉄道会社の利益については減価償却費を控除しなくてもよい。債券の募集案内書における減価償却費の取り扱いについては米投資銀行協会も見解を表明しているが、これについては参考資料の注23を参照のこと）。

債券の募集案内書に虚偽の内容を記載した典型例は、1924年に発行されたシティーズ・サービス・パワー・アンド・ライト債（利率６％、1944年満期）であろう。その信託証書にはさまざまな営業子会社が実際に支出した金額よりもはるかに少ない最低限の減価償却費と維持費用が記載されていた。その目論見書には、同債券の安全性を保証する信託証書とほぼ同額の減価償却費控除後の利益が記載されており、これは明らかに実際の減価償却費を過小に表示してその債券の安全余裕率を高めることが目的であったと思われる。

## 減価償却費の計算法

こうした状況を踏まえると、公益事業債の投資家はインタレスト・カバレッジが記載された会社側の資料の数字を額面どおりに受け取る前に、収益から通常水準の減価償却費を差し引いた数字を求めなければならない。公益事業会社の多くの資料では、減価償却費を総収益の６％以下に計算した数字を記載しているが、この水準では明らかに不十分である。控えめに見ても、総収益の８％という数字が最低水準であろう。実際には減価償却費は収益の一定率ではなく、有形固定資産の一定率として計算される。しかし、設備投資額と総収益の間にはかなりの相関関係（例えば、固定資産約４ドルに対する収益は１ドルなど）が認められるため、総収益からある程度正確な減価償却費が計算できるのである。

### 募集案内書の批判的な検討

次の例は、投資銀行が発行する公益事業債の募集案内書を批判的に検討しなければならないケースである。それはユーティリティーズ・サービスが1928年に99 1/2ドルで発行した転換社債（利率6 1/2%、1938年満期、利回り6.55%）で、その募集案内書には次のような数字が記載されていた。

| | |
|---|---|
| 発行額 | 3,000,000ドル |
| 事業 | 電話会社20社と製氷会社４社を兼営 |
| 資産価値 | 減価償却費控除後で12,500,000ドル、既発の上位債券控除後で額面1000ドル当たり1650ドル |

| | 1928/5/31に終了する年度の損益収支 |
|---|---|
| 総収益 | 3,361,000ドル |
| 減価償却費控除前の利益 | 969,000ドル |
| 優先控除費用 | 441,000ドル |
| 支払利息に充当可能な利益 | 528,000ドル |
| 支払利息 | 195,000ドル |
| 配当可能利益 | 333,000ドル |

支払利息に充当可能な利益の倍率は、2.71倍

### 募集案内書の問題点

①同社の事業は公益事業（電話）と工業事業（製氷）を兼営したものだが、その債券発行額は公益事業の専業会社でも重すぎるほどの水準であり、その金額は資産評価額の84%にも達している。製氷事業の

総収益と純利益は記載されていないが、おそらくかなりの水準に上るのであろう（その後に公表された数字によれば、製氷事業の収益は全体の半分以上に達していた）。

②損益収支に減価償却費が記載されていないのは、明らかに虚偽の意図があってのことであろう。電話会社の減価償却費は総収益のかなりの比率に上るはずである。例えば、ATTの減価償却費は平均で総収益の15%に上っており、またユーティリティーズ・サービスの大手子会社であるリマ・テレフォンの減価償却費もほぼ同じ水準に上っている。これに相当する金額（50万ドル）を同社の総収益から差し引くと、「支払利息に充当可能な利益はゼロ」である。つまり、支払利息に充当可能な利益は2.71倍どころではなく完全に赤字と公表すべきである。一方、製氷事業の減価償却費は総収益の15%よりは少ないと見られるが、工業事業には高い安全余裕率が求められることを考慮すれば、この数字をそれほど高く評価する理由もない。また固定資産の評価額を1250万ドルとすれば、年間の減価償却費はその４％（50万ドル）以上と見なければならない。

③募集案内書に示されているインタレスト・カバレッジはプライア・ディダクションズ・メソッドに基づいて計算されており、それによればこの転換社債は既発の上位債券よりも安全ということになる（転換社債の利息に充当可能な利益の倍率が2.71倍であるのに対し、既発の上位債券の利益倍率は2.20倍）。年間の減価償却費を30万ドルと低めに見積もり、また債券の支払利息を適正に評価するとこの募集案内書の数字は次のページのように修正される。

| | |
|---|---|
| 総収益 | 3,361,000ドル |
| 減価償却費控除前の利益 | 969,000ドル |
| 減価償却費（推定） | 300,000ドル |
| 支払利息に充当可能な利益 | 669,000ドル |
| 支払利息 | 636,000ドル |
| 配当可能利益 | 33,000ドル |

支払利息に充当可能な利益の倍率は、1.05倍

④債券額面1000ドル当たりの資産評価額が1650ドルという数字も間違っている。債券債務総額が1050万ドルに上ることを考慮すれば、額面1000ドル当たりの資産価値は1190ドルとなる（ユーティリティーズ・サービスは1932年に破産管財人の管理下に置かれ、この債券は紙くず同然となった）。

**事例**

批判的な検討に値するもうひとつのケースは、シティーズ・サービス・パワー・アンド・ライトが1926年４月に96ドルで発行した担保付き社債（利率６％、1944年満期、利回り6.35％）であろう。その募集案内書には1925年（暦年）の損益収支が次のように記載されている。

| | |
|---|---|
| 営業外収益を含む総収益 | 49,662,000ドル |
| 営業費用・税金控除後の純利益 | 19,096,000ドル |
| （差引） | |
| 金融費用・子会社の支払優先配当 | 10,102,000ドル |
| 減価償却費 | 1,574,000ドル |
| 少数株主持分 | 209,000ドル |
| 支払利息に充当可能な利益 | 7,211,000ドル |
| 支払利息 | 1,466,000ドル |

この募集案内書の数字によれば、「金融費用に充当可能な利益はシリーズＡ社債の年間最大支払利息（146万6250ドル）に対する利益の倍率4.9倍を上回るばかりか、既発債の総額に対する支払利息（173万6250ドル）に対する利益の倍率は4.1倍以上」ということになる。

この募集案内書の数字は次の２つの重要な点で間違っている。まず、既発債に対するインタレスト・カバレッジを計算するのにプライア・ディダクションズ・メソッドを使っていること、もうひとつは減価償却費が意図的に低く表示されていることである。ニューヨーク証券取引所に提出された上場申請書を詳細に分析したところ、1925年６月30日に終了する年度中に同社の営業子会社が521万4000ドルもの取り替え支出を計上していたのである。この金額は信託証書に記載されていた減価償却費のほぼ４倍に当たる。正確な減価償却費を計上し、また適正な計算法でインタレスト・カバレッジを求めれば、同社の募集案内書の決算数字は以下のように修正される。

| | |
|---|---|
| 総収益 | 49,662,000ドル |
| 少数株主持分控除後の純利益 | 19,189,000ドル |
| 1925/6/30に終了する年度の減価償却費 | 5,214,000ドル |
| 金融費用に充当可能な利益 | 13,975,000ドル |
| 支払利息・子会社の支払優先配当 | 10,102,000ドル |
| 親会社の支払利息 | 1,736,000ドル |
| 金融費用総額 | 11,838,000ドル |
| 親会社の配当可能利益 | 2,137,000ドル |
| 金融費用に対する利益の倍率は、1.18倍 | |

これらの数字は、支払利息に対する利益の倍率が4.1倍とか4.9倍などと記載されていた先の募集案内書の数字とは大違いである。

## 連邦所得税

支払利息控除後の利益には連邦所得税が課される。このため、支払利息に充当可能な利益は連邦所得税控除前の数字として正しく記載すべきである。企業の株主向け資料ではしばしばこの順序が逆になり、税額が記載されないケースも少なくない。しかし、債券発行のときに公表される決算数字を分析する際には、連邦所得税（納税額または推定納税額を問わず）を加算して損益計算書を修正するといったことは不要であろう。その理由はそうした修正数字はその債券の安全性をそれほど大きく左右するものではないし、またこの種の間違いは利益の過小表示となることが多いので、その債券の投資適格性を見るのに何ら反対する理由もない。一般に、証券アナリストはその結論を出すときに煩わしい詳細な計算や修正は控えるべきである。

全般に債券の募集案内書には、数字の見栄えをよくするために連邦所得税控除前の支払利息に充当可能な利益が記載されている。しかし、公益事業債の募集案内書などを除いては、こうした慣行にそれほど目くじらを立てることもないだろう。一般にその種の債券は子会社の優先株よりも下位のものが多く、連邦所得税はそれらの優先株の配当金を支払う前の数字をベースに算出されるからである。批判されなければならないのは、1927年11月に発行されたシティーズ・サービス・パワー債（利率5 1/2%）の募集案内書などであり、そこでは連邦所得税控除前の支払利息に充当可能な利益が記載されていたのである。

# 第13章

# 債券分析のその他の要因

## 親会社の単独決算と連結決算

公益事業持ち株会社のアニュアル・レポートや債券の募集案内書には、連結ベースの損益計算書が盛り込まれている。そこには営業子会社の総収益と営業費用をはじめ、減価償却費、金融費用、子会社の優先配当、親会社の支払利息に充当可能な利益、普通株の利益――などが記載されている。さらに、営業子会社からの受取配当金なども表示した親会社の単独ベースの損益計算書を記載している会社もあるが、一般投資家に支払う子会社の債券利息や優先配当などを記載しているケースは少ない。多くの場合、親会社の単独ベースの損益計算書ではプライア・ディダクションズ・メソッドで計算されたインタレスト・カバレッジが記載されており、それによって親会社の債券の数字は連結決算ベースよりも有利なものになっている。このため投資家としては親会社の単独ベースの数字には目を向けず、連結損益計算書を厳しくチェックすべきである。次の単独・連結決算はそうした例のひとつである。

### 事例

**スタンダード・ガス・アンド・エレクトリック・システム（1931年）**

| 項目 | 親会社の単独決算 | 連結決算 |
| --- | --- | --- |
| 総収益（ドル） | 16,790,000 | 159,070,000 |
| 金融費用に充当可能な利益（ドル） | 16,514,000 | 57,190,000 |
| 金融費用（ドル） | 4,739,000 | 42,226,000 |
| 親会社の株式の利益（ドル） | 11,775,000 | 14,964,000 |
| 金融費用に対する利益の倍率 | 3.48倍 | 1.36倍 |

親会社は子会社の利益をすべて配当として受け取るわけではなく、その一部の配当金を親会社の利益と合算し、それをプライア・ディダクションズ・メソッドで計算して連結ベースよりも有利な債券のインタレスト・カバレッジを記載するケースが少なくない。

## 子会社の優先配当

持ち株会社では主要な営業子会社の優先株は親会社の債券よりも優先されるなど、公益事業持ち株会社などの金融費用には子会社の支払優先配当も含まれる。持ち株会社の金融費用を優先順に並べると、①子会社の支払利息、②子会社の優先配当、③親会社の支払利息――となっている。

持ち株会社ではすべての子会社がほぼ同じランクに位置づけられる。例えば、ある不採算の子会社が優先配当や利息の支払いをストップしていても、その他の子会社が利益を出していれば、それによって親会社は自らの債券利息と配当の支払いを継続することができる。そのような場合、親会社の金融費用は不採算の子会社の費用よりも優先される。この点は、第17章で述べる。

多くの持ち株会社の損益計算書では、金融費用に支払利息や配当などのほかに、リース料なども含めるのが一般的な慣行になっている。主要な営業子会社の優先株保有者は親会社の債券保有者と同様に、持ち株会社全体の利益に対する強制的な請求権を有する。しかし、もし親会社が支払い不能に陥れば、子会社の優先株保有者はその子会社に対して優先配当の支払いを要請することができないため、利益請求権を持つ債券保有者と同じ立場に立つことはできない。

**事例**

その典型例のひとつとして、ニューヨーク・ウオーター・サービスの優先株を見てみよう。同社はフェデラル・ウオーター・サービスの営業子会社で、フェデラル・ウオーターもトライユーティリティーズの子会社である。トライユーティリティーズとその子会社のフェデラル・ウオーターの優先配当は、すべてトライユーティリティーズの金融費用となる。トライユーティリティーズが1931年８月に債券利払いがデフォルトになって破産管財人の管理下に置かれたため、その子会社のフェデラル・ウオーターの優先配当支払いも直ちに停止された。しかし、フェデラル・ウオーターは引き続き利益を出しており、さらにその子会社のニューヨーク・ウオーター・サービスにいたっては前年よりも増益となっていたのである。

## 子会社の少数株主持ち分

一般に少数株主の利益は親会社の債券利払いのあとで控除されるため、その債券の安全余裕率を引き下げる要因とはならない。これについてわれわれは、インタレスト・カバレッジを計算する前に少数株主の利益を控除すべきであると考える。本当は比例配分の控除方式が望ましいが、そこまで煩わしい計算は必要ではないだろう。一般に少数株主の利益は少ないため、どのような計算法を使おうともそれほど大差はない。まれに少数株主の利益が大きい場合には、通常の方法で計算した債券の安全余裕率は厳密な計算法による結果に比べるとやや大きくなる。これに対し、われわれの計算法によればその安全余裕率は幾分小さくなるので、慎重な投資家にとってはむしろこちらの計算法のほうが望ましいだろう（3つの計算法に基づいて計算したユナイテッド・ライト・アンド・レールウエーズの決算数字については、参考資料の注24を参照のこと）。

## 鉄道と公益事業会社の金融費用

われわれは前章で、鉄道と公益事業会社の株式と債券債務の適正な比率を求めることの難しさを指摘した。債務には既発債、保証株式、設備賃借料のほか、実質的には営業子会社の無担保優先株も含まれる。インタレスト・カバレッジを計算する場合には単に債券の支払利息だけでなく、これらすべての債務を含めた金融費用を使用しなければならない。これらの主な債務の概算値は、金融費用に適当な数値（鉄道会社の場合は20、公益事業会社については18など）を乗じて計算するのが便利であろう。

われわれはその5％を鉄道会社の年間の金融費用である「実効債務」と見ている。公益事業会社のその比率は5.5％と予想される。こうした方式は「金融費用の資産計上」と呼ばれるもので、それぞれの資本債務比率を考慮すれば、公益事業会社の金融費用の資産計上率は鉄道会社のそれよりもやや高くなる。

### 鉄道会社

われわれは鉄道債の収益カバレッジを求めるときには、「純営業費用」または「金融費用」のどちらか大きいほうをベースとして計算すべきであると提案した。鉄道会社の主な実効債務を求める場合も、そのうちの大きいほうをベースとするのが適当であろう。次の表はその一例を示したものである。

**≪ニューヨーク・ニューヘブン鉄道≫**

| | |
|---|---|
| Ａ．純営業費用（1932年） | 18,511,000ドル |
| Ｂ．金融費用（1932年） | 17,403,000ドル |
| 純営業費用の５％を資産計上した金額 | 370,000,000ドル |
| （バランスシートに記載された債券発行残高 | 258,000,000ドル） |
| 優先株…490,000株×１株50ドル（1933/7） | 24,500,000ドル |
| 普通株…1,570,000株×１株22ドル（1933/7） | 34,500,000ドル |
| 株式時価総額 | 59,000,000ドル |
| 株式と債券発行残高の比率――１：6.25 | |
| 純営業費用に対する利益の倍率（1932年） | 0.93倍 |
| 過去７年間の同平均倍率 | 1.57倍 |

**≪チェサピーク・アンド・オハイオ鉄道≫**

| | |
|---|---|
| Ａ．純営業費用（1932年） | 9,870,000ドル |
| Ｂ．金融費用（1932年） | 10,760,000ドル |
| 金融費用の５％を資産計上した金額 | 215,000,000ドル |
| バランスシートに記載された債券発行残高 | 222,000,000ドル |
| 普通株…7,650,000株×１株38ドル（1933/7） | 291,000,000ドル |
| 株式と債券発行残高の比率――１：0.75 | |
| 金融費用に対する利益の倍率（1932年） | 3.21倍 |
| 過去７年間の同平均倍率 | 3.80倍 |

## 前の表に基づいた結論

ニューヨーク・ニューヘブン鉄道の実効債務は、設備賃借料を含む純営業費用が金融費用よりも多かったため純営業費用をベースに計算した。これによる実効債務はバランスシートに記載された数字よりもかなり大きい。同社は1933年７月に実効債務の1/6よりも少ない規模で優先株と普通株を発行したが、その理由は債券を発行するには株主資本が少なすぎたのであろう。同社の今後の業績に強気の見通しを持つのであれば、大きなキャピタルゲインを狙ってその普通株を購入するのもよいだろう。これに対し、現在価格92で売買されている６％債にそれ以上の値上がりは期待できないため、この債券を購入するのは得策ではないと思われる。

一方、チェサピーク・アンド・オハイオ鉄道の業績を見ると、その株式と債券の比率から十分な収益カバレッジが読み取れる。もし投資家がこの鉄道会社に将来の明るい見通しを持つならば、同社の債券（利率４ 1/2％の借り換え債、価格92 1/2）を購入してもよいだろう。それは純営業費用と金融費用テストのいずれもクリアしているからである。

### 公益事業会社

次の表は公益事業持ち株会社の金融費用の資産計上の一例を示したものである。

両社の株式と債券の比率はそれぞれの収益力を端的に示している。アメリカン・ウオーターワークスは株式に対する債券債務の比率がかなり高いが、コロンビア・ガスは保守的な資本構成（普通株が大部分を占める）となっている。これらの数字を検討すれば、投資家としてはアメリカン・ウオーターワークス債は避けたほうが無難だが、その数量的基準の結果はコロンビア・ガス債の数字よりもかなり有利なものとなっている（投資家がコロンビア・ガス債を購入するときには、将来の業績見通しとその他の質的要因を十分に検討すべきであろう）。

1933年７月時点で、アメリカン・ウオーターワークスの６％債（1975

| 1932年 | アメリカン・ウオーターワークス・アンド・エレクトリック | コロンビア・ガス・アンド・エレクトリック |
|---|---|---|
| 子会社の支払利息(ドル) | 8,700,000 | 3,191,000 |
| 子会社の支払優先配当(ドル) | 5,646,000 | 2,513,000 |
| 親会社の支払利息(ドル) | 1,295,000 | (純額)6,265,000 |
| 金融費用総額(ドル) | 15,641,000* | 11,969,000 |
| 金融費用の5.5%を資産計上した金額(ドル) | 284,700,000 | 217,600,000 |
| 優先株の時価総額(1933/7) | 200,000株×75＝<br>15,000,000ドル | 940,000株×80＝<br>75,200,000ドル<br>40,000株×70＝<br>2,800,000ドル<br>130,000株×104＝<br>13,500,000ドル |
| 普通株の時価総額(1933/7) | 1,750,000株×25＝<br>44,000,000ドル | 11,609,000株×20＝<br>232,000,000 |
| 株式時価総額(ドル) | 59,000,000ドル | 323,500,000ドル |
| 株式と債券の比率 | 1：4.8 | 1：0.7 |
| 金融費用に対する利益の倍率(1932) | 1.24倍 | 2.44倍 |
| 過去5年間の同平均倍率 | 1.40倍 | 3.66倍 |

＊極めて少ない少数株主持分は控除した

年満期）は84、コロンビア・ガスの５％債（1952年満期）は83で売買されている。このどちらか一方を選択する場合には、高い安全性を重視するというわれわれの債券投資の原則に従って、利率が１％低いコロンビア・ガス債を購入するのが賢明であろう。

## 工業債の分析における運転資本

その会社の債券の安全性を見る場合には、「固定資産」はあまり重視しないほうがよい。特に工業債の財務力を見る場合には「流動資産」が極めて重要であり、投資家はこの項目を詳しく調査する必要がある。最も厳しい基準をクリアした工業債の発行会社は一般に満足すべき運転資本を有しているが、例外的なケースもあるので個別の項目についても詳しくチェックしたほうがよい。

流動資産（「当座資産」や「運転資本」もほぼ同じ）には、現金、市場性ある有価証券、売掛債権、棚卸資産などが含まれる（棚卸資産は当座資産ではなく流動資産に含める専門家もいる。こうした区分は有益であるが、まだ一般的な慣行にはなっていない）。これらの資産は現金とほぼ同じか、または通常の営業活動を通じて即座に現金に転換できる。工業会社は営業活動を効率的に進めるために、流動負債（短期間内に返済されるすべての債務）をかなり上回る流動資産を持っている。これが運転資本（または純流動資産）と呼ばれるものである。

## 運転資本の３つの要因

工業債の発行会社の流動資産状況を調べるときには、次の３点をよくチェックする必要がある。すなわち、①十分な現金を保有しているか、②流動資産は流動負債をかなり上回っているか、③債券債務と比較して十分な運転資本を持っているか――である。

しかし、これら３つの要因についてそれぞれの最低基準を決めるのはそれほど簡単ではなく、特に運転資本については企業によって大きなばらつきがある。一般的には少なくとも流動負債の２倍の流動資産を持つべきだと言われており、流動資産がこれより少ない企業についてはさらに詳しく調査する必要がある。われわれが提案するもうひとつの基準によれば、少なくとも債券債務と同水準の運転資本は持つべきであろう。この基準は恣意的なものでかなり厳しいと思われるかもしれない。しかし、1932年まで投資適格ランクを維持したすべての工業債（第７章に列挙）の運転資本はいずれも債券債務総額を上回っているのである（ゼネラル・ベーキングは1932年にようやくこの優良債券の仲間入りを果たした。掲載企業18社のうち同社を含む13社が債券債務を上回る現金資産を保有している）。

工業会社のこうした流動資産の基準に対して、鉄道会社の運転資本についてはそれほど重視する必要はなく、さらに公益事業会社にいたってはほとんど問題にしなくてもよい。その理由はこれらの事業会社には生産財や在庫の調達資金は必要ではなく、また顧客から直接現金を受け取るからである。これらの企業は設備拡張のための新たな資金を定期的に調達し、現金資産が不足してもそれを容易に補充できるのである。とりわけ好業績の企業にとって新たな資金の調達には何ら支障はなく、流動負債を上回る流動資産の確保といった問題はほとんど存在しない。最近では鉄道会社も急速な拡大に見合う十分な現金を保有すべきだといった声も聞かれ、投資家としてもやはり十分な運転資本を持つ公益事業会社の債券を選択するのが安全であろう。

# 第14章

# 優先株の理論

典型的な優先株は魅力のない投資形態であるというのは疑問の余地がない。まずキャピタルゲインとインカムゲインの両方が限られているうえに、優先株主は元利の支払いに対する強制的な請求権を持っていないからである。優先株が債権者としての権利（債券）と経営参加権（普通株）の両面で限定された証券であると言われるゆえんである。しかし、こうした理論上のさまざまな欠点を持つにもかかわらず、いまや優先株はアメリカの証券市場では有力な投資対象として一般投資家に広く普及している。1932年現在、ニューヨーク証券取引所に上場しているさまざまな優先株は約440銘柄に上る（普通株は約800銘柄）。1929年の上場優先株の時価総額は85億ドルを突破し、上場債券の時価総額の約半分に達している。しかし、今回の株式大暴落では優先株も次のように大きく下落している。

## マーケットの審判

次の表を見ると、1929～32年の「実験テスト」の時期には、優先株は全体として債券よりも不況期には弱いことが分かる。今回の前代未聞の暴落が通常の投資慣行にどのような影響を及ぼしたのかについてはまだ明らかではないが、少なくとも優先株の理論上の弱さと広範な人気との好対照をいっそう際立たせたことだけは確かである。それゆえ、実際の投資対象としての優先株の実体を明らかにするには詳しい分析が必要である。

**ニューヨーク証券取引所に上場している全証券の平均価格**

| 証券の種類 | 1929年の高値 | 1932年の安値 |
|---|---|---|
| 米社債 | 95.33 | 52.68 |
| 優先株 | 84.99 | 25.38 |
| 普通株 | 89.94 | 10.59 |

## 優先株と債券の基本的な違い

優先株と債券の決定的な違いは、債券利息の支払いが強制的であるのに対し、優先株の配当支払いは取締役会の意向次第ということである。普通株の配当が行われているかぎり優先配当も支払われるが、取締役会にはいつでも普通配当を停止することができるため、優先株保有者の配当権は基本的には取締役会の任意によって決まる。もっとも、もしその会社の収益が優先配当支払額を常に上回っている場合には、優先配当は当然のこととして支払われる。そうした状況が続くかぎり、優先株に強制的な配当請求権がないことはそれほど問題とはならない。一部の優良優先株が安全な債券と同じ扱いを受け、債券とほぼ同じ価格で売買されているのもこうした理由による。

問題となるのは債券または優先株を問わず、その会社が利息や配当金をまったく支払えなくなったときである。そのような場合、債券保有者の利息確保のための法的措置は利払いの請求ではなく、破産管財人による財産管理や担保権の実行という形になるだろう。もっとも、実際にそうした実力行使が行われることはほとんどなく、現実には債券のデフォルトは上位債券のない優先株の無配と同じ立場を余儀なくされる。

こうした2つのケースを見ると、優先株に対する債券の優位性もそれほど重要ではないように見える。その結果、多くの投資家は全体として債券形態が優先株形態よりも優れたメリットがあるとは考えていない。その理由は、「その会社の業績が良ければ、優先株は債券と同じく有利である。その業績が悪ければ、債券も優先株もともに不利である」という根拠に基づいている。

## 任意の配当支払い

しかし、そうした一般的な考えは完全に間違っている。そこでは「無条件に良くもなく、無条件に悪くもない」という企業の通常の状態ではなく、好悪いずれかの極端な状況が前提となっているからである。取締役会が常に優先配当を支払う（逆に言えば、優先配当がストップするのは債券がデフォルトになったときだけ）というのであれば、普通の状況が続く限り優先株保有者の立場が債券保有者の立場より特別に不利だということはないだろう。しかし、現実には必ずしもそうであるとは限らない。というのは、配当の支払いが不可能というよりは単に都合が悪いといった理由だけで、取締役会が任意に優先配当を停止することも少なくないからである。それは優先株保有者の現在のインカムゲインよりも会社の将来の利益が優先されたということなのかもしれない。つまり、将来の非常事態または会社の発展に備えて、配当向け現金を社内に留保することが優先されたのである。

こうした措置も結果的には優先株保有者にメリットをもたらすという主張に一理はあるとしても、優先株保有者が債券保有者には存在しないリスクを取ってインカムゲインを放棄したという現実に変わりはない。このように優先配当が会社側の任意で決まってしまうというまさにその事実そのものが、優先株が確定利付き証券としての資格を持っていないことを示している。換言すれば、優先株の価格が大きく下落するのは減配や無配のリスクを反映しているからだとも言える。いずれにせよ、配当の支払いができるのに株主の将来の利益のために優先配当が停止されるならば、株式市場が取締役会のそうした態度を嫌気して優先株を急落させるのも当然であろう。

## 利害の対立

その会社の将来にたとえリスクが存在しようとも、投資家としては継続してインカムゲインを得たいと思うのは当然である。しかし、投資家が利益と考えるもの（継続して支払われるインカムゲイン）と企業が利益と考えるもの（将来に備えて現在の配当を停止し、それを社内に留保すること）とは真っ向から対立する。ここに投資家と会社側の利害の基本的な対立があり、それはほとんど優先株の理論的な矛盾と言ってもよい。一方、優先株主と普通株主の間にも大きな利害の対立はある。優先配当が社内に留保されれば、それは会社の将来の発展につながるため、普通株主にとってはプラスとなる。取締役は法律上はすべての株主の利益を公平に代表しているが、一般には普通株主によって選任されるため、どうしても普通株主の利益を優先する傾向がある。その一方で、取締役はオーナー（株主）の利益とは別に企業そのものの利益も追求しなければならないため、オーナーの利益を犠牲にしても会社の発展を優先することになる（この問題については株主と経営陣との関係を検討した第44章を参照）。

## 優先株の不利な形態

このように正当な理由や根拠の有無を問わず、債券利息の支払いに支障がないような場合でも優先配当が停止されることも珍しくない。このことは、優先株の「形態」そのものに本来的な不利さが存在することを意味している。その典型例のひとつがUSスチールの優先株であろう。それは世界でもおそらく最上位の株式であり、高い信用格付けを維持する最も代表的な優先株のひとつである。不況期の真っただなかの1931年でも、この優先株は利回りがわずか4.67％という高い価格で売買されており、過去30年間に蓄積した膨大な利益とそれを生産設備に投入することによる会社の発展性、厚い運転資本、ほぼすべての債券債務を償還できる十分な資金力――などを背景に不動の地位を築いてきた。しかし、それからわずか１年後に営業損失を計上した結果、優先配当の支払いが懸念されてその価格はほぼ2/3も急落、優良証券としてそれまで築いてきた地位はあっけなく崩れてしまったのである。そして翌年にはその優先配当は年２ドルに減配された。

## 不利な契約

1932～33年にUSスチールの優先株が急落したのは深刻な不況の影響も否定できないだろう。しかし、もしも優先株という「形態」の弱さがなかったならば、その保有者が配当というインカムゲインの中断を恐れる理由もなかったのではないだろうか。換言すれば、もしも優先株保有者が配当の条件付き請求権の代わりに「強制的な支払い請求権」を有していたならば、優先配当支払いの責任を十分に履行できる同社の膨大な資産を信じることもできただろう。以下に示したインランド・スチール債（利率4 1/2％、1978年満期）とUSスチールの優先株の市場価格を比較するとそのことがよく分かる。

これらの証券はいずれも不況の影響を受けていたが、USスチールの優先株が大きく値下がりしたのは明らかにその「不利な契約形態」によるものであろう。これに対し、インランド・スチール債は（債券

| 期日 | USスチールの優先株 | | インランド・スチール債 | |
|---|---|---|---|---|
| | 価格 | 利回り(%) | 価格 | 利回り(%) |
| 高値(1931) | 150 | 4.67 | 97¾ | 4.62 |
| 安値(1932) | 51½ | 13.59 | 61 | 7.54 |
| 高値(1933/1) | 67 | 10.45 | 81 | 5.67 |

市場が大きく混乱した一時期を除いて）その下落幅は比較的小幅なものにとどまっている。

## 利回りとリスク

1932～33年の優先株の急落が異常な「実験テスト」の影響によるものであることを認めるとしても、なぜこの時期の優先株の暴落ぶりが確定利付き証券としての資格を奪うほど激しかったのであろうか。この問題を検討するときには、逆に一部の優先株が1932年の最悪期でも投資適格に値する価格を保っていたことに注目する必要がある。優先株の投資家は通常の景気では優先株の高利回りが債券と比べた不利さを十分に補い、債券と同じ安全性を持つと考えている。しかし、こうした考えは好況期についてだけ言えるもので、たしかにそうした時期にはインカムゲインは増加し、元本割れの危険はないだろう。ところがいったん不況に突入すれば、高い配当金どころか元本そのものが大きく値下がりしてしまうのである。

この問題をもっと広い観点から見ると、われわれが先に検討した債券の安全性といった議論に再び戻ってしまう。そこで明らかになった原則とは、リスクとインカムゲインは基本的に相いれないというものだった。債券におけるこの原則は、優先株にも同じく当てはまる。すなわち、元本割れのリスクがかなり大きいときに額面近辺で優先株を購入するのは危険であるということである。ただし、こうした元本割れのリスクがかなりの高配当で埋め合わせられているような場合にはその限りではないだろう。この原則に従えば、投資適格証券として購入できる優先株は、配当停止のリスクがほとんどない一部の優良優先株に限定される。

## 優良優先株の条件

優良優先株の条件とは何か。それはまず第一には、安全な債券が持つすべての最低条件を満たしていることだろう。二番目には、取締役会の任意による配当停止のリスクをある程度補えるほど有利な条件を備えていることである（例えば、その会社の安全余裕率が極めて高く、優先配当はほぼ確実に支払われるであろうと考えられるような場合）。三番目には、その事業の本来の安定性を測る基準が債券の場合より厳しくても、それを十分にクリアしているような企業である。というのは業績変動の激しい企業の場合、その平均的な収益が優先配当支払額を十分に上回っているときでも、一時的な業績の落ち込みを理由に優先配当が停止されるケースも珍しくないからである。

そうした状況が1932年の優先株の暴落を招いた一因であろう。しかしだからといって、すべての優先株が投資適格にならないと言っているのではなく、そうした厳しい条件を満たす優良な優先株もちゃんと存在するのである。次ページのリストはニューヨーク証券取引所に上場している優先株のなかで、1932年中もほぼ７％以下の利回りという高値で売買された優先株である（スタンダード・オイル・エクスポート［配当５％］、ピッツバーグ・フォートウエイン鉄道［同７％］およびその他の保証付き優先株は、実質的には債券の性質を持つためにこのリストから除外した）。

## 1932～33年も投資適格価格を維持した優先株

| 銘柄 | 1932～33年の安値 | 配当額（ドル） | 安値での利回り（%） | 債券債務 | 優先配当＋金融費用に対する収益の倍率 | | 優先株＋債券に対する普通株の最低時価総額の倍率 |
|---|---|---|---|---|---|---|---|
| | | | | | 1927～31年の平均 | 最低倍率 | |
| ゼネラル・エレクトリック（額面10ドル、累積的優先株） | 10 5/8 | 0.60 | 5.6 | あり | 19.19 | 13.75 | 5.09 |
| イーストマン・コダック（累積） | 104 3/4 | 6.00 | 5.7 | なし | 51.91 | 36.25 | 12.30 |
| デュケンス・ライト（累積） | 85 | 5.00 | 5.9 | あり | 3.67 | 3.19 | .....* |
| パブリック・サービス・エレクトリック（累積） | 83 | 5.00 | 6.0 | あり | 2.58 | 2.02 | .....† |
| USタバコ（非累積） | 115 | 7.00 | 6.1 | なし | 9.00 | 6.67 | 8.42 |
| プロクター・アンド・ギャンブル（累積） | 81 | 5.00 | 6.2 | あり | 17.96‡ | 15.35‡ | 4.59 |
| ノーフォーク・アンド・ウエスタン鉄道（非累積） | 65 | 4.00 | 6.2 | あり | 5.96 | 4.57 | 0.69 |
| G・W・ヘルム（非累積） | 113 3/8 | 7.00 | 6.2 | なし | 8.12 | 7.67 | 2.61 |
| アメリカン・タバコ（累積） | 95 1/4 | 6.00 | 6.3 | あり | 10.48§ | 7.26§ | 3.87‖ |
| インガソル・ランド（累積） | 94 | 6.00 | 6.4 | なし | 39.50 | （赤字） | 6.06 |
| スタンダード・ブランズ（累積） | 110 | 7.00 | 6.4 | なし | 18.00¶ | 15.86 | 9.90 |
| カンザスシティー・パワー（累積） | 90 1/2 | 6.00 | 6.6 | あり | 2.92 | 1.99 | .....** |
| オーチス・エレベータ（累積） | 90 | 6.00 | 6.7 | なし | 17.25 | 11.32 | 3.08 |
| アメリカン・スナフ（非累積） | 90 | 6.00 | 6.7 | なし | 8.46 | 7.98 | 2.55 |
| ナショナル・ビスケット（累積） | 101 | 7.00 | 6.9 | なし | 11.31 | 9.37 | 4.76 |
| コンソリデーテッド・ガス（累積） | 72 1/2 | 5.00 | 6.9 | あり | 2.92 | 2.70 | 0.70 |
| リゲット・アンド・マイヤーズ（累積） | 100 | 7.00 | 7.0 | あり | 7.06 | 6.20 | 2.09 |
| ブラウン・シュー（累積） | 100 | 7.00 | 7.0 | なし | 5.63 | 5.04 | 1.65 |
| パシフィック・テレフォン・アンド・テレグラフ（累積） | 85 1/2 | 6.00 | 7.0 | あり | 1.96 | 1.61 | 0.72 |
| コーン・プロダクツ・リファイニング（累積） | 99 1/2 | 7.00 | 7.0 | あり | 6.90 | 5.73 | 2.18 |
| アイランド・クリーク・コール（累積） | 85 | 6.00 | 7.06 | なし | 13.58 | 9.28 | 2.62 |

＊未算出。フィラデルフィア鉄道が所有する全普通株式は未上場

†未算出。パブリック・サービス・オブ・ニューヨークが保有する全普通株式

‡6/30に終了する年度。1932/6/30に終了する年度の平均倍率は14.75、最低倍率は6.34

§タバコ・プロダクツに支払う250万ドルの年間賃借料は営業費用として処理。それを金融費用に含めたときの平均倍率は6.33、最低倍率は4.52

‖アメリカン・タバコのブランド・リースで担保されるタバコ・プロダクツの6 1/2%債（2022年満期）は債券債務に含めない

¶会社設立後2.5年の平均

**未算出。コンチネンタル・ガスが保有する全普通株式

## 安全な優先株は例外的

この優先株のリストは、1932年にニューヨーク証券取引所に上場している優先株全体のわずか５％にすぎない。これは安全な優先株というものがいかに少ないかということを示している。これらの優先株のほとんどは、その会社の安全な資本構成を変えずに債券に取って代わることができる。しかし、強力な会社が債券の代わりに優先株を発行してもそれほど大きなメリットがないばかりか、むしろ税金面では不利になるということである（債券利息は所得税控除前の利益から控除されるが、優先配当にはそうしたメリットはない）。逆に言えば、優先株がかなり安全で税金面での負担が軽ければ、その会社は直ちにその負担を債券で肩代わりできるということである。

以上の検討から、安全な優先株は極めて少なく、しかも優先株は簡単に債券に代替されるという意味では変則的な証券であるとも言えよう。このように、優先株という形態は発行体と保有者の両方にとって何らメリットをもたらさないため、投資の観点から見ても優先株への投資は基本的にあまり勧められない。取締役会が優先配当を任意に停止できるという発行会社にとっての利点があるかぎり、投資家にとって優先株はけっして確定利付き証券とはならないだろう。逆に言えば、その優先株が優良証券であるならば、発行会社には（配当を任意に停止できるという）メリットはないはずである。

## 優良優先株の大半は安定証券

以上の結論に従えば、工業会社の優良優先株は優先株が最初に発行されてからの長年にわたる繁栄の積み重ねとして現在のその地位が確立されたということもできる。発行当初から投資適格の厳しい基準をクリアできたのは、経営基盤のしっかりしたほんの一握りの優先株に限られた。というのは、その企業が優先株を発行するに値する十分な業績を上げていても、金利の低い債券を発行して大幅な節税を図る企業も少なくなかったからである。ただし、公益事業会社は自社債券の「適法投資」のランクを維持する必要があったために安易に債券を発行することはできず、株式の発行を通じて必要な資金を調達するケースが多かった（先の優先株リストに掲載された公益事業会社の優良優先株の4/5はここ数年間に発行されたものである）。しかし、工業会社の優先株はそれとはまったく別の状況にあった。過去20年間に新規公開された優先株は極めて少なく、その数少ない優先株のひとつであるプロクター・アンド・ギャンブル株（配当５％）も旧株を低い配当の新株と乗り換えるために発行されたものである。また、ゼネラル・エレクトリックの優先株も株式配当の一環として発行されたもので、それ以外の13の優先株も後年の繁栄期を経て現在の投資適格の地位を築いたのである。こうした経緯を踏まえると、新規に発行された工業優先株を購入することは、投資適格基準に基づいても安全性の面ではかなり危険であると言えるだろう（しかし、大幅な額面割れの優先株、転換権またはその他の利益参加条項の付いた優先株などについては話はまた違ってくる。なおこの問題については、投機的な性質を持つ上位証券に関する各章で詳しく検討する）。

## 優先株の人気の由来

本章の初めに、アメリカ企業の資金調達面で果たした優先株の主な役割について言及した。しかし、優先株という形態はインカムゲインを目的とした投資の対象としては基本的に不利であるという事実が存在していたにもかかわらず、なぜ一般投資家は長年にわたる実際の投資経験からこの事実に気づかなかったのであろうか。過去15年間に優先株が高い人気を保ってきたのは、この時期には債券よりも優先株のほうがたまたま有利だったということだけである。この時期の初め（第一次世界大戦の直前）に発行された優先株の多くは工業株であり、それらはその後に額面を大きく割り込むという投機的な性質の株式だった。それ以降の戦時特需を背景に大企業が著しい繁栄と発展を遂げたことから、これらの工業優先株は1922年までには代表的な投資適格証券となり、その価格も上昇を続けていた。これと好対照をなしたのは、不況の影響をもろに受けた代表的な債券である鉄道債と運輸債だった。その結果、一般投資家は大企業の優先株は債券よりも有利であり、さらに優先株は本来的に債券と同じく安全であるという考えを持つようになったのである。

## 優先株の追跡調査

優先株について詳しく追跡調査したところ、その人気を支えていたのは一部の伝統ある大企業の数少ない工業優先株であった。しかし、こうした数少ない優先株の高い人気を背景にその後相次いで発行された工業優先株の多くはいっこうにパッとしなかった。ハーバード・ビジネススクールは1915年１月から1920年１月までに発行されたすべての優先株（発行額は10万～2500万ドル、全部で607銘柄）の追跡調査を行った。その調査結果によれば、1923年１月時点の537銘柄の平均価格は新規公開値よりも30％近くも下落しており（99→70 1/2)、それらの優先株の投資家は手に入れたインカムゲインをかなり上回る元本の損失を被っていた。こうした追跡調査の結果を見ても、優先株はインカムゲインを目的とした投資対象としては極めて不利であることが分かる（607銘柄のうち70銘柄については、発行会社でさえもその市場価格を把握できなかった。おそらく、これら優先株の購入者の損失額は上記の537銘柄の損失額よりもかなり大きいと思われる)。

## もうひとつの追跡調査

ミシガン大学のビジネス・リサーチ局はこのほど、これとはまったく異なる結論を出した調査結果を公表した（ロバート・ロッドキー著『長期投資対象としての優先株』［ミシガン大学出版局、1932年］）。「債券よりも上位にある優先株」（いずれも鉄道株と工業株）を対象としたその追跡調査結果によれば、これらの上位優先株は投資対象としては満足すべき成果を上げていなかったが、「債券よりも下位にある工業優先株」についてはそれと反対の結果が出た。これについてこの調査担当者は、「それらの優先株は最も厳しい投資基準もクリアしている」ため、それらに分散投資すれば「工業債や鉄道債に投資するよりも大きなインカムゲインと元本の安全も確保できる」と述べている。

既発債を持つ優先株よりはそうした上位証券を発行していない優先株を購入するほうが安全であるという考えは、既発債を持つ優先株は不況期に弱いということを考えると当然に思われるかもしれない。われわれはその追跡調査には多くの問題点があると見ているが、その調査結果については高く評価する（ロッドキー教授のこの追跡調査に対するわれわれの見解と批判については、参考資料の注25を参照のこと）。そこでとりわけ注目されるのは、ほぼすべての優先株の安全性は普通株の値上がりと密接に関係しているという事実である。つまり、優先株の保有者が満足すべきリターンを得られるのは、普通株に投機的な利が乗っているときだけなのである。逆に普通株が新規公開価格を割り込むようなときには、優先株も同じ歩調をたどっている。

こうした性質を持つ証券に大切なおカネを投じることは明らかにバカげている。それはまさに、「表が出れば普通株の勝ち、裏が出れば優先株の負け」といったペテン師のセリフと同じではないだろうか。基本的な投資原則のひとつは、限られたリターンの証券の安全性は将来の大きな利益の可能性で代替できるものではないということである。

もし投資家がそうした値上がり益を得ることに自信があるならば、普通株を購入すべきである。その反対にそうした将来の値上がり益を得ることに確信が持てなければ、優先株などを購入して大切なおカネを損失のリスクにさらすべきではないだろう。

# 第15章

# 投資適格な優先株

優先株についてこのように検討してくると、投資適格に値する優先株は優良債券のすべての条件を満たしているのに加え、その不利な契約形態を補って余りあるほどの安全余裕率を持たなければならないという結論になる。こうした理由からわれわれが先に提案し、債券に適用した同じ基準を優先株にも適用すべきである。

## さらに厳しい基準

そのためには、さまざまな債券に適用した先の基準よりもさらに厳しい収益カバレッジの最低基準を定める必要がある。われわれが提案するそうした基準とは次のようなものである。

**収益カバレッジの最低基準**

| 業種 | 投資適格債 | 投資適格優先株 |
|---|---|---|
| 公益事業 | 金融費用の1.75倍 | 金融費用＋優先配当の2倍 |
| 鉄道 | 金融費用の2倍 | 金融費用＋優先配当の2.5倍 |
| 工業 | 金融費用の3倍 | 金融費用＋優先配当の4倍 |

この基準は先の収益カバレッジを補足するものであるため、企業規模や株式と債券の比率に応じて調整する必要はないだろう。この基準を適用すれば、1931年までに発行された多くの優先株は投資不適格となってしまうが、こうした厳しい基準は一般投資家にとっては有益であろう。景気や金融情勢が安定していると収益カバレッジの最低基準に対する見方はどうしても甘くなりがちであるが、かなりの期間にわたってそうした基準をクリアできるようになるまでは、優先株に対する基準は極めて厳しいものでなければならない。先の優先株のリストを見ると、すべての工業優先株における株式と債券の比率は1.6対1以上、平均収益カバレッジも5.6倍以上となっている。

## 既発債

ここで、投資適格の優先株とは上位証券である債券を発行していない優先株なのかといった問題を検討してみよう。既発債を持たないことが優先株の望ましい条件であることに異論はなく、それは不動産に対する一番抵当が二番抵当よりも強い権利であるということと同じである。それゆえ、一般に既発債のない会社の優先株が債券債務を持つ会社の優先株よりも財務内容が良いというのも何ら驚くべきことではない。しかし、いわばこうした当然ともいえる事実にもかかわらず、既発債を持つ優先株がすべて投資不適格になるわけではなく、同様にすべての二番抵当付き社債が一番抵当付き社債よりも劣後的であるというわけではない。もしもそうした原則をすべての証券に一律に当てはめるならば、公益事業会社のすべての優先株が既発債を持つという理由だけで投資不適格になってしまうだろう（一般に公益事業優先株は既発債のない工業優先株よりもはるかに高い評価を受けている）。実際、1932年の債券暴落時に相応の値を保った優先株は既発債を持つ銘柄が多かったのである（先の優先株リストのなかで比較的値を保った優先株21銘柄のうち、11銘柄が既発債を持つ優先株だった。その内訳は公益事業株５、鉄道株１、工業株５となっている)。

わずかな既発債を持つという理由だけで、ゼネラル・エレクトリックのような強力な会社の優先株を投資不適格とするのはまったくバカげたことである。そんなことをすれば、厳しい数量的基準をあらゆる優先株に表面的に当てはめたという自らの愚かさを証明するだけであろう。われわれの見解によれば、投資家は優先株より上位にある既発債の有無には十分に注意しなければならないが、その会社が満足すべき業績を上げているかぎり、その優先株も十分に投資適格となるのである。

## 支払利息＋優先配当

既発債を持つ優先株の収益カバレッジを計算する場合には、必ずその支払利息と優先配当を合算しなければならない。優先株だけの収益カバレッジ（１株利益など）を計算する慣行が広く定着しているが、これは下位債券の支払利息の安全余裕率を見るのにプライア・ディダクションズ・メソッドを使うことと同様に完全に間違っている。このような計算法を使えば、発行済み優先株が既発債よりもはるかに少ないような場合にはその１株当たり利益は大きく膨らみ、その結果支払優先配当に対する利益の倍率は支払利息に対する利益の倍率をかなり上回ってしまうだろう。これでは同じ会社の優先配当が支払利息よりも安全になるという何ともおかしな結果になってしまう（多くの投資出版物ではこうしたことがまかり通っているが、これについては参考資料の注26を参照のこと)。

### 優先株の収益カバレッジの計算法

**A．コロラド・フューエル・アンド・アイアン**（1929年）

| | |
|---|---|
| 支払利息に充当可能な利益 | 3,978,000ドル |
| 支払利息 | 1,628,000ドル |
| 支払優先配当 | 160,000ドル |
| 普通株の利益 | 2,190,000ドル |

| | **間違った計算法** | **正しい計算法** |
|---|---|---|
| 支払利息に対する利益の倍率 | 2.4倍 | 2.4倍 |
| 優先配当に対する利益の倍率 | 14.7倍 | 2.2倍 |
| 優先株１株利益 | 117.50ドル | |

（注：この優先株１株利益は無意味である）

**B．ワーナー・ブラザーズ映画**（1930/8/30に終了する年度）

| | |
|---|---|
| 支払利息に充当可能な利益 | 12,553,000ドル |
| 支払利息 | 5,478,000ドル |
| 支払優先配当 | 403,000ドル |
| 普通株の利益 | 6,672,000ドル |

| | **間違った計算法** | **正しい計算法** |
|---|---|---|
| 支払利息に対する利益の倍率 | 2.3倍 | 2.3倍 |
| 優先配当に対する利益の倍率 | 17.5倍 | 2.1倍 |
| 優先株１株利益 | 68.61ドル | |

**C．ウエスト・ペン・エレクトリック**（1931年）

| | |
|---|---|
| 総収益 | 35,739,000ドル |
| 金融費用控除前の純利益 | 14,405,000ドル |
| 金融費用（＋子会社の支払優先配当） | 8,288,000ドル |

| | |
|---|---|
| 支払優先配当（配当７％と６％の優先株） | 2,268,000ドル |
| クラスＡ株式配当 | 415,000ドル |
| 普通株の利益 | 3,434,000ドル |

**間違った計算法**

| | |
|---|---|
| 金融費用に対する利益の倍率 | 1.74倍 |
| 支払優先配当に対する利益の倍率 | 2.70倍 |
| （優先株１株利益　17.93ドル） | |
| クラスＡ株式配当に対する利益の倍率 | 9.28倍 |
| （クラスＡ株式１株利益　64.96ドル） | |

**正しい計算法**

| | |
|---|---|
| 金融費用に対する利益の倍率 | 1.74倍 |
| 金融費用＋優先配当に対する利益の倍率 | 1.36倍 |
| 金融費用＋優先配当＋クラスＡ株式配当に対する利益の倍率 | 1.31倍 |

ウエスト・ペン・エレクトリックのクラスＡ株式は事実上は第二優先株である。上記の間違った計算法によれば、支払利息よりも優先配当のほうが安全ということになり、またクラスＡ株式の発行額が極めて少ないことから、この第二優先株は債券や第一優先株よりも安全ということになってしまう。しかし正しい計算法によれば、クラスＡ株式配当金に対する利益の倍率は1.31倍となり、間違った計算法による倍率（9.28倍）とは大違いである。クラスＡ株式の収益カバレッジの計算違いは、主に1931年につけた高値（105 1/4）にその原因がある。同株式は1932年には25まで暴落したが、それでもまだ配当７％の優先株よりも高値を維持していた。これは明らかに一部の投資家がその１株利益の高い数字にだまされ、第一優先株よりも第二優先株のほうが

安全であると思い込んでいたためであろう。

ところで、優先配当カバレッジに関するわれわれの原則に従えば大きな矛盾に直面する。すなわち、ある会社の優先株保有者には債券保有者よりも厳しい優先配当カバレッジを適用すべきであるが、その本来的な性質上、実際の優先配当カバレッジは支払利息のカバレッジよりも小さくなりがちだということである。というのはあらゆる企業のケースを見ても、支払利息だけに対する利益の倍率は支払利息＋優先配当の利益倍率よりも大きくなるからである。こうした事実に照らせば、投資家の多くは優先株の安全基準は債券の基準ほど厳しくなくてもよいのかといった疑問を持たれるかもしれない（これについてラルフ・バジャーは、『投資原則と実践』［ニューヨーク、1928年］のなかで次のように述べている。

「工業債の安全性を見るには、その支払利息に対する利益の平均倍率が少なくとも３倍に上るというのが一般的な原則である。われわれの基準に従えば、一定期間における金融費用＋優先配当に対する利益の倍率が最低でも２倍以上でなければ、その工業優先株は投機的と見なされる。また、持ち株会社の優先株についても支払利息＋金融費用に対する利益の倍率が２倍以上であれば、そうした証券は安全であると言ってもよいだろう」）。

しかし、実際には必ずしもそうではない。もしもその会社が債券と優先株の両方を発行しているならば、債券が安全であれば優先株も安全であろうが、債券がかろうじて安全であるという程度では、優先株の安全性はまったく保証されない。これについて次の２社の例を挙げて具体的に説明しよう。

リゲット・アンド・マイヤーズの優先配当カバレッジ（支払利息も含む）は、われわれの４倍という最低基準をかなり上回っている。その結果、当然のことながら支払利息のカバレッジもわれわれが求める３倍という最低基準を大幅に超えている。これに対し、コモンウェルス・アンド・サザンの1930年の金融費用カバレッジはわれわれの求める1.75倍という最低基準とほぼ同水準である。ということは、たとえ同社の債券が投資適格になったとしても、配当６％の優先株はそうはならない。そうであるならば、1930年に額面を上回る価格で同社の優先株を購入するのは完全に間違っていることになる。

| 年 | リゲット・アンド・マイヤーズ・タバコ | | コモンウェルス・アンド・サザン | |
|---|---|---|---|---|
| | 支払利息に対する利益の倍率 | 支払利息＋優先配当に対する利益の倍率 | 金融費用に対する利益の倍率 | 金融費用＋優先配当に対する利益の倍率 |
| 1930 | 15.2 | 7.87 | 1.84 | 1.48 |
| 1929 | 13.9 | 7.23 | 1.84 | 1.55 |
| 1928 | 12.3 | 6.42 | 1.71 | 1.44 |
| 1927 | 11.9 | 6.20 | 1.62 | 1.37 |
| 1926 | 11.2 | 5.85 | 1.52 | 1.31 |
| 1925 | 9.8 | 5.14 | 1.42 | 1.28 |

### 「１株当たり利益」の誤り

既発債のない優先株の利益は、１株当たり利益や優先配当に対する利益の倍率で表される。この２つの方法のうち、以下の理由から優先配当に対する利益の倍率で表すのが望ましい。まず第一には、既発債のない優先株に１株当たり利益を使うと、どうしても債券についてもこの方式を使うようになるからである。賢明な投資家は優先配当カバレッジを表すのに１株当たり利益という間違った計算法を使ってはならない。二番目の問題点は、１株当たり利益というものは優先株の配当率に応じてその意味が変化することである。例えば１株20ドルの利益という場合、配当８ドルで価格が125の優先株（優先配当に対する利益の倍率は2.5倍）よりは、配当５ドルで価格が80の優先株（同４倍）

のほうがはるかに望ましいということになる。だが、額面が100ドル以下、または１株当たり配当率が低い無額面株などについては、１株当たり利益に比較し得る数字がなくなってしまうのである。例えば、S・H・クレスの優先株（配当６％、額面10ドル）の1931年の１株利益は18.60ドルであるが、この株は配当７％、額面100ドルの優先株の１株利益20ドルよりもかなり有利であるのは明らかであろう。

## 株式価値レシオ

この基準を優先株に適用すると、収益カバレッジのケースと似てくる。もし既発債があるときにはそれと優先株を合算し、その合計額を普通株の時価総額と比較すべきである。債券より下位にある証券の安全度を見る場合には、優先株は株主資本の一部と考えなければならないが、優先株より下位にある普通株は単なる下位証券にすぎない。また第一優先株と第二優先株の両方が発行されている場合、第一優先株より下位にある第二優先株などについては一般には第二優先株と普通株を加えた数字を使う。

この場合、普通株の時価総額は優先株の額面総額それともその時価総額と比較するのが正しい方法なのだろうか。たいていの場合、そのどちらの数字と比較しても大差はない。しかし、最近では無額面の優先株も増えている。さらに、アイランド・クリーク・コールやアメリカン・ジンク・レッドの優先株のように、実質額面と表示価額がまったく違う株もある（アイランド・クリークの優先株の表示価額は１ドル、アメリカン・ジンク株の価額は25ドルであるが、配当は同じく６ドルである。しかし、清算時にはそれぞれ１株当たり120ドル、100ドルを受け取る権利があるため、それらの実質額面は明らかに100ドルである）。

こうした株の場合、その実質価値は配当率をベースに計算する。さ

**優先株の「株式価値レシオ」――プロクター・アンド・ギャンブル**

| 資本構成 | 額面総額（ドル） | 1932年の安値 | 1932年の安値の時価総額（ドル） |
|---|---|---|---|
| 債券 | 10,500,000 | | |
| 第一優先株（配当8％） | 2,250,000 | 1株140ドル | 3,150,000 |
| 第二優先株（配当5％） | 17,156,000 | 1株 81ドル | 13,900,000 |
| 普通株（発行株数） | 6,410,000 | 1株 20ドル | 128,200,000 |

A．債券の株式価値レシオ

$$\frac{3,150,000+13,900,000+128,200,000}{10,500,000}=13.8:1$$

B．第一優先株の株式価値レシオ

$$\frac{13,900,000+128,200,000}{10,500,000+3,150,000}=10.4:1$$

C．第二優先株の株式価値レシオ

$$\frac{128,200,000}{10,500,000+3,150,000+13,900,000}=4.6:1$$

らにその時価が額面と大きくかい離しているような優先株（1932年の配当４％のノーフォーク・アンド・ウエスタン鉄道株や配当８％のプロクター・アンド・ギャンブル株など）については、優先株の時価総額を使って株式価値レシオ（Stock Value Ratio）を計算するのが望ましい。一方、債券については時価総額よりも額面価額を使ったほうが便利であり、また優先株の１株当たり利益といった誤った方法も避けられる。

## 非累積的優先株

累積的優先株と比較した非累積的優先株の理論上の不利さは、債券に対する優先株のそれによく似ている。配当の支払いを請求できないという優先株の不利な条件は、過去の配当の未払分を将来にも受け取ることができないという非累積的優先株の不利さと酷似している。こうした条件は明らかに不公平であり、（ほぼすべての条件を受け入れてきた）証券の新規購入者も非累積的優先株にだけはそっぽを向いたことから、何年にもわたりインカムゲインを目的とした優先株の新規発行は累積的優先株に限られていた（第一次世界大戦以降に発行された「インカムゲインを目的とした」非累積的優先株の唯一のケースは、セントルイス・サンフランシスコ鉄道の優先株である。またイリノイ・セントラル鉄道の非累積的優先株には転換権という甘味料が付いていた）。非累積的優先株はもともと企業再建策の一環として発行されたもので、そのような場合に旧証券の保有者はどのような新規証券でも受け入れざるを得なかった。しかし近年では、企業再建策の一環として発行される優先株もほとんどが累積的優先株になっている（ただし、発行後一定期間を経て初めて累積条項が有効になるケースもある）。例えば、再建策の一環として1930年に発行されたオースチン・ニコルズの優先株（配当５ドル）も1934年にようやく累積的となった。また、1922年に発行されたミズーリ・カンザス・テキサス鉄道の優先株も1928年に累積的となっている。

### 配当の非累積に対する批判

非累積的優先株に対する大きな批判のひとつは、業績が好調な年でも取締役会が任意に配当を停止できることである。社内に利益を留保することは普通株主の利益になるというのがその理由である。これまでの経験によれば、普通株の配当が宣言されないかぎり、非累積的優先株の配当はほとんど行われたことがない。それとは逆に、普通配当が停止されれば、その直後に優先配当もほぼ確実に停止されている（カンザスシティー・サザン鉄道の非累積的優先株［配当４％］は普通配当が無配となっていた1907～29年も配当を支払っていたが、これは例外的なケースである。セントルイス・サウスウエスタン鉄道の非累積的優先株［配当５％］も普通配当が停止されていた1923～29年でも満額の優先配当が支払われていたが、それまでのかなり長期においては、利益が出ていても優先配当は無配または一部しか支払われていなかった)。

### 事例

セントルイス・サンフランシスコ鉄道のケースを見てみよう。同社の利益はほぼすべての年で支払配当額を上回っていたが、1916～24年には旧優先株の配当は停止されていた。その後、普通配当が開始された直後に優先配当も復配したが、新優先株に対する配当は普通配当が無配となった1931年から１年もたたないうちに再び停止された。

こうした状況は明らかに不公平だったことから、ニュージャージー州裁判所も、もしもその会社が非累積的優先株の支払配当額を上回る利益を上げながら配当を支払わなかった場合には、優先株主は普通配当の支払いに先立って未払配当分を請求する権利があるという判決を下した（USキャスト・アイアン・パイプ事件。「デイ判事とUSキャスト・アイアン・パイプの対決」［1924～25年の裁判記録］)。これによって、ニュージャージー州では当該企業が支払優先配当を上回る利益を上げた場合には、非累積的優先株主は未払いになっていた累積的配当をその会社に請求できるようになった。しかし、連邦最高裁判所は非累積的条項は株主にとって著しく不利ではあるが、非累積的優先株を購入したこと自体がそのような不利な条件を承知で受け入れたことになるとして、ニュージャージー州裁判所とは正反対の判決を下した（ウォバッシュ鉄道事件。「バークレイ判事とウォバッシュ鉄道の対決」［1929～30年の裁判記録］)。この判決は明らかに法律にかなったものではあるが、非累積的条項（特に取締役会が一方的に配当を停止できること）については反対の声が強まったことから、ニュージャージー州裁判所の判決内容を法令に取り入れる州も出てきた。それらの州では完全な非累積的優先株の発行を禁止し、支払配当を上回る利益を上げている場合には株主に累積的な配当を支払うように各企業に義務づけた。この種の規定を優先株の発行条項に盛り込むケースも見られる（例えば、ユナイテッド・ストアーズの転換権付きクラスＡ優先株、エオリアンのクラスＡ優先株［配当６％］、USラインズの転換権付き第二優先株――など）。

## 投資適格優先株の特徴

1932年にニューヨーク証券取引所に上場している約440の優先株のうち、非累積的優先株はわずか40銘柄（全体の９％）にすぎない。このうちの29銘柄が鉄道・電鉄株で、残りの11銘柄が工業株である。1932年の証券低迷期でも投資適格の地位を維持したのはわずか21銘柄で、そのうち非累積的優先株はたったの４銘柄である。先の優先株リストから読み取れる主な特徴は次のようなものである。

①上場銘柄全体に比べ、この21の優良優先株のなかでは非累積的優先株や債券よりも上位にある優先株の比率が高い。

②この21銘柄のなかには業績の好調な風俗企業の優先株が３銘柄含まれている。

③その他の特徴は以下のようなものである。

ａ．減債基金付き優先株が１銘柄

ｂ．第二優先株が１銘柄（プロクター・アンド・ギャンブル株）

ｃ．額面がわずか１ドルの優先株が１銘柄（アイランド・クリーク・コール株）

ｄ．1932～33年の最安値までに繰上償還された優先株が１銘柄（ゼネラル・エレクトリック株）

### 証券の形態・名称・法的権利

しかし、こうした特徴をいくら詳細に分析しても、①非累積的優先株は累積的優先株より上位にある、②既発債のある優先株はそれがない優先株よりも上位にある、③風俗産業の優先株は最も安全な投資対象である――といった結論を引き出すことはできないだろう。換言すれば、証券の形態、名称または法的権利はそれほど重要ではなく、個別銘柄の発行企業の業績が決定的な重要性を持つということである。もし優先株に常に配当が支払われているならば、それが累積的優先株または非累積的優先株の区別は何ら問題ではなく、また優先株の契約上の権利が債券の権利よりも不利であるといったことも実質的には何の意味もなくなってしまう。例えば、USタバコの優先配当に対する利益の倍率は1931年の不況期でも16倍を超えており、さらに同社が多くの既発優先株を１株当たり125ドル以上で買い戻しているという事実を考えると、そこに累積的条項が付いているかどうかといったことは何の意味もないだろう。もちろんこうしたケースは例外的なものであり、実際の投資という観点から見ると、非累積的優先株の発行会社の業績がどれほど目を見張るようなものであっても、不測の事態が起きても高い安全性を確保しようとするならば、やはり非累積的優先株よりは累積的優先株を選ぶのが賢明であろう（例えば、アメリカン・カー・アンド・ファンドリーの非累積的優先株［配当７％］は1928年までの長期にわたり、USタバコの非累積的優先株［配当７％］より高値で売買されてきた。アメリカン・カーは1929年までの過去30年間に一貫して配当を続け、そのうちの20年間は株価が100ドルを割り込んだことがなかった。しかし、1932年には無配となり、それに伴って株価は16ドルに急落した。同様にアチソン・トピーカ鉄道の非累積的優先株［配当５％］も1901～32年には満額配当を続け、優良銘柄の地位を維持してきた。そして1931年には史上最高値にあと50セントという108 1/4ドルをつけたが、その翌年には35ドルまで急落し、その次の年には３ドルに減配された）。

### 既発債の規模が問題

先の優良優先株リストのなかで興味ある事実のひとつは、多くの会社が既発債を有していることである。しかし重要なことは既発債の単なる有無ではなく、その規模が重要なのである。そのうちの３社はほんのわずかな既発債しか持っていないが、それらの会社が伝統のある大企業であることを見ると、それらは以前に発行した債券の残りであろう（これらの会社とはゼネラル・エレクトリック、アメリカン・タバコ、コーン・プロダクツ・リファイニングなどである。これらの企業の場合、資本金と剰余金に占める債券の比率は10％以下であると見られる）。

一方、まったくの偶然であろうが、優良優先株リストに含まれる非累積的工業優先株の３銘柄のすべてがタバコ企業の優先株である。これは、タバコ企業が最高の投資先であるということを意味するのではなく、投資家はその会社の業種に対する個人的な好みでその証券の善し悪しを判断してはならないということである。確定利付き証券を選択するときの安全な基準はやはり長期にわたる好業績、その産業が本来的に安定していること、将来の業績が急速に悪化する具体的な証拠がないこと――などであろう。優先株の特徴を列挙した先のリストからわれわれが読み取らなければならないのは、証券の形態やささいな欠点などはその投資価値とは基本的に無関係であるということである。

# 第16章

# 収益社債と保証証券

## 収益社債

収益社債（整理社債とも呼ばれる）の形態は、普通社債と優先株の中間に位置している。すべての収益社債には一定の満期があり、保有者は一定期日に元本を償還される無条件の権利を持つ。この点においては通常の債券の権利と同じである。しかし、一般に収益社債の償還期限は長いため、調査した多くのケースについて元本の償還権は実際的な意味を持たなかった。事実、収益社債の保有者が満期時に元本の全額を償還されたのはたったの１件にすぎなかった（これは1881年にミルウォーキー・レーク・ショアが発行した総額50万ドルの収益社債［利率６％］で、シカゴ・アンド・ノースウエスタン鉄道が1891年に引き受け、1911年の満期時に元本が償還された。セントルイス・サンフランシスコ鉄道も収益社債と整理社債［ともに利率６％］を発行し、それらの償還期限はそれぞれ32年と27年だったが、1928年に額面価格で繰上償還された。同社は1932年に破産管財人の管理下に置かれたため、そうした措置は債券保有者にとって幸運だった。セントルイス鉄道は1916年に管財人の管理から離れたが、1932年に再び逆戻りするという経緯をたどっており、わずか数年間の業績の回復を見て同社の債券を購入した投資家は不運だった。こうしたケースを見ても、悪業績を続けたり、また債券債務が大きい資本構成を持つ鉄道会社の証券を過大に評価することは危険である)。

## 取締役会の任意の利払い

債券保有者に支払われる利息が取締役会の決定に一任されているという点では、収益社債は優先株とよく似ている。一般に利益が上がれば利息は支払われるといわれるが、取締役会は支払利息に充当可能な利益を算出する前に、資本的支出やその他の目的に振り向ける利益を取り分けることができる。例えば、グリーン・ベイ・アンド・ウエスタン鉄道の収益社債「シリーズＢ」では、収益が好転していたにもかかわらず、1922～31年の支払利息はわずか６％にすぎなかった。最近では支払利息の算出基準となる利益に上限を設けるケースも見られるが（シカゴ・ミルウォーキー・パシフィック鉄道の利率５％の収益社債など)、そうした場合でもその上限を決めるのは取締役会である。収益社債はインカムゲインを目的とした優先株と通常の債券との中間に位置しているが、そのどちらの性質に近いのかは個別の収益社債によって異なる。

## 信用格付けが低い収益社債

一般に収益社債の契約上の権利は優先株のそれより有利であるため、収益社債の信用格付けは優先株より高いと思われている。しかし、実際にはそうではない。事実、長期にわたって高い信用格付けを維持してきた収益社債はたったの１銘柄である（アチソン・トピーカ鉄道の収益社債、利率４％、1995年満期)。ここでも理論と現実は大違いである。その理由は収益社債が主に企業再建策の一環として発行されるため、その発行会社はどうしても二流企業になってしまうということである。利払いも収益次第というその事実そのものが、その会社の収益が不安定であることを物語っている。優先株の配当も収益次第という点では同じだが、利払い額が収益水準によって左右されることはない。このように収益社債の信用格付けはその法的権利というよりは、発行会社の収益状況によって決まる。一般に担保付き社債の発行はできれば避けたいところだが、信用力の弱い企業としてはそうした債券に頼らざるを得ない事情がある。これから見ても、担保付き社債というものが無担保社債よりも安全ではないことが分かる。

## 増え続ける収益社債

将来的に見れば、収益社債は優先株よりも投資適格証券としての地位が高まるだろう。1930～33年の不況期に企業再建計画が相次いで発表され、それに伴って多くの収益社債が発行された。再建企業のなかにはその後の業績が急回復し、その収益社債が高い信用格付けを勝ち得た例もある（1895年に再建計画を発表したアチソン・トピーカ鉄道など）。一方、この事実を知っている人はあまりいないが、実は収益社債には優先株に比べて法人税が大幅に節約できるというメリットがある。このため、一部の強力な企業はこうした節税効果を狙って既発の優先株を収益社債に借り換えたり、または新規に収益社債を発行するところもある。また有価証券取引税を節減するために、証券の額面を意図的に低くする企業もある。こうした状況を見ると、将来的には確定利付き証券として収益社債がかなり流通すると予想される（アソシエーテッド・ガス・アンド・エレクトリックなどは会社側のオプションで優先株に転換できる「債券」を考案・発行し、債券利息の負担を負わないでこうした節減効果を図っている。こうした新種の債券に比べれば、収益社債という形態のほうがまだ投資家にとっては分かりやすいだろう)。

## 収益社債の安全余裕率

収益社債の安全余裕率の計算法は優先株のそれとほぼ同じである。ただし、各銘柄についての収益カバレッジの計算は一部の統計機関などが行っているようだが、こうしたことは避けたほうがよい。われわれが提案するのは、前章で検討した優先株の収益カバレッジを確定利付き証券としての収益社債にも適用しようというものである。

### 事例

次に示したミズーリ・カンザス・テキサス鉄道の1930年の損益計算書は、収益社債を含む同社のすべての上位証券の収益カバレッジを正しく計算する方法の一例である。そこではまた、鉄道会社の金融費用を計算した2つの方法(第12章で検討)をどのように収益社債や優先株にも適用したかが示されている。

**ミズーリ・カンザス・テキサス鉄道**(1930年、単位:1000ドル)

| | |
|---|---|
| 総収益 | 45,949 |
| 鉄道営業利益(税引後純利益) | 13,353 |
| 経常利益(貸借勘定調整後純利益+営業外収益) | 12,009 |
| 金融費用(支払利息+その他の費用) | 4,230 |
| 整理社債の支払利息に充当可能な利益 | 7,779 |
| 整理社債の支払利息 | 696 |
| 配当可能利益 | 7,083 |
| 支払優先配当 | 4,645 |
| 普通株の利益 | 2,438 |

税引後純利益が経常利益を上回っているため、純営業費用テストを適用している。

純営業費用＝税引後純利益－整理社債の支払利息に充当可能な利益

＝13,353千ドル－7,779千ドル

純営業費用＝5,574千ドル

（上に対する利益の倍率　13,353千ドル÷5,574千ドル＝2.40倍）

純営業費用＋整理社債の支払利息＝6,270千ドル

（上に対する利益の倍率　13,353千ドル÷6,270千ドル＝2.14倍）

純営業費用+整理社債の支払利息＋優先配当＝10,915千ドル

（上に対する利益の倍率　13,353千ドル÷10,915千ドル＝1.22倍）

ここで注意しなければならないのは、確定利付き債券の収益カバレッジを計算する場合、収益（整理）社債の支払利息は金融費用に含めてはならないということである。この点においては収益社債の地位はまさに優先株と同じである。このほか、同社の整理社債（利率５％）の支払利息に対する収益の倍率が11倍以上に達するという一部の統計機関の数字も完全な誤りである。

### 1931年初期の投資家にとって重要な上の表

ミズーリ・カンザス鉄道のこの1930年の数字は過去10年間の平均業績をわずかに下回るものであるが、これは同社の収益力をほぼ正確に表しているといってもよい。それによれば、優先株の収益カバレッジは投資適格の水準を明らかに下回っている。また、整理社債の支払利息のカバレッジも保守的な基準（純営業費用テスト）に照らしてもわれわれの求める最低基準の2.5倍に達していないため、この債券の購入はあまり勧められない。同社にとって1931～33年の大幅な業績の落

ち込みは予想外のことであり、それに対する事前の対策も講じていなかった。1932年には同社の債券も暴落したが、幸いにもその資本構成が保守的だった（普通株が大部分を占め、債券が少ない）ため、ほかの多くの鉄道会社のように支払い不能といった事態にはならなかった。事実、1932～33年も整理社債の利払いは一度も中断することはなかったのである。

## 上位の収益社債

一般の債券よりも上位にランクする収益社債もある。その代表的なものはアチソン・トピーカ鉄道の整理社債（利率４％）で、利率が同じく４％の無担保社債よりも常に高値で売買されている。セントルイス・サウスウエスタン鉄道の収益社債（利率４％）もそうした債券のひとつである（例外的なケースとしてはウォバッシュ鉄道の非累積的無担保収益社債［利率６％、1939年満期］があり、その利息は純利益から支払われる。無担保社債といわれながらも直接請求権という担保が付与されており、同社の借り換え債や一般担保付き社債よりも上位にある。しかし、非累積的利息は収益次第という条件が付いており、同社は1931年に破産管財下に置かれ、その翌年には下位の担保付き社債の利払いがデフォルトになったにもかかわらず、この収益社債の利息は1916～33年も中断することなく支払われていた）。この種の債券の理論的な地位については不確定な要素も多いが、その支払利息は金融費用の一部として取り扱うのが一般的な慣行になっている。

## 保証証券

保証証券にはその名が示すような特別の保証が付いているわけではない。経験の浅い投資家は「保証」という言葉が何か手厚い保護を意味すると考えてしまうが、実際には当然のことながら、その保証の度合いは保証人（会社）の財務力で決まってしまう。もし保証会社が何の資産も持たないと、その保証は完全に無価値である。ウォール街でもこうした保証の価値は過小に評価されている。実際、ほとんどの保証証券はその保証会社の無担保社債や優先株よりも安い値段をつけている。保証証券のこうした状況の一因は、1915年に起きたカナワ・ホッキング・コール事件にある。この事件は、カナワ債の保証会社であった鉄道会社が1901年に引き受けたその保証は自社の財務能力を超えているために無効であるとして、その責任を回避しようとしたものである。オハイオ州裁判所と連邦裁判所で争われたこの事件ではこの保証会社の全面的な敗訴となり、これを契機として保証証券の人気はガタ落ちとなった。それ以降20年たっても保証証券は１件も発行されていない（この事件については参考資料の注27を参照）。支払い能力のある会社が法的手続きを通じてその保証の責任を回避しようとしたこの事件は、われわれにとっても本当に納得できないものである（この種の参考事例については参考資料の注28を参照）。

## 保証証券の地位

もしある会社が他社の元利や配当の支払いを保証しているとき、この責任を履行できなくなったということは破産管財になったことを意味する。保証人（会社）に当該証券を保証できるだけの信用力があるかぎり、その保証証券は保証会社が発行する証券と同じランクにあり、また優先株よりは上位になる。一方、保証証券は保証会社の信用力とは別に発行会社自身の財務力や収益力でも信用格付けが決まる。そのような場合、保証会社の保証は信用格付けにプラスの要因として加わるが、その反対に保証会社の経営が苦しくても（発行会社の経営が安定していれば）それはマイナスの要因とはならない。

**事例**

ブルックリン・ユニオン鉄道の５％債はブルックリン・ハイツ鉄道によって保証されていたが、同社は1919年に破産管財人の管理下に入った。しかし、ブルックリン・ユニオン鉄道の親会社であるブルックリン・ラピッド・トランジット・システムの経営が安定していたことから、この債券は再建期間中もその価値が低下することはなかった。このほか、USインダストリアル・アルコールの優先配当もディスティリング・オブ・アメリカによって保証されていたが、ディスティリングはその後倒産してしまった。しかし、インダストリアル・アルコールは自社の利益から配当を続け、最終的には価格125でその優先株を償還した。

ある会社が全面的に保証している普通株や優先株は、その保証会社の経営が安定しているかぎり、債券と同じランクにある。しかし、もしその保証の価値がなくなれば、当然のことながらその株式の地位に悪影響を及ぼすだろうが、USインダストリアル・アルコールのような強い会社の株式にはそれほどの影響は出ない。強力な会社によって保証された他の会社の収益社債などにも同じことが言える（シカゴ・ミルウォーキー・セントポール鉄道によって保証されたシカゴ・テレホート鉄道の利率５％の収益社債など）。

## カギとなる保証の内容

その保証証券の価値を決める決定的な条件は保証の内容である。例えば、利払いだけの保証は元本の保証よりも弱くなる。

**事例１**

例えば、フィリピン鉄道の一番抵当付き社債（利率４％、1937年満期）についてフィリピン政府は利払いだけを保証していた。これによって、その利息は満期まで定期的に支払われることは確実であるが、元本の保証がないことから満期時の元本価格についてはかなり不確実である。つまり、業績が悪化して債券価格が暴落する恐れもある（1932年には16 1/2ドルまで売られたが、もし満期時にもこの債券にいくらかの価値が残っているとすれば、この価格は明らかに売られ過ぎである）。

**事例２**

アメリカン・テレグラフ・アンド・ケーブルの普通株については、ウエスタン・ユニオン・テレグラフが1882年からリース契約の終了する1932年の50年間にわたり、その５％の配当を保証していた。こうした長期にわたる配当の支払いが保証されていたことから、この株は1922年には70ドルまで買われた。しかしその後、このリース資産の事業価値が急低下したため、リース契約終了後には株価が急落すると見られていた。ところが1930年になって、ウエスタン・ユニオン・テレグラフはアメリカン・テレグラフの株式を約20ドルで買い取ることに同意した（慎重な投資家であれば、ウエスタン・ユニオンのアニュアル・レポートからこうした可能性を読み取ったであろう。実際にアメリカン・テレグラフの株価は1913年から下落傾向をたどり、1932年には推定価値の１株当たり10ドルまで下げるだろうと予想されていた）。

**事例３**

保証の内容が重要であることを示すもうひとつのケースは、プラット・アンド・ホイットニーの優先株（1928年に償還）であろう。その募集案内書によれば、その配当は親会社のナイルズ・ベメント・ポンドによって保証されていた。しかし、ナイルズは自社の優先配当を支払ったあとの利益に余裕があれば、プラットの未払配当を支払うとしていたのである。事実、プラットの優先配当は1924年11月から1926年

６月まで停止され、保証会社のナイルズにその未払配当を請求することはできなかった。こうした特別な条件が付いている場合には、それらの証券を購入する前に保証内容について十分に調査すべきである。

## 連帯保証

連帯保証とは複数の会社が同じ証券を連帯で保証するというもので、各保証会社は証券持ち分に比例した責任のみならず、ほかの保証会社がデフォルトしたときにはその分の責任も引き受けなければならない。換言すれば、各保証会社は当該証券について相互に全責任を有していることになる。その場合、保証会社は１社よりも複数の会社のほうが安全度が高いため、こうした連帯保証には特別な有利さがある。

こうした連帯保証が広く行われているのは、鉄道ターミナル会社の債券である。例えば、カンザスシティー・ターミナル鉄道の一番抵当付き社債（利率４％、1960年満期）には同社の施設を使用する12社（アチソン、アルトン、バーリントン、セントポール、グレイトウエスタン、ロックアイランド、カンザスシティーサザン、MKT、ミズーリパシフィック、フリスコ、ユニオンパシフィック、ワバッシュ）の鉄道会社の保証が付いていた。

これらの保証会社の信用力は路線区域の違いなどを反映してまちまちだったが、そのうちの少なくとも３社はカンザスシティー鉄道債を完全に保証できる十分な財務力を持っていた。一般には１社だけの保証力より、これら12社の総合的な保証力のほうが有利であると考えられる。実際にその後の価格の推移を見ると、各保証会社の代表的な債券と同じく安値をつけることもあったが、その債券の安全性が疑われたことは一度もなかったのである（これについては参考資料の注29を参照）。

## 連邦土地銀行の債券

こうした連帯保証付き債券の安全性とやや趣を異にするのが、農場抵当で担保された連邦土地銀行（Federal Land Bank）の債券である。このシステムは12行の連邦土地銀行のうち１行の債券を残りの11行が連帯で保証するというもので、各行の債券は実質的にこの銀行システム全体の債券ということになる。これらの銀行が設立されたのと時を同じくして、やはり債券を発行する共同株式土地銀行（Joint Stock Land Bank）が創設された。しかし、ここでは１行の債券を残りの株式土地銀行が共同で保証するというシステムはなかった（「共同」という名称から各銀行が連帯で１行の債券を保証すると思われるが、実際にはそうではない。このため投資家としては、これらの銀行の債券に連帯保証が付いているなどとけっして考えてはならない）。

これらの銀行はいずれも政府の管轄下にあり、そのどちらの債券も連邦税が免除されている。しかし、連邦土地銀行のすべての株式を当初は政府が保有していた（ただし、政府はその債券を保証していない）のに対し、共同株式土地銀行の株式は民間の保有となっている。

共同株式土地銀行が設立された当初、ほとんどの投資家は政府の監督と連邦税の免除をその債券の安全性を保証するものと見なしていた。このため、連邦土地銀行債の利回りよりわずか1/2％しか高くない共同株式銀行債を積極的に購入していた。無保証の共同株式銀行債と連帯保証の連邦土地銀行債を比較すると次のような特徴がある。

①農地抵当融資制度が完全に機能していれば、債券の保証は不要である。それぞれの債券は十分に保護されているからである。

②同制度が破綻すれば、債券の保証は無価値となる。すべての銀行が一斉に支払い不能となるからである。

③平常時には連帯保証は極めて有効である。それは特に地域的な環

境の悪化の影響を受けやすい農地抵当融資地域の債券について当てはまる。

農地抵当融資制度が前例のない新しいシステムであったという事実を考慮すれば、投資家としては最大限の安全余裕率を取るべきであった。連帯保証のない銀行債をわずか1/2％利回りが高いという理由だけで購入した投資家の判断は完全に間違いであった（1930～32年にデフォルトとなった共同株式銀行債の多くは破産価格または投機的な安値をつけた。これに対し、連邦土地銀行債のデフォルトはなく、相応の安値になってもまだ投資適格水準を維持していた。その理由は政府が連邦土地銀行の増資を引き受けたことに加え、政府の監督があったためである。これは連帯保証というものがいかに有利であるかを示すひとつの例である。なお多くの州のトラスト・ファンドにとって共同株式銀行債は適法投資となっており、保証の価値が低下した1932～33年でもまだ投資対象として認められていた）。

# 第17章

# 保証証券（続）

## 不動産抵当保証と不動産抵当債券

証券を保証する慣行は不動産抵当の分野で最も普及した。それらの保証は２つに大別される。そのひとつは不動産抵当や抵当証券を販売する会社の保証である。最近になって急速に広まったもうひとつの保証は、有料で偶発債務を引き受ける独立系保証会社の保証である。

不動産抵当保証というものは、不動産抵当という権利を環境の悪化などのリスクから保護するためのものである。当然のことながら、こうしたビジネスのシステムがすべて好循環しているかぎり、十分なプレミアムを取って保証を提供することは健全な保証ビジネスである。この保証システムがうまく機能する条件は次のようなものであろう。

①まず第一に、不動産抵当融資が慎重に行われること

②不動産抵当の保証会社は経営基盤のしっかりした大手企業で、不動産抵当の販売会社とは別の会社であり、また不動産以外の分野にも多角化していることが望ましい

③経済環境があまり大きく変動しない

1929年以降の不動産価格の暴落は、上記の③の条件を無効にしてしまった。この時期の不動産抵当保証の状況が将来の事態を予想する手掛かりにはならないかもしれないが、その特徴について検討することはそれなりの価値があるだろう。

### 保証ビジネスの経緯

まず第一に指摘しなければならないのは、不動産抵当保証のビジネスは1924年ころまでは慎重に運営されていたが、それ以降はかなりの手抜きが行われるようになったということである。そして、この時期こそがまさにこのビジネスが金融分野で最も重要な役割を果たした時期でもあった。

不動産抵当を保証するニューヨークの大手企業のビジネス手法を調べると、長年にわたりこのビジネスが慎重に運営されてきたことが分かる。各不動産抵当の保証額はその実質価値の60％以内に抑えられているのをはじめ、査定は慎重に行われ、またひとつの大規模な抵当の保証は回避されていた。さらに、立地上のリスクも適切に分散化されていた。しかしその後に不動産抵当の保証会社がその販売会社となり、また他分野への業務の分散化も行われなくなった。しかも不動産抵当の保証がその販売から３～５年に限られていたため、保証の満期が同時に重なるという不都合さもあった。しかしたとえそうした欠点があったにしても、このビジネスが慎重に運営されていたので、1908年と1921年の深刻な不動産不況は何とか乗り切れたのである。

### 新しいビジネス手法の登場

その後の新しい建設ブームの到来で不動産抵当分野は活況に沸き、不動産抵当の保証ビジネスも新たな段階を迎えた。新しい人々、新しい資本そして新しいビジネス手法が続々とこの分野にも登場してきた。長年にわたり地道にこの商売に従事してきた地元の中小企業がいきなり全国規模の巨大なプロジェクトを手がけ、大企業にのし上がった。そうした大成功の話を聞かされた一般投資家も、その会社の規模、商法そして販売員の手口などはあまり考えずに取引先をそれらの会社に乗り換えていった。われわれが先に指摘したように、この時期の不動産金融は極めて無謀で危険なものであり、不動産抵当もその保証もまったく当てにならなくなったのである。保証会社は不動産抵当や抵当債券の発行会社の単なる子会社であった。こうしてバブルがはじけると、不動産そのものの価値、不動産抵当債券とその販売会社、そしてその保証会社もすべて総崩れとなったのである。

## 激しい競争による悪影響

不動産抵当債券の激しい販売攻勢をかける新興企業は、在来の企業の堅実な商法にさまざまな悪影響を及ぼした。そのひとつは、競争の激化で販売の基準が次第に甘くなっていったことである。新しい不動産抵当がほぼ無条件で販売される一方、満期を迎えた古い抵当はそれを上回る新規抵当に乗り換えられた。保証抵当額も保証会社の資本金の何倍にも達したことから、不動産価値が下落すればその保証が無価値になるのは当然であった。

1931年に不動産相場が暴落したとき、真っ先に崩れたのは新興の不動産抵当債券の販売会社とその保証子会社であった。そして長引く不況の影響で、伝統的な会社も次々と消滅していった。ここにきてようやく不動産抵当や抵当証券の保有者もそうした保証は単に名ばかりであり、その価値は担保不動産の価値に全面的に依存していたことを知ったのである。多くの場合、不動産抵当の保証額は各社の許容範囲の限度をはるかに超えていた。例えば８年前の条件を1932年に適用すれば、販売できる不動産抵当や抵当証券はあまりにもわずかなものであった。

## 独立系保証会社

1924～30年には従来の独立系信用保証会社も、不動産抵当の保証分野に参入してきた。一見するとこうした会社は極めて健全にビジネスを行うと考えられるだろう。大きな財務力と豊富な経験を有するこれらの独立系保証会社は、その当時広く行われていた悪徳商法に対して真っ向から立ち向かうと見られていた。しかし、現実はまったく別であった。これら独立系保証会社が不動産抵当債券を保証したのは崩壊直前までの極めて短い期間に限られていたうえ、重大な判断ミスを避けるにはあまりにも楽観的すぎたのである。その結果、これらの保証会社が被った損失はかなり大きく、破産に追い込まれる会社も相次いだ。

## 将来の見通し

不動産市場が平常を取り戻せば、一般投資家向け不動産抵当債券の販売も再開され、その保証ビジネスもまた息を吹き返すだろう。そうなれば、独立系保証会社の保証も再び健全なものになるはずだ。しかし、これらの独立系保証会社の痛手はあまりにも大きいため、不動産抵当保証分野から撤退する企業も少なくないだろう。そうすれば、不動産抵当・抵当証券の販売会社がそれらを保証するという同じ道を再びたどる可能性もある。そうなれば、これら不動産抵当・抵当証券の購入者はまず第一にそれらの販売会社の信用度を十分にチェックしなければならない。

## リース権による保証

ある会社が発行証券の利息や配当費用を賄うために、一定料金で自社の設備を賃貸するケースも珍しくない。一般にこうしたリース権にはそれらの利息・配当の相当額を支払うという賃借会社の保証が付いており、保証証券の多くもこうした形をとっている（例えば、ピッツバーグ・フォートウエイン鉄道はペンシルベニア鉄道に999年契約で施設を賃貸し、優先株と普通株の７％配当に相当する賃貸料を受け取っていた。ペンシルベニア鉄道はこれらの配当支払いを保証していた）。しかし、そうした明確な保証がない場合でも、一定の賃借料を支払うというリース契約は賃貸会社の証券を保証することを意味する。

### 事例

こうしたひとつの例として、ウエストベーコ・クローリン・プロダクツが1927年に発行した5 1/2％債（1937年満期）のケースを見てみよう。同社は製品をユニオン・カーバイドの子会社に販売することになったが、その条件にユニオン・カーバイドはこの債券の元利相当額の支払いを保証した。これは強力な企業であるユニオン・カーバイドが実質的にウエストベーコ債の元利払いを保証したことになる。こうした確かな保証を背景に同債券の償還もスムーズに進んだことから、1932～33年も99ドルを割り込むことはなかった。これに対し、ウエストベーコの普通株は1929年の116 1/2ドルから1932年にはわずか３ドルに暴落したのである。

もうひとつの興味あるケースは、タバコ・プロダクツ・オブ・ニュージャージーの6 1/2％債（2022年満期）であろう。同社はその施設を2022年までの99年契約でアメリカン・タバコに賃貸し、年間250万ドルの賃貸料を受け取っていた。アメリカン・タバコは減債基金の積み立てによって、この債券の満期償還と支払利息を賄う十分な資金を

| 銘柄 | 1931～33年 | | | |
|---|---|---|---|---|
| | 安値 | 利回り（%） | 高値 | 利回り（%） |
| タバコ・プロダクツ債（利率6 1/2%） | 73 | 8.90 | 102½ | 6.34 |
| アメリカン・タバコの優先株（配当6%） | 95¼ | 6.30 | 120 | 5.00 |

持っていた。このリース契約に何ら問題がなければ、タバコ・プロダクツのこの債券は実質的にはアメリカン・タバコの債務と考えられる。しかし、この保証債務は同社の優先株よりも上位にランクされるため、その優先配当は金融費用として取り扱うことはできなくなる。この債券が発行された1931年の時点では一般投資家はこうした方式にあまり馴染みがなかったため、アメリカン・タバコの優先株はタバコ・プロダクツ債よりも常に高値をつけていた。

## 過小評価される保証証券

保証証券は保証会社の証券と比べて過小評価されることが少なくない。そのひとつの好例はサンアントニオ・アランサス鉄道の一番抵当付き社債（利率４％、1943年満期）で、その元利をサザン・パシフィックが保証していた。同社債には担保と保証も付いていたが、サザン・パシフィックの無担保社債よりも常に安値で売買されていた（アーサー・Ｓ・デューイングは『企業の財務政策』［ニューヨーク、1926年］のなかで、保証社債について次のように述べている。「持ち株会社や親会社はただ戦略的な理由だけで、不採算子会社が発行した債券の利息や賃借料を肩代わりしていることがよくある。保証会社の信用力が発行会社の信用力よりも大きいときには、発行会社の収益力が保証会社によって直接カバーされているケースもよく見られる。しかし、そうした状況は保証証券の基本的なあり方を歪曲しているように思われる。サザン・パシフィックがサンアントニオ鉄道債の元利払いを保証しているのは、保証会社の信用がその発行会社の信用よりはるかに大きいからである。そうした保証付き社債の保有者は発行会社と保証会社の両方に自らの権利を主張できるのである」)。

**事例**

次の表は価格の好対照を示すケースとして、バーンハート・ブラザーズの優先株（アメリカン・タイプ・ファウンダーズがその元利を保証）と保証会社（アメリカン・タイプ）の優先株、ヒュイラーズ・オブ・デラウェアの優先株（シュルテ・リテール・ストアーズが配当を保証）と保証会社（シュルテ・リテール）の優先株、およびアーマー・オブ・デラウェアの保証付き優先株とその保証会社のアーマー・オブ・イリノイの優先株――などを比較したものである。

保証証券と保証会社の証券のこうした価格差を見ると、安全性を維持しながら低利回り証券から高利回り証券へ、また利回りを減らさずに不利な証券から有利な証券へ乗り換えてキャピタルゲインを稼ぐこともできるだろう（参考資料の注30では、ニューヨーク・ハーレム鉄道とニューヨーク・セントラル鉄道とのリース契約をめぐる興味ある事実を紹介している）。

## 賃借債務の取り扱い

債券のインタレスト・カバレッジを計算する場合は、その会社の金融費用に支払利息と同等のあらゆる債務を含めるべきである。この問題は鉄道会社の金融費用を計算した先の章で検討し、また公益事業債

**保証証券と保証会社の証券**

| 銘柄 | 期日 | 価格 | 利回り(%) |
|---|---|---|---|
| サンアントニオ・アランサス鉄道の一番抵当付き債(利率4%、1943年満期、保証付き) | 1920/1/2 | 56¼ | 8.30 |
| サザン・パシフィック鉄道の無担保社債(4%、1929年) | 1920/1/2 | 81 | 6.86 |
| バーンハート・ブラザースの第一優先株(配当7%、保証付き) | 1923年の安値 | 90 | 7.78 |
| バーンハート・ブラザーズの第二優先株(7%、保証付き) | 1923年の安値 | 80 | 8.75 |
| アメリカン・タイプ・ファウンダーズの優先株(7%) | 1923年の安値 | 95 | 7.37 |
| ヒュイラーズ・オブ・デラウェアの優先株(7%、保証付き) | 1928/4/11 | 102½ | 6.83 |
| シュルテ・リテール・ストアーズの優先株(8%) | 1928/4/11 | 129 | 6.20 |
| アーマー・オブ・デラウェアの優先株(7%、保証付き) | 1925/2/13 | 95⅛ | 7.36 |
| アーマー・オブ・イリノイの優先株(7%) | 1925/2/13 | 92⅞ | 7.54 |

のところでも言及した。これらの産業の債券についてはインタレスト・カバレッジの計算もそれほど難しくはないが、一部の工業会社についてはリース料や保証費用の取り扱いにはかなり紛らわしい要素がある。特に小売会社や劇場会社についてはそうであり、建物の賃借料やその他の債務が業績を大きく左右することもある。建物には自社所有物と賃借料を債券発行で賄うケースがあり、その場合それらの費用はバランスシートと損益計算書の両方に記載される。しかし、ほかの会社が長期のリース契約で同じ建物を賃借しているような場合、それぞれの賃借料を個別に計算してバランスシートや損益計算書に計上することが難しいケースもある。とりわけ、長期のリース契約で建物を賃借している会社が先の賃借会社よりも財務的には安全だが、その債

務が開示されていないような場合には、両社が同じ負担を負うことになる。逆に言えば、抵当権の付いていない土地・建物を自前で所有している会社は長期のリース契約でそれを賃借している会社よりも有利な立場にあるが、そうした利点を資本構成に反映させていない会社もかなりある。

**事例**

その好例として、インターステート・デパートメント・ストアーズとアウトレットの優先株を比較してみよう。1929年の両社の業績はほぼ似たようなもので、その収益カバレッジもほぼ同じで、両社ともに既発債や抵当債務を持っていなかった。しかし、インターステートが土地・建物のほとんどを賃借していたのに対し、アウトレットはそのすべてを自社で所有していたため、同社の優位性は明らかである。こうした事実は、優先株を持たないアウトレットの債券がインターステートの優先株よりかなり高値にあったことにも反映されている。チェーンストアの分野でも同じケースが見られ、例えば店舗資産の半分以上を自社所有していたＳ・Ｈ・クレスの1932年の優先株は、ほぼすべての店舗を賃借していたＪ・Ｃ・ペニーの優先株より高値を維持していた。

## 賃借債務の重圧

長期契約に基づく賃借債務は証券市場の世界ではあまり注目されなかったが、1931～32年になってにわかに脚光を浴びるようになった。というのは、それまでのブーム期に膨らんできた多額の賃借債務の重みが多くの商品販売会社の限度にまで達したからである。

こうした賃借債務が投資適格証券に及ぼした例を、ユナイテッド・シガー・ストアーズの優先株に見ることができる。同社の優先株は長期にわたり安定証券の代名詞として扱われ、常にそれなりの高値を維持してきた。1928年の収益は優先配当の約７倍に上り、債券債務も持っていなかった。しかし、長期のリース契約に基づく賃借債務の重荷が一挙に業績を圧迫して同社は1932年に倒産、その優先株は紙くずとなった。

### 分析を複雑にする賃借債務

過大な賃借債務を持つ企業については、その債券や優先株の分析はかなり複雑になる。ただ残念なことに、そうした企業を包括的に調査する適切な方法は今のところ存在しないが、投資家としては特に工業会社のリース契約による賃借債務については常に目を光らせておく必要がある。とはいっても、自社所有の建物を持ちながら多くの債券債務を抱える企業と、債券債務はないが建物を賃借しているような企業ははたしてどちらが安全なのであろうか。しかし、両社を比較分析するような方法が存在しないため、投資家としては個別のケースごとにできるだけ詳しく調査しなければならない。もし問題の債務がそれほど大きなものでなければ（普通の製造会社がビルのフロアを賃借しているような場合)、それほど詳しく分析する必要はないだろう。しかし、リース契約に伴う隠れ債務がかなりの水準に上るような企業については、そうした証券は避けて複雑な債務のない別の会社の証券を選択するのが賢明であろう（例えばロウズの無担保社債［利率６％、1941年満期］は十分に保護されていると見られるが、同社の賃借債務が公表されていないのでこうした証券を推奨することはできない)。

## 子会社の債券

強力な会社の傘下にある子会社の債券は、親会社がすべてのグループ子会社の債務の面倒を見てくれるという論理に照らせば、一般には十分に保護されていると考えられる。こうした考えは連結損益計算書のベースとなっており、そこではすべての子会社の支払利息は親会社の優先株や普通株に優先して連結収益から控除される。しかし、もし契約上は親会社には子会社の債券利払いの責任がないとすれば（保証・リースまたは直接的な債務の肩代わりを問わず）、そのような連結決算は大きな問題を起こす原因となるだろう。例えば、ある子会社の業績が低迷状態から抜け出せないような場合、親会社がそうした企業への支援をストップしてその支払利息も肩代わりしてくれなくなると、その負担はその子会社の債券所有者が担わなければならない。こうした事態はそれほど頻繁に見られるものではないが、1932～33年のユナイテッド・ドラッグの５％債（1953年満期）などはその典型的なケースであろう。

**事例**

ユナイテッド・ドラッグはドラッグの主力子会社で、ドラッグは主に特許薬とその他の医薬品で大きな利益を上げ、大幅な配当を実施していた。1932年のドラッグの連結損益計算書によれば、その利益はユナイテッド・ドラッグの５％債の支払利息の10倍に達し、さらに増益基調が続いていた。このため、ユナイテッド・ドラッグ債にはドラッグの保証が付いていなかったものの、投資家は連結決算が好調なことからこの債券の安全性を疑うことはなかった。一方、ユナイテッド・ドラッグは多くのドラッグストアを運営するルイス・K・リゲットの株式、資産および事業施設を保有していたが、リゲットは重い賃借債務を抱えていた。

1932年９月にリゲットは地権者に対して、賃借料を値下げしなければ倒産に追い込まれると通告した。この事態によって投資家は初めて、業績の好調なドラッグが間接子会社であるリゲットの債務を保証していないこと、さらにはユナイテッド・ドラッグの５％債の利払いも保証されていないことを知ったのである。これを受けて、この５％債は年初の93ドルから42ドルに急落した。この安値での時価総額は1700万ドルと、額面総額の4000万ドルを大きく下回ったが、親会社であるドラッグの株式の時価総額は依然として１億ドル（発行株数は350万株、株価は約30ドル）を割り込むことはなかった。

一方、ニューアムステルダム・ガスの一番抵当付き社債（利率５％、1948年満期）も1914～21年に同じような経緯をたどった。同社がコンソリデーテッド・ガスの子会社であることから、この社債は投資家から高い評価を受け、長年にわたり額面近辺で売買されていた。しかし、一般投資家はこの社債には親会社の保証が付いていないこと、さらにはニューアムステルダム・ガスは自らの支払利息を賄えるほどの利益も上げていないという事実を知らなかった。1920～21年の不況時になってようやくこうした事実が知られた結果、同社債は58ドルに急落した。

このほか、パブリック・サービス・オブ・ニュージャージーの子会社であるコンソリデーテッド・トラクションは大手企業ながら収益は低迷し、その一番抵当付き社債（利率５％）には親会社の保証は付いていなかった。このため、多くの投資家は1933年の満期時に親会社が提示した65ドルという償還価格を受け入れざるを得なかった。

## 子会社の債券を購入するときの注意点

以上の例は、投資家が強力な会社の保証を過小に評価する傾向があるということと正反対のケースであり、ある会社が別の会社によって支配されているという事実をあまりにも重視し過ぎた誤りである。確定利付き証券への投資という観点から見て、重視すべきこととそうでないことを厳密に区別する必要がある。これらの事例が示すように、もし親会社が子会社の支払利息の直接的な責任を担っていない場合には、親会社の業績だけを見てその子会社の債券を購入することはかなり危険である。債券を購入するときには、その発行会社自身の業績に照らして決定すべきである（しかし実際問題として、親会社が子会社を完全に支配している場合には、そうした義務がなくても子会社の債券を保護するのが普通である。しかしたとえそうであるにしても、そうした債券の購入が正当化されるのは［元本の大幅な値上がりが見込めるという］投機的な価格での買いだけに限られ、通常の投資適格水準でそうした債券を購入するのは危険である。具体的に言えば、ユナイテッド・ドラッグの５％債の45ドルという価格は投機的な価格としては魅力的だが、93ドルともなればそれは投資不適格な水準である）。

以上のケースを第13章の検討結果（親会社の単独決算ではなくて、連結決算を重視する）と比較すると、次のような結論が得られるだろう。すなわち、持ち株会社の債券を購入する投資家は子会社の支払利息（保証の有無を問わず）を優先費用として扱う連結損益計算書を重視すべきである。しかし、保証の付いていない子会社の債券を購入するときには、そうした連結決算を安全性の基準としてはならず、あくまでも投資先であるその子会社自身の業績だけを見ることである。

# 第 18 章

# 保護条項と証券保有者の救済策

われわれは以下の第18～20章で、債券・優先株保有者の権利を不利な事態から保護するための規定、および当該会社の義務の不履行に伴う投資家の救済策などについて検討する。本書全体を通じてそうであるように、ここにおける目的とは、ほかで容易に入手できる情報を読者に伝えることではない。そうではなく、一般的慣行に批判的観点から検討を加え、そこに証券保有者全般の利益向上の可能性を見いだすのがその目的である。

## 上位証券の信託証書と定款

証券発行会社とその証券の保有者が合意する契約の内容は「信託証書」と呼ばれる文書に示されている。また、優先株保有者の権利などが記載されている同種の文書は「定款」と呼ばれる。これらの文書には上位証券保有者に不利になるような会社側の行為を禁じ、またそうした事態が起きた場合の救済策を明記した規定が盛り込まれている。そうした規定に示された証券保有者の不利な事態とは次のようなものであろう。

①債券の場合

a．元利や減債基金の未払い・積み立ての不履行

b．その他の債務返済のデフォルト、または破産管財人の管理下に入ること

c．上位の担保付き社債の新規発行

d．転換権（または新株引受権）の行使による旧証券の希薄化

②優先株の場合

a．一定期間の（累積的）優先配当の未払い

b．債券または上位株式の発行

c．転換権（または新株引受権）の行使による旧株式の希薄化

こうした事態を防止するため、工業会社のなかには既発債の一定率に相当する運転資本の維持を義務づけている会社もある。債券保有者の不利な事態のケースは、上記の①ａ～ｂがその大半を占める。こうした事態は「不履行事由」などと呼ばれ、証券の受託会社に対して満期日以前に元本の返還を求めることができる。信託証書に明記されるこの種の規定は「期限の利益喪失条項」と呼ばれる。その目的は、債券保有者が他の債権者に先立って自らの債権の全額を確保することにある。

## 矛盾する債券保有者の法的権利

しかし、こうした規定を批判的に検討すると、債券保有者の法的権利のさまざまな矛盾に直面する。破産管財という言葉はウォール街ではタブーとなっており、一般にそうした事態になった場合には、その債券を含む当該会社のすべての証券の価格は暴落する。既述したように、デフォルトとなった債券の評価額は支払い能力のある会社の無配の優先株よりも低くなる。

そのような事態になった場合に債券保有者が当該会社に元利の返還を請求することができないとすれば、それに代わるどのような手段があるのだろうか。そうした場合の債券保有者の唯一の法的権利はその会社を破産させることだが、そんなことをしても自分には何のメリットもないだろう。かといって元利が支払われない場合に、債券保有者がその支払日の延期を認め、その会社を裁判所に訴えないことがはたして自らの利益になるのだろうか。

こうした問題を検討するときに、債券保有者の法的権利は他の債権者よりも有利であるが、その範囲は限られるということを知っていなければならない。現在の一般的な慣行では、債券保有者は自分を含むすべての当事者を裁判に引き込むことはできるが、自らの正当な請求権を迅速に実行する権利は持っていない。つまり債券保有者は24時間以内に破産管財人を選任することはできても、自分の投資金を５年以内に取り戻すことはできないのである（例えば、ウィックワイアー・スペンサー・スチールの破産管財人は1927年に選任されたが、1933年末になってもまだ破産管財業務は終了しておらず、この間は一番抵当付き社債の保有者も何の支払いも受けられなかった）。一般には複雑な利害の対立が起きるため、そうした長期の事態は避けられない。また、その会社の資産を速やかに売却しようとすればかなり安い値段を余儀なくされるであろうし、さらに下位証券の保有者を不公平な立場に追いやることになるため、株式保有者の利益やその会社に対する持ち分を保護するうえでも、破産管財の手続きが長期化することは避けられないだろう。

一方、株式保有者はこうした上位証券の債権者から自分を保護する権利があるのか、またはその会社の剰余利益に対する請求権を放棄せざるを得ないのか――といった問題も併せて検討すべきであろう。しかし、株式保有者がそのどちらの手段を選択しようとも、現在の法的手続きは債券保有者と株式保有者のどちらにとっても有利なものとはならない。一般にデフォルトという事態になれば、その株式は紙くずになるか、または債券の元本の償還も保証されないといったケースが圧倒的である。

## デフォルト会社の証券

一般にデフォルト会社の証券は適正価額よりも安くなってしまうか、またはその債券と株式の価格には非論理的な格差が生まれるかのどちらかである。

### 事例

フィスク・ラバーの証券は前者の典型的なケースであり、また1933年９月のスチュードベーカーの証券は後者の好例である。

**フィスク・ラバー証券の時価**（1932/4）

| | |
|---|---|
| 発行額7,600,000ドルの一番抵当付き債（利率８％、価格16） | 1,200,000ドル |
| 発行額8,200,000ドルの無担保社債（利率5 1/2%、価格11） | 900,000ドル |
| 株式発行額 | かなり少額 |
| 時価総額 | 2,100,000ドル |

**フィスク・ラバーのバランスシート**（1932/6/30現在）

| | |
|---|---|
| 現金 | 7,687,000ドル |
| 売掛金（－引当金1,425,000ドル） | 4,838,000ドル |
| 棚卸資産（原価、時価の低いほうで換算） | 3,216,000ドル |
| | 15,741,000ドル |
| 買掛金 | 363,000ドル |
| 正味流動資産 | 15,378,000ドル |
| 固定資産（－減価償却費8,400,000ドル） | 23,350,000ドル |

同社の発行済み証券の時価総額は保有現金の1/3にも満たず、また固定資産を含めない正味流動資産のわずか1/7にすぎない（フィスク・ラバーの８％債はその後に100近辺まで値を戻し、また5 1/2％債も70以上になった）。

**スチュードベーカー（1933/9現在）**

| 証券 | 額面総額（ドル） | 時価 | 時価総額（ドル） |
|---|---|---|---|
| 満期10年の6％債など | 22,000,000 | 40 | 8,800,000 |
| 優先株 | 5,800,000 | 27 | 1,500,000 |
| 普通株（株数） | 2,464,000 | 6 | 14,700,000 |
| 優先株と普通株の時価総額 | | | 16,200,000 |

40ドルで売買されている同社の債券は、株式保有者に優先してその全額を即座に返還される権利があるが、それにもかかわらず株式の時価総額は債券のそれを依然として大きく上回っている。

## 債券保有者による法的権利の実行

長期にわたるうえ、多額の経費がかかる通常の破産管財手続きに代わって、少しでも有利に債券保有者を保護する手段があってしかるべきであろう。しかし現実的には、そのどちらか一方（長期にわたる管財手続き、多額の経費）の選択ということになるが、債券保有者が自らの法的権利を厳しく実行することは可能である。これは一般的な事業上の破産手続きに似ており、その目的は清算または再建いずれかの方法によって債権者の利益を迅速に確保することにある。この場合には株式保有者は、会社の全債務を返済するための短い資金調達の期間を除いてその立場を主張する機会はない。債務返済に充てる資金をどのように調達するかはひとえに破産管財人の手腕や高い値段で資産を買ってくれる人の有無にかかっている。

もしもこうした手続きが順調に進むならば、債券保有者は資産に対する優先請求権を無条件に行使することで、比較的短い期間に投資金を回収できるだろう。こうしたことが可能であればこそ、フィスク・ラバーの債券が大きく値を戻すこともあったのである。こうした方法によれば、債権者は流動資産を換金して自分の持ち分に見合った資金を短期間内に回収することもできる。またこうした方法が一般的になれば、スチュードベーカーの証券が変則的な価格をつけることもなかったであろう。もしも６％債の元利が比較的短期間に支払われなかったならば、その株式の価値もなくなったのは明らかであるからだ。

## 破産管財に代わる自主再建

企業再建のもうひとつの方法は、煩雑で経費のかかる裁判所による破産手続きの代わりに自主再建を試みることである。もしも再建企業が債権者から何らかの合意を取り付けることができれば、破産管財人の管理下に入ることは回避できるだろう。清算手続きによって相応の資金を回収する見込みがあまりないときなどは、債券保有者にとってこうした方法のメリットはかなり大きい。もしもその会社が継続企業としての価値を維持できるならば、破産管財に伴うさまざまな問題を抱える代わりに、債権者が自主的にそれぞれの権利を調整することもできる。そのような場合には、その会社の所有権を握る大口債権者から譲歩を引き出すとともに、裁判所による破産管財からその会社を守ることのメリットを株式保有者にどのように分からせるかが成否のカギとなる。

**事例**

ラジオ・キース・オーフィウムは1931年末に既発債の償還資金を緊急に必要としていたが、通常の方法では調達が不可能だった。このため株主は自らの持ち分の75％の権利を放棄するとともに、既発債の買い戻し資金1160万ドルの提供者にそれをボーナスとして支給する計画案に同意した（しかし、同社はその後も大幅な赤字が続き、結局はその１年後に倒産した）。

一方、フォックス・フィルムは同じような資本再構成計画を実施した。株主は持ち分の80％以上の権利を放棄し、それを約4000万ドルの５年債と交換することに同意した。

1933年に終了したカンザスシティー・パブリック・サービスの再建計画では、平年より少ない収益年の金融費用を削減することが大きな課題だった。このため、1933～36年の４年間には一番抵当付き社債の利率が６％から３％に引き下げられたが、1937～38年には再び６％に戻され、さらに1939～51年には７％に引き上げられた。その結果、それまでに未払いとなっていた利息損失分は完全に埋め合わされた。それに加え、収益からの大幅な減債基金の積み増しで同債券を消却していったため、その価格は次第に回復していった。

同社の債券保有者が6%の利息にこだわらず、一時的な利率の引き下げを受け入れて破産管財人の管理下に入ることを回避したのは賢明だった。しかし、株式保有者は一定の譲歩をしただけで、債券より下位にある自分の持ち分を放棄することはなかった。こうした場合には株主も一定の犠牲を払うことが当然であると考えられるだろうが、債券保有者から見て株式の市場価値が微々たるものであったため、そうした問題が大きくならなかったのであろう。しかし、債券保有者が自らの権利の一部を放棄すれば、株式保有者もそれなりの犠牲を払うというのが一般的なケースである（インダストリアル・オフィス・ビルディングの1932～33年の再建策では、株主には何の犠牲も負わせることなく一番抵当付き社債を収益社債に転換することに成功した。その詳細については参考資料の注31を参照のこと）。

## 新しい破産法による変化

自主再建と破産管財の中間的な性質を持つ新しい破産法案が1933年に議会を通過し、1934年から施行された。それによれば、デフォルトに陥った企業は発行証券の66 2/3%の保有者の同意を取り付けた再建計画を提出し、それが裁判所と州際商業委員会（鉄道・公益事業会社の場合は公益事業委員会）から承認されれば再建の道が開かれる。この新しい破産法の目的は、できるかぎり破産管財、担保権の実行、再建案に同意しない証券保有者の有利な処遇、通常の企業再建に伴う長期の手続きと高い経費——などを避けることにある。一方、ニューヨーク州議会を通過したシャクノ法にも不動産抵当債券などについて同じような手続きが盛り込まれている（本書を執筆中に裁判所からシャクノ法の合法性が認められた）。この新しい破産法の施行によって、自主再建の大きな障害になっていた小口の証券保有者の反対という厄介な問題についても有効に対処できるだろう（しかし、企業再建の途上において一部の債権者が提示された清算価格を受け入れなかった場合、その権利を全面的に無視することはやはり現実には不可能である)。

## 債券受託会社の現状

債券受託会社の役割と行動を改善することが急務となっている。現在の慣行の下では、こうした役割を担う信託会社はその本来の意味からはけっして受託者と呼ぶことはできず、むしろ「債券保有者の代理人」になっている。債券受託会社のほとんどは自らの意志で行動することはなく、債券保有者が要請した（または損害賠償を求めた）ときしか行動を起こさない。信託証書には受託者の義務は明示されていないが、受託者の免責と損害賠償については明記されている。このため、信託受益者の利益を守るには適切な判断力と率先した行動が必要である。

一般に債券受託会社は良心的で日常業務も労を惜しまずに遂行し、また債券保有者を保護しようという熱意を持っていると考えられる。しかし、現在のその行動は積極的な行動とはとても言えたものではない。つまり責任を持って何かをやるというよりは、何もやらないよりはやったほうがよいといった程度のものである。このため受託会社に率先した行動を求めても、それが実現することはほとんどない。というのは、受託会社が行動しないのはそれによって債券保有者に損失が出ることよりも、行動を起こしてあとになってその結果を非難されるのが怖いからである。一般に債券保有者が自らの権利を行使してほしいときには、信託証書に記載されている受託会社に文書で要求するからである。

### 投資信託分野の実例

投資信託の分野を見ると、受託会社が率先して行動しないために、債券保有者の保護というものがいかになおざりになっているのかには驚くばかりである。例えば、フィナンシャル・インベスティングは2件の証券担保付き社債（利率はともに５％、1932年と1940年満期）を発行したが、それには厳しい基準に従って分散投資された上場証券の担保が付いていた。そしてその証券の受託会社は発行済み証券の時価総額の少なくとも120％の担保率を維持することを確約していた。受託会社に義務づけられた条件は、①その担保率が低下した場合には発行会社に報告する、②30日以内にその不足率を解消できないときは元本を返還する、③その場合には担保証券を売却して売却益を元利の支払いに充てる――というものであった。

こうした誓約条項は、銀行が有価証券の担保貸付を行うときと同じような保証を債券保有者にも与えている。もしも借入人の保証していた担保率が一定率よりも低下した場合、銀行はその担保有価証券を売却することもできる。両者の唯一の違いは、低下した担保率を回復するため債券信託証書に記載された30日という猶予期間だけである。

しかし、フィナンシャル・インベスティングのその証券担保付き社債は当時の銀行による担保融資の条件とはまったく異なるものであった。1931年10月に担保率が20％以下に下がったため、受託会社は同社にこの「不履行事由」について報告した。担保率は30日経っても解消されなかったが、担保証券は売却されなかった。1932年８月にこの社債は20ドルまで下落した。10月にはそのうちの１件の社債が満期となったが、元本は償還されなかった。ここにいたって初めて担保証券が売却されたが、その期日は「追い証」から15カ月後の1933年１月のことであった。結局、その債券保有者が最終的に受け取った金額は約65ドルだった。

## こうした事態の原因

このケースからは、信託証書に記載された契約上の保証と現実（債券保有者の大きな損失、長い不安な日々、その間の価格下落の恐怖）の間には大きな隔たりがあることが分かる。その大きな原因は証券受託会社の怠慢と不注意にあるように見えるが、本当の原因は受託会社の行動が債券受託の古い原則でがんじがらめになっていることである。つまり、「債券保有者が信託証書の条項に従って要請してこなければ、批判のタネになるようなことは絶対にするな」という行動原理が慣行になっていたのである。フィナンシャル・インベスティングの場合も、通常の損害賠償の場合と同じく既発債の30％の保有者から文書による要請がないかぎり受託会社は動かなかった。受託会社としては、自らの意志で担保証券を即座に売却することをためらっていたに違いない。あとで市況が回復して債券保有者から何でそんなことをしたのかと詰め寄られかねないからである。または別の理由で、一部の債券保有者が額面以下の価格で担保証券を売却することに反対したのかもしれない。

信託証書の保護規定が実施されなかった原因を推測するのはそれほど難しいことではない。もしも保護規定を履行できない正当な根拠があるとすれば、こうした保証規定を信託証書に盛り込む理由がなくなってしまうだろう。われわれの分析によれば、その原因は次のようなものであると考えられる。

①信託証書の保護規定を実施する確立された手続きがなかった。

②債券保有者の側にも自らの保護に向けた自主的な行動力がなかった。

③受託会社が率先して債券保有者を保護する代わりに、逆に保有者の指示がなければ動かないという受託制度そのものに問題がある。

## おざなりのことしかしない受託会社

受託会社が債券保有者に代わって積極的な行動を起こせない原因は、

形式的な活動しかできないほどの安い報酬にあるという見方もある。われわれの考えによれば、こうした見方はナンセンスである。すべてが順調にいっているときに、形式的なサービスだけを提供するだけならばそれはたしかに高い報酬とはいえないだろう。しかし、まさに不履行事由が発生したときに率先して行動し、それに見合う正当な報酬を要求することにだれが反対するというのだろうか。破産管財の手続きにおいて受託会社が裁判所から受け取る報酬はそれなりのもので、機械的な日常業務の報酬に比べれば相当な金額である。ただし、そうした手続き業務は「保護委員会（Protective Committee）」の作業と重複している部分も多く、また顧問弁護士も相当な報酬をもらって関連業務を進めている。

## 保護委員会の問題点

現在の慣行の下では受託会社と並行して、保護委員会も独自の再建活動を展開しているが、同委員会の活動には報酬という点とは別の理由に基づく批判が向けられている。1929年以降、企業再建における保護委員会の立場はややあいまいで目立った成果も報告されていない。それまでは証券を販売する投資銀行が不履行事由の際には保護委員会を組織するのが一般的な慣行になっていた。しかし最近になって、そうしたやり方がはたして妥当なのだろうかという疑問の声が高まってきた。というのは、債券保有者が投資銀行をあまり信頼することができなくなり、自分らの利益を代表するよりはむしろ発行会社の利益を重視しているのではないかと疑うようになってきたからである。また、債券保有者が損失が出たときの法律上の責任主体は証券販売会社にあると考えるようになったこともその背景にある。たしかに、証券販売会社のほかに別の「権限ある責任者」を立てるというやり方はよく考えればおかしいことである。そしてそうした権限ある責任者を確保するのも現実には簡単ではないだろう。証券販売会社以外にどのような立場の人が保護委員会の議長に立候補できるというのだろうか。ときに２つの保護委員会が存在して、保護委員会に預託されたおカネを互いに奪い合うという事態も否定できない。さらに、不純な動機を持ついかがわしい人物が関与してくることも十分に考えられる。

## 提案する改革案

もしも信託証書に記載された当該債券の受託会社が進んでその保有者を保護するという役割を担うならば、その全体の手続きは極めて単純になる。こうした役割を果たせる受託会社は必要なノウハウ、豊富な経験、そしてそうした仕事をうまくこなせる適任の人材を有している。受託会社が自ら保護委員会を組織してその役員の一人を議長に据え、ほかの委員を当該債券の大口保有者やその代理人から選出することに何か不都合があるのだろか。債券の受託会社と保護委員会の間でのちに利害の対立が生じた場合、両者の対立が長引くならば裁判所にその解決策を求めればよいのではないだろうか。そして債券保有者に代わって立派にその責任を果たした受託会社や顧問弁護士にはそれなりの報酬を支払うというのもこれまた当然のことであろう。

こうしたシステムが確立されれば、受託会社と債券保有者代表との間にも前向きな協力関係が生まれてくるだろう。債券保有者代表は不履行事由が起こってからではなく、債券が発行されるときに選ばれるのが望ましい。そうすれば初めから債券保有者代表の協力が取り付けられるうえ、その債券の安全性を損なうような事態を避けることもできるだろう。もちろん、債券発行会社はそうした役割に対しては相応の報酬を支払わなければならない。そして最終的には、債券保有者代表がすべての保有者を代表して保護委員会で大きな役割を果たすことがベストであろう。

# 第19章

# 保護条項（続）

## 優先担保の禁止

通常の不履行事由の場合を除き、ある種の保護規定について簡単に触れる必要があるだろう（希薄化防止を目的とした保護条項やその他の参加権については、投機的な性質を持つ上位証券に関する各章で検討する）。まず担保付き社債について、一般に信託証書では資産に新たな優先担保を設定することを禁じている。ただし、企業再建策の一環として発行される債券は例外であり、そこでは新規に資金を調達するために優先担保が必要とされる。

### 事例

シカゴ・ミルウォーキー・パシフィック鉄道は1926年、倒産したシカゴ・ミルウォーキー・セントポール鉄道の発行済み証券と交換するため、１億700万ドル（利率５％）の担保付き社債シリーズAと１億8500万ドルの転換権付き整理社債（同５％）を発行した。その際、信託証書にはこれらの社債に優先する一番抵当付き借り換え債を将来に発行できることが明記されていた（セントポール鉄道は1933年、米政府から借り入れた短期融資の担保に充てる一番抵当付き借り換え債を新規に発行することが認められた）。

## 公平な担保条項

当初は債券に担保が付いていない場合でも、あとで不動産に付けられる担保と同じ担保が付与されることもある。

### 事例

ニューヨーク・ニューヘブン・アンド・ハートフォード鉄道は1897年と1908年に無担保社債を発行した。当初それらの社債には担保が付いていなかったが、信託証書にはあとで不動産に担保が設定された場合はそれと同じ担保がこれらの社債にも付与されることが明記されていた。1920年には一番抵当付き借り換え債の発行が株主から承認されたため、先に発行された無担保社債にもこの新発債と同じ担保が付与されることになった。その名称は依然として「無担保社債」となっているが、実質的には担保付き社債と同じである。一方、1957年満期の利率４％の無担保社債にはこの種の条項が盛り込まれていなかったので同じ担保は付与されなかった。先の担保付き無担保社債（利率４％、1956年満期）の1932年の安値は40ドルだったが、担保のない４％債は30ドルまで下落した（例外的なケースとして、あとで不動産に設定される担保と同じ担保が無条件で付けられる無担保社債もある。例えば、ナショナル・ラジエーターの無担保社債［利率6 1/2％、1947年満期］やその後継会社の無担保収益社債［同５％、1946年満期］など）。

## 土地代金譲渡抵当

一般に土地代金譲渡抵当（Purchase Money Mortgage）などの付

与は無条件に認められている。この担保はあとで取得した新しい不動産に設定される抵当で、これが付与されてもほかの債券保有者の地位に影響はないといわれる。しかし、こうした抵当が付与されれば、証券の持ち分に対するその会社の総負債の比率が大きくなるのは確実で、既存の債券保有者の持ち分が希薄化する可能性もある。

## 再建策として発行された債券の請求権は銀行借り入れよりも下位

一方、企業再建策の一環として発行される債券の請求権は、現在または将来行われる銀行借り入れの返済権よりも下位となる。これは銀行融資が売掛債権や棚卸資産を担保に行われるからである。例えば、エオリアンは1937年に期限５年の担保付き中期債（利率６％、1937年満期）を発行したが、これは資本再構成計画の一環として先に発行した保証付き優先株（配当７％）の一部と交換するために発行されたものである。この中期債の元利払いは40万ドルの銀行借り入れよりも劣後する。

## 同等な証券の追加発行からの保護

ほぼすべての債券や優先株は、同等な証券の追加発行から十分に保護されることが保証されている。これについて信託証書では、発行証券の支払利息に対する収益カバレッジを余裕ある水準に維持することを明記している。例えば、ニューヨーク・エジソンは借り換えの場合を除き、直近12カ月の連結純利益が優先担保付き社債の発行残高の年間支払利息の少なくとも２倍以上の水準を維持しなければ、一番抵当付き借り換え債は発行しないとしている。オーチス・スチールが一番抵当付き社債（利率６％、1941年満期）を発行したときも、支払利息に対する収益カバレッジは2.5倍を維持するとしていた（優先株の発行でもこの種の条件を設けたケースとしては、コンソリデーテッド・ガス［配当５ドル］、ノースアメリカン・エジソン［同６ドル］、ラドラム・スチール［同6.5ドル］、ゴサム・シルク・ホージェリー［同７ドル］などがある）。

しかし、鉄道債ではこの種の収益カバレッジの規定はほとんど見られない。一般に包括抵当付き鉄道債では、債券発行残高が発行済み株式数の一定率を上回った場合や、債券の新規発行額が新たに取得した不動産の原価または適正価額の一定率を上回った場合には追加発行を禁じている（例えば、ボルチモア・アンド・オハイオ鉄道の一般担保付き借り換え債、ニューヨーク・ニューヘブン鉄道の一番抵当付き借り換え債など）。このほか、既発債については低めの水準に担保率を設定し、新たな資金が必要な場合には下位証券を発行して賄うケースが多い。こうしたやり方は「優先担保付き社債」などによく見られるが、この問題については第６章で検討した。

一般に担保付き社債の追加発行が認められるのは、新たに取得した不動産の担保価値が負債の増加分をかなり上回っている場合に限られる。例えば、ヤングスタウン・シート・アンド・チューブが発行した一番抵当付き社債（利率５％）のうちの5000万ドルは、担保不動産の価値を高める改良費の75％に充当された。パシフィック・テレフォン・アンド・テレグラフが発行した借り換え債（利率５％、1952年満期）も、担保不動産の価値を実際原価の75％にまで高めるための改良費に充てられた。さらにペレ・マーケット鉄道が発行した一番抵当付き社債の調達資金も、新たに建設・取得した不動産の担保価値をその実際原価または適正価額の80％まで高めるために使われた。

こうした債券の保護策は理論的に考えると十分な正当性があるように見えるが、実際には必ずしもそうではない。というのは、追加発行する債券を購入してくれる投資家を引きつけるにはそれなりの業績の裏付けが求められるからである。

## 運転資本の要件

運転資本を債券発行残高の一定率以上に維持するという規定の導入はまだ一般的な慣行になっていない。この種の規定は工業債の信託証書などには見られるが、その率や不履行時の罰則も会社によってまちまちである。運転資本が適正な水準に達しない場合は、単に株式の配当を見送るというものから既発債の元本を返還するというケースまで、その対応策は会社によってばらばらである。

### 事例

ナショナル・アクメの一番抵当付き社債（利率６％、1942年満期）の信託証書には、正味流動資産が債券発行残高の150％以上に達しなければ株式の現金配当を見送るという条項が盛り込まれていた。レーン・ブライアントの６％債（1940年満期）のその率は125％になっている。USラバーの中期債（利率6 1/2％、1940年満期）の信託証書には、流動資産が債券発行残高（担保付き社債は除く）の２倍以上なければすべての株式配当を禁止するという厳しい規定が盛り込まれていた。その結果、優先配当は1928年５月から停止されている。ゼネラル・ベーキングの無担保社債（利率5 1/2％、1940年満期）の信託証書でも、正味流動資産が債券発行残高より40％以上多くなければ普通配当を停止すると明記している。同社の債券に対する流動資産の比率が幾分低いのは、製パン業ではそれほど高い運転資本が必要ではないという理由によるものであろう。

一方、アメリカン・マシーン・アンド・ファンドリーの６％債（1939年満期）には、①正味流動資産が債券発行残高の150％を下回った、または②正味流動資産が債券発行残高の額面総額を割り込んだ――ときには、株式の配当を見送るという条項が盛り込まれている。USラジエーターの５％債（1938年満期）の場合は、債券発行残高の150％

以上の正味運転資本を常に維持するとしている。アマルガメイテッド・ランドリーズの6 1/2％債（1936年満期）の信託証書には、同債券の残存期間中には流動負債の２倍以上の流動資産を維持するという条項が明記されていた。

特に工業債の場合には、こうした運転資本の適正な維持率を明記した保護条項が必要であろう。再三にわたり指摘したように、工業債を選択するときには以上のような債券発行残高に対する十分な正味流動資産の一定率を維持していることは不可欠の要件であろう。この種の規定を信託証書に盛り込むことが一般的な慣行になれば、当該債券の残存期間中には十分な運転資本率が維持されるうえ、それが一定率を下回った場合には債券保有者の適切な救済策も実施されるだろう。

こうした要件を満たさなかった場合に株式の配当が停止されるのは適切な措置である。しかし、運転資本が一定率を割り込むいわゆる「不履行事由」が起きた場合に厳しい罰則を適用することが、債券保有者にとって常にメリットをもたらすのかといえば必ずしもそうとはいえない。企業が破産管財人の管理下に入ることが、その債権者に利益をもたらすよりは、むしろ大きな苦しみを与えるというのが事実であろう。上記のUSラジエーターの５％債の例で見ると、1933年３月末現在の同社のバランスシートでは、正味運転資本が債券発行残高の150％以上を維持するという要件は達成されていない（正味流動資産は273万5000ドルで251万8000ドルの債券発行残高のわずか109％の水準である）。しかし、同債券の受託会社は元本の返還を宣言しなかったし、それに必要な数の債券保有者もそれを要請しなかった。おそらくそれによって同社が財産管理状態に陥るということにでもなれば、債券保有者としては自らの利益が大きく損なわれることを恐れたためであろう。しかし、もしそれが事実であるとすれば、この種の規定を債券の信託証書に盛り込むことは何の意味もなくなるだろう（こうした状況は1933年のＧ・Ｒ・キニーの7 1/2％債［1936年満期］や1935年のバド・マニュファクチュアリングの６％債［1935年満期］でも起きている。一方、USラジエーターは1934年に債券保有者に対し、運転資本の一定率の維持と減債基金積み増しに関する規定の修正を申し入れた。しかし、債券保有者に対してこの譲歩策に見合った見返りは何ら示されなかった。これに関する会社側の説明は、この措置は債券保有者の救済策を目的としたものではなく、「信託証書の規定を順守するために一時的なデフォルトという事態にでもなれば銀行借り入れに支障が出る」というものだった）。

## 議決権の付与

こうした状況を踏まえ、われわれとしては、もし運転資本が一定率を割り込んだ場合に単に株式配当を見送るといったことより厳しい債券保有者の救済策を実施するのであれば、そのひとつとして議決権を株主から債券保有者に移すことを提案したい。アメリカでは債券保有者に議決権を与えることはあまり前例がないが、まったくないわけではない。例えば、サード・アベニュー鉄道が発行した整理社債（利率５％、1960年満期）の保有者には取締役の選任権が与えられ、もしこれらの債券保有者がこの権利を行使するならば実質的に同社を支配することも可能となる（このほか、モービル・アンド・オハイオ鉄道の一般担保付き社債［利率４％、1938年満期］の保有者は、会社側との一連の合意事項に基づいてこの種の議決権を行使している。議決権は各500ドルについて１票与えられるが、その多くはサザン鉄道が所有している）。当該会社が信託証書の特定条項を順守しない場合に、債券保有者に議決権を与えるのは理にかなっている。特に債券保有者に管財人を選任する権利を与えることにはさまざまなメリットがあるだろう。「そんな治療法は病気になるよりも悪い」という常識的な反論もあるだろうが、こうした規定を債券の信託証書に盛り込むように主張する弁護士も少なくないのである。

## 投資信託債の保護条項

投資信託債の信託証書には、厳しい保護条項と救済策が明記されるべきである。この種の債券は市場性ある有価証券を担保とした銀行融資に似ている。銀行融資の担保の場合、融資額を一定率上回る担保価値の維持が求められる。これと同じように、投資信託債でもポートフォリオの時価が預かり額を常に一定率（例えば25％など）上回っていることが求められる。もしも時価がその比率を割り込んだ場合には、投資信託は有価証券の担保融資と同じような措置を取らなければならない。具体的には株主からの増資を受けたり、または手持ちの有価証券を売却して必要な担保率を回復することである。

債券投資に伴うさまざまなリスクを考慮すれば、投資家ができるかぎりの保護策を求めるのは当然であろう。とりわけ投資信託債については、ポートフォリオの時価を債券発行残高よりも上の水準に維持するといった保護策が求められる。投資信託債の投資家にとっては信託証書にそうした保護規定が盛り込まれるばかりでなく、それが厳しく実施されることも必要である。債券価格が下落すれば、そうした保護規定が株式保有者に大きな負担を強いることになるかもしれないが、株式保有者としては元本の大きな値上がりのチャンスと引き換えにこうしたリスクを受け入れたはずである（もし総資産の時価が債券発行残高を割り込んだ場合、債券保有者には支払い不能を理由に早急な救済策の実施を要求する権利がある。こうした事態を除けば、株式保有者は債券保有者の資金を使って将来の投機的利益を追求することができるのである）。

投資信託債の信託証書を見ると、こうした保護条項の内容は各社によってまちまちである。そのうち最も多いのが、債券の追加発行の条件として債券発行残高に対する総資産の時価を一定率に定めているケースである。その率は120％（例えば、ゼネラル・アメリカン・インベスターズ）から250％（ナイアガラ・シェアーズなど）にいたるまで各社によって大きな開きがある。一般的な率は150％、175％または200％などである。この一定率を割り込んだときには株式の現金配当を制限する会社もある。その率は125％（ドメスティック・アンド・フォーリン・インベスターズなど）から175％（例えば、セントラル・ステーツ・エレクトリックではこの率を下回ると普通株の配当を停止する）となっている。最も多いのは140～150％である。

しかし、すべての投資信託が債券の追加発行の条件として、債券発行残高に対する総資産の最低比率を厳格に定めているわけではない。例えば、インターナショナル・セキュリティーズ、インベストメント・カンパニー・オブ・アメリカ、リライアンス・マネジメントなどは、債券発行残高に対する総資産の維持率を125％としている。これまで検討してきたように、この種の保護条項はけっして珍しいものではなく、むしろ一般的な傾向になっている（アレゲーニーの担保付き信託社債［利率５％、1949年満期］の募集案内書では、150％という債券発行残高のカバー率を順守すると明記している。しかし、その信託証書の規定によれば、このカバー率の未達成が直ちに不履行事由になるのではなく、株式配当の停止や受託会社が担保資産を処分して必要な資金を調達するという措置が取られるとしている）。

## 減債基金

最近では債券の発行会社が減債基金を通じて、上位証券の一定割合を定期的に買い入れ消却するケースも少なくない。減債基金による既発債の償還には繰上償還、封緘（ふうかん）入札、受託会社や発行会社による公開市場での買い入れ消却――などの方法がある。買い入れ消却した当該債券を現金の代わりに減債基金に繰り入れる会社もある。減債基金による既発債の償還は年に１～２回行われるのが普通だが、四半期、ときには毎月実施されることもある。減債基金によって償還された債券の利息分が積み立てられ、さらに既発債の買い入れに充当されることもある。

**事例**

こうしたケースの好例は、USスチールの２件の減債基金債（利率５％、当初の発行額は５億400万ドル）に見ることができる。ニューヨーク証券取引所に上場されたそれらの債券は、債券市場では「スチール・シンカーズ（Steel Sinkers）」と呼ばれていた。その後の減債基金債の追加発行に伴って、年間の利払い額は1902年の304万ドルから1928年には1161万6000ドルに達した（1929年にこれらの債券はすべて償還された）。

## 減債基金の利点

減債基金には次の２つの利点がある。すなわち、①既発債を定期的に買い入れ消却することでその債券の安全性が高まる、②残りの債券の満期償還を確実にする――ことだ。このほか、既発債を定期的に消却して希少価値を高めれば、その債券の価格を上昇させることもできる。多くの工業債には減債基金が付いているが、公益事業債での有無は半々、鉄道債にはほとんど付いていない。近年では減債基金の必要性が次第に認識され、新規に発行されるほとんどの上位長期債には減債基金が付いている（州際商業委員会は1933年に鉄道会社に対して、既発債を償還するための減債基金を積み立てるよう強く勧告した。これを受けてシカゴ・アンド・ノースウエスタン鉄道は減債基金の設置を発表したが、その詳細は明らかにされなかった）。

## 減債基金が必要な場合

債券を保護するうえで、減債基金の積み立てが必ず必要なケースもある。そのひとつは減耗資産をベースとした債券である。一般に鉱業債にはかなり大規模な減債基金が付いており、その金額は採掘規模に応じて決定されている。それらの債券の場合、年間の減耗・減価償却費が既発債の償還に充てられていると考えられる。このほか不動産抵当債券にも減債基金が付いているが、その規模は鉱業債の場合ほど大きくはない。

**事例1**

そのひとつの好例はインターボロー・ラピッド・トランジットが発行した一番抵当付き借り換え債（利率５％、1966年満期）で、その主な担保はニューヨークの不動産のリース権であった。こうした債券の場合、発行会社は1967年のリース権の終了時までにその資産と収益力をほとんど失ってしまうため、すべての既発債を償還する減債基金の積み立ては不可欠である。2022年満期のタバコ・プロダクツの6 1/2％債も、アメリカン・タバコからの年間250万ドルの賃貸収入を前提に発行されたため、同社とのリース契約が切れる2022年までにすべての既発債を償還しなければならない。この種の債券に減債基金が付いていないと、あとで大きな問題を引き起こすことになる。

**事例2**

フェデラル・マイニング・アンド・スメルティングは鉱業会社としては過大な規模の優先株（1200万ドル）を発行していたが、それには減債基金が付いていなかった。同社は1926年に普通株に対する10ドルの配当支払いを宣言したが、この発表は、①鉱山の減耗に伴って優先株の価値も低下する、②下位証券の普通株に対する現金収益の分配は優先株の相対的な劣化につながる――として裁判沙汰にまで発展した。結局、同社は裁判所の勧告を入れて普通配当を見合わせる一方、利益剰余金は優先株の買い入れ消却に充てることに同意した。

アイアン・スチームボートの一般担保付き社債（利率４％、1932年満期）も担保になっていた船舶の価値が確実に低下するにもかかわらず、減債基金は積み立てられていなかった。1902年に50万ドル発行されたこの社債には同社の全資産（ニューヨークとコニーアイランドの間を就航する７隻の小型蒸気船）の二番抵当が付いていたが、先に発行された10万ドルの一番抵当付き社債より下位にあった。同社は1909～1925年に総額で70万ドル以上の普通配当を支払う一方、1922年までに減債基金を通じてすべての一番抵当付き社債を償還した。その結果、この一般担保付き社債が同社の全資産の一番抵当権を持つことになった。同社は1932年に倒産したが、既発債はすべて未償還だった。担保資産は1933年２月に競売にかけられて１万5050ドルで売却、債券保有者への返還額はわずか１ドル（額面100ドル）にも満たなかった。十分な減債基金が積み立てられていたら、株式配当として分配された利益ですべての債券を償還することができたであろう。

もっとも、その会社が永久に存続すると考えられるならば、減債基金のない債券を発行しても非難されることはないだろう。例えば、優良な鉄道債や公益事業債、伝統ある鉱業会社の優良優先株などはこれに当たる（例えば、ナショナル・ビスケットの優先株には減債基金が付いていない）。このように広い観点から見ると、減債基金の積み立ては望ましいものではあっても、絶対になければならないというものでもない。

## 連続償還

満期までに毎年一定額を償還するという減債基金の目的は、連続償遠によっても達成することができる。連続償還はまだそれほど普及していないが、その原因は当該債券の市場価格が変動することであろう。しかし、設備信託（Equipment Trust）の分野ではかなり広く行われている。その理由は設備信託証書の主な購入者が生命保険会社やその他の大手金融機関などで、これらの大口投資家にとってさまざまな償還日は都合がよいのであろう。州債や地方債の連続償還もそれほど珍しいことではない。

## 減債基金の実施の問題点

債券の減債基金の実施には、運転資本を一定率に維持するときと同じ問題が伴う。債券の信託証書によれば、減債基金の積み立てが履行されないときは不履行事由となるため、受託会社が元本の返還を宣言すれば、債券の発行会社は破産管財人の管理下に陥る。こうした措置は債券保有者にとって何のメリットもないことは明らかであり、実際には減債基金の積み立て不履行が直ちに信託証書の規定の実施につながることはほとんどない。発行会社が債券利払いを継続しながら、減債基金の積み立てが困難になったと報告してきた場合でも、受託会社や債券保有者がこれといった特別な措置をすぐに取ることはまれである。一般には発行会社が債券保有者に対し、減債基金の積み立ての延期を正式に要請するケースが多い。債券保有者がそうした要請を拒否すればその会社は支払い不能となるため、それらの要請は保有者にはほぼ間違いなく受け入れられる。先のインターボロー・ラピッドの５％債の場合もそうであった（1922年に提示された同社の自主再建計画では、同社債の減債基金の積み立てを５年間延期することが提案された。これについて債券保有者の約75％が同意した）。

ところで、運転資本の維持要件を検討したときに提案したひとつの救済策（債券の不履行事由が起きた場合には債券保有者に議決権を与えること）を、減債基金の規定にも盛り込めばかなり有効であろう。というのは、現状では債券保有者は自らの救済策を持っておらず、発行会社を財産管理下に追い込むという最後の手段しか残されていないからである。

われわれが工業債の保護規定を強く求めるのは、そうした規定が債券の安全性を確実に保証するからではない。債券投資の成否はひとえにその会社の財務力にかかっており、信託証書の規定などは単に二次的な意味しか持たない。信託証書や定款の規定がそれほど完全ではなくても、今回の大不況期でもそれなりの価格を維持した証券の発行会社はこのことをはっきりと証明している。それらの証券はいずれも伝統ある会社の証券であり、保護条項などはあまり必要としない昔ながらの優良証券であった。

一方、巻末の参考資料の注32ではこれと正反対のケースを２つ紹介した（ウィリス・オーバーランドの一番抵当付き社債とバーキー・アンド・ゲイ・ファニチャーの一番抵当付き社債）。これらの社債は好業績と通常の保護条項で裏付けられていたが、結果的にその債券保有者を大幅な損失から守ることはできなかった。とはいえ、さまざまな保護条項がその証券の安全性を100％保証するものではないにしても、その証券の安全性を高めることは確かであり、何らかの保護条項を付与することにもそれなりの価値はある。

# 第20章

# 優先株の保護条項

一般に優先株にはそれより上位証券の新規発行を禁じる何らかの保護条項が付与されている。通常の保護条項では優先株主の３分の２または４分の３以上の承認があった場合を除き、上位証券や担保付き社債の発行を禁止している。しかし、優先株主が上位証券の発行は自らの利益になると判断した場合などはこのかぎりではない。破産管財人による財産管理という事態を避けるには、債券発行による新たな資金調達が不可欠であるといったケースなどがこれに当たる。1932年のエイティンゴン・シルドのケースを見てみよう。同社が先に発行した第一優先株（配当6 1/2%）の規定によれば、土地代金譲渡抵当、既存の抵当の延長、通常の事業資金を確保するための流動資産の担保――などの場合を除き、いかなる担保、先取特権またはその他の権利を保有不動産に設定してはならないとされていた。しかし、1932年に同社の財務状態がひっ迫したことから、優先株主は固定資産に特別の権利を設定する条項を盛り込んだ550万ドルの５％債の発行を承認した。

## 無担保社債からの保護

一般に優先株主には「無担保社債」の発行を制限する権利は与えら

れていない。例えば、アメリカン・メタルが1930年に2000万ドルの無担保社債を発行したときに優先株主に議決権はなかったが、1933年の満期時に同社債の借り換え担保を設定するときには優先株主の承認を求めざるを得なかった。優先株にとって無担保社債は担保付き社債と同じく自らの権利を弱めるものである。しかし、優先株主はそれより上位のまたは同等の証券の新規発行を禁止することはできず、また無担保社債の発行を制限する権利もないというのが一般的な考えになっている。

優先株主がほかの証券の発行を制限することができないという慣行は、おそらく通常の事業資金を銀行から借り入れるのを邪魔されたくないという会社側の意向を反映したものであろう。しかし、そうした場合に優先株主の同意を得なくても資産に対する担保設定は認められるというのが現状であれば、優先株主の権利を制限する場合もその旨を明記した条項を設けるのが当然であろう（最近では優先株の発行から１年以降に債券や負債性の証券を発行するときには優先株主の承認を必要とするなど、特に無担保社債の発行から優先株主を保護する傾向が広まってきた。この種の優先株としては、ケンダルの参加的優先株［配当６ドル］、ラドラム・スチールの転換優先株［6.50ドル］、メルビル・シューの第一優先株［６％］、ゲームウェルの優先株［６ドル］、A・M・バイアーズの優先株［７％］、ルース・ワイルズ・ビスケットの第一優先株［７％］――などがある）。

優先株主の承認が求められるのは、主に資本再構成計画の一環として既発の優先株の累積配当を一掃するため、それらの優先株と交換する同等証券や上位証券を発行するときである。証券の新規発行は優先株主の権利を弱めるとはいっても、そうした特別の目的で実施される新規証券の発行には優先株主としても同意せざるを得ないのである。

**事例**

オースチン・ニコルスは1930年に１株当たり21ドルの配当が累積した発行済み優先株（配当７％）を有していた。同社はその優先株主に、旧１株を累積的優先Ａ株式（配当５ドル）１株＋普通株1.2株と交換するよう申し入れた。優先株主がこの申し出に同意したことから、新しい優先Ａ株式は旧優先株より上位証券となり、結局99％の優先株主がこの証券交換の申し出に応じた。一方、インターナショナル・ペーパーやフィスク・ラバーも1917年と1925年に未払優先配当を一掃するために同様の措置を実施した。両社の場合は旧株と同等の新規証券を追加発行して旧株と交換するという形をとった。

エオリアンも累積的優先株（配当７％）を発行し、その配当支払いは普通株を全額保有する親会社のエオリアン・ウェバー・ピアノ・アンド・ピアノラが保証していた。しかし、1932年に発表された資本再構成計画の一環として、同優先株の配当金をこれまでの７％から３％に減額することになった。その計画案によれば、旧優先株100株を利率６％の担保付き社債（額面50ドル）＋配当６％の無保証優先株（額面50ドル、支払配当を上回る収益があった場合にかぎり配当が累積する）と交換するというものである。新規の担保付き社債と優先株はともに旧優先株より上位証券であるため、ほぼすべての旧優先株主がこの提案を受け入れた。

## 優先株の減債基金

鉄道・公益事業会社の優先株にはほとんど減債基金が付いていないが、新たに発行される工業会社の優先株には減債基金が付与されているのが普通である。そのメリットは債券の場合とほぼ同じである。さらにわれわれがこれまで再々にわたって強調してきたように、優先株の不利な形態を考えれば、優先株の購入者がこの種の特別な保護策を求めるのは当然のことであろう。ただし、優先株にも減債基金が必要とされるとはいっても、それが優先株の安全性を確実に保証するものではなく、逆に減債基金がなければ十分な安全性は保証されないというものでもない。実際、1932～33年の不況期でも投資適格水準を維持した21の優先株のうち、減債基金が付いていたのはわずか１銘柄にすぎない。減債基金を付与するという慣行は最近になって普及したものだが、優良優先株の多くは減債基金が登場するずっと以前からすでにそうした地位を確立していたのである。

優先株の減債基金の規模は発行残高の最大限度の一定率（最も多いのはその３％）になっているのが一般的であり、収益をベースにしているケースはあまり見られない。一般に減債基金が設置されるのは、①優先配当の満額支払いを保証する、②減債基金を積み立てるだけの剰余利益がある――などの場合である。

一方、優先株または優先株＋債券の発行残高以上の正味流動資産を維持するという保護条項が付与されている優先株もある。この維持率を達成できない場合には、単に普通配当を停止するというもの（シドニー・ブルーメンサルなど）から、優先株主に議決権を与えるといったケース（優先株発行残高の125％以上の運転資本の維持を義務づけているＡ・Ｇ・スポルディングなど）までさまざまである。

## 配当未払いのときの議決権

優先株のもうひとつの保護策は、優先配当が未払いになったときに優先株主に議決権を与えるというものである。この種の条項が付与されているのは累積的優先株だけである。もっとも、議決権の発効時期やその行使範囲などについてはまちまちである。例えば、エオリアンの優先株（配当７％）やロイヤル・ベーキング・パウダーの優先株（同６％）では、１期の配当が未払いになった時点で優先株主に議決権を与えるとしている。配当未払いによって議決権が付与される時期について、未払いが8四半期にわたったときという極端なケース（ブランズウィック・バルケ・コレンダー）もあるが、普通は1年という会社が多い。優先株主に与えられる権利は、①取締役の独占的な選任権、②取締役の過半数の選任権、③一部の取締役の選任権、④普通株数と同数の議決権――などである。

**事例**

①マッケソン・アンド・ロビンズの優先株主は、配当未払いが4四半期に及んだ1932年12月に取締役を単独で選任する権利が与えられた。

②ハーン・デパートメント・ストアーズの優先株主は、4四半期の配当が未払いになった1933年に取締役の過半数を選任する権利が与えられた。

③ユニバーサル・ピクチャーズの第一優先株主は、6四半期の配当が未払いになった時点で2人の取締役を選任する権利が与えられた。一方、ブルックリン・アンド・クイーンズ・トランジットの優先株主は1四半期の配当が未払いとなったあと、1年以内に累積配当が支払われない場合に取締役の1/3を選任する権利が与えられる。

④シティー・アイス・アンド・フューエルの優先株主は、4四半期の配当が未払いになった時点で普通株数と同数の議決権が与えられる（少し変わったケースはデュポンの「無担保優先株」である。その株主は暦年の収益が優先株発行残高の9％を下回った時点で、普通株と同数の議決権が与えられる。さらにその配当が6カ月未払いになれば、独占的な議決権が与えられる）。

しかし、このように優先株主に議決権が与えられた場合でも、実際のその有効性は優先株と普通株の株数によって決まる。優先株数が普通株数を上回る場合にはその議決権も有効であろうが、普通株数より優先株数が少ないケースがほとんどであり、そうであれば優先株主に議決権が与えられてもその効果はあまり期待できないというのが実情である。

## 非累積的優先株の保護

こうした現状についてはまた別の批判もある。そのひとつは議決権などの特別な保護策が「累積的優先株」にしか与えられず、その対象から「非累積的優先株」が完全に除外されていることである。非累積的優先株主とすれば、過去に失った配当を将来も受け取ることができないのであれば、その代わりにせめて議決権は与えよというのも当然であろう。満額の配当を受け取れない優先株主が取締役を選任する権利があるという言い分はもっともである。

とはいっても、われわれは何も優先配当が支払われない場合に、普通株主のあらゆる議決権を優先株主に移せと言っているわけではない。優先株主が取締役の選任権を独占すれば、これまた普通株主にとっては不公平になるだろう。さらに配当ができるのに意図的に無配にすることによって、優先株主が取締役の選任権を独占し続けるという弊害も考えられる。それゆえ、現在の不公平な慣行を是正する最も良い方法は優先株主が取締役の一部を選任することであり、たとえその効果がそれほど大きくなくても、それによって取締役会の行動をチェックすることができれば大きな意味があるだろう。

## 議決権に関する一般基準

以上の検討結果から、議決権に関する次のような一般基準が得られるだろう。すなわち最も妥当な方法は、すべての優先株主と普通株主に「どのような条件の下でも取締役の一部を選任する」権利を個別に与えることである。優先配当が定期的に支払われているかぎり、普通株主が取締役の過半数を選任することになんら問題はない。そうであれば同じように、累積的または非累積的優先株を問わずいずれの満額の配当が支払われないときには、すべての優先株主に取締役の過半数を選任する権利が与えられるというのもこれまた当然の話ではないだろうか。

優先株主を本当に保護するというのであれば、配当の未払いばかりでなく、減債基金が積み立てられなかったり、または運転資本が必要な一定率を満たさなかった場合も優先株主に議決権を与えるべきである。例えばバイユク・シガーズやA・G・スポルディングの定款には、こうした優先株主の３つの救済規定が盛り込まれている。われわれとしては、こうした慣行がもっと広く普及することを願っている。

## 優先株主の議決権

しかし現実的に考えると、優先株主に議決権を与えることが優先株主自身に大きなメリットをもたらすかどうかはまた別の問題である。つまり、優先株主がこの権利を有効に行使できないことに加え、そうした権利を持ちながらも行動が遅かったり、またはあまり賢明な対策が取れないために自らの利益を守れない可能性もある。そうしたひとつの好例をメイタッグ（洗濯機メーカー）のケースに見ることができる。

同社は1928年に資本の再構成を実施し、①累積的第一優先株（配当６ドル）が10万株、②累積的第二優先株（同３ドル）が32万株、③普通株が160万株――という資本構成にした。これら全株式の約80％をメイタッグ一族が保有していたが、のちに投資銀行を通じてこれらの優先株の持ち分を一般に売り出した。これによって、メイタッグ一族は約2000万ドルの現金を手にする一方、普通株の保有を通じて依然として同社の経営を支配していた。一方、同社の定款には優先株または普通株のいずれかの配当が４四半期以上にわたって未払いにならないかぎり、優先株主に議決権は与えられないと定めていた。同社の場合、取締役の過半数を改選するには優先株と普通株を合算して議決権を行使しなければならない。1932年に優先株の無配期限が過ぎたため、翌年に優先株主に議決権が与えられた。

しかし奇妙なことに、1932〜33年に見られた変化といえば、優先株主を代表していたと思われる取締役の一人がある証券引受会社のパートナーとなるために退任したことだけだった。残りの５人の取締役は依然として役員のポストを独占していたのである。まもなく第一優先株と第二優先株はそれぞれ15ドル、３ 1/8ドルまで急落した（当初の売出価格はそれぞれ101ドル、50ドル）。

同社のこうした状況の経緯を見ると、結果的にはオーナーが個人的に保有していた優先株を売却して多くの利益を掌中に収めたということだけだった。この会社に投資した多くの人々の利益を守るために無配の優先株主に議決権が与えられたが、それでも優先株の暴落は避けられなかった。優先株主が議決権を持ってもそれは有効に行使されず、結果的には旧経営陣が普通株の大半の所有を通じて引き続き経営権を握っていたのである。

メイタッグのこうした状況に対するウォール街の反応は、同社の経営陣は誠実で有能であるため、取締役の改選は不要であるといった程度のものであろう。われわれとしては、こうした見方はその本質を見誤るものだと考える。たしかに優先株主を代表する取締役による経営陣も優先株主の権利については、普通株主を代表する現経営陣と同じことをしたかもしれない。しかし大切なことは、たとえ最終的には普通株主の経営陣が普通株の利益を代表することと同じ結果になったとしても、優先株主の権利に基づいて過半数が選任された取締役がさまざまな経営政策について決定できることが実現されるべきであった。

取締役の改選が経営政策面にどのような変化をもたらすのかについては予想できないが、それでもやはり定款の規定に従って優先株主の取締役を選任するのが筋というものであろう。そうでなければ、議決権といったものは何の意味も持たないだろう。実質のない議決権などは、優先株主に実際には存在しない保護策をあたかも存在するかのように思いこませる幻想のようなものである（メイタッグの６ドルの優先配当は1933年に復配し、累積配当も翌年に全額支払われた)。

## こうしたケースの対処法

われわれの見解によれば、メイタッグのようなケースにおける対処法は明らかであろう。優先株主は自らを代表する取締役を選任する手段を持っていないため、この役割を証券引受会社に委託して、彼らに取締役の選任を良心的に実施してもらうべきである。その手順は、①登録優先株主のリストを入手する、②それらの優先株主に新たに議決権が与えられたことを伝える、③取締役の候補者名簿を送付し、代理権を通じて選任投票するよう要請する――となるだろう。もちろん、新しい取締役はこのポストにふさわしい資質を持つ者が選ばれるべきである。また、それらの取締役は普通株主とは大きな利害や緊密な関係を持たず、さらに相応数の優先株を所有しているのが望ましい。

ただそれでも、優先株主を代表する新しい取締役が有能ではなく、また何らかの理由によって優先株主の利益を適切に代表しないことがあるかもしれない。しかし、そうしたことは優先株主が議決権を保有・行使するという事実にとってそれほど大きな意味はない。こうしたことは普通株主に議決権（さらには市民に投票権）を与えるなという極端な主張と同じであるからだ。こうした問題を解決するには権利の剥奪によってではなく、教育によって行うべきであろう。

## 十分な下位資本の維持

ここで信託証書や定款ではあまり明確にされていないが、債券と優先株の保有者を保護する方法として技術的に極めて重要な問題を取り上げて検討する。それは十分な下位資本を維持するということである。われわれが先に強調したように、そうした下位資本の存在は安全な確定利付き証券の投資にとっては不可欠の条件である。例えば、ある会社が５～６％の利率で資金を調達しようとする場合、その会社の企業価値が調達額をかなり上回っていなければその資金調達は難しいだろう。こんなことは経済のイロハであり、だれでも知っていることである。しかし今の会社法によれば、資金を調達したあとでかなりの資本と剰余金を払い戻してもかまわないということはあまり知られていない。つまり、会社側が大幅に減資してその剰余利益を株主に分配しても法律的には何ら問題はないのである。債権者には会社側のこうした手口を阻止する手段がないため、資金を投資するときの契約書などにその防止策を明記する必要がある。

### 表示資本金の圧縮減資

次のような仮説によってこの問題を検討してみよう。例えば、ある会社が割賦払い資金を貸し付ける事業に従事しているとしよう。同社の資本金と剰余金は210万ドルである。業務を拡大するために、償還期限20年、利率５％の無担保社債を発行して200万ドルを調達するとする。その株主資本と利益剰余金の合計に照らせば、この資金調達計画には何ら無理はない。その後この会社は業務を縮小したため、かなりの未使用現金を持つことになった。株主は資本合計を10万ドルに圧縮することに同意し、資本返還金として200万ドルの現金の払い戻しを受けた。

結果的に株式保有者は債券保有者の資金で自らの投資金を回収した

ばかりでなく、５％の債券利息分を差し引いたあらゆる利益の取得権を含め、その会社を所有・支配する権利を引き続き握っている。これに対する債券保有者といえば、すべての資本を提供したうえに、収益が利払い額にも満たない場合には何の利益にもあずかれないというまったく損な立場を余儀なくされているのである。こうした状況は本当に不公平ではあるが、法律的には何の問題もないのである。それゆえ、資本金と剰余金を一定額に圧縮してその剰余利益を株主に分配することを禁じるような保護条項を債券の信託証書などに明記すべきである。

以上の仮説のように、資本から直接現金を払い戻して債券保有者の持ち分まで奪うというようなことは、実際にはあまり例のないことであろう。しかし現実には、大幅な営業損失が出た場合に減資によってバランスシート上の赤字を一掃してしまうというようなケースはそれほど珍しいものではない。

**事例**

この種の珍しいケースとしてインターボロー・メトロポリタンの例を紹介しよう。同社の株主は損益計算書の大幅な赤字を一掃するために表示資本金の減額を決めた。それによって生じた一時的な剰余利益は債券保有者のために留保されるのではなく、一時配当金として株主に分配された。今の会社法の下で減資を行うには、ダミー会社との合併を解消するという方法がよく使われる。こうしたやり方は、1926年のセントラル・レザーや1932年のケリースプリングフィールド・タイヤのケースにも見られるように、資本再構成計画の一環としてよく使われるものである。

1930年代の不況期に多くの企業が軒並み赤字を出したことから、株主が減資を要求する会社が続出した。しかし、こうした措置は債券保有者の同意を取り付けないままに実施された。こうした減資の多くは無額面株式を低額面株式に変更するという形で行われた。こうした減資に伴って無形資産の償却や固定資産の評価減も実施された。バランスシートの資産と負債の部で資産価値を償却しても、減価償却費が減り、その利益剰余分を配当に回すことを除いて、債券保有者にとっては特に何の影響もないように見える。しかし、多くの会社では将来の営業赤字を吸収するためにかなりの資本金が剰余金に振り替えられたため、これまでの損失を埋め合わせないままに復配するという事態になる。

そのひとつの例としてレミントン・ランドのケースを見てみよう。同社は無額面の普通株を１ドルの額面に変更するとともに、普通株の買い入れ消却を通じて普通株の表示価額を1713万3000ドルから129万1000ドルに大幅に減額した。その剰余利益のうち780万ドルを無形資産の償却、230万ドルを工場設備の評価減、40万ドルをその他の評価減や留保などに充当し、残りの約535万ドルを資本から剰余金に振り替えた。

同社以外にも、ニューヨーク・シップビルディング、サーベル、ワーナー・ブラザーズ映画、Ｈ・Ｆ・ウィルコックス・オイル・アンド・ガス、サーモイドなどがこうした減資を実施している。ナショナル・アクメなどは普通株の額面を1924年に50ドルから10ドルに減額したのに続き、1933年にはさらに10ドルから１ドルに変更した。その結果、表示資本金は2500万ドルから50万ドルに大きく減額された。一方、キャピタル・アドミニストレーションは普通株の表示価額を減額するとともに、累積的優先株（配当３ドル）の額面も10ドルに引き下げた。

## こうしたリスクからの保護策

幸いにも一部の債券の信託証書には、債券発行残高を十分に上回る収益の余裕がないかぎり、株主に対する配当やその他の利益の分配を禁止する規定が盛り込まれている。例えば、レミントン・ランドの無担保社債（利率5 1/2％）の信託証書には、次のような３つの保護条項が盛り込まれている。

①現金配当は利益剰余金から支払う

②現金配当は支払配当控除後の正味有形資産が債券発行残高の少なくとも175％以上なければ行わない

③350万ドル以上の株式を消却する場合は追加払込資本金や利益剰余金で行う

この最後の規定は、優先株や普通株を買い入れ消却して下位資本を減らすことを防止するためのものである。ただしそうした場合でも、自己株式の消却よりは取得を禁止したほうがよい。

この種のさまざまな保護条項はけっして珍しいものではないが、すべての信託証書に盛り込まれているわけではない（株主の要請によって表示資本金を減額したニューヨーク・シップビルディングやサーベルが発行した債券の信託証書にはこの種の保護条項はない）。以上の検討結果から言えることは、債券保有者を適切に保護するにはこうした保護条項が絶対に必要であるということである。良心的な証券引受会社や賢明な投資家としては、すべての信託証書にこうした保護条項が盛り込まれることを要求していくべきであろう。

### 優先株の微妙な立場

こうした状況のなかで、優先株はやや微妙な立場に立たされる。十分な下位資本を維持するという観点から見れば、優先株保有者は債券保有者とほぼ似たような立場にある。しかし法律的には、バランスシートの赤字を理由に配当が停止されるのは普通株と優先株である。そうであれば、優先株主としては普通株の表示価額を減額して営業赤字を解消し、優先配当の復配を望むのは当然であろう。例えば、モンゴメリー・ウォードは1921年末に770万ドルの営業赤字を計上し、優先配当の停止を余儀なくされた。このため、優先株主は普通株の表示価額を2830万ドルから1140万ドルに減額することを要求し、その結果バランスシート上の赤字は解消され、優先配当の復配と累積配当金の支払いも可能となった。

しかし、こうした方法は営業赤字をめぐって優先株主から大幅な譲歩を引き出すために普通株主によって悪用されることもある。セントラル・レザーの再建計画はそうしたケースであり、その結果として生まれたのが後継会社のUSレザーである。同社の普通株主は普通株の表示価額を減額する代わりに、優先株主に対して未払優先配当と将来の配当に対する累積的追徴権の放棄を要求したのである。

### 優先株の特別な保護条項と議決権

優先株には特別な保護条項と議決権が必要であると主張するのは、われわれが再三にわたって指摘した優先株の不利な契約形態にその原因があるからである。この点が十分に理解されれば、下位資本の払い戻しに伴う不利益から優先株を保護することはそれほど難しいことではないし、実際にそうした保護策も実施されているのである（例えばゼネラル・アメリカン・インベスターズの定款では、優先株１株当たりの純資産が150ドル以下になるような普通配当やその他の利益の分配を禁じている。一方、インターステート・デパートメント・ストアーズの定款では、合法的な減資に伴って生じた資本金や剰余利益を普通株主に分配するときには、優先株主の2/3の同意が必要であるとしている）。

# 第21章

# 保有証券の管理

## 「永久投資」という考え方

ついこの間まで証券市場では「永久投資」ということが言われていた。それは主に保守的な投資家の証券投資について言われたもので、①投資した証券を長期に保有する、②元本の変動には一喜一憂せずにインカムゲインだけを目的とする、③その会社の将来的な発展などについてあれこれと予想しない――という意味合いがある。換言すれば、「永久投資」とは証券を購入したらそれについてあれこれと考えるのをやめて、利払日や配当日以外のことはすべて忘れてしまおうというものである。

しかし、優良証券の投資に関するこうした伝統的な考え方は1920～22年の相場低迷期に大きくぐらついた。投資家がその証券内容の分析など一切しないでまったく安心しきっていた保有証券が大きく値下がりしたのである。それに続く7年間は全体として企業の業績は上向きとなったが、個別銘柄の値動きはばらばらで、これまで完全な証券と言われてきた優良証券に対する伝統的な考え方はさらに崩れていった。こうして1929年の株式大暴落に至る前から、投資家は保有証券に内在するリスクに気づき始め、ウォール街でも次第に保有証券の定期的な管理の必要性が認識されるようになった。従来の考え方とはまったく違うこうした新しい投資原則は、「永久投資はない」という言葉に要約されている。

## 保有証券の定期的な管理

確定利付き証券の投資に関するこうした新しい考え方は、今や証券市場では常識となった。しかし、すべての保有証券を管理するということは、また逆に確定利付き証券の投資原則と真っ向から対立することも事実である。証券選択時のさまざまな調査に加え、保有した証券にいつも細心の注意を払わなければならないとすれば、そんな投資は何と煩わしいことであろうか。

例えば、一般投資家が保守的な投資法に基づいて分散投資することで、平均５％の利益を上げると仮定しよう。この５％というリターンは、たしかに国債の３％や貯蓄銀行の3 1/2～４％よりは有利である。しかし、もし有望な証券を選択するのに大きな労力を払ったうえ、その後も保有証券の定期的なチェック、さらには評価損や確定損のリスクにも頭を悩ませなければならないとすれば、確定利付き証券への気楽な投資のメリットなどなくなってしまうのではないだろうか。そうであれば、「限られたリターンの投資に煩わしさだけしかないとすれば、そんなものはやる価値がない」というこれまでの永久投資の考え方もそれなりに筋は通っている。

## それに代わるやり方

しかし、過去10年間の投資の方向を見ると、単なる確定利付き証券の投資ということから、①国債の購入や貯蓄銀行への預金、②技術を磨きリスクを減らして利益を追求する投機的な行為――に二極化しているようだ。もっとも、特に投機においては人間の心理と相場能力とは常に一致しないため、その実際的な価値については大いに疑問である。しかし、３％のリターンなどには甘んじていない人々がわずかなリスクを取れば５％のリターンを確保することもできる。こうしたことは、投資リターンの５％と3 1/2～４％の貯蓄銀行の金利についても同じである。つまり貯蓄銀行が自らリスクを取って客から預かったおカネをどこかに投資するのと同じように、投資家もそれなりのリターンを得ようとすれば自分のおカネを効率的に運用しなければならないのである（もし５％のリターンを上げられる投資家が自分のおカネを貯蓄銀行に預けた場合、その金融機関がそれだけのリターンを払ってくれなければ、確定利付き証券の投資という目的は達成されないことになる）。

一方、投資に代わる投機というもうひとつの方法は、貯蓄と労働報酬で資産をつくってきた一般投資家にとってはリスクが大きすぎる。たしかに理論的には投機には大きなリスクの見返りに大きな利益を得るチャンスもあるが、そこでは人間の貪欲さ、群衆心理、売買手数料、インサイダーや仕手筋による市場操作――といったさまざまな危険にも直面しなければならない。われわれが再三にわたって強調しているように、キャピタルゲインを得るチャンスがなければ元本の損失のリスクを取ってはならないのである。しかし、われわれは投資に代わる投機というものを全面的に否定しているわけではない。危険がいっぱいの「へたな投資」よりは「賢明な投機」のほうがよほどましである。しかし序文でも触れたように、一般投資家でも細心の注意をもって有望な証券を選択すれば、確定利付き証券からでも大きなリターンを得ることはできるのである。もちろん、投資の結果があまり芳しくないこともあるだろうが、たとえそうであるにしても、投機による壊滅的な損失よりははるかにましであろう。

## 保有証券の管理とその問題点

保有証券の有効な管理にはどのような原則と方法で臨むべきだろうか。まず最初に投資家は自分の保有する証券の安全性を定期的にチェックしなければならない。そしてその証券の安全性が疑わしいような場合には、もっと有利な証券と交換すべきである。そうした「乗り換え」にはいくらかの損失は避けられないが、それは全体的な利益を高めるための必要経費と割り切るべきである。

こうした投資管理も優良な安定証券が伝統的な高値を維持し、証券分析でその根本的な欠陥が表面化するまではかなりうまくいっていた。このため抜け目のない投資家は、そうした安定証券でもその本質的価値が低下すればそれを反映して値を下げるということを知らないお人好しの投資家にそうした証券を押し付けて売り逃げることができた。それらの投資家たちはその証券の名声に引かれ、同じクラスの他の証券に比べて少しでも値段が安いと喜んで購入したのである。非情な相場の世界ではそうしたことも許されるが、それはこの世界では抜け目のない者が不注意な人々から得られる当然の報酬なのである。

### 敏感さが増す証券価格

しかし最近では従来の安定証券もいわゆる「価格の硬直性」を失い、悪材料を即座に映すようになってきた。その結果、保有証券の価値を維持するための有効な乗り換えも次第に難しくなってきた。当該証券の本来の価値の低下が明らかになるまでに、その価格がその会社の業績以下の投機的な水準まで下落することも珍しくない（そのひとつの原因は下降トレンドが業績悪化という悪材料よりも強く価格を押し下げるためであろう）。その結果、そうした証券の保有者はこんな安値では売れないというもっともらしい理由をつけて、大きな評価損を抱えたまま投機的な安値の証券を保有し続けるのである。

## リスクを回避する安全余裕率

こうした事態を避ける最も有効な方法は、証券の選択を適切に行うことであろう。数量的基準に基づいて大きな安全余裕率（Margin of Safety）を持つ証券に投資すれば、その本質的価値の低下が明らかになる前にその影響は価格に反映されるだろう。こうしたやり方を守れば、保有証券の価値の低下がすぐに分かり、あとになって自分の証券がかなりの安値まで下げていたという事態も避けられるはずである。さらに、その会社の業績がまだ比較的良いときであれば、その証券の価格もそれなりの水準を維持しているはずであり、ほかの証券に乗り換えるチャンスもまだ残されているだろう。

### 事例と結論

その具体例として、ゼネラル・ベーキングの5 1/2％債に投資するとしよう。その支払利息に対する収益の平均倍率は20倍で、最低基準の３倍をかなり上回っている。もし収益が減少して支払利息のカバー率が４倍に低下したときには、８～10倍のほかの証券に乗り換えてもよい。こうした前提に立てば、同社の業績が好調であるかぎりその債券の価値は維持される。しかし、もし収益の下降トレンドを反映してその価格が下落した場合、その投資家は確定損を受け入れる代わりにその証券を保有し続けるかもしれない。そのような場合、その投資家は自分自身にこの証券の安全性はまだ損なわれていないと言い聞かせるだろう。

急激な下落のあとに相場の低迷が続くような場合には、極めて高い安全余裕率を持つ証券を選択するのはかなり有効な投資法である。しかし、すべての投資家にこうしたやり方を一律に勧めるのはあまり現実的にはない。まずそのような安値に強い証券は極めて少ないだろうし、さらに楽観的な状況が続いているときに将来の下落に対する予防策を取ることなど一般投資家にできるはずがないからだ（とはいっても、支払利息に対する収益の大きな倍率がその証券の安全性を保証することは確かである。いくら大きな安全余裕率を取っても、その会社の業績が悪化してはどうしようもない。第２章で取り上げたスチュードベーカーのケースでも分かるように、「実質的な安全性」というものが大切なのである）。

## 不況期の対策

投資家が確定利付き証券を購入するときにそれほど大きな注意を払わないとすれば、不況期にはどのように対処し、またどのような方法を取ればよいのだろうか。もしその不況が並みのものであれば、その影響は市場平均程度でその本質的価値を左右するまでには至らないだろう。しかし、それが1930～33年くらいのものになれば、保有証券の大幅な下落は避けられず、その安全性に対する不安は増大するだろう。ただし確定利付き証券の投資の論理に照らせば、1930～33年のような大激震はその激しさから見ても二度と起こることはないだろう。その代わり1921～22年並みの不況を「再発する可能性のある大不況」と考えるならば、優良証券リストから注意深く有利な証券を選ぶことでそうした不況は乗り切れるはずだ。投資家は現在の収益が落ち込んだからといって、これまでに満足すべき業績を維持してきた会社の保有証券を何も投げ売りする必要はないのである。しかし、保有証券の価値を維持することにはこれまで以上に注意を払い、慎重に乗り換えたほうがよいと考えられるときは迷わずにそうすべきであろう。

## 割安な証券

保有証券の安全性と価格がともに低下した場合、投資家は同じような価格水準でもっと有利な証券に乗り換えることを考えるだろう。そうした「掘り出し物」はめったにあるものではないが、多くの債券や優先株を注意深く探せば見つけられるものである。一般にそうした証券はあまり注目されず出来高も少ない。そのため、一般投資家は素晴らしい業績を持つ会社のそうした証券の購入をためらい、安値で低迷しているのは何か隠された訳でもあるのではないかとつい疑ってしまう。しかし、投資家は自分の保有する証券の価値が疑わしいと思われる場合には、リスクを減らし利益のチャンスを高めるためにも思い切ってそうした証券に乗り換えることも必要なのである。

## 投資のアドバイスと管理

証券の管理にはだれが、どのように行うのかといった2つの問題がある。投資家にはさまざまな選択肢があるが、その主な依頼先は次のようなものであろう。

①投資家自身
②取引している商業銀行
③投資銀行（または証券引受会社）
④ニューヨーク証券取引所の会員会社
⑤大手信託会社の投資顧問部門
⑥投資カウンセラーや投資コンサルタント

このうち⑤～⑥は有料のサービスで、②～④は無料でアドバイスや情報を提供してくれる。

### 商業銀行

投資家は他人にアドバイスできるほどの訓練や経験を積まないかぎり、自分独自の判断で投資しないほうがよい。そうであれば、少なくとも自分の投資判断を専門家と相談することが望ましい。商業銀行への投資相談は広く行われており、特に小口の投資家にとってそのアドバイスはかなり有益である。こうした習慣を続けていれば、強引な証券マンのうまい口車に乗せられて価値のない証券をつかまされることもなくなるだろう。しかし、商業銀行が一般投資家にとってベストのアドバイザーかといえば、それははなはだ疑問である。一般にそのアドバイスは安全ではあるが、証券の知識はかなり浅く表面的である。そもそも商業銀行がわざわざ時間を割いて、顧客の保有証券について詳しく分析してくれると考えること自体に無理がある。

### 投資銀行

投資銀行の投資顧問サービスにも多くの問題がある。販売すべき証券を抱えている会社が顧客に公平なアドバイスを行うことなどできるだろうか。その目的がどれほど倫理にかなっていようとも、私利私欲がそのアドバイスに大きく反映されるのは当然であろう。特に証券セールスマンの生活が顧客に売れ残りの証券を押しつけることで成り立っているような場合にはなおさらである。

一方、名声のある証券引受会社が顧客に対して誠実な態度をとっていることも事実である。投資家に安全なアドバイスを提供したり、また有利な証券を販売することは誠実な企業慣行の表れであり、そうしたことはプロとしての行動倫理から出たものであろう。しかし、証券の販売は聖職ではなくビジネスであり、当然ビジネスライクに行われるものである。投資家に有利な証券や満足感を与えることは証券会社の利益にもつながるが、往々にして両者の利害は対立するものである。投資銀行が投資家に公平なアドバイスを提供することができないのと同じように、証券会社に有利なアドバイスを求めることもやはり間違っている。

### ニューヨーク証券取引所の会員会社

ニューヨーク証券取引所の大手会員会社の投資部門は、こうしたケースとはやや趣を異にする。顧客との取引に経済上の利害を持つ点では同じだが、そのアドバイスは総じて丁寧で公平である。証券取引所の会員会社は販売すべき証券を持っていない。ときに一般の手数料よりもかなり高い報酬が得られる販売シンジケートに参加することもあるが、個人向けの証券販売は証券引受会社ほど熱心ではない。取引所会員会社の投資・債券部門にとっては、証券の販売利益よりも社会的な高い評価のほうが重要である。取引所会員会社は投機を煽る手先であるなどと批判する人に対しては、「私どもは一般投資家の皆さまに必要なサービスを提供しております」といった返事が返ってくるだろう。これらの会社に小口の債券購入のことを相談する投資家は、売買手数料のなかからその相談料と時間代をちゃんと払っているのである。そして取引所会員会社にとっても、こうしたやり方はクールなビジネス・ルールに従って最終的には利益になるのである。最初は小口の債券購入者だった顧客もその後に活発な株式取引者になることも少なくないからである。これらの会社は債券投資家に対して株式の投機を勧めるようなことはしないが、証券会社の店頭に行けばそうしたこともけっして珍しいことではない。

### 投資カウンセラー

有料で投資アドバイスを提供するビジネスはけっして目新しいものではないが、証券界では比較的新しい傾向である。現在では大手信託会社の投資部門、統計機関の一部門、投資カウンセラーや投資コンサルタントと称する民間会社などがそうしたサービスを提供している。これらのアドバイスは完全に公平で、また証券のセールスや売買手数料などとは無縁であることが大きなメリットである。しかし、その料金は平均して元本の年間売買高の約1/2%である。さらに投資信託に限れば、その投資顧問料は年間の投資収益の約1/10とかなり高くなっている。

こうした顧客の投資顧問料の負担を軽減するため、民間投資コンサルタントのなかには債券市場の大まかな予想をもとに、買い時と売り時を顧客にアドバイスするところもある。しかし、一般投資家が債券市場でそうした相場の細かい波をとらえて利益を上げることなどできるだろうか。もし債券相場の将来の方向が予測できるなら、株式相場の将来も予測できるはずである。それならば、債券よりもずっと儲かる株式の売買をなぜ勧めないのだろうか。債券であれ株式であれ、相場の将来を確実に予測できるというこうした有料の投資顧問会社の言い分はまったく信用することができない。さらに個別の優良証券の選択と債券相場の将来の方向について同時に予測することなどできるはずがない。最も有利なときに証券を購入し、高値からまさに反落しようとするときにそれを売却すると口では言っても、われわれの長い相場経験に照らしても、そんなことは不可能である。もしも一般投資家が自分の投資法にトレード的な要素を持ち込めば、インカムゲインを目的とする投資スタンスは次第に崩れて投機の方向に向かうのは避けられないだろう。

限られたインカムゲインの確保という目的を考えると、一般的な優良証券の投資において有料の投資顧問サービスにどれほど効果があるのかは分からない。また純粋な投機の分野におけるこの種のサービスを考えると、もしそのアドバイザーが自分のアドバイスに確信を持っているならば、なぜ自分で売買しないでコンサルタントというような煩わしい仕事をしているのだろうか。このように見てくると、証券に関するアドバイスという職業は投資と投機の中間的な分野で実際的な価値を持つのではないだろうか。この分野であれば、アドバイザーは保有証券が値下がりしたときの対処法と有利な乗り換え、本質的価値をかなり下回っている割安証券の買い推奨——などについて投資家に適切なアドバイスができるだろう。

# 第 3 部

# 投機的な性質を持つ上位証券

SENIOR SECURITIES WITH SPECULATIVE FEATURES

# 第22章

# 割安な上位証券と特権付き証券

ここで元本の価値が大きく変化する債券と優先株について検討してみよう。われわれは第５章でこれらの証券をさらに２つに分類した。すなわち、安全性が保証されない投機的な証券と、転換権やそれと類似した特権が付与されているためにその価格が大きく変動する投機的な証券である。

## 中間に位置するタイプ

しかし、こうした一般的な分類のカテゴリーとは別に、確定利付き証券と投機的な上位証券の中間に位置する債券や優先株もある。これらは投資家が安全な投資対象として購入できるうえに、安値で購入すれば大きなキャピタルゲインが狙える上位証券である。これについて一般投資家は、「そんな有利な証券などあるはずがない。債券や優先株の値段が安いということはその安全性が保証されない証拠であり、安いなりの何か隠された訳があるのではないか」と考えるだろう。たしかにこの種の証券の多くはそうであるかもしれないが、市場価格というものは必ずしもその証券の本来の価値を正確に反映しているわけではない。数は少ないが、価格が投機的な安値をつけていながらも厳

## 割安証券

| 債券 | 1932～33年の安値 | 安値での利回り(%) | 金融費用に対する収益の倍率 | | 債券額面総額に対する普通株＋優先株の時価総額の倍率 |
|---|---|---|---|---|---|
| | | | 1927～31年の平均倍率 | 1927～31年の最低倍率 | |
| アメリカン・アイス債(利率5%、1953年満期) | 52 | 10.95 | 9.47 | 7.11 | 1.57 |
| ブルックリン・シティー鉄道債(5%、1941年) | 50 | 15.50 | 2.44† | 2.15 | 0.38 |
| ブルックリン・ユニオン鉄道債(5%、1950年) | 60 | 9.79 | 1.88‡ | 1.81 | § |
| チェサピーク・オハイオ鉄道債(4 1/2%、1995年) | 60 | 7.55 | 3.97 | 3.45 | 0.40 |
| インベスターズ・エクイティー債(5%、1948年) | 55 | 10.65 | 10.62‖ | 9.21 | 4.40¶ |
| オーエンス・イリノイ・ガラス債(5%、1939年) | 65* | 13.20 | 11.72¨ | 9.00 | 3.36 |
| シェル・パイプライン債(5%、1952年) | 56⅞ | 10.10 | 9.65(( | 6.83 | )) |
| タバコ・プロダクツ債(6 1/2%、2022年) | 73½ | 8.85 | 14.22** | 10.12** | 10.19** |
| ユニオン・パシフィック鉄道債(4 1/2%、1967年) | 58 | 8.16 | 3.40 | 2.72 | 0.34 |

| 優先株 | 1932～33年の安値 | 安値での利回り(%) | 優先配当＋支払利息に対する収益の倍率 | | 優先株＋債券に対する普通株の時価総額の倍率 |
|---|---|---|---|---|---|
| | | | 1927～31年の平均倍率 | 1927～31年の最低倍率 | |
| エレクトリック・オート・ライト(配当7%、累積的優先株) | 61 | 11.48 | 20.33 | 8.14 | 2.98 |
| ゼネラル・シガー(7%、累積) | 75 | 9.33 | 5.02 | 4.16 | 1.44 |
| ゼネラル・レールウエー・シグナル(6%、累積) | 65 | 9.23 | 14.70 | 8.68 | 2.97 |
| ゴールド・ダスト(6ドル、累積) | 70 | 8.57 | 8.35†† | 7.12 | 4.25 |
| マクアンドリューズ・フォーブス(6%、累積) | 57½ | 10.43 | 8.94 | 6.20 | 2.87 |
| USジプサム(7%、累積) | 84⅞ | 8.25 | 9.93 | 6.43 | 2.29 |

＊上場前の店頭市場価格

† 債券を引き受けたブルックリン・アンド・クイーンズ・トランジットの業績に基づく。1932/6/30に終了した年度を含む過去5年間のデータ

‡ 債券を引き受けたニューヨーク・ラピッド・トランジットの業績に基づく。1931/6/30に終了した年度を含む過去5年間のデータ

§ 未算出。ブルックリン・マンハッタン・トランジットとその子会社が保有するすべての普通株

‖ 設立以降2年の数字(1930〜1931)。収益カバー率は1930年の証券売却益と1931年の売却損を除くトライコンチネンタルの純利益に基づく。現金資産に基づく推定5%の純利益とインベスターズ・エクイティー証券の市場価額は、1930〜31年のトライコンチネンタルの利益に加算

¶ 債券を引き受けたトライコンチネンタルの業績と、同社によるインベスターズ・エクイティーの吸収合併に伴って発行された証券の数字に基づく。この合併による現金と1931/12/31の有価証券時価の債券1000ドル当たり純資産は6896.47ドル

“ 1932/5/2の債券上場に際してニューヨーク証券取引所に報告された連結損益計算書に基づく。イリノイ・パシフィック・コーストとの合併に伴う新発債とその他の債券を含め、連結債券発行残高の支払利息もこのレシオに含まれている

((1928〜31年の4年間の平均。この証券の元利を保証するシェル・ユニオン・オイルの過去5年間の平均倍率は2.89倍。それに基づく1931年の最低収益カバー率は3.22倍

))未算出。シェル・ユニオン・オイルがすべての普通株を所有。この証券の安値での株式価値レシオは0.37倍

＊＊リース契約の下でこの証券の元利を保証するアメリカン・タバコ債の価格

††1929〜31年の支払利息、子会社と親会社の優先配当に対する収益の倍率。1927〜28年の比較可能な数字は未入手

しい投資適格基準を満たしている証券は確実に存在するのである。

未熟な投資家はこうした「割安証券」を避けようとするだろう。こうした証券を物色するようになると、これまでの投資スタンスを踏み外してリスクの大きい証券に手を出すことにもなりかねないからだ。しかし、豊富な経験を持つ証券アナリストにとって、この分野はそう頻繁にチャンスはないかもしれないが極めて魅力的な市場である。もし投資家が安全な確定利付き証券の選択テクニックをマスターしたならば、こうした割安な証券を発見するときにもそのテクニックを十分に発揮できるだろう。ただし、この分野ではほんの一握りの有望な証券を見つけるために多くの証券を念入りに調査する根気が必要であり、そうした証券の隠された弱点を発見する批判的な分析力も求められる。

特に1931～33年のような証券暴落時には、こうした割安証券を見つけるチャンスは多くなる。このような深刻な不況期においても、好業績を維持しながら安値に放置されている証券がたくさんある。次の表は、1931年とそれに先立つ数年間にわれわれの数量的な安全基準をすべて満たした債券と優先株のリストである。これらの証券のなかには質的な安全基準をクリアしなかったものも含まれているが、1932年に異常な安値をつけて投資適格になった証券もある。

これらの債券のなかには1932年の安値ではわれわれの「株式価値レシオ」をクリアしないものもあるが、その異常な暴落ぶりと株式価値レシオは二次的な指標であるという事実を考慮すれば、これらの基準をもってその債券の投資適格度を測るのは適切ではない。また優先株の不利な契約形態に照らせば、われわれの提案する２つの基準をすべて満たさない優先株は投資適格証券に含めるべきではない。

なお、証券の価格と価値のかい離の問題を検討した第50章以下の各章では、上位証券のなかにこうした割安銘柄を見つける方法などを詳しく紹介している。掘り出し証券を見つけるにはそうした方法は極めて役立つだろう。さらにその証券の本質的価値とは関係のない理由で安値に放置されていることが分かれば、そうした証券に見知らぬリスクが内在しているといった懸念を抱く必要もなく、自分の判断に自信を持って投資することができるだろう。

## 特権付き上位証券

この種の債券や優先株には確定元利の優先的な請求権に加え、普通株が持つ利益参加権も付与されている。それらの特権とは次の３つである。

①転換権――一定の条件で普通株と交換できる権利

②利益参加権――通常は普通配当の金額に応じて追加配当を受け取る権利

③ワラント（株式買取権）――一定期間中に一定価格で普通株を購入できる権利（これら３つの特権ほど重要ではないが、1928～29年の証券ブーム期に初めて登場したもうひとつの利益参加権がある。「オプション付き」債券や優先株と言われるものがそれである。これは現金の代わりに普通株の一定価格に応じて利息や配当を受け取る権利である。例えば、1929年に発行されたコマーシャル・インベストメント・トラストの転換優先株［配当６ドル］のオプション・シリーズでは、保有者は６ドルの現金配当の代わりに普通株価の1/13の配当を受け取ることができる。６ドルの現金配当に相当する普通株の価格は78ドルで、普通株がこの水準を上回ればオプションを行使すると有利になる。また1929年に発行されたワーナー・ブラザーズ映画のオプション付き転換社債［利率６％、1939年満期］では、保有者は現金60ドルの代わりに普通株１株に相当する利息を受け取ることもできる。こうしたオプションは転換権の変種とも見られ、受け取る利息や配当を普通株に転換できるものもある。その場合には元本も普通株に転換できるも

のが多い。この種のオプションはさまざまな転換権の魅力を高めるものである）。

これらのなかで最も有名なものは転換権であり、「転換証券」といえば普通はこの特権が付与された証券を意味する。

## 魅力的な証券

上位証券にこれらの特権が付与されていれば、その会社の普通株が持つあらゆる利益参加権を得ることができる。これらの証券は大きな安全性とほぼ無限の値上がり益を享受できることから、最も魅力的な証券形態であると考えられる。大きな安全性と普通株への転換権を併せ持つこうした証券は紛れもなく有利な投資対象であろう。

しかし、こうした証券の投資結果は総じてパッとしない。証券形態の有利さと投資実績にこうした格差があるのは、次のような理由によるものであろう。

## 思わしくない投資結果

まず第一に、安全な投資適格の厳しい条件を満たす特権付き証券が実際にはあまり存在しないということがある。現にこうした転換条項が付与されているのは安全性に問題のある証券であることが多い（1927年に公表された「米投資銀行協会の工業証券委員会の報告書」では、上位証券を発行した一部の中小工業会社は過去５～10年間にかなりの赤字を計上しているため、そうした証券の投資リスクを補うために、保有者には普通株への転換権やその他の特権などの利益参加権が与えられるべきである――と強調している）。こうした証券のさまざまな問題は1926～29年の転換証券のブーム期に表面化した（われわれの知るかぎり、転換条項の現状に関する包括的な報告書が定期的に公表されていることはないようだ。この種の証券の現状については参考資料の注33を参照)。この時期に強力な工業会社は主に普通株の発行を通じて資金を調達したのに対し、特権付き上位証券を発行したのはどちらかといえば経営基盤のぜい弱な企業だった。

二番目の理由は、転換権の行使によって利益を確保することが実際にはかなり難しいことがある。たしかに転換社債の上値は青天井かもしれないが、そうした債券の保有者が投資の立場を維持しながら得られる実際の利益にはかなりの限度がある。特権付き証券が普通株と一緒に値上がりすれば、その後の利益の程度は普通株次第ということになる。つまり、それ以降もこうした上位証券を持ち続けることはもはや投資ではなく投機になるのである。以下にその例を示そう。

例えば、100ドルの額面に対して50ドルの普通株２株と転換できる優良債券（利率５％）を額面で購入したとしよう。この債券を購入したときの普通株価は45ドルだった。

### 第一段階

もし株価が35ドルに下落しても、債券価格は額面を維持するかもしれない。この場合、普通株よりも債券で保有しているほうが明らかに有利である。その後株価が55ドルに上昇すれば、債券価格も115ドル以上に上がるかもしれない（直近の転換価値は110ドルであるが、株式よりも有利な分だけプレミアムが付く）。こうなるとこの転換社債は明らかに投機的な性質を持つ。

### 第二段階

株価がさらに65ドルまで上げると、この債券の転換価値は130ドルとなり、この水準以上の値段で売れるようになる。この水準まで来るとこの債券保有者はひとつの問題に直面する。つまり、この債券の将来の価格は完全に普通株の価格次第で決まることになる。この債券の保有者がさらに大きな利益を追求しようとすれば、今の評価益を確定してはならないことになる。しかし、いったん普通株が下落に転じれば、この債券価格もすぐに130ドルから100ドルほどに急落するかもしれない。この保有者がこのまま債券を保有するとすれば、その立場は株式保有者と似たようなものとなり、普通株が上昇すればこの債券の利益も膨らむだろう。そして例えばこの債券が180ドル（普通株は90ドル）をつけたとすれば、その立場とリスクの度合いは普通株保有者とまったく同じになる。

### 無限の利益は普通株次第

特権付き証券で無限の利益が得られるという可能性は実際には夢である。普通株にはその可能性があるかもしれないが、転換権の付いていない債券や優先株の保有者がそのチャンスを手にするには、手持ちの証券を売却して株式を購入するしかない。実際問題として「確定利付き証券の利点を維持しながら」なおかつ転換証券の利益のチャンスを追求する場合でも、その限度は額面の25～35％増がいいところであろう。こうした理由に照らせば、特権付き証券の一般的な保有者が手にする利益は実際には最も成功した人の利益の何分の一であり、想像するほど大きな利益を手にすることはできないだろう。その代わりこうした証券では、確定した利益が損失のリスクで相殺されることもないのである。

## 魅力的な証券のケース

こうした現状を考慮すれば、特権付き上位証券の魅力もかなり薄れてきそうだが、それでもこうした証券に大きなメリットがあるのは確かである。そしてそのメリットをうまく利用すればそれなりの利益を手にすることはできる。最近の新しい転換証券の多くは安全性という点で保証が少ないのは事実だが、何事にも例外はあり、抜け目のない投資家にとってそうした例外は大きな利益のチャンスになるのである。次の3つのケースは、公益事業、鉄道および工業債でこうしたチャンスをものにする好例を示したものである。

### 事例1――ATTの転換社債（利率6％、1925年満期）

この転換社債は1918年8月に94ドル（最終利回り7.10％）で売り出された。同社の好業績に照らせば、この債券は極めて安全な投資対象であった。この社債は1920年8月1日～1925年8月1日に普通株と額面で転換できるが、経過利子や配当の調整のため転換株式1株につき6ドルの現金払い込みが必要であった。

この債券の1918年8月末の価格は94 7/8ドルで、この時の株価は98 1/2ドルだった。この債券と株式はほぼ同じ額面価値であるが、株価がわずかに高いことからこの債券の保有者にはいくらかの利益のチャンスがあった。転換権を行使した1920年10月の債券価格は95 1/4ドル、株価は97 1/2ドルだった。その後5年間に株価はじり高歩調をたどったため、転換社債もそれにつれて上昇し、1925年には136 1/2ドルをつけた。

### 事例2――チェサピーク・アンド・オハイオ鉄道の転換社債（利率5％、1946年満期）

この債券は1916年6月に発行されたあと、1920年4月1日までは75ドル、それ以降の1923年4月1日までは80ドル、1926年4月1日までは90ドル、1936年4月1日までは100ドルで普通株に転換することができる。

この債券価格は1924年の後半に転換パリティ近辺で売買されていた（つまり、転換権を行使するときにプレミアム分を支払う必要がない）。そして1924年11月末には101ドルとなり、株価は91ドルをつけた。この時点でも同社の業績は好調を続けていたため、この債券の安全性は十分に保証されていた（1924年の金融費用に対する収益の倍率は２倍だった）。この債券の転換権の価値は株価が翌年に131ドルをつけたとき、債券価格が145ドルになったことで十分に証明された。

### 事例３――ランド・カルデクスのワラント債（利率5 1/2%、1931年満期）

この債券は1925年12月に99 1/2ドルで発行され、ワラントは1927年１月以降に分離できることになっていた。保有者は1926年には１株当たり40ドル、1927年には同42.50ドル、1928年には45ドル、1929年には47.50ドル、1930年には50ドルを支払えばクラスＡ普通株式を22 1/2株を購入することができる（クラスＡ株式とは実質的には参加的優先株と同じである）。この債券はワラントを行使して普通株と交換できるという点では実質的に転換社債である。

この債券の安全性は十分に保証されていた。被合併会社の業績をベースとしたこれまでの支払利息に対する収益の倍率は次のようになっている。

| | 支払利息に対する収益の倍率 |
|---|---|
| 1921年 | 1.7 |
| 1922年 | 2.3 |
| 1923年 | 6.7 |
| 1924年 | 7.2 |
| 1925年１月～９月 | 12.2 |

ランド・カルデクスの正味流動資産は債券発行残高の額面総額の２倍以上に達している。この債券が発行されたときのクラスＡ株式の価

格は約42ドルで、直近のワラント行使価格とほぼ同じである。翌年に同株式は53ドルをつけ、それに伴ってこの債券も130 1/2ドルまで上昇した。（ランド・カルデクスがレミントン・タイプライターと合併した）1927年には同株式は76ドル、債券は190ドルをつけた。

## 魅力のない証券のケース

これとは対照的に、次のケースはとりわけ1928～29年のような時期に一見すると魅力的に見えるが、実際にはまったく安全ではない債券の例である。

**事例――ナショナル・トレード・ジャーナルズの転換社債（利率６％、1938年満期）**

同社は十数の業界紙を刊行するために1928年２月に設立され、同年11月にこの債券を280万ドル発行した。この債券は1930年11月１日までは（１株当たり37.03ドルで）普通株27株と、それ以降1932年11月１日までは（同40ドルで）25株と転換できる。そして満期に先立つ２年間の転換価格は１株当たり52.63ドルとなっている。

この債券のパリティ価格は、発行後数ヵ月間は普通株式の時価をわずかに上回っていた。11月30日になるとその価格は97 1/2ドル、普通株価は34 1/8ドルとなり、普通株がもう２ドル上昇すれば普通株に転換すれば利益が出るはずであった。

ところが、募集案内書の魅力的なうたい文句とは裏腹に、この債券の安全性はまったく保証されていなかった。募集案内書に記載された被合併会社の過去3.5年間の推定平均収益は支払利息の4.16倍となっていたが、これらの収益のほぼ半分は合併に伴う従業員の賃金カットの経済効果によるものだった。とりわけこの業界ではリスクが大きいうえに競争も激しく、また有形資産も少ない企業が多いことから、保守的な投資家としては会社側が発表するこうした収益の数字をそのまま受け取ってはならない。この推定収益を修正すれば、この債券の発行時とそれ以降の同社の業績は次のようになる。

| 年 | 転換社債の価格レンジ | 普通株価のレンジ（ドル） | 通常の転換価格（ドル） | 支払利息に対する収益の倍率 | 普通株１株利益（ドル） |
|---|---|---|---|---|---|
| 1925 | | | | 1.73* | 0.78* |
| 1926 | | | | 2.52* | 1.84* |
| 1927 | | | | 2.80* | 2.20* |
| 1928 | 100 -97½ | 35⅞-30 | 37.03 | 1.69† | 1.95 |
| 1929 | 99 -50 | 34⅝- 5 | 37.03 | 1.86† | 1.04 |
| 1930 | 42 -10 | 6⅜- ½ | 37.03-40 | 0.09† | 1.68（赤字） |
| 1931 | 10½- 5 | 1 | 40.00 | 財産管理状態 | |

＊推定値。１株利益は連邦所得税控除後の数字

†1928年１～10月とそれ以降の暦年の実際収益に基づく倍率

1931年６月に破産管財人の管理下に入った同社の資産は同年８月に売却処分され、この債券保有者が受け取った金額はわずか8.50ドル（額面100ドル）だった。

## 以上の事例から得られる投資原則

これらの事例から、われわれは特権付き上位証券を選択するときに貴重な指針となる次のような投資原則を得ることができるだろう。それは「額面以上に買われている特権付き上位証券は、インカムゲインを目的とした確定利付き証券の投資、または普通株の投機に関する基準に照らして購入すべきである」ということである。これを具体的に言えば、元本の値上がりのチャンスもある安全な投資をするのか、それとも普通株の値上がりの魅力を狙った投機をするのか——というこ

とである。この2つのアプローチの間に中間的なやり方はない。元本の安全性を重視する「投資家」は転換権などに目がくらんでこれまでの投資基準を緩めてはならないし、その一方で「投機家」は債券の条件を併せ持つ普通株といったような中途半端な証券に目を向けてはならない。

さまざまな理由をつけて、純粋な投資と明らかな投機との中間をいくようなどっちつかずのやり方はけっしてすべきではない。そのような中途半端な態度は混乱、誤った判断、自己欺隔などを招くだけである。利益参加権を得るためにこれまでの安全基準を甘くする投資家は、損失の可能性に対して金銭的にもまた精神的にも心の準備ができていないだろう。一方、転換証券などを購入してリスクの軽減を図ろうとする投機家は、自分の関心が普通株なのかそれとも特権付き証券に向いているのかが分からなくなり、最後には自分は株式投資家なのか、それとも債券投資家なのかをめぐって頭が混乱してしまうだろう。もっとも、こうした原則は額面をかなり割り込んだ価格で売られている特権付き証券には当てはまらない。この章の初めに言及した投機的な上位証券の二番目のカテゴリーに含まれるからである。

こうした投資原則に照らせば、先のATTの転換社債などはその転換条件を考慮しなくても投資適格証券として十分に購入することができる。そしてその転換条項は債券発行時にその魅力をさらに高めるものとなっている。こうしたことはチェサピーク・オハイオ鉄道債やランド・カルデクス債についても当てはまる。これら3つの債券は、転換先の普通株の値上がりが期待できるという点では投機家にとっても魅力的なものである。

これに対し、ナショナル・トレード・ジャーナルズの転換社債は厳しい質的および数量的基準のいずれもクリアすることはなかった。このため、こうした証券に関心があるのはこの証券の将来の値上がりを全面的に信じている人々だけであろう。とはいっても、この種の証券を購入する人の多くは同社の普通株への投資または投機を狙ってのことではなく、おそらく転換権の魅力的な条件に引かれたか、または債券投資としてかなり安全であると考えたかのいずれかであろう。われわれの言う純粋な投資と明らかな投機との間の中途半端な妥協とはまさにこういう態度なのである。そこには投資に関する明確な基準もないし、またリスクを承知の投機という肝が座った態度もない。

## 保有・売却の原則

以上、特権付き証券の選択に際して指針となる基本原則について述べてきたが、それでは証券購入後にそれを保有または売却するときにはどのような原則で臨むべきであろうか。まず最初には普通株の投資の一環として転換証券を購入した場合には、単なる投資よりも大きな利益を狙うべきであろう。もし購入した転換社債が100ドルから150ドルに値上がりしたら、もはや転換によるプレミアムはこの証券を売却する主な理由にはならないだろう。保有者の関心は、利益をさらに大きくするために普通株が今後どれだけ上昇するかに向かうはずだ。しかし、安全な債券の投資という目的でこの証券を購入したのであれば、保有し続けることの利益にはおのずと限度があるだろう。これまで説明してきた原則に従えば、転換証券の保守的な投資家であれば取得価格の25～35％以上の利益を追うことはないだろう。これを逆に言えば、転換証券の購入で本当に成功し続けるためにはそれ以上長くはその証券を保有してはならないということである。たとえ長期保有のつもりでそうした証券を購入した場合でも、評価益は早めに確定したほうがよい。

以上の検討結果を要約すると、もうひとつの投資原則が得られる。それは「一般投資家は転換社債の転換権を行使すべきではない」ということである。転換権の目的はチャンスが来たらそれを行使して利益を得ることにあるのは言うまでもない。もしその転換社債が急上昇したら、それを株式に転換すれば大きな利益が得られるだろう。しかし、その投資家が保有する転換社債を株式に転換したら、債券の安全性と債券購入時の大前提であった元利の無条件の請求権は放棄しなければならない。株式に転換したあとで株価が債券の取得価格を割り込むようなことになれば、その投資家は利益のみならず元本の一部も失うことになるのである。

さらに事態はそれだけにとどまらず、その投資家は債券投資家から株式投機家に変身する危険性もはらんでいる。そうなれば、優良な転換社債にもそれなりのリスクがあるというのに、投機の世界ともなれば不用心な者には恐ろしいワナが待ち受けているかもしれない。こうした危険を避けるためにも、投資家は保守的な立場をしっかりと堅持しなければならない。そのためには、もし保有債券の価格が投資の範囲を超えて上昇したら、迷わずそれを売却する。その場合に最も大切なことは、売却した債券の価格がさらに上がっても、けっして悔しがってはならないということである。その証券が投機的な価格帯に入ったら、それはもはや自分とは関係のない別の世界の出来事であると割り切るべきである。投機的な証券の行き着く先などはだれにも分からないからである。

投資家がわれわれの主張するこうしたスタンスを守るならば、転換社債などを購入するのは投機のために普通株を取得するときと同じような明確な目的を持つ場合に限られるだろう（転換社債を購入するひとつの目的は、同社債を購入すると同時に、転換パリティよりも高い水準で株式を売却するといういわゆる裁定取引を行うことにある）。

相場環境がよいときには特権付き証券を購入してできるだけ利益を確定しながら、大きなプレミアムを失わないように新しい証券に乗り換えるのもよいだろう。具体的に言えば、100ドルで購入した債券を125ドルで売却したら、額面近辺で購入できる別の有利な転換証券に乗り換えるのである。もっとも、こうしたチャンスはそういつでもあるわけではなく、またすべての投資家がこんなことをできる腕を持っているわけではない。魅力的な転換証券の多くは強気相場のときよりも、それに続く1933年のような超弱気の時期に現れるというのが現実であろう。1926～29年にはさまざまな転換証券が続々と登場したが、その多くは劣悪なものだった。それに続く1931～33年には投資熱が極端に冷え込んで安全志向が高まり、新規発行の債券にはほとんど転換権などは付いていなかった。しかし、相場の振り子が平常時に戻ってくれば、安全な債券の販売を促進するためにまた何らかの利益参加権が付けられるようになるだろう。そうなれば、1918年に発行されたATTの６％債のような掘り出し物が抜け目のない投資家の前に現れるはずである。

# 第23章

# 特権付き上位証券のテクニカルな特徴

われわれは前章で、特権付き上位証券は投資と投機の明確な原則に照らして購入すべきであると強調した。以下では実際的な観点に立ってこれらの証券の特徴についてさらに広範に検討してみよう。その場合、①転換権、利益参加権およびワラント（株式買取権）という３つの特権に関する一般的な考察、②これらの特権のメリットについての比較検討、③それぞれの特権におけるテクニカルな特徴――に分析の範囲を絞るのが効果的であろう（特権付き証券の重要性が次第に高まっていること、一般の投資書籍ではこれらの特権の特徴などについてあまり詳しく説明されていないことなどから、以下ではこれらの問題について詳しく分析する）。

## 特権付き証券の一般的な考察

利益参加の特権の魅力は、①特権の条件、②参加利益がどれくらい簡単に確定できるか――によって決まる。これを具体的に説明するために、次のような２つの転換社債があるとする。

| A社の証券 | B社の証券 |
|---|---|
| ６％債が100ドルで | ６％債が100ドルで |
| 売られている | 売られている |
| 株式への転換価格は50ドル | 株式への転換価格は33 1/3ドル |
| （額面100ドル当たり | （額面100ドル当たり |
| 株式２株と転換） | 株式３株と転換） |
| 現在の株価は30ドル | 現在の株価は30ドル |

## 特権の条件

転換の条件はＢ社のほうが明らかに有利である。株価が３ドル値上がりすれば利益を確定できるのに対し、Ａ社のほうは株価が20ドルも上げなければ利益を出すことができないからである。しかし、現実には必ずしもそうとはならない。Ｂ社の債券がまったく上がらず、Ａ社の債券が２倍ないし３倍に値上がりする可能性もあるからだ。

これ以外にも、有利な条件の証券を選択するよりも有望な会社の証券を選ぶほうが利益になることもある。ただし、その会社の将来性と特権の条件については相互に何の関連性もなく、この２つの要素はまったくばらばらに存在する。しかし、投資適格の特権付き証券を分析する場合には、その特権の条件を重視すべきである。その会社がほかの会社よりも将来性があることは一目すれば分かるが、ある価格の普通株が時価の普通株よりも有利かどうかはだれにも分からないからである。

先の２社の例に話を戻すと、仮にＢ社の株が33ドルにそしてＡ社の株が50ドルに値上がりしたとすれば、投資利益は別として、Ａ社の株価が大きく上昇したということはＡ社がＢ社よりも優れていることを示している。つまりわれわれが言いたいのは、ある会社がほかの会社よりも優れているということは「すでに株価に反映されている」ということである。Ｂ社の株よりもＡ社の株のほうが大きく値を上げると考えてＡ社の債券を購入した投資家は、不確実な相場の世界で独自の判断を下したのである。このように、投資家がその会社の将来に対して独自の判断を下して行動するならば、投資という目的で特権付き証券を購入することではたして成功し続けることができるのだろうか。これとは反対にその投資家が投機的なアプローチをとるならば（すなわち、主に株式の値上がり益を得るために債券を購入するならば）、その会社の将来性に対して自分なりの判断を下すのもそれなりの論理にかなっている。

## ３つの重要な要素――特権から得られる利益

利益参加権の条件を検討する場合、次の３つの要素に目を向ける必要がある。

①投資額に対する参加的利益または投機的利益

②証券購入時におけるその特権の利益の確定の容易さ

③特権の有効期間

転換権またはワラント付き上位証券の投機的利益は、それらの特権が付与されている株式数の時価総額に等しい。つまり他の条件がすべて同じであるとすれば、投資額に対する投機的利益が大きければ大きいほど、その特権の魅力は大きいということになる。

### 事例

ランド・カルデクスの5 1/2％債には、当初は40ドルでクラスＡ株式を22 1/2株購入できるワラントが付与されていた。クラスＡ株式の時価は42ドルであるため、その「投機的利益」は22 1/2株×42ドル＝945ドル（債券額面1000ドル当たり）となる。一方、1927年に発行されたリライアブル・ストアーズの６％債のワラントの場合には、10ドルで購入できる普通株はわずか５株である。普通株の時価は12ドルであるため、その投機的利益は５株×12ドル=60ドル（債券額面1000ドル当たり）にすぎない。

これに対し、インターナショナル・ラバー・プロダクツの７％債は大きな投機的利益が見込める好例である。1922年に発行された額面1000ドルのこの債券には普通株100株との転換権に加えて、１株当たり10ドルで普通株400株を追加購入できる権利も付いていた。1925年の普通株価は10ドルであったため、額面1000ドル当たりの投機的利益は500株×10ドル=5000ドルとなり、その投資額に対する投機的利益は４倍に達する。

これら３社の債券の「投機的利益」がどれくらいに上るのかは、次の表から比較できる。

| 項目 | リライアブル・ストアーズ６％債 | ランド・カルデクス5½％債 | インターナショナル・ラバー７％債 |
|---|---|---|---|
| 額面1000ドル当たりの取得株数 | | | |
| 基準株価(ドル) | 5 | 22½ | 500 |
| 株価上昇で得られる債券の | | | |
| 利益(ドル) | 10.00 | 40.00 | 10.00 |
| 基準株価より25％上昇 | 12.50 | 225.00 | 1,250.00 |
| 基準株価より50％上昇 | 25.00 | 450.00 | 2,500.00 |
| 基準株価より100％上昇 | 50.00 | 900.00 | 5,000.00 |

転換社債の投機的利益は、株式が転換価格で売買されている場合の額面との差額に等しい。このため転換社債においては、先に挙げた３つの要素のうち①～②は同じことを意味している。もしも額面で売られた転換社債が50ドルの株式と交換され、株価が30ドルに下落したと

すれば、その投機的利益は投資額の60%になったということである。ということは、現在の株価は転換前の株価の60%の水準にあるということと同じである。これに対し、ワラント付き証券の場合は投機的利益をどのように実現するかといった問題は転換社債ほど難しくはない。リライアブル・ストアーズのワラント債についていえば、投機的利益はかなり小さいが株価が株式買取価格を上回っていたため、その債券を購入する時点ですでに実際利益が確定していたのである。

### 安い値段で多くの株式を

テクニカル的に見れば、安い値段で多くの株数を入手することによる投機的利益は、高い値段で少ない株数を取得する利益よりもかなり大きい。これは低位株の変動率が値がさ株のそれよりも大きいことによる。もしもその転換社債の安全性が高く、また安い値段で多くの株式と交換できるならば、株価の大幅な下落といったリスクを負わないで大きな利益が得られるだろう。

例えば額面1000ドル当たりの投機的利益が同じだとすれば、時価１ドルの株式1000株と交換できるオハイオ・コッパーの７%債（1931年満期）は、166ドルの普通株６株と交換できるアチソン・トピーカ鉄道の転換社債（利率4 1/2%、1948年満期）よりはるかに魅力的である。実際、1928年には１ドル以下だったオハイオ・コッパーの株価は1929年には4 7/8ドルをつけたため、その債券の額面当たりの価値は500%にも上昇したことになる。アチソン・トピーカ鉄道債がこれと同じ利益を上げるには166ドルから800ドルに急騰する必要があるが、1929年の最高値でも300ドルにとどかなかった。

これに対し、利益参加証券の利益額はその特権を行使して得られる追加利益の程度によって決まる。限定的な追加利益しか得られない証券（わずか１%の追加利益しか期待できないバイユク・シガーズの優先株など）は、大きな参加的利益が得られる証券（1930年には約26%

の配当が得られたホワイト・ロック・ミネラル・スプリングズの第二優先株など）ほど魅力がないのはもちろんである。

### 利益確定の容易さと特権の有効期間

既述した特権付き証券の②～③の要素の意味は明らかである。有効期間の長い特権は、それがすぐに無効となる特権よりも有利であることは説明を要しないだろう。利益の出る転換権や新株引受権の価格が株式の時価に近ければ近いほど、そうした特権の魅力は大きくなる。同様に利益参加権も普通株の配当や利益が得られる水準に近ければ近いほど有利である。

「転換価格」とは、転換証券100ドルの価格に対する普通株価を意味する。もしも優先株が普通株1 2/3株と交換できるとすれば、普通株の転換価格は60ドルとなる。これに対し、「転換パリティ」または「転換比率」とは転換証券の特定価格での株式価値を指す。これは普通株価に転換証券の価格を掛けて求められる。もしも上記の優先株の時価が90ドルであるとすれば、普通株の転換パリティは60ドル×90％=54ドルとなる。この場合、90ドルでこの優先株を購入した投資家は普通株が54ドル以上になれば利益を得ることができる。

## ３つの特権のそれぞれのメリット

理論的な観点から見れば、有効期間と実現可能利益に制限がないという点で利益参加権は３つの特権のなかで最も有利なものであろう。投資家にとってこの特権の大きなメリットは、上位証券の保有者という当初の地位を失うことなく追加利益のチャンスに参加できることである。さらにその有効期間も一般には極めて長い。これに対し、転換権はそれを実際に株式と交換して上位証券の地位を放棄しないかぎり、利益のチャンスにはありつけない。そうでなければタイムリーなときに転換証券を売却するしかない。同様にワラント付き証券などもワラントを売却して（または、ワラント権を行使して購入した普通株を売却することで）利益を確定するしかない。ワラントによって取得した普通株を長期にわたって保有すればそれなりの利益を得られるかもしれないが、それは転換証券などを普通株と交換して得られる利益とは基本的に異なるものである。

## 魅力的な利益参加証券の実例

強力な会社の魅力的な利益参加証券の実例をウェスチングハウス・エレクトリックの優先株に見ることができる。その優先株には年間3.50ドルの累積的優先配当（額面50ドル当たり７％）のほかに、普通配当が3.50ドルを超えたときにはそれにも参加できる権利が付いていた。1917年に52 1/2ドルで売られていたこの優先株を購入すれば、魅力的なインカムゲインに加えて追加利益のチャンスにもあずかることができた。そして1932年までの15年間に１株当たり７％の配当利益はそれよりもはるかに大きな利益をもたらしたのである。まず、この証券自体を売却したときの大きな利益（1929年の高値は284ドル）は、転換証券やワラント付き証券の値上がり益にも匹敵する。もしもこの優先株を売却しなければ、その後の下落で売却益は失ったかもしれないが、優先株保有者としての地位を維持したことの利益もけっして少ないものではなかった。1932年の安値でも７％の配当は続いていたし、そのときの52ドルという株価は無配となった普通株の15ドルに比べればはるかに高い水準である。

このように、こうした証券の保有者は優先株の地位を失うことなく好況期には普通株の追加利益にあずかる一方、不況期にあってもその利益を一時的に失うにすぎない。これが利益参加証券ではなく転換証券であれば、株式に転換しなければ高い配当を受けられないばかりか、その後に普通株が下落すれば無配の可能性に加えて、その株式価値も当初の投資額を割り込む恐れもある。

## 価格次第では利益参加証券も不利に

このように長期投資の観点から見ると、利益参加証券は理論的には最も魅力的な投資対象であるのは確かだが、市場が上昇基調をたどっているときには転換証券やワラント付き証券よりも不利になることもある。そのような時期には、利益参加権付き上位証券は総じて転換証券やワラント付き証券よりも安くなる傾向がある。例えば1929年のウェスチングハウス・エレクトリックの優先株は、１株当たりの本質的価値は普通株のそれを上回っていたにもかかわらず、普通株よりも５～10ドル安く売られていた（こうした大きな価格差は1929～30年のホワイト・ロック・ミネラル・スプリングズの参加的優先株と普通株にも見られた。こうした状況の下で、参加的優先株のほぼすべての保有者は普通株と交換するという会社側からの申し出を受け入れたが、普通株のその後の値下がりで利益どころか損失を被る結果となった）。

こうした現象が起きたのは次のような理由による。即座の利益を手にしたい投機家は、主に普通株を活発に売買して活況な市場をつくる必要があった。これに対し、普通株と密接な関係にある優先株はあまり取引されなかった。投機家は優先株より数ドル高くても容易に売買できる普通株を活発に取引していたところ、ほかの投機家もこうした普通株の売買に続々と参加してきた。

優先株と普通株のこのような変則的な価格差は、同じ会社の議決権付き普通株と無議決権の普通株の間でも見られる。例えば、アメリカン・タバコのクラスＢ株式（無議決権）は何年にもわたって普通株（議決権付き）よりも高値をつけていた。議決権付きと無議決権の普通株のこうした価格差は、ベスレヘム・スチール、パンアメリカン・ペトロリアム、リゲット・アンド・マイヤーズなどにも見られた（R・J・レイノルズ・タバコの普通株とクラスＢ株式の間には常に大きな価格差が見られるが、これは普通株を保有する役員や従業員がクラスＢ株式にはない利益参加権を行使しているという特殊な事情によるものである）。一見すると矛盾するようなこうした価格差は、とりわけ売買が低調な市場環境の下では品薄な証券が安くなることで生じるようだ。

ウェスチングハウスやアメリカン・タバコの場合、本質的価値が高い証券の保有者にそれよりも下位の証券と交換するように勧める会社側の方針がそうした価格差を生み出す原因ともなっている。ホワイト・ロックもこうした政策を推進している。こうして参加的優先株の保有者が会社側からのそうした申し出を断りきれなくなって普通株との交換に応じれば、上位証券が少なくなる分、普通株主にとってはメリットが大きくなる。

## 分離型ワラント証券の投機的なメリット

上昇相場での価格という観点から見ると、特権付き証券のなかでは分離型ワラント付き上位証券が最も有利である。このことを確認するために、以下の表では４社の特権付き証券と普通株の1929年の価格を比較してみた。

①モホーク・ハドソン・パワーの第二優先株（配当７％、優先株１株につき50ドルで普通株２株を購入できるワラント付き）
②ホワイト・ソーイング・マシーンの無担保社債（利率６％、1936年満期、額面100ドル当たり普通株2 1/2株を購入できるワラント付き）
③セントラル・ステーツ・エレクトリックの優先株（配当６％、１

株118ドルで普通株と交換できる転換権付き）

④インディペンデント・オイル・アンド・ガスの無担保社債（利率6％、1939年満期、１株32ドルで普通株と交換できる転換権付き）

| 上位証券 | 普通株の時価（ドル） | 普通株の転換・購入価格（ドル） | 上位証券の時価（ドル） | 転換・購入パリティに基づく実現可能価格（ドル） | 上位証券のパリティ超過分(プレミアム)（ドル） |
|---|---|---|---|---|---|
| モホーク・ハドソンの第二優先株 | 52½ | 50 | 163* | 105 | 58 |
| ホワイト・ソーイング債 | 39 | 40 | 123½† | 97½ | 26 |
| セントラル・ステーツの優先株 | 116 | 118 | 97 | 98 | -1 |
| インディペンデント・オイル債 | 31 | 32 | 105 | 97 | 8 |

＊内訳は主証券が107ドル、ワラントが56ドル

†内訳は主証券が98½ドル、ワラントが25ドル

上の表によれば、投機的で活況な市場ではワラント付き証券が普通株よりもかなりの高値で取引されており、そのプレミアムは同種の転換証券よりも極めて大きい。

## 投機的部分を分離できるメリット

ワラント付き証券のメリットは、その投機的部分（ワラント）を主証券（債券や優先株のエクス・ワラント）から分離できるところにある。投機家は常に少ない資金で大きな利益を得るチャンスをうかがっており、これを実現できるひとつの手段がストック・オプション・ワ

ラントである（これについてはあとで詳しく検討する）。上昇相場の下では投機家は転換証券などに付与されたワラントを積極的に購入し、少し利が乗ったところで即座に売却する。これらの投機家にとっては、主証券の転換証券を購入するよりはワラントを買うほうが便利である。転換証券の場合、普通株と交換するには多額の払込現金が必要となるからだ（インディペンデント・オイル債の場合、普通株と交換するには１株につき35ドルの現金が必要だが、ホワイト・ソーイングのワラント債では10ドルで済む。しかし、インディペンデント・オイル債には一定株数の普通株を購入する権利があるのに対し、ホワイト・ソーイング債には時価より高い価格で普通株を購入する権利しか付いていない）。これらの投機家にとっては、主証券とワラント（これがワラント付き証券の価格を大きく左右する）という２つの市場を持つことは、転換証券というひとつの市場だけで売買するよりもはるかにメリットが大きいのである。

## ワラント証券の二番目のメリット

ワラント付き証券の二番目のメリットは繰上償還条項である。証券の発行会社が満期日以前に当該証券を償還する権利を持つというのは、その証券の保有者にとっては不利であると考えられる。その証券を繰上償還するのは発行会社にとって都合がよいからであるが、そのような場合には繰上償還価格にプレミアムが付くのが普通である（繰上償還条項がその証券保有者にとって有利になるときもある。その会社が新たな資金の調達を迫られたような場合、高いプレミアムを付けてその証券を繰上償還するときなどである。もっとも、繰上償還条項が付いていなくても会社側の都合でその証券を買い入れ消却するときには高い償還価格が提示されることがある。例えばUSスチールの５％債には繰上償還条項が付いていなかったが、会社側は同債券を110ドルで買い入れた）。高いプレミアムが付かない繰上償還条項はその証券の利益参加権の価値を大きく損なう。またそのような条項が付いている証券の場合でも、その会社の業績が好転して証券保有者に追加利益を分配するよりはプレミアムを支払ってもその証券を繰上償還したほうが会社にとっては有利である（ユニオン・パシフィック鉄道が1903年に発行した利益参加権付き社債などがこれに当たるだろう。ノーザン・セキュリティーズ株で担保されていたこの債券の保有者は、担保株が４％以上の配当を行った場合はその利益に参加できる権利がある。しかし、この債券はそうした利益参加が実現できる直前に102ドルで繰上償還された）。

繰上償還条項に加えて、普通株との転換権も付いている証券がある。そのような証券の場合、繰上償還される前に普通株が大きく値上がりすれば大きな利益を手にすることができる（例えば、ナショナル・ディスティラーズ・プロダクツの累積参加的転換優先株［配当2.50ドル］、ケルシー・ヘイズ・ホイールの参加的転換クラスＡ株式［配当1.50ドル］など）。これに対し、一般に利益参加社債には追加利益の参加権はあまり付与されていないが、繰上償還条項は付いているケースが多い（ホワイト・ソーイング・マシーンの参加的無担保社債［利率６％、1940年満期］、ユナイテッド・スチール・ワークスの参加的シリーズＡ社債［利率6 1/2％、1947年満期］などだが、この２つの債券には転換権は付いていない）。一方、かなり高いプレミアムの繰上償還価格を設けることで、特権の価値の低下を防止している利益参加証券もある。1933年11月１日までは120ドルで償還するという条項の付いたサンフランシスコ・トウルブリッジの参加的社債（利率７％、1942年満期）などがそれに当たる。

繰上償還による参加的特権の価値の低下を防ぐもうひとつのケースは、その参加的特権の価値を直接反映した価格で繰上償還するというものである。例えば、シーメンス・アンド・ハルスケの参加的社債（2030年満期）では1942年４月１日以降から繰上償還ができるとなっているが、その償還価格は「繰上償還通知に先立つ過去６カ月間の同社債の市場平均価格をベースとするが、発行価格よりは高い水準」と設定されている（これは額面の2.3倍以上の価格である）。クルーガー・アンド・トウルの参加的社債（利率５％）にも同じような条項が付いている。しかし転換証券の場合では、繰上償還条項が転換の有効期間を短くするために保有者にとっては不利となることもある。転換権を行使しようとする直前に繰上償還される可能性もあるからだ（アチソン・トピーカ鉄道の転換社債［利率4 1/2%、1948年満期］の場合は、転換の有効期限が切れる1938年以降しか繰上償還が認められないためそうしたリスクはなかった。このほか最近では、転換証券の保有者に繰上償還時に株式を購入できるワラントを与えるケースも見られる。これによって、その転換証券の保有者は主証券を転換したときと同数の普通株数を購入することができる。1933年に発行されたフリーポート・テキサスの累積的転換優先株［利率６％］などがこれに当たる）。

ワラント付き証券の場合、そのワラントは主証券（エクス・ワラント）が繰上償還されたあとでも引き続き有効である。分離型ワラント付き証券においては、そのワラントは主証券とは独立してそれ自体の満期日まで流通する。これに対し、非分離型ワラント証券ではワラントと主証券は同じ満期日に消滅する。しかしこの場合でも、主証券が繰上償還されたときには、そのワラントは当初に定められた主証券の存続期間中も残存する。

### 事例

ユナイテッド・エアクラフト・アンド・トランスポートは1934年１月時点で、15万株の発行済み累積的優先株（配当６％）を有していた。これらの優先株には２株当たり30ドルを支払えば普通株１株を購入できる非分離型ワラントが付いていた。このワラントの有効期限は1938年11月１日で、主証券が同日以前に繰上償還されたときには同じ権利を持つ分離型ワラントを発行するという保護条項が付与されていた。この優先株の一部は1933年１月に繰上償還されたため、その保有者には分離型ワラントが発行された（それから１年後には残りの主証券も繰上償還されたため、さらに分離型ワラントが追加発行された）。

## ワラント証券の三番目のメリット

ほかの特権付き証券よりも有利なワラント付き証券のワラントは、これまで述べてきたメリットのなかでは最も重要なものである。例えば、その会社の業績が好調で普通配当も増配され、また普通株価も高値をつけている活況な市場の下で、それぞれの特権付き証券の保有者にはどのような選択肢があるだろうか。

①利益参加証券の保有者

a．それを売却して利益を確定する

b．引き続き保有して参加的利益を受ける

②転換証券の保有者

a．それを売却して利益を確定する

b．引き続き保有しても、普通株の増配によるメリットは受けられない

c．普通株に転換して利益を得ることはできるが、上位証券の地位は失う

③ワラント付き証券の保有者

a．それを売却して利益を確定する

b．引き続き保有しても、普通株の増配によるメリットは受けられない

c．ワラント権を行使して普通株を購入し、その大きな配当を受

け取る。その場合、普通株を購入するための資金として新たにおカネを用意するか、そうでなければ主証券を売却して普通株の購入資金を調達してもよい。いずれにしても、普通株の高い配当を得るには普通株が持つリスクは取らなければならない

　d．ワラントを売却して利益を確定しながらも、主証券は引き続き保有する（ワラントを直接売却する、もしくはワラント権を行使して普通株を購入したあと、それを即座に時価で売却する）

上記の③ｄの選択肢はワラント付き証券だけにしかできない独自の特権であり、転換証券や利益参加証券には存在しないものである。これによって、ワラント付き証券の保有者は投機的な部分（ワラント）から利益を得る一方、主証券を保有し続けることで投資の地位も維持できるのである。特権付き上位証券の購入者の関心は主に安全な投資という点に向けられているため（これらの投資家にとって特権から利益を得ることは二次的なチャンスにすぎない）、この③ｄの選択肢は極めて重要である。保有証券をすべて売却する必要がないということは転換証券を引き続き保有できることであるが、それに必要な資金は別に用意しなければならない。投資家としては現在保有している優良証券を売却してもまた次の証券を購入する必要があるために、その代替手段として別の証券と交換するのである。利益参加証券の保有者もその証券を売却して元本の利益を確定することはできても、そのあとに再びどの証券に投資するのかという問題に直面することになる。

**事例**

ワラント付き証券の理論上および実際上のメリットを立証するものとして、コマーシャル・インベストメント・トラストの優先株（配当6 1/2%）のケースを見てみよう。この優先株は1925年に発行され、１株当たり80ドルで普通株を購入できるワラントが付いていた。この

ワラントは1929年に69.50ドルという高値をつけた。このため、優先株の保有者はそのワラントを高値で売却して利益を確保する一方、主証券をそのまま保有することもできた。これによって、この優先株の保有者は1933年４月１日に価格110で最終的に償還されるまで、投資の地位を維持しながら不況期を乗り切ることができたのである。償還時の普通株の価格は約50ドルだった。この優先株にワラントの代わりに転換権が付いていたとしたら、多くの保有者はこの優先株を普通株に転換したであろうが、そうすれば大儲けどころか大損を被ったのである。

## 要約

以上の検討結果を要約すると、長期の保有を前提とするならば安全な利益参加証券が最も有利な投資対象と言える。しかし、上昇相場の下で最大の利益を追求するという目的からすれば、分離型ワラント付き上位証券が最も有利である。主証券が繰上償還されたあとでもワラントが独立して流通しているというのがその大きなメリットだ。ワラントによる投機的利益を手にしたあとでも、当初からの投資の地位をその後も維持できるからである。

# 第24章

# 転換証券のテクニカルな特徴

特権付き証券のテクニカルな特徴について、それぞれの特権付き証券ごとに検討してみよう。まず転換証券について見ると、転換権の条件はしばしばその有効期間中に大きく変更される。その主なものは、①その証券の「希薄化」から保有者を保護するために転換価格が引き下げられる、②発行会社の利益になるように（「スライド条項」などに従って）転換価格が引き上げられる——などである。

## 希薄化と防止条項

普通株の株数が増えた場合、それに応じてその会社の資産や収益が増加しないとその株式の価値は希薄化する。株式の希薄化は株式分割、株式配当、安い価格でのワラント権の行使、さまざまな形の増資——などによっても起きる。一方、転換証券では希薄化に伴う１株当たりの価値の低下に見合って転換価格が引き下げられる。転換権の希薄化があったと見なされる場合には、次の算式に従って調整後転換価格が計算される。

調整後転換価格＝ ｛（調整前転換価格×発行済み株式数）＋
（新規発行株式数×１株当たり払込金額）｝
÷（発行済み株式数＋新規発行株式数）

巻末の参考資料の注34には、チェサピークの担保付き転換社債（利率５％、1947年満期）の希薄化をめぐる状況が掲載されている。一方、セントラル・ステーツ・エレクトリックの転換優先株（配当６％）の転換価格の調整は次のように行われた。この優先株が発行された1928年以降、普通株は１持株当たり１株と２株という２回の配当を受けた。したがってその転換価格も最初は半分に引き下げられ（１株当たり118ドル→59ドル）、二回目には2/3引き下げられた（同59ドル→19.66ドル）。単に新株が発行される可能性があるというだけで転換価格が下がることもあるが、もちろんこうしたことはその転換証券の保有者にとってはプラスとなる（例えば、参考資料の注35に示されたコンソリデーテッド・テキスタイルの転換社債のケースなど）。

## 完全ではない希薄化防止条項

現在ではほぼすべての転換証券に希薄化防止条項が付いているが、それでも完全というわけではない（例えば、参考資料の注36に掲載されたATTの転換社債のケースなど）。しかし、転換証券の投資家は自分が購入しようとしている証券にこうした保護条項がきちんと付いているかどうかをよく確認すべきである。

この種の保護条項の効果は、単に転換証券の希薄化からその元本や額面価値を守るにすぎないということを心得ておくべきだろう。もしもその転換証券が額面をかなり上回る価格をつけているならば、そのプレミアム分は増資や特別配当によってはげ落ちる可能性があるということである。以下ではこれを単純化して説明しよう。

ある転換社債が株式と額面転換されると仮定する。一般的な希薄化防止条項が付いており、その債券と株式はともに200ドルで売られている。株式保有者には額面（100ドル）と等価で新株を購入する権利がある。この権利の価値が１株当たり50ドルとすると、新株（または権利落ちの旧株）の価値は150ドルとなるだろう。新株が以前の転換価格以下では発行されないとすれば、転換条件には何の変化もないことになる。しかし、新株が新たに発行されるとすれば、この債券は直ちに株式に転換されるだろう。そうしなければ、この債券の保有者はその価値の25％を失うことになるからだ。もしも権利落ち前の株価が200ドルではなく150ドルであるとすれば、未転換債券の価値もその分だけ低くなる。

こうしたたとえ話が意味するものは、転換証券に大きなプレミアムや評価益が付いていても、状況は突然悪い方向に変わる可能性があるということである。そうした変化が起こる前にすばやく行動して損失を防がないと、転換権の有効期間がすぐに切れてしまうこともある（こうした希薄化による不利な状況から投資家を保護するために、転換証券の保有者には転換できる株数と同数の普通新株を購入する権利が与えられているケースもある。ニューヨーク・ニューヘブン鉄道の転換社債［利率６％、1948年満期］、コマーシャル・インベストメント・トラストの転換社債［利率5 1/2％、1949年満期］――などである）。こうした状況は、それまでの転換価値以下の価格でその特権付き証券が繰上償還される場合でも同じである。

一方、資本の再構成などに伴って逆に発行株数が減少すれば、一般にそれに見合った水準に転換価格は引き上げられる。例えば、「株式併合」（旧株５株を無額面の新株１株と交換するなど）、他社との合併に伴って旧株がそれより少ない新株と交換される場合などは額面価値が上昇する（例えば、参考資料の注37に示されたドッジ・ブラザーズの転換社債のケースなど）。

## スライド条項

以上検討してきた希薄化防止条項は、転換後に資本構成が変化しても当初の転換価値を維持することが目的だった。これに対し、「スライド条項」は期間の経過とともにその転換価値を低下することが主な目的である。つまり、転換の有効期間を短縮したり、転換価値を実質的に引き下げることで転換を促進しようというものである。逆に言えば、証券保有者の転換価値が下がるということは発行会社にとっては利益になるわけであり、そのメリットを受けるのはその会社の普通株主である。

こうしたスライド条項のより一般的な条件は、期間の経過とともに転換価格が徐々に引き上がるというものである。また最近では、一定数の証券が転換された時点で転換価格が引き上げられるというケースもある。

### 事例

1929年に発行されたATTの償還期限10年の無担保社債（利率4 1/2%）には、1930年には1株当たり180ドル、1931～32年には190ドル、1933～37年には200ドルで普通株と交換される転換権が付いていた。しかし、これらの転換価格は一般的な希薄化防止条項に従って、その後に行われた1株当たり100ドルの増資を通じて引き下げられた。

アナコンダ・コッパー・マイニングの総額5000万ドルに上る無担保社債（利率7％、1938年満期）では、最初の1000万ドルは1株当たり53ドル、次の1000万ドルは56ドル、続く各1000万ドルはそれぞれ59ドル、62ドル、65ドルと普通株への転換価格が引き上げられた。

### 期間に基づくスライド条項

期間の経過に基づくこうしたスライド条項は、転換価値を低下させる有効な手段のひとつである。その効果の実例をポルトリカン・アメリカン・タバコの転換社債（利率６％、1942年満期）で見てみよう。この社債は1929年１月２日までは１株当たり80ドル、その後３年間には85ドル、それ以降には90ドルで担保付きコングレス・シガー株と交換できる。コングレス株は1928年に転換価格を上回る87ドルまで買われた。そうなると一部の社債保有者の間では転換価格が引き上げられるかもしれないとのうわさから、年末までにコングレス株と交換する動きが広まった。しかし、その結果は極めてまずいものであった。1929年のこの社債の安値が89ドルだったのに対し、コングレスの普通株は43ドルにまで下落したからである。このケースは、たとえ転換価格の引き上げがあったとしても1929年まで株式への転換を延期した投資家はわずかながらも利益を確保できたのに、転換時期を間違えば大きな損失を被るという好例である。

**転換数に基づくスライド条項**

これに対し、転換数に基づくスライド条項はそれほど単純ではない。これは最初に転換に応じた者には次の転換者よりも有利な条件が提示されるというもので、明らかに早期転換を目的とした競争促進策である。それによれば、転換証券の保有者には有利な条件で転換したいという願望と、ほかの保有者より転換が遅れると不利な条件になるのではないかという葛藤が生じる。こうした保有者の恐怖心から株価が最初の転換価格を少しでも上回ると大量の転換が行われる。

**事例**

エンジニアーズ・パブリック・サービスが発行した転換優先株（配当５ドル）の1928～29年の転換価格、およびその転換優先株と普通株の価格推移は次のとおりである。

最初の1/8―――普通株１株当たり47.62ドルで転換（優先株１株当

たり普通株2.1株）

２回目の1/8――52.63ドル（1.9株）

３回目の1/8――58.82ドル（1.7株）

４回目の1/8――62.50ドル（1.6株）

最後の1/2―――66.67ドル（1.5株）

両株式の価格推移を見ると（次ページの表を参照）、転換優先株の値動きが比較的小幅なものにとどまっているが、普通株は同優先株との転換が進むのと並行して上げ歩調をたどったあと、最後の転換が終了すると以前の水準に戻っているのが分かる。

しかし、こうしたスライド条項が付いている証券が常にこうした理論的な動きをするわけではない。例えば、アナコンダ・コッパーの転換社債（利率７％）は最初の転換が行われる前の1928年に最高値をつけた（プレミアム率は30％）。これはその時期の極めて投機的な雰囲気を反映したためである。一般にこの種の転換証券は普通株が最後の転換に向けて最高値をつけるまでその上げ幅はかなり限られるものである（証券の一定率が転換されるとその転換権が完全に消滅するものもある［ポルトリカン・アメリカン債やインターナショナル・ペーパーの第一優先株など］。これは転換を促進するために競争的な条件を取り入れたものだが、そうした条件はその証券の値上がりを妨げることになる）。

転換を促進するためのこうしたスライド条項は、証券保有者の本来のメリットとその証券の価値を混乱させるという点で好ましいものではない。限られたチャンスに向けて競争を煽ることで転換を促すのは、タイムリーなときに自由に転換できるという転換権の本来のメリットを大きく損なうものである。投資銀行などが転換証券にこうした悪い慣行を持ち込んだのは大きな問題である。今後正しい慣行が定着すればこうしたやり方も徐々になくなると思われるが、現時点ではこの種

**エンジニアーズ・パブリック・サービスの株価**

| 期日 | 普通株（ドル） | 通常の転換価格（ドル） | 転換優先株（ドル） |
|---|---|---|---|
| 1928/8/16 | 37-37 | 47.62 | 97- 98 |
| 8/28 | 41-42 | 47.62 | 98- 98 |
| 9/19 | 42-44 | 47.62 | 98- 98 |
| 10/1 | 47-50 | 47.62 | 101-103 |
| 10/15 | 46-47 | 47.62 | 97- 99 |
| 10/16 | 45-47 | 52.63 | 95- 96 |
| 11/2 | 45-46 | 52.63 | 91- 92 |
| 11/28 | 47-48 | 52.63 | 92- 92 |
| 12/28 | 48-48 | 52.63 | 92- 92 |
| 1929/1/5 | 50-51 | 52.63 | 94- 94 |
| 1/8 | 50-52 | 58.82 | 91- 92 |
| 1/31 | 59-60 | 58.82 | 99-105 |
| 2/7 | 54-56 | 62.50 | 94- 94 |
| 3/6 | 52-54 | 62.50 | 94- 96 |
| 4/8 | 49-49 | 62.50 | 91- 91 |
| 5/8 | 51-52 | 62.50 | 92- 92 |
| 6/14 | 55-60 | 62.50 | 95- 96 |
| 6/29 | 61-62 | 62.50 | 99- 99 |
| 7/12 | 61-63 | 62.50 | 98- 99 |
| 7/23 | 68-71 | 62.50 | 107-112 |
| 8/5 | 76-80 | 62.50 | 120-123 |
| 8/21 | 72-73 | 66.67 | 112-112 |
| 9/4 | 72-73 | 66.67 | 112-112 |
| 10/3 | 68-72 | 66.67 | 108-109 |
| 10/30 | 32-45 | 66.67 | 90- 90 |
| 11/13 | 32-36 | 66.67 | 80- 80 |
| 11/21 | 39-42 | 66.67 | 90- 90 |
| 12/23 | 37-38 | 66.67 | 92- 92 |

の証券の購入は避けるのが賢明であろう。

## 優先株への転換証券

転換権付き債券の多くは優先株に転換することもできる。そのメリットは優先株に転換すれば何らかの利益が得られることである（例えば、ミズーリ・カンザス鉄道の収益社債［利率５％、1967年満期］は1932年１月まで同社の優先株［配当７ドル］と交換することができた。このほか、セントラル・ステーツ・エレクトリックの５％債［1948年満期］→配当６ドルの優先株、Ｇ・Ｒ・キニーの担保付き社債［利率７1/2％、1936年満期］→配当８ドルの優先株、アメリカン・エレクトリック・パワーの６％債［1957年満期］→配当７ドルの優先株――などに交換できた）。

一般にはほかの証券に転換すればかなりの利益が得られるものだが、優先株の上げ幅には限りがあるために優先株への転換のメリットが限られてしまうこともある。最近では優先株の利点がいっそう薄くなっているために、例えば利率６％の債券から配当７％の優先株に転換してもむしろリスクが大きくなるケースもある。もっとも、抜け目のない投資家であれば有利な転換証券を選ぶときには、市場のさまざまな要因を十分に分析して普通株に転換しても利益の出る安全な証券を見つけるだろう。ところで、債券から優先株に転換し、それをさらに普通株と交換すれば、それは結局のところ債券から直接普通株に転換するのと同じ結果になることもある。例えば、インターナショナル・ハイドロエレクトリック・システムの６％債（1944年満期）はクラスＡ株式と交換できるが、この株は実質的には参加的第二優先株である。

このほか、優先株または普通株、もしくはこれらの両株式の一定割合を組み合わせたものと交換できる債券もある（例えば、シカゴ・ミルウォーキー・パシフィック鉄道の担保付き優先収益社債シリーズＡ

［2000年満期］は優先株５株＋普通株５株と交換できる。こうした変種の証券については参考資料の注３を参照)。こうした変種の証券がどれほど有利に見えようとも、あとで問題が起きるケースも少なくないため、あまり複雑な証券の投資は避けるのが賢明である。

## 会社側のオプションで転換される証券

1920年代には転換証券やその他の特権付き証券という名のさまざまな変種の証券が続々と登場したため、経験の浅い投資家はどれが有利または不利なのかを見分けることができなかった。これらの投資家はこうした変種の証券によるいかがわしい資金調達の犠牲となったが、以前であればそのような風変わりな証券は通常の証券の形態と大きく異なっているためにすぐにその正体が分かったものだった。そうした証券のひとつはアソシエーテッド・ガス・アンド・エレクトリックが発行した「転換債務（Convertible Obligation)」と呼ばれるもので、これは会社側のオプションで優先株やクラスＡ株式と交換されるというものである。こうした変種の証券は債券を装った一種の優先株にすぎない。もし投資家が会社側のそうしたカラクリを見抜いて初めから優先株に投資するならば、おそらく何の問題も起きないだろう。こうした手口は往々にして何か不都合なことを隠したり、投資家を惑わせるために行われるのである（こうした変種の証券には､「投資証書」「転換社債証書」「確定利付き割当証書」「転換債務」などさまざまなものがある。アソシエーテッド・ガスは1932年にこれら転換債務の多くを株式と交換するよう求めたが、保有者はやはり同じような変種の証券の「転換債務シリーズＡ～Ｂ［2022年満期］」と交換することもできた。この証券は会社側のオプションで株式に転換できるというものであった｡一方､同社は先に発行していた1700万ドルの利率5 1/2%の「投資証書」の転換を1933年11月15日以降から保有者に求める計画だったが、その信託証書には5.50ドル配当シリーズ優先株の配当が遅配になったときにはその転換行使を禁止すると規定していたため、その転換要請は中止となった［同優先株は1932年６月15日から無配となっていた］。ペンシルベニア証券委員会は1932年12月に、こうした不明朗な「転換債務」の販売を禁止すると発表した。これに対し、アソシエーテッド・ガスは同委員会をフィラデルフィア連邦地方裁判所に提訴したが、この訴えはのちに却下された）。

## ほかの債券に転換できる債券

ほかの債券に転換できる債券もある。その代表的なものは短期債を同じ会社の長期債と交換できるというものである。また、長期債が短期債の担保証券になることもある。例えば、インターボロー・ラピッド・トランジットの７％債（1932年満期）は同社の一番抵当付き社債と借り換え債（利率５％、1966年満期、額面はともに1000ドル）で担保されているうえ、それらの債券と交換することもできる（交換比率は７％債の900ドルに対して５％債が1000ドル）。このように、これらの債券保有者は早期の元利返還と別の債券による長期投資のいずれかを選択できる。しかし実際には、会社の業績が好転して金利が低下するようなときには、満期まで債券を保有してもその利益はかなり限定されるケースが多い。

債券を優先株と交換する場合とは違って、短期債を長期債に転換するときには表面利率は低くなる。その理由は、一般に短期債が発行されるのは金利が異常に高いときであるが、発行会社としてはそうした高金利を長期債にも持ち込みたくはないからである。通常はこうした高金利の局面が是正されると長期債の金利も低下するが、投資家にとって利息収入が多少減っても短期債から長期債への乗り換えにはそれなりのメリットがある（1920～21年には次のように短期債から長期債へ転換できる債券が続々と登場した。1920年発行のシャウィニガン・ウオーター・アンド・パワーの金債券［利率7 1/2％、1926年満期］→一番抵当付き借り換え債シリーズＢ［利率６％、1950年満期］、1920年発行のサンウォーキーン・ライト・アンド・パワーの担保付き社債［利率８％、1935年満期］→一番抵当付き借り換え債シリーズＣ［利率６％、1950年満期］、1920年発行のグレート・ウエスタン・パワーの転換社債［利率８％、1930年満期］→一番抵当付き借り換え債シリーズＢ［利率７％、1950年満期］。

このほか、ドーソン・レールウエー・アンド・コールの５％債［1951年満期］もエルパソ・アンド・サウスウエスタン鉄道の一番抵当付き社債［利率５％、1965年満期］と交換できる。しかし、エルパソ鉄道はドーソン・レールウエーの親会社であると同時にサザン・パシフィックの子会社でもあるため、こうした債券交換のケースは珍しい)。

## 額面を上回る転換証券の発行

1928～29年のバブル期に見られた異常な現象は、額面を大幅に上回る価格での転換証券の発行である。その好例はアチソン・トピーカ鉄道の転換社債（利率4 1/2％、1948年満期）やATTの転換社債（利率4 1/2％、1939年満期）などで、アチソン鉄道債は1928年11月のアメリカン証券取引所で約125、ATT債は1929年５月１日のニューヨーク証券取引所で142の初値をつけた（いずれも「発行日取引」価格)。こうした債券を購入するのは、元本の大幅な値下がりのリスクがあるという点で普通株への投資とまったく同じである。さらに、こうした高値で債券を購入すればそのインカムゲインもかなり低くなるのは当然である。こうした債券発行の代わりに直接普通株を発行して資金を調達すれば、投資家としては十分に納得して購入できるだろう。こうした回りくどい方法を取らざるを得ないのは、法律で株式の購入を禁じられている一部の投資機関でもこのような「債券」であれば購入できるからであろう。

### 転換証券のテクニカルな特徴

ここで、ATTが発行した転換社債のテクニカルな特徴に少し触れておこう。この債券は180ドルで普通株と交換できるが、保有者はこの債券をそのまま差し出す代わりに、債券100ドル、現金80ドルで株式と交換することもできる。こうしたオプションをうまく利用すれば、株価が180ドルを超えている（債券価格が100ドルを超えている）ときには保有債券の価値を維持することができる。例えば株価が360ドルになったとすると、単純に計算すれば債券の価値は200ドルになったと考えられる。しかし、現金80ドルを払い込んで株式と交換するとすれば、この債券の実際の価値は360－80＝280ドルとなる。180ドルの転換価格に対して、100ドルの債券価値を差し出すだけでこうしたメリットが得られるひとつの好例である。

### 転換権行使の据え置き

転換証券が発行されたあと、一定の据え置き期間を設けて転換権の行使を制限しているケースもある。

**事例**

1925年12月に発行されたブルックリン・ユニオン・ガスの転換社債（利率5 1/2％）では、転換権が1929年１月まで据え置かれた。このほか、1907年発行のニューヨーク・ニューヘブン鉄道の転換社債（利率６％、1948年満期）も1923年１月まで転換権が行使できず、1927年発行のチェサピークの転換社債（利率５％、1947年満期）も1932年５月まで転換権が据え置かれた。

転換権の据え置き期間がこれほど長いケースは珍しいが、こうした慣行は転換証券のメリットと価値を大きく損なうものである。1926～27年に各社の債券と普通株に大きな価格差が生じたのはこうした慣行も一因となっている。1928年の上半期にはブルックリン・ユニオン・ガスの転換社債と普通株にも大きな価格差が見られた。

# 第25章

# ワラント付き証券と参加的証券

以上のように転換証券にもさまざまな種類があるが、ワラント付き証券の種類も多岐にわたる。そのひとつは、ワラントによる株式購入価格がその条件に応じてさまざまに設定されているケースである。

**事例**

1927年３月に発行されたホワイト・イーグル・オイルの無担保社債（利率5 1/2％、1937年満期）には、1932年３月15日までに次のような価格で同社の普通株10株を購入できるワラントが付いていた。

～1928/3/15——１株32ドル

～1929/3/15——１株34ドル

～1930/3/15——１株36ドル

～1931/3/15——１株38ドル

～1932/3/15——１株40ドル

1930年１月27日にスタンダード・オイル・オブ・ニューヨークはホワイト・イーグルの債務を肩代わりすると同時に、スタンダード・オイル株8 1/2株をホワイト・イーグル株10株と交換することで同社を買収した。その結果、ワラントの希薄化防止と同社の資産買収に伴う応募価格の修正に関する信託証書の規定に従って、同債券の保有者には1930年３月15日までは１株当たり42.35ドル、1931年同日までは44.71ドル、1932年同日までは47.06ドルでスタンダード・オイル（現在のソコニー・バキューブ）の株式8 1/2株を購入する権利が与えられた。

## ワラント証券のスライド条項

ワラント付き証券にスライド条項が付いているものもある。

**事例**

1928年に発行されたインターステート・デパートメント・ストアーズの優先株（配当７％）には、１持株当たり１株の割合で普通株を購入できる非分離型ワラントが付いているが、その購入価格は次のようになっている。

～1929/1/31――１株37ドル
～1931/1/31――１株42ドル
～1933/1/31――１株47ドル

一方、セントラル・ステーツ・エレクトリックの無担保社債（利率5 1/2％、1954年満期）には、1934年９月15日までに１債券（額面1000ドル）当たり10株を購入できる分離型ワラントが付いており、その購入価格は次のようになっている。

ワラント権行使分の最初の25％――１株89ドル
２回目の25％――――――――――１株94ドル

３回目の25%――――――――――――１株99ドル
最後の25%―――――――――――――１株104ドル

転換証券の場合と同じように、こうしたワラントのスライド行使方式でも最後の行使分（最高値）が到来するまでにはワラントの価値は大きく低下してしまう。

## 払い込み方法

債券や優先株に付いているワラント権を行使して普通株を購入する場合、その払込金は現金またはその主証券（額面換算）のどちらでもよい。この点は転換証券と同じである。例えば、アメリカン・アンド・フォーリン・パワーの第二優先株には１持株当たり25ドルで普通株４株を購入できるワラントが付いているが、保有者は現金の代わりにこの優先株（１株当たり100ドル）で申し込むこともできる。この場合には、実質的にワラント付き優先株を普通株に転換するのと同じである。

同様に、ランド・カルデクスの5 1/2%債の場合も現金の代わりにこの債券（額面換算）でワラント権を行使することができる。額面1000ドルのこのワラント債で株式を購入すれば900ドル（１株当たり40ドルで22 1/2株）で済むため、保有者の手元には100ドルが残ることになる。つまり、債券額面の90%を普通株に転換したのと同じになる。

## 現金払い込みのメリット

保有証券で間接的に普通株と交換するよりは、現金を払い込んでワラント権を行使することには次のようなメリットがある。すなわち、

①ワラントを分離した主証券の債券や優先株は依然として額面以上の価値があり利益が得られる、②ワラント権を行使して利益を確保したあとでも投資の立場を維持できる、③転換証券の実現可能価格よりもかなり高いプレミアムでワラントだけを売却できる――などである。こうしたメリットがある好例のひとつは、既述したモホーク・ハドソン・パワーのワラント付き優先株であろう。この株では現金の代わりにこの優先株（額面換算）を使っても普通株を購入できるが、ワラントの特徴をうまく利用すればそうした単純な交換よりははるかに大きな利益を得ることができるのである。

## 分離型ワラント

ワラントには分離型や非分離型のほかに、一定の据え置き期間を経たあとに分離型となるものもある。分離型ワラントは主証券（エクス・ワラント）から分離してそれだけで流通する。これに対し、非分離型ワラントとは主証券とは切り離せないもので、普通株の購入資金を払い込むときにこのワラント付き債券や優先株を差し出す。このように、こうした非分離型のワラントはそれ自体で流通することはない。例えば、モンテカティニの７％債（1937年満期）やフィアットの７％債（1946年満期）に付いていたワラントは、それらの債券が発行された直後に主証券から分離して独自に流通していた。これに対し、1927年12月に発行されたロウズの優先株（配当6.50ドル）に付いていたワラントは1928年７月までは主証券から分離されず、また同社の６％債（1941年満期）に付いていたワラントも発行から６カ月後の1926年10月まで分離されなかった。さらに、クラウン・ゼラーバッチの無担保社債（利率６％、1940年満期）やインターステート・デパートメント・ストアーズの優先株（配当７％）に付いていたワラントなどは、主証券が繰上償還されないかぎり満期まで非分離型となっている。

活況な相場が続くときには主証券から分離されたワラントは投機家の間で人気が高く、かなり高いプレミアム付きで売買される。このためほかの条件が同じである場合には、分離型ワラント証券は非分離型よりも高値で取引される。こうした事実に照らせば、保有者にとってさまざまなメリットがあるワラント付き証券のすべてをなぜ分離型にしないのかといった疑問も抱くだろう。その大きな理由は、証券の発行会社や引受会社にとってワラントが分離したあとの主証券の価格が下落するのは好ましくないからである。ワラントの多くが投機家によって買い占められた場合に、主証券の価格が急落することも珍しくない。これら投機家の狙いはワラント付き証券そのものにあるのではなく、そこから分離したワラントを売却して利益を得ることにある。こうした投機的行為に加えて、ワラントという甘味料を失った主証券の人気が低下してその価格が急落すれば発行会社の信用格付けに悪影響が出るため、会社側としてそうした事態を避けたいのは当然であろう。

こうした事態を回避するために考案されたのが、一定期間は分離できないという据え置き期間を設けることであった。その狙いは市場でその証券の知名度が高まるまでは、ワラントだけの流通は避けてワラント付き証券の価格を一定水準に維持しようというものである。しかし、いったんワラントがその主証券から分離されると、ワラントはそれ自体で独自に流通する。このようにワラントは主証券の単なる甘味料というという立場を離れて、1928〜29年のバブル期には大きな投機的商品になったのである。アメリカン・アンド・フォーリン・パワーという一会社が考案したワラントの時価総額は1929年には10億ドルを突破し、それから3年もたたない1932年7月にはニューヨーク証券取引所に上場された米鉄道会社のすべての普通株の時価総額を追い抜くまでになったのである。よって、独立した投機媒体として見た場合のワラントの特徴についても取り上げる必要があるだろう。これについては後続の章で検討する。またその際、同じ企業のワラント価格と優先株および普通株の価格との関係についても述べる。

## 参加的証券

この種の証券の特徴についてはさまざまな特権付き証券のところでも言及したが、その主な形態は次の２つである。最も一般的なものは普通配当に応じた利益を受け取れるもので、そのほか普通配当とは関係なくその会社の収益に応じて利益を分配するものもある。

**事例**

ウェスチングハウス・エレクトリックの優先株は、普通配当に応じて利益を分配する典型的な利益参加証券である。これに対し、ジオ・Ａ・フラーの第一・第二優先株、セラニーズの参加的第一優先株などは会社の収益に応じて利益を分配する参加的証券である。例えば、ジオ・フラーの優先株主は１株当たり６ドルの累積配当と年間３ドル以下の特別配当を受け取る権利がある。その参加的配当率は、定期優先配当と減債基金の積立金を控除後の純利益の水準に応じて決められる。セラニーズの参加的優先株主は、第一優先配当控除後の利益の10％を無制限に受け取る権利がある。

参加的証券の多くは優先株である。利益参加社債はあまり一般的ではなく、標準的な債券の形態とは大きく異なっている。例えば、クルーガー・アンド・トウルの参加的無担保社債などは名ばかりの債券で、実質的には無議決権の普通株である。また、グリーン・ベイ・アンド・ウエスタン鉄道の参加的無担保社債シリーズＡ～Ｂは実際には優先株と普通株である。スパニッシュ・リバー・パルプの一番抵当付き社債（利率６％、満期は1931年だが1928年に繰上償還）は、参加的特権付き社債の数少ない例のひとつである（その詳細については参考資料の注38を参照）。シーメンス・アンド・ハルスケの一連の参加的無担保社債（2930年満期）には、普通配当と同じ６％の利益を受け取る権利が付いている。

参加的優先株はウェスチングハウス・エレクトリックの優先株が先駆けとなった。同社の配当支払い優先順位は上位証券の定期配当、普通配当そして特別配当となっている。こうした慣行は特別な規定がないかぎり、すべてのクラスの株式がその会社の収益と資産の分配に平等に参加するという原則にのっとったものである。こうした権利を持つその他の証券には、シカゴ・ミルウォーキー・パシフィック鉄道の優先株、ウォバッシュ鉄道の優先Ａ株式（配当５％）、コンソリデーテッド・フィルム・インダストリーズの優先株などがある。しかし、最近ではさまざまな優先条項が登場し、標準的なものはむしろ少なくなったというのが現実である（これらの証券については巻末の参考資料の注３を参照）。

参加的証券の分配利益は、①支払利息や支払配当に対する収益の一定倍率、②参加的条項に基づく一定金額――のいずれかである。以下の表はその一例を示したものである。

**セラニーズ**（1933年）

| | |
|---|---|
| 配当可能利益 | 5,454,000ドル |
| 第一優先株配当（７ドル） | 800,000ドル |
| 参加的優先株配当（７ドル） | 1,011,000ドル |
| 参加的優先株特別配当 | 364,000ドル |
| 普通株の利益 | 3,279,000ドル |
| 第一優先株配当に対する収益の倍率 | 6.8倍 |
| 第一優先株配当＋参加的優先株特別配当に対する収益の倍率 | 3.0倍 |
| 参加的優先株の利益 | １株9.52ドル |

## 特権付き証券と普通株

以上検討してきたように、特権付き証券の大きなメリットはその証券本来の有利さに利益参加の魅力をプラスしたことである。最近では普通株よりも魅力的なこうした特権付き上位証券が続々と登場してきた。

**事例**

キース・オールビー・オーフィウムの累積的優先株（配当７ドル）は普通株３株と交換することができる。1928年に普通株は無配となったが、この優先配当は満額支払われていた。この年にはほぼ等価で普通株から優先株に乗り換えることができた。下の表はこの２つの株式の価格推移を示したものである。

**キース・オールビー**

| | 優先株 | 普通株 |
|---|---|---|
| 1928/ 8 / 8 | 84 5/8ドル | 27ドル |
| 9 /13 | 99 3/4ドル | 33ドル |
| 10/ 9 | 95ドル | 31 3/4ドル |
| 11/ 3 | 102ドル | 34ドル |

普通株の保有者は得るものはあっても失うものはほとんどないという点で、優先株への乗り換えは極めて有利である。優先配当が７％もあるのに普通配当はゼロという事実を見てもそれは明らかである。さらに普通株が上昇すれば優先株もそれを歩調を合わせて値上がりするのは確実であり、その後には実際にそうなった。一方、もし普通株が下落しても優先株の下げ幅はそれほど大きなものではないだろう（これもやはり事実となった)。

ラジオ・キース・オーフィウム（RKO）はキース・オールビー・オーフィウムとそのグループ会社の持ち株会社として1928年10月に設立された。RKOが発行したクラスA普通株はキース・オールビーの普通株と１対１で交換できるほか、そのクラスA普通株３株をキース・オールビーの優先株（配当７ドル）と交換することもできる。そして数カ月後には、RKOのクラスA普通株はキース・オールビーの優先株とほぼ等価で乗り換えることが可能になった。

### 「パリティ」「プレミアム」および「ディスカウント」

転換社債や転換優先株の価格が交換ベースで普通株の時価と等しいとき、これら２つの株式は「パリティ（等価）」で売られているという（パリティをその証券の額面価額である「パー［額面］」と混同してはならない。株価について「パー」というときは一般には１株当たり100ドルを指し、それとは異なる１株当たりの実質的な額面価値を意味するものではない）。これに対し、上位証券の価格がパリティ以上にあるときは「プレミアム」で売られているといい、この時価と転換パリティの差額分を「プレミアム」または「スプレッド」という。逆に転換証券の価格がパリティ以下にあるときは、その分を「ディスカウント」と呼ぶ（上位証券が普通株と交換できるときには、そうしたディスカウントは絶好のサヤ取りのチャンスとなる。損失のリスクを負わずに利益を得るそうしたサヤ取りの手法とは、①その上位証券を買うと同時に普通株を売る、②購入した上位証券を直ちに普通株に転換する、③普通株を売却・受け渡しして取引を終了する――というものである。この種のサヤ取りは活況の続く上昇相場のときには有利であるが、こうしたサヤ取り商いは専門のブローカーなどがほぼ独占して行っている。その他の証券間サヤ取りのチャンスは、企業の再建・合併、株式分割、新株引受権――などのときに生まれる。詳しくはマイヤー・H・ワインスタインの『証券のサヤ取り』を参照。なお「サヤ取り［裁定取引］」の古い意味では、異なる市場［ニューヨークとロンドンなど］で同じ証券を同時に売買したり、外国為替の類似の取引などを指した）。

### 証券分析の有効な分野

RKOの例は、証券分析から極めて有益な結果を引き出せる数少ないケースのひとつである。このケースでは、RKOのクラスＡ普通株の保有者はキース・オールビーの優先株と交換しても何ら失うものがないばかりか、高いインカムゲインと元本のキャピタルゲインも得られるチャンスを手にすることができた（事実そうなった）。こうした特権付き証券の分野こそは、証券分析の適用が大きな成果を発揮できる分野である。RKOのケースは活況の続く上昇相場で見られる好例である。もしも上位証券が普通株と交換できるならば投機家の関心は普通株に集中し、その結果普通株価は上位証券の価格に収れんするか、またはそれよりも高くなるだろう（こうした事実に一般投資家はほとんど気づかない）。

### 事例

こうしたケースの好例を、1919～21年の波乱相場期におけるコンソリデーテッド・テキスタイルの転換社債と普通株に見ることができる。同社は伝統ある繊維メーカー６社が合併して1919年９月に設立されたもので、ニューヨーク証券取引所に上場されたその株式は、1919年11月の安値である31 3/4ドルから1920年４月には46 1/4ドルまで上昇した。高値をつけたその４月に300万ドルの転換社債（利率７％、1923年満期）が98 1/2ドルで発行された。この債券には転換権の希薄化を防止する保護条項が付いていた。被合併会社の過去３年間の連結収益は同債券の支払利息の平均９倍に上り、その収益トレンドは上昇基調をたどっていた。その信託証書の条件によれば、同債券は1920年5月1日から普通株22株と交換することができる（普通株の配当は3ドル）。

1920年4月になると普通株保有者の多くはそれを売却して、ほとんどプレミアムを支払わずに等価で転換社債に乗り換えることができた。例えば4月23日の転換社債の価格が98 1/2だった（転換社債と等価の普通株価は44 3/4ドル）のに対し、普通株価は44ドルだった。有利な転換社債に乗り換えるため、普通株22株を売却したときの17ドルという損失は取るに足らないほどの金額であろう。乗り換えた転換社債の利子が年間70ドルであるのに対し、普通株22株の時価ベースの配当額は66ドルである。しかも普通株が上昇を続ければこの転換社債も同じ歩調をたどるだろうが、普通株が下落に転じても転換社債の価格は普通株ほどは落ち込まないだろう。

その結末はこうした乗り換えが実に正しかったことを証明した。同社の業績が1920～21年の不況期に落ち込んだのに伴って普通株が急落したため、1920年11月に普通株主には1株当たり21ドルで新株を割り当てることになった。その結果、転換社債から普通株への転換価格もそれまでの45.45ドルから21ドルに引き下げられたため、転換証券の有利さをはやしてその価格は上昇した。1921年初めに普通株は無配となり、株価は12 3/4ドルまで下落した。これに対し、転換社債は常に95以上の価格を維持し、普通株が最安値を更新した同年下半期でも相応の価格を保ち、1921年10月に102で繰上償還された。

## ここから得られる結論

転換証券は、その価格が投資の水準を超えて普通株的な領域に入った場合は別にして、普通株とほぼ等価で売られているのであれば、それはかなり魅力的である。ブルックリン・ユニオン・ガスの転換社債（利率5 1/2％、1936年満期）などは前者のケースの好例であり、1929年1月から普通株20株と交換できるその転換社債の価格は1927

〜32年でも147を割り込むことはなく、1929年のバブル期には489の高値をつけた。こうした上位証券の有利さを手に入れるのに、少しのプレミアムを惜しんではならない。転換証券のインカムゲインが普通株のそれを上回っているときには絶対にそうであり、またたとえ普通株より利回りが低くてもそうするのが賢明であろう。キース・オールビーの優先配当が７％を維持しているのに、RKOのクラスＡ普通株が無配であることを見てもそれは明らかである。またこの２つの株価を見ると、キースの優先株が110ドルであるのに対してRKOのクラスＡ普通株は35ドルとキースの優先株は等価水準を５ドルも上回っているのである。

### 乗り換え

一般にその会社に対する利益権を保有し続けたいという普通株の保有者は、上位転換証券の価格が安い有利な水準にあり、また転換パリティがほぼ同じであるならば、それらの上位転換証券に乗り換えるべきであろう。もっともそうした乗り換えを行うときに、普通株の保有者がどれだけのプレミアムを支払うのかはそれぞれの個人的な問題である。その会社の将来性に大きな信頼を寄せているのであれば、少しくらいのプレミアムは気にしないだろう。しかしこれまでの経験が教えるところによれば、そうした上位転換証券が普通株よりも明らかに有利であるとはいえ、その有利さを実際に手に入れるときに想像以上の代償を支払わなければならないこともある（こうしたことは、２つの証券が明らかに投機的な性質を帯びたときなどは特にそうである。例えば、ウエスタン・メリーランド鉄道の優先株は１対１で普通株と交換できたが、1928〜33年には普通株と同じくその株価は低迷していた。しかし、普通株を保有し続けたいという投資家であっても、普通株のあらゆるメリットに加えて上位証券の有利さも併せ持つその優先株を購入することははるかに賢明であろう。事実、1934年でも優先株は23ドルと普通株の17ドルよりもはるかに高く買われていた)。

## ヘッジ

普通株と比較した転換証券の有利さは、市場が低迷しているときにとりわけ際立つ。それらの上位証券の価格は普通株ほど落ち込まないため、それまでほぼ等価にあった2つの証券の間には大きなスプレッドが生まれる。例えば、コンソリデーテッド・テキスタイルの転換社債は転換価格の段階的な引き上げなどを反映して上昇したのに対し、普通株は60%以上の急落をした。こうした状況の下ではいわゆる「ヘッジ」と呼ばれる手法が有効である。2つの証券がほぼ等価にあるときに転換証券を買うと同時に普通株を信用で売っておけば、たとえその後の上昇相場が長引いたとしても、転換証券を普通株に転換して取引を手仕舞えば、当初のスプレッドと取引経費のわずかな損失だけで済む(商品の「ヘッジ」は表面上はこれとよく似ているが、基本的にはまったく異なるものである。一般にその目的は手当した製造・販売用商品の価値を商品価格の変動から守ることにある。例えば、小麦を手当して数カ月後に小麦粉として販売する製粉会社は、その利益を相殺する可能性がある小麦価格の下落に対する「ヘッジ」として小麦の先物を売っておく。そして小麦粉を販売するときにその先物を買い戻せば、価格の下落による損失を防ぐことができる。こうした商品のヘッジは保険つなぎが目的であるのに対し、証券のヘッジはそれによって利益を得ることが主な狙いである)。しかし、その反対に相場が大きく下落すれば、下げ幅の小さい転換証券を売却して大きく下げた普通株を買い戻せば大きな利益を手にすることができる。

次の表は、こうした証券のヘッジ取引の実例を示したものである。

| | | |
|---|---|---|
| ①1929/3/1にRKOのクラスA株式を | | |
| １株39 7/8ドルで300株を信用売り | 11,962.50ドル | |
| 売買手数料45ドルと税金12ドルを引く | 57.00ドル | |
| 信用売建額 | | 11,905.50ドル |
| 3/26にこの300株を１株29ドルで | | |
| 買い戻し | 8,700.00ドル | |
| 手数料を足す | 45.00ドル | |
| 買戻額＋手数料 | | 8,745.00ドル |
| 信用売りの利益 | | 3,160.50ドル |

| | | |
|---|---|---|
| ②1929/3/1にキース・オールビーの | | |
| 優先株を１株120ドルで100株を買い | 12,000.00ドル | |
| 手数料25ドルを足す | 25.00ドル | |
| 買建額 | | 12,025.00ドル |
| 3/26にこの100株を１株98ドルで売却 | 9,800.00ドル | |
| 手数料20ドルと税金４ドルを引く | 24.00ドル | |
| 残額 | 9,776.00ドル | |
| 受取配当金（配当落日は3/19） | 175.00ドル | |
| 残額＋受取配当金 | | 9,951.00ドル |
| 買建損失額 | | 2,074.00ドル |

| | |
|---|---|
| ③信用売りの利益 | 3,160.50ドル |
| 買建損失額 | 2,074.00ドル |
| ヘッジ取引の純利益 | 1,086.50ドル |

２つの証券はキース・オールビー・オーフィウムの優先株とラジオ・

キース・オーフィウム（RKO）のクラスA株式、ヘッジ取引の開始日は1929年３月１日、決済（反対売買）日は３月26日である。

このヘッジ取引の純利益は約９％であるが、開始から決済日までの期間が26日であることを考えると年間の利益は２倍以上となる。こうしたヘッジ取引を利用すれば損失を出すことは少なく、優先株の買い建て経費などをうまく抑えれば利益はさらに増えたであろう。また状況が有利に働けば、最小限の損失に対して最大限の利益のチャンスが生まれるのである。こうしたヘッジ取引は他の金融商品に対するツナギとしても利用することが可能であり、下げ相場でも利益を確保できる有効な手法である。

### ヘッジ取引のテクニカルな特徴

しかし、実際のヘッジ取引におけるさまざまなテクニックはそれほど単純なものではなく、これまで述べてきたように確実に利益になるというわけでもない。ヘッジ取引についての包括的な検討は本書の範囲外であるため、豊かな経験を持つヘッジャーがこうした取引を行うときに注意しているいくつかの点を簡単に述べるにとどめる。

①証券を信用売りしたあと、どのくらいの期間にわたって売りポジションを維持するのか（この部分を執筆しているときに、信用売りの禁止とこの種のヘッジ取引を規制する株式取引規制法が議会に提出された）。

②ポジションを建てる当初の経費に加え、その後の一連のコストをいかに少なく抑えるか。

③買い建ての経費、信用売りの支払配当、借株料、取引印紙税などのポジション維持費用と、買い持ち証券の受取配当、信用売りに伴う受取金利などを調整したあとの損益収支。

④ヘッジ取引を決済したときの損益の大きさは主に②と③によって決まる。

ほかの証券取引の場合と同じように、ヘッジ取引の見込み利益も実際に確定できる最大の数字ではなく、ポジションを決済するまではまったく分からない予想値であることを念頭に置くべきであろう。いったん利益を確定すると、もっと得られたかもしれない理論上の利益に目が向くからである。

### ヘッジ取引の中間的な手法

ヘッジ取引の中間的な手法とは、転換証券を購入すると同時にそれと値動きが連動している普通株を売るというものである（例えば、等価の転換で得られる普通株の半分を売るなど）。これによれば、普通株が大きく上昇または下落してもそれなりの利益を手にすることができる。将来どちらの方向に動いても利益を確保できるという点で、この種のヘッジは最も科学的なヘッジ取引といえるかもしれない。しかし、こうしたヘッジ取引でも次の２つの条件が整っていなければならない。

①普通株が急落しても、転換証券は額面近辺の水準を維持している。満期の近い優良な転換社債などがこの条件を満たす最適な証券である。

②普通株の投機性が極めて強く、高安いずれの方向にも大きく動く。

こうしたヘッジ取引で大きな成果を上げたのは、1918～19年のピアース・オイルの６％債（1920年満期）と普通株であった（これについては参考資料の注39を参照）。

こうしたヘッジ取引で転換証券を使う代わりに、参加的証券やワラント付き証券で代替してもよい。普通株からそれらの証券に乗り換える有利さは先に言及したランド・カルデクスのワラント債のケースでも明らかであり、そこでは発行時の証券自体の有利さに加え、さらにクラスＡ株式にも転換できるという多様な選択肢も大きな魅力である。

こうした証券にはヘッジ取引のチャンスも数多く生まれる。このほか、ウェスチングハウス・エレクトリック証券の永久投資を考えているような投資家にとっては、普通株から（1929～30年に普通株よりも安くなった時期に）参加的優先株へ乗り換えることが賢明だったと言える。ただしこの２つの証券については、上位証券から下位証券には転換できないため、そのヘッジ取引には特別なリスクが伴うことに注意すべきである。

# 第26章

# 投機的な上位証券

証券市場が1932年に安値をつけたとき、ほとんどの債券と優先株についてその安全性が大きく疑われた（1932年の債券市場の詳細については参考資料の注40を参照）。1929年の株式大暴落の前からも投機的な上位証券は急増し、それ以降もその数は増加の一途をたどった。このため証券市場には、アメリカの証券の多くがいわゆる投資不適格な証券になるのではないかといった不安が広がった。

二流の債券や優先株は投資対象としての人気が大きく離散した。投資家はこれらに振り向きもせず、投機家の関心はもっぱら普通株に向けられた。その結果、もし投機をするならばキャピタルゲインやインカムゲインに限度があるものではなく、または低位の債券や優先株のように投機向きなのかそれとも投資向きなのかが分からないような中途半端な証券ではなく、その対象はもっぱら投機的な普通株であるということになった。

## 低位債券も悪くはない

低位の債券や優先株に対する批判がどれほど強くなろうとも、これらの証券が市場に大量に出回って多くの投資家に保有されているのは厳然たる事実である。こうした理由に照らせば、これらの証券について詳細な分析を加えることは不可欠であろう。一方、これらの証券が大量に発行されながらもその人気が低調であれば、その行き着く先は本質的価値をはるかに下回るほどの安値である。これらの証券の人気が大きく離散していることは事実であるが、そうした安値の魅力は不人気というマイナス面を補って余りあるほどである。こうした投機的な上位証券の利益が普通株の値上がり益とそれほど変わらないという状況になれば、低位債券の値上がり益は普通株ほどではないといったこれまでの常識はもはや捨てるべきであろう。例えば、利率５％の債券が価格35で売られているとすれば、約70まで戻したとしてもその上昇率は200％である。これに対し、35ドルで売られている平均的な普通株では「大衆心理の強気相場」にでも乗らないかぎり、２倍以上の値上がりは無理であろう。

## 投機的な債券に対する２つの見方

投機的な債券については２つのまったく相反する見方がある。まず投資適格性とその利回りについて、現在の安値と高いインカムゲインは安全性の低さというマイナス要因を十分に埋め合わせられるだろうかという考えがある。もうひとつの見方は、「普通株に比べて低位債券の値下がりリスクが小さいことは、普通株より少ない利益の可能性を補って余りあるだろうか」という疑問である。一般にはその債券が安全基準を十分に満たすようになれば投資家の買いが入って、その価格は投資適格水準まで上がるものである。これに対し、デフォルト寸前または超安値で売られている債券にはさらに売り物が増加する。こうした二種類の債券の価値を区別する境界線ははっきりしないため、その善し悪しを決めるのは難しい。あまり価値のない証券からかなり安全な証券に至るまでさまざまな証券が存在するからである。

## 普通株のアプローチ

投機的な上位証券については普通株のアプローチで臨むのが効果的であろう。そこでは内在するリスクを徹底的に分析することはもちろん、安全性の保証や利益の可能性などについても詳細な検討を加えることである。さらに賢明な投資家であれば、一般的な安全基準の検討に加えて、その会社の業績見通しなども詳しく調査するだろう。

こうしたアプローチは、額面以下で売られている標準以下の債券については不向きである。これら高利回りの二流の債券は第７章で言及した「ビジネスマンの投資」に属するからである。この種の債券の多くは突然にそして大きく価格が変動する。例えば、厳しい投資基準を満たす利率５％の債券が額面水準を維持していたとしても、その価値が投資適格基準を少しでも満たさなくなると70まで急落することもある。そして業績が少しよくなれば、再び額面水準まで急速に値を戻すことも珍しくない。しかし、この70～100という価格帯を正当化する理由は何もないのである。

実際の状況はこれほど単純なものではないだろう。その証券の安全性に対する投資家の見方はさまざまであり、そのベースとなる基準も個人的、数字上または主観的な要因と多様である。この70～100という価格帯は、論理的にはその証券の安全性に対する投資家のさまざまな見方を反映したものである。ある投資家は自分なりにその債券の現在の価値を85と考えるかもしれないが、ほかの投資家の目にはそれでもかなり高いと映るかもしれない。このように、この70～100という価格帯もさまざまな投資家がつけた「主観的な値段」なのである。

一般に投機的な債券は70近辺の安値から最低でも50％ぐらいは上昇する可能性がある（利率が５％以上の債券の場合）。こうした証券への投資については普通株を購入する感覚で臨むべきであろう。つまり、損益計算書やバランスシートなどを詳細に分析してその証券の将来の可能性を予測するのである。

## 投機的な上位証券と普通株の重要な違い

以上の理由から、投機的な上位証券の選択に際しては確定利付き証券の数量的な安全基準を適用することはできない。これらの証券を購入するときには普通株のアプローチとテクニックが求められるが、その場合でもこうした証券の特徴をはっきりと理解しておくべきである。

### 変化する企業業績

上位証券の利益の可能性については先に検討したが、ここではそうした要因はそれほど重要ではない。低位の債券や優先株においてより重視すべき要因は、その発行会社の財務力や業績の動向などである。一般にそうした証券の発行会社の業績は低調で下降トレンドをたどっている。1928～29年の証券市場を見ると、それらのほぼすべての証券が投資不適格と見なされるほどであった。一部の勝ち組企業を除いて、ほとんどの企業の業績は下落基調をたどっていた。勝ち組企業の普通株にはどれほど高値をつけても買いが入るのに対し、負け組企業の株はどれほどの安値でも見向きもされなかった。

しかし、そうした勝ち組企業と負け組企業といった明確な区別も最近では大きく崩れてきたようだ。「時の流れはすべての企業の運命を変えていく」という古い言い伝えがある。それによれば、業績の不振から安値まで売られた債券や優先株の会社でも、その状況はいつまでも絶望的で暗いものとは限らない。1931～33年に業績不振に苦しんでいた企業の多くも、いったん業績が回復に向かえばたちどころに従来の収益力を取り戻すものである。そうなれば、普通株と同様に低位の上位証券も大きく値を上げるだろう。

## 投機的な上位証券の利益のチャンス

投機的な上位証券はその人気離散を映して、本質的価値という点でときに普通株よりも安くなることは既述したとおりである。しかし賢明な投資家の目から見ると、そうした状況は絶好のチャンスともいえる。投機的な債券や優先株がその本質的価値を大きく下回れば、その証券自体の大きなメリットが際立ってくる。債券の確定利息はデフォルトにならないかぎり継続して支払われる。つまり、厳選して購入した低位債券であればデフォルトにならないかぎり、継続して受け取る確定利息は同じ価格の普通株の配当よりもはるかに有利である。

一方、優先株も配当の確実さという点では大きな弱点を持つが、無配になれば議決権が付与されるといった条項があれば、会社側に復配を求めることも可能である。その会社が豊富な現金資産を持ち、また配当累積を避けて継続配当を維持したいような場合には、たとえ業績の悪化から株価が下落しても優先配当を払い続けることも珍しくはないのである。

例えば、センチュリー・リボン・ミルズは1926～32年のうちの６年間は７％の優先配当を支払うだけの収益を上げることができず、その株価はしばしば50ドル近辺まで下落していた。しかし、この期間中に普通株は無配だったにもかかわらず、優先配当が停止されることはなかった。ユニバーサル・ピクチャーズの第一優先株も1929年には30ドルの安値をつけたが、３年間の不況期でも８％の優先配当は継続して支払われた（その後はついに無配となった）。

## 投資と投機の区別

こうした配当という観点から見た優先株の投資と投機の特徴を区別するのも有益であろう。まず投資的な観点から見ると、優先株は利益権の優先順位とその強制的な請求権という点では債券よりも不利である。一方、投機的な観点から見ると、優先株には業績の低迷期でも優先的に配当が支払われるということは、逆に言えば取締役会に対して半強制的な請求権を持つということでもあり、この点では普通株よりも有利である。

## 豊富な運転資本のメリット

数年前までは業績の不振な企業でも豊富な運転資本を有していたことは、上位証券にとっては有利な状況であった。そうした資産は利息や優先配当の継続を可能にするばかりでなく、満期償還、減債基金による消却、任意の買い戻し――などによる元本の償還も確実に行われるからである。減債基金の積み立ては債券や優先株にとっても好材料であり、それによって時価のみならずその本質的価値も上昇する。こうしたメリットは普通株には存在しないものである。

**事例**

食料品の製造・販売会社であるフランシス・レゲットは200万ドルの優先株（配当７％）を発行したが、それには毎年その３％相当額を消却するという減債基金条項が付いていた。その発行残高は1932年６月末までに60万8500ドルまで減少したため、この未償還分は不況の真っただなかでも110ドルで繰上償還された。センチュリー・リボン・ミルズの優先株発行残高も減債基金による消却で1922年の200万ドルから1932年には100万ドルに減少、またユニバーサル・ピクチャーズの第一優先株の発行残高も1924年の300万ドルから1932年10月末には178万6400ドルに減少した。

## 豊富な流動資産のメリット

支払利息に対する正味流動資産の倍率が高い低位の債券には、たとえその会社の業績が悪化しても繰上償還される可能性があるというメリットがある。

### 事例

エレクトリック・リフリジレーションの６％債（1936年満期）はその発行残高252万8500ドルに対して、直近のバランスシートに記載された正味流動資産が600万8900ドルまで落ち込んだことから1929年11月には66まで売られた。同社は1927～28年に営業赤字を計上したが、それでも1929年９月30日に終了した年度の金融費用に対する収益の倍率は約９倍、その時価総額に対する正味流動資産の倍率もほぼ４倍を維持していた。このため、この６％債の価格は1930年には額面近くまで戻し、1931年には105で繰上償還された。一方、エレクトリック・リフリジレーション・ビルディングの一番抵当付き社債（利率６％、1936年満期、リース契約に基づく親会社のエレクトリック・リフリジレーションの保証付き）も1932年７月には70まで売られたが、親会社の正味流動資産が同債券発行残高（107万3000ドル）の６倍、同債券の時価総額の８倍以上に上っていたため1933年には101で繰上償還された。

また、マレーの一番抵当付き社債（利率6 1/2％、1934年満期）も当期の営業赤字を映して1932年には68まで売られたが、同社の正味流動資産がその債券の額面総額の2.5倍、時価総額のほぼ４倍に上っていたことからその後は急速に値を戻した。シドニー・ブルーメンソールの中期債（利率７％、1936年満期）も1926年には70の安値をつけたが、同社の正味流動資産がその額面総額の２倍、時価総額のほぼ３倍に達していたため1930年には103で繰上償還された。ベルディング・ヘミンウェイの６％債（1936年満期）も1930年に67まで売られたが、同社の正味流動資産はその債券の額面総額のほぼ３倍、時価総額の４倍以上を維持していた。同社の棚卸資産は1930～31年にかけて急ピッチで整理が進み、その資金でその６％債の未償還分の約80％を市場から買い入れたあと、残りの20％も1934年初めに101で繰上償還された。

こうした債券の場合、利益のチャンスは損失の可能性よりも高く、また見込み利益の金額も損失額より大きい。もちろん、個別のケースにおけるリスクはそれなりに存在するため、こうした投資原則をそのまま当てはめるのは危険である。しかし、リスク分散の原則に基づいてこうした証券に分散投資すれば、それなりの利益を手にすることはできるだろう。

### 流動資産を重視しすぎる危険性

このように、投機的な債券を選択する場合にその会社の運転資本を見ることはかなり効果的である。しかし、その債券が豊富な流動資産で十分に裏付けられていればその安全性は保証されるのかといえば必ずしもそうではない。というのも、バランスシートに記載された流動資産というものは翌年に営業損益が赤字になれば急減するし、その会社が破産管財人の管理下に入るといった事態にでもなれば、流動資産の表示価額などはまったく当てにならないからである（第６部のバランスシートの分析では、流動資産のその他の項目［現金資産、売掛債権、棚卸資産など］について検討する）。

その好例をＲ・ホー・アンド・カンパニーの中期債（利率７％）やエイジャックス・ラバーの一番抵当付き社債（利率８％）などに見ることができる。これらの債券は1929年でも正味運転資本で十分にカバーされていたが、その後にわずか２ドル（額面100ドル）まで売られてしまった（巻末の参考資料の注32には、ウィリス・オーバーランドやバーキー・アンド・ゲイ・ファニチャーの一番抵当付き社債のケースが紹介されている）。

このため、運転資本が債券発行残高をカバーしているという事実と、運転資本がその何倍に上っているのかというさらに重要な数字を厳密に区別する必要がある。前者の事実は重要ではあるが、決定的な条件ではない。こうした要因のほかに、平年での高い収益率や満足すべき質的要因などもその債券の魅力を高める好材料ではあるが、分散投資における必要条件のひとつにすぎないことを肝に銘じるべきであろう。

**豊富な流動資産に裏付けられた低位工業債（1932年）**

| 銘柄 | 満期 | 1932年の安値 | バランスシート終了日 | 正味流動資産* | 債券発行残高の額面総額* | インタレスト・カバレッジ | |
|---|---|---|---|---|---|---|---|
| | | | | | | 期間 | 債券発行残高に対する収益の倍率† |
| アメリカン・シーティング債（利率6％） | 1936 | 17 | 1932/9 | 3,826 | 3,056 | 1924-1930 | 5.2 |
| クルーシブル・スチール債（5％） | 1940 | 39 | 1932/6 | 16,163 | 13,250 | 1924-1930 | 9.4 |
| マッケソン・アンド・ロビンズ債(5½%) | 1950 | 25 | 1932/6 | 42,885 | 20,848 | 1925-1930 | 4.1 |
| マリオン・スチーム・シャベル債（6％） | 1947 | 21 | 1932/6 | 4,598 | 2,417 | 1922-1930 | 3.9 |
| ナショナル・アクメ債(6%) | 1942 | 54 | 1931/12 | 4,327 | 1,963 | 1922-1930 | 5.5 |

＊単位：1000ドル
†1931年のインタレスト・カバレッジは必要に応じて調整済み

## 投機的な優先株

投機的な優先株は投機的な債券よりも市場操作の影響を受けやすく、このため市場では普通株と同じように過大評価されることも珍しくない。以下はこうした優先株がたどる３つの価格の段階を単純化したもので、それらの価格がしばしばその本質的価値と大きくかい離することも珍しくない。

①発行時の価格は投資家が投資適格の水準と勧められてその優先株を購入した価格であるため、必ずしもその本質的価値と一致するものではない。

②第二段階になると投資メリットの弱点も知れ渡り、価格は投機的な水準まで急落し、ときに売られ過ぎの水準まで下げる。

③第三段階の時期になると、普通株の選択で使われる投資基準に基づく買いが入って急速に値を戻す。さらに投機家が高値での買いを煽るために、配当累積などといったまことしやかな情報が誇張されて流れる。

この三番目の市場操作的な段階についてもう少し検討してみよう。

**「上位証券の最大価値の原則」**

第三段階で流されるさまざまな情報に惑わされないために、そして投機的な上位証券に関する一般的な指針として、われわれが「上位証券の最大価値の原則」と呼ぶ次のような証券分析の原則を紹介しよう。

「上位証券はそれが上位証券の地位にあるかぎり、本質的に普通株の価値以上にはなり得ない」

これを具体的な例で説明すると次のようになるだろう。

Ｘ社とＹ社は同じ企業価値を持っているとする。Ｘ社は優先株８万株と普通株20万株を発行している。これに対し、Ｙ社の株式は普通株８万株だけで優先株はない。われわれの原則に従えば、Ｘ社の優先株はＹ社の普通株以上の価値を持つことはない。その理由は、Ｙ社の普通株の価値はＸ社の優先株＋普通株の価値と同じであるからだ。

同じ企業価値を持つＸ社とＹ社を比較する代わりに、Ｘ社が資本を再構成して旧普通株を消却して優先株（いわゆる新普通株）だけを持つと仮定しよう（こうした変更を優先株の「普通株化」と呼ぶことにする）。こうして生まれたX社の新普通株にわれわれの原則を当てはめると、この新普通株の価値は古い優先株と普通株を合算した価値に等しい。われわれのこうした原則は、普通株だけまたは普通株＋優先株の価値を受け継いだ投機的な債券にも当てはまるだろう。もしもその債券が「普通株化」される（つまり普通株に変更される）と同時に旧株が消却されるならば、新普通株の価値はその債券の現在の価値と等しくなる。

こうした関係は当該証券の表面利率や配当率、額面価格または満期償還価格に関係なく成り立つことは明らかである。たとえ、その証券の未払利息や配当がどれほど累積していようともそれは関係がない。もしも優先株に１株当たり1000ドルの累積配当があったとしても、それがその会社の完全な所有権を代表する（累積配当のない）普通株に取って代わられるならば、その２つの証券は同じ価値を持つことになる。未払累積配当はその会社の証券全体の価値を高めるものではなく、それは単に優先株と普通株といった証券の区分に影響するだけである。

### 未払配当を重視しすぎる危険性

このようなことは証券分析を進めていけば分かることであるが、いったんギャンブル的なムードが支配的になると、一般投資家はこのような単純な事実でさえも分からなくなってしまう。このように、多額の未払配当を持つ優先株はしばしば市場操作に利用され、そこでは累積配当が優先株と普通株の値段をつり上げる材料とされる。その典型例のひとつが1928年のアメリカン・ジンク・レッド・アンド・スメルティングの株価であろう。

アメリカン・ジンクの優先株は1916年に普通株の株式配当の一環として、旧普通株を新しい優先株と普通株に分割することで生まれた。

この優先株の表示額面は25ドルであるが、額面100ドルの優先株が持つあらゆる条件を備えていた（６ドルの累積配当、償還・清算価格も100ドル）。こうした方法が取られたのは、バランスシートに優先株として表示すれば実際よりも負債額を圧縮して記載できるからである。同社は1920～27年に連続して営業赤字を計上し（1922年にはわずかな黒字決算となった）、1921年に優先配当が停止されたため、その累積配当は1928年までに１株当たり約40ドルになった。

1928年には業績が徐々に回復したが、その収益は優先株１株当たり６ドルの水準にとどまっていた。しかし、同社の株式は市場操作の標的となり、優先株は1927年の35ドルから1928年には118ドルまで急騰、普通株にいたっては６ドルから57ドルに大化けした。こうした株価の暴騰をもたらしたのは、累積配当が支払われるといったうわさであった。もちろん、このうわさが現実になることはなかった。

こうしたギャンブル的なムードの非合理性とは、優先株と普通株の価値のベースとなる未払優先配当といった根拠のないうわさが多くの投資家に受け入れられることである。普通株に関する投機的なプロセスとは次のようなものであろう。「累積優先配当が支払われるらしい。これは普通株には好材料だ。したがって普通株は買いだ」。こうした支離滅裂な理屈とは正反対に、もし普通配当に優先する優先配当が未払いであるならば、（たとえ普通株と優先株がほぼ同じ値段であっても）それは普通株にとっても悪材料と考えるのが普通であろう。こうした状況の下では、累積配当の支払いについて具体的な計画が発表されることなどまず考えられないからだ。

われわれのいう「上位証券の最大価値の原則」の具体例として、アメリカン・ジンク株のケースを取り上げた。それでは一体、同社の優先株が1928年につけた118ドルという価格は高すぎるのだろうか。もし優先株主が同社を完全に所有していると仮定すれば、それは過去８年間の営業赤字を経て1928年にようやく１株当たり６ドルの利益を出せるようになったいわゆる「普通株」の118ドルと同じことである。しかし1828年の熱狂的な相場の下でも、同社の普通株をそんな高値で購入する投資家はいないだろう。また、同社の普通株の57ドルという価格も明らかにバカげたものである。それは同社の次のような価値に照らしても明らかである。

| | | |
|---|---|---|
| 優先株 | 80,000株×１株118ドル | 9,440,000ドル |
| 普通株 | 200,000株×１株57ドル | 11,400,000ドル |
| 株式時価総額 | | 20,840,000ドル |
| 1928年の収益 | | 481,000ドル |
| 1920～27年の平均収益 | | 188,000ドル（赤字） |

アメリカン・ジンクの株式価値を、仮にすべて普通株（８万株）で表示すると、１株当たり260ドル（収益率は１株当たり６ドル、無配）ということになる。未払累積配当のうわさで大衆投資家が惑わされた数字の実体はこのようなものだったのである。

アメリカン・ジンクほど極端ではないが、もうひとつの興味ある例がアメリカン・ハイド・アンド・レザーである。同社の優先株の利益は1922～28年に１株当たり4.41ドルを超えることはなく、その平均収益率も極めて低かった。しかしこの期間中でも、優先株は66ドルの高値で売買されていたのである。こうした高値を支えていたのは、この期間中に累積優先配当が１株当たり約120ドルから175ドルに増加したという投機的なうわさだった。

同社のこのケースにわれわれの原則を当てはめて、優先株主が同社の完全な所有権を握っていると仮定しよう。長期にわたる無配のあとでベストの収益率でもやっと１株当たり２ドルという普通株が65ドル以上になったとすれば、それは極めて異常なことであろう。同様にそれは同社の優先株にとっても高すぎる価格であり、その累積配当がどれほど多額になっていたとしてもその異常さに変わりはない。

## 資本構成の違いが企業価値を左右

以上の検討結果によれば、普通株が優先株と普通株に分割されたとき、その合算価値は以前の普通株の価値と常に等しくなると考えられる。しかし、これは理論的にはまったく正しいが、実際には必ずしもそうではない。というのは、証券資本を上位証券と普通株に分割すれば普通株だけの資本よりも有利になるからである（この問題については第40章の「資本構成」で詳しく検討する）。これまでの検討結果とわれわれの「上位証券の最大価値の原則」をまとめると次のようになる。

①Ｘ社の価値＝Ｙ社の価値と仮定する。
②Ｘ社は優先株（Ｐ）と普通株（Ｃ）を持つが、
　Ｙ社は普通株（Ｃ′）だけである。
③このときに次の方程式が成り立つ。
　　Ｐの価値＋Ｃの価値＝Ｃ′の価値
この方程式の両辺は等しい、つまり両社の企業価値は等しい。

しかし、実際にはこの方程式が常に成り立つとは限らない。優先株＋普通株の資本構成が普通株だけの資本構成よりも有利となるからだ。そしてわれわれの「上位証券の最大価値の原則」に従えば、優先株（Ｐ）の価値は普通株（Ｃ′）の価値を超えることはない。これは市場操作を狙った投機的な行為などがすべての合理的な考え方を無効にするといったケースを除けば、理論的にもまた現実的にも正しいのである。

われわれのこの原則は否定形で述べられてきたため、その適用も基本的には否定形で行われた。この原則は優先株や債券の価値が時価と異なる場合に大きな効果を発揮するだろう。そしてこの原則を肯定形で適用しようとすれば、次のような条件が必要であろう。すなわち、①（その会社の完全な所有権を持つ）優先株の「普通株化」した価値額を算出する、②この価値額から既存の普通株に帰属する金額をどれだけ控除するのかを決める。こうしたアプローチは、特定の上位証券の価値が時価をどれだけ上回っているかを調べるときに有効である。しかし、その実際の適用に当たっては数学的な処理の範囲から大きく逸脱する部分もあり、また普通株の評価も不確定な要素が多く難しい作業であることは事実である。

# 第4部

# 普通株の投資理論

THEORY OF COMMON-STOCK INVESTMENT. THE DIVIDEND FACTOR

# 第27章

# 普通株の投資

われわれはこれまで、投機的な状況に対して証券分析を適用することのさまざまな難しさを検討してきた。特に普通株においては投機的要素が強く、その分析には多くの不確実さが伴うため、以下では普通株についてやや詳しく分析する必要があるだろう。

普通株の分析に際しては、次の３つの現実的な前提を踏まえるべきである。まず最初は、証券分析において普通株は基本的に重要であるうえ、多くの投資家にとって大きな関心事であること。二番目には、普通株の購入者と保有者は普通株の価値というものを明確に知りたいと願っていること。三番目には、たとえ普通株の投資の動機が単なる投機的な欲望であるにしても、人間というものは正当な論理と良識という隠れミノによってそうしたあからさまな欲望を隠したいと思っていること――である。ボルテール風に言うならば、もしも普通株の分析というようなものが存在しなければ、それらしきものをつくらなければならないのである。

## 普通株の分析の意義

以上の前提を踏まえたうえで、われわれは次のように問い掛けるだろう。「普通株の分析とはどれほど有効で価値のある作業なのか。普通株の投資は企業の将来と株式市場におカネを賭けるという不確実ではあるが、そうせずにはいられない行動なのではないか」。そしてこの問い掛けに対する回答は次のようなものであるかもしれない。「一般的な普通株に関するかぎり、無作為に選んだ銘柄についてどれほど詳細な分析を加えようとも、その本当の価値についての明確な結論は出ないだろう。しかし、個別的な銘柄についてその会社の業績などを分析すれば、その分析結果からかなり信頼できる結論を引き出すことができるのではないだろうか」。つまり、証券分析は一部の普通株については明確で科学的な価値のある作業かもしれないが、普通株全体ということになると投機的で不確実な状況、換言すれば普通株の将来の価値は予測できないが、それでもあえて予測に挑まざるを得ない何らかの衝動のようなもの――ということになろうか。

この問題を解き明かす最も有効な方法は、おそらく普通株の歴史を振り返ることであろう。こうしたアプローチは普通株の分析をめぐるさまざまな経緯を明らかにするばかりでなく、普通株の投資理論という極めて重要な問題にも焦点を当てることになるだろう。その手始めとして、今では常識とされている一見合理的な普通株の投資原則について検討してみよう。

新しい時代の到来とともに、これまでの普通株の投資原則の有効性は崩れたといわれる。それに取って代わるまったく新しい普通株の選択法、すなわち「新しい時代の理論」が投資家の間に急速に広まっているが、そのもっともらしい理論の裏にはさまざまな落とし穴があるようだ。戦前(第一次世界大戦前)の普通株の理論は時代遅れとなり、新しい時代の理論が急速に普及しつつある現在、われわれは普通株の投資について理論的に正しく、また高い信頼性を持つ新しい原則を確立する必要がある。

## 普通株の分析の歴史

まず最初に普通株の分析の歴史に目を向けると、過去30年間に相反する２つの要因が証券界に大きな影響を及ぼしてきた。そのひとつは、高収益、継続配当および安定した財務力を持つ企業が増加したことに伴って普通株の「投資の評判」がかなり高まったことである。その背景には企業の正確な財務諸表が定期的に開示され、一般投資家や証券アナリストもそれらの豊富な統計データを入手できるようになったことがある。また、長期的な投資対象として普通株の有利さを証明する理論が続々と出現したこともその一因である。しかし、1927〜29年に普通株に対する関心がピークを迎えたまさにこの時期に、普通株の評価基準は従来の事実に基づくアプローチから、将来の可能性や予測を重視する傾向に急速に移っていったのである。そして、債券の投資適格性を低下させた企業や工業会社の業績が急速に悪化したことから、普通株の投資の価値に対する信頼性も大きく崩れていった。

## 普通株の分析における２つの傾向

普通株の分析においては1920年以前とそれ以降では、①目に見える事実があまり重視されなくなった、②それに代わって目に見えない要素を重視する傾向が強まった——という対照的な傾向が顕著になっている。ペンシルベニア鉄道、アチソン・トピーカ鉄道、ナショナル・ビスケットおよびアメリカン・カンという４社のケースを取り上げてこの問題を検討してみよう。

アメリカン・カンは、①無配、②収益が低水準で不安定、③収益の大半は実際の事業によるものではない水増し分——という意味では戦前の代表的な投機株である。これに対し、ペンシルベニア鉄道、アチソン・トピーカ鉄道およびナショナル・ビスケットは、①継続配当の

## ペンシルベニア鉄道

| 年 | 普通株価(ドル) | 1株利益(ドル) | 1株配当(ドル) |
|---|---|---|---|
| 1904 | 70-56 | 4.63 | 3.00 |
| 1905 | 74-66 | 4.98 | 3.00 |
| 1906 | 74-61 | 5.83 | 3.25 |
| 1907 | 71-52 | 5.32 | 3.50 |
| 1908 | 68-52 | 4.46 | 3.00 |
| 1909 | 76-63 | 4.37 | 3.00 |
| 1910 | 69-61 | 4.60 | 3.00 |
| 1911 | 65-59 | 4.14 | 3.00 |
| 1912 | 63-60 | 4.64 | 3.00 |
| 1913 | 62-53 | 4.20 | 3.00 |
| | | | |
| 1923 | 48-41 | 5.16 | 3.00 |
| 1924 | 50-42 | 3.82 | 3.00 |
| 1925 | 55-43 | 6.23 | 3.00 |
| 1926 | 57-49 | 6.77 | 3.125 |
| 1927 | 68-57 | 6.83 | 3.50 |
| 1928 | 77-62 | 7.34 | 3.50 |
| 1929 | 110-73 | 8.82 | 3.875 |
| 1930 | 87-53 | 5.28 | 4.00 |
| 1931 | 64-16 | 1.48 | 3.25 |
| 1932 | 23-7 | 1.03 | 0.50 |

### アチソン・トピーカ鉄道

| 年 | 普通株価(ドル) | 1株利益(ドル) | 1株配当(ドル) |
|---|---|---|---|
| 1904 | 89-64 | 9.47* | 4.00 |
| 1905 | 93-78 | 5.92* | 4.00 |
| 1906 | 111-85 | 12.31* | 4.50 |
| 1907 | 108-66 | 15.02* | 6.00 |
| 1908 | 101-66 | 7.74* | 5.00 |
| 1909 | 125-98 | 12.10* | 5.50 |
| 1910 | 124-91 | 8.89* | 6.00 |
| 1911 | 117-100 | 9.30* | 6.00 |
| 1912 | 112-103 | 8.19* | 6.00 |
| 1913 | 106-90 | 8.62* | 6.00 |
| 1923 | 105-94 | 15.48 | 6.00 |
| 1924 | 121-97 | 15.47 | 6.00 |
| 1925 | 141-116 | 17.19 | 7.00 |
| 1926 | 172-122 | 23.42 | 7.00 |
| 1927 | 200-162 | 18.74 | 10.00 |
| 1928 | 204-183 | 18.09 | 10.00 |
| 1929 | 299-195 | 22.69 | 10.00 |
| 1930 | 243-168 | 12.86 | 10.00 |
| 1931 | 203-79 | 6.96 | 9.00 |
| 1932 | 94-18 | 0.55 | 2.50 |

＊6/30に終了する年度

## ナショナル・ビスケット

| 年 | 普通株価(ドル) | 1株利益(ドル) | 1株配当(ドル) |
|---|---|---|---|
| 1909 | 120-97 | 7.67* | 5.75 |
| 1910 | 120-100 | 9.86* | 6.00 |
| 1911 | 144-117 | 10.05* | 8.75 |
| 1912 | 161-114 | 9.59* | 7.00 |
| 1913 | 130-104 | 11.73* | 7.00 |
| 1914 | 139-120 | 9.52* | 7.00 |
| 1915 | 132-116 | 8.20* | 7.00 |
| 1916 | 131-118 | 9.72* | 7.00 |
| 1917 | 123-80 | 9.87† | 7.00 |
| 1918 | 111-90 | 11.63 | 7.00 |
| | (株式分割前)‡ | (株式分割前)‡ | (株式分割前)‡ |
| 1923 | 370-266 | 35.42 | 21.00 |
| 1924 | 541-352 | 38.15 | 28.00 |
| 1925 | 553-455 | 40.53 | 28.00 |
| 1926 | 714-518 | 44.24 | 35.00 |
| 1927 | 1309-663 | 49.77 | 42.00 |
| 1928 | 1367-1117 | 51.17 | 49.00 |
| 1929 | 1657-980 | 57.40 | 52.50 |
| 1930 | 1628-1148 | 59.68 | 56.00 |
| 1931 | 1466-637 | 50.05 | 49.00 |
| 1932 | 820-354 | 42.70 | 49.00 |

*翌年の1/31に終了する年度の利益

†1917/12/31に終了する11カ月間

‡75%の株式配当に続き、1922年には1株を4株に株式分割、1930年にも1株を2.5株に分割

### アメリカン・カン

| 年 | 普通株価（ドル） | 1株利益（ドル） | 1株配当（ドル） |
|---|---|---|---|
| 1904 | | 0.51＊ | 0 |
| 1905 | | 1.39（赤字）† | 0 |
| 1906 | | 1.30（赤字）‡ | 0 |
| 1907 | 8- 3 | 0.57（赤字） | 0 |
| 1908 | 10- 4 | 0.44（赤字） | 0 |
| 1909 | 15- 8 | 0.32（赤字） | 0 |
| 1910 | 14- 7 | 0.15（赤字） | 0 |
| 1911 | 13- 9 | 0.07 | 0 |
| 1912 | 47- 11 | 8.86 | 0 |
| 1913 | 47- 21 | 5.21 | 0 |
| | | | |
| 1923 | 108- 74 | 19.64 | 5.00 |
| 1924 | 164- 96 | 20.51 | 6.00 |
| 1925 | 297-158 | 32.75 | 7.00 |
| | （株式分割前）§ | （株式分割前）§ | （株式分割前）§ |
| 1926 | 379-233 | 26.34 | 13.25 |
| 1927 | 466-262 | 24.66 | 12.00 |
| 1928 | 705-423 | 41.16 | 12.00 |
| 1929 | 1107-516 | 48.12 | 30.00 |
| 1930 | 940-628 | 48.48 | 30.00 |
| 1931 | 779-349 | 30.66 | 30.00 |
| 1932 | 443-178 | 19.56 | 24.00 |

＊1905/3/31に終了する年度
†1905/12/31に終了する9カ月間
‡株58セントの火災損失分を除く
§1926年に1株を6株に株式分割

実績、②支払配当をかなり上回る安定した平均収益、③実際の事業収益を反映した株価――という点で典型的な投資適格の普通株である。

戦前の10年間（ナショナル・ビスケットは1909～18年）についてこれらの株価を分析すると、アメリカン・カンは毎年大きく変動するという投機株特有の動きをしているのに対し、ペンシルベニア鉄道、アチソン・トピーカ鉄道およびナショナル・ビスケットの株価は値動きが小さく、おそらく投資適格水準または本質的価値と見られる価格近辺を往来しているのが分かる（ペンシルベニア鉄道は64ドル、アチソン・トピーカ鉄道は97ドル、ナショナル・ビスケットは120ドル）。

## 戦前の普通株投資に対する考え方

普通株の分析および投資と投機に対する戦前の考え方は次のようなものであった。普通株の投資を安定した業績と配当の会社の株に限定すれば、それらの株はかなり安定した価格を維持すると予想される。普通株の分析の主な目的は、そうした会社の業績の問題点を追究することにある。すなわち、収益は適正に表示されているか、バランスシートに示された財務内容に問題はないか、債券債務は急増していないか、工場設備は適正に稼働しているか、脅威となる新しいライバル企業は出現していないか、業界内での地位は安定しているか、経営陣の能力は低下していないか、その業界全体の将来性はどうかなどについて、もし何らかの問題点があるならば、慎重な投資家はそうした株を避けたであろう。

普通株の分析における積極的なアプローチとは、あらゆる投資適格基準を満たし、最大のキャピタルゲインのチャンスをもたらすような銘柄を見つけだすことであった。そこでは投資適格クラスのほかの類似銘柄との比較をはじめ、過去数年間の平均収益と株価の関係、収益の安定性および収益トレンド――などが検討された。将来の予測をもとに、大きな成長が見込まれる産業や会社の株式を探すといったことは、あまり行われていなかった。

### 将来の予測に基づいた投機

戦前には過去の実績の代わりに将来の予測に基づいて行う行動は投機であると考えられていた。「投機(Speculation)」の語源は「先を見る」ということであり、「投資(Investment)」とは資産やこれまでの価値といった「既得の権益」を意味する。将来は不確実であるために投機的であり、よく知られた過去は安全である。例えば、1910年にアメリカン・カンの普通株を購入するとしよう。その動機は、この株は上昇または大化けするかもしれない、収益は好転するだろう、まもなく復配か、この会社はアメリカで最も強大な工業会社のひとつに発展するかもしれない――などというものであろう。戦前の観点に照らせば、これらの理由のひとつが正当化されるならば、それはこの株を購入する立派な「投機的な動機」となったのである。

### 債券と普通株の投資テクニック

債券と普通株の投資テクニックはある点ではよく似ている。債券購入者と同じく、普通株の投資家も安定した企業と支払配当を大きく上回る収益の会社の株を購入するだろう。その場合に普通株の安全余裕率は債券のそれよりも小さいかもしれないが、それは債券よりも大きなインカムゲイン(標準的な普通株と優良債券の利回りはそれぞれ6%、4.5%)、その会社が発展した場合の増配とキャピタルゲインのチャンス――などで相殺される。普通株の投資家は大きな利益を得るにはある程度安全性を犠牲にしても仕方がないと考えている点では、二流債券の購入者とよく似ている部分がある。ペンシルベニア鉄道とアチソン・トピーカ鉄道の1904~13年の株価はこうした考えを反映している。

### 利益権を得るための普通株の購入

戦前の普通株の投資家に共通するもうひとつの特徴は、その会社に対する利益権を得るためにその株式を購入するというものである。こうした投資家の多くは「ビジネスマン」であり、これらの人々は自分の会社に対する価値基準と同じモノサシでそれらの企業の価値を測っている。つまりその会社の収益ばかりでなく、その株価を反映する資産価値にも注目している。一般に企業の価値はその財務諸表に表示された「正味資産」によって決まる。その企業のパートナーシップや株式利益を手に入れようとする人々は、バランスシートに記載されたその資産の簿価を見て、それから過去の業績や将来の収益を検討して現在の株価が有利かどうかを判断するだろう。もちろん、すべての企業の株価は実際の資産価値よりもある程度かい離した水準にあるが、それでも資産の簿価はその企業の価値を測る出発点となるものである。

一般にこれまでの普通株の投資ではこうしたアプローチがとられてきた。しかし最近では、その企業の当初の資本金となる払込金や資本証券の額面総額、さらにはその企業価値の評価基準となる証券の額面総額や累積剰余金の簿価が重視されるようになってきた。このため普通株の投資家はその会社の株を購入するとき、「この株式の時価はその資産の簿価と比べてどれだけ有利なのか」と問い掛けるようになった。これに対していわゆる「水増し株」といったものは、偽りの資産価値を株価に反映させて一般投資家を欺くものである。そうした株式における証券分析の大きな役割は、バランスシートに示されたその会社の資産価値は財産の実際原価または適正な価値を表したものなのかを明らかにすることである。

### ３つの要素に基づいた普通株の投資

これまでの普通株の投資は、①確実に継続して支払われる配当の利回り、②安定した収益の実績、③十分な有形資産による裏付け――という３つの要素に基づいて行われてきた。これら３つの要素のそれぞれについては、その株式自体およびほかの株式と比較した価値を知るために詳しく分析する必要があるだろう。なお、これらの要素以外に基づく普通株の投資は投機と見なされ、真の証券分析の対象にはなり得ないと考えられている。

## 新しい時代の理論

戦後に続くとりわけ1929年をピークとする株式ブーム期には、一般投資家は従来の普通株の投資スタンスとまったく違うアプローチをとるようになった。それら３つの要素のうち２つがほとんど意味を失う一方で、「安定した収益の実績」という要素もまったく違う意味合いを帯びるようになった。新しい時代の論理や原則とは、「普通株の価値はすべて将来の収益によって決まる」というものになった。

こうした基準による結論は当然のことながら次のようなものになるだろう。

①普通株の価値を決めるときに配当率はそれほど重要ではない。

②その企業の資産と収益力に明確な相関関係がないとすれば、資産価値はまったく意味がない。

③過去の収益は、それが将来の収益にどのような変化をもたらすのかといった程度の重要性しか持たない。

普通株の投資アプローチにおけるこうしたまったく新しい考え方は、それほど深く理解されないままに一般投資家の間に広まり、さらに証券関係者の理解の程度も表面的なものにすぎなかった。こうした状況ゆえに、そうした変化が何を意味するのかについては詳しい検討が必要である。われわれはこうした大きな変化を検討するに際して、その原因と結果、その論理的な有効性といった３つの観点から分析を進める。

## その原因

なぜ一般投資家はこれまでの配当利回り、その会社の資産価値や収益力を重視するといった基準を放棄して、もっぱら収益トレンド（将来の収益の変化）にだけに目を向けるようになったのだろうか。その大きな理由は、過去の収益実績というものは将来の投資にとってはまったく当てにならない基準であり、将来の利益のチャンスこそが普通株の投資の楽しみであると投資家が考えるようになったことである。

こうした新しい時代の理論が急速に広まったのは、これまでの古い基準が時代遅れになったという背景もある。過去30年間の経済変化のスピードはめまぐるしく、これまでの長期にわたる常識も急速にその有効性を失っていった。過去10年間に繁栄を謳歌してきた企業でもわずか数年のうちに支払い不能に陥るケースも少なくなかった。その一方で、市場の片隅で不本意な立場を余儀なくされていた中小企業が見る見るうちに大きなシェアを握り、目を見張るような業績と最高の信用格付けを勝ち得ていくケースも珍しくなかった。これまで投資家の人気の的だった鉄道会社はもはや国の富と繁栄のメリットを受けることができず、明らかに衰退を余儀なくされていった。また1914年までは代表的な投資対象のひとつだった電鉄会社も、新しい輸送機関の台頭に伴って急速にその存在価値を失っていった。この時期には電力やガス会社も戦中・戦後のインフレの悪影響を受けて、それまでの成長には大きな陰りが見え始めた。工業会社も大きな時代の変化に翻弄され、予期せぬ倒産の波に呑まれる企業も続出した。しかしその一方で、成功の街道を目覚ましいスピードで突進している企業もあるなど、繁栄の利益は著しく不公平に分配されていた。

こうした状況の下で、従来の普通株の投資に関する３つの要素が急速に色あせていくのも当然の成り行きだった。こうして過去の収益と配当の実績は、将来の収益と配当の可能性を保証する指標とはもはやなり得ないという考え方が一般的になってきた。しかも、こうした将来の収益の可能性はその企業の実際の設備投資によって生み出される資産価値によるのではなく、産業界におけるその企業の有利な地位や適切な経営政策によって決まると考えられるようになった。企業のさまざまな破産手続きにおいても流動資産の価値は低くなり、固定資産にいたってはほとんどその価値を失っていった。破産管財においてこのように資産と収益および資産とその実現可能価格との間に相関関係が認められなくなれば、証券関係者のみならず一般投資家もこれまでのように「正味資産」や「(資産の) 簿価」といったものを重視しなくなるのも当然だった。そして1929年までに、企業の資産の簿価は普通株の魅力を決定する要素としての役割をほとんど失っていった。それに伴って、かつては大きな議論の的だった「水増し株」なども死語になった。

## 収益トレンドに基準を移す

このように、過去の実績と有形資産に基づく戦前の投資アプローチは、もはや時代遅れとなった。それに取って代わる新しい代表的な基準が「収益トレンド」と言われるものである。それによれば、収益が増加傾向にあればその会社の将来も明るく、これまでよりも好業績が期待できる。その反対に、もしも収益が低下傾向をたどったり、または業界全体の繁栄が横ばいとなれば、その会社の将来の見込みはなく、その株の投資は避けるべきであると考えられるようになった。

## 長期的な投資対象としての普通株

普通株の投資に関するこうした選択基準と並んで、普通株は長期的な投資対象として最も有利であるというもうひとつの理論が台頭してきた。一定の証券分析に基づくこの理論によれば、過去の一定期間における投資実績を見ると普通株の分散投資が大きな効果を上げてきたといわれる。たしかにその数字を見ると、こうした普通株の分散投資はインカムゲインとキャピタルゲインの両面でも標準的な債券投資よりも好成績を上げている。

普通株の投資に関するこうした２つの新しい理論（収益トレンドの重視と長期投資）が一緒になって「新しい時代の普通株の投資理論」を形成し、1927～29年の株式バブルに突入していった。先に示した新しい普通株の理論をさらに押し進めると、次のようになるだろう。

①普通株の価値はその会社の将来の収益によって決まる。

②優良な普通株は安全で有利な投資対象である。

③優良な普通株とは上向きの収益トレンドを描いている会社の株である。

こうした理論は単純でいかにも本当らしく見える。しかし、こうした理論には２つの重大な欠陥がある。まずそこでは、「投資」と「投機」の基本的な区別がまったくなされていないことである。もうひとつの問題点は、普通株を有利な投資対象と見なすときの「価格」についてまったく言及されていないことである。

## 新しい時代の投資と戦前の投機

ちょっと考えれば分かることだが、大手投資信託などが盛んに吹聴していたこの「新しい時代の理論」というものは、実は今回の株式ブーム期以前に言われてきた投機とほとんど同じである。そうした「投機」の意味するものは債券の代わりに普通株を買い、インカムゲインの代わりにキャピタルゲインを追求し、さらには過去の事実の代わりに未来の変化を予測するというものである。換言すれば、新しい時代の投資とは単に上向きの収益トレンドを描く会社の普通株を買うというこれまでの投機そのものである。そして歴史始まって以来の株式ブームを支えた新しい考え方とは、「投資とは成功した投機である」という昔の皮肉っぽい風刺を現代風に装った言い方にすぎなかったのである。

## 価格を無視した魅力的な普通株とは

普通株の魅力がその価格をまったく離れても成り立つという考えはあまりにもバカげている。しかし、新しい時代の理論はこの考え方をすべての投資家に受け入れさせたのである。この新しい投資理論によれば、もし公益事業株が平均収益の10倍（戦前ではこれが標準的な水準だった）ではなく史上最高の収益の35倍で売られていても、それは株価が高すぎるのではなく、投資家の価値の基準が変わっただけなのである。確立された基準に照らして株式の時価を評価する代わりに、新しい時代の理論では時価に照らしてその株式の価値を決めるのである。このように新しい時代の考え方においては、株式が売られているその価格自体だけでなく、その株式の価値に値する価格という点でもすべて上限がなくなってしまった。この理論によって、１株当たりの利益が2.50ドルの普通株が、実際に100ドルまでつり上がった。そしてこの理論をさらに押し進めていけば、その同じ株は200ドル、1000ドル、いや考えられるいくらの値段でも買えることになる。

こうした「素晴らしい投資理論」に従えば、株式市場でおカネを儲けることは今や世界で最も簡単なことである。することといえば、その値段に関係なくいわゆる「良い」株を買って上げ相場に任せておけばよいのである。しかし、こうした理論の結末が悲劇以外の何物でもないことは子供でも分かることである。それでも多くの人々は何のためらいもなくこう問い掛けたものである。「ウォール街では働かなくても一財産ができるのに、どうして生活のために汗水たらして働かなきゃならないんだ」。そして職場を捨てた多くの人々が株式市場になだれ込む光景は、さながらクロンダイクに人々が殺到したゴールドラッシュのようである。これら２つの光景の大きな違いは、クロンダイクでは実際に金があったことだけである。

## 新しい理論の立役者となった投資信託

1928～29年のこの新しい投資理論の立役者となったのが投資信託である。投資信託はもともと未熟な一般投資家にプロが運用する投資のメリットを提供するために設立されたもので、これらの専門家はイギリスで活躍していたとPRされていた。アメリカの初期の投資信託は高い実績に基づく投資原則を重視し、一般の投資法よりもはるかに高いレベルのものだった。これら投資信託の投資原則とは次のようなものであった。

①不況期の安いときに株を買い、好況期の高いときにそれを売る。
②多くの分野と多くの国に分散投資する。
③専門家の包括的な統計調査に基づいて過小評価された銘柄を探してそれに投資する。

投資信託の投資法からこのような素晴らしい投資原則が急速に消え失せたことは、この時代の多くの不思議のひとつである。不況期に株を買うという大切な投資原則が完全に捨てられたのである。その背景には投資信託というものが好況期に設立されたために、強気相場のなかで出発しなければならなかったという悲劇的な事情もある。もっとも、世界各地の分散投資という原則が田舎者のアメリカ人にあまりアピールしなかったのはラッキーであった。外国よりもアメリカの株式相場が大きく上昇したためであるが、それにしても世界各地の分散投資という基本原則が完全に捨てられたことも悲劇のもうひとつの原因だった。

### 証券分析を放棄した投資信託

この時代の多くの不思議のなかでも最も驚くべきことは、投資信託の投資原則から調査と分析の原則がすべて消え去ったことである。もっとも、投資信託が新しい時代の理論の立役者であったことを考えると、新しい理論にわき目もふらずにのめり込んでいったのも自然の成り行きだったのかもしれない。こうして新しい理論が装いも新たに単純化された結果、調査と統計データなどは無用の長物となった。そして上向きの収益トレンドを描く有望な会社を探して、値段は一切問わずにその株を買うという新しい投資原則がそれに取って代わった。今の安全な投資法とはみんなが買うものを買う、つまり「ブルーチップ（優良株）」と呼ばれる最も人気のある値がさ株を購入することである。ここには過小評価された不人気株を探すという初期のころの投資原則の影はみじんも見られない。そして投資信託の担当者は、「われわれは最も人気の高い最高値の普通株だけをポートフォリオに組み込んでいます」と胸を張りさえする。これはさながら週給30ドルのインテリの独身証券マンが1000万ドルの投資信託を一手に引き受けている光景であろう。こうした専門家の高度な手腕に資金の運用を任せた大衆投資家は、「われわれのようなプロは素人の皆さまが買うようなものは買いませんよ」と言われるとすぐに納得してしまうのである。

### 非合理性の正当化

一般に非合理的なことは長続きしないものであるが、大衆的な投機ブームは非合理と非現実的な雰囲気のなかでしか盛り上がらないものである。そして大衆投機家の自己欺瞞がそれを正当化するのである。こうしたことはこれまでにもそうであったし、こうしたムードのなかではまともな考えでさえも熱狂的な投機家の都合のいいようにねじ曲げられてしまうのである。不動産ブームのときの理論は、不動産の価格は限りなく上昇するというものだった。そして新しい時代の強気相場の理論は、普通株を長期に保有すれば限りなく大きな利益を得られるというものである。

## 正しい前提から間違った方向が支持されるようになる

しかし、歴史的な事実に照らせば、こうした新しい時代の理論が完全に間違っていることは明らかである。こんなことは、新しい時代の理論に基づいて出版された書物の大まかな内容をちょっとでも読めばすぐに分かることである。その書物とはエドガー・ローレンス・スミスが1924年に書いた『長期的な投資対象としての普通株』というタイトルの本である。それによれば、その会社が支払配当を上回る収益を上げればその企業価値に再投資利益が付加されるため、その普通株は将来的にも上昇し続けるというものである。例えば、ある会社が６％の支払配当に対して平均９％の収益を上げ続ければ３％の剰余金が出る。そしてこの会社が有能な経営陣と幸運に恵まれれば、その普通株の適正価額は資産の簿価と並行して年率３％の複利で増え続けることになる。もちろんこうした計算は理論上のことであり、この平均収益以下の収益しか上げられない企業が多いことも事実であるが、これ以上の収益を上げる成長企業も数多く存在することもこれまた事実である。

こうした普通株の長期投資の理論の根拠になっているのは、普通株の利益率が債券の利回りを上回っていることである。しかし、例えば１株当たりの利益が10ドルの普通株を100ドルで購入したあと、その価格が収益率で正当化される水準をはるかに超えるところまで上昇したらその有利さはなくなってしまう。つまり、「普通株を投資適格の水準で購入したときの理論的な根拠はすべて消滅する」のである。１株当たり利益が10ドルの株を200ドルで購入する投資家は、債券利息よりも小さい収益力の会社の、しかも債券のような優先請求権といった保証もない証券を購入したことになる。このようにその会社の過去の業績に照らして株価収益率が20～40倍の普通株を購入するというこれまでの基準に代わって、新しい時代の投資理論は正しい前提から出発したあとに、間違った方向に向かって行ってしまったのである。

普通株の魅力を強調する新しい時代の理論は、普通株の実際の状況（平均収益は時価の約10％など）とはまったくかけ離れている。エドガー・スミスは、剰余利益の再投資による資産価値の蓄積によって普通株の価値がますます高まっていくと説明したが、そこではその株価を裏付ける資産価値というものについて一言も触れられていない。エドガー・スミスが根拠としているのは、将来の普通株はこれまでと同じ方向に向かうという前提だけである。新しい時代の理論では、将来の収益トレンドは過去の収益を反映するという点を除いてはすべてが無視されることになったのである。

### 収益トレンドが強調されすぎた事例

その一例として、次のような収益を持つ３社のケースを取り上げてみよう。

次の表から３社の1929年の高値を見ると、新しい時代の理論はＡ社には有利、Ｂ社には中立、Ｃ社には不利となっている。時価で見るとＡ社の株価はＣ社の２倍以上であるが、Ｃ社の1929年の１株当たり利益はA社のそれよりも50％も多く、過去５年間の平均では150％も上回っている。

**１株利益（単位：ドル）**

| 年 | A社（エレクトリック・パワー・アンド・ライト） | B社（バンゴア・アンド・アルーストク鉄道） | C社（シカゴ・イエロー・キャブ） |
|---|---|---|---|
| 1925 | 1.01 | 6.22 | 5.52 |
| 1926 | 1.45 | 8.69 | 5.60 |
| 1927 | 2.09 | 8.41 | 4.54 |
| 1928 | 2.37 | 6.94 | 4.58 |
| 1929 | 2.98 | 8.30 | 4.47 |
| 過去５年間の平均 | 1.98 | 7.71 | 4.94 |
| 1929年の高値 | $86\frac{5}{8}$ | $90\frac{3}{8}$ | 35 |

## 平均収益と収益トレンド

３社の1929年の株価と収益率の関係を見ると、もはや過去の業績はその会社の平均収益力を表すものではなく、収益がどちらの方向に向かうのかを示すひとつの目安でしかない。代表的な企業の業績でさえもかなり不確実になっている現状では、過去の平均収益がもはや将来の収益傾向を予測する確かな指標にならないことは事実であろう。しかしだからといって、「収益トレンド」が「平均収益」よりも確実な指標であると言い切ることができるだろうか。たとえそうであるにせよ、収益トレンドだけを株式投資の基準にするのはかなり危険である。

過去数年間にある方向を向いていた収益トレンドがこれからもその方向に向かうと考えることは、過去数年間の平均収益が今後も続くと考えることと基本的に同じである。収益トレンドが平均収益よりも将来の収益傾向を占う確かな手掛かりであることは認めるにしても、そのような予想がそのとおりの結果になるという保証はない。そしてさらに重要なことは、そこには収益トレンドと株価を結び付ける論理的な根拠が何も存在しないことである（新しい時代の投資理論では数学に基づく根拠が完全に欠落している。株価と収益または株価と収益トレンドとの関係などはそのときの市場の動きで決まる。上記の表におけるエレクトリック・パワー・アンド・ライトの株価と収益をみても明らかであろう。もし収益と株価を比較するときに数学的な基準を適用するならば、それは期間ごとの収益から導き出した数字をベースとすべきであろう）。つまり、収益トレンドをベースとした株式の価値とは完全に恣意的なもので、そのようなものはいくらでも誇張することができるということである。

### 収益トレンドを予測する危険性

われわれが、過去の収益トレンドが将来も続くという前提に懐疑的であるのは次のような理由による。まずマクロ経済の観点から見ると、収益低下と競争激化の原則に照らせば、これまでの急成長のカーブは遅かれ早かれ横ばいになることは避けられない。また景気循環の法則に照らせば、収益の上昇トレンドが人々から最も注目されるのは、それがまさに反落する直前であるという皮肉な現実をこれまでの歴史が教えているからである。1927～29年においても、収益トレンドの理論は投資という名の投機が大々的に行われる口実となり、その理論を信じた一般投資家は上昇トレンドがもたらす期待利益を鵜呑みにしたのである。その結果、過去５年、４年または３年間における上向きの収益トレンドが将来もずっと続くと考えられ、その会社の限りなき成長を約束する合言葉になってしまったのである。

**事例**

この時期に普通株の多くが激しい乱高下を繰り返したことも、多くの投資家がこうした考えにとりつかれていたことを示している。収益の上昇トレンドを理由に投資家の買いを集めて急騰した工業株の多くは、つかの間の好業績の裏で成長のピークに近づいていたか、またはすでにそのピークを過ぎていたのである。その典型例のひとつが靴下メーカーのシュレッター・アンド・ザンダー（のちにシグナチャー・ホージェリーと改名）の優先株と普通株である。同社は1922年に設立された前会社を継承するために1929年に設立され、転換優先株（配当3.50ドル）を１株当たり50ドルで４万4810株、普通株を同26ドルで26万1350株を発行した。それらの募集案内書には次のような収益実績が掲載されていた。

| 年 | 連邦税控除後の純利益 | 優先株１株利益 | 普通株１株利益 |
|---|---|---|---|
| 1925年 | 172,058ドル | 3.84ドル | 0.06ドル |
| 1926年 | 339,920ドル | 7.58ドル | 0.70ドル |
| 1927年 | 563,856ドル | 12.58ドル | 1.56ドル |
| 1928年 | 1,021,308ドル | 22.79ドル | 3.31ドル |

しかし、その後の収益結果は次のようなものだった。

| | | | |
|---|---|---|---|
| 1929年 | 812,136ドル | 18.13ドル | 2.51ドル |
| 1930年 | 179,875ドル＊ | 4.01ドル＊ | 1.81ドル＊ |

＊は赤字

1931年には同社の資産清算が開始され、1933年末までに優先株の清算配当金として１株当たり17ドルが支払われた。同社が立証した証券市場のパラドックスのひとつは、収益が不安定になるまさにその時期に普通株は最も輝いて見えるが、実はこのときが一番怖いということである。しかし、普通株が安全で有利な投資対象であるという新しい理論は人々の間に広く浸透し、多くの一般投資家が同社の株式に飛びついたのである。

# 第28章

# 普通株の投資基準

普通株の投資に関する以上の検討結果からは、ほとんど否定的な結論しか出てこなかった。安定した平均収益力をベースとする従来の投資アプローチも、代表的な企業の業績でさえも不安定になるという最近の状況下ではその価値もかなり小さくなったように見える。そして収益トレンドを唯一の価値基準とする新しい時代の投資理論も、普通株の投資基準としてそれを鵜呑みにすればただ恐ろしい破局が待っているだけである。それでは一体、普通株の安全な投資基準といったものは存在しないのだろうか。

これまでの検討結果を注意深く分析すれば、普通株の投資原則もすべてがダメだというわけではないことが分かるだろう。たしかに多くの企業の業績が不安定であることは事実だが、それは徹底した分散投資で相殺できる可能性もある。また普通株を選択するときに収益トレンドだけに頼るのはかなり危険であるが、それも使いようによっては有益な指標になるかもしれない。もしもこうしたアプローチが投資の安全性を高めることに役立つとすれば、次のような普通株の投資原則を提案することもできるだろう。

①普通株「グループ」への投資を通じてリスクを分散し、平均的な投資収益を高めるようにする。

②確定利付き証券の選択で使用した質的および数量的基準を普通株にも適用して有望な銘柄を見つける。
③債券選択のときよりも多くの努力を払って、その株式の将来の見通しをできるかぎり正確に予測する。

こうした原則に従って普通株を購入することが、はたして期待するほどの成果を生むかどうかは分からない。普通株の投資原則に対するさまざまな見解や考え方が多様化している現状では、これらの原則に対して賛否が出るのも仕方のないことである。

## 普通株投資の基本条件

ところで、注意深く選択した普通株に妥当な価格で分散投資することは安全な投資法と言えるだろうか。もしもこの問いに「イエス」と答えるならば、その回答者の頭のなかにはアメリカ経済に対して次のような前提があるはずだ。すなわち、①アメリカの富と企業の収益力は今後も増え続ける、②その結果は主要な企業の資産と利益に必ず反映される、③こうした持続的な成長はまず企業の新規設備投資と未分配利益の再投資という形で現れる。三番目の前提に立てば、累積剰余利益と企業の将来の収益力の間には密接な相関関係があるため、普通株の選択は単なる偶然や当て推量ではなく、その時価と比較したこれまでの業績の分析に基づいて行うべきであろう。

もしもこれらのファンダメンタルズが今後も続くとすれば、好業績の企業の普通株はこれまでと同様に、将来も有望な投資のチャンスを提供するだろう。このように考えれば、不安定な業績というマイナスの材料も普通株全体の長期投資の可能性を損なうものとはならない。たしかに不安定な業績というものは景気循環のなかですべての企業に対して悪影響を及ぼし、また各企業や産業に対しては長期的な打撃を与えるかもしれない。しかし、ある産業に対する悪影響というものは広範な分散投資と慎重な銘柄の選択で補うことができるし、また個別の企業に対する経済的な打撃もその株価の妥当な水準というものを詳細に分析すればある程度相殺することが可能であろう。

## 合理的な根拠に基づく株価

こうした「妥当な株価」に関する基準はすべての証券投資、とりわけ普通株の投資理論にとって不可欠のものである。新しい時代の理論の大きな欠陥は、こうした明確な基準がないことである。この基準に従って普通株の購入価格は、その会社の過去と現在の業績を慎重に評価することによって正当化されなければならない。逆説的に言えば、過去の業績が未来の業績を保証する何の手掛かりにもならないことを認めるにしてもである。過去の業績に基づく基準を適用しなければ株価には上限がなくなり、（これまでにもそうだったように）株式投資はたちどころに投機に変質してしまうだろう。このように、たとえその株価を決めるこうした基準が非合理的なものであるにしても、数量的基準を無視して株価に上限がまったくない状態よりははるかにましであろう。

## 重視すべき過去の業績

過去の業績が将来の業績を保証するものではないにしても、将来の業績は過去の業績を反映するという考えにも一理あることは否定できない。たとえ各企業の業績に浮き沈みや変動があるとしても、これまでに好業績が続いた企業の業績は概して将来も明るいものになるというのは厳然とした事実である。もし過去10年間における１株当たり平均利益が６ドルの企業100社とわずか１ドルの企業100社を比較すれば、今後10年間も６ドル企業グループのほうが１ドル企業グループよりも高い利益を上げることはほぼ間違いないだろう。こうした基本的な根拠に従うならば、将来の収益とはその会社の運や経営能力だけで決まるのではなく、過去の収益を生み出した資本、蓄積された経験、名声、良き取引会社およびその他のすべての要因が将来の収益に大きな影響を及ぼすのは明らかである。その意味からすれば、普通株の価値を高めるのは主に剰余利益の再投資と新たな資金調達による正味資産の蓄積であるというエドガー・スミスの主張にも一理はある。もしも過去の業績がその株式の将来の価値とまったく関係がないとすれば、それは債券の安全性とも関係がなくなり、そうなれば債券投資の理論そのものがまったく存在しなくなるだろう。

このことは一般に強い企業は弱い企業よりも安全であり、また好業績の企業は低業績の企業よりも投資対象として有利であるということとそれほど大差はない。時の経過に伴って起こるさまざまな予想外の出来事を考慮しても、こうした一般論はやはり妥当である。ある企業が低迷から繁栄に至ったり、またはその逆の経緯をたどることもあるだろうが、企業全体として見た場合に強い企業は業績の悪化に苦しむ企業よりは将来も繁栄するであろうことは否定できない。

## 保険会社の原則

以上の考え方を押し進めると、普通株の投資原則は保険会社のアプローチにかなり似ているという結論にたどり着く。保険会社は保険数理的な経験に基づいて、個別のケースのリスクを十分に補う保険料を受け取っている。時にいわゆる「道徳的なリスク」といったものもあるだろうが、それは事実に基づく数字の範囲外のことである。個別のケースでは支払保険金が受取保険料をかなり上回ることもあるだろうが、保険事業全体として見るとちゃんと利益は出ているのである。同様に普通株の投資でもその会社の業績を詳しく調査して個別の銘柄のリスクを全体の利益でカバーすれば、保険会社と同じように利益を上げることができるだろう。そして保険会社にも数量的な基準では測れない道徳的なリスクが存在するように、普通株の投資でもその企業の将来の見通しについては慎重に判断すると同時に、個別銘柄における予想外のリスクを平均化するためにも分散投資を心掛けるべきであろう。

## ひとつの銘柄への投資は投資ではない

普通株の投資に関するこうした考え方は、投資価格を正当化するためにその会社の過去の業績を分析するという以前の考え方に似ている。これに対し、新しい時代の考え方とは過去の業績よりも将来の収益見通しを重視するというもので、もちろんそれには収益トレンドも含まれる。一方、分散投資の必要性は広く知られているが、われわれはそれをさらに押し進めて、分散投資というものを普通株投資に関するあらゆる基準の中心に据えるべきだと考えている。この原則に従うならば、ひとつの銘柄だけの投資というものは1件だけの保険契約で保険事業が成り立たないのと同じように、それは投資に値しないものである（ただし、債券の厳しい安全基準を満たすような普通株への投資については例外である）。

## グループ投資の重要性

魅力的な価格で慎重に選択した普通株をグループ単位で購入するという方法は、第4章に示した投資の基本原則にかなうものである（すなわち「投資とは詳細な分析に基づいて、元本の安全性と満足すべきリターンを確保する行為である」）。一般に満足すべきリターンには満足すべき配当収入も含まれるが、これは絶対的な条件ではない。もしもその普通株の価値が時価を大きく上回り、時の経過とともにそれが増大していくような場合には、「満足すべきリターン」を目的とした投資を正当化するために、現在の配当を放棄して将来の配当や元本の値上がりを取ってもよいだろう。

大切なことは「元本の安全性を確保する」ために、慎重に選択したグループ投資を行うということである。その投資家の主観的な判断で普通株の投資原則を勝手に作り上げることでこの点をあいまいにしてはならない。普通株の投資には元本の安全性を確保しようという意志が必要である。この原則は普通株の本質的価値に目を向ける「投資家」にとっては不可欠のものであり、株式の値動きしか関心のない「投機家」とは厳然と区別されるべきである。なお、普通株の分析に関する以下の各章で「投資家」という用語を使用するときには、投機家と明確に区別する意味合いを含んでいる。

## 株価は株式投資の基準

投資家が株式の本質的価値に目を向けるといっても、それは株価にまったく無関心であるという意味ではない。時価が購入価格を十分に正当化している場合に限ってその株式は魅力的なのであり、株式投資の中心となるのは何といっても時価である。株式の時価は購入時ばかりでなく、その後の保有期間においても重要である。インカムゲインやキャピタルゲインの増大が期待できる場合にはその株式を保有し続けてもよいが、その株式の価値が低下したり、または株価がその価値を正当化できない水準にまで上昇したときなど、投資基準に照らしてその株価に魅力がなくなったときには迷うことなく売却すべきである。このように、普通株の投資家は常に株価と値動きに注意していなければならない。投資家は株式市場からいっときも離れてはならないのである。もちろん理論的には安きを買い高きを売るという昔からの平凡なやり方を順守することであるが、それを実際に実行するとすれば口で言うほど簡単なことではない。どこが高値でどこが安値かということは、赤信号や青信号などのようにはっきりと分かるものではないからである。「高い」「安い」は常に相対的なものであり、ウォール街では過去の値段について言われるだけである。

## 株価の変動

株価の変動が大きければ大きいほどある方向に進む期間は長くなり、普通株の投資スタンスを維持するのはそれだけ難しくなる。その結果、現在の株価はその本質的価値に比べて魅力的であるのかどうかという投資的観点から次第に離れて、今の株価は安いか高いかといった投機的判断に近づくことになる。

1927〜33年にはこうした投資スタンスを保つのが極めて難しくなったので、この時期の普通株の投資には安全基準といったものがほとんどなくなってしまった。もし投資家が1927年初めに普通株の時価がその本来の価値を超えてしまったとしてすべて売却したら、それ以降の２年間にわたる投機的な暴騰ぶりにじだんだを踏むことになっただろう。同様に1929年の株式暴落をチャンス到来と判断して普通株を大量に仕込んだ投資家は、その後の長引く株価低迷で大きな損失を被っただろう。

1927〜33年の株式市場の大変動が普通株の合理的な投資という考えに大きな打撃を与えたことは確かである。これに対し、1904〜13年のペンシルベニア鉄道やアチソン・トピーカ鉄道の株価、1909〜18年のナショナル・ビスケットの株価などは小幅な往来にとどまっている。変動の大きい時期の投資アプローチとしては値動きを一切無視してしまうか、または悲観の安値圏で株を買い、楽観が優勢になったところで売却するという方法しかないだろう。1927～33年のような激しい乱高下がその後も続くのか、それともそれ以前の緩やかな往来相場が再び訪れるのかといったことはそのときにならなければ分からないものである。そして普通株の投資は緩やかな往来相場のときでなければそれなりの成果を上げることは難しいだろう。これまで再三にわたって指摘してきたように、今回の株式の大変動は相場の歴史上でも異常な事態であり、こうした事実を考慮すれば、将来の株式市場は1927～33年というよりは1904～13年のような動きをするのではないだろうか。われわれとしては普通株投資の安全な基準を確立する可能性についてけっして悲観的には考えていない。

## 普通株投資に対する投機の影響

しかし、多くの投資家が株式投機のほうに足を踏み外さないで、こうした投資スタンスをしっかりと守ることができるのかという点についてはあまり確信が持てない。その理由のひとつは、普通株の投資と投機の区別が極めてあいまいであるため、投資家がこの２つをはっきりと区別することができないからである。投資を債券や優良な優先株に限定すれば、その区別も簡単であろう。債券の投資家と普通株の投機家はそれぞれのスタンスがまったく異なるため、その利益と損失の出所もまったく違うからである。しかし、投資家が投機家と同じような投資スタンスを取るならば、投資と投機の区別は単にその人の考え方だけの問題となり、この２つはまったく区別できなくなってしまう。特に自分の持ち株が投機的な動きをするようになったときには、投資家が投機の影響から完全に免れることはほとんど不可能であろう。1926年以前には「投資的な普通株」と「投機的な普通株」の区別はかなりはっきりしていた。投資的な普通株は一定の配当率を反映して狭い範囲の往来相場を繰り返していた。以下の表に見られるアチソン・

**アチソン・トピーカ鉄道**

| 年 | 普通株価(ドル) | 1株利益(ドル) | 1株配当(ドル) |
|---|---|---|---|
| 1916 | 109-100 | 14.74 | 6 |
| 1917 | 108-75 | 14.50 | 6 |
| 1918 | 100-81 | 10.59* | 6 |
| 1919 | 104-81 | 15.41* | 6 |
| 1920 | 90-76 | 12.54* | 6 |
| 1921 | 94-76 | 14.69† | 6 |
| 1922 | 109-92 | 12.41 | 6 |
| 1923 | 105-94 | 15.48 | 6 |
| 1924 | 121-97 | 15.47 | 6 |
| 1925 | 141-116 | 17.19 | 7 |

* 実際の取引に基づく数字。連邦当局の数字は1918年－9.98ドル、1919年－16.55ドル、1920年－13.98ドル

† 特別利益を含む。特別利益を差し引いた1921年の数字は11.29ドル

トピーカ鉄道株の1916～25年の値動きなどはその典型である。

このように、普通株の投資家が手掛ける銘柄は投機家が売買する銘柄とはまったく異なっており、それゆえに保守的な投資スタンスを守ることができるのである。新しい時代の特徴のひとつは、以前には投資適格ランクにあった銘柄を投機的な銘柄にしたことである。その結果、証券界のあらゆる人々の精神構造は完全にマヒし、その後も長期にわたってそうした混乱の影響が続いたのである。典型的な普通株の投資家が今後もこうした投機の影響を免れることは、1927年以前よりもはるかに難しくなるだろう。

### 投資信託が問題解決のカギ

こうした厄介な問題のカギを握るのは、投資信託の健全な投資アプローチではないだろうか。先に指摘したように、今日までアメリカの投資信託は大失策を犯してきた。しかし、アメリカで投資信託が設立された時期が狂気の時代であったことを考えると、投資信託が行って

きた投資原則に本質的な欠陥があるわけではない。そうした投資信託の投資原則は、これからの普通株の投資基準としては理想的なものであろう。投資信託は個人投資家に比べて、統計調査や分析の高度なツール、適切な分散投資を可能にする豊富な資金力、多くの経験と高度な判断力を備えた優秀なスタッフ――などを有している。そしてとりわけ重要なことは、投資信託が常に普通株を慎重に売買しなければならないという約款やその他の契約条項に縛られていることである。人間にとって投機の誘惑がどれほど強かろうとも、投資信託の運営者がこうした法律上の義務に縛られていることは、逆に言えば救いであるとも言えるのである。

## 普通株投資の分析テクニック

普通株の投資をめぐるさまざまな問題を検討してきた結果、われわれは一定の条件付きながら以上のような結論に達した。しかし、普通株に対する一般投資家の投資スタンスはこのような一定の条件付きというわけにはいかないだろう。普通株の投資リターンは安全な債券投資の利益よりもはるかに大きいため、投資家が続々と投機の世界に足を踏み入れているからだ。これらの投資家はもっと大きな利益を得たいというもっともな願望に加えて、かなり楽観的な見通しや自信を抱いている。そして相場の実践に関するさまざまな知識、財務諸表の分析に必要なツールやテクニックなどで武装しようとしている。以下の各章では、普通株の投資家のこうした知識やツールについても詳しく検討していく。

# 第29章

# 普通株の分析――配当

普通株の価格を評価するときに考慮すべき要素は、①配当率と配当実績、②損益計算書の各項目（収益力など）、③バランスシートの各項目（資産価値など）――であろう。配当率は単純な事実で分析の必要はないと思われるが、それが本当に意味するものを正しく評価するのは実際にはかなり難しい。普通株の評価にとって配当率は極めて重要な要素であるが、別の観点から見るとそれほど重要ではない二次的な問題であるともいえる。適切な配当政策とは何かという点についても、経営陣と株主の基本的な考え方には大きな違いがある。このため普通株を保有する目的についても、①市場性ある有価証券を保有する、②その会社の利益権を持つ――というまったく異なる２つの考えに基づいている。

## 配当収入を目的とした普通株の投資

最近まで配当収入は普通株投資の大きな目的だった。その理由は、企業の主な目的が株主に配当を支払うことであるという単純な論理に基づいている。それによれば、繁栄している会社とは株主に定期的に配当を支払い、収益が増えれば増配もできる企業である。投資とは安定収入の確保であると考える人にとっては、普通株の投資対象も当然のことながら安定配当の企業に限定される。そしてその普通株の購入価格もその会社の配当額によって決定する。

これまでの普通株の投資スタンスは、債券や優先株の投資家のそれとよく似ている。普通株の投資は優良な上位証券の場合ほど確実ではないが、安定したインカムゲインの確保というものがその大きな目的であった。株価に反映されたこうした配当要因の影響は、以下に示したアメリカン・シュガー・リファイニングの1907～13年の収益、配当および株価の変動や、先に言及したアチソン・トピーカ鉄道の1916～25年のそれらの数字にも表れている。

**アメリカン・シュガー・リファイニング**

| 年 | 普通株価（ドル） | 1株利益（ドル） | 1株配当（ドル） |
|---|---|---|---|
| 1907 | 138- 93 | 10.22 | 7.00 |
| 1908 | 138- 99 | 7.45 | 7.00 |
| 1909 | 136-115 | 14.20 | 7.00 |
| 1910 | 128-112 | 5.38 | 7.00 |
| 1911 | 123-113 | 18.92 | 7.00 |
| 1912 | 134-114 | 5.34 | 7.00 |
| 1913 | 118-100 | 0.02（赤字） | 7.00 |

この期間の株式市場が乱高下を繰り返していたことを考えると、両社の株価の動きは驚くほど小さい。そしてこれらの株価の際立った特徴は、不安定な業績（アメリカン・シュガー）や収益力の一貫した上昇（アチソン鉄道）にほとんど左右されないことである。その意味では両社の株価に対する収益の影響はまったく異なっているものの、アメリカン・シュガーの株価は１株当たり７ドル、アチソン鉄道は同６

ドルの配当率に完全に支配されているかのようである。

## 配当しない政策

このように、これまでの普通株投資の主な目的は現在と過去の配当率に向けられていた。しかしその一方で、現在の配当よりも将来の利益を重視するという企業経営陣の考えも、これまたもっともな考え方として広く尊重されるようになってきた。株主に配当という形で現在の利益を分配しない経営政策には、①財務力（運転資本）の強化、②生産能力の向上、③過大資本の是正――といったメリットがある。

株主に利益を分配しないでそれを再投資に回せば利益剰余金が増えるため、将来的には株主にとってメリットにつながることは確かである。確定配当の継続が保証されるほか、定期配当も増額される可能性もあるからだ。一般投資家もこうした配当しない政策が結果的には自分の利益につながることを納得しており、そうしたメリットを強調する経営陣の言い分も無条件で受け入れている。

しかし、いわゆるそうした「保守的な配当政策」を株主が本当に無条件で納得しているというのは実はウソであり、現実には不承不承ながら受け入れざるを得ないというのが実情であろう。一般投資家が明日の利益よりも今日の配当を望むのは当然である。株価が値上がりするように、株主が将来の利益のために現在の配当を喜んで放棄したという記録は一件も残されていない。むしろそれとは反対の記録のほうが多いというのが現実である。一般的な条件と収益力がまったく同じという２つの会社がある場合、高配当を行っている会社の株価が低配当の会社の株価よりも常に高いことにも株主の真意が表れている。

### 配当しない政策の問題点

収益を配当として還元する率が低いほど、その会社と株主にとってはメリットが大きいというこれまでの企業側の言い分はかなり疑問である。投資家がそうした言い分を口先では賛成しても、実際にはそれとはまったく逆というのが本音であろう。われわれとしては、アメリカ企業のこうした配当政策には強く反対する。

この問題をさらに詳しく分析するには、次の２つの前提についてよく検討する必要があるだろう。それらの前提とは、①当期利益の多くを社内に留保することは株主にとって本当にメリットになるのか、②収益が大きく変動しても一定配当を維持することは本当に望ましいことなのか――というものである。この二番目の前提について、配当額が減らされないならば安定配当については何の問題もない。これまでに１株当たり５～15ドル（平均では10ドル）の収益を上げている企業の株主にとって、８ドルの安定配当を受け取り、残りの２ドルが利益剰余金に繰り入れられても何の不満もないだろう。

しかし、こうしたことは現実にはほとんどない。安定配当とは平均収益の「ほんの一部」しか支払われないものである。極端に言えば、１株当たり平均10ドルの収益を上げている多くの企業の安定配当とはせいぜい１ドル程度にすぎない。これが事実であるとすれば、株主としてはたとえ不定期でもいいからもっと多くの配当を支払ってくれというのが本音ではないだろうか。アチソン・トピーカ鉄道のケースを取り上げてこの問題を検討してみよう。

**事例**

アチソン・トピーカ鉄道は1910～24年の15年間に年6ドルの配当を維持していた。この期間の平均収益は１株当たり12ドルであったため、収益の半分しか株主に分配されなかったことになる。しかし、1927～31年には10ドルに増配され、株価も1929年にはほぼ300ドルの高値をつけた。ところがこの10ドルの配当が最後に支払われたとき（1931年12月）から１年もたたないうちに、配当は完全に停止された（1932年

６月）。同社のこうした経緯を批判的に見ると、1910～24年の安定配当策は株主から見ると何とでも解釈できるのではないだろうか。つまり、この期間の配当率はその収益から見てもかなり低いものであったし、その後の増配は株価の異常な上昇を引き起こすためのものだったのかもしれない。そして結果的には、それまでの膨大な利益の再投資も株主を守ることはできず、1932年には赤字に転落したのである。もちろん、1932年の前代未聞の大不況という事情は十分に考慮されるべきであろうが、それにしてもそれまでに蓄積された膨大な累積利益を考えると、営業赤字からすぐに無配に転落するというのは何とも納得できないことである。

こうしたアチソン・トピーカ鉄道のケースは、いわゆる「保守的な配当政策」として広く受け入れられている考えに対して２つの重大な問題を提起している。そのひとつは、株主は常にその会社の資産が生み出す利益に比べてあまりにも低いリターンを余儀なくされているということである。もうひとつは、いざというときのために利益を蓄積しても、そのときが来れば低い配当さえも支払えないのかという問題である。こうした膨大な累積利益がいかに当てにならないかというもうひとつの例を、アメリカの代表的な企業であるUSスチールに見ることができる。次の表は同社の業績を示したものである。

**≪USスチール≫**

| | |
|---|---|
| 普通株の利益（1901～1930年） | 2,344,000,000ドル |
| 支払配当 | |
| 　現金 | 891,000,000ドル |
| 　株式 | 203,000,000ドル |
| 未分配利益 | 1,250,000,000ドル |
| 優先配当控除後の損失（1931/1/1～1932/6/30） | 59,000,000ドル |
| 普通配当が停止（1932/6/30） | |

この表を見るかぎり、営々と30年近くにわたって再投資されてきた利益の蓄積はわずか1年半の業績不振で吹き飛んだことになる。

## 利益再投資の是非

以上の例は、「当期利益の多くを社内に留保すれば、それは結果的には株主の利益になる」というアメリカの配当政策のひとつの前提に対する重大な反論である。しかし、こうした反論の正しさを立証するのは、一般にはあまり考慮されないいくつかの要因についてもっと検討する必要があるだろう。それには次のような三段論法が適切である。

●大前提――会社にとって利益になることはすべて株主の利益にもなる

●小前提――利益を配当として株主に分配する代わりに社内に留保すれば会社の利益になる

●結論――利益を配当として支払うのをやめれば、結果的には株主の利益になる

この三段論法の間違いが大前提にあることは明らかであろう。「会社にとって利益になることはすべてオーナー（株主）の利益にもなる」といえるのは、その利益が社内に留保されるときに株主の犠牲が条件にならない場合だけである。株主に分配されない利益が会社内に留保されれば、その会社の財務力は強くなるかもしれないが、それがオーナーの利益になるかどうかというのは本当はまったく別問題である。利益を事業に再投資する経営者が称賛されるのは一般的な慣行であるが、そうした政策に本当はどのようなメリットがあるのかを理解するには、これまであまり考慮されなかった要因にも目を向けなければならない。もしもある会社が収益のごく一部しか配当に回さなければ、その株価はその後の数年間に上昇するだろう。しかし、そうした

株価の上昇が「株主に支払われるべき配当の複利のリターンによってもたらされているような場合には」、その株主への未払分を株価の値上がりで埋め合わせられるかどうかはかなり疑問である。

これまでの経験によれば、一般に企業の収益力は累積利益の増加に比例して上昇するわけではない。もしもその企業が当期利益を株主に分配することができるならば、株主としてはその利益のほぼ全額を配当として受け取りたいところであろう。既述したように、同じ収益力を持つ２社を比較した場合、高配当の会社の株価が低配当の会社の株価を常に上回っているという事実は、株主のそうした願望を率直に反映していると言えるだろう。

## 恣意的に決められる配当政策

配当問題の正しい理解を妨げている大きな障害のひとつは、企業経営と同じく配当政策も経営陣がすべて決定できるという考えが広く受け入れられていることである。こうした考えは法律的にも認められており、裁判所も粉飾決算などの場合を除き、企業の配当政策には一切関与しない。しかし、もし株主の意見が経営陣に適切に伝えられるならば、配当政策に対する取締役会の独占的な権限にも一定の歯止めをかけることができるだろう。これまでの経験によれば、配当政策に対するこうした取締役会の大きな権限が悪用されるケースもよく見られる。また、役員とその側近が取締役会を牛耳っている会社も少なくない。経営陣としては当然のことながら会社の財務力を高めるためにも、できるだけ多くの現金を社内に留保しておきたいと望むだろう。さらに、自らの権限と高収入を確保するためにも事業の拡大は不可欠である。生産設備を拡張しすぎたところに、景気低迷の波を受けて業績悪化に苦しむ企業が後を絶たないのもこうした理由による。

配当政策に対する取締役会のこうした大きな権限はよく乱用される。

そのひとつは、配当政策を利用して安値で株を仕込み、高値で売り抜けるといったケースである。多額の配当収入を得る大株主にとって、それにかかる重い累進所得税は是非とも避けたいところである。このように、取締役会を支配する大株主の経営陣が自らの税金対策の必要から配当政策を決定することもある。特にこれらの大株主が役員として高給を得ている会社などでは、こうしたことはけっして珍しいことではない。これら大株主の経営者にとって社内に利益を留保しておくことは、自らの支配力を維持し、また他の株主に帰属する利益も支配できるという点でも好都合である。

## 普通株の分析を極めて難しくしている恣意的な配当政策

このように、企業の経営陣が配当政策に対してほぼ無制限の権限を持つことは株主にとっては何のメリットもない。配当の有無が恣意的または不公平に決められるケースは数え切れない。経営陣が配当政策をあまりにも恣意的に決定していることは、普通株の分析を極めて難しくしている。その会社の正確な収益力を判断するのが難しくなるうえ、どれくらいの利益が配当に回されるのかといった予測も困難になる。

こうした現象はアメリカ企業に特有のもので、海外の主要諸国では類例を見ることができない。イギリス、フランスまたはドイツの企業は準備金への繰入分を除き、当期利益のほぼすべてを配当に回している（その詳細については参考資料の注41を参照）。これらの諸国の企業はアメリカ企業のように、過大な利益剰余金を積み増しする必要もない。設備拡張資金は未分配利益からではなく、主に増資によって調達するからである。外国企業のバランスシートに見られる利益準備金は米企業の剰余金と同じ目的を持つものであろうが、アメリカ企業の場合ほど重視されてはいない。

## 利益再投資の起源

アメリカ企業の利益再投資は戦前（第一次世界大戦前）の会計慣行にまでさかのぼる。大手工業会社の多くは発行した普通株の価値を裏付ける有形資産も持たず、また既発の優先株も十分には保護できないという状況から出発しなければならなかった。このため、それらの企業の経営者はその後に上げた利益からそれらの必要額を補わなければならなかった。額面増資もままならず、未分配利益以外に設備拡張資金を調達する手段がなかったことも企業による利益の再投資に拍車をかけた（戦前には無額面株式の発行が一般的な慣行だった）。

### 事例

過大資本と配当政策の関係の具体例を、ウールワースとUSスチールに見てみよう。

1911年にウールワースが株式を公開したとき、すべての有形資産に相当する優先株とのれん代を表す普通株を発行した。バランスシートの資産項目には5000万ドルののれん代、負債項目には額面100ドルの普通株50万株が相殺勘定として記載された（長年にわたり、シアーズ・ローバック、クルエット・ピーボディー、ナショナル・クローク・アンド・スーツなどの主要工業会社ではこうした方式が一般的に行われていた）。その後の会社の発展に伴って、収益から多額の剰余金がのれん代の減価償却費に充当され、最終的にのれん代の評価額は１ドルとなった（ウールワースのバランスシートでは当初ののれん代が5000万ドルと記載されていたが、株式の時価で計算したその実価は約2000万ドルであった。しかし、のれん代が最終的に１ドルまで減価償却された1925年には、その実質価値は5000万ドルの何倍にもなっていた）。

一方、USスチールの当初資本金は有形資産よりも普通株の額面総額（5億800万ドル）ほど多かった。バランスシート上のこの「水増し分」はウールワースのようにのれん代として計上せず、固定資産の過大表示によって粉飾していた（いわゆる「有形固定資産現金勘定」など）。しかし、同社の経営陣はさまざまな会計操作によって利益をひねり出し、この水増し分を償却していった。その結果、当初の普通株発行額である5億800万ドルは1929年末までに、利益や剰余金のほかに固定資産勘定なども使って完全に償却された。

なお、こうした会計処理の問題については投資価値に対するその影響と関連して、あとの損益計算書とバランスシートの分析に関する各章で検討する。両社のケースを配当政策という観点から見ると、利益を配当として株主に分配するよりもその多くを社内に留保する大きな目的は、資産勘定から無形資産項目を消去することにあった。

### 以上の検討結果の結論

以上の検討結果からいくつかの問題点が浮かび上がる。そのひとつは、公表利益と配当政策の関係という極めて実際的な問題である。二番目には、株主利益という観点から見て最も望ましい配当政策とは何かといった重要な問題である。

もしその会社の利益が剰余金として社内に留保される代わりに配当として株主に支払われるならば、その結果は必ずその株価に反映されるというのは先に指摘したとおりである。普通株の投資家はその会社の十分な収益力と配当の両方を望んでいる。もし配当がその収益に応じてかなり低いときには、その会社が目を見張るような収益を上げないかぎり、その株式を購入することは正当化できないだろう。その反対に、その収益水準と釣り合わないほどの高配当を実施しても、それに業績がついていかなければそうした高配当政策も長続きできないだろう。

ここで配当に関するさまざまな概念を明確にするため、以下ではそれらの簡単な定義を示す。まず「配当率」とは、金額または額面100ドルの百分率で表された1株当たりの年間配当額である（株式額面が100ドル以下の場合、配当率を百分率で表すことは混乱を招くため避けるべきである）。「収益率」とは、金額または額面100ドルの百分率で表された1株当たりの年間収益額である。

「配当レシオ」「配当リターン」または「配当利回り」とは、株式時価に対する配当額の比率である（例えば、配当6ドルの株式が120ドルで売られている場合の配当率は5％となる）。これに対し、「収益レシオ」「収益リターン」または「収益利回り」とは、株式時価に対する年間収益の比率である（例えば、1株当たり6ドルの収益の株式が50ドルで売られている場合の収益利回りは12％となる）。（「収益ベーシス」は「収益レシオ」とほぼ同じ意味で使われる。しかし、「配当ベーシス」という用語は配当率や配当レシオを表すこともあり、その意味はややあいまいである）

ここで1株当たり10ドルの収益を持つ配当7ドルの普通株Aが100ドルで売られていると仮定しよう。この株の収益レシオは10％、配当リターンは7％となる。次に1株当たりの収益は10ドルであるが、配当が6ドルの普通株Bが100ドル以下で売られているとする。この場合の株価は85.71ドル（配当利回り7％）～100ドル（収益利回り10％）となるはずである。一般に株価はこうした指標の上限よりは下限の水準に近づいていく。ここでB株の株価を約90ドルであると仮定すれば、配当利回りは6 2/3％、収益レシオは11.1％となる。もし投資家が配当利回りについて標準値よりも少し譲歩するならば、それに見合って収益力は標準値よりも少し高い数値を要求すべきである。

これに対し、1株当たりの収益は10ドルだが配当が8ドルという普通株Cの場合、その配当率に見合った株価は100ドル以上ということになるだろう。C株の上限は7％の標準的な配当レシオから算出すれば114 2/7ドルとなるが、この価格では収益レシオが8 3/4%に低下する。ここでもう一度株価は上限よりも下限に近づくという先の原則を思い出せば、C社の適正な株価水準は配当利回りが7.62%、収益レシオが9.52%の105ドルということになる。

## 配当政策についての提案

以上の例は任意に挙げたものだが、それらの数字は株式市場の通常の状況下でも現実の株式価値にかなり近いものである。収益率とは別に配当率についても、①投資家は投資額に見合った現金収入を得たいと望んでいる、②株主にとって配当として支払われない利益は、その実質的な価値の一部がなくなることを意味する――という理由からやはり重要なものである。このため、アメリカの株主は企業の配当政策に対してこれまでとは異なる対応を行うべきであり、これについてわれわれは次のような原則を提案する。

**原則**

株主が利益の再投資を認めた場合を除き、株主はその投資金に見合った利益を受け取る権利がある。経営陣は株主の承認を得て初めてその利益を社内に留保または再投資すべきである。しかし、その会社の地位を維持するために社内に留保されるそうした「利益」は本当の利益とはいえない。それは公表利益ではなく、必要な準備金（積立金）として詳しい脚注を添えて損益計算書に計上しなければならない。つまり株主にとって、「強制的に留保される利益とは架空の利益」なのである。

こうした原則が広く受け入れられるならば、利益の社内留保は経営陣が任意に決めるものといった考え方もなくなり、それについては資本構成の変更や増資といった正当な理由の説明がなされるはずである。

これによって、企業の配当政策にはこれまでよりも厳しい監視の目が向けられることになり、経営陣による過大な利益の留保や蓄積を適切にチェックすることができるだろう（1929年に制定されたイギリス会社法によれば、企業の支払配当額は年次株主総会の承認を必要とするが、取締役会が勧告する金額以上の配当金を認めてはならない。このように企業の配当政策が株主の審査と承認を受けるという慣行は、経営陣の責任と配当決定権のあり方について貴重な示唆を与えるものである。イギリス会社法ではあらゆるケースについてこうした手続きを義務づけてはいないが、イギリスではそうした手続きが広く順守されている）。

（外国と同様に）アメリカでも毎年の利益の多くが配当として株主に支払われる慣行が一般的になれば、各企業の配当率は景気の動向に大きく左右されることになるだろう。そうなれば不安定な株価を招く一因となる。しかし、今問題にしているのは株主に安定した配当が支払われず、それに対して株主には何の埋め合わせもないことである。企業の現在の配当政策は収益の不安定さを平準化するどころではなく、むしろ株価の不安定さを増幅するような恣意的で無責任なものである。年間の配当収入を平均化するという役割の一部を株主に担わせてはどうだろうか。投資家が毎年の変動分を考慮してその会社の平均収益力について適切な判断を持つならば、それに基づく平均配当についてもすぐに納得がいくだろう。その会社の平均収益力と平均配当というものは実質的には同じことを意味しているが、この点について投資家がよく理解していれば配当が多少変動してもそれは十分に納得できることである。配当に回されるはずの利益の多くが会社内に留保されている現状に比べれば、配当の多少の変動などは株主にとってそれほど大きな不満とはならないだろう。こうした原則に基づくならば、株主の平均配当収入は長期的にはむしろ増加していくと思われる。

## パラドックス

以上、利益の一定率を配当として支払うことは普通株の投資家にとって大きなメリットになるという結論に到達したが、実はこうした結論にもある種の奇妙なパラドックスがあるのも事実である。それは一般に物の価値というものはそれが少なくなればなるほどますます貴重になるということである。具体的に言うと、株主がその会社の資本金と利益剰余金から多くの配当を引き出すほど、その残りの価値は大きくなるということである。資本金と剰余金から多くのおカネが出て行くほどその残りの価値が高くなるというのは、「シビラの書（古代ローマの予言集）」のなかに出てくるあの有名な伝説の話と同じではないか。

| 項目 | 普通株1株当たり | |
|---|---|---|
| | ユニオン鉄道 | アチソン鉄道 |
| 過去10年間の利益(1915〜24) | 142.00 | 137 |
| 剰余金の修正(純額) | (借方)1.50* | (貸方)13 |
| 普通株の利益 | 140.50 | 150 |
| 支払配当 | 97.50 | 60 |
| 株価の増加分 | 33.00 | 25 |
| 普通株主の受取可能利益 | 130.50 | 85 |
| 過去10年間の利益増加率 | 9%† | 109%† |
| 過去10年間の簿価増加率 | 25% | 70% |
| 過去10年間の配当増加率 | 25% | ゼロ |
| 過去10年間の株価増加率 | 28% | 27% |
| 1914/12/31の株価 | 116 | 93 |
| 1924/12/31の株価 | 149 | 118 |
| 1914/6/30に終了する年度の利益 | 13.10 | 7.40 |
| 1924年(暦年)の利益 | 14.30 | 15.45 |

*準備金から剰余金への振替分1株7ドルを除く
†1914/6/30に終了する年度に対して、1924年は暦年の数字

その好例として、アチソン・トピーカ鉄道とユニオン・パシフィック鉄道の過去10年間（1915年１月～1924年12月）の業績を見てみよう。

前ページの表によれば、アチソン鉄道は10年間に配当を増やすことができなかったため、収益力と簿価が大きく上昇したにもかかわらず、それらを株価に十分に反映させられなかった。これに対し、ユニオン鉄道は配当を大きく増加させたため、それを反映して株価も上昇している。こうした株価の反応は、これまで検討してきた企業の配当政策に対する投資家の考え方をよく表しているようだ。以下ではこれまでの検討結果を踏まえて、配当政策に関する理論と実際上の問題点を簡単に要約した。

## 要約

1．株主にとって企業の高配当政策は、大きなインカムゲインが得られるという点ではメリットである。そして株式市場も低配当企業に対しては低い株価という評価を与えている。しかし、利益の多くを配当に回す代わりに利益剰余金として社内に留保する企業の株価は、むしろ高くなるのが自然ではないだろうか。

2．とはいっても、株主にとって留保利益よりは配当利益のほうがはるかに重要である。その理由は、①再投資利益がそのままその会社の収益力の向上につながるわけではない、②社内に留保される利益は真の「利益」ではなく、それは単に会社を維持するための準備金である――からだ。その意味では株式市場が企業の高配当を好材料と評価し、利益の社内留保を悪材料と見るのはおおむね正しい。

3．普通株の購入者が１の事実を認めながらも、２の現実を承知で投資するのは矛盾しているのではないだろうか。しかし、もし投資家がこれらについてよく考えるならば、そうした矛盾は起こらないはずである。利益の社内留保という慣行について株主が厳しく監視し、それが最終的には自分の利益になるという判断に立ってそれを認めるならば、こうした安易な慣行も次第に少なくなるだろう。つまり株主が企業の低配当政策をしぶしぶ受け入れる代わりに、それを十分に納得して正式に認めるならば、これに対する株式市場の疑惑も解消して留保利益と配当利益の両方を適切に反映した株価が形成されるだろう。

以上の結論は、未分配利益の再投資が普通株の価値を長期的には上昇させるという先の検討結果と矛盾するかもしれない。しかし、この２つの結論は厳密に区別されなければならない。例えば、１株当たり利益が10ドルで７ドルの配当をしている企業の場合、差額の３ドルを毎年利益剰余金として留保すれば、その株式価値は数年後に大きく上昇するはずである。しかし実際には、その株式価値の上昇率は年３％の複利率よりはるかに小さいのである。その逆に、３ドルを配当に回して７ドルを社内に留保するとすれば、状況はいっそうはっきりするだろう。つまり大幅な利益の積み増しが株式価値の上昇をもたらすのは間違いないが、その上昇率が年７％の複利率になることなどまずあり得ないだろう。このように、利益の大半を再投資利益として社内に留保することの問題点は明らかである。しかしわれわれとしては、利益の70％を社内に留保することには反対するが、その30％を再投資利益として社内に留保する配当政策には必ずしも反対するものではない。

# 第30章

# 株式配当

現金の代わりに株式で支払う配当には、「特別株式配当」と「定期株式配当」の2つがある。特別株式配当とは過年度の累積剰余金を表示資本金に振り替えるもので、株主にとっては資本金を表す株数がそれだけ増えることになる。これに対し、定期株式配当とは当期利益の一部を資本金に計上するもので、一般にその規模はそれほど大きくはない。会社の方針に従って数年間にわたって実施されるのが普通である。

## 特別株式配当

特別株式配当は合法的なものだが、マイナスの影響を残すことも少なくない。こうした配当政策が唯一正当化されるのは、その会社の株価を適正な水準まで引き下げようとする場合だけである。投資家の関心が高く相場が活況であるということは、普通株にとって望ましい状況であるが、例えば300ドルや400ドルといったレベルまで株価がつり上がってしまうと、そうした望ましい状況が保たれることは極めて困難になる。よって、大規模な株式配当を行い、発行株数を増やして1株当たりの株式価値を引き下げるという手段が必要になる。

**事例**

1917年にベスレヘム・スチール株は500ドル以上で売買されていたが、１持株当たり２株の株式配当（額面割当）を実施したところ、株価は約150ドルまで下がった。

## 株式分割

１株当たりの額面価値を引き下げる目的で、株式配当とほぼ同じ効果を持つものに「株式分割」がある。最近の上げ相場では各社の時価総額が現金配当に回す累積剰余金をはるかに上回ったため、株式配当の代わりに株式分割を実施する企業が増えた。

**事例**

1926年にゼネラル・エレクトリック株が360ドルで売買されていたため、１株を４株に株式分割したところ株価は約90ドルに下落した。これと同じ効果を得るには１持株当たり３株の株式配当を実施しなければならないが、その場合には利益剰余金から５億4000万ドルが資本金に組み入れられるため、剰余金はわずか１億ドルしか残らないことになる。同社は1930年にも１株を４株に株式分割している。

一方、ウールワースは次のような一連の株式配当と株式分割を通じて、普通株数50万株を975万株に増加させた。

| | 発行済み株式数 |
|---|---|
| 1920年――１株当たり0.3株の株式配当で | |
| 　　株価は約140ドルから約110ドル | 650,000 |
| 1924年――100ドル→25ドルの額面引き下げで | |
| 　　株価は約320ドルから約80ドル | 2,600,000 |
| 1927年――１株当たり0.5株の株式配当で | |

| | |
|---|---|
| 株価は約180ドルから約120ドル | 3,900,000 |
| 1929年――25ドルから10ドルの額面引き下げで | |
| 株価は約225ドルから約90ドル | 9,750,000 |

アメリカン・カンも1926年に株式配当と株式分割を同時に実施した。100ドルから25ドルの額面引き下げと１持株当たり0.5株の株式配当、同時に１株を６株に株式分割した結果、株価は約300ドルから約50ドルに下落した。

## 無額面株の株式配当と株式分割

無額面株の場合、株式配当と株式分割はほぼ同じ効果を持つ。一般に株式配当が実施されると簿価の相当額が剰余金から資本金に振り替えられるが、無額面株についてはこうした会計手続きはまったく名目的なものにすぎない。

**事例**

セントラル・ステーツ・エレクトリックは1926年に１持株当たり９株の株式配当を実施した結果、（無額面の）株数は10万9000株から109万株に増加した。しかし、1925年末の旧株１株の簿価価値は約44ドルだったが、新株の価値はわずか１ドルにすぎなかった。

コカ・コーラも1929年に１旧株当たり１新株（無額面のクラスＡ株式）を発行する株式配当を実施した。しかし、同社のクラスＡ株式は配当６％の優先株（額面50ドル）のあらゆる条件を備えていたにもかかわらず、その１株の簿価はわずか５ドルと普通株の簿価にも及ばなかった（同社は1927年にも普通株について１持株当たり１株の株式配当を実施している）。

## 特別株式配当と株式分割の問題点

特別株式配当と株式分割については、インサイダーによる株価操作や不正な利益を得る手段になりやすいという批判がある。理論上は株式配当は株主に何か新しいものを与えるわけではない。これまでは１株で表していた同じ資産を２株で表すというだけである。このため連邦最高裁判所も株式配当は所得ではなく、それゆえ所得税の対象にはならないとの判断を示している。しかし実際には、株式配当には特別な投機的意味合いがある。株式の投機とは、例えばＡ社がＢ、Ｃ、Ｄ社の考えそうなことをやると、Ｂ、Ｃ、Ｄ社もそれと同じことをするといったようなものである。このように、株式配当それ自体は実質的に何かを付け加えるものではないが、「お互いに利用し合う」ひとつの誘因として働くため、投機家の利益手段として利用されやすい。

## 投資から見た重要性

株式配当を実際の投資という観点から見ると、その本質がいっそう明らかになるだろう。一般に特別株式配当は定期現金配当が増額される前触れとなる。投資家は現金配当を望んでいるため、あとで現金配当につながる可能性のある株式配当にも大きな関心を向けている。株式配当のこうした面が問題を複雑にし、それが持つ市場操作的な性質をあいまいにしている。

繁栄している工業会社の配当プロセスを調べると、次のような経緯をたどっていることが分かる。

①収益に比べて低配当の期間が長く続き、膨大な利益剰余金が蓄積される。

②突然、大規模な株式配当が発表される。

③その直後に定期現金配当が増額される（例えばアメリカン・カン

は1926年に、1株を4株への株式分割と1持株当たり0.5株の株式配当を実施して1旧株につき6新株を発行した。旧株の配当率は7ドルだったが、新株にも2ドルの配当を支払ったため、旧株の配当が12ドルに増配されたのと同じになる。1929年には新株の配当は5ドルに増配された。一方、ナショナル・ビスケットも増収が続いていたにもかかわらず、1912～22年の配当は年7ドルに抑えられていた。しかし1922年には、1株を4株への株式分割と1持株当たり0.75株の株式配当を実施して1旧株につき7新株を発行した。新株に対して3ドルの配当が支払われたため、旧株の配当が21ドルに増配されたのと同じ結果となった）。

こうしたプロセスに対して投資家または投機家を問わず、そのチャンスを素早くとらえた者が大きな利益を手にすることになる。

## 定期株式配当

定期株式配当はさまざまな問題を含む特別株式配当よりも極めて公平なものである。この配当は利益剰余金の未分配利益が大規模に蓄積されたあと、ある時期にかなりの規模で株式配当が実施されるという経緯をたどる。一般には毎期の当期利益の多くが社内に留保され、これらの再投資利益を定期株式配当として株主に分配すると考えられる。

もしある会社が1株12ドルの収益を上げながら5ドルの現金配当しか行わないとすれば、株主には残り7ドルのかなりの部分を株式配当として受け取る権利がある。もちろん理論的には株数が増えても株主には新たに資産が増えるわけではなく、株式配当がなければ旧株が残り7ドルの利益所有権を持つだけである。しかし実際には、定期株式配当には次のような大きなメリットがある。

①株主は株式配当を受け取れる旧株を売却することができるし、またそれを保有して新株を手に入れてもよい。

②株主は株式配当によって増加した株数に応じた現金配当を受け取ることができるので、実質的には現金配当の増額となる。例えば、その会社が１株12ドルの利益のうち５ドルを現金、５％を株式で配当すると、翌年にはその持ち株に対して５ドルの現金配当が支払われるならば実質的な配当額は5.25ドルとなる。株式配当がなければ、配当は依然として５ドルのままである（例えば、シティーズ・サービスは、1925～32年に６％の現金と６％の株式配当を実施、シアーズ・ローバックも1928～31年に１株当たり2.50ドルの現金と４％の株式配当を実施した。オーバーン・オートモービルは1928～31年に１ドルの現金と２％の株式配当［四半期ベース］を実施、R・H・メーシーも1928～32年に現金の増配と５％の株式配当を行った）。

③再投資利益を（剰余金ではなく）資本金に繰り入れれば、その会社は増加した株数に見合った収益と配当のほかに利益剰余金も確保しなければならない。このように株式配当は会社側に対して、経営の効率化と再投資利益の適切な活用を迫ることになる。

④一般に定期株式配当が行われる会社の株価は、それがない会社の普通株よりも高値で売買される傾向がある。

## 定期株式配当のさまざまなケース

定期株式配当の慣行は1923年ごろから今回の大不況に至る期間中に急速に普及した。その方法には次のようなものがある。

①一般的な配当方法は定期現金配当のほかに株式配当を支払うというもので、支払時期は月次（シティーズ・サービスは1929～32年に、またガス・アンド・エレクトリック・セキュリティーズは1926～31年に月次の株式配当を実施した）、四半期ごと（シアーズ・ローバックとオーバーン・オートモービルは1928～31年に、フェデ

ラル・ライトは1925～32年に四半期ごとの株式配当を実施した)、半年ごと（アメリカン・ウオーターワークスは1927～30年に、アメリカン・ガスは1914～32年に、アメリカン・パワーは1923～31年にそれぞれ半年ごとの株式配当を実施した）または年次（コンチネンタル・カンは1924～25年に、R・H・メーシーは1928～32年に、トランスコン・スチールは1926～31年に、ゼネラル・エレクトリックは1922～25年にそれぞれ年次の株式配当を実施した）などとなっている。

②定期株式配当が定期現金配当の代わりに実施されることもある。この場合、株主は現金または株式のいずれかで配当を受け取ることができる。例えば、シーグレーブは1925～29年に1.20ドルの現金または10％（年率ベース）の株式で支払うという配当を行った。

③このほか、現金配当や選択配当は行わずに株式配当だけしか行わない会社もある。そのひとつがノースアメリカンで、同社は1923～33年に四半期ごとに2.5％の定期株式配当を実施していたが、その後は２％に減配した。さらに1934年２月には株式配当を１％に引き下げたが、この減配分は１株12.5セントの現金配当で埋め合わせた。

## 定期株式配当の問題点

すべての証券慣行に悪弊は付きものであり、この定期株式配当もその例外ではない。その大きな問題点のひとつは、利益剰余金に繰り入れられる利益以上の定期株式配当が実施されることである。こうした会社の株式は大衆投資家にとっては極めて魅力的に映るかもしれないが、配当株式によって株価をつり上げるというそうした手口は投資家の目を欺くものである。こうした株式配当の弊害をよく理解するためにも企業の会計操作には厳しい目を向ける必要がある。

| 年 | 1株利益（ドル）* | 株価（ドル） | 10％の株式配当の価値 | |
|---|---|---|---|---|
| | | | 簿価額当たり（ドル） | 株主利益（時価の平均価値）（ドル） |
| 1932 | 2.01 | 43-14 | 1.47 | 2.85 |
| 1931 | 3.41 | 90-26 | 1.24† | 5.80 |
| 1930 | 4.53 | 133-57 | 1.00 | 9.50 |
| 1929 | 5.03 | 187-67 | 1.00 | 12.70 |
| 1928 | 4.68 | 97-56 | 1.00 | 7.65 |
| 1927 | 4.06 | 65-46 | 1.00 | 5.55 |
| 1926 | 4.05 | 67-42 | 1.00 | 5.45 |
| 1925 | 3.74 | 75-41 | 1.00 | 5.80 |
| 1924 | 3.32 | 45-22 | 1.00 | 3.35 |
| 1923 | 3.59 | 24-18 | 1.00 | 2.10 |

＊各年の平均発行済み株式数に基づく

†1931年第１～２四半期の簿価は１ドル、第３～４四半期の簿価は普通株が１ドル、資本剰余金が46.8セント

ノースアメリカンのケースを検討してみよう。同社は1923年以降の10年間に年率10％の株式配当を実施していたが、この10％という株式配当はその簿価に関するかぎり１株当たりわずか１ドルにすぎない。というのは、同社の普通株の額面価額は1927年までは10ドルだったが、その後に無額面株となってからもその簿価は１株10ドルの表示価額が使われていたからである。これによって、表示価額の10％では１株当たり１ドルとなる。もっとも投資家にとっては、同社の普通株は額面または表示価額をはるかに上回っていたため、１株１ドルよりははるかに多くの利益を得ていたことになる。

同社の1931年以降の株式配当について、利益に対するその費用計上額は年１ドルから1.468ドルに増加している。これは、株式配当に充当する利益または利益剰余金からの費用計上額は表示資本金と資本剰

余金に組み入れる新株の利益に反映させなければならないとするニューヨーク証券取引所の基準に従ったためである。しかし、こうした措置を実施したあとでも株式配当分の簿価とその時価には依然として大きな開きがあったため、同社の株価は大きく下落した。

### 悪循環の危険性

ノースアメリカンのこうしたケースは、その会社をさらなる悪循環に陥らせる危険性がある。株価が高くなればなるほど株式配当分の価値が高くなるとすれば、その会社が株式配当を実施して株価をさらにつり上げたいのは当然であろう。そのようにしてつり上げられた株価は市場操作的な性質ものであり、多くの投機家と軽率な投資家を引きつける要因となる。アメリカン・カンやナショナル・ビスケットが以前に実施していた保守的な配当政策では、株式の本来の価値が時価をかなり下回るというこれとはまったく逆の結果を招いていた。株式配当政策によってその会社の収益力や資産価値以上の高株価を演出するというのはかなり問題である。そのように演出された株価は一時的なものであるが、それは（すべての不正な会計手続きの場合と同様に）インサイダーが一般投資家を食い物にして不正な利益を得る温床となるのである（ノースアメリカンの名声は極めて高く、そのような不正な目的で株式配当政策を実施するような会社ではない。同社は株主に対して、株式配当の真の目的について詳しい説明を行うなどかなりの努力を重ねてきた。しかし、その説明は再投資利益や普通株による増資のメリットなどが中心であった。配当株式の簿価と時価との格差、それに伴うさまざまな問題などについては説明が行われなかった。特に同社のような名声の高い会社がこうした問題含みの配当政策を実施すれば、あまり評判のよくないほかの会社が同社のやり方をまねるのは必至であり、その意味では同社のような会社がそのような配当政策を続けているのは極めて残念なことである）。

## 歴史的な経緯

株式配当の歴史を振り返ってみると、ノースアメリカンが株式配当政策を開始したちょうどその時期に、最初の実施企業がそれを取り止めるという興味ある事実が存在する。株式配当を最初に実施したのはアメリカン・ライト・アンド・トラクションで、同社は1910〜19年に年10ドルの現金と10％の株式配当を実施した。株価が約400ドルをつけた1916年に、株主には約50ドルの価値を持つ配当株式が支払われたが、同社の１株当たり利益はわずか25ドルにすぎなかった。そのような高配当政策は、その会社の再投資利益がさらなる利益を産んで年20％の配当を可能にするほどの水準を維持して初めてできることである。しかし、その後の減収と株主からの複利配当を求める声が高まったことから、そのような高配当政策も大きな修正を余儀なくされた。同社は1920〜21年の不況期に大幅な減配を余儀なくされて株価も80ドルを割り込み、それまで維持してきた投資適格株式の地位を放棄しなければならなかった。それに伴って同社は1925年に定期株式配当を取り止めたが、皮肉なことにこの時期を境に他の公益事業会社の間で株式配当政策が急速に普及していったのである。

## 定期株式配当の悪用

定期株式配当がブームになると、それを公表利益の粉飾に利用する会社も出てきた。すなわち、ある事業会社が当期利益よりも高い市場価値を持つ株式配当を実施すると、投資信託やその持ち株会社などが受け取った株式配当分の時価を実際の利益として報告したのである。例えば、ノースアメリカンの普通株を大量に保有していたセントラル・ステーツ・エレクトリックは1928年の総収益を720万ドルと報告したが、実際にはそのうちの約640万ドルはその年に株式配当として受け取ったノースアメリカン株の簿価を計上したものだった。この株式配当分の簿価は１株74ドル（10％の配当率で7.40ドル）と発表された（同年のノースアメリカンの１株利益は4.68ドル）。セントラル・ステーツがこのような問題のある利益を発表しても、株式市場はそれをそのまま株価に反映したのである。

## 株式配当による株価のつり上げ

ニューヨーク証券取引所はこのほど、各企業はその収益、利益剰余金または未処分利益から控除する株式配当充当額を上回る受取株式配当を損益計算書に計上してはならないとする新しい上場基準を発表した。こうした規制措置が打ち出されても、それは問題の根本的な解決にはならなかった。結果的に言えば、定期株式配当という悪弊を是正するには株式配当分の時価が配当可能利益を上回ってはならないという単純なルールを徹底するだけでよかったのである。このルールに従って各社の配当政策を単純化すれば、「５％の株式配当の時価が１株約６ドルであるため、１株10ドルの当期利益のうち７ドル相当分を社内留保に繰り入れる」ということになる。フェイマス・プレーヤーズ・ラスキーは1926～27年にこのルールに従って株式配当を実施したが、それは取締役会が決定した価格（時価に近い１株100ドル）で１株２ドル相当額の無額面株式を特別配当として株主に支払うという形をとった。

## 優先株による株式配当

普通株の代わりに優先株による株式配当が実施される場合もある。その好例がゼネラル・エレクトリックで、同社は1922～25年に８ドルの定期現金配当に加えて、５％の特別株式配当を実施した。特別配当として支払われたのは配当６％の特別株式（額面10ドル）で、それは実質的には優先株だった。一方、Ｓ・Ｈ・クレスやハートマンも優先株による株式配当を実施している。優先株配当の理論的なメリットは、配当額が発行済み優先株の実効額面によって決められることで、これによって簿価と時価の価格差に伴う複雑な問題はなくなる（株式配当が転換優先株で行われた場合、時価の過大評価という問題は完全には解消されないだろう。例えば、コロンビア・ガスは1932年に普通株主に対して転換優先株［配当５％、額面100ドル］で1.125ドルの株式配当を実施したが、その１株は普通株５株と転換できる。同社の優先株は1932年には108ドル、1933年には138ドルの高値をつけ、普通株に比べてかなり高い水準で買われていた）。また上位証券を発行していなかったり、またはその発行額が少ない企業が再投資利益分を株主に優先株で還元しても資本構成を弱めることはないという利点もある。

一方、Ｓ・Ｈ・クレスは1931～33年の不況期に売上減から運転資本の維持率が低下したため、余剰現金で発行済み優先株の一部を償還することを決定した。株主の立場からすると、こうした措置は未分配利益の活用法としてはかなり望ましいものである。優先株の償還は次の２つの手順で行われた。

①好況期には設備拡張または運転資本増強のために社内に利益を留保するが、株主は定期配当として優先株を受け取る。

②不況期になれば資本の増大は不要となるため、株主が保有する優先株を償還することで現金配当を支払う。

しかし、同社のこうした方法が米証券の歴史のなかでも例外的なケースとして終わってしまったのは残念なことだった。また、優先株配当として株主に支払われたのが利益剰余金のわずか20％にとどまったことも残念である。もっともこうしたマイナス分を差し引いても、同社のこうした措置は株主が経営陣に期待する配当政策に一歩でも近づいたものとして特筆に値するものである。

## 要約

以上、各社のさまざまな配当政策について詳細に検討してきたが、それらの検討結果をまとめると次のようになるだろう。

1．企業が利益の多くを再投資利益として社内に留保してもかまわないが、その場合には株主に対して本来受け取ることになっている配当分に相当する何らかの利益を与えるべきであろう。また、配当を行わない場合には株主の承認を取り付けるべきである。

2．利益の社内留保が「選択」というよりその「必要」に迫られている会社は、株主にその理由を十分に説明するとともに、それらの留保金は「利益剰余金」ではなく「準備金（積立金、引当金）」として積み立てる。

3．任意に積み立てる社内留保の一部は株式配当などの形で資本に組み入れられるが、そうした株式配当分の時価が再投資利益の金額を上回ってはならない。事業を遂行するうえでそれ以上の資本の増大が必要でないときには、既発の株式を償還してその分を現金配当の形で株主に還元すべきである。

# 第 5 部

# 損益計算書の分析と普通株の評価

ANALYSIS OF THE INCOME ACCOUNT THE EARNINGS FACTOR IN COMMON-STOCK VALUATION

# 第31章

# 損益計算書の分析

普通株の投資理論の歴史を調べると、普通株の評価基準がその企業の正味資産から資本の収益力に移ってきたことが分かる。こうした基準の推移にはそれなりの理由があるが、そこには普通株の投資を分析するときのベースとなっていた重要な根拠がなくなったため、さまざまなリスクに直面する恐れもある。

例えば、投資家は自分のビジネスに対するのと同じ基準に基づいて普通株の価値も評価しがちであるが、それらの基準は個人的な経験や判断に基づくものである。その株式について十分な情報があればそれだけ有利であることは間違いないが、その会社の将来の収益力ということになるとこれまでとはまったく違う次元の話になる。バランスシートや損益計算書を比較検討してその株式の本質的価値についていろいろと調べることもできるが、そうしたやり方は融資先の適格性を調査する銀行や信用調査機関の方法と似ている。

## 収益力だけを重視する誤り

現在ではその会社の収益力だけを見て普通株を評価するのが一般的な慣行になったが、企業の実体と投資基準の間には大きな隔たりがある。例えば、中小企業を経営するあるビジネスマンが自社の決算書を作成するために大手企業の決算報告書を取り寄せれば、これまでとはまったく違う新しい世界の価値観に触れるだろう。このビジネスマン氏が自社の金融資産などにはまったく目を向けずに、最近の営業損益だけに基づいて自分の会社の価値を評価しようとしてもそれは不可能である。同様に、このビジネスマン氏が投資家または投機家としてその会社のバランスシートにはまったく目を向けないとすれば、さまざまな面で多くの問題に直面するだろう。まず第一に、彼はこれまでのビジネス経験にはなかった多くの新しい価値観を知ってしまった。二番目には、収益と資産という２つの基準の代わりに、収益という不確実な基準だけに頼ればあまりにもリスクが大きすぎる。三番目の問題点は、損益計算書の数字はバランスシートの数字に比べて突然変化することも珍しくないことである。収益というひとつのモノサシだけに頼る株式の評価基準は、あまりにも当てにならないのである。そして四番目の問題点は、経験豊富な投資家の目から見ると、損益計算書にはバランスシートよりも多くの記述ミスや恣意的な推測値が盛り込まれていることである。

## 開示された損益計算書だけに頼る危険性

以上の理由から、われわれは損益計算書を分析するときには、そこに記載されている数字だけを頼りにその株式の価値を評価してはならないと警告する。資産価値を表すバランスシートの数字だけを評価の基準にすることにも一定の限界はあるが、企業の資産はその株式の価値を決定する大きな要因であることは確かであり、バランスシートの数字については十分にチェックすべきである。（以下で検討するように）損益計算書の数字が意味するものも、バランスシートの期初・期末の数字と併せて検討することで初めて正確に理解できるのである。

## ウォール街における普通株の評価基準

一方、ウォール街における普通株の評価基準は次のように実に単純である。

①その株式の収益率を見る（一般にはこれまでの収益をベースとした１株当たり利益）。

②この１株当たり利益に次のような適当な「質的係数」を掛ける。

a．配当率・配当実績

b．その会社の特質（規模、知名度、財務力、収益見通しなど）

c．その会社の業種のランク（電力会社は製パン会社よりは収益率が高いなど）

d．株式市場のセンチメント（強気相場では弱気相場よりも大きい係数を掛ける）

以上の諸要因を踏まえた株価の算式は次のようになる。

株価＝１株当たり利益×「質的係数」（その会社の収益がゼロのとき、または標準値をはるかに下回っているときには、ウォール街では「平均収益力」や「運転資本」などを重視するなどかなり合理的に株価を評価することもある。もっとも、こうしたケースは極めてまれであるが……）。

株価のこうした評価法によれば、（１株利益を含む）あらゆる要因の加重平均を反映した株式価値を「１株当たり利益」というひとつのモノサシで測っていることになる。しかし実際には、こうした「質的係数」は主に一定期間の収益をベースとした「収益力」によって決まるのである。

## 当てにならない収益

株式評価基準の大きなモノサシとされているこの「１株当たり利益」はしばしば大きく変動するばかりか、意図的に操作されることも少なくない。特にこの数字を操作できる立場にある経営陣が、次のようなさまざまな方法を通じて恣意的に記載するときにはなおさらである。

①当期利益に含めるべき利益を剰余金に繰り入れる。

②減価償却費やその他の準備金への充当額を過大または過小に表示する。

③上位証券や普通株の増減を通じて資本構成を変更する（本来ならば、経営陣はこうした資本の再構成を実施するときには株主の承認を受けるべきである）。

④営業活動などに充当されない資本資金を本来の目的以外に使用する。

## こうした現状の分析

こうした複雑な企業会計の手法や金融政策の分野についても、証券アナリストはできるだけ分析のメスを入れなければならない。こうした企業のさまざまな手口に対する批判的な分析、公表された「１株当たり利益」とは大きく異なる実体数字の把握など、証券アナリストが担う役割は多岐にわたっている。

とりわけその株式の時価が本質的価値やほかの類似株式の価値と大きくかい離している場合には、証券分析の役割は極めて大きい。とはいえ、証券アナリストが自らの分析結果の実際的な有効性について自信過剰になるのは禁物である。真実を追究することは正しいことではあるが、ウォール街においては真理に基づく行動が常に正しいというわけではない。このため、証券アナリストが追究する真実とは「普遍的な真実」、または「永久不変の真実」でもないということをよく認識していなければならない。証券アナリストの分析結果とは、「過去のある時点での真実に近いデータ」にすぎないのである。証券アナリストの情報もそれを入手した時期によっては有効性を失うこともあるだろうし、また株式市場がそれに反応する時期によってもその価値は大きく変わってくるだろう。

こうした多くの制約はあるが、それでも企業の損益計算書を分析するという証券分析の役割は重要である。特に①「その期間の実際の収益はどれほどだったのか」、②「その会社の将来の収益力を予測する場合、過去の収益データをどのように読むべきか」、③「その株式の妥当な価値を評価するうえで、決算報告のどの項目の数字をどのような基準に基づいて分析するのか」――といった問題についてアドバイスすることは極めて有益であろう。

## 損益計算書に対する批判と修正

もし損益計算書が真の意味で有益なものであるとすれば、その数字は少なくとも当該期間の営業損益の実体を公平かつ正確に表したものでなければならない。もっとも上場会社の場合、損益計算書の数字に表示ミスなどはほとんど見られない。1932年に発覚したアイパー・クルーガー詐欺事件のような例もあるが、この事件は悪質さの程度という点から見てもまれなケースである。主要企業のほとんどの決算報告書は独立した公認会計士の監査済みであり、会計手続きという点でもかなり信頼できるものである。しかし普通株の分析という観点からすれば、それらの監査済み決算報告書においても特に、①特別損益項目、②子会社や関連会社の業績、③準備金（積立金、引当金）――の３点については批判的な分析と修正が必要である。

## 損益計算書

現在の会計手続きでは、会社の経営陣は特別損益項目の取り扱いについてかなりの自由裁量が認められている。一般に過年度の営業損益は当期損益には含めず、剰余金勘定の繰入・控除項目として処理される。しかし、特殊な臨時的性質の項目であっても、さまざまなテクニックを通じて当期損益に含められることも少なくない。一般に認められた会計原則でも会社の経営陣に対して、それらの項目を当期損益に含めるのか、または剰余金の修正項目として報告するのかという決定をほぼ一任している。それらの主な項目とは、①固定資産の売却損益、②市場性ある有価証券の売却損益、③負債性証券の償還差損益、④受取生命保険金、⑤税還付金・受取利息、⑥訴訟解決に伴う特別損益、⑦棚卸資産の特別償却、⑧売掛債権の特別償却、⑨営業外資産の維持費用――などである。

これらの項目の会計処理は企業によってまちまちである。それらを損益計算書に含める企業もあれば、含めない企業もあるといったようにそれらの会計処理は会社によって大きく異なる。会計手続き上からはどの会計処理が適切かといった問題については多くの議論があるが、証券分析に関するかぎりこれらすべての項目はその期の「通常の営業損益」には含めるべきではない。投資家がアニュアル・レポートから知りたいのは、一定の条件下におけるその会社の「正確な収益力」である。すなわち、その期の経営環境が今後も一定期間にわたって続くと仮定した場合、その企業の毎年の平均収益力がどのくらいになるのかが分かればよい。

また証券アナリストは、その会社が子会社や関連会社に持つ利益権を決算報告書にできるだけ正確に反映するように、公表された利益を修正することも必要になるだろう。連結決算についてはそうした修正はあまり必要とされないかもしれないが、①主要な子会社の損益が連結決算報告書に反映されない場合もある、②その子会社の当期利益と大きくかけ離れた配当収入が計上されることもある――など、意図的に操作された数字が記載されることも少なくないからである。

証券アナリストの批判的な分析が必要とされる損益計算書のもうひとつの重要項目は、減価償却費と将来の偶発損失に充当する準備金(引当金）である。会社の経営陣はさまざまな準備金を任意に積み立てることができる。それらの積立額の評価額は簡単に操作できるため、それに伴って公表された利益の数字も歪曲されてしまう。一方、減価償却費もかなり操作が可能な数字であり、経営陣が固定資産の簿価に基づいて当期利益から任意の数字を控除すれば、投資家が知りたい減価償却費の正確な数字はまったく隠されてしまう。

## 特別損益項目――固定資産の売却損益

以下では損益計算書の３つの項目について詳細に検討するが、まず最初に特別損益項目に焦点を当ててみよう。現在の経営環境が今後も続くと仮定したときのその会社の「正確な収益力」を予測する場合、固定資産の売却損益はその期の損益収支に含めてはならない。一般に認められた会計原則によれば、資本資産の売却益は剰余金勘定に繰り入れなければならないが、その特別利益を当期利益に含めて公表する企業もあるため十分に注意する必要がある。

### 事例

マンハッタン・エレクトリカル・サプライは1926年の利益が88万2000ドル（１株当たり10.25ドル）に上ったと発表した。しかし、その後ニューヨーク証券取引所に提出した増資申請書によれば、この公表利益のうち58万6700ドルは同社のバッテリー部門の売却益で、本体の事業利益はわずか29万5300ドル（１株3.40ドル）にすぎなかった。

同社はこの年に利益剰余金から特別損失として54万4000ドルを控除していることを考えれば、こうした特別利益を当期利益に含めるのはかなり問題である。これら２つの特別損益は互いに相殺するのが本来の会計処理であろう。それを一方の特別利益を当期利益に含めながら、別の特別損失を剰余金から控除するとは重大な会計操作である。さらに問題なのは損益計算書ばかりでなく、アニュアル・レポートに添えられた説明事項でもバッテリー部門の売却益のことは一切触れられていないことである（これについて社長の説明は「過去数年間のバッテリー事業の不振にかんがみ、取締役会は有利な条件でこの事業の売却を検討している」というものだった）。

一方、USスチールは1931年に約1930万ドルの特別利益を計上したが、その多くはインディアナ州ゲリーにある公益事業持ち株会社の固定資産売却益によるものだった。同社はこの特別利益を当期利益に含め、最終的な当期利益を1300万ドルと公表したのである。この利益は明らかに臨時的性質のものであるために1931年の営業損益には含めてはならず、この特別利益を控除すればこの年の同社の優先配当控除前の営業損益は630万ドルの赤字となる。この年のUSスチールの会計手続きは、過去３年間の所得税還付金の特別利益を処理した手続きとは大きく異なっていた。この種の利益は当期利益ではなく、利益剰余金に直接繰り入れるべきものである。

## 市場性ある有価証券の売却益

市場性ある有価証券の売却益も臨時的性質のもので、通常の営業損益とは切り離して処理しなければならない。

**事例**

ナショナル・トランジット（旧スタンダード・オイルの子会社）は

1928年の損益計算書でこの種の利益を含めた当期利益を公表したが、同社の1927～28年の連結損益計算書は次のようになっている。

| 項目 | 1927年 | 1928年 |
|---|---|---|
| 営業利益 | 3,432,000ドル | 3,419,000ドル |
| 受取配当・利息など | 463,000ドル | 370,000ドル |
| 総収益 | 3,895,000ドル | 3,789,000ドル |
| 減価償却費を含む営業費用 | 3,264,000ドル | 2,599,000ドル |
| 当期利益 | 631,000ドル | 1,190,000ドル |
| （１株利益） | （1.24ドル） | （2.34ドル） |

この決算数字によれば１株当たり利益が大きく増加しているが、州際商業委員会に提出した親会社だけの単独決算報告書によれば、1928年の当期利益のうち56万ドルは有価証券の売却益によるものだった。これを当期利益に含めた結果、連結損益計算書の当期利益が前年よりも急増したのである。所得税やその他の費用を子会社の有価証券売却益という特別利益で相殺する一方、残りを当期利益に含めるなど、同社の1928年の利益増加分のほとんどはこうした特別利益で膨らませたものだった。収益力を算出するときにはこうした利益を含めてはならず、ナショナル・トランジットがこうした特別利益を利用して営業費用を圧縮したのは明らかである。

一方、ニューヨーク・シカゴ鉄道は1929年に子会社のペレ・マーケット鉄道の持ち株売却益を粉飾決算に利用していた。ペレ鉄道はニューヨーク・シカゴ鉄道の連結対象外の子会社だった。またウールワースも1931年に、イギリス子会社の持ち株の売却益である約1000万ドルを当期利益に含めていた。その結果、1931年の１株当たり利益は不況期にもかかわらず前年よりも急増した。さらに問題なのは、本来ならば当期利益から控除される200万ドルの未払税金充当分を利益剰余金から控除したことである。

こうした有価証券の売却益と同様に、保有証券の評価減や為替差損なども特別損益項目として利益剰余金から控除しなければならない。例えば、GMは1931年に当期利益から2057万5000ドルの損失分を控除したが、この損失項目は厳密に言えば特別損失に分類されるものだった。

### 投資信託の会計処理

有価証券の売却損益や評価増減における投資信託の会計処理にも多くの問題がある。投資信託の多くは1930年までは有価証券の売却益を当期利益に含めて公表していたが、売れ残り証券の評価益はバランスシートの脚注でしか示さなかった。しかし、1930年以降には大きな評価減が発生したが、それらは当期利益ではなく、資本金、利益剰余金または準備金の勘定で処理された。投資信託以外の多くの企業は、バランスシートには取得原価で記載している保有有価証券に評価減が出た場合には脚注などで言及している。投資信託業界では、保有証券の評価減を資本金や剰余金で処理するのが一般的な慣行となっている。

しかし、投資信託事業では証券の取り扱いが主な業務となるため、証券の売却損益や評価増減はその年の特別損益勘定ではなく通常の営業収支で処理すべきであろう。投資信託の場合、各種費用を差し引いた受取利息・配当は微々たるものである。そのため投資信託の決算報告書で分析の対象となるのは、投資収益、証券の売却損益および保有証券の評価増減——の３項目だけであろう。ただしこれらの項目についてもどれほど詳しい証券分析が行われようとも、そのときの状況によって分析結果が大きく異なるため、それがいつでも信頼できるとは限らない。例えば、1928～33年の証券市場の大波乱期における投資信託の決算報告書をどれほど詳細に分析しても、将来の収益見通しを正確に予測するのはほとんど不可能である。そうした時期の証券分析の役割は、せいぜい企業間の比較検討といった程度のものであるが、その場合でも各社の優れた経営力と証券市場での運用収益による業績の違いを正確に見分けるのは極めて難しい。

### 銀行や保険会社の問題点

銀行や保険会社の決算報告書を分析する場合も同じような問題に直面する。保険会社のなかでも特に注意しなければならないのが火災保険会社である。これらの保険会社の多くは保険事業と投資信託事業を兼営しているため、豊富な投資金と前払保険料を保有している。法的規制の対象となるのはこれらの資金のごく一部であり、残りの資金は投資信託の場合と同様に市場で自由に運用できる。保険引受事業はそれほど利益の上がるビジネスではなく、しばしば計上されるこの部門の赤字を受取利息や配当金で相殺しているというのが実情である。このため、市場での証券運用の損益が火災保険株を大きく左右する要因となっている。こうした状況は銀行株についても同じである。火災保険株や銀行株は1920年代後半に過熱した投機の対象となったが、その原因のひとつは銀行が直接または子会社を通じてそれらの株式の投機を煽ったことである。

投資信託、銀行および保険会社などの金融機関の業績は証券市場の変動の影響をもろに受けるため、どうしても投機の対象となりやすい。これらの金融機関では証券の評価益が当期利益の一部として計上されるため、好況期の収益力がそのまま株価に反映される傾向がある。もちろん、そうした現象は一時的なもので、そのあとには大幅な下落というコースをたどる。こうした株価の大きな変動は、これらの金融機関の収益力に対する一般投資家の信頼を揺るがすという点ではけっして好ましいものではない。そして、銀行株や保険株の（「投資」という名の）投機が過熱すれば、新興企業のみならず伝統ある会社もなりふりかまわず参入してくるため、それまでの堅実な投資基準も大きく崩れてしまうのである。

こうした状況下での証券アナリストの役割は、特に小口の投資家に対してこうした銀行株や保険株を購入しないように説得することであろう。1920年代の株式ブーム期以前には、こうした株式を売買するのはもっぱら豊富な相場の経験や独自の判断力を持つ玄人投資家に限られていた。こうした価格変動の激しい株式を売買できるのは、公表された利益に基づく株式価値というものを読み誤ることのない人々だけであろう。

投資信託株には矛盾する面もある。つまり健全な経営方針を持つ投資信託であっても、その株式は小口の投資家の投資対象になっていることである。しかし、投資信託株はそうした小口の一般投資家が売買する株式としてはあまりにも危険である。こうした事実を納得させるには、そうした投資家に投資信託の決算報告書の特徴をよく理解させることが不可欠であろう。

## 上位証券を安値で買い戻す利益

企業はしばしば自社の上位証券を額面以下で買い戻すことで大きな利益を得ている。しかし、①そうした利益は明らかに臨時的な性質のものである、②そうした利益はある意味ではその証券保有者の利益を犠牲にして実現したものである――という理由から、当期利益に含めるべきではない。

**事例**

以下は、ユタ・セキュリティーズの1915年の損益計算書である。

**≪1915年3月31日に終了する年度≫**

| | |
|---|---|
| 子会社の利益剰余金を含む総収益 | 771,299ドル |
| 各種費用・税金 | 30,288ドル |
| 純利益 | 741,011ドル |
| ６％債の償還利益 | 1,309,657ドル |
| その他の利益 | 2,050,668ドル |
| ６％債の支払利息 | 1,063,009ドル |
| 当期利益 | 987,659ドル |

同社の大半の利益は自社の債券を安値で買い戻した利益だった。この特別利益がなければ、債券の支払利息を埋め合わせることはできなかったであろう。自社の上位証券を安値で買い戻すという慣行は、1931～33年の不況期によく見られた。これができるのは豊富な余剰現金を有しながら業績が低迷している企業である。業績が低迷していればば当然のことながらその上位証券の価格は下落するため、それを余剰現金で買い戻せば大きな利益が得られる。こうした手法は特に投資信託業界の間でよく見られた。

**事例**

インターナショナル・セキュリティーズは1932年11月30日に終了する年度に、既発の５％債のほぼ半分に当たる1268万4000ドルを買い戻した。買い戻し平均価格は約55ドルで、これによる約600万ドルの利益は保有証券の評価減の相殺費用に充当された。

これと反対のケースが額面または表示価額を上回る水準で既発の上位証券を償還したときの損失で、この損失分は当期利益ではなく利益剰余金から控除されるのが普通である。例えば、USスチールは1929年に自社と子会社の既発債を価格110で３億700万ドル相当分を償還したとき、利益剰余金から4060万ドルを控除した。グッドイヤー・タイヤ・アンド・ラバーも1927年に、既発の債券や優先株を低利・低配当の新規証券と借り換えるためにそれらをプレミアム償還したが、その際に利益剰余金から960万ドルを控除した。証券分析の観点から見ると、自社証券にかかわるそうした特別損益は臨時的な性質のものであるため、当期の営業損益には含めてはならない。

**事例**

一方、アメリカン・マシーン・アンド・メタルズは1932年に、既発債を安値で買い戻した利益を当期利益に含めた決算報告を公表した。次の表は同社の損益計算書と資本・剰余金の修正数字を示したもので、1932年の数字にはかなり恣意的な会計操作が加えられているため、前年の数字とは大きく異なっている。

次の表によれば、1932年の当期利益には特別利益が含まれる一方で、剰余金から特別損失が控除されている。同社は同年以降には額面以下での既発債の買い戻し益を決算報告書に記載している。株主や投資家としてはこうした会計処理についてあれこれ調べるよりは、その会社の１株当たり利益の最終的な数字の推移に注目するのが賢明であろう。

**アメリカン・マシーン・アンド・メタルズの損益計算書(単位：ドル)**

| 項目 | 1932年 | 1931年 |
|---|---|---|
| 損益収支 | | |
| 　減価償却費＋支払利息控除前の純利益 | (赤字) 136,885 | (黒字) 101,534 |
| 　債券の買戻利益 | 174,278 | 270,701 |
| 　その他の利益 | 37,393 | 372,236 |
| 　減価償却費 | 87,918 | 184,562 |
| 　債券の支払利息 | 119,273 | 140,658 |
| 　最終的な当期損益 | (赤字) 169,789 | (黒字) 47,015 |
| 資本金／資本・利益剰余金からの控除額 | | |
| 　移転・鉱山開発などの繰延費用 | 111,014 | |
| 　損失繰入項目 | | |
| 　　不良受取手形・未収利息など | 600,000 | |
| 　　棚卸資産 | 385,000 | |
| 　　投資 | 54,999 | |
| 　　子会社の清算 | 39,298 | |
| 　鉱床の減耗償却 | 28,406 | 32,515 |
| 　固定資産の評価減(純額) | 557,578 | |
| 　鉱床・鉱業権の評価減 | 681,742 | |
| 　連邦税還付金など | (貸方) 7,198 | (貸方) 12,269 |
| 　損益計算書に記載されない控除額 | 2,450,839 | 20,246 |
| 損益計算書の損益収支 | (借方) 169,798 | (貸方) 47,015 |
| 株式の売却益 | (貸方) 44,000 | |
| 資本金・剰余金の変動額 | (借方) 2,576,637 | (貸方) 26,769 |

## その他の特別損益項目

その他の特別損益項目はそれほど重要ではないため、それらの損益が当期利益または剰余金のいずれに繰入・控除されてもそれほど重要な問題ではない。

**事例**

ボルグ・ワーナーは1931年に、受取生命保険金の44万3330ドルを当期利益に計上した。一方、アルフレッド・デッカーは1930年に受取生命保険金の44万ドルを「特別利益」として剰余金に繰り入れた。ベンディクス・エビエーションは1929年に特許訴訟の和解金である90万ドルを当期利益に繰り入れたのに続き、翌年にも訴訟解決に伴うロイヤリティー払戻金の24万ドルを当期利益に含めた決算報告を発表した。ガルフ・オイルは1932年に訴訟解決に伴う石油の権利金551万2000ドルを当期利益に含めた結果、同年の決算は当初予想の276万8000ドルの赤字から274万3000ドルの黒字となった。このほか税還付金などは剰余金に繰り入れられるが、受取利息などは当期利益に含められることもある。デュポンは1926年に受取利息の200万ドルを当期利益に、またUSスチールも1930年に多額の受取利息を当期利益に繰り入れた。

# 第32章

# 損益計算書の特別損失

特別損失の問題は損益計算書の分析を特に難しくしている。棚卸資産や売掛債権の評価減を特別損失費用として、どの程度当期の営業利益から控除できるのかといった問題などである。1932年の不況期にはほぼすべての企業がそれらの評価減を計上した。そこで使用された会計手続きはさまざまであるが、多くの企業はそれらの損失をできるだけ損益計算書には表示しないで利益剰余金から控除した。こうした会計処理は正しい方法なのだろうか。

1932年のような不況期において、多くの企業は剰余金勘定を利用して損益計算書に特別損失をできるだけ計上しないようにした。この時期の経済環境が極めて異常であったために損益計算書の数字はその会社の将来の業績を占う目安にはならず、長期的な平均収益力を予測するにはまったく役に立たなかった。特に1932年のような時期については、その会社の決算報告書の意味を理解するにはその手掛かりをバランスシートに求めるのが適切であろう。バランスシートでは一定の運転資本が維持されているか、それとも前期より減少しているのか、固定資産の大幅な評価減がどのような影響を引き起こしているか――などを読み取る必要がある。

## 製造会社の収益

アメリカン・マシーン・アンド・メタルズが1932年に利益剰余金から大幅な特別損失を控除したことは先に言及したとおりだが、その主な目的は損益計算書の数字の見栄えをよくすることにあった。もし1932年末時点で棚卸資産や売掛債権の大幅な評価減を計上すれば、それらの原価が大きく下がるために翌年以降の利益はかなり水増しされるはずである。こうしたことは次のような数字を使って説明すれば分かりやすいだろう。

| | |
|---|---|
| 1932年12月の棚卸資産と売掛債権の適正価額 | 2,000,000ドル |
| それに基づく1933年の利益 | 200,000ドル |
| 剰余金から特別損失を控除して引き下げた棚卸資産と売掛債権の評価額 | 1,600,000ドル |
| それに基づく1933年の利益 | 600,000ドル |
| 1933年の利益は本来の数字の３倍となる。 | |

これらの仮定の数字は、企業の会計操作の一例を示したものである。そこでは特別損失を剰余金（または資本金）から控除しながら、それと同じ金額を当期利益に計上している。つまり、剰余金からの控除と当期利益の水増しを同時に行うことで自社証券の価格をつり上げようとしているのである。一方、固定資産の評価額を引き下げれば、その当然の結果として減価償却費は減少して利益は膨らむはずである。こうした会計操作は一般投資家はもちろん、証券アナリストでさえも発見するのが難しいため、司法当局や証券取引所からの修正勧告を免れている。

１株当たり利益をもとに普通株の評価が行われている現在の一般的な慣行の下では、その会社の経営陣がこうした会計手続きを利用して恣意的に株価を操作するのはいとも簡単である。もちろん多くの企業の経営陣はそんなことはしないだろうが、それでもこうした会計操作が広く行われているという事実はよく知っておくべきであろう。

## 棚卸資産の評価減

極めて異常な経済環境という場合を除き、棚卸資産の評価額を実勢水準まで引き下げた損失分は剰余金ではなく当期利益から控除するのが普通である。しかし、こうした一般的な慣行を順守しない企業も少なくないため、証券アナリストとしてはその会社の公表数字を同業他社の数字と比較検討して厳しくチェックする必要がある。その一例として、ゴム相場が大きく変動した1925～27年のUSラバーとグッドイヤー・タイヤの決算数字を検討してみよう。

グッドイヤーはこの３年間に、原材料価格の下落に対する準備金として1150万ドルを当期利益から控除した。その半分は実際の損失額の埋め合わせ費用に充当され、残りの半分は1928年に繰り越した。一方、USラバーも棚卸資産の引当金とその評価減に充当する2044万6000ドルを当期利益から控除した。しかし、株主に配布されたアニュアル・レポートではこの事実には一切触れず、剰余金を特別修正したという説明が行われていた。また1927年にも891万ドルの棚卸資産の評価減が発生したが、これは生ゴム生産子会社の過年度利益800万ドルを特別に振り替えて処理された。

アメリカでは損益計算書の数字がばらばらな基準に基づいているため、標準的な会計原則に基づいて算出された両社の１株当たり利益は実際の数字とは大きく異なっている。1928年のプアーズ・マニュアルによる両社の１株当たり利益は次のようになっている。

| 年 | USラバー | グッドイヤー |
|---|---|---|
| 1925年 | 14.92ドル | 9.45ドル |
| 1926年 | 10.54ドル | 3.79ドル |
| 1927年 | 1.26ドル | 9.02ドル |
| 3年平均 | 8.91ドル | 7.42ドル |

これらの数字を理解するには同じ基準に従って比較検討し、特に次の3点に注目しなければならない。

①USラバーは棚卸資産の引当金や損失分を当期利益から控除した。

②グッドイヤーは生ゴム価格の高い時期の利益を偶発損失準備金に繰り入れて当期利益を圧縮し、その後に発生した減益分をこの準備金で吸収した。

③両社の経営陣はこれらの準備金を利用して各期の利益を恣意的に平準化しようとした。そのために利益が出た年の棚卸資産の評価減は当期利益から控除した。

次に示したのは、1株当たり利益に基づく両社の3年間の利益と普通株価である。

| 年 | 1.棚卸資産修正前 | | 2.棚卸資産修正後 | | 3.損失引当金控除後 | |
|---|---|---|---|---|---|---|
| | USラバー | グッドイヤー | USラバー | グッドイヤー | USラバー | グッドイヤー |
| 1925 | 14.92ドル | 18.48ドル | 11.21ドル | 9.45ドル | 14.92ドル | 18.48ドル |
| 1926 | 10.54ドル | 3.79ドル | 0.00ドル | 3.79ドル | 14.71ドル（赤字） | 2.53ドル（赤字） |
| 1927 | 1.26ドル* | 13.24ドル | 9.73ドル（赤字）* | 9.02ドル | 1.26ドル* | 13.24ドル |
| 3年平均 | 8.91ドル | 12.17ドル | 0.49ドル | 7.42ドル | 0.49ドル | 9.73ドル |

*1926年以前のUSラバー・プランテーションズの繰入利益を除く

両社の普通株価を比較するかぎり、USラバーのほうがこの時期の業績不振の影響を効果的に隠すことに成功している。

| 年 | USラバーの普通株価 | | グッドイヤーの普通株価 | |
|---|---|---|---|---|
| | 高値 | 安値 | 高値 | 安値 |
| 1925年 | 97ドル | 33ドル | 50ドル | 25ドル |
| 1926年 | 88ドル | 50ドル | 40ドル | 27ドル |
| 1927年 | 67ドル | 37ドル | 69ドル | 29ドル |
| 平均 | 62ドル | | 40ドル | |

## 遊休工場設備費用

営業外費用を当期利益から控除する企業も多く、1932年の各社の決算報告書を見てもそのことがよく分かる。

**事例1**

ヤングスタウン・シート・アンド・チューブは1932年に、「遊休状態にある工場、鉱山およびその他の固定資産の維持費用、保険料および税金」という名目で当期利益から275万9000ドルを控除した。一方、スチュアート・ワーナーも同年に「当期の生産では使用しない工場設備の減価償却費」として30万9000ドルを当期利益から控除している。

証券アナリストから見ると、遊休工場設備費用などは通常の費用とは性質の違うものであり、当期利益から控除すべきではない。これらの費用は一時的で臨時的な性質のものであるため、企業はそれらの固定資産をいつでも処分・廃棄してその損失を食い止めることができる。多くの企業は将来的に何らかの役に立つだろうといった程度の考えだけでそうした遊休設備を保有しているので、それらの資産は永久的な負債（その会社の収益力を低下させる負債）と考えるのは適切ではない。

**事例２**

石油パイプライン輸送会社のニューヨーク・トランジットは1926年に、競争激化に伴って遊休化したすべての主要パイプラインの石油輸送事業から撤退した。それらの設備の減価償却費、各種税金およびその他の費用が過大になって、ほかの好採算事業（優良債券投資など）の利益でもってもその損失分を吸収できなくなったというのがその理由である。これによって、同社は大幅な損失を計上して無配に転落し、その株価も保有現金や有価証券の資産価値以下まで売られた。株式市場は同社の遊休資産が永久的な重い負債であると見たのである。

同社の取締役会は1928年にそれらの重い遊休資産をすべて処分することを決定し、未使用パイプラインもすべて売却した。これによって、同社の株式保有者には１株当たり72ドル（1926〜27年の時価平均の約２倍）の特別現金配当が支払われた。好採算事業を持つ同社の株式はその後に定期配当を支払えるまでに回復した。このように、遊休設備は利益を生み出すことはできないが、それを処分することが株価にプラスとして働くこともある。

その株式の本質的価値と時価とのかい離を発見するという証券分析の役割から見れば、ニューヨーク・トランジットのケースはその好例と言えるだろう。その後の同社の株式は抜け目のない投資家の格好の投資対象となったが、その一方でこうした株価が群衆心理や不十分な情報に基づいた表面的な判断の結果を反映することも少なくないのである。

## 繰延費用

企業の当該費用をその期だけで償却するよりは、何年にもわたって徐々に償却したい費用もある。この種の費用には、①会社創立費、②移転費、③開発費（新製品や新しい工程の開発費、または鉱山の開発費など）、④社債発行差金――などがある。

バランスシートに「繰延費用」と記載されるこれらの費用は、一般には当期利益から控除される。社債発行差金は満期までの期間にわたって償却されるほか、鉱山の開発費なども採掘期間を通じて償却される。その他の繰延費用の償却期間は任意に決められるが、その多くは５年となっている。

これらの償却費を控除して当期利益が減少するのを避けるため、こうした「将来の期間にかかわる費用」を利益剰余金から一括して控除・償却する企業も少なくない。しかし、こうした慣行は当該期間の営業費用を圧縮し、当期利益を膨らませることになるためあまり好ましいことではない。例えば、10年分の社長の給与を一度に支払ってその支出を「特別費用」として利益剰余金から一括控除すれば、その期以降のその会社の利益が増えるのは当然であろう。こうした慣行が一般化すれば、例えば宣伝広告費や新車開発費といった類似の費用も繰延費用として利益剰余金から控除できることになる。

もっとも、この種の費用は控除項目としてはそれほど大きなものではないため、その会社の将来の株価を占ううえではあまり重要ではない。しかし、次のようなケースはそう大目には見逃せない問題である。

### 事例

クラフトチーズは1927年までの数年間に多額の宣伝広告費を計上し、その一部を繰延費用として処理することにした。例えば、1926年の宣伝広告費は100万ドルだったが、その年の当期利益から控除したのはその半分にすぎなかった。残りの50万ドルは利益剰余金から控除したほか、過年度の繰越費用としてさらに48万ドルも控除した。これによって、株主には1926年の利益が107万ドルに上ったと報告された。しかし、翌年に行われたニューヨーク証券取引所への増資申請に際して、1926年の当期利益を46万ドルに下方修正して報告した。

一方、インターナショナル・テレフォン・アンド・テレグラフ（ITT）は1932年に利益剰余金から各種費用として3581万7000ドルを控除したが、それにはもう資産価値はないが、一般に認められた会計原則に従って一定期間にわたり控除できる繰延費用分の465万5700ドルが含まれていた。ハドソン・モーターカーも1930〜31年に、次のような各種費用を剰余金から控除していた。

| | | |
|---|---|---|
| 1930年 | ――新車開発のための工具・各種材料費の特別修正分 | 2,266,000ドル |
| 1931年 | ――特殊工具準備金 | 2,000,000ドル |
| | 工場設備の配置替え費用 | 633,000ドル |
| | 特別宣伝広告費 | 1,400,000ドル |

ゴールド・ダストも1933年に新製品の開発・投入準備金として200万ドルを利益剰余金から控除した。そのうちの約1/3は同年に使用されたが、残りは翌年に繰り越した。こうした会計処理の目的は当期利益からの控除分をできるだけ減らして公表利益を水増しすることにあるが、本来この種の費用は当期利益から一定期間にわたって控除すべきものである。

## 社債発行差金

企業が発行する社債の多くは額面以下で発行される。この差額分と支払利息は償還までの期間中に当期利益から償却される。しかし、この種の費用をバランスシートには記載せずに、剰余金から一括して控除するいわゆる「保守的な」会計手続きをとる企業も少なくなかった。もっとも最近では、将来の利益を膨らませて株価を高値に維持するために、こうした費用を剰余金から一括控除する企業も増えてきた。例えば、アソシエーテッド・ガス・アンド・エレクトリックは1932年に、社債発行差金として589万2000ドルを剰余金から控除した（ニューヨーク証券取引所は各企業のこうした会計処理を強く批判している。株式上場委員会のホクシー副委員長は1933年２月に次のように述べている。「［社債発行差金のような］繰延費用を資本剰余金や利益剰余金から一括控除してはならない。そうした会計処理は将来の利益を歪め、投資家に正確な情報を提供することができなくなる。この種の費用は当期利益から控除すべきである。会計監査人はこうした費用を資本剰余金などから控除しようとする企業の会計処理を認めてはならない」）。

# 第33章

# 損益計算書の数字の操作

## 利益の水増し

数はそう多くはないが、実際には存在しない利益を計上して損益計算書の利益を水増しする企業もある。われわれの知るかぎりその最も悪質なケースは、ニューヨーク証券取引所に上場しているパーク・アンド・ティルフォードの1929～30年の決算報告であろう。この２年間の同社の当期利益は次のようになっている。

1929年――1,001,130ドル＝4.72ドル（１株利益）
1930年――　124,563ドル＝0.57ドル（１株利益）

同社のバランスシートを見ると、この２年間にのれんと商標権の評価額は100万ドルから160万ドルに、その後はさらに200万ドルまで引き上げられ、この金額が特別費用として当期利益から控除されていた。次の表は、各時点の特別費用などを示した同社の要約バランスシートである。

### パーク・アンド・ティルフォード(単位：ドル)

| バランスシート | 1929/9/30 | 1929/12/31 | 1930/12/31 |
|---|---|---|---|
| 固定資産 | 1,250,000 | 1,250,000 | 1,250,000 |
| 繰延費用 | 132,000 | 163,000 | 32,000 |
| のれん・商標権 | 1,000,000 | 1,600,000 | 2,000,000 |
| 正味流動資産 | 4,797,000 | 4,080,000 | 3,154,000 |
| 債券・モーゲージ発行残高 | 2,195,000 | 2,195,000 | 2,095,000 |
| 資本金・剰余金 | 4,984,000 | 4,898,000 | 4,341,000 |
| 合計 | 7,179,000 | 7,093,000 | 6,436,000 |

| 修正利益 | 1929/1～9 | 1929/10～12 | 1929 | 1930 |
|---|---|---|---|---|
| 公表された普通株の利益 | 929,000 | 72,000 | 1,001,000 | 125,000 |
| 支払現金配当 | 463,000 | 158,000 | 621,000 | 453,000 |
| 剰余金の控除額 | | | | 229,000 |
| 資本金・剰余金の増減 | 466,000 | (減) 86,000 | 380,000 | (減)557,000 |
| 修正済み普通株の利益(無形資産の増加分と剰余金控除分を除く) | 929,000 | 528,000(赤字) | 401,000 | 504,400(赤字) |

この15カ月間に正味流動資産は160万ドル、現金配当は100万ドルも減少しているが、この減少分はのれんと商標権の評価増しで相殺されていた。しかし、これについては株主向けのアニュアル・レポートでも、またニューヨーク証券取引所に提出した上場申請書でも一切触れられていない。同社はその後株主からの問い合わせに対して初めて、それらの評価増し分は子会社のティンテックスの宣伝広告費や販売促進費によるものであることを明らかにした（同社の1930年のバランスシートでは、従来の「のれん・商標権」という表現は「ティンテックスののれん・商標権」と変更されていた）。

どのような会計原則に照らしても、当期の宣伝広告費をのれん勘定で処理するというのは問題である。ましてやその事実を株主に一切報告しないとは本当に許し難いことである。1929年10～12月の３カ月間にこのうちの60万ドルが使用されていた。本来であれば前期の経費に伴う利益は当期利益に繰り入れるべきであり、そうでなければ同社の1929年の数字は大幅に粉飾されていたことになる（同社の普通株は1933年４月に無額面から１ドルの額面株に変更された。これは表示資本金を327万8330ドルから21万8722ドルに大幅に減資したことに伴う措置で、その減資分の305万9608ドルは資本剰余金に振り替えられた。通常の会計慣行によれば、そうした措置が取られるのは例えば「ティンテックスののれん・商標権」の評価額が１ドルに減少し、その評価減分の200万ドルを資本剰余金などから控除する場合などである）。

## 損益計算書のチェック

パーク・アンド・ティルフォードのこうした例は、企業の損益計算書はバランスシートと照らし合わせて検討しなければならないことをわれわれに教えている。さらに公表された損益計算書の数字の信頼性を確認するには、連邦所得税の予定納税額などと照合することも有効であろう。1921年に改定された新しい法人所得税は次のようになっている。

| 年 | 税率（%） | 年 | 税率（%） |
|---|---|---|---|
| 1922年 | 12 1/2 | 1928年 | 12 |
| 1923年 | 12 1/2 | 1929年 | 11 |
| 1924年 | 12 1/2 | 1930年 | 12 |
| 1925年 | 13 | 1931年 | 12 |
| 1926年 | 13 1/2 | 1932年 | 13 3/4* |
| 1927年 | 13 1/2 | 1933年 | 13 3/4* |

*連結納税率では14 1/2%

その年の予定納税額が分かれば、それを公表利益と比較検討することも可能となる。ただしその場合でも、国債・地方債の受取利息や受取配当金などは課税所得には含まれないが、当期利益には含まれるのでいくらかの差額が発生する。そうした差額が予定納税額と公表された当期利益との間に大きな開きがある場合には、それについて詳しく分析する必要がある。次の表は、こうした観点から分析したパーク・アンド・ティルフォードの推定利益である。

| 期間 | 連邦所得税の予定納税額(ドル) | 所得税控除前の当期利益(ドル) | |
|---|---|---|---|
| | | A.予定納税額から算出した当期利益 | B.公表当期利益 |
| 1925/8～12 | 36,881 | 284,000 | 297,000 |
| 1926 | 66,624 | 494,000 | 533,000 |
| 1927 | 51,319 | 380,000 | 792,000 |
| 1928 | 79,852 | 665,000 | 1,315,000 |
| 1929 | 81,623* | 742,000 | 1,076,000 |

*1931年の追加納税額の6623ドルを含む

初めのころには予定納税額から算出した利益と公表された当期利益はほぼ一致していたが、次第に大きく開いているのが分かる。1927～29年に公表された当期利益はまったく信頼できないものであり、折しもこの時期には同社株の大々的な株価操作が行われていたのである。企業の決算報告書には公認会計士による独立した会計監査が不可欠である。そしてアニュアル・レポートでも、株主に報告される当期利益と予定納税額から算出した当期利益は完全に一致しなければならない。

## その他の会計操作

パーク・アンド・ティルフォードほど悪質ではないが、それでも当期利益を大幅に操作したケースとして無視できないのがユナイテッド・シガー・ストアーズの1924～27年の決算報告である。同社はこれについて、1927年５月にニューヨーク証券取引所に提出した上場申請書のなかで次のように説明している。

「当社は国内主要都市に数百件の長期契約に基づく建物賃借資産を所有しているが、それらは1924年５月まで帳簿に記載していなかった。当社とニューヨークの公認会計事務所であるＦ・Ｗ・ラフレンツ社がそれらを評価したところ、その評価額は2000万ドル以上に上った。

取締役会はそれ以降３カ月ごとにこれらの資産の評価額を当社の資産勘定に繰り入れて、四半期の普通株配当金（1 1/4％）の算定ベースとなる資本金を設定してきた。これに伴う資本剰余金の増加分は普通株の額面発行を通じて株主に還元し、別の剰余金に振り替えたことはまったくない。また、資本剰余金からの現金配当は一切実施していない。1924年と同じ基準でそれらの賃借資産を評価したところ、現在の推定評価額は簿価の２倍以上に達している」

これら「賃借資産の評価益」を含めた同社の利益は次のようになっている。

| 年 | 公表当期利益（ドル） | 普通株（額面25ドル）の１株利益（ドル） | 普通株価（額面25ドル）（ドル） | 当期利益に含まれる賃借資産の評価益（ドル） | 賃借資産の評価益を除く１株利益（ドル） |
|---|---|---|---|---|---|
| 1924 | 6,697,000 | 4.69 | 64-43 | 1,248,000 | 3.77 |
| 1925 | 8,813,000 | 5.95 | 116-60 | 1,295,000* | 5.05 |
| 1926 | 9,855,000 | 5.02 | 110-83 | 2,302,000 | 3.81 |
| 1927 | 9,952,000† | 4.63 | 100-81 | 2,437,000 | 3.43 |

*1925年には5％の株式配当（173万7770ドル）を実施したが、それに伴う調整分については説明がなかった

†過年度の連邦所得税の還付金（22万9017ドル）を除く

このように同社は賃借資産の評価益を当期利益に含めた決算報告を公表していたが、それに対するわれわれの批判は次のようなものである。

①賃借資産とは資産であると同時に債務でもある。皮肉なことに、資産でありまた債務でもあったこの賃借資産が同社を倒産に追い込んだのである。

②賃借資産の資本価値は無形の価値であり、そうした無形資産の価値をバランスシートに実際原価以上に記載するのは一般的な会計慣行に反している。

③資本資産の評価額は資本剰余金に繰り入れるべきである。それはどう見ても「利益」とは考えられないからである。

④1924年５月以前の評価に基づく2000万ドルという賃借資産の評価益は、それ以降には「利益」として扱われている。1927年の利益に含まれた243万7000ドルのそれら賃借資産の評価益とその年の事業利益は何の関係もない。

⑤もしそれらの賃借資産の価値が本当に上昇したのであれば、その

結果はそれらの資産が生み出す「相応の利益」として目に見える形で現れるはずである。どのような基準に基づいてそれらの賃借資産の評価額が２倍になったのだろうか。資本の増強によって事業が拡大すれば、同社の１株当たり利益も増えるはずであるがそうしたこともない。

⑥賃借資産の評価益は貸借契約の期限までに償却しなければならない。そしてその償却費は貸借契約の期限までずっと当期利益から控除される。同社はその取得原価に基づいて償却費を計上しているが、それらの取得原価などは実際にはないも同然である。もしそれらの賃借資産の評価益が増え続けていくならば、当然その償却費も上昇し続けていくため、営業利益の大きな圧迫要因になるはずである。

⑦同社の1924～27年の利益が水増しされていたにもかかわらず、その事実は株主向けのアニュアル・レポートでも一切明らかにされていない。ニューヨーク証券取引所にその事実を報告したのは、そうした会計操作が始まってからほぼ３年後のことである。大手金融機関が引受会社となって優先株を発行するときにそれが発覚したのである。翌年にはそれらの賃借資産の評価益を当期利益に含める会計処理は行われなくなった。

以上から、ユナイテッド・シガー・ストアーズの会計手法は、次のように説明することができるだろう。つまり、無形資産の架空の評価額が、説明されることなく当期利益に組み込まれており、その無形資産は実際上は負債であり、この水増し評価は前の期に関するもので、もしも適正な評価がなされていたとすれば償却費が押し上げられるという理由により、次の期の利益を減じるべきものであった。

一方、パーク・アンド・ティルフォードのケースで使った連邦所得税の予定納税額に基づく利益算出法を、ユナイテッド・シガー・ストアーズにも適用すれば次のようになる。

| 年 | 連邦所得税の予定納税額（ドル） | 所得税控除前の当期利益（ドル） | | |
|---|---|---|---|---|
| | | A.予定納税額から算出した当期利益 | B.公表当期利益 | C.賃借資産の評価益を含めない公表当期利益 |
| 1924 | 700,000 | 5,600,000 | 7,397,000 | 6,149,000 |
| 1925 | 825,000 | 6,346,000 | 9,638,000 | 8,343,000 |
| 1926 | 900,000 | 6,667,000 | 10,755,000 | 8,453,000 |
| 1927 | 900,000 | 6,667,000 | 10,852,000* | 8,415,000* |
| 1928 | 700,000 | 5,833,000 | 9,053,000 | 9,053,000 |
| 1929 | 13,000 | 118,000 | 3,132,000† | 3,132,000† |
| 1930 | ゼロ | ゼロ | 1,552,000 | 1,552,000 |

＊過年度の連邦所得税の還付金（22万9000ドル）を除く

†修正後利益は294万7000ドル

## 先の例の教訓

ユナイテッド・シガー・ストアーズのケースからはいくつかの有益な教訓が得られる。そのひとつはその会社が特殊な会計処理によって利益を出している場合には、その証券がどれほど魅力的に見えようとも、投資家はけっして手を出してはならないということである。同社の株式も目を見張るような業績でかなり魅力的に映ったが、結局は紙くずになってしまった。投資家の多くはその会社の不審な会計処理を気にしながらも安全余裕率が十分である場合などは、その証券は大丈夫であると思ってしまうだろう。しかし、でたらめな経営の会社に数量的な安全基準などを適用できるはずがなく、投資家にできることといえばただそうした会社の証券は避けるということだけなのである。

## 株式配当で利益を水増し

1922年以降、ユナイテッド・シガー・ストアーズの普通株の大半は系列会社のタバコ・プロダクツに保有されていた。同社は1926～27年の株式時価総額が１億ドル以上の大手企業である。しかし、このタバコ・プロダクツも受け取った株式配当の評価額を水増しして当期利益を膨らませるという会計操作を行っていたのである。同社の1926年の損益計算書は次のようになっている。

| | |
|---|---|
| 純利益 | 10,790,000ドル |
| 支払所得税 | 400,000ドル |
| クラスＡ株式支払配当 | 3,136,000ドル |
| 普通株の利益 | 7,254,000ドル |
| １株利益 | 11ドル |
| 普通株価 | 117～95ドル |

1926年の同社の決算に関する詳細なデータは公表されていないが、入手した情報を詳細に分析したところ、同社の当期利益は次のようにかなり水増しされていた。

| | |
|---|---|
| タバコ・プロダクツ賃貸資産リース料 | 2,500,000ドル |
| ユナイテッド・シガー株（全株式の80％）の受取現金配当 | 2,950,000ドル |
| ユナイテッド・シガー株の受取株式配当（額面総額は184万ドル） | 5,340,000ドル |
| | 10,790,000ドル |

タバコ・プロダクツはユナイテッド・シガー株の株式配当分の評価額を額面総額の約３倍に計上していた（ユナイテッド・シガーもほぼ同額を利益剰余金から控除していた）。おそらくこうした株式配当の評価益はユナイテッド・シガー株の時価をベースとしたものであり、同社株が高値を維持していたのはタバコ・プロダクツがその大半を保有して浮動株が少なくなったことで可能になったのであろう。持ち株会社が子会社から受け取った株式配当分の評価額を損益計算書に含めれば、その利益は大幅に水増しされることになる。このためニューヨーク証券取引所は1929年に、こうした会計処理を厳しく禁止する措置を発表した。

一方、連結決算ベースによるタバコ・プロダクツの1926年の決算数字は次のようになっている。

| | |
|---|---|
| リース料収入 | 2,100,000ドル |
| 保有するユナイテッド・シガー株の利益 | 5,828,000ドル＊ |
| | 7,928,000ドル |
| クラスＡ株式支払配当 | 3,136,000ドル |
| 普通株の利益 | 4,792,000ドル |
| １株利益 | 7.27ドル |

（＊賃借資産の評価益を除く）

同社は単独決算で普通株の公表利益を１株11ドルと計上していたが、それは実際の数字より50％近くも水増しされたものだった。ウォール街には、「会計操作と株価操作は同時に行われる」という格言がある。こうした不正な会計操作を見抜くためにも、証券アナリストはもちろん、一般投資家もそうした会社の手口をよく知っておくのも悪くはないだろう。

## 子会社と連結決算

子会社と連結決算は当期利益を操作できるもうひとつの領域である。その会社が複数の子会社を傘下に持つ場合、その期のグループ全体の損益収支を表すために連結損益計算書が必要である。親会社だけの損益収支を表した単独決算書では、グループ全体の収支を正確に表すことはできない。親会社だけの単独決算書では子会社の利益を計上しないで当期利益を過小に表示したり、その反対に子会社の実際の利益を上回るような受取配当金を計上して当期利益を水増しすることもある。

### 非連結ベースの利益

レディングは1923年までは鉄道と石炭部門の子会社の決算を分離していたため、親会社に配当金を支払わなかった石炭子会社の利益を決算報告に含めず、公表された当期利益はいつも過小に表示されていた。一方、コンソリデーテッド・ガスも1923年までは親会社に配当金を支払った子会社の利益しかその損益計算書に含めなかった。ニューヨーク・エジソンなど電機子会社の利益は親会社本体の利益よりも大きいことを考えると、こうした決算報告は極めて不正確なものである。このため同社の収益力を正確に知るためには株主に報告されるアニュアル・レポートではなく、ニューヨーク州公益事業委員会に提出される報告書のデータに基づいて連結損益計算書を作成し直す必要がある。

### 非連結ベースの損失

これに対し、子会社の損失を控除しないで当期利益を水増しするというのがウォーレン・ブラザーズのケースである。この鉄道敷設会社は1923年の優先配当控除後の利益を72万4000ドル（普通株１株当たり

11.44ドル）と発表した。しかし、この利益には子会社２社の損失が含まれておらず、この事実は1925年の株式上場時まで株主には報告されなかった。1923年の同社の修正決算数字は次のようになっている。

| | | |
|---|---|---|
| 公表当期利益 | | 724,000ドル |
| （差引） | | |
| 子会社ウォーレンの損失分の72％ | 543,000ドル | |
| 子会社サザン・ロードの損失分 | 80,000ドル | 623,000ドル |
| 連結当期利益 | | 101,000ドル |
| 支払優先配当（親会社のみ） | | 151,000ドル |
| 普通株の利益 | | －50,000ドル |

1924年の決算報告書によれば、1923年の株主向けの公表利益は72万4000ドルとされていたが、最終的な損益は赤字となったため連邦所得税は納付しなかった（ウォーレン・ブラザーズの株価は1925年以降大きく躍進した。よって、実際的な見地からすれば、1923年の同社の利益が公表利益より大幅に少なかったという事実を知っていたなら、プラスよりもマイナスの効果がもたらされたであろう。これもまた「証券分析は投機的状況に対処する際には信頼できるツールとはならない」というわれわれの考えを例示するものである）。

## 子会社からの特別配当金

非連結子会社の剰余金勘定に累積されていた利益が、不況期に親会社に特別配当として支払われたことで親会社の利益を下支えするケースもある。

**事例**

エリー鉄道は1922年に、ペンシルベニア・コールとヒルサイド・コールから受け取った1100万ドルの配当金を当期利益に計上していた。ノーザン・パシフィック鉄道も1930～31年に、シカゴ・バーリントン鉄道、ノーザン・エキスプレスおよびノースウエスタン・インプルーブメント（不動産／石炭・鉄鉱石生産子会社）から受け取った巨額の特別配当金で激減した利益を埋め合わせていた。一方、ニューヨーク・シカゴ鉄道の1931年の当期利益には第一優先株を保有するホイーリング・アンド・レーク・エリー鉄道からの受取配当金が含まれていた。

このように好況期には子会社の利益を隠し、不況期には子会社の利益で親会社の利益を膨らませるという会計操作は、安定した収益力を公表するという目的からすれば巧妙な手段といえるかもしれない。しかし、こうした会計操作に対しては強い批判もあり、ニューヨーク証券取引所もこのほど発表した措置のなかで子会社の利益もすべて開示するよう要請した。企業が好不況期を問わずその利益を安定させて一定の収益力を維持したいという気持ちも分からないではないが、収益力を安定させるという目的で公表利益を操作すれば、やがては粉飾決算にもつながりかねないだけにやはりそうしたことは避けるべきであろう。

## 損益計算書の粉飾

親会社のみならず、すべての子会社の損益も正確に反映された当期利益が公表されなければならない。

**事例**

ルイビル・アンド・ナッシュビル鉄道は、普通株の51％を保有するアトランティック・コースト・ラインの子会社だった。このためアトランティックの収益力を正確に分析するには、子会社であるルイビル鉄道の損益や未処分利益なども詳しく調査する必要がある。

一方、ノーザン・パシフィック鉄道とグレート・ノーザン鉄道はともにシカゴ・バーリントン鉄道の株式を48.6％ずつ保有していた。この保有比率を見るかぎり、バーリントン鉄道は両ノーザン鉄道の子会社であることは明らかであり、それゆえ同社の決算は両鉄道の連結決算に含めるのが当然であろう。ある会社が別の会社の重要な利益権を持つ場合には、そうした子会社の損益収支も含めて検討すべきである。

### 修正された公表利益

修正された公表利益のケースをデュポンに見てみよう。同社は1932年の利益を1977万ドル、普通株（発行済み株式数は1087万2000株）１株当たり1.81ドルと発表した。この利益には、ゼネラルモーターズ（GM）の普通株発行済み株式の約23％に当たる約1000万株の保有株式の配当金1250万ドルが含まれていた。しかし、同年のGMの利益は普通株の配当可能額に達しておらず、優先配当控除後の損益は１株当たり21セントの赤字だった。このため、連結ベースの1932年の普通株の利益はGMのこの損失分である約1460万ドルを差し引いて下方修正する必要がある（もちろん、GMの保有株の簿価も下方修正される）。次の表は1929～32年のデュポンの修正利益を示したものである。

| 年 | 公表１株利益 | GM営業損益の増減分 | 修正１株利益 |
|---|---|---|---|
| 1932年 | 1.81ドル | －1.35ドル | 0.46ドル |
| 1931年 | 4.30ドル | －0.51ドル | 3.79ドル |
| 1930年 | 4.52ドル | ＋0.04ドル | 4.56ドル |
| 1929年 | 6.99ドル | ＋1.12ドル | 8.11ドル |

一方、1931年のGMの決算報告は、①特別損益が含まれていない、

②非連結子会社の損益が含まれている――という理由で少し検討する必要があるだろう。次の表は1930～31年の決算報告書に示された同社の１株当たり利益である。

**非連結子会社の特別損益調整後の１株利益**

| 年 | 特別損益を含む利益 | 特別損益を含まない利益 |
|---|---|---|
| 1931年 | 2.01ドル | 2.43ドル |
| 1930年 | 3.25ドル | 3.04ドル |

以上の検討結果をまとめると、特に次のような形で企業の決算報告書で変則的な会計処理が行われている場合には、その会社が発表する１株当たり利益などはけっして額面どおりに受け取ってはならない。すなわち、①当期利益に特別損益が含まれている、または本来ならば当期利益から控除されるべき項目が利益剰余金から控除されている、②親会社の決算報告で子会社の損益が正確に反映されていない、③減価償却費などの経費が変則的に計上されている――などである。

## 親子間で操作される利益

企業の親子関係を利用することで公表利益が大幅に操作されるケースを見てみよう。以下では鉄道会社２社の事例を取り上げて検討するが、こうしたケースは州際商業委員会が厳しい会計原則を徹底させれば防止できたと思われる。

### 事例

ウエスタン・パシフィック・レールロード・コーポレーションは1925年に、１株当たり7.56ドルの優先配当と５ドルの普通配当を支払った。同社の決算報告によれば、同年の当期利益は支払配当額をわずかに上回る水準だった。しかし、その当期利益の大半は営業子会社であるウエスタン・パシフィック・レールロード・カンパニーから受け取った445万ドルの配当金だった。ところが同年のこの営業子会社の利益はわずか245万ドルにすぎなかった。さらに同社の累積剰余金も親会社に配当金として支払えるほどのものではなかった。親会社の利益を計上するために、まず親会社がこの営業子会社に150万ドルを贈与し、その同じ金額を子会社から親会社に配当金として支払うという形がとられていた。親会社はこの贈与分を剰余金から引き出す一方、子会社から配当という形で受け取ったその金額を当期利益に計上していたのである。こうした回りくどい方法を使って、実際にはわずか１株２ドルしかない普通株の利益を５ドルにまで水増ししていたのである。

一方、ニューヨーク・シカゴ鉄道は1929年に、ペレ・マーケット鉄道の保有株式をやはり同じ系列会社のチェサピーク鉄道に売却し、その売却益の1066万5000ドルを利益剰余金に繰り入れた。同社は翌年に利益を増やす必要があったため、この分を剰余金から引き出して子会社のチェサピーク鉄道に返還し、改めて「配当金」という形で300万ドルを受け取り1930年の利益に計上していた。翌年もこうした形で受け取った配当金の210万ドルを利益に含めていた。

こうした方法をとったのは、既発債を投資信託の投資適格債に含めておくために当期利益を増やす必要があったからである。しかし、こうした会計操作はほかの悪しき会計慣行と同じように投資家を混乱させるばかりでなく、インサイダーの不正な利益をもたらす原因ともなる。

# 第34章

# 減価償却費と収益力

企業の損益計算書を批判的に分析する場合には、減価償却費にはとりわけ注意する必要がある。この種の費用は現金支出を伴わないという点で通常の営業費用とは異なるものである。減価償却費とは減耗、枯渇またはその他の摩耗などで固定資産や資本資産の価値が低下するために計上される費用である。この種の費用の対象となるものは、①減価償却・陳腐化、（設備の）取り替え、更新または除却、②減耗・枯渇、③賃借資産・賃借資産改良費、④特許権の償却――などである。

## 減価償却費をめぐる問題

減価償却費の会計原則は実に単純である。当該の資本資産に耐用年数がある場合、一定期間にわたって減価する費用分を当期利益から控除・償却するというものである。しかし、こうした会計原則がすべての企業の決算報告書で順守されているわけではなく、さまざまな会計手続き上の理由によって計上された減価償却費がその本来の目的からは正当化されないケースもよく見られる。このため、証券アナリストは損益計算書の減価償却費について次の３点には特に注意しなければならない。

①減価償却費が公表された当期利益から適切に控除されているか。
②一般に認められた会計原則にかなった減価償却費の控除率が適用されているか。
③適切な減価償却費が適用された資産の適正価額は、投資家にとって十分に納得がいくものなのか。

## 減価償却費は営業費用

企業の帳簿に記載されている減価償却費を控除しない当期利益が公表されることもある。われわれは債券を分析したときに、特に公益事業債が発行されるときにこうした慣行がよく見られることを指摘し、債券投資家は当期利益からこのような重要な費用が控除されていない企業の債券は絶対に避けるべきであると警告した。これに対し、減価償却費とは単に帳簿上の一項目にすぎず、実際の現金支出を伴わないのでそれほど重視しなくてもよいという意見もある。これは完全に間違った考えである。資本価値は実際に減価するため、それに見合った減価償却費を控除するという会計原則に照らせば、減価償却費は帳簿上の単なる一項目であるどころの話ではない。

一方、多くの企業では設備の取り替えや拡張費用として多額の現金が支出されるため、それを一定期間にわたって控除する減価償却費は不可欠のものである。このように、減価償却費は実際の現金支出と密接に関連しているため、企業にとっては従業員の給与や設備のレンタル料などと同じ費用であると言える。ときに減価償却費が一定期間にわたって控除されないケースも見られるが、投資家はそうした企業について自らの計算に基づいて年間の減価償却費を当期利益から控除すべきであろう。いずれにせよ、企業の収益力は適切な減価償却費を控除した当期利益をベースに算出するというのが基本的な原則である。

## 減価償却費が控除されないケース

債券の募集案内書では、その会社のアニュアル・レポートに減価償却費が控除されない当期利益が掲載されるケースもある。1930年までのシティーズ・サービスの慣行はこうしたケースのひとつであるが、この会社の規模と多数の一般株主が存在するという理由に照らせばけっして見逃すことはできないものである。同社は長年にわたり財務代理人を通じて一連の株式発行を行ってきたが、その募集案内書やアニュアル・レポートには減価・減耗償却費をまったく控除しない当期利益が記載されていた。同社の事業は公益事業と石油開発であるため、総収益のかなりの割合を大規模な設備の減価償却費として取り分ける

| 項目 | 1925年 | 1931年(比較参考) |
|---|---|---|
| 総収益(ドル) | 127,108,000 | 177,047,000 |
| 減価・減耗償却費控除前の純利益(ドル) | 40,249,000 | 63,107,000 |
| 支払利息・優先配当(ドル) | 26,628,000 | 44,942,000 |
| 少数株主持分(ドル) | 2,124,000 | 2,757,000 |
| 普通株・減価償却費に充当可能な利益(ドル) | 11,497,000 | 15,408,000 |
| 減価償却費(ドル) | 12,700,000(推定額)* | 18,063,000(実際額) |
| 普通株の利益(ドル) | 赤字 | 赤字 |
| 公表された1株利益(ドル) | 3.05 | 0.42 |
| 実際の1株利益(ドル) | ゼロ | ゼロ |
| 普通株の平均株価(ドル) | 39 | 13 |

* ここでは総収益の10%という数字を減価償却費の推定額としているが、①重要な子会社が1925年に実際に用いた基準、②1930年以降の連結ベースでの減価償却費、③同業他社の慣例——といった根拠に照らせば合理的なものである

必要がある。同社の要約損益計算書を見ると、長年にわたって株式が公募されてきた同社の決算報告の数字がいかにいいかげんなものであったかがよく分かる。

### 正当化に対する批判

シティーズ・サービスは損益計算書に減価償却費を記載しなかった理由について、固定資産の価値が急速に増加していたため、実際には減価償却が出なかったことを挙げている。もし固定資産の価値が同社が主張するほど上昇していたのであれば、それは通常の減価償却費を控除したあとの収益力に反映されたはずである。それにもかかわらず減価償却費控除後の普通株の利益がゼロであるというのは、同社の弁解の根拠を自ら否定しているのではないだろうか。いずれにしても、①固定資産価値を水増しして公表利益を膨らませていた、②資本資産価値が減価しないので減価償却費を控除しなかった――というのは完全に一般の会計慣行から逸脱している（ミドル・ステーツ・オイルも同じような会計操作によって不正な決算報告と株価操作を行っていた。その結果、同社の株式は1919年には71ドルまで上昇したが、1924年には破産管財人の管理下に入り、その株式は紙くずとなった。興味あるのは、同社が水増しした利益をもっともらしく見せるために多額の所得税を支払っていたことである）。同社のこうした会計操作や不正表示は、賃借資産の評価益を口実に公表利益を水増ししていた先のユナイテッド・シガー・ストアーズとまったく同じケースである。

## もうひとつの不正会計

公表利益から減価償却費を控除しなかったというケースよりも、さらに悪質な会計操作の例もある。それは当期利益からその年の減価償却費を控除する一方で、その金額をそのまま剰余金に繰り入れるというものである。注意深い投資家であれば、減価償却費を控除しないような企業の決算報告は初めから信用しないだろう。しかし、減価償却費は計上するがそれを過小に表示する企業もあり、そうした企業の数字は減価償却費をまったく控除しない企業の場合よりも見分けにくいため、投資家としては特に厳しい目を向ける必要がある。

異常な経済環境などの場合を除き、企業はその年の減価償却費を当期利益から控除すべきであり、剰余金の修正などで処理してはならない。しかし、シティーズ・サービスは減価償却費の多くを剰余金から控除し、損益計算書にはその分だけ大きくなった収益力を記載していたのである。こうした会計操作の数字はシティーズ・サービス・パワー・アンド・ライトの債券信託証書にも記載され、そこでは最低の設備維持費と減価償却費の数字しか盛り込まれていなかった。シティーズ・サービスの実際の減価償却費も信託証書の数字よりかなり多く、損益計算書にはそのとおりの数字を記載すべきであった。ところが信託証書の数字を飾るために、当期利益から控除すべき減価償却費をかなり少なく計上したうえ、その分を剰余金から控除していたというのでは、投資家にとってそれを見抜くことは極めて難しいだろう（こうした会計操作が債券のインタレスト・カバレッジに与える影響については第12章で検討した）。

こうした不正な会計操作が、デトロイト・エジソンのような堅実な経営の会社でも行われていたことはまことに残念である。次ページの表は同社の1930～31年の損益計算書を示したものである。

同社の減価償却費が業界平均よりも多いというのはともかくとしても、1931年の同社の会計処理は次の２つの理由で批判されるべきである。それは、①それが本来の目的ではなかったにしても、最終的には前年から利益が減少する結果となった、②業界における同社の高い名声を考えるとこうした会計操作が同業他社に与える影響は計り知れず、剰余金から減価償却費を控除して利益を水増しするという新しい慣行

| 項目 | 1931年 | 1930年 |
|---|---|---|
| 総収益（ドル） | 49,233,000 | 53,707,000 |
| 減価償却費控除前の純利益（ドル） | 21,421,000 | 24,041,000 |
| 減価償却費（ドル） | 4,000,000 | 6,900,000 |
| 総収益に対する減価償却費の比率 | 8.1% | 12.8% |
| 金融費用（ドル） | 5,992,000 | 6,024,000 |
| 普通株の利益（ドル） | 11,429,000 | 11,117,000 |
| １株利益（ドル） | 8.98 | 8.75 |
| 剰余金から控除された減価償却費（ドル） | 1,500,000 | |
| 剰余金から控除された減価償却費控除後の１株利益（ドル） | 7.80 | 8.75 |

を生み出すきっかけをつくった――ということである。

## さらなる会計操作

それはアイオワ・パブリック・サービスのケースである。同社は1929年の決算報告で有形固定資産評価額が2520万ドル、総収益が420万ドルに対して、減価償却費をわずか７万8000ドルと発表した。減価償却費はそれ以降の年には徐々に増加し、1932年には22万ドルと発表されたが、それでもこの数字は業界平均をかなり下回っている。同社は過年度の減価償却費がかなり少なかったことを正式に認め、1932年に次のような特別な会計処理を行った。①普通株の表示価額を158万7000ドル減額し、この分を資本剰余金に振り替えた。②この資本剰余金の振替分は減価償却費の追加分150万ドルと偶発損失８万7000ドルですべて使い切った。

必要な減価償却費は一定期間にわたって当期利益から控除し、その数字をベースに普通株の価値を測るべきである。そうでなければ、（アメリカン・エレクトリック・パワーなどのように）親会社が子会社からその実際の利益や剰余金よりも多くの配当金を受け取るという不正な会計慣行を招くことになり、その結果債券や優先株保有者に大きな損失を与えることになる。

## 減価償却費の二重計上

公益事業会社におけるこうしたケースのひとつは、アメリカン・ウオーターワークスが1934年２月に発行した転換社債（利率５％、10年満期）の目論見書に見られる。それによれば、同社はいつも所得税向けと証券保有者向けという２つの固定資産の減価償却費を用意していた。普通株の収益力と債券の安全性という２つの観点に照らせば、次ページの数字からはさまざまな内容が読み取れる。

これらの数字を見ると、「この２つの減価償却費は同時に使われていたのだろうか。そうでないとすると、どちらが正しい数字なのか」といった疑問を抱くのは当然である。これに対して同社の目論見書では、投資家のこうした疑問をうまくかわす巧妙な説明がなされていた。しかし、その説明をいくら注意深く読んでも、投資家向けの公表数字に対する大きな疑惑を拭い去ることはできない。通常の減価償却費に関する会計原則や償却資産の標準的な見積耐用年数に基づいた減価償却費がなぜこのような金額になったのか。目論見書の長い説明でも、投資家向けの「設備更新費用」が減耗や陳腐化による資本資産の目減りを十分にカバーできるという根拠は何ら示されていない。

同社の説明によれば、こうした会計手続きは業界の慣行に従ったものであり、また適用された減価償却率も社内の技術者や幹部と詳しく協議して決めたもので、これについては州当局の承諾も受けていると

| 年 | 一般投資家向け更新・取替費用（ドル） | 税務当局向け減価償却費（ドル） | 一般投資家向け普通株の利益 | |
|---|---|---|---|---|
| | | | 総額（ドル） | 1株利益（ドル） |
| 1930 | 4,105,000 | 6,781,000 | 5,377,000 | 3.10 |
| 1931 | 3,095,000 | 7,089,000 | 5,117,000 | 2.80 |
| 1932 | 2,747,000 | 7,023,000 | 2,396,000 | 1.42 |
| 1933/1～11 | 2,654,000 | 6,384,000 | 1,870,000 | 1.07 |

| 年 | 納税申告書の減価償却費に基づく普通株の利益（ドル） | 1株利益（ドル） |
|---|---|---|
| 1930 | 2,701,000 | 1,60 |
| 1931 | 1,123,000 | 0.70 |
| 1932 | 1,880,000（赤字） | ゼロ |
| 1933/1～11 | 1,860,000（赤字） | ゼロ |

いう。同社の減価償却費については毎年の当期利益を含むさまざまな要素を考慮して決定されたものであろうが、連結決算報告書をチェックした会計監査人は監査の対象から特に設備の更新費用を除外したのだろうか。これについて同社の会計監査人は、この種の費用に関する会社側の方針では見積耐用年数に基づいて減価償却費を算出しているわけではないと説明している。それならば、設備の更新・取替費用が平均して固定資産評価額と資本全体の１％にも満たないというのはどういうことなのであろうか。なお1931～33年には、これらの費用の減少率は総収益または純利益の下落率よりもはるかに大きかったことが注目される。

### 投資家にとって重大な問題

アメリカン・ウオーターワークスのこうしたケースは、公益事業証券の分析に際して重大な問題を提起している。すなわち、減価償却費が公表利益と密接な関係にあることを踏まえれば、まったく異なる２つの減価償却費が存在するというのはどういうことなのであろうか。公益事業会社の当期利益は、減価償却費の取り扱い次第で恣意的に操作するのはそれほど難しいことではない。減価償却費については各企業でさまざまな扱いがなされているが、それはその業種ごとの慣行というよりは、各企業の経営陣が恣意的に決定しているというのがおそらく現実であろう。アメリカン・ウオーターワークスの公表数字についても、慎重な投資家や証券アナリストはそれらの数字に基づいた収益力をけっして額面どおりに受け取ってはならない（減価償却費や設備更新費用というのは、専門家の間でも絶えず議論されている厄介な問題である。ヘンリー・リグズ教授は1922年に発表した『公益事業会社の減価償却費』のなかで、公益事業会社については現在の定額減価償却法よりもっと明確な「除却償却法」が望ましいと主張している。一方、ウィリアム・リプリ教授はその著書『メインストリートとウォール街』のなかで、それとは正反対の意見を述べている。この問題については関係機関の間でも意見が分かれており、州際商業委員会や内国歳入局は鉄道会社については定額減価償却法が適切であると主張しているのに対し、全米鉄道・公益事業協会では「除却償却法」で統一すべきだとしている。これに対し、ニューヨーク州公益事業委員会は電力・ガス会社では定額減価償却法を採用すべきだと主張している。同業界では電力・ガス会社が「除却償却法」を、電話会社は定額減価償却法を支持している。

ところで、アメリカン・ウオーターワークスが主張するように公表された減価償却費で資本資産の目減り分を十分にカバーできるとしても、その数字を所得税の予定納税額と照らして見れば、その数字の不自然さは一目瞭然である。同社よりかなり多くの減価償却費を計上している同業他社の数字と比較しても、同社の本来の減価償却費がかなり多いのは明らかである）。

### 目論見書の詳しい分析

アメリカン・ウオーターワークスの目論見書の数字には証券分析にとっていくつかの重大な問題が含まれているため、減価償却費とは違う観点からもう少し分析を進めてみよう。そのなかで特に注目されるのは、次ページに示された所得税の数字である。

この表によれば、所得税の納税額に基づく当期利益と公表された当期利益の間には大きな開きがある。また減価償却費とは対照的に、納税額に基づく資本損失としてかなり多くの電鉄資産の廃棄損が計上されている。しかし、こうした損失は特別損益の項目に含まれるため、その期の営業損益とは切り離して処理すべきである。ところが驚くべきことに、４年間で900万ドルを超えるこの種の費用が同社の決算報告書のどこを探しても見当たらないのである。損益計算書はもとより、バランスシートの固定資産、剰余金または準備金のどの項目を探してもその形跡も見当たらない。なんとそれらの費用は連結バランスシートには反映されない子会社の帳簿上に記載されていたのである（しかも、それらの償却額は他の固定資産の評価益で相殺されていた）。

### 公表利益の修正

アメリカン・ウオーターワークスのこうした数字に見られるように、利益が増えればそれだけ所得税も増えるという原則に照らせば、必要に応じて公表利益に修正を加えることは不可欠である。過去の業績に基づいて将来の収益力を予測するときには、利益に見合った所得税を控除するのは当然であろう。会社側の公表利益を所得税額に基づく数字で修正すれば、同社の決算数字は次のようになる。

所得税の納税額から算出した減価償却費が正確であれば、利益の落ち込み幅はこの修正値よりさらに大きなものになるだろう。アメリカン・ウオーターワークスの目論見書は、1933年証券法に基づいて大規模な債券が発行された最初のケースとして注目に値する。正確な情報

| 年 | 連邦所得税額（ドル） | 税率（％） | 納税額に基づく当期利益（ドル）† | 公表当期利益（ドル）† | その差額（ドル） |
|---|---|---|---|---|---|
| 1930 | 1,501,000 | 12 | 12,500,000 | 13,694,000 | 1,194,000 |
| 1931 | 472,000 | 12 | 3,932,000 | 12,423,000 | 8,490,000 |
| 1932 | 103,000 | 14½* | 713,000 | 9,345,000 | 8,630,000 |
| 1933/1～11 | 588,000 | 14½* | 4,068,000 | 8,792,000 | 4,720,000 |

*連結納税率

†子会社の優先配当控除前の数字

**目論見書の所得税に基づく数字と公表利益の差額（単位：ドル）**

| 年 | 減価償却費の超過額 | 社債発行差金の超過償却額 | 電鉄資産などの廃棄損 | 差額合計 |
|---|---|---|---|---|
| 1930 | 2,676,000 | 260,000 | 480,000 | 3,416,000 |
| 1931 | 3,994,000 | 280,000 | 4,128,000 | 8,402,000 |
| 1932 | 4,276,000 | 290,000 | 3,411,000* | 7,977,000 |
| 1933/1～11 | 3,730,000 | 253,000 | 1,366,000* | 5,349,000 |

*子会社のホイーリング・トラクションの設備廃棄損（1932年は111万8000ドル、1933年は10万ドル）を含む

| 年 | 公表納税額（ドル） | 公表利益に基づく納税額（ドル） | その差額 | | 1株利益の最大修正幅（ドル） |
|---|---|---|---|---|---|
| | | | 金額（ドル） | 普通株1株当たり（ドル） | |
| 1930 | 1,501,000 | 1,644,000 | 143,000 | 0.08 | 3.02 |
| 1931 | 472,000 | 1,490,000 | 1,018,000 | 0.61 | 2.19 |
| 1932 | 103,000 | 1,380,000 | 1,277,000 | 0.70 | 0.72 |
| 1933/1～11 | 588,000 | 1,280,000 | 692,000 | 0.39 | 0.68 |

の開示を義務づけた同証券法の真価を問うためにも、企業決算に関する十分な情報の提供は不可欠である。現在の企業会計と投資のあり方はさらに複雑になっているため、公平かつ有効な証券分析の必要性はますます高まっている。

### 減耗償却

減耗とは資本資産を商品に変えて販売・消耗することで、減耗償却は金属、石油、ガス、木材などの生産会社に適用される。これらの商品の鉱床・油井は次第に枯渇していくため、その価値の目減り分を当期利益から徐々に償却する必要がある。例えば、油井を持つ石油会社の減耗償却率は1913年３月時点の埋蔵量と鉱床の価値に基づいて、連邦所得税法の関連基準によって決められている。しかし、減耗償却は各企業が恣意的に決定する部分も多く、株主に対して減耗償却について報告しない鉱物生産会社も少なくない。

### 投資家による独自の計算の必要性

後ほど説明するが、鉱山各社に投資している者は通常、その企業の株を買ったときに支払った金額に基づき、自身にとっての減耗償却費用を計算すべきである。よって必然的に、もともとの簿価や法人所得税目的で設定された特別な数字に基づいた減耗償却費というのは、有用というよりむしろ混乱のもととなるであろう。そうした理由から、鉱山会社が減耗償却費を省略していること自体は、非難されるべきことではない。だが投資家は、鉱山各社の報告書を読むとき、その事実をしっかりと肝に銘じておかなければならない。さらに言えば、鉱山会社を比較するときには、利益から減耗償却費を控除する会社としない会社を区別することが重要である。次に挙げるのは、利益から減耗償却費を控除する鉱山会社としない会社の一例である。

**≪減耗償却費を控除しない会社≫**

アラスカ・ジューノー・ゴールド・マイニング

アナコンダ・コッパー・マイニング

ドーム・マインズ（金）

ケネコット・コッパー

ノランダ・マインズ（銅・金）

テキサス・ガフル・サルファー

**≪減耗償却費を控除する会社≫**

セロ・デ・パスコ・コッパー

グランバイ・コンソリデーテッド・マイニング（銅）

ホームステーク・マイニング（金）

インターナショナル・ニッケル・オブ・カナダ

パティーニョ・マインズ（スズ）

フェルプス・ドッジ（銅）

## 石油会社の減耗償却費

石油会社の減耗償却費は鉱山会社のそれに比べて、油井の実際原価と密接に結びついている。鉱山会社は各地の鉱床に投資し、その採掘コストをかなり長期にわたって償却する。これに対し、大手石油会社の多くは新しい油井やリース権に毎年投資し、既存油井の減産分を絶えず補っていかなければならない。このため、一定の油井と生産量を維持するには多額の現金支出が必要となる。ときに新規油井の初年度の生産量が全体の80％を占めることもあり、こうした「一次回収」の費用はその期に一括して償却される。投資分を減耗償却費で早急に償却しないと、投資した固定資産の価値と利益はすぐに過大表示されることになる。活発に油井開発を進める石油会社の場合、償却の対象となる費用には次のようなものがある。

①有形固定資産の減価償却費。

②リース料に応じた油井やガス田の減耗償却費。

③非採算リース油井（探査した油井の一部はまったく無価値になるため、ほかの好採算油井の利益をその費用に充当する）。

④掘削費用（建設された油井は通常の減価償却費で有形固定資産として償却されるが、それまでにかかる掘削費用などはすべて営業利益から控除するのが一般的な慣行になっている）。

**事例**

マーランド・オイルの1926年の決算数字は、石油会社の当期利益が減価償却費の取り扱い次第で大きく左右されるという好例である。同社は一定の生産量を維持するために、毎年新しい油井とそのリース権に多額の投資を行ってきた。1926年以前にはさまざまな掘削費用を資本剰余金から控除していたが、それ以降は減価償却費として当期利益から控除することにした（コンソリデーテッド・オイルは1932年に、掘削費用をこれまでの当期利益の代わりに資本剰余金から控除するというマーランド・オイルとは正反対の方針を打ち出した。これまでの会計手続きでは大きな損失が出ていたが、これによってそれ以降にはわずかながら利益を確保できるようになった）。次のページの表は同社の決算数字の一部を示したものである。

この数字を見ると、石油会社の損益は減価償却費の取り扱い次第で大きく左右されることが分かる。このため、石油証券に関心を持つ投資家はその会社がどのような会計手続きを採用しているのか、またどのような費用を当期利益から控除しているのか――などについて詳しく調査する必要がある（映画製作会社の損益計算書に見られる「フィ

マーランド・オイル（単位：ドル）

| 項目 | 1925年 | 1926年 | 1927年 |
|---|---|---|---|
| 総収益・その他の利益 | 73,231,000 | 87,360,000 | 58,980,000 |
| 減価償却費控除前の純利益 | 24,495,000 | 30,303,000 | 9,808,000 |
| 減価償却費 | 9,696,000 | 18,612,000 | 17,499,000 |
| 普通株の利益 | 14,799,000 | 11,691,000 | 7,691,000（赤字） |

ルム消費・減価償却費」なども、石油会社の減耗償却費とよく似ている。映画製作費用は一種の保険数理表に基づいて、封切り初年度に当期利益から90％以上が控除される。新作映画と新規油井はいずれも完成以降の短期間にそのコストを回収しなければならないため、減価償却費を含むすべての関連費用は実質的には営業費用と考えられる）。

## 上場書類に示された減価償却費

減価償却費をめぐるもうひとつの問題点は、一般に認められた会計原則に照らしてその償却率が適正水準であるのかということである。もっとも、こうした専門的な問題については証券アナリストでさえもその詳しい数値を出すことはできないが、次のような方法に従えば有益な成果を上げることもできるだろう。その会社が減価償却費をどのように取り扱っているのかを調べるには、その証券がニューヨーク証券取引所に上場されている場合にはその上場申請資料を、1933年証券法に基づいて上場する場合にはその目論見書などを調査するのが便利である。

### 事例

その会社が減価償却費について標準的な会計手続きを採用している

場合には、エレクトリック・ストーリッジ・バッテリーが1928年12月にニューヨーク証券取引所に提出した上場申請書が参考になるだろう。そこには次のように記載されている。

「当社の減価償却費の基準は次のようなものである。①建物の耐用年数は20～30年、②機械・工具・器具の償却期間は１～10年、③事務用品・備品の償却期間は10年、④すべての償却資産の償却率はこれまでの経験と技術者の見積もりに基づいて決定する、⑤流動資産については貸倒引当金を積み立てる」

一方、ミッドランド・スチール・プロダクツが1930年２月に同証券取引所に提出した上場申請書に記載された各項目の減価償却費は次のようになっている。

| | 年間の減価償却率 |
|---|---|
| 建物 | ２％ |
| 作業場・車道・歩道 | ２％ |
| 機械設備 | ７％ |
| 事務用品・備品 | 10％ |
| 測線 | ２％ |
| 車両 | 25％ |

工具・ダイス…工具の種類に応じて使用期間中に償却。それ以外の工具については各期末に償却。

これらの減価償却率は業界の一般的な慣行に基づいて決定したものである。各資産の償却期間はそれぞれの見積耐用年数に応じて、建物と作業場・車道・歩道が50年以上、機械設備14年以上、事務用品・備品10年以上、測線50年以上――と決定した。

これらの標準的な会計手続きをとっている企業とは正反対の会社が、

アメリカン・シュガー・リファイニング、アメリカン・カー・アンド・ファンドリー、ボールドウィン・ロコモーティブ・ワークスおよびアメリカン・カンなどである。例えば、アメリカン・シュガー・リファイニングが1923年12月にニューヨーク証券取引所に提出した上場申請書では、減価償却費について次のように述べている。

「当社は減価償却費について極めて自由な手続きで対処している。それぞれの資産は必要なあらゆる修理、更新および取り替えを通じて、常に完全な価値を維持している」

こうした説明は一見もっともらしく聞こえるが、実際には多くの問題がある。次の表は同社の減価償却費を示したものだが、それによれば同社の減価償却費の会計処理はかなり恣意的なものであることが分かる。

**アメリカン・シュガー・リファイニングの減価償却費**

| 年 | 当期利益からの控除額（ドル） | 剰余金からの控除額（ドル） |
|---|---|---|
| 1916-1920 | 2,000,000 | ゼロ |
| 1921 | ゼロ | ゼロ |
| 1922-1923 | 1,000,000 | ゼロ |
| 1924 | ゼロ | ゼロ |
| 1925 | 1,000,000 | ゼロ |
| 1926 | 1,000,000 | 2,000,000 |
| 1927 | 1,000,000 | 1,000,000 |
| 1928 | 1,250,000 | 500,000 |
| 1929 | 1,000,000 | 500,000 |
| 1930 | 1,000,000 | 542,631 |
| 1931 | 1,000,000 | ゼロ |
| 1932 | 1,000,000 | ゼロ |

この数字を見ると、1926～30年に限って剰余金から減価償却費を控除しており、この一事をとっても同社の減価償却費の会計処理がかなりいいかげんであることは明らかである。

一方、アメリカン・カー・アンド・ファンドリーが1925年４月にニューヨーク証券取引所に提出した上場申請書では、減価償却費について次のように述べている。

「当社は減価償却費といったものは計上していない。しかし、それに類似する政策と慣行は順守している。すなわち、固定資産の物理的状態に応じて必要とされる修理、更新および設備・建物の取り替えなどのほか、必要な場合には旧設備を最新のものと交換するなど、すべての工場と設備をベストの状態に維持している。これによって減価・陳腐化償却費は十分にカバーされており、それらの費用は営業費用として控除している」

この説明を批判的に見ると、減価償却費が本当に十分にカバーされているのかはかなり疑問である。アメリカン・カンも1926年２月に同証券取引所に提出した上場申請書では、減価償却費の会計処理についてはまったく言及していない。これについて同社では、1907年２月から約5000万ドルを投じて設備の拡充に努めており、「これまでに少なくとも2000万ドルの固定資産を償却した」と説明している。

以下の資料は、ボールドウィン・ロコモーティブ・ワークスが1929年10月にニューヨーク証券取引所に提出した上場申請書のなかの一部である。

ボールドウィンの損益計算書のこれらの数字もあまり信用できない。この５年間に株主に公表された普通株の１株当たり利益は修正利益よりかなり水増しされている。

## 同業他社との比較

多くの大企業が減価償却について標準的な方針に従っていないという理由から、同業に属する２社以上の企業を比較分析するという、第二の調査への重要性が高まる。これはなにも、その業種に関して、有

1924〜28年の5年間に連邦政府の基準に基づいて計上した工場・設備の減価償却費は約511万ドルで、それらは当期利益または剰余金から控除した。その内訳は次のとおりである。

| 年 | 当期利益からの控除額(ドル) | 剰余金からの控除額(ドル) | 減価償却費合計(ドル) |
|---|---|---|---|
| 1924 | 600,000 | ゼロ | 600,000.00 |
| 1925 | ゼロ | ゼロ | ゼロ |
| 1926 | ゼロ | ゼロ | ゼロ |
| 1927 | 1,000,000 | 2,637,881.01 | 3,637,881.01 |
| 1928 | 600,000 | 274,377.08 | 874,377.08 |
| | 2,200,000 | 2,912,258.09 | 5,112,258.09 |

今後は連邦政府の基準に基づき、また税務当局の承諾を得ながら、償却資産の見積耐用年数に応じた適切な減価償却費を当期利益から控除していく方針である。

**普通株の1株利益(単位：ドル)**

| 年 | 公表利益 | 年間の減価償却費控除後の修正利益 |
|---|---|---|
| 1924 | 0.40(赤字) | 2.51(赤字) |
| 1925 | 6.02(赤字) | 11.13(赤字) |
| 1926 | 22.42 | 17.31 |
| 1927 | 5.21 | 5.10 |
| 1928 | 5.34(赤字) | 7.45(赤字) |
| 5年平均 | 3.33 | .06 |

形固定資産あるいは総収入から見て、ほぼすべての企業に適用できる一定の「標準的な」減価償却率を求めることを目的としているわけではない。とはいえ、大半の企業がその範疇に収まる、典型的レンジとでも言うべき数値の範囲が得られる可能性は高い。このレンジから大きく乖離した企業があれば、それは減価償却費用が少なくあるいは水増しして計上されている可能性を疑ってみるべき根拠となるであろう。

## 公益事業各社の減価・除却償却費(1930年)

| 会社 | 総収益(1000ドル) | 減価(D)・除却(R)償却費(1000ドル) | 総収益に対する減価・除却償却費の比率(%) | 維持費用(1000ドル) | 総収益に対する維持費用の比率(%) | 固定資産評価額に対する減価・除却償却費の比率(%) |
|---|---|---|---|---|---|---|
| カンザスシティー・パワー・アンド・ライト | 14,504 | 2,036D | 14.0 | ? | … | 3.2 |
| パシフィック・ライティング | 48,838 | 6,784D | 13.9 | ? | … | 3.1 |
| デトロイト・エジソン | 53,707 | 6,900R | 12.8 | 3,199 | 6.0 | 3.3 |
| サザンカリフォルニア・エジソン | 41,129 | 5,014D | 12.2 | 1,180 | 2.9 | 1.5 |
| パシフィック・ガス・アンド・エレクトリック | 76,578 | 8,866D | 11.6 | 3,796 | 5.0 | 1.7 |
| ノースアメリカン | 133,751 | 14,274D | 10.7 | ? | … | 2.0 |
| エンジニアーズ・パブリック・サービス | 53,042 | 4,905R | 9.2 | 3,466 | 6.5 | 1.7 |
| アメリカン・ガス・アンド・エレクトリック | 68,601 | 5,898D* | 8.6 | ? | … | 1.4 |
| インターナショナル・ハイドロエレクトリック・システム | 46,414 | 3,970D | 8.6 | 3,321 | 7.2 | 1.0 |
| パブリック・サービス・オブ・ニュージャージー | 138,162 | 11,904D | 8.6 | 12,881 | 9.3 | 1.9 |
| コロンビア・ガス・アンド・エレクトリック | 96,130 | 8,138R† | 8.5 | ? | … | 1.4 |
| コモンウェルス・エジソン | 84,004 | 7,109R | 8.5 | ? | … | 2.4 |
| エレクトリック・パワー・アンド・ライト | 75,048 | 6,165R† | 8.2 | ? | … | 0.8 |
| ユーティリティーズ・パワー・アンド・ライト | 52,416 | 4,256D | 8.1 | 3,613 | 6.9 | 1.3 |
| デュケンス・ライト | 28,676 | 2,294R | 8.0 | 1,410 | 4.9 | 1.4 |
| ノーザン・ステーツ・パワー | 33,272 | 2,560R | 7.7 | 1,778 | 5.3 | 1.1 |
| アメリカン・ウオーターワークス | 54,067 | 4,105R | 7.6 | 4,252 | 7.9 | 1.1 |
| ユナイテッド・ガス・インプルーブメント | 108,374 | 8,040R | 7.4 | 5,586 | 5.2 | 1.4 |
| コンソリデーテッド・ガス・ボルチモア | 28,582 | 2,075R | 7.3 | 1,389 | 4.9 | 1.7 |
| ナショナル・パワー・アンド・ライト | 80,376 | 5,901R | 7.3 | ? | … | 1.2 |
| コモンウェルス・アンド・サザン | 137,752 | 9,548R | 6.9 | ? | … | 0.9 |
| デトロイト・シティー・ガス | 18,446 | 1,271D | 6.8 | 1,199 | 6.5 | 2.0 |
| パブリック・サービス・オブ・ノーザンイリノイ | 35,405 | 2,400R | 6.8 | 2,013 | 5.7 | 1.8 |
| ピープルズ・ガス・ライト | 39,881 | 2,584R | 6.5 | ? | … | 1.6 |
| アメリカン・パワー・アンド・ライト | 87,088 | 5,556R | 6.4 | ? | … | 0.9 |
| コンソリデーテッド・ガス(ニューヨーク) | 238,758 | 15,033R | 6.3 | 17,047 | 7.1 | 1.3 |
| イリノイ・パワー・アンド・ライト | 37,123 | 2,239D | 6.0 | 3,628 | 9.7 | 1.1 |
| ナイアガラ・ハドソン・パワー | 78,834 | 4,753R | 6.0 | ? | … | 0.7 |
| アソシエーテッド・ガス・アンド・エレクトリック | 84,219 | 4,849R | 5.8 | ? | … | 0.7 |
| ペンシルベニア・パワー・アンド・ライト | 31,006 | 1,500R | 4.8 | 2,464 | 7.9 | 0.7 |
| アメリカン・アンド・フォーリン・パワー | 78,656 | 3,437R | 4.4 | ? | … | 0.5 |
| ミッドランド・ユナイテッド | 46,289 | 1,843R | 4.0 | ? | … | 0.7 |
| ブルックリン・ユニオン・ガス | 25,698 | 669R | 2.6 | 2,034 | 7.9 | 0.6 |

* 1930年には子会社も特別償却費として剰余金から61万5000ドルを控除している。これには総収益の9.5%に当たる減価償却費が含まれている。1933年の総収益5700万ドルに対し、利益からの減価償却費控除額は769万8000ドル

† この数字には減耗償却費も含まれている

だがもちろん、この点について最終的結論に達する前には、より詳細な調査が必要だ。

## 公益事業会社の減価償却費

次の表は主な公益事業会社の1930年の減価償却費を示したもので、その償却率は各社の通常の会計慣行に基づいている。

公益事業会社の減価償却費はその会社の経営陣の会計処理次第で簡単に操作できる。また「(設備の) 更新・取替・除却費」を計上している企業は、単に減価償却費と表示している企業に比べて多額の維持費用を控除しているのが分かる。下の表は、前表の上から10社と下から10社の特徴を示したものである。

| 企業グループ | 以下の費用を控除した企業数 | | 以下に対する減価償却費の比率 | |
|---|---|---|---|---|
| | 減価償却費 | 除却費用 | 総収益(%) | 固定資産評価額(%) |
| 上から10社 | 8 | 2 | 11.02 | 2.08 |
| 下から10社 | 1 | 9 | 5.28 | 0.88 |

投資家や証券アナリストは公益事業会社の減価・除却償却費には厳しい目を向け、各社の数字を詳しく比較分析しなければならない。そして正確な減価償却費を確認できなければ、公益事業会社の証券の安全性や有利さについて即断するのは避けたほうがよい。

## 業界2社の比較

その会社の減価償却費の会計処理が業界全体の慣行と大きく異なる場合には、正確な減価償却費を求める手間を惜しんではならないだろう。下の表は各業界の主要企業２社の数字を比較したものである。

| 企業 | 1928～32年の固定資産評価額（ドル） | 1928～32年の減価償却費（ドル） | 固定資産評価額に対する減価償却費の比率（％） |
|---|---|---|---|
| アメリカン・シュガー・リファイニング | 60,665,000 | 1,050,000* | 1.73† |
| ナショナル・シュガー・リファイニング | 19,250,000‡ | 922,000‡ | 4.79‡ |
| アメリカン・カン | 133,628,000 | 2,000,000 | 1.50 |
| コンチネンタル・カン | 42,582,000 | 1,988,000 | 4.67 |
| アメリカン・カー・アンド・ファンドリー | 72,000,000 | 1,186,000§ | 1.65 |
| アメリカン・スティール・ファンドリー | 31,000,000 | 1,136,000 | 3.66 |

＊剰余金からの控除額（135万8500ドル）を除く

†剰余金からの控除分も含めると2.24％となる

‡1929～32年の4年間の数字。1928年の数字は不明

§更新・修理費用の半分は推定値。USスチールの1901～33年の数字を見ると、維持費用＋減価償却費に対する減価償却費の比率は約40％である

アメリカン・シュガー、アメリカン・カンおよびアメリカン・カーについて見ると、その減価償却費は絶対額でもまた他社と比較した数字でもいずれも不十分なものである。

### 企業合併時の減価償却費

企業の合併において各社の減価償却費が大きな争点になることもある。

### 事例

1924年にチェサピーク、ホッキング・バレー、ペレ・マーケット、ニューヨーク・シカゴおよびエリーの各鉄道会社の合併話が持ち上がった。しかし、チェサピーク鉄道の一部の株主はこの合併条件が同社にとって著しく不利であると主張し、また州際商業委員会からもその

同意を取り付けたとしてこの合併案に強く反対した。株主はその理由として、チェサピーク鉄道の過去３年間の利益はかなりの減価・除却償却費を控除したために控えめな数字となったが、それがなければ実際の利益は公表された利益をかなり上回ったであろうと強調した。結局、この合併案は流れた（チェサピーク鉄道は1926〜28年に設備の減価償却費として多額の営業費用を控除したが、その後、州際商業委員会はその種の費用は資本支出に当たるとして異議を申し立てた。この対立は1933年に法廷に持ち込まれたが、最終的には州際商業委員会の主張が認められた）。

これと同じケースは1929年のベスレヘム・スチールとヤングズタウン・シート・アンド・チューブとの合併話でも見られた（この合併話も流れた）。次の表は両社の減価償却に関する各種データを示したものである。

| 1928年 | ベスレヘム・スチール | ヤングズタウン・シート |
|---|---|---|
| 固定資産評価額(1927/12/31)(ドル) | 673,000,000 | 204,000,000 |
| 売上高(ドル) | 295,000,000 | 141,000,000 |
| 減価・減耗・陳腐化償却費(ドル) | 13,658,000 | 8,321,000 |
| 固定資産評価額に対する減価償却費の比率 | 2.03% | 4.08% |
| 売上高に対する減価償却費の比率 | 4.63% | 5.90% |

## 隠される減価償却費

大手企業の多くは減価償却費控除後の利益を公表しているが、その控除額を明らかにしている会社はあまりない。このため、その正確な数字を知るにはバランスシートに記載された一定期間の減価償却累計額を分析しなければならない。各社は減価償却控除額を公表しない理由についてはほとんど説明しないため、減価償却費について納得のいく数字が入手できない場合には、その会社の会計手続きを一応は疑ってみる必要がある。

## 多額の減価償却費の控除を隠していた例

そうした会社の一部は過大な減価償却費を計上している可能性もある。1922年までの長期にわたって多額の減価償却費を控除していたナショナル・ビスケットはその一例である。同社はそれまで一貫して工場を増設してきたが、株主向けの報告書を見るかぎり1920年を除いて償却可能な固定資産勘定は増えていない。株主への報告書では減価償却費について極めてあいまいな説明しかなされていないが（1919年以前、同社のバランスシートには毎年、固定資産に「減価償却勘定差引分――30万ドル」という記載がされていた。どうやらこれは、その当期に関する控除で、累計額ではなかったようである）、同社の財務マニュアルには、「年間に30万ドルの減価償却費を計上し、設備の更新や建物の建て替えに関するすべての経費は直接営業費用として控除している」と書かれていた。

この数字を見るかぎり、工場増設に伴う設備投資額が本当に当期利益から控除されたのか、また実際の利益は株主に公表された当期利益よりもかなり多いのではないかといった疑問を抱く。1922年には１株を７株に株式分割したことと併せて、現金配当も３倍に増額したという事実に照らせば、同年までに実際の利益がかなり過小に公表されていたのは明らかである。上記の数字を見ると、1922年から工場設備勘定が増加しているのと並行して収益力（普通株の利益）も突然２倍以上に増えている。

**ナショナル・ビスケット**

| 年度末 | 普通株の利益(ドル) | 年度末の正味工場設備勘定(ドル) |
|---|---|---|
| 1911/1/31 | 2,883,000 | 53,159,000 |
| 1912 | 2,937,000 | 53,464,000 |
| 1913 | 2,803,000 | 53,740,000 |
| 1914 | 3,432,000 | 54,777,000 |
| 1915 | 2,784,000 | 54,886,000 |
| 1916 | 2,393,000 | 55,207,000 |
| 1917 | 2,843,000 | 55,484,000 |
| 1917/12/31 | 2,886,000(2～12月) | 53,231,000 |
| 1918 | 3,400,000 | 52,678,000 |
| 1919 | 3,614,000 | 53,955,000 |
| 1920 | 3,807,000 | 57,788,000 |
| 1921 | 3,941,000 | 57,925,000 |
| 1922 | 9,289,000 | 61,700,000 |
| 1923 | 10,357,000 | 64,400,000 |
| 1924 | 11,145,000 | 67,292,000 |
| 1925 | 11,845,000 | 69,745,000 |

# 第35章

# 投資家から見た減価償却費

投資家にとって減価償却費の大きな問題点は、その対象となる償却資産の価値をめぐる問題である。この問題は、①一般に認められた会計原則を順守しない企業も少なくない、②この会計原則を順守している場合でも、それが投資家にとって必ずしもプラスになっているわけではない――という点で極めて重要なものである。こうした傾向は1929年以降に急速に顕著になってきた。

## 仮説による問題提示

この問題を次のような仮説によって説明すれば分かりやすいだろう。

同じトラック運送業に従事するA、B、C社があるとする。これら各社は1台のトラックを持ち、資本金は無額面株で100株、減価償却費控除前の年間利益は2000ドルである。

A社のトラック購入額――10,000ドル
B社のトラック購入額―― 5,000ドル
C社のトラック購入額――10,000ドル（保守的な会計政策によるその評価額は1ドル）

Ｂ社が運良く安いトラックを購入できたことを除いて、これら３社の経営陣はいずれも有能であり、また各社を取り巻く経営環境もほぼ同じである。標準的な会計原則に基づくトラックの償却年数を４年とすれば、３社の損益計算書は次のようになる。

| 項目 | Ａ社 | Ｂ社 | Ｃ社 |
|---|---|---|---|
| 減価償却費控除前の純利益（ドル） | 2,000 | 2,000 | 2,000 |
| 減価償却費（25％）（ドル） | 2,500 | 1,250 | 0 |
| 普通株の利益（ドル） | 500（赤字） | 750 | 2,000 |
| 1株利益（ドル） | 0 | 7.50 | 20 |

**典型的な市場価値の評価**

この損益計算書によれば、資本資産に対する利益率はＡ社の赤字、Ｂ社の15％に対して、Ｃ社の利益率はかなり高い。資産の評価基準を知っている投資家であれば、Ａ社の企業価値はほぼゼロ（大目に見てもせいぜい１株５ドル）と評価するだろう。これに対し、Ｂ社とＣ社の株式価値を利益のほぼ10倍と見れば、Ｂ社株は75ドル、Ｃ社株は200ドルと評価される。この数字に基づく３社の企業価値は次のようになる。

Ａ社――　500ドル
Ｂ社――　7,500ドル
Ｃ社――20,000ドル

こうした企業価値の評価法がバカげていることは明らかであろう。これらの評価額は現在の会計手続きをそのまま単純に当てはめて計算したものである。それによれば、①資産評価額が少ない企業ほど実際の資産を有する企業よりも高く評価される、②資産評価額を単にゼロに近づけることで、株式の時価総額を大きく膨らませることができる——という結果となる。

### バランスシートの資産評価の問題点

こうした資産評価の問題点はバランスシートの数字を見れば明らかであろう。話を単純化するために、これら３社の存続年数を３年、運転資本ゼロの状態からスタートしたと仮定しよう。Ａ社は毎年赤字続きでもちろん無配である。Ｂ社は利益の2/3を配当に回し（１株５ドル）、Ｃ社は利益の3/4を配当として支払っている（同15ドル）。こうした状況を反映したのが次のバランスシートである。

それによれば、当期損益が赤字であるＡ社が減価償却引当金として取り分ける現金を最も多く保有している。一方、最も多くの利益を上げたＣ社の現金保有額が最も少ない結果となっている。これに対する市場の評価は、１株当たり５ドルのＡ社がその現金保有額のわずか1/12であるのに対し、Ｃ社の１株200ドルというのは保有現金の12倍

| 項目 | Ａ社 | Ｂ社 | Ｃ社 |
|---|---|---|---|
| 資産 | | | |
| トラック（ドル） | 10,000 | 5,000 | 1 |
| 保有現金（ドル） | 6,000 | 4,500 | 1,500 |
| 合計（ドル） | 16,000 | 9,500 | 1,501 |
| 負債・資本（ドル） | | | |
| 資本金（ドル） | 10,000 | 5,000 | 1 |
| 減価償却引当金（ドル） | 7,500 | 3,750 | |
| 利益剰余金（ドル） | 1,500（赤字） | 750 | 1,500 |
| 合計 | 16,000 | 9,500 | 1,501 |

以上である。

## もっと合理的なアプローチを

以上の仮説からも分かるように、株式市場で一般に受け入れられている論理の行き着く先はまさに不思議の国のアリスの世界である。ここで次のような質問を先のビジネスマン氏にしてみよう。「あなたはこれら３社の妥当な価値をどのように決めますか」。するとこのビジネスマン氏、それは常識だと言わんばかりにこう答えるだろう。「各社の持つ資産がすべてです。それを除けば、これら３社の価値はみな同じですよ」。実際のビジネス上の基準に照らせば、Ａ社とＣ社は安いトラックを持つＢ社よりもそのトラックの値段分だけその価値は高くなるだろう。このビジネスマン氏はまた、各社の相対的な保有現金の多寡も見るに違いない。

このビジネスマン氏の論理はだいたい次のようなものである。①各社の企業価値は保有現金＋トラックの市場評価額で決まる、②トラック運送業に必要な平均的資産に対する減価償却費控除後の利益率はかなり高いので、各社のそれぞれののれん代も考慮しなければならない。しかし次の表に示されるように、これら３社ののれん代はほぼ同じである。

| 項目 | Ａ社 | Ｂ社 | Ｃ社 |
|---|---|---|---|
| 保有現金（ドル） | 6,000 | 4,500 | 1,500 |
| トラック（推定）（ドル） | 1,500 | 1,000 | 1,500 |
| のれん（推定）（ドル） | 2,000 | 2,000 | 2,000 |
| 合計価値（ドル） | 9,500 | 7,500 | 5,000 |

それでは一体、この３社の企業価値と減価償却費との間にはどのような関係があるのだろうか。正解はＢ社の減価償却費が最も妥当であるということである。その理由は、「その数字がトラック運送業の一般的な状況を最もよく反映している」からである。そして偶然にも、このビジネスマン氏のＢ社に対する評価はウォール街の評価と一致したのである。これに対し、Ａ社とＣ社の経営陣が決めた減価償却費はトラック運送業の通常の水準と大きくかけ離れている。これら２社がかなり多くの減価償却費を計上したのは、固定資産のさまざまな費用がかさんだためかもしれない。しかしそのような場合には、固定資産（または資本資産）の評価額を実際の減価償却費に見合った適正な営業財産価値の水準まで引き下げれば済むことである。その意味からすれば、Ｃ社の資産は当期利益から控除する減価償却費を圧縮するために意図的に過小評価されている。ビジネスマン氏や投資家がトラック（またはトラックを必要とするその企業）に投資しようとするならば、その資産の取得額に対する一定の減価償却費を無視するわけにはいかない。

## 先の例の実践的応用例

以上の論理を投資家が直面する実際の状況のなかでどのように適用すればよいのか、この問題について少し考えてみよう。

**事例**

まず最初に、ユーリカ・パイプラインの1924～26年の次の決算数字を検討してみよう。

普通株の１株当たり利益を見ると、同社のこの３年間の平均収益力はほぼゼロであり、株価収益率に反映された継続企業としての価値はほとんどないことになる。それならば、ビジネス上の観点から見ても

**ユーリカ・パイプライン（単位：ドル）**

| 年 | 総収益 | 減価償却費控除前の純利益 | 減価償却費 | 普通株の利益 |
|---|---|---|---|---|
| 1924 | 1,999,000 | 300,000 | 314,000 | 14,000（赤字） |
| 1925 | 2,102,000 | 541,000 | 498,000 | 43,000 |
| 1926 | 1,982,000 | 486,000 | 500,000 | 14,000（赤字） |
| 3年平均 | 2,028,000 | 442,000 | 437,000 | 5,000 |
| 普通株（5万株）の1株利益 | | 8.84 | 8.74 | 0.10 |

こうした結論は正しいのであろうか。先の３社の仮説の場合と同様に、この疑問を解くカギは減価償却費が本当に正しい数字であるかどうかにかかっている。ここで同社のもうひとつの数字を見てみよう。

**ユーリカ・パイプライン（単位：1000ドル）**

| 年 | 当期の減価償却費計上額 | 実際に支出された工場設備の取替費用 | 減価償却費の未使用額 | 減価償却費控除後の利益 | 営業現金収入 | 支払配当 | 正味流動資産の増減 |
|---|---|---|---|---|---|---|---|
| 1924 | 314 | 61 | 253 | 14（赤字） | 239 | 350 | −111 |
| 1925 | 498 | （貸方）30 | 528 | 43 | 571 | 200 | 371 |
| 1926 | 500 | 239 | 261 | 14（赤字） | 247 | 200 | 47 |
| 3年平均 | 437 | 90 | 347 | 5 | 352 | 250 | 102 |

同社の固定資産勘定の支出は年間平均でわずか９万ドルにすぎず、これに対して運転資本や配当金（それ以前には累積剰余金から控除していた）に充当できる現金収入は毎年35万2000ドルにも上っている。この数字を見るかぎり、同社は株主にとっては金のなる木のようなものであり、その意味からすれば継続企業としての価値はかなり高いと言えるだろう（だが、減価償却費が多額に計上されていたために、継続企業としての価値がないかのように見えてしまっている）。

### 適切な減価償却費

先の３社の仮説の場合と同様に、ここでも投資家や証券アナリストは企業が公表する減価償却費の数字をそのまま受け取ってはならず、そのビジネスの状況に見合った適切な基準に照らして減価償却費を推計しなければならない。そして企業の正しい減価償却費を知るカギを先のトラック運送会社に求めてもよいだろう。というのは、それら３社が事業を維持するために必要な減価償却費をわれわれはすでに知っているからである。しかし、実際の企業についてはそうした正確な数字を入手するのはかなり困難である。われわれはユーリカ・パイプラインの固定資産がどれほど使用できるのか、また生産設備の取替費用がどのくらいかかるのか――などについては何も知らない。われわれのできることといったら、せいぜい入手可能な事実をもとに大まかな推定値を出すくらいであろう。しかし、そうした推定値でも真実に少しでも近いものであれば、あまり信用できない会社側の数字よりもはるかに価値あるものである。

### 「支出される減価償却費」

ビジネス上の観点からユーリカ・パイプラインの決算数字を見る場合には、同社の計上した減価償却費が少なくとも当該固定資産にかかる平均的な支出よりも余裕をみた数字であるという前提に立たなければばならない。同社の減価償却費を少なく見積もるべき理由は、そうしなければ事業から得られる現金収入を正確に把握することができないからである。新しい資産を含む固定資産勘定の支出とは実際には現金支出を伴わない減価償却引当金からの控除であり、ゆえに事業収益からの控除は最低額と考えるべきである。われわれは減価償却費のその必要最低額を「支出される減価償却費（Expended Depreciation Charge)」と呼んでいる（固定資産勘定の増加額がその年の減価償却費を上回っている場合には、その減価償却費の全額が「支出される」と考える)。この基準に照らせば、ユーリカ・パイプラインの1924～26年の３年間の「支出される減価償却費」の平均額は９万ドルで、それ以外の長期の減価償却費もこれに近い数字であると考えられる。

### 陳腐化費用としての減価償却費

二番目の問題は資産全体の摩耗に備えた引当金、すなわち定期的に必要とされる大規模な取替工事などに充当する費用である。この種の費用はさまざまな減価償却費のなかでも極めて重要なものであり、先のトラック運送会社の例もいわばこの論理を適用したものである（それらの会社では４年ごとにトラックという固定資産を取り替えると考えられる)。しかし実際には、固定資産のそうした摩耗に伴う更新がそう頻繁に必要とされるわけではない。普通の会社でも長期にわたってそのための多額の現金引当金を積み立てているところはなく、実際には工場設備などの耐用年数が終了した時点で全面的に取り替わるというのが一般的なケースである。工場などは摩耗というよりは老朽化するというのが実情である。このほかほとんどの工場が使用不能になるのは、①産業の構造的変化、②その会社の地位の低下、③工場立地周辺の環境の変化、④実際の減価償却費とは関係のないその他の理由――などによるものである。

これらは「ビジネス・リスク」と呼ばれ、工学的または会計的な基準では測れないものである。換言すれば、そうしたリスクは減価償却費の問題というよりは「陳腐化のリスク」ともいうべきものである。これは会計手続きではなく設備投資の問題であり、その費用は（減価償却費のように）利益を圧縮するためのものではなく、そうしたビジネス・リスクによって収益力が低下しないためのコストである。

## 収益力の決定

以上の前提を踏まえてユーリカ・パイプラインのケースを検討すると、同社の支出される減価償却費は年間平均で約10万ドルである。しかし、工場設備の全面的な取り替えがいつ必要になるのかはまったく予想がつかない。それどころか、定期的な保全と修理、更新の費用を投じていけば生産ラインは半永久的に使用できるかもしれない。その意味では、同社はトラック運送会社というより鉄道会社に似ている。われわれが問題にしているのは、利益から控除する「支出される減価償却費」である。減価償却費のその他の部分は陳腐化のリスクに関係するもので、それは支出される減価償却費を控除した利益の残高であるともいえる。

**ユーリカ・パイプライン（1924〜26年）**

| 項目 | 計（ドル） | 1株当たり（ドル） |
|---|---|---|
| 減価償却費控除前の利益 | 442,000 | 8.84 |
| 支出される減価償却費（推定） | 100,000 | 2.00 |
| ビジネス・リスクにさらされる利益 | 342,000 | 6.84 |

## 収益力の評価

ユーリカ・パイプラインの業績を示した先の表では収益力（普通株の利益）はゼロに近かったが、われわれの数字によれば同社には１株当たり約７ドルの収益力があり、企業としての価値は十分にある。この収益力にいくらの値段をつけるのかは、何を基準にして継続企業としての価値を買うのかという問題である。それには増益の可能性のほかに、固定資産の陳腐化を含むさまざまな損失のリスクも含まれるだろう。それらのリスクをカバーするのに必要な設備投資費用を収益の20％と見積もれば、ユーリカ・パイプラインの推定価値は１株当たり約35ドルとなる（この問題については普通株の評価に関するあとの章で詳しく検討する）。ここでは先のトラック運送会社Ａ社の場合と同様に、投資家は同社についても会社側が発表する減価償却費とはまったく別の数字に基づいて企業価値を評価する必要がある（ユーリカ・パイプラインが発表する減価償却費に修正を加える必要があるのは、その数字が毎年恣意的に変更されているという事実からも明らかであろう。州際商業委員会に提出された同社の資料によれば、例えば1929年には減価償却費が突然17万6000ドルに急減している）。

## 不十分な減価償却費

企業が会計操作を通じて減価償却費を圧縮するというこれまでのケースとは正反対の場合を考えてみよう。というのは、減価償却費を圧縮して公表利益を膨らませるために、固定資産を大幅に償却することが企業の間ではちょっとしたブームになっているからである。こうした慣行は1927～29年に広まり始めたが、その後の不況期に一挙に広まった。ここではその２つのケースを取り上げてみよう。

### 事例

USインダストリアル・アルコールとセーフティー・カー・ヒーティングは1933年に表示資本金と剰余金の大幅な減額と併せ、固定資産の評価額も１ドルに引き下げると発表した。次の表はこの措置による要約バランスシートの一部である。

**固定資産の評価額引き下げの効果（単位：1000ドル）**

| 項目 | セーフティー・カー・ヒーティング | | USインダストリアル・アルコール | |
|---|---|---|---|---|
| | 評価減前 | 評価減後 | 評価減前 | 評価減後 |
| 工場設備勘定 | 9,578 | 9,578 | 29,116 | 29,116 |
| (差引)減価償却費 | 6,862 | 9,577 | 9,815 | 29,115 |
| 工場設備勘定(純額) | 2,716 | 1 | 19,301 | 1 |
| 無形資産・その他の資産(純額) | 5,016 | 167 | 1,185 | 1,185 |
| 子会社への設備投資等 | 2,330 | 2,330 | 1,416 | 1,416 |
| 正味流動資産 | 4,379 | 4,379 | 6,891 | 6,891 |
| 合計 | 14,441 | 6,877 | 28,793 | 9,493 |
| 資本金 | 9,862* | 4,931† | 22,585‡ | 3,739 |
| 剰余金 | 4,362 | 1,729 | 4,458 | 4,004 |
| 偶発損失引当金 | 217 | 217 | 1,750 | 1,750 |
| 合計 | 14,441 | 6,877 | 28,793 | 9,493 |

＊9万8620株、額面100ドル
†9万8620株、無額面
‡37万3846株、無額面

USインダストリアル・アルコールの場合、固定資産の簿価を1ドルに引き下げたことで減価償却費の負担は大きく減った。その一方で当期利益から控除する設備取替準備金の設置を決めたが、生産設備の取替費用はこれで十分にカバーできるとしている。1933年の同準備金の積立額は30万ドルで、前年に利益から控除した減価償却費の90万ドルよりかなり少なくなっている。

セーフティー・カーの固定資産の評価減の効果はさらに著しい。1932年に減価償却費を計上しなかった結果、減価償却費控除前の利益は前年よりも減少したが、純利益は前年の赤字から黒字になった。これについて1932年の同社のアニュアル・レポートでは、「1932年１月末現在で固定資産の減価償却費がなくなったため、当社の取締役会は営業費用と以前に取得した資本資産の減価償却費控除後のすべての利益を、会社の流動資産を減らすことなく株主に分配することを検討している」と述べている。

### 減価償却費から計算した利益

セーフティー・カーの会計手続きはトラックの評価額を１ドルとした先の運送会社Ｃ社と同じもので、これによって利益から控除される減価償却費はなくなる。しかし、同社の株主にとっては自分が投資した固定資産の評価額がゼロになったため、そこから得られる利益もなくなることになる。しかし、工場設備の維持・更新に必要な費用は工場が存在するかぎり必要である。ここで先のユーリカ・パイプラインのケースに照らしてセーフティー・カーの場合を考えてみよう。1922～31年の「支出される減価償却費」を平均約50万ドルとして、この10年間の同社の収益を算出すると次ページのようになる。

| 項目 | 1922～31年の平均(ドル) | 1931年(ドル) | 1932年(ドル) |
|---|---|---|---|
| 減価償却費控除前の利益 | 1,721,000 | 336,000 | 233,000 |
| 減価償却費 | 669,000 | 442,000 | |
| 公表された当期利益 | 1,052,000 | 106,000(赤字) | 233,000 |
| | | | |
| 「支出される減価償却費」(推定) | 500,000 | 130,000 | 190,000 |
| 普通株の利益 | 1,221,000 | 206,000 | 43,000 |

1933年の不確実な状況を考慮すれば、同社の最近の業績が将来の方向を予測する手掛かりとはならない。しかし、1933年も前年と同じような業績が続くとすれば、工場設備に支出される減価償却費も公表利益（23万3000ドル）に近いものになると予想されるため、わずかながら利益（収益力）を確保できるかもしれない。もし過去10年間の平均並みの利益を上げることができれば、以前のように減価償却費は存在しないので収益力が大きく膨らむ可能性もある。

一方、USインダストリアル・アルコールの場合には利益から控除される減価償却費が完全になくなるわけではないが、その代わり経営陣が任意に決定できる設備取替準備金を設けるとしている。1933年のその積立額は30万ドルとなっているが、過去５年間の平均取替費用から見てこの金額ではカバーできないようだ。

| 項目 | 1928～32年の平均公表数字（ドル）＊ | 1933年の設備取替準備金を見込んだ1928～32年の平均数字（ドル） |
|---|---|---|
| 減価償却費控除前の純利益 | 2,090,000 | 2,090,000 |
| 減価償却費 | 1,350,000 | 300,000 |
| 普通株の利益 | 740,000 | 1,790,000 |
| 1株利益 | 2 | 5 |

＊純利益から控除したあとの一部項目については剰余金から控除

同社の正味工場設備勘定（総勘定－減価償却費）はこの５年間に50万ドル増加している（1927年末の1880万ドルから1932年末には1930万ドルに増加）。これは工場設備の拡張・更新投資が減価償却費（675万ドル）を上回ったことを意味する。大手企業の多くはこうした設備投資を増やしているため、その工場設備は毎年増加する傾向にある。こうした企業の一般に認められた会計原則に基づく減価償却費は、その企業の操業率を一定に維持するための最低限の必要経費と考えるべきである。こうした経費は経営陣による恣意的な評価減や、投資家による任意の修正予想でも減らすことのできないものである。しかし、もし同社が以前の収益力を取り戻すことができれば、大幅に減少した減価償却費の軽減分だけ利益が膨らむことは確実である。

### 株式の水増しに取って代わるもの

固定資産を大幅に償却して減価償却費の負担から身軽になるという最近の企業政策は、株式価値に対する企業の考え方の変化を示している。つまり、これまでの資産価値に代わって１株当たり利益が重視されてきたことの表れである。従来の投資家はその株式の正味資産を見るのにバランスシートを調べたが、この正味資産も固定資産の簿価を実際原価以上に評価増しすることでよく水増しされていたものだった。その結果、資本の額面価額も過大表示されることが珍しくなかった。「株式の水増し」と呼ばれたこうした慣行は、その当時のウォール街で最も批判の対象になった悪弊のひとつである。

しかし、今の証券界ではこの「株式の水増し」といった言葉は死語になってしまった。そして皮肉なことに、資産の過大表示という戦前のこうした悪弊は資産価値の過小表示という別の新しい悪弊に取って代わったのである。それは工場設備勘定の大幅な償却と減価償却費の圧縮を通じて公表利益を増やし、株価を上昇させるというものである。こうした手口によって株価をつり上げるという考えはまことにバカげたものであるが、ウォール街ではこうした論理を真面目に受け入れ、また企業の経営陣もこうした単純な小細工で好業績を演出しようとしている。

## 要約

以上の検討結果をまとめると、次のように要約できるだろう。

1．企業の減価償却費は、①その数字が固定資産の適正な評価に関する一般に認められた会計原則に基づいている、②正味工場設備勘定が一定期間にわたり増加している、または一定水準に維持されている——という2つの条件を満たして初めて受け入れられる。

2．当該固定資産の現金支出が減価償却費を上回っているときには、これを削減することができる。その場合、そうした現金支出は一時的な減価償却費として当期利益から控除し、残りの償却分はその企業の収益力を低下させる可能性のある「陳腐化のリスク」に含められる。この陳腐化のリスク費用は当該固定資産の簿価や再生産原価ではなく、投資家がその企業に支払った価格に基づいて決定すべきである。

3．企業の減価償却費が当該固定資産の現金支出、またはその企業が使用する固定資産の適正な評価額に基づく減価償却費よりも少ない場合にはそれを増加させるべきである。

# 第36章

# その他のさまざまな償却費

## 鉱床の減耗

鉱床の減耗償却費に対する評価ほど、会社側と投資家の見方が大きく分かれる項目はない。前章でも触れたように、鉱山会社の減耗償却費は投資家の立場とはまったく関係のない技術的な要因に基づいて決定されている。

### 事例

次ページの表は、ホームステーク・マイニングの1925年と1933年の業績を示したものである。

一見すると、1934年３月時点の360ドルという株価は1926年の50ドルに比べて好業績に裏付けられているように見える。しかし、配当可能利益は減価・減耗償却費に大きく左右されており、その金額は投資家がこの鉱山会社の株式に支払う価格とは何の関係もないものである。ここでも先のビジネスマン氏に登場していただいて、株式の時価総額に基づいてこの会社を購入するという観点からこの問題を考えてみよう。

| 項目 | 1933年 | 1株当たり | 1925年 | 1株当たり |
|---|---|---|---|---|
| 総収益(ドル) | 13,285,000 | 53.00 | 6,080,000 | 24.32 |
| 減価・減耗償却費控除前の純利益(ドル) | 7,429,000 | 29.70 | 1,894,000 | 7.58 |
| 減価・減耗償却費(ドル) | 2,421,000 | 9.70 | 1,330,000 | 5.32 |
| 配当可能利益(ドル) | 5,008,000 | 20.00 | 564,000 | 2.25 |
| 普通株価(翌年の3月時点)(ドル) | 360 | | 50 | |
| 株式時価総額(25万株)(ドル) | 90,000,000 | | 12,500,000 | |
| 株式時価総額に対する利益率 | 5.6% | | 4.5% | |

同社の1926年の株式時価総額は1250万ドルで、ここから約250万ドルの流動資産（現金と同じ）を差し引くとビジネスマン氏の支払額は1000万ドルということになる。この投資額を鉱山が枯渇するまで減価償却しながら、適正な利益を上げていかなければならない。1926年時点で現在の生産ペースがこのまま続けば、今の鉱床の最低可採年数は11年である。しかし、この生産水準を維持するうえで常に新規鉱床が開発されているため、同社の可採年数は11年以上になるだろう。うまくいけば20年以上も採掘できるかもしれない。こうした鉱物採掘業の場合、一般には鉱床と同じ減価償却率が採掘機械やその他の設備にも適用されるため、理論上はそれらの設備と鉱山の減価償却期間は同じである。

## 会社の購入者から見た減価償却費

この会社を購入するビジネスマン氏は、この1000万ドルの償却資産の減価償却率を年５～９％とはじいている。この数字に基づいてこの会社の価値を試算すると次のようになる（鉱床の可採年数は最低でも10年となっているため、最高・最低数字は同じ見積可採年数に基づいている）。

**ホームステーク・マイニングの減価償却費の試算（単位：ドル）**

| 項目 | 1925年（株価50ドル） | 1933年（株価360ドル） | 1933年（金相場の収益を含む） |
|---|---|---|---|
| 会社の購入金額 | 12,500,000 | 90,000,000 | |
| （差引）現金資産 | 2,500,000 | 12,000,000 | |
| 実際の支払額 | 10,000,000 | 78,000,000 | |
| （バランスシートに記載された鉱山資産の評価額） | (20,960,000) | (5,860,000) | |
| 減価償却費控除前の利益 | 1,900,000 | 7,430,000 | 10,000,000（推定） |
| 利益からの必要控除分（5%） | 125,000 | 600,000 | 600,000 |
| 鉱山資産の利益 | 1,775,000 | 6,830,000 | 9,400,000 |
| 減価償却費控除前の利益率 | 17.8% | 8.8% | 12.1% |
| （減価償却費） | (1,330,000) | (2,420,000) | (2,430,000) |
| 会社購入者の減価償却率 | | | |
| 最高9% | 900,000 | 7,000,000 | 7,000,000 |
| 最低5% | 500,000 | 3,900,000 | 3,900,000 |
| 減価償却費控除後の鉱山資産の利益 | | | |
| 最低 | 875,000 | ゼロ | 2,400,000 |
| 最高 | 1,275,000 | 2,930,000 | 5,500,000 |
| 鉱山資産への投資利益率 | | | |
| 最低 | 8.8% | ゼロ | 3.1% |
| 最高 | 12.8% | 3.8% | 7.1% |

この会社を購入するビジネスマン氏にとって、1926年の業績が今後も続くという前提であれば株価50ドルでの投資は十分に採算に乗る。しかし、1933年の360ドルという株価での投資は論外である。つまり、1925年の減価償却費に照らせば50ドルでこの会社を購入しても利益が出るかもしれないが、1933年の360ドルで同社を購入したのでは減価償却費をカバーして利益を上げるのはかなり難しいだろう（1933年の収益が1925年よりも急増したのは、金相場の上昇と高品位の鉱床の開発によるものである）。

鉱山会社の減耗償却費が損益計算書に記載されないことは珍しくないため、それらの会社の決算数字を分析するにはこうしたビジネスマン氏のアプローチが有効である。当該固定資産の耐用年数がはっきりしている場合には、公表された減価償却費ではなく、「投資家の減価償却費」を償却費控除前の利益から差し引かなければならない。そのときに注意すべき要因は、①鉱山会社の実質購入額（購入総額－保有現金資産）、②減価・減耗償却費控除前の利益、③鉱山の最低可採年数――などである。

## 特許権の償却

理論上、特許権は鉱山資産とまったく同じに扱ってもよい（つまり、残存期間を通じて利益から「投資家の減価償却費」を控除する）。しかし実際には、①その会社のほかの資産と違って、投資家は特許権にいくらの値段を払ってよいのか分からない、②有効期間終了後の特許権がその会社にどれほどの利益をもたらすのかを正確に予測できない――という点で、特許権の分析はかなり難しいものである。

### 事例

ジレット・セーフティー・レザーの場合、特許権の有効期間終了後の数年間に利益が急増し、それに伴って株式時価総額も大きく増えた。これと反対のケースが、全米の鉄道会社に特許済みのアーチ型レンガを出荷していたアメリカン・アーチである。この商品の高い技術と強い競争力から見て、1926年の特許有効期間終了後も顧客を確保できると予想していた。しかし、すぐに競争が激しくなって商品は大きく値崩れし、同社の収益と株価も急落した。

## 投資家の試算

以上の例からも分かるように、一般にメーカーの持つ特許権はその業界での安定した地位を保証するものではない。その会社を購入するという観点に立てば、特別な基準に基づいて利益から特許権の償却費を控除するのではなく、一般の会社の過去の業績と将来の見通しを評価するときと同じ基準で特許権全体の収支を測らなければならない。換言すれば、通常の償却資産に対する減価・減耗償却費と同じ会計基準を特許権にも適用すべきである（つまり、特許権の収支も会計手続きというよりはビジネス・リスクのいかんによって決まる）。この論理に従えば、その会社の収益力を分析するときには会社側が発表する特許権の償却費には目を向けず、そうした企業の値段を評価するときにだけ特許権の価値を検討すればよい。実際、当期利益から控除する償却費を圧縮するために特許権の評価額を１ドルに引き下げる企業も増えている。このように、企業が帳簿操作によって簡単にこの種の償却費を増減できることを考えれば、特許権の償却費についてはそれほど重視する必要はない。

### 事例

USホフマン・マシーナリーは1933年までの長期にわたり、特許権の償却費を当期利益から控除していた。この償却費は年に20万ドルを超え、普通株１株当たり約１ドル分に相当した。同社は1933年に表示資本金を350万ドル以上減額し、併せて各種剰余金を調整して特許権の簿価を大幅に引き下げ、利益剰余金に150万ドルを繰り入れた。これによって、公表利益は普通株１株当たり約１ドル以上増加する見込みである。

アメリカン・ランドリー・マシーナリーは毎年、特許権の償却費として少額の費用を、収益ではなく剰余金から控除している。このやり方は例外的であり、会計ルールに則したものではないが、このテーマに関するわれわれの考え方に合致したものである。

## 賃借権（リース権）と賃借資産改良費の償却

一般の賃借資産には賃借人の設備投資は含まれておらず、賃借人は単に賃借料を支払ってその固定資産を使用するだけである。しかし、賃借料がその資産の使用価値よりかなり安く、また賃借期間も極めて長期にわたる場合、その賃借権はかなりの価値を持つことになる。一般に原油埋蔵地のリース権は推定産油量の1/8のロイヤリティーで貸し出される。相当の産油量が見込まれる油井のリース権は賃借料をかなり上回る価値があるため、固定資産の所有権と同じように売買される。また不動産のブーム期には、都市部の不動産の長期賃借権にはかなりのプレミアムが付いた。

企業がそうした賃借権を購入した場合、その購入費は賃借権の有効期間中に償却される（一般に新規油井の産油量は一次回収後に急減するため、油井のリース権は有効期間ではなくその生産量に基づいて償却される）。こうした費用は固定資産の賃貸料の一部と見なされるため当期の営業費用に含まれる。

賃借地に建てられた構築物を改造したり、または付帯設備を設置した場合には、それらは「賃借資産改良費」と呼ばれる。賃借資産は賃借期間が終了すれば賃貸人に返還されるため、そうした経費は賃借期間中に償却する必要がある。この種の費用は賃借資産改良費の償却費と呼ばれ、減価償却費に類似した費用である。チェーンストアなどがそうした多額の賃借資産改良費を計上した場合、その償却費は損益計算書の重要な控除項目となる。

ウールワースは1932年12月末現在のバランスシートに、賃借期間を通して償却する4150万ドルの「貸借地のビルとその改良費」という項目を計上した。1932年の利益から控除されたその償却額は268万8400ドルに達した。

この種の費用も減価償却費に含まれるため、やはり経営陣の恣意的な会計操作の対象となりやすい。例えば、その年の償却費を当期利益の代わりに剰余金から控除したり、またはその評価額を1ドルに引き下げて年間の償却費をゼロにすれば、公表利益からの控除額もなくなるため1株当たり利益を大きく膨らませることができる。

## 偶発損失引当金・その他の準備金

従来の保守的な経営の企業は好況期にはその後の不況期に発生する損失を吸収するため、この種の任意の積立金を当期利益から控除していた。その目的は好不況期の収益を平準化することにあった。その意味ではこの種の積立金は、第33章で検討した子会社の累積利益の利用と似ている。実際の利益を恣意的に操作するこうした会計操作は多くの企業が行っている。このためニューヨーク証券取引所は各企業に対して、この種の積立金をすべて開示するよう求めている。

### 各種引当金の目的と活用

1931～32年には、多くの企業が偶発損失引当金やその他の準備金を利用して決算数字を粉飾した。この種の引当金（準備金）を設ける目的は、①当期利益の代わりに剰余金から赤字分を控除できる、②実際の赤字額をごまかせる、③不況期に利益を水増しする原資を確保する――ことにある。1931～32年のアメリカン・コマーシャル・アルコールの決算数字を詳しく分析するとそのことがよく分かる。次の表は、同社のこの２年間の決算数字の一部である。

| 項目 | 計 | １株当たり |
|---|---|---|
| 1931年の純損失 | 597,000ドル | 3.18ドル（赤字）＊ |
| 1932年の純利益 | 586,000ドル | 3.01ドル |
| ２年間の純損失 | 11,000ドル | 0.17ドル（赤字） |

＊額面20ドルで修正

**アメリカン・コマーシャル・アルコールの要約バランスシート（1930～32年、単位：1000ドル）**

| 項目 | 1930/12/30 | 1931/12/31 | 1932/12/31 |
|---|---|---|---|
| 流動資産 | 2,657 | 2,329 | 2,588 |
| 流動負債 | 294 | 1,225 | 1,327 |
| 正味運転資本 | 2,363 | 1,104 | 1,261 |
| 減価償却費控除後の固定資産・その他の資産 | 6,440 | 6,126 | 6,220 |
| 正味資産合計 | 8,803 | 7,230 | 7,481 |
| 資本金 | 3,775＊ | 3,764 | 3,895 |
| 各種引当金（準備金） | 256 | 416 | 413 |
| 剰余金 | 4,772 | 3,050 | 3,173 |
| 資本合計 | 8,803 | 7,230 | 7,481 |

＊額面20ドルで修正すると資本金は850万698ドル、剰余金は4万6484ドルとなる

それによれば、この２年間の不況期の収支はほぼトントンになっているが、1932年の１株当たり利益はかなり増えている。しかし、前ページの要約バランスシートを見ると、その状況はまったく異なっている。

この２年間の損失額はわずか１万1000ドルどころか、この間の剰余金は160万ドルも減少し、そのほとんどがこの期間中の赤字分に充てられている。２つの財務諸表の数字がこれほど違うのは、損益計算書に計上する多額の赤字や控除額を剰余金から控除したためである。さらに次のような会計操作をすれば決算数字はいっそう複雑になり、株主にとってますます分かりにくくなる。

①資本金の多くを資本剰余金に振り替える

②資本剰余金をさまざまな引当金（準備金）に振り替える

③これらの引当金から各種損失の一部を控除し、残りを剰余金から控除する

アメリカン・コマーシャル・アルコールは1931年末に、487万5000ドルを資本金から資本剰余金に振り替えて57万6000ドルの累積赤字を解消した。その結果、1931～32年の剰余金勘定には次ページのような特別損失と修正が加えられている。

剰余金から控除されたこれらの金額が営業損失の穴埋めに使われたのは明らかであり、その証拠に流動負債は急増している。また新設された偶発損失引当金の40万ドルを1933年に繰り越して、本来ならば損益計算書に計上される将来の損失をこれで吸収しようという意図がよく分かる。ほかの企業と同様に、アメリカン・コマーシャル・アルコールもこうした会計操作によって実際の損失額を隠ぺいする一方、それ以降の決算数字も粉飾していたのである（株式取引状況を調査していた上院銀行・通貨調査委員会は1934年２月に、1932年２月～1933年７月に同社株が継続的に買い占められていた事実を明らかにした）。

| | |
|---|---|
| 過年度の棚卸資産の評価減 | 145,000ドル |
| トウモロコシのオプション取引損失 | 88,000ドル |
| 固定資産の評価減 | 157,000ドル |
| コンテナーの評価減 | 213,000ドル |
| 創立費の未償却額 | 73,000ドル |
| 過年度の未払所得税 | 54,000ドル |
| 1932年の原材料の追加費用 | 255,000ドル |
| 雇用契約に基づく支払賃金 | 40,000ドル |
| 金庫株の売却損等 | 46,000ドル |
| 各種の修正項目（借方10、貸方１） | 117,000ドル |
| 偶発損失引当金繰入額 | 400,000ドル |
| 剰余金からの控除額（1931～32年） | 1,588,000ドル |
| ２年間の各項目当たり損失額 | 11,000ドル |
| 剰余金の減少額（1931～32年） | 1,599,000ドル |

# 第37章

# 過去の決算数字

これまでの6つの章では、当該期間の正確な決算数字を把握するために損益計算書を批判的に分析してきた。その結果、そこで明らかになった大きな問題点は、そうした過去の数字が将来の業績を予想する有効な手掛かりになるのかということである。この問題は証券分析にとって最も重要なものであるが、同時に最も不確実なものでもある。この問題が重要であるのは、将来の業績を予測する手掛かりが過去の決算数字の分析からしか得られないからである。またこの問題が不確実であるというのは、そうした手掛かりがまったく当てにならず、結局は価値のないものであったということも珍しくないからである。こうした限界は証券分析の価値を著しく減じるものであるが、それでもその価値を全面的に否定することはできないだろう。多くの場合、過去の決算数字は依然として十分に信頼できる基礎データであり、さまざまな証券を評価・選択するときの出発点となるからである。

## 収益力

「収益力」は投資理論においてかなり重要な概念である。それには過去数年間の実際の収益に加えて、通常の経済環境下における将来の予想収益も含まれる。過去数年間の収益を見るというのは、①一期だけの数字よりも何年にもわたる継続した数字のほうが信頼性が高い、②かなり長期にわたる決算数字の平均は景気変動の特殊な要因を吸収・平均化する——という理由による。

しかしそうした場合でも、各期のばらばらな数字を単に寄せ集めて算出した平均値と、各期の数字が平均値に収れんしているような場合の平均値とは厳密に区別しなければならない。次の数字は収益力に関するこうしたケースの一例である。

Ｓ・Ｈ・クレスの１株当たり4.36ドルという平均利益は、各年の数字がその平均値からあまりかい離していないという点で同社の本来の収益力を表している。これに対し、ハドソン・モーターズの１株4.75ドルという平均利益は過去10年間のばらばらな数字を単に平均化しただけのものであり、1933年の利益がこの平均値に近い数字になるかどうかはまったく分からない。

**1株当たり修正利益（1923〜32年、単位：ドル）**

| 年 | Ｓ・Ｈ・クレス | ハドソン・モーターズ |
|---|---|---|
| 1932 | 2.80 | 3.54（赤字） |
| 1931 | 4.19 | 1.25（赤字） |
| 1930 | 4.49 | 0.20 |
| 1929 | 5.92 | 7.26 |
| 1928 | 5.76 | 8.43 |
| 1927 | 5.26 | 9.04 |
| 1926 | 4.65 | 3.37 |
| 1925 | 4.12 | 13.39 |
| 1924 | 3.06 | 5.09 |
| 1923 | 3.39 | 5.56 |
| 10年平均 | 4.36 | 4.75 |

## 数量的分析は質的分析で補完

企業の決算数字を分析する場合には、次のような証券分析の重要な原則を常に念頭に置くべきである。

「企業の数量的なデータは、それが質的分析の結果によって裏付けられている場合に限り有効である」

企業の決算数字の信頼度を測る場合、過去の数字が安定しているというだけでは不十分である。その企業の本来の収益力が今後も維持されるのかどうかを確かめるには、決算数字から少し離れてその事業の性質も調べる必要がある。第2章では証券分析におけるこうした質的要因の重要性を検討したが、そこで取り上げたスチュードベーカーのケースはその好例だった。一方、たとえ毎年の決算数字にばらつきがある場合でも、一定期間の平均値を取ればそれが将来の業績を予測する大ざっぱな手掛かりになることは確かである。USスチールの次ページの数字がそれを裏付けている。

この決算数字を1920～29年のスチュードベーカーの数字と比較すると、USスチールの業績はかなり不安定であるように見える。しかし、過去10年間の1株当たり約8ドルという平均利益はスチュードベーカーの6.75ドルという予想収益力に比べて、将来の業績を予測するにはかなり信頼できる数字である。その理由は、①鉄鋼産業でUSスチールは強固な地位を確立している、②この期間を通じて各年の生産高にあまりぶれがないため、同社の平均利益は信頼性が高い――からである。同社の10年間の平均利益は、「平年の生産高」から算出した理論的な利益数字にかなり近いものである。この種の計算ではいくらかの誤差は避けられないが、それを考慮してもこの数字は同社の将来の業績を予測するうえでかなり信頼できるものである。

USスチール(1923〜32年)

| 年 | 普通株1株利益(ドル)* | 完成品生産高(トン) | 国内総生産高のシェア(%) |
|---|---|---|---|
| 1932 | 11.08(赤字) | 3,591,000 | 34.4 |
| 1931 | 1.40(赤字) | 7,196,000 | 37.5 |
| 1930 | 9.12 | 11,609,000 | 39.3 |
| 1929 | 21.19 | 15,303,000 | 37.3 |
| 1928 | 12.50 | 13,972,000 | 37.1 |
| 1927 | 8.81 | 12,979,000 | 39.5 |
| 1926 | 12.85 | 14,334,000 | 40.4 |
| 1925 | 9.19 | 13,271,000 | 39.7 |
| 1924 | 8.41 | 11,723,000 | 41.7 |
| 1923 | 11.73 | 14,721,000 | 44.2 |
| 10年平均 | 8.13 | 11,870,000 | 39.1 |

*資本構成変更分の調整済み

| | 概算値 |
|---|---|
| 完成品の平年生産高 | 13,000,000トン |
| 完成品1トン当たり総収益 | 100.00ドル |
| 減価償却費控除前の同純利益 | 12.50ドル |
| 1300万トンの純利益 | 160,000,000.00ドル |
| 減価償却費・支払利息・優先配当 | 90,000,000.00ドル |
| 普通株(870万株)の利益 | 70,000,000.00ドル |
| 平年の1株利益 | 8.00ドル |

## 当期利益は企業評価の基準とはならない

普通株の時価とはその会社の長期的な平均利益よりも当期利益を反映したものである。これが普通株の値動きを激しくしている大きな理由であり、これを逆の観点から見るとそうした会社の業績は好不況期によって大きなばらつきがあるということである。当期利益の変化に応じてその企業の評価も大きく変化するという点では、株式市場とはまったく非合理的なものである。ある企業の好況期の利益が不況期の２倍になるのはけっして珍しいことではないが、だからといってその会社の経営陣がそのつど設備投資額を大きく変更したとは考えられないだろう。

こうした点がウォール街の考え方と通常の企業の常識との大きな隔たりである。逆に言えば、この点に関する投機家の間違った考え方が論理的に考える賢明な投資家に利益のチャンスを与えているともいえる。つまり、一時的に減益になった会社の普通株を安値で買い、その後の好況期の高値でそれを売れば利益を手にすることができるということである。

## 「株式市場に打ち勝つ」

ウォール街には「株式市場に打ち勝つ」という長い伝統を持つ言葉がある。それを実現するには、一般大衆とは逆に行動する強い意志と、ときに何年もチャンスを待ち続ける忍耐強さが必要である。しかし株式市場で成功するには、こうした単純な原則を極めて複雑にしているその他の要因も考慮しなければならない。実際に適切な買い場と売り場を見つけるのは容易なことではない。1921～33年の長期サイクルで見れば、1925年末に株を売却したあと、1926～30年には相場を休み、1931年の不況期に買いに出るというのが一般投資家の望ましい投資パターンであろう。しかし、最初の判断はあとになってみると間違いだったかもしれないし、最後の行動ももっとひどい結果になったかもしれない。今回ほど変動が激しくない相場であればそれほど深刻な判断ミスは犯さないかもしれないが、一般投資家がこうした「安きを買って高きを売る」というまったく単純な投資原則のチャンスを常にうまくとらえられるかどうかはかなり疑問である。

一方、株式市場全体よりも個別銘柄においては、各相場サイクルごとにその株式の本来の価値が大きく変化することも珍しくない。もしある会社の普通株がこれまでの平均収益に比べて常にかなりの高値で買われていれば、その後の不況期でも相応の価格を維持する可能性がある。これに対し、平均収益以下の値段で売られている株式はその逆の結果になるだろう。とはいえ、株式市場が企業業績のそうした変化に常に素早く反応するのかといえば必ずしもそうとは限らない。株式市場が間違うのは今の動きがこれからも続く、または少なくともしばらくの間は続くことを前提にしているからである。これまでの経験によれば、現在のこうした動きは一時的なもので、相場の振り子が突然反対方向に向かうことも少なくないのである。

証券アナリストとしては、当期利益に基づいてその株式の価値を決めるという現在のウォール街の考え方を真に受けることはないだろう。ときに平均利益より当期利益の数字を重視することもあるが、それは現在の好業績が今後も続くという確証が得られた場合に限られる。

## 平均収益と収益トレンド

株式市場では企業の当期利益と同時に、「収益トレンド」というものもかなり重視する。しかしその一方で、①収益トレンドには多くのダマシがある、②収益トレンドに基づく株式の評価には何ら数量的な基準がなく誇張されやすい――という危険性もある。企業業績をめぐるこうした平均収益と収益トレンドの基本的な隔たりは、次のような単純化した例で説明すると分かりやすいだろう。

これら３社の７年目の１株利益はいずれも７ドルであるが、収益トレンドに基づく各社の評価では１株平均利益が高い会社ほど低く、同利益が低いほど高いという奇妙な結果になる。これは企業業績を理論

| 企業 | 各年の1株利益(ドル) | | | | | | 7年目(当期)(ドル) | 7年平均(ドル) | 収益トレンド |
|---|---|---|---|---|---|---|---|---|---|
| | 1年目 | 2年目 | 3年目 | 4年目 | 5年目 | 6年目 | | | |
| A社 | 1 | 2 | 3 | 4 | 5 | 6 | 7 | 4 | 上向き |
| B社 | 7 | 7 | 7 | 7 | 7 | 7 | 7 | 7 | 横ばい |
| C社 | 13 | 12 | 11 | 10 | 9 | 8 | 7 | 10 | 下向き |

的かつ実際的に解釈するときに、次のような重要な問題を提起している。「収益トレンドはその会社の将来の業績を占ううえで、平均収益ほど重要ではないのだろうか」。これを具体的な数字で説明すると、A社とC社の今後5年間の収益を予想する場合、過去の平均利益であるA社の4ドル、C社の10ドルをそのまま当てはめて出すよりは、A社については8、9……12ドル、C社については7、6……3ドルになるであろうと考えるのが妥当なのではないだろうか？

これに対する答えとは、何らかの公式や経験に基づく論理というよりは常識によるものである。つまり、A社の収益トレンドはたしかに上向きではあるが、だからといって遠い将来の収益もこのトレンドの方向をそのまま当てはめてはならないということである。それどころか、さまざまな経済要因も一定方向のトレンドを妨げるように作用するという事実も知っておくべきである。競争の激化、規制の強化、収益の低下などは上向きの収益トレンドを逆に向かわせる要因として働くが、まれにはそれと反対の要因がこれまでの下降トレンドを上方に向かわせるように作用する場合もある。このように、これまでたどった上昇トレンドが今後も続くという株式市場の考え方をそのまま受け入れる代わりに、その会社の好業績をもたらした要因をはじめ、業界におけるその会社の強みと同時に持続的な成長の阻止要因などにも目を向けることが重要である。

### 上昇トレンドのとき

質的分析の結果が信頼できるものであれば、これまでの平均収益に基づいてその会社の株式を評価する傾向があるが、その収益の平均値に何らかの係数を掛けるのもときには有効な評価法となるだろう。例えばA社の場合、1株4ドルの平均利益に16という高い係数を掛ければその1株当たり利益は約65ドルとなる。ウォール街では高い当期利益についてはもっと自由な係数（例えば20など）を掛けているが、A社の平均利益に20という係数を掛けると1株の価値は140ドルとなる。株式市場と証券アナリストで株価の評価に大きな違いが生じるのは、株式市場では「ブルーチップ」に対する評価がかなり甘くなるためである。証券アナリストに言わせれば、そうして評価された多くの株価は実際の収益というよりは期待収益を反映したものであるという意味で「投機的な価格」なのである。

### 下降トレンドのとき

C社の収益のようにトレンドが下方を向いている場合、証券アナリストはそうしたマイナスの傾向をかなり重視する。こうした状況に対する判断は、①現在の下降トレンドが当面は上向きに転じることはない、②当期利益をかなり上回っていた過去の平均収益が将来の業績を予測する手掛かりとはならない――というものであろう。しかしだからといって、①この会社の将来性は暗い、②今後も利益はまったく出ないだろう、③したがってその株式の価値はない――という結論を早急に引き出すのも正しくはない。その会社の現在と将来の見通しを質的に分析すれば、現在の収益トレンドが下向きであるにもかかわらず、ある価格（もちろんかなり低い水準であるが）ではその株式はかなり割安であると考えることもできる。こうした株式評価の具体例として、コンチネンタル・ベーキングとアメリカン・ランドリー・マシーナリーの1925～33年の収益を検討してみよう。

| 年 | コンチネンタル・ベーキング(ドル) | アメリカン・ランドリー・マシーナリー(ドル) |
|---|---|---|
| 1933 | 2,788,000 | 1,187,000(赤字) |
| 1932 | 2,759,000 | 986,000(赤字) |
| 1931 | 4,243,000 | 772,000 |
| 1930 | 6,114,000 | 1,849,000 |
| 1929 | 6,671,000 | 3,542,000 |
| 1928 | 5,273,000 | 4,128,000 |
| 1927 | 5,570,000 | 4,221,000 |
| 1926 | 6,547,000 | 4,807,000 |
| 1925 | 8,794,000 | 5,101,000 |

アメリカン・ランドリーの収益は一貫して下降トレンドをたどっており、またコンチネンタル・ベーキングの収益トレンドも下向きである。ほとんどの企業が絶頂期を迎えていた1929年もこれら両社の収益は4年前のそれをかなり下回っている。こうした収益トレンドに対するウォール街の見方は、両社の収益は今後も下降トレンドをたどるというものであろう。しかし、そうした悲観的な見方はけっして正しいものではない。質的な観点から両社の特徴を検討すると、①両社の産業は今後もかなり安定している、②両社は各業界のトップ企業であり、財務内容も良い――ことが分かる。こうした事実を踏まえると、①1925～32年の業績不振は一時的なものである、②現在の下降トレンドの代わりに、過去の平均利益から将来に収益力を予想するとかなり明るいものになる――というむしろ逆の結論が出てくる。

## 赤字をめぐる問題点

ある会社がその年に赤字を計上した場合、一般には1株当たりの赤字額や支払利息に対する不足額などの形で表される。決算報告書でも例えば1932年のUSスチールの支払利息に対する収益は「12.40倍の赤字」、または「普通株１株当たり11.80ドルの赤字」――などと表す。しかし、そうした数字自体は実はあまり意味がなく、その会社の平均収益力を求める基準とはならないことを知るべきである。

例えば、昨年のＡ社の収益は普通株１株当たり５ドルの赤字、Ｂ社は７ドルの赤字となり、両社の株価はともに25ドルであると仮定しよう。この数字を見て、Ａ社株はＢ社株よりも有利であると断定できるだろうか。必ずしもそうとはいえない。というのは、その会社の発行済み株式数が多いほど１株当たりの赤字が少なくなるからである。例えばＢ社が１株を２株に分割すれば、赤字幅は１株当たり3.50ドルに減少し、新株が旧株よりも高く評価されるのが普通である。同じことは支払利息についても言える。Ａ社とＨ社はともに1932年に100万ドルの赤字を計上したとしよう。Ａ社は５％債を400万ドル、Ｂ社は同じ利率の債券を1000万ドル発行していたとする。Ａ社の支払利息に対する収益が「５倍の赤字」であるのに対し、Ｂ社の同収益は「２倍の赤字」とかなり少なくなる。この数字を見て、Ｂ社の債券がＡ社の債券よりも安全であると言えるだろうか。債券発行額が少ないほど収益率が低くなるとは何とも不思議なことである。

何回かの赤字決算を含む一定期間の平均収益を出した場合、その数字がその会社の実際の収益力を表しているのかどうかはかなり疑問である。というのは、各数字のばらつきが大きいと平均値から大きくかい離してしまうからである。こうしたことは、赤字企業が急増した1930年代の不況期などによく見られた。こうしたケースの対処策としては、例えば利益が出ている10年間に限って平均収益を算出するという方法もある。利益の出ている年が少ない場合には、不況期前（1930年まで）までの平均収益を出したあと、1931～33年については別に集計する。そうすれば、後者の数字からはその企業が不況期にどのような対応策を講じたのかも分かるだろう。こうした集計値は10年間の平均値の補足数字としても役立つものである。

## 証券アナリストは直観に頼らない

未来から現在を見ることができないため、われわれは現在から未来を判断するひとつの手掛かりとして過去の数字を利用するのである。しかし、証券アナリストがその逆のことをしなければならないこともある。ただその場合でも、直観や想像力と論理に基づく推理は厳密に区別しなければならない。未来を見通す能力は極めて価値のあるものだが、証券アナリストはあまりそうした能力に頼ってはならない。証券アナリストが使用するのは、正しい論理と経験に基づく先見力に限るべきである。証券統計家ともいうべき証券アナリストに対して、①1915年以降に紙巻きタバコの消費量は急増するだろうか、②葉巻きタバコ産業は衰退に向かうのか、③残酷な映画産業はこのまま安定期にはいるのか、④大手製缶２社はかつてのラジオ産業のように激しい競争に巻き込まれることなく、その製品の需要増の恩恵を受けることができるのか――などといった予測の判断を求めてはならない。

### 将来の分析は予測でなく洞察力で見通す

証券アナリストがその会社の将来を分析するときには、予測ではなく洞察力に基づいて見通すべきである。

### 事例

1933年のマック・トラックスの株式は、その資産価値と平均収益に比べてかなりの安値で売られていた。アニュアル・レポートが公表された1933年３月の普通株価は15ドル、これに対する普通株１株当たりの正味現金資産は12ドル、正味流動資産は40ドルだった。同社の収益は次のようになっている。

この数字を見ると、1933年３月の普通株価は１株当たり正味流動資産の1/3、平均収益の２倍あまりにすぎない。同社は主力産業のトップ企業であり、まもなく投下資本に対する収益が急増する可能性はかなり高い。こうした状況にもかかわらず、同社の株価はかなりの安値を余儀なくされている。鉄道会社の信用格付けが次第に下がっている背景には、トラック運送産業の成長に伴って貨物輸送手段が鉄道から大型トラックに移行してきたことがある。こうした状況を踏まえると、大型トラックメーカーの長期見通しはかなり明るいといえるだろう。証券アナリストの目から見ると、現在のマック・トラックスの異常な安値はまったく非合理的である。

## 一時的な増益

マック・トラックスとは逆のケースも多く、そうした会社の目を見張るような数字にはかなり警戒しなければならない。

**マック・トラックス**

| 年 | 普通株の利益（ドル） | 1株利益（ドル） | 支払配当（ドル） |
|---|---|---|---|
| 1932 | 1,480,000（赤字） | 2.19（赤字） | 1.00 |
| 1931 | 2,150,000（赤字）* | 2.90（赤字）* | 2.25 |
| 1930 | 2,008,000 | 2.67 | 5.50 |
| 1929 | 6,841,000 | 9.05 | 6.00 |
| 1928 | 5,915,000 | 7.83 | 6.00 |
| 1927 | 4,707,000 | 6.60 | 6.00 |
| 1926 | 7,716,000 | 10.81 | 6.00 |
| 1925 | 8,331,000 | 13.64 | 6.00（＋1対0.5の株式配当） |
| 1924 | 5,083,000 | 11.97† | 6.00 |
| 1923 | 5,866,000 | 13.81† | 5.00 |
| 平均 | 4,284,000 | 7.13 | |

＊工具の評価額を1ドルに引き下げる前の数字
†1925/12/31の1対0.5の株式配当分は調整済み

## 事例

自動車部品メーカーであるガブリエルとJ・W・ワトソンのケースを検討してみよう。自動車部品のようなヒット商品の人気は一時的なもので、競争と変化の激しいこの業界では安定した収益を確保するのはかなり難しい。このため、当期利益や平均収益と比べた普通株の時価がどれほど高かろうとも、その高い収益力が今後も続くという保証はまったくない。以下はこうした状況を裏付ける両社の決算数字である（ガブリエルのクラスA無議決権普通株は1925年４月に１株25ドルで発行されたが、この価格は前任会社の過去５年間の平均収益の5.25倍の水準である。これに対し、1927年９月に１株24.50ドルで発行されたワトソンの普通株は平均収益の17.3倍である。両社株にこのような大きな格差が見られたのは、①ワトソンの収益が上昇トレンドをたどっていた、②1927年には1925年に比べて収益から見た普通株の人気

**ガブリエル**

| 年 | 普通株の利益 | 1株利益 | クラスA株価 | 支払配当 |
|---|---|---|---|---|
| 1932 | 107,939（赤字） | 0.54（赤字） | 3½- ¼ | ゼロ |
| 1931 | 377,844（赤字）* | 1.89（赤字）* | 6⅜- 1 | ゼロ |
| 1930 | 98,249（赤字） | 0.49（赤字） | 11¾- 2½ | ゼロ |
| 1929 | 401,427（赤字） | 2.00（赤字） | 33⅞- 5 | ゼロ |
| 1928 | 327,976 | 1.64 | 28½-15 | ゼロ |
| 1927 | 960,331 | 4.80 | 59 -22 | 3.50 |
| 1926 | 1,033,631 | 5.16 | 42 -25⅝ | 4.625 |
| 1925 | 1,334,082 | 6.67 | 39⅞-28⅞ | 1.25 |
| 1924 | 1,086,195† | 5.43† | （1925年以前 | |
| 1923 | 1,237,595† | 6.19† | は未上場） | |
| 1922 | 1,161,751† | 5.81† | | |
| 1921 | 569,959† | 2.85† | | |
| 1920 | 698,158† | 3.49† | | |

＊1株当たり約90セントに上る特別評価減後の数字
†前任会社の数字

が高まった、③市場が最も注目する両社の当期利益と直近の利益にはやはりそれなりの開きがあった――ことによる)。

## J・W・ワトソン

| 年 | 普通株の利益 | 1株利益 | 普通株価 | 支払配当 |
|---|---|---|---|---|
| 1932 | 214,026(赤字) | 1.07(赤字) | ⅜-⅛ | ゼロ |
| 1931 | 240,149(赤字) | 1.20(赤字) | 2-⅛ | ゼロ |
| 1930 | 264,269(赤字) | 1.32(赤字) | 6-1 | ゼロ |
| 1929 | 323,137(赤字) | 1.61(赤字) | 14⅞-1⅝ | ゼロ |
| 1928 | 348,930(赤字) | 1.74(赤字) | 20-5¼ | 50セント |
| 1927 | 503,725 | 2.16 | 25¾-18⅞ | 50セント |
| 1926 | 577,450* | 2.88* | (1927年以前 | |
| 1925 | 502,593* | 2.51* | は未上場) | |
| 1924 | 29,285* | 0.15* | | |
| 1923 | 173,907* | 0.86* | | |
| 1922 | 142,701* | 0.71* | | |

*被合併会社の数字

これと同じことは1928年のコティーの業績にも当てはまる。同社の業績は目を見張るものだったが、その収益の多くは商標登録された化粧品の人気によるものだった。この分野では女性の気分が収益の増減を決定する。こうした点を踏まえれば、過年度に急増した収益が将来にもわたって持続するかどうかはかなり疑問である。まさにこの産業の性質ゆえに人気のピークはそう遠いことではなく、その後に収益が急減する可能性はかなり高い。以下は同社の業績を示したものである。

| 年 | 当期利益 | 1株利益（修正済み） |
|---|---|---|
| 1923年 | 1,070,000ドル | 0.86ドル |
| 1924年 | 2,046,000ドル | 1.66ドル |
| 1925年 | 2,505,000ドル | 2.02ドル |
| 1926年 | 2,943,000ドル | 2.38ドル |
| 1927年 | 3,341,000ドル | 2.70ドル |
| 1928年 | 4,047,000ドル | 3.09ドル |
| 1929年 | 4,058,000ドル | 2.73ドル |

コティーの株式は1929年に82ドルをつけ、その時価総額は約1億2000万ドル、株価収益率は30倍となった。そして同社の投資額（資本金・剰余金）は約1400万ドルに達したが、その後の業績は次のようになっている。

| 年 | 当期利益 | 1株利益 |
|---|---|---|
| 1930年 | 1,318,000ドル | 0.86ドル |
| 1931年 | 991,000ドル | 0.65ドル |
| 1932年 | 521,000ドル | 0.34ドル |
| | | (1932年の安値は1 1/2ドル) |

コティーのこうした事例は1933年のビール会社にも当てはまる。ビール各社は生産能力の拡充と高収益を背景に大きな当期利益を確保し、今後の収益も高水準を維持するであろうと見られていた。しかしそれほどすぐれた洞察力がなくても、この産業には新規参入が相次ぎ、競争の激化と生産過剰が避けられないことは明らかであろう。設備投資に対するこれまでの高い収益率が今後も続くことはまったく期待できない。

# 第38章

# 不確実な過去の業績

各企業のこれまでの業績を分析して将来の見通しを立てるには、まず営業損益に注目しなければならない。これは以下で検討する鉱山会社にも当てはまるもので、それらの企業では①鉱山の可採年数、②年間生産高、③生産コスト、④販売価格――に注意する必要がある。鉱山の可採年数については、鉱山の減耗償却の問題を扱った先の章で検討した。鉱物資源の生産高と生産コストは、将来的に生産される鉱床の地理、特徴または鉱物の品位が今よりも劣るときにはその会社にとって不利な要因となる。

**事例――ホームステーク・マイニング**

ホームステーク・マイニングの1930～32年の収益は、高品位の鉱山の開発で大幅に増加した。次ページの表は同社の収益を示したものである。

1932年の金の生産高は1926年とほぼ同水準であるにもかかわらず、トン当たりの高収益を反映して純利益は1926年の1.5倍に急増している。しかし問題は、高品位の金を今後も生産できるのか、それとも高品位の金の鉱床が枯渇して一時的な増益に終わるのか――ということである。こうした重要な点について同社のアニュアル・レポートではまったく触れていない。こうした情報が入手できないと投機家は往々にして最良の数字を期待するが、証券アナリストとしては金の品位は以前の水準に戻ってその収益も低下すると予想するのが自然である。

ホームステーク・マイニング

| 年 | 生産高(1000トン) | 金のトン当たり収益(ドル) | 総収益(1000ドル) | 減価・減耗償却費控除前の純利益(1000ドル) |
|---|---|---|---|---|
| 1932 | 1,402 | 7.07 | 10,255 | 4,838 |
| 1931 | 1,404 | 6.36 | 9,206 | 4,194 |
| 1930 | 1,364 | 6.18 | 8,668 | 3,307 |
| 1929 | 1,438 | 4.53 | 6,700 | 2,473 |
| 1928 | 1,417 | 4.63 | 6,730 | 2,897 |
| 1927 | 1,372 | 4.87 | 6,827 | 2,822 |
| 1926 | 1,416 | 4.11 | 5,924 | 1,880 |
| 1925 | 1,590 | 3.77 | 6,079 | 1,894 |
| 1924 | 1,670 | 3.67 | 6,213 | 2,007 |
| 1923 | 1,652 | 3.87 | 6,467 | 2,275 |

## カルメット・アンド・ヘクラ・コッパーのケース

同社の1927年の決算報告書は、鉱物資源の品位についてもうひとつの問題を提起している。同年の損益計算書に計上された利益は約250万ドル（減価償却費控除後・減耗償却費控除前の利益）で、発行済み株式数の200万6000株で割った１株当たり利益は1.24ドル、この年の株価は14～25ドルだった。決算報告書をさらに詳しく分析すると、この利益の約60％は採鉱事業場で発生した大量の「銅くず」を再生した利益であることが分かった。これらの銅くずは全生産高のわずか1/4にすぎないが、その生産コストは通常の銅のそれよりかなり低い。

この数字を見ると、同社の収益を左右しているのは安い銅くずの量であることが分かる。しかし、1927年の生産ペースが今後も続けば銅くずの量はわずか数年しかもたないことになる。これらの銅くずを使い切ってしまうと、同社は生産減とコスト増を余儀なくされる。今後も同じ販売価格が続くとすれば、1927年の数字だけで同社の将来の収益力を予測することはできない。

## フリーポート・テキサスのケース

同社の1933年の業績もカルメット・アンド・ヘクラと同じ問題を提起しているが、同社の場合は過去の業績に基づいて新規に証券を発行

**カルメット・アンド・ヘクラ（1927年）**

| 生産内訳 | 生産高（ポンド） | ポンド当たり | | 利益（セント） | 総収益（ドル） |
|---|---|---|---|---|---|
| | | 販売価格（セント） | 生産コスト（セント）＊ | | |
| 鉱山から採掘した銅 | 80,000,000 | 13.25 | 12 | 1.25 | 1,000,000 |
| 再生工場で生産した銅 | 28,700,000 | 13.25 | 8 | 5.25 | 1,500,000 |
| | | | | | 2,500,000 |
| 採掘銅の１株利益 | | 0.50ドル | | | |
| 再生銅の１株利益 | | 0.74ドル | | | |
| | | 1.24ドル | | | |

＊減価償却費控除後・減耗償却費控除前の数字

することの是非を問い掛けている。同社は1933年１月に他社からリースした硫黄鉱床の開発資金として、累積的転換優先株（配当６％）を１株当たり100ドルで発行して250万ドルを調達した。その募集案内書

には、①この硫黄鉱床の可採年数は1928～32年の平均販売高をベースとすれば最低でも25年は見込める、②同期間の平均収益は295万2500ドルと支払優先配当の19.6倍に達する――と記載されていた。この見通しは硫黄の販売価格が今後も変化しないことを前提にしており、同社は向こう25年間もこれまで並みの収益を確保できると予想している。

しかし、フリーポートを取り巻く現実はそうした楽観的な見通しを保証するほど甘いものではなかった。これまでの収益は２つの鉱山（ブライアンマウンドとホスキンズマウンド）からの生産高が寄与したものである。ブライアンマウンド鉱山は同社にとって稼ぎ頭であるが､その可採年数は1933年までに（上場申請書の表現を借りれば）「かなり限られて」きており、実際のその可採年数は３年に満たなかったのである。一方、ホスキンズマウンド鉱山はテキサス・ガルフ・サルファーからリースしたもので、生産トン当たり1.6ドルのロイヤリティーに加え、残りの利益の70％もレンタル料として支払わなければならなかった。しかもホスキンズマウンド鉱山には販売額の半分を依存しており、たとえ現在開発中の新規鉱山グランドエカュが操業を始めても利益の約40％をロイヤリティーとして支払う必要がある。

こうした一連の事実を踏まえると、フリーポートの1928～32年の業績は将来の業績とはほとんど無関係であることが分かる。25年は採掘できるという硫黄鉱床もこれまでとはまったく違う場所にあるため、採掘コストもこれまでより大きくなるだろう。しかも自社所有のブライアンマウンド鉱山からの利益はすべて会社に入るが、新規鉱山の生産分には多額のロイヤリティーがかかる。

こうした生産コストの増加に加えて、今後の収益の多くを新規鉱山に頼らなければならないという弱みもある。グランドエカュ鉱山はまだ操業を開始していないため、操業開始までにはさまざまなリスクが伴う。さらに実際の生産コストはブライアンマウンド鉱山よりもはるかに高いかもしれない。証券分析の観点から見ると、これらまったく条件の異なる２つの鉱山を抱えれば、それは違う会社を２社抱えているようなものである。

一方、同社は1933年に株式市場で約3200万ドルを調達し（優先株を１株当たり125ドルで２万5000株、普通株を同40ドルで73万株を発行）、そこから300万ドルを投じて大手石油会社３社から新しい鉱山をリースして将来の収益を確保する計画である。それにしても、株式市場が新しい鉱山にわずか300万ドルしか投資しないこの会社に2000万ドル以上のプレミアムを支払ったのは本当に驚きである。もちろん、将来には同社の価値がその投資額の６倍以上になる可能性もあるが、通常のビジネスという観点から見ると、将来の期待収益にこれほど巨額のプレミアムを支払うというのはかなり例外的なケースに限られるだろう（同社の場合、優先株の割合は株式時価総額のわずか1/10とかなり少ないためにその上位株式の安全性についてはあまり問題はないが、普通株の安全性については投資適格基準に基づいて詳細に検討する必要がある）。

もっともフランスの諺にもあるように、株式市場にも人間の心と同じようにちゃんとそれなりの理由があるものである。しかしわれわれの見るところ、一般の常識やビジネス慣行から大きくかけ離れた場合には、普通株の投資家は一時的に大きな投機的利益を得ることはあっても、最後には大きな損失に泣くものである。

## 製品の将来価格

先に挙げた３つの例は、生産率および営業経費の将来的な継続性に関するものであり、それによって過去の収益実績を予測した。これらの目安については、製品の将来価格を予想するために役立つ可能性のあるものとしても、考慮する必要がある。ただその場合、通常は推測の域に入らざるを得ない。将来的な価格については、堅実なる予測の範囲を外れることなしに、証券分析によって適正な事柄を述べるのはほとんど無理なのだ。時には、より詳細に述べられた報告書が、事実による裏付けのもとに正当化されることもあるだろう。先に例として挙げた鉱業分野に話を戻すと、亜鉛製造会社は第一次世界大戦中に巨額の利益を上げており、これは亜鉛鋳塊価格の上昇が理由だ。ビュート・アンド・スーペリア・マイニングのケースを見ると、同社は1915～16年の２年間に減価・減耗償却費控除前の１株当たり利益が64ドルとなった。これは、同社の亜鉛製品価格が１ポンド当たり、戦前の平均5.25セントから13セントに高騰したためである。しかし、同社のその後の収益が戦時中の異常な水準から急減するのは確実であり、将来的にもそうした高収益のチャンスが再び訪れる可能性はほとんどない。

### 低コストの生産会社参入による変化

産銅業界にもいっそう大きな変化のうねりが押し寄せている。1914年以降に多くの低コストの生産会社がこの分野に新規参入してきたため、既存の会社も冶金技術の改良を通じて生産コストの削減を余儀なくされている。その結果、業界全体で生産コストの低下が急速に進展した。これによって、現在よりも低下する将来の販売価格の減収分も何とか埋め合わせられるだろう。逆に言えば、業界平均よりも安値で販売攻勢をかけてきた低コストの生産会社は、生産技術を向上してさらに値引きをしなければこれまでの優位性を失うということである。将来の銅価格を慎重に判断する場合には、こうした状況も十分に考慮する必要がある。

## インターボローの誤算

インターボロー・ラピッド・トランジット（IRT）がたどった軌跡は見込みと現実の大きな違いによる誤算の好例であり、過去や現在の利益水準だけから将来を判断するのがいかに危険であるかということをわれわれに教えている。以下は同社がたどった経緯である。

IRTは1918年まではかなりの高収益を上げていた。1917年６月30日に終了した年度では、普通株の１株当たり利益は26ドルで普通配当は20ドルにも達していた。一方、IRTの大半の株式を保有する持ち株会社のインターボロー・コンソリデーテッド（IC、旧インターボロー・メトロポリタン）は、証券担保付き社債、優先株（配当６ドル）それに普通株を発行していた。同社の利益は営業子会社のIRTの未分配利益を含めて優先株が１株当たり11.50ドル、普通株が同2.50ドルで、優先株と普通株の時価はそれぞれ60ドル、10ドルだった。これらの株式は市場でも活発に取引され、多くの金融機関もニューヨークの地下鉄の高い将来性をはやして積極的に買っていた。実際、ニューヨーク証券取引所のある会員会社も同社の優先株と普通株の投資メリットを詳述した高価なパンフレットを投資家に配布していた。

しかし、同社の実情はそうした巷間の話とはまったく異なるものであった。IRTがニューヨーク市と締結した新しい地下鉄網の建設契約によると、翌年に予定されていた新しい地下鉄が開通してもIRTに入るのは1911～13年並みの収益程度で、今の収益分よりははるかに少ないのである。これに対し、ニューヨーク市はこの地下鉄網の建設に対する巨額の投資で大きなリターンを得ることになっていた。両者の契約によれば、未払費用を含むすべての投資分が回収されれば、ニューヨーク市とIRTはそれ以降の剰余利益を折半することになっていたが、実際にはニューヨーク市にかなり有利な条件となっていたのである。しかも最も有利に状況が進展したとしても、IRTに剰余利益がもたらされるのは30年以上先のことだった。次ページの表はIRTの決算数字である。

これらの数字からも明らかなように、IRTの持ち株会社であるインターボロー・コンソリデーテッドの将来がバラ色であるというのは実

インターボロー・ラピッド・トランジット

| 項目 | 1917年の実際利益（ドル） | NY市との契約が履行された場合の最大利益（ドル） |
|---|---|---|
| IRT株の利益 | 9,100,000 | 5,200,000 |
| ICに分配される利益 | 8,800,000 | 5,000,000 |
| IC債券の支払利息 | 3,520,000 | 3,520,000 |
| IC優先株の利益 | 5,280,000 | 1,480,000 |
| 支払優先配当 | 2,740,000 | 2,740,000 |
| IC普通株の利益 | 2,540,000 | 1,260,000(赤字) |
| IC優先株の１株利益 | 11.50 | 3.25 |
| IC普通株の１株利益 | 2.50 | ゼロ |

は真っ赤なウソで、実際には１年以内にも収益が急減するというのが現実であった。このため、６ドルの優先配当を維持するのはほとんど不可能であり、また今後30年以上にもわたって普通株の利益も確保できなくなる。同社の優先株と普通株が暴落するのは目に見えていた（同社の減収が明らかになる前にその株を高値で大衆投資家につかませるため、1916～17年にはインサイダーによる株価操作があったといわれる。一時的な増収を維持している間に同社が満額の優先配当を支払っていたというのは、一種の株式売り逃げの手段であったと見られる。またそうした優先配当の支払いは債券［利率4 1/5%］の保有者にとっても不公平なものであり、支払い優先順位から見ても違法ともいえる行為である)。

同社の結末はこうした批判をまさに地で行ったようなものであり（当然そうなるが)、甘い見通しに対して実際の数字は常にそれを下回るという現実を見事に証明するものであった。新しい地下鉄の開通に伴って戦時インフレによる営業費用も急増し、その影響で旧地下鉄網の収益も次第に減少すると予想される。IRTは地下鉄開通の直後に減配に追い込まれたのに続き、1919年には完全に無配となった。一方、持ち株会社のインターボロー・コンソリデーテッドはすでに1918年に優先配当を停止し、翌年には債券の利払いがデフォルトとなって倒産し、その優先株と普通株は紙くずとなった。つい最近まで高収益を上げてきたIRTもその２年後には倒産の危機に見舞われたが、満期を迎えた社債の償還延長を含む自主再建策によってかろうじて倒産を回避した。しかし、この償還延長債が満期を迎えた1932年に同社は元利のデフォルトに直面し、結局は破産管財人の管理下に入った。

IRTが破産管財に追い込まれるまでの10年間には、1917年当時のような好収益を上げた時期もあった（インターボロー・グループ証券のその後の経緯については参考資料の注42を参照）。1928年には300万ドルの収益を上げ（普通株１株当たり8.50ドル）、株価は62ドルの高値をつけた。しかし、それには地下鉄収入の400万ドルの未払優先支払金が含まれていたのである。それは新しい地下鉄の当初数年間の営業損失の埋め合わせに充てられていたが、1928年６月末のその受取額はわずか141万3000ドルまで減少した。このように、同社の株式を支えていたのはわずか数カ月しか続かない特別な収入であった。証券アナリストが見れば一時的で特別な収入にすぎないこうした利益も、うかつな投資家の目にはIRTの永続的な収益力と映ったのである。

# 第39章

# 普通株の株価収益率

先の章では企業収益と株式価値との関係に対するウォール街の考え方に言及したが、一般には普通株は当期利益の何倍の価値を持つのかといった形で評価される。その倍率はそのときの株式市場の雰囲気やその会社の業種・業績などを反映している。1927～29年の熱狂相場の前までは、PER（株価収益率）で10倍というのが一般的な基準であった。より正確に言えば、PER10倍が普通株を評価する一般的な出発点となっていたため、それよりも高い価値を持つ普通株が安値に放置されていればそれだけ魅力的であると考えられる。しかし1927～29年には、このPER10倍という基準は新しい自由な基準に取って代わられるようになった。つまり、これまでよりも自由な基準で普通株を評価しようとする傾向が広まったのである。こうした考え方は、ブルーチップのPERはこれまでの10倍よりは15倍のほうが適切であるというある金融界のトップの発言にも代表されている（金融界のリーダーのひとりであるラスコブ氏は1928年３月26日付のウォール・ストリート・ジャーナル紙で、「ダウ平均から見るとGM株はPER15倍、つまり１株225ドルで買われてもおかしくない。現在の180ドルという株価はわずか12倍にすぎない」と述べている）。普通株を評価するときにはこれまでよりも自由な基準を適用しようという傾向は、その後ますます加速していった。その結果、特に優良な業種（公益事業会社やチェーンストアなど）の株式は25～40倍という高いPERで買われるようになった。こうした高いPERはさまざまな業種のブルーチップにも広がっていった。このように普通株が自由な基準で評価されるようになった背景には、これまでの収益トレンドが今後も上昇基調をたどるであろうという楽観的な見方があった。

## 正確な評価基準など存在しない

証券アナリストは特定の普通株の「適切な価値」について一般的な原則などは示すべきではない。そのようなものは実際には存在しないからである。株式の評価基準というものは常に変化しているため、正確な基準値など出せるはずがない。当期利益が常に変化していることを考えれば、それをベースに普通株の価値を評価するというその考え方自体がおかしいことになる。10倍とか15倍などというPERは基本的には恣意的な基準でしかないのである。

しかし、株式市場にとってこうした科学的な考察などは不要である。最初に株式の値段があって、その理由などはあとから付ければよいのである。その状況は言ってみれば婚約不履行裁判のようなものである。そこには各当事者の言い分を正当に評価する基準などは存在せず、陪審員は何らかの理由を付けて判決を言い渡すしかない。同様に普通株の価格も緻密な計算によって決定されたものではなく、さまざまな人々の考えが集約された結果にすぎない。その意味では株式市場は計量機というよりは票数計算機のようなものである。株式市場はさまざまな事実に直接反応するのではなく、また株式とは単に売り手と買い手の考えの結果を反映したものにすぎないのである。

## 証券アナリストの役割

このように株式市場が常に変化するという事実と人間の心理を反映したものであることを考えると、証券アナリストが普通株の価格について自らの判断を示すことはできない。とはいえ、限られた形であっても次のような役割は果たすことはできるだろう。

①普通株を「投機的」な基準ではなく、「保守的」または「投資的」な基準に基づいて評価する。

②特定銘柄の価値を評価するときに、その会社の資本構成や収益源などの正しい情報を提供する。

③その会社の予想収益に影響を及ぼすバランスシートの不自然な数字などを指摘する。

## 普通株の評価基準

普通株を保守的に評価する基準は「平均収益」に置かなければならない。さらに、その平均収益は将来に何らかの変化が起きた場合でも十分に正当化されるものでなければならない。こうした基準に照らせば普通株の評価の出発点は、従来の当期利益というものから最低で5年、できれば7～10年間の平均収益に移ることになるだろう。しかし、われわれは同じ平均収益を持つすべての普通株が同じ価値を持つと言っているのではない。普通株の投資家（特に保守的な投資家）は平均収益を上回る当期利益の銘柄や、予想平均収益よりも高い当期利益が見込まれる銘柄についてはもっと自由に評価してもかまわないのである。われわれが言いたいのは、普通株の保守的な評価の範囲を一定以内に抑えておくために、PERには常に一定の上限を設けるべきだということである。もし普通株を投資目的で購入するならば、最高で「平均収益の約16倍」というPERを提案したい。

われわれのこうした基準も基本的には恣意的なものであるが、それなりの理由はある。つまり、投資とは確かな価値を前提としたものであり、一般に普通株の価値は確定した平均的な収益力によってしか測れないというのがわれわれの論理である。しかし、平均収益の16倍以下のPERの株式が絶対に有利なのかと問われると、それに即座に回答するのは難しい。慎重な投資家であれば16倍というPERにも満足しないだろう。その意味では16倍というPERはその会社の将来の収益が過去の水準を上回るという見通しがあるときしか受け入れられないのかもしれない。とすれば、普通株評価のそうした基準も「投機的」ということになり、PER16倍という数字も普通株投資の適切な基準ではないことになってしまう。

### 普通株の投機

とはいえ、われわれは何も普通株に平均収益の16倍以上の価格を支払ってはならないと言っているのではなく、そうした価格は投機的であると言っているのである。PER16倍以上の普通株を買って大きく儲ける人もいるだろうし、そうした行為はそれなりに賢明な投機ではある。しかし、そうした投機で常に利益を上げ続ける人はほとんどいないのもまた事実である。つまり、「いつもPER16倍以上で普通株を購入する人は最終的には大損することになる」というわれわれの論理を知っておいても損はないだろう。そうした人々はいつでも強気相場の誘惑に負けて、法外な高値で普通株を買ったもっともらしい理由をとうとうと述べ立てるものなのである。

### 普通株の投資

16倍というPERが投資目的で普通株を購入するときの上限とするならば、通常の購入価格はこれよりかなり低い水準になるだろう。かつてはPER10倍というのが一般的な基準であった。こうした状況を考慮すると、普通株の投資ではPERを唯一の基準としてはならないことになる。PERは必要条件ではあっても絶対条件ではない。その会社の財務力、経営陣の能力、業績見通しなどにも十分に目を配る必要がある。

こうした原則を踏まえれば、「魅力的な普通株の投資とは魅力的な投機である」というもうひとつの重要な論理も正当化されるかもしれない。つまりその普通株が、①保守的な投資家のおカネを投資するだけの十分な価値がある、②将来の業績見通しは明るい——という２つの条件を満たすならば、その銘柄は将来的に値上がりする可能性はかなり高い。

## 投機的な普通株と投資的な普通株

われわれの投資を目的とした普通株の論理とウォール街の論理には大きな違いがある。ウォール街では優良株のPERが16倍をかなり上回っていても十分に正当化されるばかりでなく、そうした銘柄は株価とは無関係に「投資適格」と見なされている。これに対するわれわれの論理によれば、「最高の優良株」であってもそれなりの高値をつければそれを正当化する将来の高収益が不可欠であり、その意味からすればそうした銘柄を購入するのは本質的に投機的な行為である。われわれの定義によれば、普通株の投資とは業績が不安定な投機的な低位株と、安定した業績に裏付けられた投機的な値がさ株の真ん中に位置している。

次の表は1933年７月末時点の収益をもとに、９社の株式を３つのグループに分けたものである。

### ３つの普通株グループの評価

Ａグループの普通株は、1928～29年の熱狂相場で特に投機の対象と

**Aグループ――投機的な値がさ株（資本構成の変更を反映した修正数字）**

| 項目 | ナショナル・ビスケット | エア・リダクション | コマーシャル・ソルベンツ |
|---|---|---|---|
| 普通株1株利益（ドル） | | | |
| 1932 | 2.44 | 2.73 | 0.51 |
| 1931 | 2.86 | 4.54 | 0.84 |
| 1930 | 3.41 | 6.32 | 1.07 |
| 1929 | 3.28 | 7.75 | 1.45 |
| 1928 | 2.92 | 4.61 | 1.22 |
| 1927 | 2.84 | 3.58 | 0.84 |
| 1926 | 2.53 | 3.63 | 0.69 |
| 1925 | 2.32 | 3.33 | 0.37 |
| 1924 | 2.18 | 2.81 | 0.45 |
| 1923 | 2.02 | 4.14 | 0.02（赤字） |
| 10年平均（ドル） | 2.68 | 4.34 | 0.74 |
| 優先株（ドル） | 248,000株×140<br>35,000,000 | | |
| 普通株（ドル） | 6,289,000株<br>×53＝<br>333,000,000 | 841,000株<br>×90＝<br>76,000,000 | 2,495,000株<br>×30＝<br>75,000,000 |
| 時価総額（ドル） | 368,000,000 | 76,000,000 | 75,000,000 |
| 正味有形資産（1932/12/31）（ドル） | 129,000,000 | 29,200,000 | 8,700,000* |
| 正味流動資産（1932/12/31）（ドル） | 36,000,000 | 9,800,000 | 6,000,000 |
| 普通株の平均収益率 | 5.1% | 4.8% | 2.5% |
| 普通株の最大収益率 | 6.4% | 8.6% | 4.8% |

＊工場設備の評価額を1ドルに引き下げた調整分を含む。1929年の有形資産純評価額は約300万ドル

なったいわゆる一流株つまり「ブルーチップ」の代表的な銘柄である。

これらの企業の業績は安定または成長途上にあり、財務力は強く将来の業績見通しも明るい。しかし、その株価は平均収益で正当化されるよりも割高に買われている。実際、1923～32年の10年間におけるベ

### Bグループ――不安定な業績の投機的な普通株

| 項目 | B・F・グッドリッチ | ガルフ・ステーツ・ツチール | スタンダード・オイル・オブ・カンザス |
|---|---|---|---|
| 普通株1株利益（ドル） | | | |
| 1932 | 6.73（赤字） | 3.94（赤字） | 0.23† |
| 1931 | 8.01（赤字） | 5.89（赤字） | 1.93（赤字） |
| 1930 | 8.55（赤字） | 4.84（赤字） | 1.19 |
| 1929 | 4.53 | 5.93 | 4.73 |
| 1928 | 1.50 | 6.28 | 0.91 |
| 1927 | 17.11 | 4.93 | 2.59（赤字） |
| 1926 | 4.15（赤字） | 5.28 | 0.51 |
| 1925 | 23.99 | 7.17 | 1.54 |
| 1924 | 11.10 | 7.48 | 1.50（赤字） |
| 1923 | 0.88（赤字） | 12.79 | 0.88（赤字） |
| 10年平均（ドル） | 2.99 | 3.52 | 0.22 |
| 債券発行残高の額面総額（ドル） | 43,000,000 | 5,200,000 | |
| 優先株（ドル） | 294,000株×38 =11,200,000 | 20,000株×50 =1,000,000 | |
| 普通株（ドル） | 1,156,000株 ×15= 17,300,000 | 198,000株 ×28= 5,600,000 | 269,000株 ×20= 5,380,000 |
| 時価総額（ドル） | 71,500,000 | 11,800,000 | 5,380,000 |
| 正味有形資産 (1932/12/31)（ドル） | 105,300,000 | 27,000,000 | 5,290,000 |
| 正味流動資産 (1932/12/31)（ドル） | 43,700,000 | 2,230,000 | 3,980,000 |
| 普通株の平均収益率 | 19.9% | 12.6% | 1.1% |
| 普通株の最大収益率 | 160% | 45.7% | 23.7% |

＊グッドリッチの数字は棚卸資産の評価額変更を反映したもの
† 1932/12/31までの9カ月間の数字

## Cグループ——収益から見て投資適格な普通株*

| 項目 | S・H・クレス | アイランド・クリーク・コール | ナッシュ・モーターズ |
|---|---|---|---|
| 普通株1株利益(ドル) | | | |
| 1932 | 2.80 | 1.30 | 0.39 |
| 1931 | 4.19 | 2.28 | 1.78 |
| 1930 | 4.49 | 3.74 | 2.78 |
| 1929 | 5.92 | 5.05 | 6.60 |
| 1928 | 5.76 | 4.46 | 7.63 |
| 1927 | 5.26 | 5.64 | 8.30 |
| 1926 | 4.65 | 4.42 | 8.50 |
| 1925 | 4.12 | 3.22 | 5.57 |
| 1924 | 3.06 | 3.58 | 3.00 |
| 1923 | 3.39 | 4.08 | 2.96 |
| 10年平均(ドル) | 4.36 | 3.78 | 4.75 |
| 優先株(ドル) | 372,000株×10<br>3,700,000 | 27,000株×90<br>2,400,000 | |
| 普通株(ドル) | 1,162,000株<br>×33＝<br>38,300,000 | 594,000株<br>×24＝<br>14,300,000 | 2,646,000株<br>×19＝<br>50,300,000 |
| 時価総額(ドル) | 42,000,000 | 16,700,000 | 50,300,000 |
| 正味有形資産<br>(1932/12/31)(ドル) | 58,300,000 | 18,900,000 | 41,000,000 |
| 正味流動資産<br>(1932/12/31)(ドル) | 15,200,000 | 7,500,000 | 33,000,000 |
| 普通株の平均収益率 | 13.2% | 15.8% | 25.0% |
| 普通株の最大収益率 | 17.9% | 23.5% | 44.7% |

＊アイランド・クリークとナッシュ・モーターズについては株式配当分を修正済みの数字

ストの年の収益を見ても1933年7月の時価総額の10%にも満たない。また、その株価が実際の設備投資額よりかなり割高に買われているというのもこの普通株グループの特徴である。

Bグループの普通株は、業績のぶれが大きいという点でかなり投機的である。平均収益や資産価値に対する株価の比率も銘柄によって大きな開きがある。

Ｃグループの普通株は、次のような数量的な投資基準を満たす投資適格の株式である。

①過去10年間の大きな景気変動の影響にもかかわらず、業績はかなり安定している。

②株価に対する平均収益率も満足すべき水準にある。

③財務内容は保守的で運転資本も厚い。

投資目的で購入する普通株の株価が資産価値と必ずしも同じである必要はないが、その会社の資産価値よりそれほど割高には買われていないというのもＣグループの普通株の特徴である。普通株の投資は、Ｃグループのように安定した業績で裏付けられているものに限るべきである。さらにそうした株式の購入者が、少なくともその会社の将来の業績見通しについて満足していることも大切な条件である。

## 資本構成の変更

過去の１株当たり利益を見る場合、当該期間中に重要な資本構成の変更があった場合には、それを反映するように収益数字を修正する必要がある。最も単純なケースとしては、株式配当や株式分割に伴う普通株式数の変更分だけを修正すればよい。その場合には現在の発行済み株式数をもとにその期間中の資本数字を修正するのである。

（新株引受権やワラント権の行使などによって）比較的安値で株式が追加発行されたり、または上位証券の転換で普通株が増加した場合の資本構成の修正はかなり複雑である。そうした場合の過年度の普通株の利益は、増加した株式の分だけ増やさなければならない。債券や優先株が普通株に転換された場合には、その払込金を加えた新しい数字を新しい株数に適用すべきである。例えば比較的安値で株式が追加発行されたときには、増資収益分を６～10％上回る必要収益を見込むといった具合である（ただし、資本構成の変更がそれほど大きな影響を及ぼさない場合にはこうした修正は不要である）。

一方、上位証券の転換やワラント権の行使などによって将来的に普通株式数が増加するときには、それに応じて１株当たり利益も修正しなければならない。特にさまざまな特権の付いた証券が存在する場合には、そうした特権の行使が普通株の１株当たり利益に及ぼす影響も考慮する必要がある。

**事例**

バーンズダルの1926年の公表利益は607万7000ドル、それを発行済み株式数の114万株で割った１株当たり利益は5.34ドルだった。ところが同社には１株当たり25ドルで100万株を購入できる既発ワラント債（利率６％）が2500万ドルあったため、同年の利益はこれらのワラント権が行使されたものとして、その払込金を含めた利益が757万7000ドル、それを新たな発行株式数の214万株で割った１株当たり利益は3.54ドルと修正される。

次ページの表は、２つの修正を加えたアメリカン・ウオーターワークスの普通株の利益である。

修正Ａは1928～30年に実施した株式配当を反映した数字である。修正Ｂは1934年に発行した1500万ドルの転換社債（利率５％）が普通株に転換されたものとして普通株の増加分が75万株に加え、それまでの支払利息分も利益と相殺・調整されている（この修正値には先に検討した減価償却費などの増減分は含まれていない）。バランスシートの数字を分析する場合には、普通株１株当たりの簿価や資産価値にもこうした修正を加える必要がある。

| 年 | 普通株の公表利益＊ | | | 修正A | | 修正B | | |
|---|---|---|---|---|---|---|---|---|
| | 金額 | 発行株式数 | 1株利益 | 発行株式数 | 1株利益 | 金額 | 発行株式数 | 1株利益 |
| 1933 | 2,392 | 1,751 | 1.37 | 1,751 | 1.37 | 3,140 | 2,501 | 1.26 |
| 1932 | 2,491 | 1,751 | 1.42 | 1,751 | 1.42 | 3,240 | 2,501 | 1.30 |
| 1931 | 4,904 | 1,751 | 2.80 | 1,751 | 2.80 | 5,650 | 2,501 | 2.26 |
| 1930 | 5,424 | 1,741 | 3.10 | 1,751 | 3.10 | 6,170 | 2,501 | 2.47 |
| 1929 | 6,621 | 1,655 | 4.00 | 1,741 | 3.80 | 7,370 | 2,491 | 2.95 |
| 1928 | 5,009 | 1,432 | 3.49 | 1,739 | 2.88 | 5,760 | 2,491 | 2.30 |
| 1927 | 3,660 | 1,361 | 2.69 | 1,737 | 2.11 | 4,410 | 2,491 | 1.76 |
| 7年平均 | | | 2.70 | | 2.50 | | | 2.04 |

＊単位は発行株式数が1000株、利益が1000ドル

## 参加的証券の権利

普通株の利益を分析する場合にはワラント権などの行使に伴う払込金は別としても、既発の参加的証券のさまざまな権利も十分に考慮する必要がある。またそれほど一般的ではないが、「制限株（Restricted Share）」（一定の収益に達しないと配当が支払われない株式）への配当などについても注意を払う必要があるだろう。

大手自動車部品メーカーであるトリコ・プロダクツの資本金は67万5000株の普通株で構成され、そのうち（社長が保有する）45万株について当初は配当が制限されていた。配当に制限のない普通株の配当は１株当たり2.50ドルで、それを上回る配当可能利益については制限株と非制限株は平等の権利を持っていた。ところが1925年以降に同社の収益がその基準以上に増加したため、多くの制限株の配当制限が解除された（1933年末までに150万株の配当制限が解かれた）。次ページの表の数字はこうした影響を反映したものである。

**トリコ・プロダクツの修正利益（単位：ドル）**

| 年 | 普通株の利益 | 1株利益 | | |
|---|---|---|---|---|
| | | A.制限株を含めない | B.制限株の配当権を含む | C.資本合計から制限株を解除 |
| 1924 | 171,000 | 0.76 | 0.76 | 0.25 |
| 1925 | 485,000 | 2.15 | 2.15 | 0.72 |
| 1926 | 807,000 | 3.59 | 2.86 | 1.19 |
| 1927 | 1,372,000 | 5.00 | 3.52 | 2.03 |
| 1928 | 1,778,000 | 5.27 | 3.88 | 2.64 |
| 1929 | 2,250,000 | 6.67 | 4.58 | 3.33 |
| 1930 | 1,908,000 | 5.09 | 3.94 | 2.83 |
| 1931 | 1,763,000 | 4.70 | 3.73 | 2.61 |
| 1932 | 965,000 | 2.57 | 2.54 | 1.44 |
| 1933 | 1,418,000 | 3.78 | 3.21 | 2.10 |
| 10年平均 | 1,292,000 | 3.96 | 3.12 | 1.91 |

# 第40章

# 資本構成

資本構成に占める上位証券と普通株の割合は、その会社の１株当たり収益力と密接な関係がある。これを次のような仮説で説明すると分かりやすいだろう。ここに100万ドルの収益力（平均収益または当期利益）を持つＡ、Ｂ、Ｃ社があるとする。これら３社は資本構成という点を除き条件はまったく同じである。Ａ社は10万株の普通株だけ、Ｂ社は500万ドルの債券（表面利率５％）と10万株の普通株、Ｃ社は1000万ドルの債券（同５％）と10万株の普通株で資本金が構成されている。債券は額面、普通株価を１株当たり利益の10倍で計算すると３社の企業価値は次のようになる。

| 会社 | 普通株の利益（ドル） | 普通株の時価総額（ドル） | 債券の時価総額（ドル） | 企業価値（ドル） |
|---|---|---|---|---|
| Ａ社 | 1,000,000 | 10,000,000 | | 10,000,000 |
| Ｂ社 | 750,000 | 7,500,000 | 5,000,000 | 12,500,000 |
| Ｃ社 | 500,000 | 5,000,000 | 10,000,000 | 15,000,000 |

これらの数字を見ると、同じ収益力を持つ会社でも資本構成が違うというだけでこれだけの価値の差が出るのである。しかも資本構成はその会社の経営陣が自由に決められるのである。ということは、企業の適正価額というものは上位証券や普通株の割合を変えるだけで任意に増減できるものなのであろうか。

## 企業価値

この問いに正しく答えるには、この３社の数字をもっと詳しく分析する必要がある。まず最初にこの３社の企業価値を計算するときに債券は額面で、普通株は10倍のPERで換算したが、この前提は本当に正しいのだろうか。まずＢ社について見ると、業績に特にマイナスの材料がなければ支払利息（25万ドル）に対する利益（100万ドル）の倍率（インタレスト・カバレッジ）が４倍であるため、債券が額面（100ドル）近辺で売られているのは何ら不自然ではない。またこの程度の債券債務であれば、普通株が10倍のPERで売られていることも十分に納得できる。

しかし、もしＢ社株が１株当たり利益の10倍の価値を持つならば、Ａ社の普通株は既発の上位証券がないためそれ以上の価値を持ってもおかしくはない。支払利息のないＡ社株はＢ社株よりも収益の落ち込みによる影響は小さいからである。これは明らかに正しいが、その一方でＢ社株が収益の「増加」からＡ社株よりもはるかに大きな利益を受けるのもこれまた事実なのである。次の表の数字を見るとそのことがよく分かる。

Ｂ社の減収から受ける影響と増収から受ける影響がまったく等しいと考えるのは正しいことなのだろうか。さらに、もし投資家が将来の増収を予想して他社よりも大きなメリットを受けるＢ社のような会社の普通株に投資したとすれば（普通株を購入するときには当然そうし

| 収益仮定(ドル) | 1株利益(ドル) | | 1株利益の基準値からの増減率(ドル) | |
|---|---|---|---|---|
| | A社 | B社 | A社 | B社 |
| 1,000,000 | 10.00 | 7.50 | (基準) | (基準) |
| 750,000 | 7.50 | 5.00 | −25% | −33⅓% |
| 1,250,000 | 12.50 | 10.00 | +25% | +33⅓% |

た銘柄を選ぶだろう)、それは正しい選択といえるのだろうか。ここで再び最初の結論、すなわち債券と普通株で資本構成されるB社の企業価値が普通株だけの資本構成のA社よりも250万ドル、25%も高いという事実に目を向けてみよう。

## 最適な資本構成

この最初の結論は一見矛盾しているように見えるが、普通株のある面での真実を表している。しかし、こうした矛盾点をさらに詳しく分析していくと、A社の資本構成が極めて単純化されているのが分かる。A社の普通株は明らかにB社の債券+普通株で表される要素を含んでいる。つまり、A社株の一部は基本的にB社の債券と同じであるという前提に基づいて理論的には5%の価値率で評価し、残りの普通株は10%で評価すべきであろう。この理論上の評価基準に基づけば、A社の企業価値は平均8%で計算した1250万ドルということになり、この数値はもちろん債券と普通株を含めたB社の企業価値と同じになる。

しかし、A社のこの1250万ドルという理論上の企業価値は実際には存在しないだろう。というのは、投資家は普通株に含まれるそうした「債券の要素」を知らないし、たとえそれが分かっても余計なおカネを出してまでそうした債券の要素を購入することはないからである。こうした事実を踏まえると、証券投資家と企業経営者の双方にとって価値のある次のような重要な原則が引き出せる。

「すべての企業にとって最適な資本構成とは、安全に発行され、また投資目的で購入できる上位証券を持つ資本構成である」

これを具体的に説明すると、500万ドルの債券という安全な投資対象を持つB社の資本構成はA社のそれよりは望ましい。というのは第13章でも検討したように、安全な工業債の厳しい投資適格基準を満たすには少なくとも500万ドル程度の正味運転資本は必要とされるからである。この基準に照らせば、すべての資本金を普通株で構成するA社の場合、資本の多くを債券で調達している会社に比べて普通株主にもたらされる利益は少なくなるため、その資本構成は極めて保守的なものとなる。これと同じように多くの企業にとっても、必要資金のすべてを株主から調達するよりは、季節的な必要資金の一部を銀行借り入れなどで賄うことにはそれなりのメリットがある。

## 安全な債券の不足

経営の安定した企業が季節的な必要資金の一部を銀行から借り入れることは銀行にとって望ましいのと同じように、投資家の立場からすれば、強力な工業会社が必要な資金を債券発行で調達することにも多くのメリットがある。それによって市場に優良債券が出回れば、債券投資家の選択肢は広がってリスクの高い債券に手を出す必要がなくなるからである。しかし最近ではそうした企業が債券発行を手控える傾向にあるため、優良債券の不足が目立っている。むしろ強力な企業ほど債券の新規発行を手控えて既発債の償還を進めている。優良企業のこうした傾向は、投資家や金融機関の投資政策に次のような悪影響を及ぼすだろう。

①工業債を新規に発行する企業はぜい弱な企業に限られてくる。これによっていっそう優良債券が少なくなれば、投資家が購入できる債券は劣悪なものが多くなり、その結果債券投資のリスクがますます大きくなる。

②優良債券が少なくなれば、投資家の目は優先株に向くようになる。しかしこれまで再三にわたって指摘したように、優先株の投資は理論的にも不利な面があり、損失を被る可能性も高くなる。

③多くの大企業が上位証券の発行を手控えると、相対的に普通株の投資価値が高まって普通株に買いが集中するようになる。こうなると、本来ならば安全な債券を購入したい投資家も普通株を購入せざるを得なくなる。そうなれば、普通株の価格は大幅に上昇して1927〜29年のような投資と投機が区別できないような状況が再来する。そうなれば、かつての慎重な投資家が被った悲劇が再び全国規模で起きる可能性もある。

## 資本構成の評価

企業の資本構成という問題にもう一歩踏み込むために、今度はＣ社のケースを分析してみよう。われわれは同社の債券1000万ドルを額面で、普通株を１株当たり利益５ドルの10倍で換算し、同社の企業価値を1500万ドルと評価した。しかし、その債券の価格評価は明らかに間違っている。工業債にとってインタレスト・カバレッジがわずか２倍（支払利息50万ドルに対し、当期利益が100万ドル）というのは安全基準としてはまったく不十分である。もしそれで十分であるとすれば、投資額の10％もの利益を上げている高収益会社の株主は、利率５％の社債を発行して投資額を回収したあと、残り半分の利益を掌中に収めつつ、その会社を支配し続けられるということになる。そんなことが実際にできれば株主にとっては極めて有利であるが、そうした債券を購入することはまったくバカげている。

このＣ社のケースは、上位証券の安全性とその利率という問題をわれわれに提示している。もしもこの1000万ドルの債券の表面利率が７％であるとすれば、その70万ドルの支払利息に対する収益の倍率は1.43倍となる。ここにそのような利率７％の債券を発行しているＤ社があるとする。うかつな投資家は両社の業績を比較して、Ｄ社の債券のインタレスト・カバレッジがわずか1.43倍しかないので安全性に問題があるとして購入を取り止め、インタレスト・カバレッジが２倍のＣ社の債券を購入したとしよう。こうした選択は正しいのであろうか。われわれの賢明な投資家は、その債券の利率が高いという理由でそれを拒否したり、その反対に利率が低いという理由でその債券を購入することもある。つまり債券投資に際して重要なことは、債券の安全性は単に利率が低いということだけで保証されるものではなく、その債券が十分な安全余裕率を持っているのかということである。もちろん、これと同じことは優先株の配当率にも当てはまる。

Ｃ社の債券は発行規模がかなり大きいために安全性が低いため、額面よりかなり低い水準で売られる公算が大きい。そうした債券の適正な価格については言及できないが、第26章でも検討したように、安全性に問題のある投機的な債券については一般には70以上の価格で購入してはならないと警告した。特に同社のように過大な債券債務を持つ会社の場合、保守的な投資家は不況期の重い金利負担による財務リスクを考えてその株式の購入も手控えるため、こうした会社の普通株が10倍のPERで売られることはあまりない。とすれば、債券と普通株を合算したＣ社の企業価値は当初試算の1500万ドルではなく、Ｂ社の1250万ドルさらにはＡ社の1000万ドルよりも低くなるかもしれない。

しかし一般的な事実として、こうしたシビアな評価が株式市場で必ずしも受け入れられるとは限らない。うかつな投資家が多く、また投機家が十分に抜け目がないとすれば、Ｃ社の企業価値が1500万ドル以上に評価されることもある。もっとも、資本構成に対するわれわれの論理に従えば、C社のような資本構成はあまり適正なものではない。つまり、上位証券を使って有利な資本構成を作ったとしても、それにはおのずと限界があるということである。上位証券もそれが安全に発行され、投資対象として安全に購入される水準を超えてしまえば、そのメリットはなくなってしまうのである。われわれの論理に基づいてこの３社の資本構成を評価すると、A社のような資本構成は「保守的」（普通株が大部分を占める）、C社は「投機的」（普通株の割合が小さい）であるが、B社のような資本構成は「適切」または「ほどよい」と言えるだろう。

## 投機的な資本構成の普通株

投機的な資本構成を持つ会社の証券は「投資」の対象からは外れるが、その代わりその普通株は投機的なメリットを持つようになる。例えば、C社の収益が100万ドルから125万ドルに25％増加しただけで、その普通株の１株当たり利益は50％も上昇するのである（５ドル→7.50ドル）。こうした理由から、投機的な資本構成を持つ会社の普通株は好況期または強気相場の下ではほかの株式よりも割高に買われる傾向がある。もちろんその逆に、不況期や弱気相場ではほかの株式よりも大きく下落する。しかし、不況期などに急落するそうした株式の大きなメリットは、値下がり幅以上に大きく上昇する可能性があることである。

例えば、アメリカン・ウオーターワークスの普通株は1921～29年に途方もなく値を上げたが、その大きな理由は同社の資本構成がかなり投機的だったからである。それは同社の４期の業績を示した次の表を見ても明らかである。

もし1921年の高値6 1/2ドルで同社の普通株１株を購入した投資家

**アメリカン・ウオーターワークス**

| 項目 | 1921年 | 1923年 | 1924年 | 1929年 | 1929年と1921年の比率 |
|---|---|---|---|---|---|
| 総収益＊ | 20,574 | 36,380 | 38,356 | 54,119 | 2.63：1 |
| 金融費用に充当可能な純利益＊ | 6,692 | 12,684 | 13,770 | 22,776 | 3.40：1 |
| 金融費用・支払優先配当＊ | 6,353 | 11,315 | 12,780 | 16,154 | 2.54：1 |
| 普通株の利益＊ | 339 | 1,369 | 990 | 6,622 | 19.5：1 |
| 1921年をベースとした数字† | | | | | |
| 普通株式数 | 92,000 | 100,000 | 100,000 | 130,000 | 1.35：1 |
| 1株利益 | 3.68 | 13.69 | 9.90 | 51.00 | 13.8：1 |
| 普通株の高値 | 6½ | 44¾ | 209 | 約2500 | 385：1 |
| 高値での利益率（%） | 56.6% | 30.6% | 4.7% | 2.1% | 0.037：1 |
| 公表された数字 | | | | | |
| 普通株式数 | 92,000 | 100,000 | 500,000 | 1,657,000 | |
| 1株利益 | 3.68 | 13.69 | 1.98 | 4.00 | |
| 普通株の高値 | 6½ | 44¾ | 41⅞ | 199 | |

＊単位：1000ドル
†普通株数と株価は株式配当と株式分割の影響を除外した修正数字

が、株式配当や株式分割による分配利益を受け取りながらそのまま株式を保有し続けたとすれば、1929年に199ドルの高値をつけたときの持ち株は約12.5株に増えている。そして6 1/2ドルで購入した1株の時価総額は何と約2500ドルになっているのである。総収益がわずか2.6倍しか増えないのに、普通株の時価は約400倍の値上がりである。普通株のこうした法外な値上がりをもたらした要因は次のようなものである。

①1株当たり利益が急増したこと。1921年の同社の資本構成はかな

り投機的な傾向が強く、とりわけ第二優先株が無配だったことからその債券は安く、普通株の１株当たり利益も低水準だった。ところが1929年になると公益事業株の人気が高まり、同社の普通株もPERで約50倍の高値まで買われた。

②一般に投機的な資本構成の普通株は、その会社の資産や収益が増加すると驚くほどのペースで急騰する。しかも必要資金のほとんどは上位証券の発行で調達されているため、1921～29年のように収益が約160％増えただけで、普通株の１株当たり利益は14倍にも膨らんだのである。

③総収益に対する純利益の比率が高まったため、営業利益率が大きく上昇した。その結果、同社のような投機的な資本構成の普通株は純利益の増加で大きなメリットを受けた。

### ほかの事例

このように投機的な資本構成の普通株はさまざまな状況の下で大きなメリットを受けるが、トウモロコシ製品メーカーのＡ・Ｅ・ステーリー・マニュファクチュアリングもそのひとつである。以下では同社の収益と比較検討しやすいように、同社とは対照的に保守的な資本構成のアメリカン・メイズ・プロダクツの数字も併せて掲載した。

それによれば、ステーリーの普通株１株当たりの利益は毎年大きく変動している。この業種の利益は各年によってかなり変動しやすいことを考慮しても、上位証券に比べて普通株の割合がかなり小さい同社の投機的な資本構成が普通株の変動を増幅していることは明らかである（ステーリーは1934年に１持株当たり１株の株式配当を実施したため、発行済み株式数は２倍になった）。また同社の場合、その金融費用が減価償却費とほぼ同額になっている。このため、減価償却費控除前の純利益が1929年の326万6000ドルから翌年には154万4000ドルに50％以上も減少すると、普通株の１株当たり利益は84ドルからわずか

### A・E・ステーリー

| 年 | 減価償却費控除前の純利益* | 減価償却費* | 金融費用・支払優先配当* | 普通株の利益* | 1株利益 |
|---|---|---|---|---|---|
| 1933 | 2,563 | 743 | 652 | 1,168 | 55.63 |
| 1932 | 1,546 | 753 | 678 | 114 | 5.43 |
| 1931 | 892 | 696 | 692 | 496(赤字) | 23.60(赤字) |
| 1930 | 1,540 | 753 | 708 | 79 | 3.74 |
| 1929 | 3,266 | 743 | 757 | 1,766 | 84.09 |
| 1928 | 1,491 | 641 | 696 | 154 | 7.35 |
| 1927 | 1,303 | 531 | 541 | 231 | 11.01 |
| 1926 | 2,433 | 495 | 430 | 1,507 | 71.77 |
| 1925 | 792 | 452 | 358 | 18(赤字) | 0.87(赤字) |
| 1924 | 1,339 | 419 | 439 | 481 | 22.89 |

*単位:1000ドル

### アメリカン・メイズ・プロダクツ

| 年 | 減価償却費控除前の純利益* | 減価償却費* | 金融費用・支払優先配当* | 普通株の利益* | 1株利益 |
|---|---|---|---|---|---|
| 1933 | 1,022 | 301 | | 721 | 2.40 |
| 1932 | 687 | 299 | | 388 | 1.29 |
| 1931 | 460 | 299 | | 161 | 0.54 |
| 1930 | 1,246 | 306 | 22 | 918 | 3.06 |
| 1929 | 1,835 | 312 | 80 | 1,443 | 4.81 |
| 1928 | 906 | 317 | 105 | 484 | 1.61 |
| 1927 | 400 | 318 | 105 | 23(赤字) | 0.08(赤字) |

*単位:1000ドル

3.74ドルに急減してしまう。これに対し、アメリカン・メイズ・プロダクツの純利益も毎年変動しているが、優先支払費用が少ないため普通株1株当たりの利益のばらつきはステーリーほど大きくはない。

**資本構成（1933/1現在）**

| 項目 | A・E・ステーリー | アメリカン・メイズ・プロダクツ |
|---|---|---|
| 債券（利率6％） | 4,000,000*×0.75＝3,000,000 | |
| 優先株（配当7ドル） | 50,000株×44＝2,200,000 | |
| 普通株（ドル） | 21,000株×45＝950,000 | 300,000株×20＝6,000,000 |
| 資本合計（ドル） | 6,150,000 | 6,000,000 |
| 1927～32年の平均収益（ドル） | 900,000 | 615,000 |
| 1933年の資本合計に対する利益率（％） | 14.6％ | 10.3％† |
| 普通株の1株利益（ドル） | 14.76 | 1.87 |
| 普通株の利益率（％） | 32.8％ | 9.4％† |
| 運転資本（1932/12/31）（ドル） | 3,664,000 | 2,843,000 |
| 正味資産（1932/12/31）（ドル） | 15,000,000 | 4,827,000 |

*自社保有の債券を除く
†1929～30年の優先株発行残高に対する両社の会計処理の違いを反映している

## 投機的な普通株のテコ作用

1933年1月のステーリーの証券時価総額は、先のC社の理論的な結論を実際に裏付けている。同社の投機的な資本構成によって、特に優先株の無配を反映して債券と優先株はかなりの安値に下落した。つまり、多くの上位証券がその時価総額を引き上げる代わりに、同社の企業価値を保守的な資本構成のアメリカン・メイズよりも大きく押し下げたのである。それに比べて、アメリカン・メイズの平均収益と普通株の時価は平均して一定のバランスを保っている。毎年の利益の変動が上位証券の存在によってもたらされたものではないという点で、同社の資本構成はそれほど保守的なものではない。一般に多少の債券や優先株があっても、その程度の上位証券はその会社の企業価値にとってそれほど大きな影響は及ぼさない。

1933年1月のステーリーはアメリカン・メイズよりも過小評価されていたが、そのひとつの理由は正味資産や総資産の内容にあった。同社の固定資産には値段をつけられない無形資産が含まれており、一般に企業の固定資産評価額は証券時価総額の2倍以上は必要であると考えられていたからである。ところが不況期ではかなりの安値まで売られた同社の投機的な普通株は、景気が回復すると1株当たり利益の急増を反映して法外な高値まで買われるのである。事実、1927年初めに約75ドルだったステーリーの普通株は1年後には300ドル近くまで急騰したのである。

### 同じような事例

一方、モホーク・ラバーの普通株もステーリー株と同様に途方もない高値をつけた投機的な株式のひとつである。1927年には優先株の時価総額が196万ドルだったのに対して、普通株の時価総額は15ドルという安い株価を反映してわずか30万ドルにすぎなかった。1926年には640万ドルの売り上げに対して61万ドルの赤字、翌年には売上高が570万ドルに減少したが63万ドルの利益を確保した。この利益でも発行数の少ない普通株の1株当たり利益は23ドル以上になる。その後同社の株価は1927年の15ドルの安値から翌年には251ドルまで買われた。しかし1930年には売り上げが再び66万9000ドルまで落ち込んだため、その株価もわずか4ドルまで売られた。

投機的な資本構成を持つ会社の普通株主は、上位証券保有者の利益を犠牲にして自らの利益を得ている（または得る可能性がある）といってもよい。つまり、普通株主は少ない元手しか出さずに上位証券保有者の大きな資金による利益を得ているといっても過言ではない。普通株主にとっては、「表が出たらボクの勝ち、裏が出たらキミの負け」というわけである。相対的に投資額が少ない株主が享受するこの状況は、極端なパターンでの「自己資本の利用（trading on the equity）」である。

## わずかな元手の投機的利益

われわれはさまざまな確定利付き証券について分析したときに、下位証券が少ないときには上位証券保有者の立場はかなり不利に（最終的には不公平に）なると強調した。これを逆の立場から見ると、そうした場合の普通株には上位証券の不利さに比例して大きな投機的利益を得る有利さがあるのである。そうした分析をさらに進めると、普通株の「投資」の領域から「投機」の分野に足を踏み入れることになるだろう。

ステーリーのケースでも明らかなように、投機的な資本構成は不況期には上位証券と普通株の双方にマイナスに作用する。そうした時期の普通株主は債券保有者を犠牲にして投機的な利益を得ることはできない。このような普通株にも何らかのメリットがあるとすれば、それは一時的な不況期に不当な安値で売られている銘柄を拾えるといったことぐらいであろう。また、投機的な資本構成の普通株には通常の状況（好況期でも不況期でもない平常期）では何の有利さも不利さもない。そのような時期には分散投資と好業績の株式の投資を心掛けるべきであるが、そのような場合でも上位証券の多くが債券よりも優先株で占められている会社の普通株を買ったほうがよいだろう。そうした資本構成であれば不況期の債券利払いがデフォルトになる可能性も少ないだろうし、さらに好況期が再び戻ってくるまでわずかな元手しか投資しない普通株主は自らの有利な立場を維持できるからである（このように普通株にとって有利であるということは、優先株にとっては不利になるのは当然である）。

しかし、そうした普通株を購入したとしても将来の値上がり益の全額を手にすることはできないだろう。転換社債のところでも詳しく検討したように、株価の上昇に伴って株式保有者がさらに多くの利益を追求しようとすれば、これまでの確定益を手放さなければならないからである。転換社債の価格がインカムゲインを目的とした投資の範囲を超えた水準まで上昇すると、転換社債が持つ本来のメリットが失われることはすでに指摘したとおりである。それと同じように、小額の普通株への投資も株価が上昇し続ければ別物になって、大きな投資になる。先のモホーク・ラバーのケースでいえば、15ドルでその普通株を購入した賢明な投資家であれば、100ドルを超える水準まで（ましてや250ドルの最高値までは）保有するなどとは考えもしなかっただろう。というのは、その普通株は100ドルもしくはそれ以下の水準ですでに投機的な資本構成の会社の下位証券としてのメリットをなくすことになるからである。

# 第41章

# 低位の普通株

## 低位株

前章で検討した投機的な普通株の特徴は「低位株」に特有のものである。投機的な資本構成を持つ会社の普通株はほとんどが低位株である。もっとも「低位」とはやや恣意的な定義である。1株が10ドル以下の普通株は明らかに低位株に含まれ、20ドル以上の株は一般にはそれに含めないため、低位株とそれ以外の株を区別する境界線は10～20ドルのどこかにあると考えられる。

## 低位株の数学的なメリット

低位の普通株には、下げ幅よりも上昇の余地が大きいという数学的なメリットがある。株価が100ドルから400ドルに上昇するよりも、10ドルから40ドルに行くほうがはるかに簡単であるというのは株式市場の常識である。その理由のひとつは、多くの投機家が100ドル以上の株よりは10～40ドルの株を選好することがある。これに加えて、少ない資金で比較的大きな企業の利益権を手にすることができるというメリットもある。

ニューヨーク証券取引所の会員会社であるＪ・Ｈ・ホームズは1931年１月に公表した「分散投資のための低位株」と題する調査報告のなかで、大底圏では値がさ株や優良株よりは低位株を購入したほうが有利であるとして次のように述べている。

「さまざまな不況期とその後の株価（1897年、1907年、1914年および1921年とその３年後の低位株と値がさ株の値動き）を調べると、低位株（12ドル以下の株式）の値上がり幅はいわゆる主力株のそれを上回っている。３年後の低位株の値上がり幅が平均で3.45倍であるのに対し、主力株は1.71倍にとどまっている。また、いくつかの低位株と主力株のグループに資金を投じて一定期間後のリターンを調べたところ、低位株のリターンのほうが高かった」（正確に言えば、ここでは低位株の値上がり幅が3.45倍と言っているのではなく、各銘柄で２～3.45倍と言っているのである）

## 低位株投資家が損をする理由

以上の理由から、一般投資家が低位株を選好するのは理論的には正しいことである。それにもかかわらず、なぜ低位株投資家の多くが損をするのだろうか。その大きな理由は、それらの投資家が「売られている」銘柄を買うからである。つまり、買い手にとって有利ではなく売り手にとって有利な株を買っているのである。そうした低位株の多くは悪い株であり、買い手に何ら利益をもたらしてはくれない。そうした銘柄の会社は財務内容が悪かったり、または一見すると低位株であるが、実際にはその企業規模に比べて発行株数が過大であるような会社の株である。新規公募価格が安い株式はほぼ例外なくそのような会社である。そのような会社の発行済み株数はかなり多いため、１株の値段が安くても普通株の時価総額は大きくなるのである。以前の鉱山株や1933年に相次いで発行されたアルコール飲料株などがこれに当たる。

「本当の低位株」とは、その会社の総資産、売上高、過去の業績および将来の業績見通しの水準に比べて普通株の時価総額が相対的に少ない株式である。次の表は「本当の低位株」と「偽の低位株」の会社の決算数字を示したものである。

ライト・ハーグリーブズ株の時価総額はすべての財務項目の数字に比べて異常に大きいため、これは明らかに見かけだけの低位株である。一方、バーカー・ブラザーズ株の時価総額は74万3000ドルとその企業規模に比べてかなり少ない（同社の優先株の18ドルという価格も低位普通株の特質を持っている）。

| 項目 | ライト・ハーグリーブズ・マインズ（金鉱） | バーカー・ブラザーズ（小売り） |
|---|---|---|
| 1933/7現在 | | |
| 普通株価（ドル） | 7 | 5 |
| 発行済み株式数 | 5,500,000 | 148,500 |
| 普通株の時価総額（ドル） | 38,500,000 | 743,000 |
| 優先株の額面総額（ドル） | | 2,815,000 |
| 優先株の時価総額（ドル） | | 500,000 |
| 1932年 | | |
| 売上高（ドル） | 3,983,000 | 8,154,000 |
| 純利益（ドル） | 2,001,000* | 703,000（赤字） |
| 1924〜32年 | | |
| 最高売上高（ドル） | 3,983,000 | 16,261,000 |
| 最高純利益（ドル） | 2,001,000* | 1,100,000 |
| 普通株１株の最高利益（ドル） | 0.36* | 7.59 |
| 運転資本（1932/12）（ドル） | 1,930,000 | 5,010,000 |
| 正味有形資産（1932/12）（ドル） | 4,544,000 | 7,200,000 |

*減価償却費控除前の純利益

一般に株式市場では倒産の危機に瀕している会社の株は、単なる悪業績の低位株に比べて活発に取引されている。これはインサイダーが保有する株券が紙くずになる前に処分しているためであり、いわばうかつな一般投資家に保有株を押しつけて売り逃げしているのである。これに対し、投機的な魅力を持つ本当の低位株はそうした売り圧迫もないし、また一般投資家の買いを誘う必要もない。このため、そうした低位株の出来高は少なく、市場の関心も集まらないのである。低位株投資家がしょっちゅう悪い低位株ばかり買って、本当に有望な低位株の利益のチャンスを逃しているのはこうした理由によるのである。

## 投機的な資本構成の低位株

投機的な資本構成の会社とは債券をはじめとする上位証券が多く、普通株の割合が小さい資本金の会社である。一般にそのような会社の普通株は値段が安いものだが、発行済み株数が少ないと必ずしもそうはならない。先に検討したステーリーの場合などは普通株価が50ドルになっても、債券と優先株が時価総額の90%以上を占めているため、その資本構成は依然として投機的である。たとえ資本金に上位証券が含まれていなくても、その普通株が投機的な資本構成の普通株と同じ性質を持つこともある。それは企業規模に比べて普通株の時価総額が少ない場合である。次の表はギンベル・ブラザーズとマンデル・ブラザーズ（いずれも百貨店）の業績・財務数字を示したものである。1933年７月の両社の普通株価はともに５ドルだった。

ギンベル・ブラザーズは典型的な投機的な資本構成の会社である。これに対し、マンデル・ブラザーズは上位証券こそないが普通株の時価総額が小さいため、やはりその普通株も投機的な要素を持っている（マンデル・ブラザーズの財務諸表には上位証券は表示されていないが、同社にはギンベル・ブラザーズの債券に相当する一定利払いの賃借債務が存在する）。

| 項目 | ギンベル・ブラザーズ | マンデル・ブラザーズ |
|---|---|---|
| 1933/7現在 | | |
| 債券(額面総額)(ドル) | 29,100,000 | |
| 優先株(額面総額)(ドル) | 16,100,000 | |
| 普通株(ドル) | 960,000株×5＝ 4,800,000 | 307,000株×5＝ 1,535,000 |
| 時価総額(ドル) | 50,000,000 | 1,535,000 |
| 1932年 | | |
| 売上高(ドル) | 72,200,000 | 14,800,000 |
| 支払利息控除前の純利益(ドル) | 2,710,000(赤字) | 579,000(赤字) |
| 普通株の利益(ドル) | 5,537,000(赤字) | 579,000(赤字) |
| 1924〜32年 | | |
| 最高売上高(1930年)(ドル) | 124,600,000 | (1924)29,100,000 |
| 普通株の最高純利益(1924年)(ドル) | 6,118,000 | (1925) 2,003,000 |
| 普通株1株の最高利益(1924年)(ドル) | 10.19 | (1925) 6.40 |
| 1933/1/31現在 | | |
| 正味流動資産(ドル) | 19,100,000 | 3,669,000 |
| 正味有形資産(ドル) | 76,000,000 | 5,650,000 |

## 投機的な低位株の売上高と生産コスト

投機的な普通株の１株当たり利益が一定水準以下に落ち込むと、その会社の売上高の落ち込み幅に比べてそうした普通株の下落率ははるかに大きくなる。そして、高い操業・生産コストは過大な優先費用と同じように普通株の利益を押し下げる大きな要因となる。次の産銅会社３社のケースを分析すれば、大きな生産高と低い生産コストとの関係がより明確になるだろう。

| 項目 | A社 | B社 | C社 |
|---|---|---|---|
| 資本金 | | | |
| 債券(利率6%)(ドル) | | 50,000,000 | |
| 普通株(株) | 1,000,000 | 1,000,000 | 1,000,000 |
| 生産高(ポンド) | 100,000,000 | 150,000,000 | 150,000,000 |
| (支払利息控除前の)生産コスト(セント) | 7 | 7 | 9 |
| ポンド当たり支払利息(セント) | | 2 | |
| ポンド当たり生産コスト(セント) | 7 | 9 | 9 |
| A | | | |
| 銅の推定価格(セント) | 10 | 10 | |
| ポンド当たり利益(セント) | 3 | 1 | |
| 1株当たり生産高(ポンド) | 100 | 150 | |
| 1株当たり利益(ドル) | 3 | 1.50 | |
| 1株利益10倍の株価(ドル) | 30 | 15 | |
| 株価1ドル当たり生産量(ポンド) | 3⅓ | 10 | |
| B | | | |
| 銅の推定価格(セント) | 13 | 13 | |
| ポンド当たり利益(セント) | 6 | 4 | |
| 1株当たり利益(ドル) | 6 | 6 | |
| 1株利益10倍の株価(ドル) | 60 | 60 | |
| 株価1ドル当たり生産量(ポンド) | 1⅔ | 2½ | |

この表によれば、Ｂ社の債券利息がＣ社の割高な生産コストと同じ効果を持っているのは明らかである（生産高はいずれも１億5000ポンド、両社の生産コストも変わらないとする)。

**一般原則**

一方、生産単位当たりの利益と株価１ドル当たりの生産量は逆比例の関係にあることが分かる。

また、単位当たりの生産コストが低くなると株価１ドル当たりの生産量も減少し、その逆も同じである。ポンド当たりの生産コストが7セントのA社は同9セントのC社に比べて、「生産単位（ポンド）当たり」の株価は高くなるのは当然である。逆に言えば、株価1ドル当たりの生産量はA社よりもC社のほうが多くなる。投機という観点から見ると、この点はかなり重要である。つまり商品価格が高くなると、高生産コストの会社のほうが低生産コストの会社よりも株価の上げ幅が大きくなるのである。上記の表によれば、銅の価格が10セントから13セントに上昇すると、「ポンド当たりの利益」を反映したA社の株価が2倍（30ドル→60ドル）であるのに対し、BとC社の上昇率は4倍（15ドル→60ドル）となっている。ウォール街の一般的な考え方とは裏腹に、理論的には高生産コストの会社の株価は低生産コストの会社の株価よりも高くなるのである。その背景には、製品価格の上昇を見越した買い方がこのチャンスを最大限に利用しようとする動きもあるだろう（銅価格が10セントから13セントに上昇すれば、例えばB社の株価が15ドルから60ドルに急騰するという市場の動き自体は極めて非合理的なものである。というのは、一般には金属市況が永久に上がり続けることはないからである。しかし、株式市場は現実にこうした非合理的な動きをするため、投資家としてはこの点も十分に認識しておかなければならない）。これとまったく同じチャンスが、売上高や収益の増加が予想される投機的な資本構成を持つ会社の普通株に生まれるのである。

## 収益源

一般に「収益源」とは業種と同じ意味で使われている。これは多くの投資家が普通株の価値を1株当たり利益で評価しているからである。各業種の企業にはそれぞれ違うPERの倍率が適用されているが、そうした基準も時代とともに変化していく。第一次世界大戦までは、事業が安定しているという理由から鉄道株が最も高く評価された。1927〜29年には、安定した成長ぶりをはやして公益事業株が最も高いPERで買われていた。しかし、1933年の料金規制と営業コストの上昇から公益事業株の人気は衰え、それに取って代わったのが不況期でも一定の収益を維持していた大手工業会社の株であった。このように株式市場の人気は常に変化しているため、証券アナリストは特定業種の企業に対して絶対的な基準を適用してはならない。目を見張るような業績を上げた企業は将来的な成長と安定性も高く、それゆえPERの倍率も高くなるという一般的な傾向に対して、16倍以上のPERの株はすでに「投資」対象の範囲から逸脱しているというわれわれの原則を想起すべきである。

## 収益源に関する３社の事例

収益源がその会社の本来の事業にあるのではなく、保有する特別な資産からもたらされている３社のケースを検討してみよう。これらの会社の主な収益源は保有する証券やその他の価値ある資産である。これら３社の収益・財務数字を分析することで、その普通株の価値を評価できるだろう。

### 事例１――ノーザン・パイプライン

次の表は、同社の1923〜25年の利益と配当を示したものである。

| 年 | 純利益 | １株利益＊ | 支払配当 |
|---|---|---|---|
| 1923年 | 308,000ドル | 7.70ドル | 10ドル＋15ドルの特別配当 |
| 1924年 | 214,000ドル | 5.35ドル | ８ドル |
| 1925年 | 311,000ドル | 7.77ドル | ６ドル |

＊資本金は４万株の普通株で構成

同社の普通株の安値は1924年が72ドル、1925年が67 1/2ドル、1926年が64ドルである。これらの安値は公表された1株当たり利益の10倍弱で、過年度と比べた減収と減配を反映して同社株の人気は離散していた。しかし、同社の損益計算書を詳しく分析すると、その収益源について興味ある事実が明らかになった（株主に配布する同社のアニュアル・レポートではこの種の情報はほとんど提供されないが、州際商業委員会に提出した資料には完全な財務・営業データが盛り込まれていた)。

| 収益源 | 1923年 | | 1924年 | | 1925年 | |
|---|---|---|---|---|---|---|
| | 収入額 | 1株当たり | 収入額 | 1株当たり | 収入額 | 1株当たり |
| パイプライン事業(ドル) | 179,000 | 4.48 | 69,000 | 1.71 | 103,000 | 2.57 |
| 受取利息・レンタル料(ドル) | 164,000 | 4.10 | 159,000 | 3.99 | 170,000 | 4.25 |
| 特別損益項目(ドル) | (借方) 35,000 | (借方)0.88 | (借方) 14,000 | 0.35 | (貸方) 38,000 | (貸方)0.25 |
| | 308,000 | 7.70 | 214,000 | 5.35 | 311,000 | 7.77 |

この損益計算書を見ると、同社の収益の多くが本業のパイプライン事業以外からもたらされていることが分かる。投資とレンタル収入が常に1株当たり約4ドルとなっている。同社のバランスシートには、約4％の利回りに相当する自由国債とその他の優良証券の投資が約320万ドル（1株当たり80ドル）と記載されている。

こうした事実に照らせば、公表された1株当たり利益の10倍という同社株の評価はまったく意味がなく、別の評価基準を適用しなければならない。すなわち、1株当たり80ドルの優良証券の利回り（4％）は同3.20ドルであり、その10倍で評価してもその価値はわずか32ドルにすぎない。同社のこの証券投資の収入は、変動の激しいパイプライン事業の収入に比べて理論的にはもっと高く評価されてもよいだろう。同社株は次の数字に照らして適正に評価する必要がある。

| 1923～25年の平均* | | 評価基準 | 1株当たり評価額 |
|---|---|---|---|
| パイプライン事業の1株利益 | 2.92ドル | 1株利益×6 2/3倍 | 20ドル |
| 利息・レンタル収入の1株利益 | 4.10ドル | 1株利益×20倍 | 80ドル |
| 合計 | 7.02ドル | | 100ドル |

＊特別損益は含めない

それによれば、本業のパイプライン事業は将来性もあまりないことからもっと低く評価されるべきである。これに対し、利息・レンタル収入についてはその資産価値に見合った評価基準を適用する必要がある。以上の分析に照らせば、ノーザン・パイプラインの1926年の64ドルという株価は本質的価値をかなり下回っているという結論が得られる。

### 事例２――ラカウァナ・セキュリティーズ

同社は以前はデラウェア・ラカウァナ・アンド・ウエスタン鉄道が保有していたグレン・オールデン・コールの大量の債券を保有するために設立された会社で、その株式（発行済み普通株式数は84万4000株）はデラウェア鉄道の株主に比例配分されている。（１株当たり約１ドルの現金収入以外の）同社の唯一の資産は額面総額で5100万ドルに上るグレン・オールデンの一番抵当付き社債（利率４％）である。1931年の同社の損益計算書は次のようになっている。

| | |
|---|---|
| グレン・オールデン債の受取利息 | 2,084,000ドル |
| 支払費用 | 17,000ドル |
| 連邦所得税 | 250,000ドル |
| 普通株の利益 | 1,817,000ドル |
| １株利益 | 2.15ドル |

一見すると1932年の23ドルという株価と１株2.15ドルという利益は不釣り合いのように見える。しかし、この利益は通常の商業または製造事業から生み出されたものではなく、保有する優良債券の利息収入であることを念頭に置くべきである。一方、グレン・オールデンの収益は955万ドル、それに対する支払利息は215万1000ドルでそのインタレスト・カバレッジは4.5倍である。同社からの利息収入がラカウァナの株価として約10％ベースでしか評価されていないということは、つまり市場はグレン・オールデンの債券１ドルにつき37セントで評価していたということになる（ラカウァナの株価23ドルは、「額面60ドルのグレン・オールデン債の価格を37で評価＋１ドルのキャッシュ」に相当する）。以上の分析を踏まえれば、同社株も先のノーザン・パイプライン株と同様に、１株当たり利益の10倍という最低倍率を当てはめてもかなり過小評価されていると言えるだろう。

**事例３——タバコ・プロダクツ・バージニア**

先の２社の場合と同様に、同社の普通株も公表された１株当たり利益の約10倍で売られているが、1931年の収入もアメリカン・タバコに対するリース資産（1923年から99年間にわたり年間250万ドルで賃貸）によってもたらされていることに注意しなければならない。アメリカン・タバコが高収益会社であることを考えると、同社からのこのリース収入は優良投資であり、公表された１株当たり利益の10倍以上の価値があることは明らかである。ということは、1931年12月のタバコ・

| 項目 | 1931/12の価格（ドル） | 時価総額・金額（ドル） |
|---|---|---|
| 資本金 | | |
| クラスA株式(224万株、額面20ドル、配当7%) | 6 | 13,440,000 |
| 普通株(330万株) | 2¼ | 7,425,000 |
| 時価総額 | | 20,825,000 |
| 1931年の純利益 | | 約 2,200,000 |
| クラスA株式の1株利益 | | 1 |
| クラスA株式配当控除後の普通株の利益 | | ゼロ |
| クラスA株式の支払配当 | | 0.80 |

プロダクツの株価は本来の企業価値よりも過小評価されていることになる（アメリカン・タバコに賃貸するリース資産は減価償却済みで約3560万ドルの価値があると言われる）。

## この種の状況の相対的重要性

これら３社の事例は企業全体のなかではやや例外的なケースに当たるため、ここから何らかの教訓を引き出すことには問題があるかもしれない。しかし、これら３社のケースを検討してそこから実際的な教訓を引き出すのはけっして無駄なことではないし、また証券分析と株式市場の評価との基本的な違いを知るうえでも有益であろう。

## 提案する改善策

特殊な収益源に依存するこれら３社の株式が市場でかなり過小評価されていることに対して、われわれは次のように提案する。まず最初に証券アナリストの大きな役割のひとつは、こうした割安銘柄を探してそうした情報を一般投資家に提供することである。それと同時に、株価のそのような過小評価を招いた３社の不自然な収益構成にも株主の目を向けさせる必要がある。ノーザン・パイプラインやラカウァナ・セキュリティーズの普通株が実際の価値をかなり下回る低い評価しか受けていないという事実そのものが、その収益構成の問題点を端的に示している。

バランスのとれた収益構成という観点から見ると、ノーザン・パイプラインの収入のほとんどが優良債券の投資収益であるというのはやはり問題である。またラカウァナ・セキュリティーズの場合も素晴らしい優良債券を保有していながら、かなりの安値でしか買いが入らないようなボロ株の地位を余儀なくされているのはその不自然な収益構成が原因である（同社やタバコ・プロダクツもそれに伴う重い所得税に苦しんでいる）。

こうした問題含みの収益構成については、株主を含むすべての当事者が正しく目を向けて適切な是正策を講じるべきである。まずノーザン・パイプラインの場合は、パイプライン事業にとって不要な資本は例えば１株につき70ドルといった特別配当の形で株主に返還する。ラカウァナ・セキュリティーズの場合は会社を解散して、保有するグレン・オールデン債を株式の代わりに株主に比例配分するのがよいだろう。最後にタバコ・プロダクツの場合は、アメリカン・タバコに対するリース資産価値に見合った債券（利率6 1/5%）を発行して資本を再構成し、投機家の標的になるような現在の状況から確定利付き証券をベースとした資本構成に変更することである。こうした企業再編を早急に実施すれば、証券市場でもこれら３社の企業価値が正当に反映されるようになるだろう。

以上、われわれは損益計算書をめぐるさまざまな問題を検討してきたが、次章からはバランスシートをめぐる証券分析に焦点を当てる。

# 第 6 部

# バランスシートの分析——資産価値の意味合い

## BALANCE-SHEET ANALYSIS : SIGNIFICANCE OF BOOK VALUE

# 第42章

# バランスシートの分析——帳簿価格の重要性

証券分析において貸借対照表（バランスシート）がどのような役割を果たすかについて説明する前に、まずはいくつかの言葉の定義を明確にしよう。ある株式の簿価（帳簿価格）とは、当該銘柄のバランスシート上に記載された資産の価値を意味する。通常これは、有形資産に限定される。つまり、のれん（営業権）や商標、特許権、フランチャイズ、借地権などは含めないということである。「資産価値」とも呼ばれる簿価は、無形資産が含まれていないことを明確化するために「有形資産価値」と呼ばれることもある。

## 簿価の計算方法

ある普通株について１株当たり簿価を求めるには、有形資産を合算した値から先順位の負債および株式のすべてを差し引き、それを発行済み株式数で割る。

たいていの場合は、次の数式によって容易に答えを導くことができる。

普通株の１株当たり簿価

　＝（普通株＋剰余金項目－無形資産）÷発行済み株式数

## USスチール普通株の簿価計算（1932年12月31日）

バランスシート（1932年12月31日）の要旨

**資産の部**（単位：100万ドル）

| | | |
|---|---|---|
| 1． | 有形固定資産投資（減価償却後） | 1,651 |
| 2． | 鉱業権 | 69 |
| 3． | 繰延資産（1） | 2 |
| 4． | 投資等 | 19 |
| 5． | 各種準備積立資産 | 20 |
| 6． | 流動資産 | 398 |
| | | 2,159 |

**負債の部**（単位：100万ドル）

| | | |
|---|---|---|
| 7． | 普通株式 | 870 |
| 8． | 優先株式 | 360 |
| 9． | 普通株のプレミアム | 81 |
| 10. | 債券発行による長期債務 | 96 |
| 11. | 鉱区使用権の短期債 | 19 |
| 12. | 積立預金 | 2 |
| 13. | 流動負債 | 47 |
| 14. | 偶発損失準備金等 | 39 |
| 15. | 保険準備金 | 46 |
| 16. | 処分済み剰余金 | 270 |
| 17. | 未処分剰余金 | 329 |
| | | 2,159 |

| | |
|---|---|
| 有形資産 | 2,159,000,000ドル |
| （－）普通株式の先順位負債 | |
| （項目8および10－13の合計） | 524,000,000ドル |

| | |
|---|---|
| 優先株の累積配当 | 4,504,000ドル |
| 普通株の純資産 | 1,630,496,000ドル |
| 1株当たり簿価（株式数は870万株） | 187.00ドル |

（1）繰延資産が無形資産なのか有形資産なのかについては議論があるかもしれないが、たいていこの項目は少額なために重要度は低い。繰延資産はその他資産に含めるほうが便利であるが、スタンダード・スタティスティクスではこれを除外している

剰余金項目とは、剰余金として記載された項目だけでなく、資本金に上乗せされたプレミアムおよび実際に剰余金の一部と見なし得る準備金なども含む。準備金としては、優先株消却準備金、工場設備改良準備金、偶発損失準備金（現実にこれが必要な場合は除く）などが挙げられる。これらは「任意積立金」と呼ぶこともできるだろう。

上記よりも簡便な計算法は以下のとおり。

| | |
|---|---|
| 普通株 | 870,000,000ドル |
| 剰余金、任意積立金 | |
| （項目9および14－17の合計） | 765,000,000ドル |
| | 1,635,000,000ドル |
| （－）優先株の累積配当 | 4,504,000ドル |
| 普通株の純資産 | 1,630,496,000ドル |

## 普通株の簿価を計算するときの優先株の扱い方

普通株の資産を計算するには、優先株を適切な評価額で差し引くように注意しなければならない。適切な評価額とは、通常ならば、バランスシート上に記載された優先株の額面または表示価額である。しか

し、バランスシート上で優先株が、その実際の負債よりもはるかに低い恣意的な価額で記載されるケースが増加している。

額面が１ドルのアイランド・クリーク・コール社の優先株１株は、年に６ドルの配当を得る権利を有し、会社が清算された場合には120ドル受け取ることができる。同優先株の1933年の相場は、90ドル前後で持ち合っていた。アイランド・クリーク・コール普通株の資産価値を計算するには、優先株１株当たりを額面（１ドル）ではなく「実効額面」である１株当たり100ドルで評価して差し引かなければならない。コカ・コーラ社は1929年、株式配当として100万株のクラスＡ株（実際は優先株）を発行した。３ドルの累積配当権を有し、52.5ドルで償還可能な株式だ。無額面ではあったが、１株当たりの表示価額は５ドルにすぎなかった。1929年12月31日付バランスシートでは、以下のように記されている。

| | |
|---|---|
| 固定資産（減価償却後） | 6,306,000ドル |
| 雑資産 | 427,000ドル |
| 流動資産 | 16,964,000ドル |
| 特許権、商標、のれん | 21,931,000ドル |
| クラスA株式（194,000株を原価評価） | 9,434,000ドル |
| 合計 | 55,062,000ドル |

| | |
|---|---|
| 流動負債 | 2,729,000ドル |
| 偶発損失準備金、その他準備金 | 6,687,000ドル |
| クラスA株式（100万株） | 5,000,000ドル |
| 普通株（100万株） | 25,000,000ドル |
| 剰余金 | 15,646,000ドル |
| 合計 | 55,062,000ドル |

これを見れば、クラスA株の帳簿上の評価額500万ドルというのが、その実情からかけ離れているということは明らかだ。実際、このバランスシートには著しい矛盾が含まれている。というのは、資産の部に19万4000株のクラスA株を943万4000ドルとして記載していながら、100万株全体に対する負債額はたった500万ドルと記載されているからだ。これは愚にもつかない会計法だ。このクラスA株1株の、真の額面は明らかに50ドルであり、これは通常の（配当）3ドルの優先株と符合する数字だ。バランスシート上にクラスA株の適切な数値を記載しない理由は単純だ。正しく記載してしまうと、それだけで企業全体の資産（無形資産まで含めて）を上回ってしまい、普通株の簿価がマイナスになってしまうからだ。

このようなケースでは優先株に、その配当率に見合った「実効額面」を設定するべきである。すべての優先株を同一の配当ベース、例えば6％を基準に見積もるというやり方は、多くの人の賛同を得られるだろう。これに従えば、100万ドル・6％の証券ならば100万ドル、100万ドル・4％ならば66万7000ドル、100万ドル・7％ならば116万7000ドルが、それぞれ実効額面となる。だが、もちろん額面を使ったほうが便利であり、たいていはそれでとりあえず事は足りるだろう（スタンダード・スタティスティクス社では、普通株の簿価を計算するとき、優先株をその清算価値で差し引くというやり方をとっている。この計算法が合理的なケースはめったにない。なぜなら、企業の解散や清算というのは、常にほとんど起こり得ないことであり、起こるとすれば状況が極めて異なるからである。スタンダード・スタティスティクス方式によれば、プロクター・アンド・ギャンブルの配当5ドルの第二優先株が1株当たり115ドルの評価となるのに、8ドルの第一優先株のほうには1株100ドルしか価値がないことになってしまう。6％配当を基準に、これら優先株の実際上の価値を比率的に表し、第一優先株を135、第二優先株を85としたほうがずっと正確であろう）。

## 優先株の簿価計算

優先株の簿価を計算するときは、普通株と同様に扱い、下位の証券は考慮に入れない。次に挙げる、テュビゼ・シャティヨン社の1932年12月31日付バランスシートは、分かりやすい例である。

**テュビゼ・シャティヨン社**

バランスシート（1932年12月31日）

**資産の部**

| | |
|---|---|
| 有形固定資産、設備 | 19,009,000ドル |
| 特許権、仕掛品等 | 802,000ドル |
| 雑資産 | 478,000ドル |
| 流動資産 | 4,258,000ドル |
| 総資産 | 24,547,000ドル |

**負債の部**

| | |
|---|---|
| ７％の第一優先株（額面100ドル） | 2,500,000ドル |
| ７ドルの第二優先株（額面１ドル） | 136,000ドル |
| 普通株（額面１ドル） | 284,000ドル |
| 債券発行による長期債務 | 2,000,000ドル |
| 流動負債 | 613,000ドル |
| 減価償却引当金等 | 11,456,000ドル |
| 剰余金 | 7,548,000ドル |
| 総負債 | 24,547,000ドル |

第一優先株の簿価の計算法は、次のとおり。

| | | |
|---|---|---|
| 総資産 | | 24,547,000ドル |
| （－）無形資産 | 802,000ドル | |
| 減価償却引当金等 | 11,456,000ドル | |
| 債券 | 2,000,000ドル | |
| 流動負債 | 613,000ドル | 14,871,000ドル |
| 第一優先株の純資産 | | 9,676,000ドル |
| １株当たり簿価 | | 387ドル |

あるいは、次のように計算することもできる。

| | |
|---|---|
| 資本金（額面） | 2,930,000ドル |
| 剰余金 | 7,548,000ドル |
| | 10,478,000ドル |
| （－）無形資産 | 802,000ドル |
| 第一優先株の純資産 | 9,676,000ドル |

「減価償却引当金、その他準備金」という項目の数字が非常に大きいので、おそらく本来は剰余金とすべき分まで恣意的に含まれていると思われる。しかし準備金の詳細が不明なため、この項目も全額を資産から差し引くべきである。

第二優先株の簿価は、次のとおり上記を使って簡単に求められる。

| | |
|---|---|
| 第一優先株の純資産 | 9,676,000ドル |
| （－）第一優先株（額面） | 2,500,000ドル |
| 第二優先株の純資産 | 7,176,000ドル |
| １株当たり簿価 | 52.75ドル |

普通株の簿価を算出する場合、第二優先株を額面１ドルで計算するのは完全な間違いである。７ドル配当を考慮して、１株当たり100ドルの「実効額面」を使うべきだ。これによって、普通株に帰属する資産はなく、普通株の簿価はゼロになる。

## 流動資産価値と現金資産価値

簿価の概念はよく知られているが、加えて本書ではこれと似た２つの概念「流動資産価値」「現金資産価値」を利用したい。

ある株式の流動資産価値とは、当座資産からその証券のすべての先順位負債を差し引いたものだ。無形資産だけでなく、固定資産等も含めない。

ある株式の現金資産価値とは、現金資産からその証券のすべての先順位負債を差し引いたものだ。現金資産とは、現金のほか、現金同等物を含む。現金同等物には、譲渡性預金、コールローン、市場性のある有価証券（時価評価）、生命保険の解約返戻金が含まれる。

次に挙げるのは、３種類の資産価値の計算例だ。

**オーチス社**（綿製品）

普通株の市場価格（1929年6月）35ドル

バランスシート（1929年6月29日）

**資産の部**

| | |
|---|---|
| 1. 現金 | 532,000ドル |
| 2. コールローン | 1,200,000ドル |
| 3. 売掛金（準備金差引後） | 1,090,000ドル |
| 4. 棚卸資産 | |
| （任意積立金の425,000ドル差引後）＊ | 1,648,000ドル |

| | |
|---|---|
| 5. 前払金 | 108,000ドル |
| 6. 投資 | 15,000ドル |
| 7. 工場設備（減価償却費差引後） | 3,564,000ドル |
| | 8,157,000ドル |

**負債の部**

| | |
|---|---|
| 8. 買掛金 | 79,000ドル |
| 9. 未払い金等 | 281,000ドル |
| 10. 設備準備金等 | 210,000ドル |
| 11. 優先株 | 400,000ドル |
| 12. 普通株 | 4,079,000ドル |
| 13. 利益剰余金 | 1,944,000ドル |
| 14. 払込剰余金 | 1,154,000ドル |
| | 8,157,000ドル |

＊　任意積立金差引前の棚卸資産は、原価あるいは市場価格の低いほうで評価

A. 普通株の簿価

| | | |
|---|---|---|
| 総資産 | | 8,157,000ドル |
| （−）買掛金 | 79,000ドル | |
| 未払い金等 | 291,000ドル | |
| 優先株 | 400,000ドル | 770,000ドル |
| | | 7,387,000ドル |
| （＋）棚卸資産から差し引かれた任意積立金の425,000ドル | | 425,000ドル |
| 普通株の純資産 | | 7,812,000ドル |
| 1株当たり簿価（40,790株） | | 191ドル |

B.　普通株の流動資産価値

| | |
|---|---|
| 流動資産合計（項目1－4） | 4,470,000ドル |
| （＋）棚卸資産から差し引かれた任意積立金 | 425,000ドル |
| | 4,895,000ドル |
| （－）普通株の先順位負債（項目8、9、11） | 770,000ドル |
| 普通株に帰属する流動資産 | 4,125,000ドル |
| １株当たり流動資産 | 101ドル |

C.　普通株の現金資産価値

| | |
|---|---|
| 現金資産合計（項目1、2） | 1,732,000ドル |
| （－）普通株の先順位負債（項目8、9、11） | 770,000ドル |
| 普通株に帰属する現金資産 | 962,000ドル |
| １株当たり現金資産価値 | 23.50ドル |

これらの計算例を見てまず目につくのが、バランスシート上では差し引かれた積立金42万5000ドルをわざわざ加えている点だ。その理由は、企業側が差し引いた金額は、現実に起きているわけではない偶発損失に備えた積立金であることが明らかだからである。ゆえに、これは完全に恣意的な、あるいは任意のものと見なし、計算の整合性を保つためにアナリストはこれを剰余金と位置付けることになるだろう。これと同じことが「設備準備金等」の21万ドルについても言える。これもまた、バランスシートを見るかぎり、現実の負債ではなく、特定の資産から差し引くべき性質のものではないからだ。1929年６月時点で、オーチス社の流動資産価値とその市場価格に大きな乖離があることに、読者は気づくはずだ。そのことの重要性については後ほど触れる。

## 簿価の実際的な重要性

普通株の帳簿価格というのは、財務諸表において最も重要な要素だとかつては見なされていた。商店主が自分の店のバランスシートで商売の価値を把握するのと同じように、簿価は株の「価値」を表すものだと考えられていたからだ。だが今ではこうした考え方はすたれてしまった。バランスシート上に記載された企業の資産価値は、ほとんどその意義を失ってしまったのである。そうなってきた背景には、帳簿上の固定資産価値が、①実際の原価とは無関係であるケースが少なくなかった、②それら資産が実際に売れるであろう価格とも、収益によって裏付けられる数字ともかけ離れているケースが非常に多かった――といったことがある。固定資産の簿価を誇張するというやり方は、その逆の方法、つまりそれをほとんどゼロに切り詰めることで減価償却費を回避するという策略によって引き継がれてきているが、いずれにせよ簿価の真の重要性を失わせるものだ。1933年の今日、スタンダード・スタティスティクス社が普通株の簿価を計算するに当たって、各社が発行するバランスシートをいまだ利用しているというのは、時代遅れの少しおかしな話である。

帳簿価格という昔ながらの概念を捨て去る前に、アナリストにとってそれが実際的な価値を持つ可能性の有無について考えよう。通常のケースならおそらく可能性はゼロだろう。だが、通常とは言えない極端なケースではどうだろう？　次の４つの例を、簿価と市場価格に極端な関係が見られる代表ケースとして検証しよう。

注意深い人ならば、次の例には不均衡が見られることに気づくだろう。ゼネラル・エレクトリック（GE）とコマーシャル・ソルベンツの両社は、マーケットで簿価の何倍にも評価されていることが数字から一目瞭然だ。これら企業について株価のティッカーテープは、通常の企業としての評価とはまったく無関係な評価を打ちだしているかの

| 項目 | GE | ペッパレル・マニュファクチュアリング |
|---|---|---|
| 株価（ドル） | （1930）95 | （1932）18 |
| 株式数 | 28,850,000 | 97,600 |
| 普通株の時価総額（ドル） | 2,740,000,000 | 1,760,000 |
| バランスシート（ドル） | （1929年12月） | （1932年6月） |
| 固定資産（減価償却費差引後）（ドル） | 52,000,000 | 7,830,000 |
| 雑資産（ドル） | 183,000,000 | 230,000 |
| 正味当座資産（ドル） | 206,000,000 | 9,120,000 |
| 純資産合計（ドル） | 441,000,000 | 17,180,000 |
| （－）債券および優先株（ドル） | 45,000,000 | |
| 普通株の簿価（ドル） | 396,000,000 | 17,180,000 |
| 1株当たり簿価（ドル） | 13.75 | 176 |

| 項目 | コマーシャル・ソルベンツ | ペンシルベニア・コール＆コーク |
|---|---|---|
| 株価（ドル） | （1933年7月）57 | （1933年7月）3 |
| 株式数 | 2,493,000 | 165,000 |
| 普通株の時価総額（ドル） | 142,000,000 | 495,000 |
| バランスシート | （1932年12月） | （1932年12月） |
| 固定資産（減価償却費差引後）（ドル） | | 6,500,000 |
| 雑資産（ドル） | 2,600,000 | 990,000 |
| 正味当座資産（ドル） | 6,000,000 | 740,000 |
| 普通株の総資産（ドル） | 8,600,000 | 8,230,000 |
| 1株当たり簿価（ドル） | 3.50 | 50 |

ようだ。言葉を換えれば、これらの数値は企業の評価と言えるものではなく、ウォール街のまやかしの産物、もしくはその明察力の産物である。

## 財務面からの思考と事業面からの思考

財務的な思考と事業家的思考の間には、あからさまなギャップが存在する。「この事業はいくらですか？」とウォール街が尋ねないのは、まったく驚くべき事実である。だがこの質問は、株式購入を考える上でまず問い掛けるべき質問だ。ある事業の５％の持ち分を１万ドルで買わないかと持ち掛けられた事業家は、まず相手の言い値に20を掛けて20万ドルという事業全体の価格を計算するだろう。そのあとで、このビジネスが20万ドルというのは“お買い得”かどうかについて考えを巡らせるはずだ。

だがこうした基本的かつ不可欠なアプローチを、株式投資家たちはほとんど怠ってきた。GEの時価総額が27億4000万ドルだった1929～30年にかけて同社に「投資していた」人のうち、その20億ドル以上が実際の事業価値に上乗せされたプレミアムだということに気づいていた人はおそらくほとんどいないだろう。また、溶剤会社コマーシャル・ソルベンツの1933年７月の株価57ドルは、禁酒法廃止が近いだろうという期待による、より投機的な株価だ。だがこのときギャンブラーたちは、自称「投資家」たちと変わらない行動をとった。つまり、資産の裏付けが1000万ドルほどしかない企業に対して、自分たちが１億4000万ドルものカネを支払っているという事実を軽率にも無視したのである（コマーシャル・ソルベンツの固定資産はバランスシート上に記載されていないが、もちろんゼロではない。ただし数百万ドルもの規模ではない）。

それとはまったく対照的な事象もまた、われわれの挙げた事例から見て取れる。継続企業ではあるが成功しているとは言えないペンシルベニア・コール・アンド・コークのような会社は、片や純資産の16倍で取引される極めて投機的な株が存在するマーケットの状況下で、記載された資産の16分の１にしか評価されないという事態が起きるということだ。だがそれ以上に目を引くのはペッパレルのほうだろう。簿価の数字は疑いの余地がなく、さらには評判も良ければ収益も高く、過去長年にわたり高配当を維持してきているにもかかわらず、この企業の部分所有者（株主）たちは不況のストレスに負けて、その価値の10分の１で狼狽売りに走っていたのである。

## 忠告

これらの例は極端かもしれないが、株を売買する前に少なくとも簿価にざっと目を通すことが一般投資家にとって価値ある行為であることを、強く示唆するものだ。簿価の重要性が低く注目に値しないという結論に至るようなケースもなかにはあるだろう。だが、はなから無視するのではなく、まずは簿価をチェックしてみるべきだ。自分には知性があると自負する株式投資家は、少なくとも自分がその企業に実際どれだけのお金を支払っているのか、そして支払ったカネに対してどれだけの有形資産を得られるのかということについて、少なくとも自分なりの答えを出せるようでなければならない。

実際、資産価値をはるか下回る価格で株を買うことが有利であることを信じる根拠も、高いプレミアムを支払って買うことが不利であることを示す根拠も存在する（通常のケースでは、簿価というのはその企業に投じられた実際の現金を大まかに示唆するものだと考えることができる）。企業の株価にプレミアムがつくのは、資本に対して高い収益を実現し、この高収益が競争相手たちを引きつけているからであり、一般的にそうした状況は永遠には続かない。逆に言えば、大幅なディスカウントで売られている企業は並外れて収益が低いということだ。新たな競争相手が現れないまま過去の競争相手たちが去り、経済状態が変化すれば、いずれこの状況は回復に向かい、投資による利益率も通常レベルまで戻るはずだ。

これは昔ながらの経済理論であり、一般的には間違いなく有効な理論ではあるが、その一方で、これが普通株の選択における支配的要因として十分な確実性を備えた有用な理論かという点については疑問が残る。現代の状況下では、のれんや極めて効率的な組織といったいわゆる「無形資産」が、建物や機械類などと同じくあらゆる点で同様の金銭的な意義を持つのだという指摘もあるかもしれない。こうした無形資産を基盤にした収益というのは、生産設備に現金を投資することが前提となる収益よりも、かえって競争による影響を受けにくいかもしれない。さらに、状況が良いときは、資本投資が比較的少ない企業というのは、より高い成長率を示す傾向がある。そうした企業はたいてい、売上高を伸ばすために大きな設備投資をせざるを得ない企業と比較して、少ない費用で売上高と利益を急速に大きく伸ばすことができるのだ。

よって結論としてわれわれは、市場価格との関連で見た簿価という点において、論理的なルールというのは存在しないと考える。ただし、すでに強く指摘したアドバイスを忘れてはいけない。つまり、株を買い付ける場合は自分がどういう投資をしようとしているのかをよく認識し、分別ある行動をとっているのだと自らが納得できる投資でなければならない――ということである。

# 第43章

# 流動資産価値の重要性

普通株の流動資産価値というのは、固定資産を含んでいる簿価よりも重要度が高そうだ。この点については、次の事柄を議論しよう。

1．一般的に言って、流動資産価値は清算価値を計る大まかな目安である。

2．流動資産価値以下の株価で売られる普通株は数多くある。つまりそれらは、清算時の実現可能価額より安く売られている。

3．継続的に清算価値以下で売られている株が数多く存在するという現象は、根本的に不合理である。このことは、（a）株式市場による評価、（b）当該企業の経営方針、（c）当該企業の資産価値に関する投資家たちの認識――のいずれかに、何か重大な間違いがあることを示唆している。

## 清算価値

企業の清算価値という言葉は、企業主が仮に解散を望んだ場合に企業から引き出せるであろうお金という意味で使っている。彼らは他者に、企業の全部または一部を、継続企業ベースで売ろうとするかもしれない。あるいは、さまざまな各資産について最良の条件に出合うま

| 資産の種類 | 対簿価の清算価値(%) | |
|---|---|---|
| | 一般的なレンジ | 平均 |
| 流動資産 | | |
| 現金資産(時価ベースの証券を含む)(ドル) | 100 | 100 |
| 売掛金(通常の準備金は除く)(ドル)* | 75-90 | 80 |
| 棚卸資産(取得原価または時価の低いほう)(ドル) | 50-75 | 66⅔ |
| 固定資産および雑資産 | | |
| (土地、建物、機械類、設備、市場性のない投資、無形資産など)(ドル) | 1-50 | 15(概算) |

*小売りの割賦勘定は、清算価値としては低めに評価しなければならない。30-60%の間で、平均は約50%

で時間をかけ、資産をばらばらにして現金化しようと考えるかもしれない。このような清算法は、私的企業の世界では日常的に行われている。だが対照的に、公開企業では極めてまれである。企業が身売りするケースは少なくなく、それもかなりの金額に上る場合が多いというのは事実であり、また破産によって資産が個別に売却されるケースも時にはあるが、利益の出ないビジネスから自発的に手を引き、資産を入念に清算するというやり方は、公開企業よりも私的企業においてははるかに多く行われている。この違いには相応の意味がある。それについては後ほど触れる。

## 資産の実現可能価額はその性質によって変わる

企業のバランスシートから正確な清算価値をつかむことはできないが、役立つ可能性がある手掛かりやヒントを得ることはできる。清算価値を計算するときにまず知っておくべきなのは、負債は現実の数字であるが資産価値は信憑性が怪しいということだ。つまり、帳簿上に記載されたすべての負債は、その金額どおり差し引かなければならないが、資産の評価はその性質によって異なるということである。前ページの表には、さまざまな資産の清算価値の相対的な信頼性が分かりやすく示されている。

### 清算価値の計算

特定の事例を使った清算価値の大まかな計算方法を次ページに例示する。

### この計算の目的

この計算法を学習するに当たって、心に留めておくべきことがある。それは、この計算の目的は、ホワイト・モーター社の正確な清算価値をはじきだすことではなく、見積もられた清算価値に照らし、投資家が実際に得られる投資価値よりも低い価格で株が売られているかどうかを判断することにある――ということである。このケースではその答えは迷うことなくイエスだ。計算の誤差に対する余裕を十分にとっても、ホワイト・モーターの清算価値が会社全体で520万ドル（１株当たり８ドル）を大きく上回っているのは確実である。すべての負債を差し引いた後の現金資産だけでもその額をかなり超過しているという顕著な事実によって、そのことには疑問の余地がない。

### 清算価値の目安となる流動資産価値

ホワイト・モーター社の例で見積もった清算価値は、一般的な計算パターンと比較して、棚卸資産から見るといくぶん低く、固定資産および雑資産の点から見ると若干高めになっている。それは、トラックの在庫というのはその他多くの製品と比較して売れづらいという事実を加味したものだ。他方、非流動資産として挙げられている資産の一

## ホワイト・モーター社

資本：普通株65万株
1931年12月の株価：8ドル
時価総額：520万ドル

### バランスシート（1931/12/31）（単位：1000ドル）

| 項目 | 簿価（ドル） | 清算価値の概算 | |
|---|---|---|---|
| | | 簿価に対する比率(%) | 金額（ドル） |
| 現金 | 4,057 | 100 | 8,600 |
| 国債、ニューヨーク市債 | 4,573 | | |
| 売掛金（準備金差引後） | 5,611 | 80 | 4,500 |
| 棚卸資産（取得原価または時価の低いほう） | 9,219 | 50 | 4,600 |
| 流動資産合計 | 23,460 | | 17,700 |
| （－）流動負債 | 1,353 | | 1,400 |
| 正味流動資産 | 22,107 | | 16,300 |
| 工場設備勘定 | 16,036 | | |
| （－）減価償却費 | 7,491 | | |
| 工場設備勘定（正味） | 8,545 | 20 | 4,000 |
| 子会社への投資等 | 4,996 | | |
| 繰延費用 | 388 | | |
| のれん | 5,389 | | |
| 普通株の純資産合計 | 41,425 | | 20,300 |

| | |
|---|---|
| 1株当たりの概算清算価値 | 31 |
| 1株当たり簿価 | 55 |
| 1株当たり流動資産価値 | 34 |
| 1株当たり現金資産価値 | 11 |
| 1株当たりの市場価格 | 8 |

部――特にホワイト・モーター・セキュリティーズ社への投資――は、普通の有形固定資産勘定と比較して、簿価に占める割合が大きくなる可能性が高いだろう。この計算から、ホワイト・モーターの概算清算

価値（1株当たり約31ドル）は、流動資産価値（1株当たり34ドル）とさほど変わらないことが分かる。一般的に、非流動資産を現金化すれば当座資産の現金化に伴う資産の目減りのほとんどを埋め合わせることができる可能性が高いと言ってよいかもしれない。つまり、流動資産価値は清算価値をはかるおおまかな目安になるというのが、われわれの第一の主張である。

## 清算価値以下で売られる株式の増加

われわれが指摘したい第二のポイントは、かなりの数に上る銘柄の普通株に、清算価値を大幅に下回る価格がつくケースが近年かなり多いということだ。もちろんその割合が最も高かったのは恐慌時である。しかし1926～29年にかけての強気相場の間でさえ、それはまったく珍しいことではなかった。第42章で取り上げたオーチス社の顕著なケースは、好景気に沸いていた1929年6月の事例である。第41章に挙げたノーザン・パイプラインの例は1926年だ。対して、ペッパレルとホワイト・モーターの事例は、1931～33年のマーケット崩壊時期のものである。

われわれから見て、1931～33年の2年間における株式市場の最も際立った特徴とは、清算価値以下で売られていた株の割合が高かったことだ。独自の計算によると、NYSE（ニューヨーク証券取引所）上場の全製造会社のうちじつに40％以上が、1932年中のいずれかの時点で自社の正味当座資産以下の株価をつけた。相当な数に上る銘柄の株式が、ホワイト・モーターのケースのように、実際に現金資産価値以下で売られていたのである（1932年に清算価値以下で売られていた代表的銘柄のリストについては、参考資料の注43参照）。この状況は尋常とは思えない。表面的にはアメリカ企業の多くが、事業を継続させるよりも清算してしまったほうが、価値が高かったことになる。つまり、これら素晴らしいビジネスの所有者たちは、自分たちの持ち分を継続企業ベースで手放すよりも、事業を解散させてしまったほうがより多くのカネを得られたであろう状況だったのである。

このように価格と資産価値との間に大きなギャップが生まれるようになったのは、比較的最近になってからだということに着目する必要がある。1921年の深刻な弱気相場のときは、このような工業株の割合は極めて小さかった。どうやら1932年の現象は、企業価値の評価を損益計算書のみに頼ってバランスシートを完全に無視するという、新時代の「教義」による当然の成り行きのようである。その結果、当期利益のない企業は真の価値をほとんど持たないと見なされ、マーケットでは現金化可能な資産価値のほんの数分の一の価格で売られる傾向が強くなる。株を売る人たちのほとんどは、スクラップ価値にも遠く及ばない価格で持ち株を手放していることに気づいていなかった。現実を認識していたかもしれない人たちの多くも、企業には清算する意図がないので清算価値には実際的な重要性はないというという考えを理由に、株価の低さを容認していたのであろう。

## こうした現象の論理上の重要性

この話が、第3のポイントへとつながる。つまり、マーケット、経営陣、株主の、それぞれの見地から見た「清算価値以下」現象の論理上の重要性である。これについては、基本原則を次のように要約できるかもしれない――「ある普通株が継続的にその清算価値以下で売られる場合、株価が安すぎるか、あるいはその企業は清算されるべきかのどちらかである」。この原則からは、２つの直接的推論を導くことができるだろう。

### 推論１

そのような株価がついた場合、株主は株主であり続けることにメリットがあるのかを再検討すべきだ。

### 推論２

そのような株価がついた場合、経営陣は自社方針を再考したり事業継続の正当性について株主に率直な説明を行うといったことを含め、株価と本質的価値の間に存在する明白な不一致を正すためのあらゆる適切な手段を講じるべきである。

上に挙げた原則が正しいというのは自明の理である。株が継続的に清算価値以下で売られ続けることを正当化する根拠は存在し得ない。清算価値よりも継続企業としての価値のほうが低いとすれば、その企業は清算されるべきであろう。継続企業として見たときのほうが価値が高いのであれば、その株には清算価値以上の株価がつくはずだ。よって、いずれの場合であっても、清算価値以下の株価というのは不合理である。

### 前述した原則の２つの要素

論理的に述べれば、われわれの原則には２つの要素がある。清算価値以下で売られている株の多くはあまりに株価が安いため、魅力的な買い付けの対象となる。よって、証券分析を駆使することで利益を上げ得る分野である。だが同時に多くの場合、清算価値以下の株価がつくというのは誤った経営方針がとられていることを示すサインであり、よって経営陣は是正のための処置をとるべきで、それが自発的になされないのであれば、株主からの圧力によってそうさせるべきだという警告でもあるのだ。この２つについて順を追って考えてみよう。

## そのような株の売買対象としての魅力

このカテゴリーに属する普通株は、実質的に常に不満足な収益トレンドを描いている。もし利益が着実に増加してきているのであれば、当然、それほど安い株価はつかないだろう。こうした株を買うことに反対する根拠は、収益が今後減少する（または損失が継続する）だろう、そして資産が浪費されて最終的には株の取得原価以下まで本質的価値が落ち込むであろうという見込み、あるいは少なくともその可能性にある。個々のケースにおいて、こうしたことが実際に起こる可能性は否定できないかもしれない。だが反面、株価を上昇させるような状況改善の余地は大きい。これには次のことが含まれる。

1．自社の資産に相応する収益力の創出

　a．業界環境の全体的な改善

　b．場合によっては経営陣の交代を含む、経営方針の望ましい変化。変化とは、効率性の向上、新製品、不採算部門の切り捨てなど

2．企業の売却あるいは合併。理由は、別の企業が資産を有効活用できるので、少なくともその資産を清算する以上の利益を上げることが可能になるから

3．完全な、あるいは部分的な清算

## 望ましい状況改善が与えた影響の例

### 業界環境の全体的な改善

さまざまな望ましい状況改善がもたらす作用の例証としては、すでに挙げた例を含めていろいろなケースを挙げることができる。ペッパレルのケースでは、17 1/2ドルという安値がついたのは、1932年６月30日締めの年度で多額の損失を計上した時期と重なる。その翌年には、繊維業界の景気が上向き、ペッパレルは９ドルを超す１株当たり利益

を上げて復配し、その結果、1934年１月には株価が100ドルまで上昇した。

## 経営方針の変更

同じく繊維業に属するハミルトン・ウールン社の場合は、業界環境の全般的な向上というよりは、その企業自体が変化したケースである。1928年までの数年間、同社はかなりの損失を出しており、それは１株当たり20ドル近くに達し、1926年と27年はそれぞれ１株当たり12ドルであった。1927年後半、同社にはその時点で１株当たり正味流動資産が38.5ドルあったにもかかわらず、普通株は13ドルで売られていた。1928年から29年にかけて経営陣の交代があり経営方針も変更され、新製品や直販方式の導入、生産面の見直しが行われた。これがまさに功を奏し、その後４年間の１株当たり利益は平均5.50ドルとなり、株価は最初の１年で40ドル前後にまで上昇した。

## 企業の売却あるいは合併

ホワイト・モーター社は、清算価値以下の値がついている企業が他社と合併した初期の例として、その直接的影響がよく表れている（ただ、その後の進展は極めて異例ではある）。1930～32年にかけて計上した大きな損失によって、ホワイト・モーターの経営陣は新たな協力関係を模索せざるを得ない状況に追い込まれた。スチュードベーカー社は自社とホワイト社の事業を併合することが両社にとってプラスになるだろうと考えた。またホワイト社の潤沢なキャッシュは大いなる魅力であった。よって1932年９月にスチュードベーカーは、ホワイト・モーター社の株式を１株当たり次のような条件で100％買い取りたいと申し出た。

現金５ドル

25ドル分として、スチュードベーカー社債（利率６％、10年もの）

スチュードベーカーの普通株1株（当時の株価はおよそ10ドル）

この買収条件は、ホワイト社の直近の株価——1株当たり7ドル以下——ではなく、同社の流動資産価値を基準にしていたことが分かる。ホワイト・モーターの株価は即座に27ドルまで跳ね上がり、その後31 1/2ドル相当の値をつけた（この買収後に驚くべき事態になった。スチュードベーカー社が、ホワイト・モーターの少数株主からの両社合併に対する批判という表向きの理由から、1933年4月、管財人の管理下に置かれたのである。だがこの事態は、われわれにとってはほとんど議論の対象外だ。われわれが言わんとしているのは、現在の市場価格がたとえ清算価値を大きく割り込んでいようとも、常に清算価値に着目すべきだということなのである）。

### 完全な清算

モホーク・マイニング社のケースは、実際に企業を清算したことによってその市場価格が上昇したパターンの好例である。

1931年12月の同社の株価は11ドル、時価総額は123万ドル（発行済み株式数は11万2000株）。1931年末のバランスシートは次のような内容であった。

| | |
|---|---|
| 現金、市場性のある有価証券（時価） | 1,381,000ドル |
| 売掛金 | 9,000ドル |
| 銅（概算時価） | 1,800,000ドル |
| 貯蔵品 | 71,000ドル |
| | 3,261,000ドル |
| （－）流動負債 | 68,000ドル |
| 正味流動資産 | 3,103,000ドル |
| 固定資産（減価償却費差引後） | 2,460,000ドル |

| | |
|---|---|
| 雑資産 | 168,000ドル |
| 普通株の総資産 | 5,821,000ドル |
| 1株当たり簿価（1） | 52ドル |
| 1株当たり流動資産価値（1） | 28.50ドル |
| 1株当たり現金資産価値（1） | 11.75ドル |
| 1株当たり市場価格 | 11ドル |

（1）有価証券および銅の棚卸資産は市場価値まで減じて計算

その後間もなく、経営陣は自社の資産を清算する決定を下した。その後の２年以内に数度にわたる清算配当を支払い、その額は総計で１株当たり26.50ドルに上った。つまり、清算によって実際に受け取ることのできた金額は、清算が開始される直前の流動資産価値（当時の株価の2.5倍）にかなり近かったのである。

## 部分的な清算

すでに取り上げたノーザン・パイプラインおよびオーチスの両社は、部分的な清算によって株価を高めた事例である。この２社のデータは以下のとおり。

| 項目 | ノーザン・パイプライン | オーチス |
|---|---|---|
| 年 | 1926年 | 1929年6月 |
| 株価 | 64ドル | 35ドル |
| １株当たり現金資産価値 | 79ドル | 23 1/2ドル |
| １株当たり流動資産価値 | 82ドル | 101ドル |
| １株当たり簿価 | 116ドル | 191ドル |

オーチス社は1929年９月に１株当たり４ドルの特別配当を行い、1930年には部分的清算に伴う分配金として20ドルを支払って額面は100ドルから80ドルに切り下げられた。株価は1931年４月が45ドル、1932年４月は41ドルであり、これらの株価は1929年６月の水準を上回っていた。しかも、この間には24ドルが分配され、さらにはマーケット全体が熱狂的強気相場から異常なまでの弱気相場へと変化していたのである。

ノーザン・パイプライン社は1928年、株主に対して資本の返還、つまり部分的な清算として、１株当たり50ドルを分配した。この結果、同社の株価は1926年から28年にかけてほぼ２倍に上昇した。後に２度目の分配金20ドルが支払われ、これによって株主たちは、1925～26年の安値を上回る現金を受け取り、かつ彼らの同社に対する持ち分は少しも減少することがなかったのである。

## こうした株を選ぶときに求められる識別力

清算価値を大きく割り込んだ価格で売られている普通株は概して過小評価されているという考え方には、疑念をはさむ余地がほとんどない。そうした株は、実際の状況の悪さ以上に、過去かなり株価が下落してきたものだ。これが意味するのはつまり、全体的に見て、こうした株式を買えば利益を上げられるチャンスがある、ということであろう。とはいえ、証券アナリストはこういった証券を選ぶに当たって、識別力をフルに駆使しなければならない。アナリストは、先に挙げた望ましい変化のいずれかが近々起こると思える証券を好ましいと思うだろう。あるいは、流動資産のポジションに加えて、例えば満足のいく当期利益や配当、過去の高い平均収益力などといったデータ上の美点を備えた証券を特に好むかもしれない。また、当座資産が急速に目減りしてきていてそれが止まる明白な兆しがない証券は避けるだろう。

| 項目 | マンハッタン・シャツ | | ハップ・モーターカー | |
|---|---|---|---|---|
| 1933年1月の株価(ドル) | 6 | | 2½ | |
| 時価総額(ドル) | 1,476,000 | | 3,323,000 | |
| バランスシート | 1932/11/30 | 1929/11/30 | 1932/12/31 | 1929/12/31 |
| 優先株(額面)(ドル) | | 300,000 | | |
| 普通株式数 | 246,000 | 281,000 | 1,329,000 | 1,475,000 |
| 現金資産(ドル) | 1,961,000 | 885,000 | 4,615,000 | 10,156,000 |
| 売掛金(ドル) | 771,000 | 2,621,000 | 226,000 | 1,246,000 |
| 棚卸資産(ドル) | 1,289,000 | 4,330,000 | 2,115,000 | 8,481,000 |
| 流動資産合計(ドル) | 4,021,000 | 7,836,000 | 6,956,000 | 19,883,000 |
| 流動負債(ドル) | 100,000 | 2,574,000 | 1,181,000 | 2,541,000 |
| 正味当座資産(ドル) | 3,921,000 | 5,262,000 | 5,775,000 | 17,342,000 |
| その他有形資産(ドル) | 1,124,000 | 2,066,000 | 9,757,000 | 17,870,000 |
| 普通株式(および優先株)の総資産(ドル) | 5,045,000 | 7,328,000 | 15,532,000 | 35,212,000 |
| 1株当たり現金資産価値(ドル) | 7.50 | ゼロ | 2.625 | 5.125 |
| 1株当たり流動資産価値(ドル) | 16.00 | 17.50 | 4.375 | 11.75 |

**事例**

この最後のポイントを説明するために、次の2社を比較してみよう。これら2社はいずれも、1933年初めの株価が清算価値を大幅に下回っていた。

これら2社には、1932年末の「当座資産」と「株価」の間に興味深い関係が存在する。だがバランスシートを3年前のものと比較すると、ハップ・モーターカーよりもマンハッタン・シャツのほうが、かなり望ましい兆候を示していることが分かる。ハップのほうは大恐慌の間に、現金資産が半分以下に落ち込み、また正味当座資産は60％以上も減少している。それとは対照的に、マンハッタン・シャツ普通株の流動資産価値はこの厳しい時期にたった10％しか減少しておらず、さらには現金資産の水準はかなり増加しているのである。この増加は、売掛金と棚卸資産の現金化によるもので、これが1929年の銀行借り入れ金の返済に充てられ、さらには現金資産を増大させたのである。

ゆえに、過去のデータを基準にすれば、これら２社は異なるカテゴリーに分類すべきである。ハップ・モーターについては、株価を上回った流動資産の超過分が、近いうちに消し飛んでしまう可能性があることを考慮に入れなければならない。マンハッタン・シャツについてはそのような考慮をする必要はなく、それどころか同社が恐慌時にキャッシュポジションを強化したという実績は、プラスの要素としてとらえるべきである。証券分析のこうした側面――つまり、ある期間を通じてバランスシートを比較検討し、企業の真の状況を把握するやり方――については、後ほど再度触れることにする。

## このタイプの割安証券

①流動資産以下で売られている、②その流動資産が消滅する危険性はないように思える、③過去その市場価格に見合わないほど高い収益力を示してきた――といったような普通株は、割安銘柄グループだと言えそうである。そうした株は、実際の株価よりもずっと高い価値を有しているということに疑いの余地がなく、また、株価と価値の差が大きいためにいずれは価値が株価に反映される可能性がかなり高い。こうした株が安値圏にあるとき、これら割安株は実際に高い安全性を有しており、その安全性によって資本損失のリスクが相対的に低くなる。

## 事業全体を反映する普通株が、そうではない債券よりも安全性が低いとは限らない

こうした事柄について考えるとき、本書においてすでに議論した、上位証券に関する提案の逆を考えてみることが役に立つ。第26章でわれわれは、「債券や優先株は、もしそれが企業の所有権を完全に具現していたとしたら、つまり、もし優先証券が存在しない普通株だったとしたら、債券や優先株としての本来の価値は持ち得ないだろう」ということを指摘した。普通株は、もしそれが債券であったら、つまり、もし企業の所有権を完全に具現するかわりに固定的かつ限定的な権利を付与され、それ以外の権利を所有する何らか別の普通株が存在していたとしたら、本来よりも安全性が低いとは必ずしも言えない。この考えは、最初はいくぶん抽象的に思えるかもしれないが、1933年１月の具体的な事例をもって明確にすることができる。

この分析の目的は、1933年初めにアメリカン・ランドリー・マシーナリーの株価が７ドル（時価総額わずか430万ドル）だったとき、この株を買った人は優良債券の保有者と同程度の「資本の安全性」を確保し、かつ普通株を保有することで得られるあらゆる利益獲得機会を得ていた――ということを示すことにある。われわれの論点は、仮にアメリカン・ランドリー・マシーナリーが450万ドル相当の債券を発行していたとしたら、その債券は確定利付き証券の基準に照らして十分に安全であると判断されたであろう、という点にある。恐慌の影響で直近の収益が芳しくないのは事実であるが、このマイナス要因は過去10年間の平均収益に裏付けられた非常に大きなカバレッジによって完全に相殺できるであろう。バランスシートに記載された強大なキャッシュポジションに照らせば、利払いの継続に関しては疑問の余地がなかったはずだ。さらには正味流動資産だけをとっても、（想定上の）債券発行額の５倍近いという事実は、投資家にとって魅力ある要素だろう。このアメリカン・ランドリー・マシーナリー“社債”の相対的

な安全性は、同じ表に示したウエスタン・エレクトリックの実際のデータ（表面利率５％、1944年満期の社債）と比較すると分かりやすい。アメリカン・ランドリーの社債のほうに、より高い債券価格がつくべき価値があることは間違いないだろう。

アメリカン・ランドリー・マシーナリー社の450万ドルの社債発行が安全なものだったとすれば、会社全体を430万ドルで買うことも安全だったと言えるはずだ。というのは、債券保有者は、債券（優先証券）が存在しない企業の株主が享受しない権利や安全性を享受することはできないからだ。非現実的な話ではあるが、企業所有者（株主）はもし本人が望めば、自分自身の債券を発行してそれを自分自身に渡すことができるのである。この理屈についてはUSエキスプレス社の実例を挙げてすでに説明した（第５章および参考資料の注１参照）。さて、ここでまた基本ポイントに戻ってくることになる。つまり、安全性というのは法的権利や証券の形態によって決まるものではなく、証券そのものの価値によって決まるということだ。

ウォール街はアメリカン・ランドリー・マシーナリーの株が７ドルのときに「安全ではない」という判断を下していたのであろうが、その同じ企業に対して間違いなく450万ドルの債券発行をよしとしたであろう。その理屈はこういうことだ。つまり、社債の利払いが滞ることはあり得ないが、当時実際に支払われていた40セントの配当は非常に不安定であると。利息については支払わないという選択肢がないから取締役たちは必ず払うだろうが、配当は払うのも停止するのも取締役の裁量に委ねられているので、支払われない可能性が非常に高いということだ。だがウォール街はこの点について、一時的な配当の継続と、資本の安全性という、もっと基本的な問題をはき違えている。普通株の株主に配当が支払われたからといって、そのこと自体が株の安全性を高めるわけではない。取締役たちは株主たちの資産の一部を配当として株主に回しているにすぎず、もし支払われなくともそれが株

| 項目 | アメリカン・ランドリー・マシーナリー | | ウエスタン・エレクトリック |
|---|---|---|---|
| | 実際の資本構成 | 資本再構成後(仮定) | |
| 債券 | なし | 450万ドル(利率5%)×0.94=4,300,000ドル | 3500万ドル(利率5%)×0.94=33,000,000ドル<br>その他長期債務39,000,000ドル<br>債券発行による長期債務合計72,000,000ドル |
| 普通株 | 614,000株×7=4,300,000ドル | 614,000株×?=?ドル | 600万株×20=120,000,000ドル |
| 総資本 | 4,300,000ドル | 4,300,000ドル以上 | 192,000,000ドル |
| バランスシート(1932/12/31) | | | |
| 現金資産(ドル) | 4,134,000 | | 4,920,000 |
| その他流動資産(ドル) | 17,386,000 | | 97,678,000 |
| 流動資産合計(ドル) | 21,520,000 | | 102,598,000 |
| 流動負債(ドル) | 220,000 | | 10,693,000 |
| 正味当座資産(ドル) | 21,300,000 | | 91,905,000 |
| その他有形資産(正味)(ドル) | 5,947,000 | | 155,000,000 |
| 資本に対する総資産(ドル) | 27,247,000 | | 246,905,000 |
| 利払前の純利益(ドル) | | | |
| 1932 | 985,000(赤字) | | 9,032,000(赤字) |
| 1931 | 772,000 | | 15,558,000 |
| 1930 | 1,849,000 | | 20,298,000 |
| 1929 | 3,542,000 | | 31,556,000 |
| 1928 | 4,128,000 | | 22,023,000 |
| 1927 | 4,221,000 | | 19,339,000 |
| 1926 | 4,806,000 | | 16,432,000 |
| 1925 | 5,101,000 | | 16,074,000 |
| 1924 | 3,977,000 | | 14,506,000 |
| 1923 | 4,055,000 | | 10,079,000 |
| 10年平均 | 3,150,000 | | 15,700,000 |
| 支払利息(1932年ベース)(ドル) | | 225,000 | 3,600,000 |
| 10年平均 | | | |
| 支払利息に対する収益の倍率 | | 14倍 | 4.4倍 |
| 1株当たり利益(ドル) | 5.13 | 4.76 | 2.02 |

主のものであることには変わりないのだ。よって、「企業に配当支払いを強要できる権限が株主に付与されていたら――つまり、もしも全面的であれ部分的であれ、株主が債券保有者と同様だとしたら――彼らの立場は本質的に安定度が増す」といった仮定には、根本的な誤りがある。株主が企業の完全なる所有権を放棄して、その見返りに同じ資産に対して５～６％の対投資比率で限定的な要求権を手に入れるほうが株主にとってはメリットが大きいという仮定は、ほとんどばかけている。だが、アメリカン・ランドリー・マシーナリーに450万ドルの債券発行があれば喜んで買いたがるであろう一方、株価７ドルの同社の普通株を「安全でない」として大衆投資家がはねつけるとすれば、まさに大衆がそう仮定しているということに他ならないのである。

にもかかわらず、ウォール街はこの不合理な考えを固持しており、またその理由の一端は実際的な根拠によるものだ。どういうわけか、大衆投資家が普通株を保有しても、私的企業の所有者が得ているような権利と可能性――要するに価値――は得られないようなのである。このことが、清算価値以下で売られる株に関する、第二の論考へとつながる。

# 第44章

## 清算価値の意味合い――株主と経営陣の関係

たいていの企業は事業を清算しようなどとは考えないという理由から、ウォール街は清算価値をほとんど意味のない要素と見なしている。この考えにはある程度は理論性がある。ある株が清算価値以下で売られているとき、ウォール街的見解とは次のようになるだろう――「この企業を解散したら現在の市場価格以上の金額になるだろうが、①この会社は満足のいく利益を上げることができないし、②実際に解散する予定などないのだから、買う価値がない」。第43章でわれわれは、いろいろな可能性から①の仮定は間違いである場合が多いと述べた。というのは、過去の収益が失望させるものだったとしても、外的あるいは内的要因の変化によって、その企業が再び十分な投資利益をもたらす可能性は常に存在するからである。しかし多くの場合、マーケットの悲観論はもっともなことだと、少なくともそう見える。よってわれわれは、次のような疑問に行き着く――「ある企業の将来性がたとえどれほど悲惨なものに思えようとも、企業資産が使い尽くされるまで、その所有者（株主）たちが事業存続を容認するのはなぜなのか？」。

この疑問の答えは、アメリカにおけるファイナンスの最も奇妙な現象のひとつと深く関係している。「株主の、自分たちが所有する企業との関係」である。この問題は証券分析の範囲を超越してしまうが、証券の価値と、証券の保有者たちの賢明さや抜け目なさの間には、異常な関係が存在するので、ここで簡単に取り上げることにする。ある普通株を選択するのはひとつの行為であるが、それを保有することは継続的な過程である。株主“になる”のと同じくらい、株主“である”ことにも、注意力と判断力を働かせなければならないのは当然である。

## 無関心で従順な株主たち

しかし残念ながらアメリカの株主たちは、極めて従順かつ無関心な、捕らえられた動物だとよく形容される。彼らは取締役会の言いなりで、ビジネスの所有者として、また雇われ幹部の雇い主としての個人的権利を行使しようなどということには、思いも及ばない。その結果、多くの、おそらくは大半のアメリカの大企業において、事実上の支配者は、株の過半数を保有している株主たちではなく、「経営陣」と呼ばれる小人数のグループなのである。この状況をうまく描写しているのが、バールとミーンズの共著による秀作『The Modern Corporation and Private Property』の第4巻第1章である。その一部を以下に抜粋する。

企業はその所有者たる株主の利益のために運営されるべきであり、分配されるすべての利益は株主に帰するべきであるというのは、古くから言われてきたことだ。しかし今やわれわれは、支配的グループが利益を自分たちの懐に入れる権力を握る場合があることを知っている。企業が実際に株主の利益のために運営されるという確実性は、今となってはもう存在しないのだ。企業の所有権と支配権が甚だしく分離してしまい、また支配者の力が強まったことによって、企業が株主利益を最優先に運営されるよう社会的および法的圧力が用いられるべきか、あるいは別のもっと大きな集団の利益のためにそうした圧力が用いられることになるのかという点についての判断を求める、新たな状況が生じている。

また、同書の最終章では、同じ事柄を次のような形で再度述べている。

……だが第3の可能性が存在する。一方では、「パッシブ・プロパティ」の所有者たちは「アクティブ・プロパティ」に対する支配権および責任を明け渡すことによって、自分たちの利益を最優先に企業運営がなされるべきだという要求を放棄した――つまり株主たちは、自分たちの利益を最大限守るという、厳密な財産権の原則に裏付けられた義務から、企業経営者たちを解放したのである。それと同時に、支配的グループは企業権限を拡大することによって、「企業はパッシブ・プロパティの所有者のみの利益のために運営されるべきだ」という伝統的認識を（自分たちの利益のために）破壊した。しかし、だからといって必ずしも、その新たな権限が支配的グループの利益のために使われるべきだということの根拠にはならない。支配的グループはいまだいかなる形であれ、彼らのこうした権限の行使を正当化する後ろ盾を提示していない。そうした後ろ盾は、過去をたぐっても得ることはできないのだ。どちらかといえば彼らは、株主や支配的グループよりもはるかに包括的なグループのための権利を確保する道を開いてきた。現代の企業は株主や企業支配者だけでなく社会全体に対して貢献すべきであるという風潮を、彼らは作りだしてきたのである。

## もっともらしいが不合理でもある株主の認識

「（株主は）自分たちの利益を最優先に企業運営がなされるべきだと

いう要求を放棄した」というバールとミーンズの結論に、用心深い株主は――そういう人たちがいればの話だが――完全同意することはないだろう。アメリカの株主は結局、意図的ではなく単なる怠慢によって本来の立場を放棄してきたが、株主であることに伴う権利を再び主張することはできる。適切な知識と指針があれば、おそらく彼らは実際にそうするであろう。彼らの従順さや無関心に見える態度のほとんどは、親からのあるいは周囲の悪影響によって感化されたものと思われる、ある昔ながらの誤った見解がもたらした産物なのである。誤った見解の例を以下に挙げる。

1．経営者は自社のビジネスについて株主よりも詳しく、よって経営陣の手によるさまざまな方針に関する判断はいかなるものであれ受け入れられるべきだ。

2．経営陣は自社の株価がどうなろうと、関心も責任もない。

3．経営陣の下した重要な方針に株主が賛成できない場合、持ち株を売るのが適切なやり方である。

## 必ずしも正当化できない経営者の見せかけの見識と効率性

こうした見解はもっともらしく響くが、実際には半分しか当たっていない（完全に間違いではないだけに、より危険である）。最良の方針を判断するための最高の立場にいるのが経営者だというのは、たいていは真実だ。だがそのことが、経営者が常に株主にとって最も有益な方針を理解して採用するということにはつながらない。無能さによって悲惨な間違いを犯すかもしれない。株主というのは総じて、経営者は有能なものと考えているようだ。一方で株式の選択に当たっては、その企業が有能な経営者を擁しているかという問題が非常に重要視されている。このことはつまり、多くの企業は経営がマズイということを示唆していると言えるはずだ。さらにこれは、「すべての企業の株主たちは、自分たちの企業の経営者が有能なのかその逆なのかという問題について、偏見のない態度で臨むべきだ」ということにならないだろうか？

## 株主と経営陣の利害の対立

だが、経営者の判断を必ずしも無条件では認めない第二の理由は、経営陣の利益と株主の利益は相反する場合があることだ。利害の対立が起こり得る分野には次のようなものがある。

1．経営陣への報酬（給与、賞与、ストックオプション）

2．事業の拡張（給与増額や経営陣の権限拡大を含む）

3．配当の支払い（収益を経営陣の支配下に置いた状態を保つべきか、株主に還元すべきか）

4．株主の投資金の扱い（利益が出なくとも事業をそのまま存続させるべきか、あるいは株主に資本を部分的に返却したり完全に企業を清算したりすべきか）

5．株主への情報開示（株主たちに情報を伝えないことで経営者側が得をするのは許されるのか）

上記についてはすべて、経営陣の判断によって利害の対立が生じるので、株主による精査が必要である。われわれはなにも、企業経営者たちは信頼に値しないと言っているわけではない。それどころか、アメリカの大企業のトップたちは、能力はもちろん高潔さにおいても平均以上の人たちの集団である。しかしだからといって、彼ら自身の利害に関するすべての事柄について「白紙委任状」を与えられるべきだということにはならない。私的企業の経営者は自分が信頼できる人間しか雇わないが、彼らに自分たちの給与を自由に決めさせたり資本配分を決定させたりはしない。

## 取締役たちはこれらの事柄について常に自己利益を顧みないわけではない

公開企業においては、これらの事項は取締役会に委ねられる。取締役会を選任するのは株主であり、経営陣は取締役会に対して責任を負う。理論上では、取締役会メンバーたちは株主利益の代表者であり、必要とあらば経営陣の利益に反することも主張するべき存在だ。だが実際問題としては、それは期待できない。多くの場合、個々の取締役会メンバーは執行役員と強い結びつきがある。実際、取締役会が経営陣を選ぶというよりも、経営陣が取締役会を選ぶほうが多いとさえ言えるかもしれない。よって、経営陣にとっての個人的利益が株主利益と対立するおそれのあるすべての事柄について、株主は批判的かつ自主的な判断を下す必要性がある。言い換えれば、この分野においては、「経営に関する知識も判断力も経営者のほうが優れている」という一般的仮定は通用せず、また、善意に基づく批判であればいかなるものであれ、株主にとって注意深く考慮する価値がある――ということである。

### 経営者の報酬の乱用

経営者の報酬という点において経営者自身の行動が深刻な問題を生むケースが、数多く明らかになってきている。ベスレヘム・スチール社では、明らかに多額すぎる現金払い賞与が支給された。アメリカン・タバコ社では経営陣に対して、市場価格以下の価格で株を購入できるオプションが大量に割り当てられた。こうしたストックオプションは、報酬の乱用へと容易につながる性質のものだ。エレクトリック・ボンド・アンド・シェアーでは、経営陣が自らに対して、市場価格をはるかに下回る価格で数多くの株式を購入できるようにしていた。後に株価がその権利行使価格以下まで下落したとき、株式購入の代金を支払う義務は抹消され、すでに支払われた金額は返却された。ホワイト・モーター社でも同様の仕組みが存在した（これについては後ほどもう少し詳しく説明する）。

こうした事柄のなかには、1928～32年にかけての異常な状況によって説明がつく、またある程度正当化できるものもある。だがそれ以外は、いかなる観点からしても説明不可能だ。とはいえ、こうしたことが行われるのは人間の特性によるものであり、ちっとも驚くべきことではない。このことが示しているのは、企業経営者の特性ではなくてむしろ、自らの決定によって利益を得ることができる、事実上の自由裁量が可能な経営者たちに、こうした事柄を委ねているという「明白なる愚かさ」なのである。

## 経営者報酬の開示の必要性

企業が経営陣に対してどれだけの給与や賞与を支給しているかを毎年開示することを求めるような法律があれば有益だろう（現在ではこの種のデータは、1933年証券法の関係で提出が義務づけられている）。また、経営者と取締役の株式保有状況が定期的に公表されれば、それもまた意義がある。そうした情報は今では株主リストをチェックすることで得られることもあるし、場合によって取締役の株式保有状況は経済新聞紙上に公開されることもある。なるべく多くの企業についてデータサービス会社がこうした情報を確保する努力をして、自社の発行物に詳細情報を網羅してくれれば、それも望ましいだろう。

近年では経営陣への法外な報酬という問題への関心が高まっており、この問題においては、経営者の認識は必ずしも最高の英知を感じさせるものではないということを、一般の人たちもよく理解している。しかし、株主の資本や剰余金の使途に影響を及ぼす事柄についても同様の問題が存在するということについては、あまり理解されていない。この問題の一部についてはすでに、配当政策に関する話（第29章）のなかで暗に述べた。拡張のための新たな資金調達という問題もまた、同じ目的で配当を留保する場合と同様の理屈によって影響を受けるはずである。

## 事業の継続が賢明であるかを熟慮する

第3の問題、つまり株主の資本を事業にとどめおくべきかというのも、基本的に同じ考え方をすべき問題だ。経営者というのは株主に対して部分的にであれ資本を返還するのを嫌うものである。たとえその資本が、自らの事業にとどめおかれないほうがはるかに有用である――ゆえに価値がある――としても、だ。経営陣にとって資本の一部（例えば余剰のキャッシュ）の返還が意味することは、企業体の資産の縮小であり、おそらくそれが後に資金的な問題を引き起こし、そして確実に自分たちの名声を多少なりとも失墜させることにつながるものなのである。完全なる企業の解散は職そのものを失うことを意味する。よって雇われの役員たちが、事業を継続させるか解散するかという問題について、株主にとって最大の利益となるような観点のみから思考するなどということは、ほとんど期待できない。ここで再度強調しておくが、取締役会は往々にして経営陣と強い結びつきがあり、また経営陣は取締役会メンバーを兼ねているために、取締役に対してもまた、こうした問題を純粋に株主の立場で考えることは期待できないのである。

よってどうやら、事業が継続されるべきか否かという問題は、その所有者たち――株主――が自主的に考慮するに値するかもしれない問題である（これはその法的な性質から、経営陣の問題ではなく株主の問題であるということを、ここで同時に指摘しておかなければならない）。そしてこの問題を熟慮しなければならない論理的な理由がまさに生じるのは、その株が長期にわたって清算価値を大きく割った価格で売られているという事実が存在するときだ。結局、この状況が十中八九意味するのは、マーケットが間違っているか、あるいは事業を継続させている経営陣が間違っているか――のどちらかなのである。このことについて判断するに当たり、経営陣の見解や説明に注意深く耳を傾けることは重要であるが、経営陣の意見が鵜呑みにされるとしたら、すべてが台無しになるだろう。

経営陣がその方針について攻撃を受けるとき、攻撃する側にはたいてい何らかのひそかなたくらみがあるというのは、悲しむべき事実である。これもまた、おそらく必然的なことだ。ファイナンスの世界では利他主義などほとんど存在しないのである。企業経営陣を相手どる闘いには、時間とエネルギーとお金がかかる。単に正しいことが成し遂げられるのを見届けるために、個々人がこうした犠牲を受け入れるとは思えない。こうした問題について最も大掛かりかつ立派な行動をとるのは、大株主グループだ。彼らには守るべき大きな持ち分があり、そのため必然的に株主全体の利益となるような行動をとることになるからである。そういった人たちの代表は、経営者と株主の利益が対立する可能性があるあらゆる問題について、一般株主たちの意見をより尊重すべきである。

株主によるテレビやラジオを通じた批判、委任状争奪戦（株主総会で支配権を得るために他の株主よりもたくさんの委任状を集めようとすること）、さまざまな形での法的行動といったことは、経営陣にとって極めていらだたしいものであり、彼らは多くの場合、愚かだったり不適切だったりする行動に駆り立てられる。だがこうしたことは経営者特有の難点であり、警戒を怠らない株主が被るべきマイナスであると見なされるべきものである。このような議論が、事実と熟慮された立論によって練り上げられたものであるということを、一般の人々は理解できるようになるべきだ。根拠のない非難や、問題の本質とは無関係な人柄などによって意見が揺らぐようではいけない。

企業の清算について述べたからには、それに関する従業員の重大利益について触れないわけにはいかない。このような事柄について、株主利益の観点のみから判断を下そうとするのは、冷酷非道というものだ。だが問題を複雑化したからといってプラスにはならない。事業を継続させる最大の理由が従業員の職の確保であるのなら、そしてこれが株主に大きな犠牲を強いることであるとすれば、株主には現実を知ってそれに立ち向かう権利がある。企業を解散したほうが現実に株主にとって有利だとすれば、たとえそれが不人情に思えたとしても、解散は無分別だなどと株主が言われる筋合いはない。「現在の経済システム下において、事業の所有者たちは雇用の継続のために自らの資本を浪費することを期待されてはいない」という点を指摘するのはフェアである。私的企業では、そのような人類愛主義はまず存在しない。こういう目的のために資本を犠牲にすることがこの国全体の経済的繁栄につながるのかというのもまた、疑わしい。だがそれはわれわれの扱う範疇を超えているのでここでは触れない。われわれが目指してきたのは、問題を明確化することであり、また次のような事実を強調することだ。つまり、株価が清算価値を下回るということは株主にとって特に重要な意味があり、またそうなったときには株主は経営陣に対して鋭く吟味した質問をぶつけるべきなのである。

## 自社の株価に対する経営者の関心

経営者たちは、「株価は自分たちにとって関心もなければ責任もない」という昔ながらの信条を振りかざすことで、こういう質問を非常にうまく切り抜けてきた。自社の株価が変動しようと企業経営者には責任がないというのは、もちろん真実である。しかしだからといって、経営陣は自社の株価をまったく気にするべきではないということにはけっしてならない。この考え方は根本的に誤りであるばかりか、完全に偽善的であるという点で罪が重い。その理由は、証券の市場性というのはそれを購入するに当たって、最重要視される要因のひとつだからである。だが市場性と言うときには、それが売買できる場所が存在するということだけでなく、それが適正な価格で売れる機会が存在することが前提として必要である。株主にとっては、配当や収益、資産が維持・増加されることと同じくらい、持ち株を売れば適正な金額が手に入るということが非常に重要である。つまり、株主利益のために行動するという経営者の責任には、自社の株価が異常なまでに高くなったり安くなったりしないように最善を尽くすという義務が含まれているのである。

自社の株価を知りもしないように装う多くの企業トップたちの聖人ぶった態度には、はらわたが煮え繰り返るものがある。だが多くの場合、自社の株価に対する彼らの個人的関心度は極めて高く、時にはインサイダー情報を使ってマーケットで株取引を行い、一般投資家や自社の株主に間接的ダメージを与えることもある。ここで、驚くべき革新案としてではなく一般常識に基づくやり方として、われわれから提案したいことがある。取締役に対して次の２つの任務を課したらどうだろうか。自社の株価を常にチェックするという任務と、株価に明白な矛盾が生じた場合、その他の株主利益に反する企業の状況を正すために努力する場合と同様に、あらゆる適切な処置を講じるという任務である。

## 株価の適正化に向けたさまざまな可能性

彼らが講じ得る適切な処置には多様なパターンが考えられる。最初に挙げられるのは、株価よりも株式の清算価値（つまり最小限の価値）のほうがかなり高いという事実について、公式な形で株主の注意を喚起するということだ。通常はそうであるが、もし取締役たちが企業を清算するよりも事業を継続するほうが望ましいと信じているのだとすれば、同時にその根拠を株主に提示すべきである。２つ目は配当に関することだ。事業を継続させることによって株主の配当収入がしわ寄せを受けることがないように、配当率が最低でも清算価値と釣り合ったものになるよう、特に努力しなければならない。累積利益があって、しかもその程度の配当を支払えるだけのキャッシュポジションがあるのであれば、たとえ当期利益がなくとも、これは可能である。

３つ目に挙げられるのは、そうした現金資本を、事業の運営に不必要なものとして株主に返却するというやり方だ。これは比例配分方式によって、通常は額面価額の切り下げという形で行われるだろう。あるいは、持ち分に応じた数量の株式を、適正な価格で株主が購入できるようにするかもしれない。そして最後に、収益力と清算価値との不釣り合いについて取締役たちが慎重に熟慮した結果、企業を売却あるいは解散することが、状況の是正のために最も賢明な処置であるという考えに行き着くかもしれない。その場合、彼らはそれを行動に移すべきなのである。

### 事例――オーチス社（1929～30年）

1929～30年にオーチス社の経営陣がとった一連の行動は、上記のやり方を組み合わせたものだ。1929年７月、オーチスの社長は株主に、６月30日付の中間期のバランスシートを送付し、当時の株価と清算価値の間には格差があることを強調した。同年９月、収益は以前よりも減少していたにもかかわらず、配当が再開された。これが可能だったのは、同社の現金保有高が大きく、また剰余金も十分だったためである。1930年には、現金保有高のうち、事業運営に不要と思われる相当の部分が、数の少ない優先証券を買い戻す形で、また資本勘定上の普通株１株当たりに対して20ドルを償還する形で、株主に返還された。大半の株が価値の減少に苦しむなか、前章で指摘したように、こうした手段をとったことによってオーチス社の株主の状況は大きく改善されたのである。

## ハミルトン・ウールン社

これよりさらに興味深いのは、困難な問題に率直かつ賢明な方法で対処したという意味で、ハミルトン・ウールン社の取締役たちがとった行動である。同社では営業損失が長期化していたことで、株価が清算価値を大きく割り込んでいた。損失が続けば資本が吹き飛ぶ危険性があった。だが他方では、とりわけ新たな経営方針を採用するのであれば、将来的に収益が大きく上向く可能性も存在した。自社を解散すべきか否かについてそれぞれの論拠が記された書面が株主に送られ、株主はどちらかを選択するよう求められた。彼らは業務執行責任者を交代させた上で事業を継続させるという方法を選び、それは結果的に吉と出た。これはこうした状況が起きたときの、適切な処置がとられた称賛すべき事例である。事業を継続するかたたむかという究極の決断は、それを下すべき株主の手に委ねられ、経営サイドは情報の提供や自分たちからの提言を行い、それとは逆のケースに関しても適切な申し立ての機会を与える。無論、これと同じ時期、株主が解散を望んだ事例も数多くある。ただしそのほとんどは、取締役たちの提言によるものである。

## ライマン・ミルズとその他の事例

ライマン・ミルズのケースは最も興味深いもののひとつだ。同社では1927年に取締役たちによって事業解散の提言がなされた。この年は大半の業種が好況に沸いていた時期であったが、繊維メーカーは例外であった。解散の決定が下される前の株価は110ドル。株主には清算配当として計220.25ドルが支払われた。そのころ繊維業界は落ち込みを続けており、その他の紡績業者も大半が株価の壊滅的下落に苦しんでいた。自発的に解散を選び、それによって株主が解散以前の株価を大幅に上回る金額を受け取った例を挙げる。

| 企業 | 解散決定の年 | 解散決定前の株価 | 清算による株主の受取額 |
| --- | --- | --- | --- |
| アメリカン・グルー | 1930年 | 53ドル | 約140ドル |
| モホーク・マイニング | 1933年 | 11ドル | 約27ドル |
| シグナチャー・ホージェリー（優先株） | 1931年 | 3 1/8ドル | 17ドル強 |

**株式数に比例した株式買い戻し**

ハミルトン・ウールンの経営陣は、1932～33年の間に余剰の現金資本を利用して適正な価格で大量の株式を比例方式で買い戻したことについても、称賛に値する。これは株主に対して株式購入権が付与された、1929年にとられた処置とは逆のものだ。恐慌に伴う事業の縮小によって、この余剰資本は必要性が失われ、よってその大半を株主に返却するのは理にかなっていた。株主にとっては、企業内に眠らせておくよりも自分たちの懐に戻したほうがプラスであった（ハミルトン・ウールンは1929年、持ち株数に応じた比例配分方式で株主に１万3000株を１株当たり50ドルで分配していた。同社は1932年には１株65ドルで6500株を、翌33年には１株50ドルで1200株を株主から買い戻した。フォルトレス・ラバー社でも1934年に同様の手続きを行った。シムズ・ペトロリアムでは、比例方式で株主から株を直接買い戻し、かつ一般市場を通じた自社株購入も行った。1930～33年にかけてこの両方の処置をとったことによって買い戻した株は、1929年末時点の発行済み株式数の45％近くにのぼった）。

## 一般市場を通じた株式購入による株主への打撃

恐慌の時期、余剰の現金資産を利用した自社株買い戻しが多くの製造会社で実施された（NYSEが1934年２月に公表した数字によると、同取引所に上場する企業のうち259社が自社株の一部買い戻しを実施した）が、それらは全般的に大いなる不服を招いた。株の買い戻しは株主への事前通知なしに一般市場を通じて行われ、このやり方が不信感を招いたのだ。自社株を可能なかぎりの安値で取得するのは「企業の利益のため」だと考えられていたからである。こうした考え方の行き着く先は、持ち株を企業に売る株主は最大限の損失を被り、それによって株を持ち続ける人が得をするのではないか、という思考だ。この考え方は、企業がその他の資産を買い入れる場合ならば正しいが、論理的にも倫理的にも、それが自社の株主から株を直接買い戻す際に当てはまるという保証はない。企業自身が買い手であるために、経営陣は売り手に対して公平となる行動をとるよう、通常以上に強いられる状況にあるからだ。

しかし実際には、安い価格で株式を買い戻したいという思惑は、減配や無配の決定を招く可能性がある。先行きが不透明な時期はなおさらである。こうした行為は、株を売ろうと売らなかろうと、ほとんどすべての株主たちにとって不利になる。不当に安い価格での株式買い戻しが株主の利益になる可能性についてわれわれが支持しないは、そのためである。

### 事例――ホワイト・モーター社

先の章では、1931～32年にかけた時期、ホワイト・モーター株の相場水準と清算価値との間に大きなずれが生じていることに焦点を当てた。経営陣のとった方針がどれほど大きな不運を株主に招いたかを確認するのは、有益であろう。

ホワイト・モーター社は1916年の設立から1926年にかけて、実質上１株当たり４ドル（８％）の配当を行っていた。業績不振に陥って500万ドル近くの損失を計上した1921年でさえ配当が滞ることはなかった。しかし同社は、減配を避けるために累積剰余金を利用していた。株価が29ドル以下に下がることがなかったのはこの経営方針のためだ。景気が戻ると1924年には72 1/2ドル、翌25年には104 1/2ドルへと株価は上昇した。1926年には額面（50ドル）による20万株の株主割当が実施された。同時に20％の株式配当が行われた。

事業の所有者（株主）たちのほとんどはこの増資を引き受けず、そのころ収益は減少を始め配当も減額された。1928年はおよそ３ドルの収益（連結ベース）に対して、分配されたのは１ドルだけであった。1931年６月30日までの12カ月に、同社は約250万ドルの損失を出した。その直後の配当は見送られ、株価は7 1/2ドルにまで崩落した。

1931年と1921年の状況は極めて対照的だ。1921年のほうが損失は大きく利益剰余金は小さく、また現金保有高ははるかに低かったのに、この年の配当支払いは継続され、よって株価も下支えられていた。だが10年後、現金保有高は過剰に膨らみ、莫大な留保利益を有していたにもかかわらず、経営陣はその年に営業損失が出たというだけの理由で配当を停止し、異常なまでに低い株価がつくのを容認したのである。

減配・無配期の前後、同社は一般市場を通じて積極的な自社株買いを行っていた。一連の自社株買いが始まったのは1929年で、これは経営陣の利益のために採用されたプランによるものだ。1931年６月までに、280万ドルを投じておよそ10万株が買い戻された。配当の停止によって経営陣はこれら株式に対する支払義務から逃れ、このプランは中止された。その後６カ月の間に、株価が下落したおかげで同社はさらに５万株を買い増し、その平均取得原価は１株当たり約11ドルであった。15万株の株式はすべて、その後消却された。

簡単に要約した以上の事実から、企業の資金で株式を購入するための自由裁量を経営サイドに許せば、彼らが非難すべき挙に出る可能性があることが証明された。最初に指摘すべきは、ホワイト・モーターの経営陣とその株主たちが受ける扱いの、あまりに大きな違いだ。並外れて大量の株式が、魅力的と思える価格で、これら経営陣の利益のために購入されたのである。その株の購入代金はすべて、株主が負担したことになる。もし業績が改善していれば、株の価値は大幅に上昇し、すべての利益は経営陣のものとなっていただろう。実際に業績が悪化したとき、企業トップはいかなる不利益も被らず、すべての負担は株主に重くのしかかったのである。

自社の株主との直接的な取引によって、ホワイト・モーター社は1926年に1000万ドルの追加資本を得ようとしていた。そして、この追加資本の一部は、まさにこれらの株式の多くを額面の５分の１の価格で買い戻すために利用された。配当の停止は、この買い戻しをこれほどの安値で行うことを可能にした、まさに主因だったのである。それ以上の根拠は考えられないという事実が、株主の心に「配当の停止はいわば株価を引き下げるための策略だったのではないか」という疑念を抱かせるのも無理はない。配当を停止したのは現金を保持するためであったとすれば、彼らは株を買い入れるだけの資金はすでに有していたことになるので、なぜ15年も配当を停止しなければならなかったのかは、納得ができない。

十分すぎるキャッシュを有する企業が、自社の株主をひどい安値で絶望売りに走らせる目的で配当を停止したという状況は、静観に耐えない。

### ナッシュ・モーターズ

1933年４月、ナッシュ・モーターズは配当を「延期」（つまり停止）した。同社もまたそれまでの過去15年間にわたり継続して配当を行ってきていた。同社の経営陣は素晴らしい業績を上げていたにもかかわらず、この配当停止時の状況が、経営陣を驚くべき、そして弁解不能な行動へと走らせたとわれわれは考える。次に挙げるデータを参照してほしい。

| | |
|---|---|
| 通常の25セント配当に必要な金額 | 660,000ドル |
| 1932年11月30日 | |
| 　現金および自由国債の保有高 | 32,500,000ドル |
| 　棚卸資産、売掛金 | 1,600,000ドル |
| 　総負債 | 1,150,000ドル |
| 　利益剰余金 | 26,300,000ドル |
| 　正味売上高（1932年） | 15,331,000ドル |
| 　株式の利益 | 1,030,000ドル |
| 　１株利益 | 0.39ドル |
| 1933年２月末までの四半期 | |
| 　概算利益（減価償却前） | 100,000ドル |
| 　損失（減価償却後） | 134,000ドル |

ナッシュ・モーターズの現金保有高は、事業に必要な金額からすると極めて巨額であった（これは、棚卸資産および売掛金が非常に小さいことを見れば明白である）。同社には莫大な剰余金（大半は留保利益）があり、恐慌も相対的にかなりうまく切り抜けたし、前期四半期の損失は創立以来初めてかつ無視できるレベルのものであった。このような状態のなか配当を停止したのは、株主利益の完全なる履き違えに起因しているという結論に行き着かざるを得ないのである（ナッシュ・モーターズの配当は３カ月滞っただけで1933年８月には再開されたが、1934年４月も無配であった）。

## 要約と結論

全般的に見て、1928～33年にかけての混乱期における企業経営者の振る舞いは、英知と清廉さに満ちあふれているとは言い難いものであった。実際、この期間のマーケットの行き過ぎた楽観主義と悲観主義は、彼らの行為そのものにも責任がある。この問題の根源は、①企業とはそれを所有する株主のものである、②経営陣は株主に雇われた従業員にすぎない、③取締役はどのような形で選任されようとも株主財産の受託者であって、彼らの法律上の義務は企業の所有者だけのために行動することである――という基本的事実がまったく顧みられないことにあるのではないかと、われわれは考える。これら基本的事実を重視し、さらには実際上の効力を高めるためには、一般投資家が「配当方針」「拡張政策」「保有現金を利用した株式買い戻し」「経営陣への報酬」「株主の資本は社内に留保されるべきなのか、すべてまたは部分的に株主に還元されるべきなのかという本質的な問題」に関して、株主にとって真に重要なポイントは何かについて明瞭な認識を持たなくてはならないのである。

# 第45章

# バランスシートの分析（まとめ）

　これまで数章を費やして述べてきた事柄は主に、バランスシートの内容から見て株価が実際よりもっと高くあってしかるべき状況に関するものであった。だがバランスシート分析を行う場合のより一般的な目的は、これとは逆の状況を見つけることにある。つまり、ある証券について投資（あるいは投機）メリットを減じさせる可能性をはらむ財務面の弱みがないかを探すことだ。証券を購入するに当たって用心深い投資家というのは、その企業が十分な現金を有しているか、流動比率は適切なレベルにあるか、また再調達問題に発展する恐れのあるような満期間近の債務はないか――といった事柄についてバランスシートを精査する人たちである。

## 運転資本と負債の満期

　1社の企業がどれくらいの現金を保有しているべきかという問題について、一概に述べることはできない。投資家は、個々の事例ごとに判断し、また明らかな現金の不足をどの程度深刻に受け止めるべきかについて、自分なりの基準を持たなければならない。運転資本比率について言えば、かつては1ドルの流動負債に対して少なくとも2ドルの当座資産を有しているのが工業会社の標準と見なされていた。これに加え、工業会社に関する大まかなチェック基準としては、棚卸資産を除いた流動資産が少なくとも流動負債と等しくなるという条件が挙げられるだろう。このどちらもクリアできないのであれば、（債券や優先株と同様に）その普通株の投資対象としての安全性が脅かされるということであり、その証券については投機的観点から見ても問題が大きいだろう。

このような個人の裁量による判断基準はあまねくそうであるように、特別な状況が存在するケースでは例外を認めるべきである。例えばアーチャー・ダニエルズ・ミッドランドの、1933年６月30日時点の数値と前年の数値とを比較してみよう。

同社の1933年６月30日時点における状況は、前年の数字と比較すると明らかに見劣りする。通常の基準から判断すると極端にすら見えるかもしれない。だがこのケースにおける支払債務の増加は、植物油業界では通常操業に戻るときの特徴であり、こうした状況下では穀物やアマの種子を買い入れるためにかなり多額の季節的な借り入れが必要となる。よって、入念な調査を行ったアナリストは、1933年のバラン

**アーチャー・ダニエルズ・ミッドランド社(単位：ドル)**

| 項目 | 1933/6/30 | 1932/6/30 |
|---|---|---|
| 現金資産 | 1,392,000 | 3,230,000 |
| 売掛金 | 4,391,000 | 2,279,000 |
| 棚卸資産 | 12,184,000 | 4,081,000 |
| 流動資産合計 | 17,967,000 | 9,590,000 |
| 流動負債 | 8,387,000 | 778,000 |
| 運転資本 | 9,580,000 | 8,812,000 |
| 運転資本(棚卸資産を除外) | −2,604,000 | +4,731,000 |

スシートに記載された財務状態を、何ら憂えるべきものではないと判断するであろう。

債券の選択に関する章（第13章）ですでに述べたように、鉄道会社や公益事業会社はこうした基準に当てはめて判断することはできない。しかしだからといって、これら企業についてはどれくらいの運転資本があるかはまったく重要ではないなどと早まった考えをしてはいけない（実際はとても重要だ）。要するに、紋切り型の分析をしてはいけないというだけの話である。

## 多額の銀行借り入れは財務体質の弱さを示すことが多い

企業が資金難に陥る場合、その裏に必ずといってよいほど銀行借り入れやその他支払期日間近の債務の存在がある。言葉を換えれば、単に買掛金が多いことが原因で財務状態が弱体化することはほとんどない、ということである。銀行借り入れそのものが好ましくない兆候だという意味ではない。適度な銀行借り入れ――特に季節的必要性によるもの――は、理にかなっているばかりか望ましいとすら言える。だがアナリストは短期借入金や支払手形の記載があるバランスシートについて、“クリーンな”バランスシートを見るときよりも注意深く精査することになろう。

戦後のにわか景気に沸いていた1919年、工業会社では棚卸資産が増大し、それらは過大な価格で記載され、またその大半は銀行融資によって賄われていた。1920～21年にかけて物価が下落したことによって、これらの工業会社による銀行借り入れは大きな問題に発展した。だが1930年代の不況はかつてのそれとは性格が異なっていた。1929年、工業会社による銀行借り入れは極めて規模が小さく、その第一の理由は商品（在庫品）の思惑買いがなかったこと、第二の理由は商品の売上高が莫大だったことによって運転資本が増加していたことである（もちろん例外もある。顕著な例はアナコンダ・コッパー・マイニングで、1929年末時点の銀行借り入れは3500万ドル、３年後にはそれが7050万ドルにまで膨らんだ)。銀行から多額の融資を受けていたのは、主に鉄道会社や公益事業会社であった。これらすべてのケースにおいて、永久的資金調達によって銀行融資が返済されることが期待されていたが、多くの場合、そのような融資の乗り換えは不可能で、破産管財人の管理下に置かれる結果となった。公益事業持ち株会社を利用したインサル的システムは、このようにして崩壊の道をたどったのである。

**事例**

1932年末のニューヨーク・セントラル鉄道のバランスシートには6800万ドルの銀行借り入れ、1931年末のシティーズ・サービス社のバランスシートには6900万ドルの支払手形がそれぞれ記載されていたという事実を、投資家や投機家はどの程度深刻に受け止めるべきであったかということについて、明確な答えを出すのは難しい。だが間違いなく言えるのは、この好ましくないサインを無視すべきではなかったということである。用心深い人なら、よほど株価が安く魅力的な投機機会が生じているような場合を除いて、このような財務状態にある企業はあまねく投資対象から除外したことであろう。状況が改善すれば、銀行融資はもちろんきちんと返済されるとしても、その額が懸念されるほどの規模であれば、状況改善が確実なものであることを確認するのが道理である。

十分な収益のある企業が、銀行借り入れのために債務超過に陥ることはまずない。しかし借り換えが不可能な場合——これは実際1931～33年には頻繁に起きたことであるが——すべての利益を融資返済に回させるために、貸し手は配当の停止を求める可能性がある。ともに前年同様の収益を上げていたにもかかわらず、1932年にブルックリン・マンハッタン・トランジット社普通株の配当が見送られ、また1931年にはニューヨーク・ウオーター・サービス社優先株が無配となったのは、このためである。

## 企業間債務の問題

親会社や関連会社に対して負債があっても、通常それは銀行借り入れほど重視する必要はないが、バランスシート上にこれに関する記載があれば軽視してはならない。

### 事例

1932年12月31日時点で、ユナイテッド・ガス社は“当座勘定に”間接的な大株主であるエレクトリック・ボンド・アンド・シェアーに対する2600万ドル負債があった。また、銀行借り入れは2100万ドルにのぼっていた。これは無視できない財務状態であり、それによって収益がありながら優先配当の見送りを余儀なくされ、さらにはたとえ利益が増大しても復配は見込めそうになかった。

さらに奇怪な事例としては、メトロゴールドウィン・ピクチャーズの優先株が挙げられる（この配当率７％の優先株は額面価格が27ドルなので、1.89ドルの年間配当を受ける権利がある）。ロウズ社の子会社である同社は、1931〜32年にかけての時期ですら、優先配当の何倍もの収益を上げていた。だが1932年８月31日付バランスシートには、同社のロウズ社への負債2200万ドルが記載されており、この額はメトロゴールドウィンにとって流動負債を差し引いた流動資産とほぼ等しい額であった。このことでロウズ社が優先株主を締めだそうとしているとは考えられなかったし、そのような企てが成功することはあり得なかっただろうが、これほど多額の意味不明な債務がある場合には警戒視しなければならない。もしロウズ社で資金が詰まれば、メトロゴールドウィン・ピクチャーズに債務の返済を強く迫ることも考えられ、そうなれば十分な収益があろうと、少なくともメトロゴールドウィンの優先配当支払いが脅かされることになるからだ。

## 償還期日の近い長期債務がはらむ危険

経営成績が芳しくない場合、償還期日の近い債券が多いというのは極めて重大な問題である。投資家もそして投機家も、バランスシートにこのような記載があれば、注意深く分析しなければならない。期日間近の長期債務はしばしば債務超過の原因となるのだ。

**事例**

フィスク・ラバー社は1930年末に800万ドルの社債の償還が滞ったため財産管理下に置かれることになった。コロラド・フューエル・アンド・アイアン社とシカゴ・ロック・アイランド・アンド・パシフィック鉄道が1933年に債務超過に陥ったのは、ともに巨額の社債が1934年に償還を迎えたことが密接にかかわっていた。コロラド・フューエル・アンド・アイアン社の短期債（親会社による保証がついた、コロラド・インダストリアル社の表面利率５％、1934年満期の社債）に45という債券価格がつけられていた――これは利回りが年間軽く100％を超える計算になる――1933年６月に、同社の優先株に54ドルという価格がついていた事実は、愚かな投機家たちの介在をはっきりと示している。この債券価格は、先々問題が生じることの確実な兆候であった。支払期日の延期は期待すべくもないため、償還不能に陥ればまず間違いなく債務超過となり、またそれは株式の完全なる消滅の危険を意味するのだ。多くの投機家たちはこれほど明白な危険を無視し、不注意によって多額の損失を招いたのである（２カ月後、破産管財人の管理下に置かれるという発表を受けて、優先株の価格は17 1/4ドルまで下落した）。

償還期日の近い債務がある場合、たとえその支払いが確実に思われても、その借り換えコストは考慮すべきである。

**事例**

この点については、アメリカン・ローリング・ミル社の1933年11月満期、利率4 1/2％の短期債（発行高1400万ドル）を例に挙げると分かりやすいだろう。1933年６月、この短期債には80という価格がついており、これは年間利回り約75％を意味していた。３ドルだった同社の普通株がそのころまでには24ドルにまで上昇しており、普通株式の時価総額は4000万ドルを超えた。鉄鋼業界の好転を受けて同社の株を買っていた投機家たちは、「新たに株式発行をするには貧弱な相場状況のなかで短期債を償還するためには、非常に魅力的な転換権を提示せざるを得ないであろう」という事実を見落としていた。そうなれば必然的に、普通株にとっての利益機会が縮小することになる。案の定、25ドルで株式へと転換可能な利率５％の短期債が新たに発行され、先の4 1/2％の短期債との交換が提示された。これによって、1933年８月には普通株価21ドルに対し、短期債の価格は101まで上昇した。短期債が額面で償還された1933年11月１日の株価は15ドルであった。

償還日間近の債券の存在は、その債券よりも先順位にある担保付き長期債務を含め、その企業のすべての証券を保有する人たちにとって大きな意味を持つ。なぜなら、支払い順位が上の債券であっても、下位証券の支払いに問題が生じれば、それによって大きな影響を受ける可能性が非常に高いからだ。このパターンの際立った事例としては、1941年満期、利率８％のフィスク・ラバー社の一番抵当付き社債が挙げられる。1929年に115だったその債券価格は、1932年には16にまで下落した（フィスク社のその他の社債については第６章、18章、50章も参照のこと）。

銀行借り入れやその他の短期債務がネックになるすべての可能性に

ついて、バランスシートを精査することの重要性を、ここでことさらに説明するまでもないだろう。

## バランスシート分析（過去との対比）

証券分析におけるこの要素については、次の３つの側面からとらえることができるだろう。

１．１株当たり利益の推移をチェックする

２．損失（または利益）が企業の財務状態にどのような影響を与えるかをはかる

３．長期的に見た、企業の資産と収益力の関係を確認する

## バランスシートで１株当たり利益をチェックする

これに関連した方法の一部は、証券分析の一環としてすでに取り上げた。例えば第36章では、この方法を使って1931年および32年のアメリカン・コマーシャル・アルコール社の報告利益をチェックした。ここでは、より長期間を網羅した例として、1925〜32年におけるスチュアート・ワーナー社の、１株当たりの報告利益と、バランスシート上の正味利益との相違を次に示す。

次の分析については、ほとんどのポイントを第31章から36章にかけて説明済みなため、これ以上議論する必要はないだろう。剰余金から直接差し引かれた費用のほとんどは、間違いなく、この８年間でのスチュアート・ワーナーの収益力における深刻な落ち込みを表している。特許権や開発のための費用のほとんどは、適切な償却基準にのっとって償却されてしかるべきものだ。滞納税金やロイヤリティというのは、それが発生した年の収益から差し引かれるべきものであり、「工場の再評価」費用は少なくとも部分的には減価償却費に相当する。この８

スチュアート・ワーナー社(1925-32年)(単位：ドル)
1.正味報告利益

| | | |
|---|---|---|
| 1925 | 7,544,000 | (1株当たり)5.80* |
| 1926 | 5,109,000 | 3.89 |
| 1927 | 5,210,000 | 3.99 |
| 1928 | 7,753,000 | 5.97 |
| 1929 | 6,839,000 | 5.26 |
| 1930 | 1,262,000 | 0.98 |
| 1931 | 1,830,000(赤字) | 1.44(赤字) |
| 1932 | 2,445,000(赤字) | 1.96(赤字) |
| 8年間の合計 | 29,442,000 | 22.49 |

*1925-29年の数字は、株式配当および株式分割による影響を調整済み

2.報告利益と剰余金の推移との間の矛盾

| | |
|---|---|
| 1925-32年の正味報告利益 | 29,442,000ドル |
| (－)現金配当支払額 | 21,463,000ドル |
| 計算上の資本・剰余金の増額分 | 7,979,000ドル |

年で同社の運転資本が500万ドル減少（債券と優先株を差し引き後では280万ドル減少）したという事実は、損益計算書に記載されている配当支払い後の「利益剰余金」800万ドルなどはなから存在しないことを示す決定打である。

## 損益が企業に与える影響を調べる

これに関しては、マンハッタン・シャツとハップ・モーターカーの1929年と1932年のバランスシートをそれぞれ比較したときに例示した（第43章）。同様の例として、プリマス・コーデッジとH・R・マリンソン・アンド・カンパニーを、同じ期間で比較したものを以下に挙げる。

### バランスシートの対比（単位：ドル）

| 項目 | 1924/12/31<br>（合併したバシックとアレミテ社を含む） | 1932/12/31 |
|---|---|---|
| 固定資産、雑資産 | 13,100,000 | 11,900,000 |
| 流動資産 | 12,500,000 | 6,200,000 |
| 特許権、のれん | 10,800,000 | |
| 総資産 | 36,400,000 | 18,100,000 |
| 流動負債 | 2,000,000 | 800,000 |
| 債券、優先株 | 2,500,000 | 200,000 |
| 普通株 | 19,200,000 | 12,400,000 |
| 剰余金 | 12,700,000 | 4,700,000 |
| 総負債 | 36,400,000 | 18,100,000 |

| | |
|---|---|
| 資本および剰余金（1924/12/31） | 31,900,000ドル |
| （－）上記に含まれたのれんおよび特許権 | 10,800,000ドル |
| 調整済みの資本および剰余金（1924/12/31） | 21,100,000ドル |
| 資本および剰余金（1932/12/31） | 17,100,000ドル |
| バランスシート上の8年間での減少分 | 4,000,000ドル |
| 損益計算書上の8年間での増加分 | 8,000,000ドル |
| 損益計算書上とバランスシート上の利益の格差 | 12,000,000ドル |

**3. その格差の内容**

| | |
|---|---|
| 剰余金からは差し引かれ損益計算書では引かれない費用 | |
| 特許権、開発費（1925-32年適用分） | 4,400,000ドル |
| ロイヤリティ訴訟費用、工場の再評価、未払税金 | 6,200,000ドル |
| 償還済み証券の差金、その他費用（正味） | 1,400,000ドル |
| | 12,000,000ドル |

**4. スチュアート・ワーナー社の本来の収益（1925-32年）**

| | |
|---|---|
| 損益計算書上の利益 | 29,400,000ドル |
| （－）剰余金から引かれる費用 | 12,000,000ドル |
| 修正後の利益（8年間） | 17,400,000ドル |

損益計算書上の利益は70％近く誇張されていた

| 項目 | プリマス・コーデッジ | H・R・マリンソン&カンパニー |
|---|---|---|
| 報告利益（ドル） | | |
| 1930 | 288,000 | 1,457,000（赤字） |
| 1931 | 25,000 | 561,000（赤字） |
| 1932 | 233,000（赤字） | 200,000（赤字） |
| 利益合計（3年間）（ドル） | 80,000 | 2,218,000（赤字） |
| 配当（ドル） | 1,348,000 | 66,000 |
| 剰余金と準備金から引かれる費用（ドル） | 2,733,000 | 116,000 |
| 3年間で減少した剰余金および準備金（ドル） | 4,001,000 | 2,400,000 |

この期間を通じて、プリマス・コーデッジの剰余金は大幅に減少しているが、財務状態はむしろかなり改善しており、1932年９月末時点のほうが１株当たりの清算価値（帳簿価格ではない）はおそらく多少高かったはずだ。これとは対照的に、マリンソンでは損失によって運転資本がほとんど吹き飛び、それがかつての収益力を回復するための大きな障害になった。

**棚卸資産の損失は財務状態の改善を表すこともある**

棚卸資産勘定の減少のみによる損失というのは、流動負債を増加させて資金調達をしなければならないような損失ほど深刻視する必要はない。もし棚卸資産の縮小幅のほうが損失よりも大きく、その結果実際に現金が増加したり買掛金が減少したりしているのであれば、いくぶん逆説的ではあるが、「その企業は損失額が増加しているが、財務状態は良くなった」と言うことができるだろう。この考え方は、清算価値以下で売られている証券の分析に適用できるものだ。すでに述べ

**バランスシートの比較（単位：1000ドル）**

| 項目 | プリマス・コーデッジ | | H・R・マリンソン＆カンパニー | |
|---|---|---|---|---|
| | 1929/9/30 | 1932/9/30 | 1929/12/31 | 1932/12/31 |
| 固定資産、雑資産（正味） | 7,211 | 5,157 | 2,539 | 2,224 |
| 現金資産 | 1,721 | 3,784 | 526 | 20 |
| 売掛金 | 1,156 | 668 | 1,177 | 170 |
| 棚卸資産 | 8,059 | 3,150 | 3,060 | 621 |
| 総資産 | 18,147 | 12,759 | 7,302 | 3,035 |
| 流動負債 | 982 | 309 | 2,292 | 486＊ |
| 優先株 | | | 1,342 | 1,281 |
| 普通株 | 8,108 | 7,394 | 500 | 500 |
| 剰余金、各種準備金 | 9,057 | 5,056 | 3,168 | 768 |
| 総負債 | 18,147 | 12,759 | 7,302 | 3,035 |
| 正味流動資産 | 9,954 | 7,298 | 2,471 | 357 |
| 正味流動資産（棚卸資産差引後） | 1,895 | 4,143 | 589（赤字） | 264（赤字） |

＊繰延負債32,000ドルを含む

たように、企業の清算価値を試算するときには、棚卸資産は（取得原価または時価のいずれか低いほうで記載されているにもかかわらず）バランスシート上の数字の約50～75％で計算される。その結果、棚卸資産を簿価よりかなり低めに見積もるようにしている投資家からすれば、企業の報告書に営業損失として計上される数字は、実際には収益同様の効果が期待できる可能性があるものだ。これに関する分かりやすい例として、マンハッタン・シャツ社を挙げる。

もし報告書上の数字だけを見るのであれば、この期間を通じて同社

**マンハッタン・シャツ（単位：1000ドル）**

| 項目 | バランスシート（1929/11/30） | | バランスシート（1932/11/30） | |
|---|---|---|---|---|
| | 簿価 | 清算価値見積もり額 | 簿価 | 清算価値見積もり額 |
| 現金、債券（時価） | 885 | 885 | 1,961 | 1,961 |
| 売掛金 | 2,621 | 2,100 | 771 | 620 |
| 棚卸資産 | 4,330 | 2,900 | 1,289 | 850 |
| 固定資産、その他資産 | 2,065* | 500 | 1,124 | 300 |
| 総資産 | 9,901 | 6,385 | 5,145 | 3,731 |
| 流動負債 | 2,574 | 2,574 | 100 | 100 |
| 優先株 | 299 | 299 | | |
| 普通株に帰属する資産 | 7,028 | 3,513 | 5,045 | 3,631 |
| 株式数 | 281,000 | 281,000 | 246,000 | 246,000 |
| 1株当たりの価値 | 25.00 | 12.50 | 20.50 | 14.75 |

*のれんは除く

1930-1932年の損益勘定（ドル）

| | |
|---|---|
| 優先配当後の残高 | |
| 1930年 | 318,000（赤字） |
| 1931年（プラス） | 93,000 |
| 1932年 | 139,000（赤字） |
| 3年間累計 | 364,000（赤字） |
| 剰余金から引かれる費用 | 505,000* |
| 普通配当支払額 | 723,000 |
| | 1,592,000 |
| （－）普通株式発行差金 | 481,000 |
| 3年間の剰余金の減少高 | 1,111,000* |

*偶発損失準備金に振り替えられた10万ドルは除く

に損失があったのは紛れもない事実で、それに伴い普通株の価値が大幅に縮小した。だが、もし例えばある投資家が1930年に同社の株を1

株当たり８ドルで買っていたとすれば（この年の最安値は6 1/8ドル)、その人はより論理的な思考に従い、簿価ではなく清算価値を基準としてその株を評価したのであろう。よって彼にとってその持ち株の本質的価値は、たとえかなりの額の支払配当を差し引いた後でさえ、この恐慌の間に12.50ドルから14.75ドルへと上昇したことになるだろう。実際に何が起きたかといえば、マンハッタン・シャツはこの３年間で資産の大部分をキャッシュに転化し、また損失については、保守的な株主が想像したであろう額よりもはるかに小さな損失を被ったにすぎなかったのである。これについては次の表に要約されている。

| キャッシュに転化された資産およびその適用先 | 金額 | それに伴う「予想損失額」およびその差の適用先 | |
|---|---|---|---|
| 棚卸資産の減少高(ドル) | 3,000,000 | | 1,000,000 |
| 売掛金の減少高(ドル) | 1,800,000 | | 350,000 |
| 工場設備などの減少高(ドル) | 1,000,000 | | 750,000 |
| | 5,800,000 | | 2,100,000 |
| 実際の損失(ドル) | 800,000 | | 800,000 |
| キャッシュに転化された正味金額(ドル) | 5,000,000 | 清算価値ベースの「増加高」 | 1,300,000 |
| その適用先 | | その適用先 | |
| 普通配当へ(ドル) | 700,000 | 普通配当へ | 700,000 |
| 負債の支払いへ(ドル) | 2,500,000 | 清算価値の増加分 | 600,000 |
| 優先株の償還へ(ドル) | 300,000 | | |
| 普通株の消却へ(ドル) | 500,000 | | |
| 現金資産へ(ドル) | 1,000,000 | | |
| | 5,000,000 | | |

前ページの表から、損益計算書を表面的にチェックしたときと、継続するバランスシートを比較した場合では、後者のほうがずっと正確に状況を把握できることが明白に見てとれる。この例のようなパターンの存在は、損益計算書の分析を行うときはバランスシート分析もともに行うべきだという、われわれが繰り返し強く主張している事柄の裏づけともなるものである。

### 標準的棚卸資産の縮小は営業損失なのか？

棚卸資産勘定の増減については、さらなる検討が必要であろう。つまり、棚卸資産の評価額の単なる切り下げを、営業損失の発生と見なすべきか、という問題だ。プリマス・コーデッジ（ロープ製造会社）について、次の対照的な数字を見てほしい。

| | |
|---|---|
| 棚卸資産（1929年9月30日） | 8,059,000ドル |
| 棚卸資産（1932年9月30日） | 3,150,000ドル |
| 減少高 | 60％ |

このころ繊維価格は50％以上も下落していたので、同社の棚卸資産に含まれる繊維やロープやより糸の、1932年の実際の在庫量が、1929年と比較して大幅に減少したわけではないと考えるに足る十分な根拠が存在する。つまり、棚卸資産勘定の減少幅の、少なくとも半分は、商品単価の下落のみに起因するものだったのだ。棚卸資産価値におけるこの縮小部分は、営業損失なのだろうか？　同社の固定資産評価額はすでに同様に切り下げられており、棚卸資産の評価額を一部切り下げるように、固定資産価値の減少を収益から差し引くべきだと言うことはできないだろうか？

棚卸資産価値と固定資産というのは、非常に性質が似ている。どちらの勘定も自由裁量に負う部分が大きく、それがために報告書に記載される１株当たり利益に重要な影響を与える可能性があるのだ。固定資産勘定をほとんどゼロに切り詰めて減価償却費を回避することで、普通株の価値を表面的に高めることができるという矛盾については、すでに十分な説明を行った。これと似通ったやり方として、棚卸資産をゼロで――あるいは並外れて低いベース価格で――繰り越すという手法を使うことで、1929～32年のような時期に被った損失のかなりの部分を、少なくともそれらの数字が損益計算書やバランスシートから削除されるほどまでに、回避することが可能なのである。

**事例**

さかのぼること1913年、ナショナル・レッド社は３種類の主要な「通常手持ち在庫」――鉛、スズ、アンチモン――について、金属価格の変動による影響が損益計算書に表れないような会計方針を採用した。恒久的に保有するものであることを考えると、これら金属は事業を運営する上で欠くことのできないものと見なされており、当然ながら、製造工場の価値を修正するよりも、この固定的在庫の価値を毎年修正することのほうが重要であるとされていた。ニューイングランドの紡績工場の一部は、1930年代に入って綿織物相場が急落する以前に、これと同様の（原綿と仕掛品を非常に安いベース価格で繰り越す）方針を採用していた。

こうしたたぐいの会計方法のうち、非現実的かつ事実曲解的な価格変化による影響を損益勘定から除くという目的で、工業会社全般に適用できる単一の方法が存在するとは断言できない。だが有能なアナリストは、価格変化による影響が無視できないレベルにある場合は必ずこれに着目するし、報告利益の真の意味を読み解くためにはこの要因を適正に考慮する努力を怠らないであろう。

### 在庫品価格の高騰による利益

在庫品価格の変動が重要性を持つというのは価格下落局面に限ったことではないということが、1919～29年の状況によく表れている。1919年、工業会社は軒並み高収益を謳歌しており、1920年の報告利益は、ばらつきがあったものの全体的に見ればかなりのものであった。だがこの２年間に計上された獲得利益は、多くの場合在庫品価格の高騰によるものであった。つまり、物価が投機的なまでに大幅上昇したのである。そのためにこれら利益の信憑性が疑問視されたのみならず、この状況には大きな危険性がはらんでいた。というのは、これら過大評価された在庫品の調達資金を得るために、巨額な銀行融資契約が結ばれていたからである。

### 事例

有力工業会社を対象に1919年末と1920年末とを比較した次に挙げる表には、見かけ上は十分な収益上昇がありながら、バランスシートは疑う余地なく不安をもよおさせるものになっていたという、極端なアンバランスさが見られる。

**製造会社（12社）（単位：ドル）**

| | 1919年 | 1920年 | 1919-20年 |
|---|---|---|---|
| 普通株の利益 | 100,000,000 | 48,000,000 | 148,000,000 |
| 支払配当 | 35,000,000 | 68,000,000 | 103,000,000 |
| 剰余金から引かれる費用 | 5,000,000 | 10,000,000 | 15,000,000 |
| 剰余金増加高 | 60,000,000 | 30,000,000（減少） | 30,000,000 |
| 棚卸資産増加高 | 57,000,000 | 84,000,000 | 141,000,000 |
| その他正味流動資産の増減 | ＋30,000,000 | 131,000,000（減少） | 101,000,000（減少） |
| 工場設備等の増加分 | 33,000,000 | 169,000,000 | 202,000,000 |
| 資本金増加高 | 69,000,000 | 141,000,000 | 210,000,000 |
| 準備金増加高 | | 12,000,000 | 12,000,000 |

## USラバー(1919-20年)

| | | |
|---|---|---|
| 普通株の利益 | | |
| 1919年(ドル) | 12,670,000 | 1株当たり17.60 |
| 1920年(ドル) | 16,002,000 | 19.76 |
| 合計(ドル) | 28,672,000 | 37.36 |
| 現金配当(ドル) | 8,580,000 | |
| 株式配当(ドル) | 9,000,000 | |
| 偶発損失準備金へ振り替え(ドル) | 6,000,000 | |
| 剰余金と準備金の調整(ドル) | (貸方) 2,210,000 | |
| 剰余金と各種準備金の正味増加高(ドル) | 7,300,000 | |

### バランスシート(単位:1000ドル)

| 項目 | 1918/12/31 | 1920/12/31 | 増加高 |
|---|---|---|---|
| 工場設備、雑資産(正味) | 131,000 | 185,500 | 54,500 |
| 棚卸資産 | 70,700 | 123,500 | 52,800 |
| 現金、売掛金 | 49,500 | 63,600 | 14,100 |
| 総資産 | 251,200 | 372,600 | 121,400 |
| 流動負債 | 26,500 | 74,300 | 47,800 |
| 債券 | 68,600 | 87,000 | 18,400 |
| 優先株、普通株 | 98,400 | 146,300 | 49,900 |
| 剰余金、各種準備金 | 57,700 | 65,000 | 7,300 |
| 総負債 | 251,200 | 372,600 | 121,400 |
| 運転資本 | 93,700 | 112,800 | 19,100 |
| 運転資本(棚卸資産を除く) | 23,000 | 10,700(減少) | 33,700(減少) |

前ページの表で対象にしている企業は、アメリカン・カン、アメリカン・スメルティング・アンド・リファイニング、アメリカン・ウールン、ボールドウィン・ロコモーティブ・ワークス、セントラル・レ

ザー、コーン・プロダクツ・リファイニング、ゼネラル・エレクトリック（GE）、B・F・グッドリッチ、ラカウァナ・スチール、リパブリック・アイアン・アンド・スチール、スチュードベーカー、USラバーの12社だ。

われわれの主張にさらなる具体性を加えるため、USラバーについては個々の数字も挙げておく。

USラバーの1919～20年の数字は、マンハッタン・シャツの1930～32年の数字とはまったく対照的だ。USラバーのほうは、収益は大きいが、それと同時に工場設備費用が重く棚卸資産が危険なほど増大しているために、財務状態が悪化している。USラバーの約20ドルという報告書利益のみに着目して1920年に同社の株を買っていれば、その人は完全に間違いを犯したと言えるであろう。これとは逆に、1930～32年の期間、多くの企業でバランスシートの内容に好ましい変化が表れていることを無視して、報告書上に記載された損失のみに着目するという過ちを、証券市場は犯していた。

## 収益力と資産を長期的に観察する

連続したバランスシートを比較検討する第３の側面については、興味を持つ人と持たない人がいるだろう。というのは、この作業が効果を発揮するには、ある企業のデータとその会社固有の特色を徹底的に調査することが前提になるからだ。このたぐいの分析の目的を明瞭にするために、USスチールとコーン・プロダクツ・リファイニングの長期的数字を例に挙げる。

### B.バランスシートの推移(単位:100万ドル)

| 項目 | 1902/12/31 | 1912/12/31 | 最初の10年での変化 | 1922/12/31 | 2番目の10年での変化 | 1932/12/31 | 3番目の10年での変化 | 30年間での変化 |
|---|---|---|---|---|---|---|---|---|
| 資産 | | | | | | | | |
| 固定資産(減価償却後)、雑資産* | 820 | 1,160 | +340 | 1,466 | +306 | 1,741 | +275 | + 921 |
| 正味流動資産 | 167 | 256 | + 89 | 606 | +350 | 371 | −235 | + 204 |
| 合計 | 987 | 1,416 | +429 | 2,072 | +656 | 2,112 | + 40 | +1,125 |
| 負債 | | | | | | | | |
| 債券 | 380 | 680 | +300 | 571 | −109 | 116 | −455 | − 264 |
| 優先株 | 510 | 380 | −150 | 360 | | 360 | | − 150 |
| 未払い優先配当 | | | | | | 5 | + 5 | + 5 |
| 普通株 | 508 | 508 | | 508 | | 952† | +444 | + 444 |
| 剰余金と“任意”積立金* | 411(マイナス) | 132(マイナス) | +279 | 633 | +765 | 679 | + 46 | +1,090 |
| 合計 | 987 | 1,416 | +429 | 2,072 | +656 | 2,112 | + 40 | +1,125 |

*株式配当は除く

†株式プレミアムの8100万ドル、株式配当の2億4000万ドルを含む

## A.営業成績(単位：100万ドル)

| 項目 | 1903-12年 | 1913-22年 | 1923-32年 | 30年間の合計 |
|---|---|---|---|---|
| 製品生産高 | 93.4トン | 123.3トン | 118.7トン | 335.4トン |
| 総売上高(会社間項目を除く) | 4,583 | 9,200 | 9,185 | 22,968 |
| 純利益* | 979 | 1,674 | 1,096 | 3,749 |
| 債券利息 | 303 | 301 | 184 | 788 |
| 優先配当 | 257 | 252 | 252 | 761 |
| 普通配当 | 140 | 356 | 609† | 1,105† |
| 剰余金と「任意積立金」のための残高 | 279 | 765 | 51 | 1,095 |

＊減価償却後の数字だが、親会社の減債基金費用は除外
†株式配当による2億4000万ドルを含む

## C.収益と平均資本の関係(単位：100万ドル)

| 項目 | 最初の10年 | 2番目の10年 | 3番目の10年 | 30年間 |
|---|---|---|---|---|
| 当初の資本 | 987 | 1,416 | 2,072 | 987 |
| 最後の資本 | 1,416 | 2,072 | 2,112 | 2,112 |
| 平均資本(概算) | 1,200 | 1,750 | 2,100 | 1,700 |
| 平均資本に対する収益率／年(%) | 8.1% | 9.6% | 5.2% | 7.4% |
| 平均資本に対する支払利息・配当／年(%) | 5.8% | 5.2% | 4.0%* | 5.2%* |
| 普通株の株主持分の平均 | | | | |
| (普通株、剰余金、準備金) | 237 | 620 | 1,389 | 816 |
| 普通株の株主持分に対する収益率(%) | 17.7% | 18.3% | 4.8% | 9.0% |
| 普通株の株主持分に対する費用比率(%) | 5.9% | 5.7% | 2.9%* | 3.7%* |
| 減価償却費／年 | 24 | 34 | 46 | 35 |
| 固定資産勘定の平均 | 1,000 | 1,320 | 1,600 | 1,300 |
| 固定資産に対する減価償却費の割合 | 2.4% | 2.6% | 2.9% | 2.7% |

＊株式配当は除く

## Ⅰ．USスチール社——営業成績および財務状態の変化の分析（1903〜1932年）

元のバランスシートには固定資産勘定として含まれていた、５億800万ドルにのぼる無形資産項目（「架空資産」）は、バランスシートから除外・調整済みだ。これは後の1902年〜1929年の間に償却されたが、その内容は、減債基金の費用として毎年費用計上した分（総計１億8200万ドル）と、剰余金からの特別充当である。減債基金費用についても、損益勘定からは除外されている。

### D．上記の数字の重要性

1903〜32年のそれぞれの10年間は、少なくとも表面上は良い時期と悪い時期がだいたい均等に分布していた。最初の10年で言えば、1904〜08年は不況期にあり、1911〜12年は平均以上の景気だった。２番目の10年には、ひどい年が３年——1914年、1921〜22年——あった。1922年が悪かったのは、低収益のせいというよりは高コストが原因である。３番目の10年では、好景気に沸いた８年が終わると最後の２年は未曾有の不況に突入した。

数字から分かることは、２番目の10年の間に起きた戦争はUSスチール社にとって思いがけない幸運をもたらし、最初の10年と比較すると利益が３億ドル以上増加したということである。対照的に、最後の10年では、投資収益率が著しく低下している。実際の年間収益率5.2％と、一般に十分な年間収益率と見なされている８％との差は、この最後の10年で６億ドル近くにまで達している。

別の視点から見てみると、この30年間でUSスチール社への実際の投資額は２倍以上に増え、生産設備は３倍に増強されている。しかし最初の10年と最後の10年を比較して、年間生産高平均は27％しか増えておらず、利息支払い前の平均年間収益も12％増加したにすぎない。

この分析から、次のような疑問が生じる。①第一次世界大戦の終結を境に、鉄鋼業はそこそこの好況業界からあまり利益の上がらない業界へと変容してしまったのか、②その変容の主因は、利益を追加工場設備への再投資に回したことで生産能力が過剰になり、結果として利益率が減少したことなのか――という疑問である。

## Ⅱ．コーン・プロダクツ・リファイニング社

### これらのデータに関する注釈

1．工場設備勘定および普通株式持ち分は、1922年に行われた3600万ドルの償却を反映・修正済み。

2．債券発行高が1906年と1912年に増加したのは、子会社の負債を反映したものである。

3．最初のバランスシートでは、概算値を用いている。

4．第一、第二の期間の債券利息減少高は、一部概算値を用いている。

5．1913～22年の「普通株、剰余金、準備金の調整分」は、主として各種準備金の増加によるものである。1923～32年が減少になった主因は、有価証券の売却損と市場価格に添った評価切り下げである（1932年のバランスシートはこの評価切り下げを反映すべく調整済み）。

### コーン・プロダクツ・リファイニング社に関するコメント

第一の期間の収益は低水準であったが、もしもより十分な額の減価償却費を計上していれば、さらに収益は目減りしたであろう。USスチールのケースと同様、戦争によってコーン・プロダクツ社の収益も増大した。1913～22年の10年間の特徴を挙げれば、運転資本の著しい増加、（債券発行による）長期債務および優先株の大幅縮小にあると言えよう。減価償却費用は新規工場設備にかかる費用を上回っていた。

コーン・プロダクツ・リファイニング社(1906年2月28日-1931年12月31日)
(単位:1000ドル)

A.損益勘定(年間平均)

| | 1906-12年 | 1913-22年 | 1923-32年 |
|---|---|---|---|
| 利益(減価償却前) | 3,750 | 10,188 | 14,490 |
| 減価償却費 | 770 | 1,937 | 2,862 |
| 利払いと配当のための残高 | 2,980 | 8,251 | 11,628 |
| 債券利息 | 500 | 400 | 115 |
| 優先配当(支払済みあるいは未払い) | 2,070 | 1,983 | 1,749 |
| 普通株の利益 | 410 | 5,868 | 9,764 |
| 普通配当 | | 1,294 | 7,461 |
| 剰余金へ | 410 | 4,574 | 2,303 |
| 剰余金へ(期間中の累計) | 2,808 | 45,740 | 23,030 |
| 普通株、剰余金、準備金の調整分 | (貸方)898 | (貸方)8,091 | (借方)16,881 |
| 普通株、剰余金、準備金の増加高 | 3,706 | 53,831 | 6,149 |

B.バランスシート

| | 1906/2/28 | 1912/12/31 | 1922/12/31 | 1932/12/31 |
|---|---|---|---|---|
| 工場設備(減価償却後)、雑資産 | 49,000 | 56,478 | 52,222 | 37,431 |
| 関連会社への投資 | 2,000 | 3,620 | 8,080 | 32,045 |
| 正味流動資産 | 1,000 | 5,010 | 38,905 | 33,386 |
| 合計 | 52,000 | 65,108 | 99,207 | 102,862 |
| 債券 | 9,571 | 14,039 | 2,807 | 1,766 |
| 優先株 | 28,293 | 29,827 | 24,827 | 24,374 |
| 普通株、剰余金、各種準備金 | 14,136 | 17,742 | 71,573 | 76,722 |
| 未払い優先配当 | | 3,500 | | |
| 合計 | 52,000 | 65,108 | 99,207 | 102,862 |

C.総資本および普通株主持分に対する収益率*と費用比率

| 項目 | 1906-12年 | 1913-22年 | 1923-32年 | 26年10カ月 |
|---|---|---|---|---|
| 平均資本 | 58,600,000 | 82,200,000 | 101,000,000 | 77,400,000 |
| それに対する収益率 | 5.1% | 10.1% | 11.5% | 10.5% |
| それに対する費用比率 | 4.4% | 4.5% | 9.3% | 7.2% |
| 普通株主持分の平均 | 15,800,000 | 44,500,000 | 74,200,000 | 45,400,000 |
| それに対する収益率 | 2.6% | 13.2% | 13.2% | 13.1% |
| それに対する費用比率 | ゼロ | 2.9% | 10.1% | 7.2% |

＊剰余金および準備金の調整分は収益から除外

1923～32年の期間については、USスチール社と比べると顕著な相違があることに注目したい。コーン・プロダクツは、その資本投資の拡大幅に見合った形で収益力を高めることができた。同社のこの期間の年間利益（減価償却費差引前も後も）は、1906～12年の期間のそれと比較して、およそ4倍に伸びている（USスチールでは、10％ほどしか伸びていない）。バランスシートの変化を追うと、有形固定資産勘定が徐々に目減りしている（多額の減価償却のため）ことが分かるが、関連会社への投資がそれよりはるかに大幅増加しており、これは同社の活動範囲が大きく拡大したことを示している。運転資本が減少したのは、営業外の要因によるものだ。つまり、保有する有価証券の市場価値が著しく下落したということである。

コーン・プロダクツ・リファイニング社の過去データを分析しても、USスチールのデータを分析したときに生じたような疑問や疑念は生じないというのは明白である。

# 第 7 部

# 証券分析の補足的要素――価格と価値の矛盾

ADDITIONAL ASPECTS OF SECURITY-ANALYSIS. DISCREPANCIES BETWEEN PRICE AND VALUE

# 第46章

# 株式オプション・ワラント

過去20年で、株式オプション・ワラントの利用が飛躍的に伸びた。もともとこれは、債券や優先株に付随する特権として考案されたものだ。よって株式オプション・ワラントは転換権と同じように、一般的に上位証券の特徴としてのみ認知されており、その発行体の資本構成に対するワラントそのものの重要性はほとんどなかった。その後、証券とは分離した単体の株式オプション・ワラントを作り出して引受業者やプロモーター、経営陣への報酬として利用するというアイデアが考案された。それに続いて必然的に、独立したオプション・ワラントを発行して普通株と同様の形で一般大衆に売る（あるいは交換する）という流れが生まれた。このようにしてオプション・ワラントは、多くの企業にとって資金調達の重要な要素として、また投機家たちにとっては人気の高い売買対象として、独立した「証券」としての地位を確立したのである。

先の章では、上位証券の付属物としてのオプション・ワラントについて、そのテクニカルな側面を取り上げた。この章では、オプション・ワラントのもっと重要な、独立証券としての役割について説明する。ここで扱う内容は、①ワラントの概要説明、②投機手段としてのワラントが持つテクニカル面での特徴、③財務構成の一部として見たワラントの重要性――である。

## 概要説明

（分離型の）オプション・ワラントとは、譲渡が可能な株式購入権で、もともとの有効期間が長い。その条項には、①株式の種類、②株式数、③価格、④支払方法、⑤有効期限、⑥希薄化防止条項――が含まれている（⑥については第25章を参照）。

### 転換される株式の種類

オプション・ワラントによって転換される株式は、ほとんどすべてその発行体の普通株である。ごくまれに、優先株に転換されるケース（例えばアメリカン・ソルベンツ・アンド・ケミカル）や、その他の株式に転換されるケース（例えばセントラル・ステーツ・エレクトリックの優先株に付けられたワラントはノースアメリカン社の株式に、またソルベー・アメリカン・インベストメント社の優先株に付けられたワラントはアライド・ケミカル・アンド・ダイ社の株式に転換）もある。オプション・ワラントは、利息や配当、元本の返済を受ける権利も、議決権も持たない。

### 新株引受権との類似性

オプション・ワラントは、企業が自社株主に向けて株式の追加割当として発行する「新株引受権」と少し似ている。しかし二者には重要な違いが２つある。ワラントは有効期間が長く、権利行使価格はたいていワラント発行時の株価よりも高く設定されている。さらには、ワラント条項に従って権利行使価格はたびたび修正される。片や新株引受権の有効期間は短く、行使価格も権利が付与される時点の市場価格より安い固定価格となっている。よって新株引受権というのは、確実に権利が行使されて企業が迅速に資金調達できることを意図して考案されたものと言える。通常オプション・ワラントのほうは発行体の金融的ニーズとは無関係で、即座に権利行使されることを予期してはいない。別の言い方をすれば、新株引受権は有効期限前に株価が大幅下落しなければ通常は行使されるだろうし、オプション・ワラントは株価が近いあるいは遠い将来において大幅上昇しないかぎりは行使されないだろう。新株引受権の行使期間はたいてい60日間程度、オプション・ワラントの行使期間は最短でも１年で、無期限のものも多い。

## 支払いの方法

オプション・ワラントのほとんどは、権利行使に伴う支払いを現金決済するよう義務づけている。もともと債券や優先株に付けられたワラントの場合は、現金払い以外にも額面で計算した優先証券との交換を認めている場合もある。この選択肢が大きな実際的重要性を持つケースも多い。

### 事例

アメリカン・アンド・フォーリン・パワーのワラントは、１株当たり25ドルで普通株を購入することができ、権利行使期限はない。支払いは現金でもよいし、第二優先株を１株当たり100ドルで差し出すのでもよい。1933年10月、普通株は10ドル、第二優先株は12ドルであった。普通株の価格は権利行使価格を15ポイントも下回ってはいたが、第二優先株があまりに安かったので、ワラントには「行使価値」があった。計算式は以下のとおり。

ワラント１単位＋第二優先株1/4株＝普通株１株

オプション・ワラントの価値＝10－1/4（12）＝7

## ワラント取引の基本

オプション・ワラントは普通株と同じように、マーケットで売買することができる。1933年末時点でNYSE（ニューヨーク証券取引所）に上場されたワラントは１銘柄（コマーシャル・インベストメント・トラスト社のワラント）のみであったが、ニューヨーク場外取引市場（訳者注　現在のアメリカン株式取引所）やその他の取引所では活発に取引されていた。これら取引所における取引の基本はいくぶん風変わりで、時にはそれが深刻なミスの原因になることもある。基本的ルールとしては、「ワラント１単位」とは株式１株を購入する権利を意味するのであって、もともと株式１株に付けられていた権利という意味ではない。

**事例**

ウォルグリーン（製薬会社）の優先株にはワラントが付けられており、同社の場合、優先株１株につき２株の普通株を購入する権利を保証していた。通常の取引規定では、「ウォルグリーンのワラント１単位」というのは普通株１株を購入する権利を意味した。すなわち、優先株１株には「ワラント２単位」が付けられていると言えた。

また、コンソリデーテッド・シガーの配当率6 1/2％の優先株は、１株につきワラント１単位が付けられた形で発行され、そのワラントは１単位につき普通株0.5株を購入する権利が付与されていた。こうしたワラントもまた、ワラント１単位につき普通株１株を購入する権利として取引された。つまり、6 1/2％の優先株１株には「ワラント0.5単位」が付けられていると言えた。

だが、この基本ルールには数多くの例外がある。

**事例**

コマーシャル・インベストメント・トラスト社の6 1/2％の優先株には、１株につき普通株0.5株を購入できるワラントが付いていた（コンソリデーテッド・シガーの優先株と同じ比率）。だがこれらはNYSEにおいて、「ワラント１単位」＝「優先株１株にもともと付けられているワラント」というルールで取引されていた。つまりこのケースでは、１ワラントとは普通株0.5株を購入する権利であった。同様の例外が、ナイアガラ・ハドソン・パワー社のＢワラント、ロウズ社の優先ワラント、セーフウェイ・ストアーズ社の「オールド・シリーズ」ワラントなどの取引にも適用されていた。

ワラントの引受株式数が変更された場合でも、通常は旧１ワラントが変更後もそのまま１ワラントとして取引される。

**事例**

「ロウズ社債のワラント１単位」は当初、普通株１株を55ドルで購入する権利であった。これは、ロウズ社の無担保社債（200ドル、利率６％、1941年満期）に付けられたワラントである。1928年に25％の株式配当が行われたとき、希薄化防止条項によって、このワラントによって引き受けられるすべての株式１株につき、さらに0.25株を無料で付与する必要が生じた。「ロウズ社債のワラント１単位」は形としてはそのままの状態を保ち、その後は1.25株を55ドルで購入する権利を意味するようになった。また、コマーシャル・インベストメント・トラスト社の普通株が１対2.5で株式分割されたときも、同様のパターンがとられた。株式分割後はワラント１単位が、旧株式0.5株のかわりに新株式1.25株を購入できる権利を意味するようになった。

**事例――ナイアガラ・ハドソン・パワーのＡワラント**

このワラントは普通株１株を35ドルで購入できる権利であった。同社は1932年に資本再構成を行い、３対１の株式併合を行った。これによって、もとの「ワラント」は、新株式の３分の１株を35ドル――つまり、１株当たり105ドル――で購入できる権利になった。ニューヨーク場外取引市場はこれに応じて「Ａワラント１単位」を、新株１株の購入権を意味するものとして再設定した。つまり、かつてのワラント３単位が新しいワラント１単位に変更されたのである。

このようなパターンの詳細を以下に例示する。というのも、一般的な教本ではこうした事柄には触れていないからである。こうした特殊なオプション・ワラントを売買する場合、その取引基準を注意深くチェックすることを怠ってはならない（ニューヨークでは新株引受権の「権利１単位」は常に、それを受け取った人が１株を購入できる権利を意味するという考えを基本に取引されている。これはオプション・ワラントに関する通常の考え方とは異なる。新株引受権の価値を求める簡易計算法については参考資料の注44参照）。

## さまざまな目的のために発行されるワラントの事例

### Ａ．上位証券に付けられたワラント

おそらくこの最初の事例は、1917年に発行された、シンクレア・オイル・アンド・リファイニング社の表面利率７％の社債だろう。ずば抜けてスケールの大きい事例としては、アメリカン・アンド・フォーリン・パワー社による２億7000万ドルの第二優先株（普通株710万ドル以上に転換可能なワラント付き）の発行が挙げられる。

### Ｂ．引受業者への報酬として

このパターンの最も重要な事例は1926年、バーンズダル社の2500万ドル、表面利率６％の社債発行であろう。このとき引受業者は受け取るべき報酬の一部として、引受数50万株分のワラントを受け取った。

その後、同社の株価が上がったときには、これらワラントは1300万ドルの価値を持ったことになる。

### C．プロモーターや経営陣への報酬として

最も印象的なのは、ペトロリアム・コーポレーション・オブ・アメリカの設立時（1929年１月）の事例である。325万株が１株当たり34ドルで公募され、162万5000株を34ドルで買える５年間有効のワラントが、プロモーターと経営陣に対して発行された。

### D．合併時あるいは再建計画に伴い他の証券との交換で発行されるケース

コモンウェルス・アンド・サザン社はおよそ1750万単位のワラントを、3400万株の普通株および150万株の優先株とともに発行した。これは主として、合併当事会社６社の証券との交換による発行であった。同社が“普通株”とワラントを、ペン・オハイオ・エジソン社およびサウスイースタン・パワー・アンド・ライト社のオプション・ワラントと交換に発行したというのは、興味深い事実である。

1933年、アーマー・アンド・カンパニーは資本再構成計画を提案した。その計画に従えば、同社のクラスＡおよびクラスＢ普通株はほとんどオプション・ワラントに交換されるというものであった。計画どおりなら、合計で約500万のワラントが発行されていたはずだ。だがこの計画は反対に遭い、実現はしなかった。

### E．普通株の発行に際して付けられたケース

パブリック・ユーティリティー・ホールディング・オブ・アメリカは、同じ数だけ普通株を買い増せるワラントが付いた普通株を250万株発行した。さらには、証券発行サイドが、100万株のクラスＡ株または普通株を購入できるワラントが付いた50万株のクラスＡ株（議決

権つき）を購入した。

### F．ワラント単体で現金売りされたケース

1929年、フォース・ナショナル・インベスターズ社は親会社に対して、75万単位のオプション・ワラントを300万ドルで売った。

## 投機手段としてのワラント

大ざっぱな言い方をすれば、オプション・ワラントというのは価格の安い普通株と似たような性格を有している。その理論については、第41章で説明した。ワラントはその名目上また形態上、低位株の多くが本質的にそうであるように、事業の将来価値に対する長期的な請求権である。また、ワラントとその当該普通株との関係というのは、乱暴に言ってしまえば、普通株とその同じ会社の投機的上位証券との関係に似ている。ワラントは低位株よりも、概して優位にあるという主張も可能かもしれない。なぜなら、株価が安くなるのはたいてい業績が芳しくないからであり、一方ワラントというのはたいてい業績が良く拡張傾向の企業が発行するものだからである。たとえそのような優位性があるとしても、無差別にワラントばかりを重視して低位株を拒絶することが正しいと考える十分な根拠にはなり得ない。

### 質的な要因

投機的な証券売買はみなそうであるように、ワラントの魅力というのは２つのまったく異なる要因によって決まる。２つの要因とは、①質的な要因（とりわけ当該企業が素晴らしい成長を遂げる可能性という点から見た企業の特質）、②量的な要因（ワラントの価格および普通株を購入するときの権利行使価格を含む、ワラントの提示条件）

――である。証券分析の目的は、最も将来性の高いビジネスを見いだすことではない。よって投機目的でワラントを選択するときの質的要因について、われわれに言えることは少ない。通例ワラントが実体的な価値を持つようになるのは、収益が上昇した場合のみであるので、重要視すべきなのは、安定よりむしろ変化の可能性である。例えば1928～29年にかけて公益企業のワラントの人気が極度に高まった理由は、公益企業の優れた安定性ではなく、これら企業が無限に増益を続けるという読みがマーケットにあったためだ。大幅な価格上昇の計算上の可能性ということに関しては、資本構成が投機的な企業（例えば、Ａ・Ｅ・ステーリー社やアメリカン・ウオーターワークス・アンド・エレクトリック社。第40章を参照）の普通株に、その可能性が最も高いということをすでに説明した。よってこのような普通株が購入できるワラントには、素晴らしい投機的優位性があると言えるかもしれない。しかしこれは実際には、質的というよりむしろ量的な問題だ。われわれの考えでは、ある特定事業の長期的見通しが平均よりもかなり優れているからといって、その分野に関連するワラントがその他すべてよりも魅力的であると確信を持てる状況というのはめったに存在しないのである。しかし個々の投機家に確固たる持論があり、こうした考えを支持するのであれば、その人にとってそれに従うのはまさに筋の通ったことである。

## 量的な要因の考慮――価格が安いことの重要性

ワラントの相対的魅力を決定する要因は、量的な観点から挙げるほうが容易である。望ましい特質としては、①価格が安い、②有効期間が長い、③権利行使価格が市場価格に近い――ということが挙げられる。投機的な観点から見れば、これら３つの要因のうち最も重要なのは、ワラント価格が安いことである。これについて明らかにするために、1917年のシンクレア・オイル・アンド・リファイニングのワラントと、1928年のナイアガラ・ハドソン・パワーのＢワラントについて、互いの状況を比較してみよう。

**事例**

1917年発行のシンクレア・オイル・アンド・リファイニングの中期債1000ドルごとに付けられていたワラントは、25株の株式を、1918年８月１日までは１株当たり45ドル、1919年８月１日までは１株47 1/2ドル、1920年２月１日までは１株50ドルで購入できる権利を保証していた。1917年12月時点で同社の株価は25 1/4ドルにまで下がっており、25株を購入する権利があるワラントの価格は20ドル、つまり１株につきたった80セントであった。このときの株価は権利行使価格を大きく下回っていたので、このワラントは１株当たりの購入権が非常に安い形での取得が可能だったのだ。その後の結果は、投機的相場の特徴が色濃く表れたものとなった。18カ月以内にシンクレア・オイルの株価は69 3/4ドルにまで上昇し、25株取得の権利があるワラントの価格は550ドルを超えた。175％の株価上昇によって、ワラントの価格は2680％上昇したのである。

ナイアガラ・ハドソン・パワー社のＢワラントは、3.5株の普通株を50ドルで、つまり１株当たり14.285ドルで取得できる権利を保証していた。このワラントのニューヨーク場外取引市場における売買が許可された1929年当時、株価は22 1/2ドルで、ワラントの価格は60ドル（つまり１株を取得するための権利価格は約17ドル）であった。このケースにおいて投機家たちは、１株を取得できるワラントに対して、そのときの株価に近い価格を支払っていたのである。同年内に株価は31ドルの高値まで上昇したが、ワラント価格の上昇幅は株価のそれよりもかなり小さく、その価格は21ドルとなった。その後間もなく株価が11 1/4ドルまで急落すると、ワラント価格は２ドルの安値にまで崩落した。以上の数字を比較すると、１株取得の権利に17ドル相当の値が付いていたとき、ナイアガラ・ハドソン・パワー社のＢワラントの価格は異常なまでに高かったことになる。

### 相対価格が安いことの重要性

ワラント価格が絶対的に、また普通株の価格との関連から見て安いのは、テクニカル面で望ましいことである。このポイントについては、コマーシャル・インベストメント・トラスト社のワラント（1928年）と、アメリカン・アンド・フォーリン・パワー社のワラント（1933年）を比較すると分かりやすいだろう。

### 事例

コマーシャル・インベストメント・トラスト社のワラントは、1928年８月に６ドルで売られていた。このワラントは普通株0.5株を、1929年末までは１株当たり90ドル、その後1931年１月までは１株当たり100ドルで購入できる権利を保証していた。当時の株価はおよそ70ドルだった。よってこのワラント（１株取得の権利）は約12ドル、つまり当時の株価のおよそ６分の１に相当した。このワラントは権利行使価格が相対的に高かったにもかかわらず、金銭的コストは株よりもずっと低かったので、投機的優位性は株よりワラントのほうが高かったと言えるかもしれない（実際、1928～29年にかけて、同社の普通株が３倍に上がったのに対し、ワラント価格は11倍に跳ね上がった）。この章の前半ですでに取り上げたアメリカン・アンド・フォーリン・パワーのケースについて、われわれが特に言及しておきたいのは、１株取得のためのワラントには７ドルの価値があり、それは完全に普通株とパリティだったことである。だが普通株そのものがたった10ドルで売られていたという事実によって、７ドルというワラント価格が持つべき特別な投機的優位性がすべて失われた。後ほど説明するが、これによって普通株もワラントもともに、第41章で触れたような、「偽の」低位証券投機のカテゴリーへと押しやられたのである。

先述の議論は次のような帰結へとつながる。すなわち、あるオプション・ワラントがテクニカル的な意味で投機的な魅力を備えていると言えるのは、その価格が安く、行使期間が長く、また権利行使価格は現在の株価からかけ離れすぎていないという条件を満たしたときだけである。

### 事例

すでに取り上げたシンクレア・オイルとコマーシャル・インベストメント・トラストのワラントは、これらの条件を満たしている例である。特殊な事例として、バーンズダル・オイルのワラント（1927年）を挙げておく。このワラントには25ドルで１株を取得する権利が保証されていた。株価が31ドルだったとき、ワラント価格は６ドルで、まさにパリティであった。こうしたケースでは、株価に上昇があればワラント価格のほうはずっと大きな割合で上昇するであろうと考えられ、実際に後にそうなった。

### テクニカル的な優位性はたいてい存在しない

ワラントの取引が最も活発だった1928～29年の時期、ワラントには相対的にもそして絶対的にも高値がつく傾向があり、その結果ワラントは全般的に、普通株と比較してテクニカル的な優位性を有しているとはまったく言えない状況にあった。続く恐慌の時期、さまざまなワラントが極めて安い価格で入手可能となったが、それに対応する普通株もまた非常に安かったので、ワラントの相対的魅力には疑問があった。これについては、以下に挙げた1933年末時点の代表的ワラントのリストによく表れている。

これらワラントはいずれも、テクニカル的な観点からするととりわ

| ワラントの発行体 | 有効期間 | 権利行使価格(ドル) | 株価（ドル） | ワラントの価格(ドル) |
|---|---|---|---|---|
| ユナイテッド・エアクラフト＆トランスポート | 1938年11月1日まで | 30 | 31½ | 12¾ |
| アトラス | 無期限 | 25 | 12 | 4¼ |
| ユナイテッド | 無期限 | 27.50 | 4⅞ | 2⅛ |
| トライコンチネンタル | 無期限 | 18.46 | 4¾ | 1¾ |
| ナイアガラ・ハドソン・パワー（Aワラント） | 1944年10月1日まで | 105 | 5½ | ½ |
| ペトロリアム | 1934年2月1日まで | 34 | 9½ | 1/64 |

け魅力あるものには思えない。ペトロリアム社を例にとれば、価格面だけ見ると興味を引くが、権利行使期限が近いために旨みは少ない（換言すれば、もし期限が１カ月後ではなく５年後であったなら、1.5セントというワラント価格は素晴らしい投機性を有していると考えられたであろう）。

## 資本構成の一部としてのワラント

本質的に言ってオプション・ワラントとは、将来展望という要素を別個に具現化したものである。だが将来的な発展・成長によって利益を得る権利というのは本来、普通株の株主に属する性質のものだ。自分のカネを差しだして損失のリスクを真っ先に負うことと引き換えに、そうした権利を得るというのは、普通株主にとって重要な側面である。よって基本的事実として、オプション・ワラントは普通株から取り去られたものだと言える。その方程式は単純である。

普通株の価値＋ワラントの価値＝普通株だけのときの価値（つまりワラントが存在しなかった場合の価値）

## ワラントは当該株式から取り去られた権利である

このポイントを具体的に説明するために、投下資本が200万ドル、年間収益が20万ドルのＡ社という企業があると仮定しよう。発行済み普通株式数は10万株で、その理論価値は１株当たり20ドルと想定。経営陣が自らに対して、あるいは株主に対して、10万株を１株当たり20ドルで取得できるオプション・ワラントを無償で発行する。これによって株式の価値はどのような影響を受けるだろうか？

発行時点におけるこのワラントには“行使価値”がないが、それでも真の価値を有していると考えられ、相場が立つであろう。なぜなら、株価が上昇すれば利益を得られるこの新株引受権には、保有する価値が十分にあり、ゆえにそれに対して対価を支払う価値が認められるからだ。５ドルの価値があるとしても不思議ではない。仮にそうだとすれば、われわれの理論によると、ワラントが生み出されたことによって普通株の価値は１株当たり５ドル下がることになる。なぜならば、ワラントが持つすべての価値は、普通株から取り去られたもののはずだからである。

株の価値が縮小する原因を説明するならば、株主たちは企業の成長に対してかつては100％の利権を有していたのに、今やそれがたった50％になってしまったことが挙げられる。この希薄化による影響を分かりやすく解説するには、この企業の価値を２倍にしてみるよのがよいであろう。その結果は以下のようになる。

Ａ．株式数10万株（ワラント発行なし）

| | | |
|---|---|---|
| もとの価値 | 200万ドル | （１株当たりの価値　20ドル） |
| 収益 | 20万ドル | （１株利益　２ドル） |
| ２倍後の価値 | 400万ドル | （１株当たりの価値　40ドル） |
| 収益 | 40万ドル | （１株利益　４ドル） |

B．株式数10万株（10万株分を１株20ドルで取得できるオプション・ワラントあり）

もとの価値　　　200万ドル（１株当たりの価値　20ドルからワラントによる希薄化分を差し引く）

２倍後の価値　　400万ドル（１株当たりの価値　40ドルからワラントによる希薄化分を差し引く）

この価値の上昇によってワラントは権利行使され、企業は200万ドルの現金を受け取り、10万株の新株を発行することになる。この新たな資本に対して10％の追加収益（つまり20万ドル）があると仮定。

これを考慮に入れると、企業価値は600万ドル、１株当たりの価値は30ドル、収益は60万ドル、１株当たり利益は３ドル――となる。

Ａの状況下では株の価値が１株当たり40ドルへと上昇するのに対し、Ｂでは30ドルにしか上昇しない。この結果はわれわれの主張（当初価値はワラントが５ドル、株は15ドル）を裏づけることになるだろう。なぜなら、株の価値が30ドルというとき、株式およびワラント双方の価値が100％上昇していると考えられるからだ。

以上の事柄が明確に示しているのは、ワラントの発行によって、収益や事業価値が大きく拡張した場合における普通株の実現可能な利益は減少するということである。よって、次のように結論づけることができる――「たとえ権利行使価格がその時点の株価より高かったとしても、ワラントの存在によって普通株の現在価値はマイナスの影響を受ける。なぜならこの現在価値の一部は、将来的成長によって利益を得る権利に基づいたものだからである」。

## 株の価値を希薄化させる危険な道具

オプション・ワラントは間接的に、また気づかないうちに普通株の価値を希薄化させるという影響を及ぼすため、まったくもって危険かつ好ましくない道具である。株主たちはワラントの発行についてむとんちゃくで、自分たちの将来的な利権の一部が奪い去られているという点を見落としている。株式市場ではワラントが発行されていようといなかろうと、当然のごとく普通株に同じ評価基準が適用されている。よってワラントは、一般株主に気づかれて非難を受ける恐れなしに、プロモーターやその他内部関係者たちへの理不尽な特別手当として悪用されてしまう可能性があるのだ。さらに言えば、ワラントという道具は、企業のマーケットにおける評価額を人為的に高めることを促進してしまう。なぜなら（ちょっとした操作によって）膨大な数のワラントに対し、普通株の相場を下げることなしに大きな価値がつけられる可能性があるからである。

### 原則適用の行きすぎ

オプション・ワラントのすべての価値は、普通株の犠牲の上に成り立つものだという事実に対する大衆投資家の認識の欠如は、結果として、そう有害ではないとしてもばかげた慣行へとつながってきた。われわれが言わんとしているのは、追加で普通株を購入できるワラントがもとから付いた普通株の発行である。こんなことをしても株主にはなんのメリットもないうえ、健全な企業金融のための絶対的ルールの侵害になる。適切な経営がなされた企業が追加の株式を発行するのは、新たな資本が必要になったときだけであり、その際には比例配分方式に従って株主が割当を受ける権利を得るのが普通である（最近では定款に、このいわゆる「新株優先引受権」を株主には与えないという内容を盛り込む企業が増えている。株式の発行が絡む企業取引における取締役たちの権限を弾力化するためには、この権利の放棄が必要なのだという主張である。この主張の正当性については、われわれは疑いを抱いている)。資金が不要なときに新株引受権を株主に付与するというのは、「なにか旨みのあるものがもらえる」と思わせて人々を惑わそうという意図があるのでもないかぎり、まるっきりばかげたものだ。それはまるで、取締役の勝手な判断で支払いが決まる「スクリップ」配当実施の発表みたいなものである。この「スクリップ」は普通株が本来有している権利——つまり、将来取締役たちが適切と判断したときに支払われる配当を受け取る権利——であって、ことさらに表現する必要のないものである(シティーズ・サービス社は1921〜25年にかけてこの手のスクリップ配当を行い、後年にそれを支払った。スクリップ配当の価値はほとんど取締役の気まぐれによって左右されるものなので、内部関係者たちにとっては非常に有利な一種の投機的手段と言えるものであった。シティーズ・サービスの子会社のガス・セキュリティーズ社は、1933年にこの手のスクリップ配当を行っている)。同様に、普通株発行時に付けられたオプション・ワラントというのも、将来的に株式割当を受けられるという株主本来の権利を指したにすぎず、わざわざ表現する必要のないものである。

ワラントに絡んだ忌まわしい事例をより詳細に調べるには、財務上の慣行に関して大きく分けて２種類の調査が必要になる。ひとつは事業の資金調達および経営のために一般投資家が支払った金額に関することであり、もうひとつは「ピラミッディング」と呼ばれる危険かつ巧妙な一連の企業慣行に関することである。証券分析のこうした側面については、後続の章で検討する。

# 第47章

# 資金調達と経営のコスト

前章で触れたペトロリアム・コーポレーション・オブ・アメリカの組織および資金調達について、さらに詳細に検討してみよう。同社は石油業界の証券投資を専門に行う目的で設立された大規模な投資会社であった。1929年1月、325万株が1株当たり34ドルで公募された。これによって同社は1株当たり正味31ドル、1億75万ドルの現金を調達した。また、無記名の受取人——おそらくプロモーター、引受業者、経営陣——に対して、162万5000株を1株当たり34ドルで購入できる5年間有効のワラントが発行された。

この時期の投資会社の資金調達として、これは典型的な事例である。さらには、好況の時期に編み出されたこのやり方は、恐慌に突入してもなお継続され、業種を問わず株式資金調達の標準的手法になってしまいそうな勢いである。しかし、このような手法をとることの真の意味を問うべき、十分な理由が存在する。ひとつは株を買った人が支払ったお金と引き換えに何を得るのかということに関して、もうひとつは、これら証券を募集発行する投資銀行の立場に関して——である。

## ３つの経営コスト

1929年１月に設立されたペトロリアム・コーポレーションも含め、新規設立される投資会社には２種類の資産がある。つまりキャッシュと経営陣だ。１株当たり34ドルで株式を購入した人たちは、次の３つの形で経営陣に資金を差し出すよう求められたことになる。

１．株に対して彼らが支払った金額と企業が受け取った金額の差によって。

１株当たり３ドルというこの差額を受け取ったのは、経営陣ではなく、証券の引受業者だというのは事実である。しかし株を購入する側からすれば、株を買うために企業が受け取る当初資金以上の金額を支払ったことを唯一正当化し得るのは、それを払う価値が経営陣にはあるという株主の信念だけである。

２．証券発行サイドに向けて発行されたオプション・ワラントの価値によって。

基本的にこのワラントは、その所有者に対して５年間にわたり、当該企業の価値が上昇すればその３分の１を受け取る権利を認めるものであった（1929年の状況を考えれば、５年という行使期間があることで、企業の将来成長に関与するに十分なチャンスがあった）。このワラントには実質的な価値があり、要するにその価値は普通株の当初価値から取り去られたものだったのである。

前章で仮定的事例を挙げたときに用いた計算式を使うと、162万5000単位のワラントの存在によって、普通株の価値がおよそ６分の１減少することになる。この計算の正しさは、普通株との比較によるワラントの実際の市場価格によってはっきり実証されている。これに基づくと、（最初に企業が受け取った）１億75万ドルの現金は、６分の１がワラント、残りの６分の５が普通株の分だと言えるであろう。

３．幹部が受け取る給与および企業という形態をとることでかかる特別税によって。

上記の分析を要約すると、ペトロリアム・コーポレーション株を買った人たちは彼らの投資資金を活用する経営能力に対して、次のような対価を支払ったことになる。

| | |
|---|---|
| ①資金調達コスト（1株当たり3ドル） | 975万ドル |
| ②ワラント価値（残金のうち6分の1） | 1679万ドル |
| ③経営陣の給与等のための将来的な控除額その他 | ？ |
| 合計 | 2650万ドル＋α |

これら3つを足し合わせると、一般投資家がこの企業に投資した金額のうち、25〜30％は食われてしまうことになると言ってよいかもしれない。われわれが言いたいのは、これによって将来の利益が減じられるということだけでなく、企業経営の代償として実際に投資資本が犠牲になっているということである。

## 支払ったお金に対して得られるもの

この検討内容をもう一歩突き詰めるために、この企業が具体的にどういった経営スキルを享受できるのかを考えてみよう。取締役会は金融界の著名人たちによって構成されており、投資に関する彼らの判断力は十分に価値あるものと思われた。だが、この判断力の価値には2つの重大な障害が存在していたことをここで触れなければならない。まず、取締役たちはこの企業に対し、完全に専心することを求められてはおらず、影響力も持たなかった。また、彼らはこうした活動を無制限に行うことを許可され、表面上はそうすべきものとされてはいたが、同時に、彼らの専門家としての判断に対しては数多くの要求が突きつけられており、よって彼らの判断力の価値は大幅に損ねられていたというのは、一般常識で考えれば当然のことであろう。

さらに大きな障害は、同社の活動範囲である。同社は単一分野への投資を前提としていた。石油業界である。それによって投資の判断および分析を行える範囲が著しく限定された。結果として当初、資金の大部分は２つの関連企業（プレーリー・パイプライン社とプレーリー・オイル・アンド・ガス社）へ、その後はこれら２社の後継企業（コンソリデーテッド・オイル社）への投資に集中されたのである。このようにしてペトロリアム・コーポレーションは持ち株会社の様相を帯びた。そして持ち株会社では、最初の企業買収が果たされると、経営能力の活用度合いは最低限まで落ちるようである（これと同様の理屈によって、アレゲーニー社とユナイテッド社の設立に関して、持ち株会社の設立者たちへのオプション・ワラントの形をとった大きな“経営特別手当”にも異議を唱えるべきだろう）。

以上のことから、ペトロリアム・コーポレーション・オブ・アメリカの例に見られるこの手の資金調達手法は、株を買った人たちにとって満足できるものではない。その理由は、彼らが経営のために支払う合計コストは実際に得られる働きと比較すると不釣り合いに高いからだけではなく、その使途が明らかにされておらず、かなりの部分が実はワラントというごまかしのために利用されているからである（上記の理由づけは、ペトロリアム・コーポレーションの投資成果が芳しくなかったという事実とはなんら関係がない）。

## これに関連した投資銀行の立場

この事例を使って検討すべきもうひとつの事柄にも、大きな重要性がある。ペトロリアム・コーポレーション・オブ・アメリカのような企業の証券を募集発行する投資銀行はどのような立場にあり、またその状況はかつてと比較するとどう変化したのだろうか？　1920年代後半以前、高名な引受業者による株式の公募は、次の3つの重要なる原則によって律されていた。

1．引受先企業はしっかりとした定評を得ていなければならず、過去の業績および財務状態は、発行価格での株の購入を正当化するに足るものでなければならない。

2．投資銀行は何よりまず株の買い手の代表者として行動し、企業経営陣とは一定の距離を保たなければならない。彼らの職務には、経営陣に必要以上の報酬が支払われたり、その他の株主利益に反するような企業方針がとられたりしないよう監視し、顧客を保護することも含まれる。

3．投資銀行が受け取る報酬は、相応の額でなければならない。彼らの得る報酬は、企業が資本調達のために支払う手数料である。

こうした原則が存在していたことによって、株式資金調達という分野における善悪の線引きは容易であった。ウォール街には、新企業の資本調達は私募されなければならないという原則が浸透していた（なかにはチリ・コッパー社のように顕著な例外もあるだろう。同社では巨大な鉱石の存在が証明されたことでその鉱床の開発のための株式公募が正当なものと見なされた。1920年に行われたリンカーン・モーター社の株式公募は、ここで挙げた原則の、数少ない真の例外のひとつである。このケースでは、並外れて高名な人物が同社の陰に存在したのであるが、結果は惨澹たる失敗に終わった）。これら私募による投資家は自ら調査を行い、自らで取引をまとめ、企業と緊密な連係を取るべきものとされ、（大きな利益を得るチャンスに加えて）これらすべての保護手段が、新規事業への投資を行うためには欠かせない要素と考えられていた。よって新規企業の証券発行を請け負うのはほとんどすべて、“ブルースカイ”のプロモーターや素性の疑わしい弱小引受業者に限られていた。一般投資家の払込金から法外な資金調達コストをかすめ取るという理由から、このような証券発行の大半は、完全なるペテンか、限りなくそれに近いものであった。

投資会社の資金調達では、その性質上、株式発行に関するこれら3つの規範が守られるべくもなかった。当時投資会社というのは新形態の企業であり、彼らの投資銀行業務は一般的に彼ら自身が行い、資金調達および経営のための報酬は一般的な尺度がないなかでその受取人が決定せざるを得ない状況にあったのである。適正な尺度もなく、また企業と引受業者間で貴重な駆け引きが行われることもない状況下で、証券購入者の利益が十分に守られるなどということは期待すべくもなかった。さらには、1928～29年の金融界を支配していた全般的にゆがんだ独善的な風潮に対しても、さらにマージンをとっておかなければならなかったのである。

### 困惑させられる結果

これらの異なる要因によってもたらされたのは、極端なまでの混乱であり、不幸にもそれによる影響が及んだのは、この好況期に設立された投資会社の金融アレンジのみにとどまらなかった。なぜなら、株式ファイナンスにおけるこれらいかがわしい特質が、まさに浸透そして拡大しつつあるように見えるからである。このような証券発行形態の1933年の現状を調査すれば、保守的なアナリストは予断を許さない状況と判断するだろう。今では、名のある業者が、過去の実績を持たない新興のあるいは実質的に新興の企業の株を、将来的な期待利益という尺度のみを基準に、喜んで売ろうとする。つまり、投資銀行は株の買い手を第一に考えた行動などしていないということに他ならない。なぜなら、一方で新興企業は、投資資金を持った顧客の代表者であるさまざまな投資銀行と適度な距離をおいて交渉することができるような独立した存在ではなく、また他方では投資銀行そのものがプロモーターでもあり、またその新ビジネスの所有者であると言えなくもないからだ。重要なポイントは、投資銀行は自らのために一般大衆から資金を調達しているということである。

## 投資銀行の新たな役割

もっと正確に言えば、投資銀行は今では２つの顔を持っているように見える。彼らは自らのために企業の創設者と取引を行い、次に一般大衆と別の取引を行って企業側に約束した資金を調達する。彼らはその骨折りに対して十分な報酬を要求する（もちろんその権利がある）。しかし彼らの受け取る報酬のまさにその大きさが、彼らの一般投資家との関係に変化をもたらしているのである。というのは、その金額次第によって、株の買い手は投資銀行を本質的に自分たちの代表者だと考えることもできるし、あるいは引受業社である彼らをビジネス継続のための資金調達を目的とする「企業のプロモーター兼所有者兼経営者」だととらえることも可能だからだ。

もし投資銀行が後者だとすれば、一般大衆の利益は間違いなく深刻な影響を被るであろう。1933年証券法は過去に存在した負債まで含め、関連する事実をすべて開示することを求めることによって、証券購入者を保護することを目的としている。完全な情報開示が望ましいのは当然ではあるが、その一方で洞察力のある熟練した投資家やアナリスト以外にとっては、完全な情報開示がされたとしてもあまり実際的な助けにはならない。一般の投資家が長ったらしい目論見書を丁寧に読み込んでそれの示唆する内容すべてを理解するとは思えない。現代の資金調達方式というのは手品師のマジックとそうかけ離れたものではなく、またそのマジックは、一般大衆というのはあまり賢くないということを大前提にしているのである。引受業者兼プロモーターの報酬の一部としてストックオプションを用いるというやり方は、人を欺く新手のペテンの一形態だ。次に、1933年中に行われた新規株式公開の事例をひとつ挙げてその詳細を少し掘り下げてみよう。こうした証券発行の特徴およびこれらを評価するときに必要な分析テクニックを理解することができるだろう。

### 事例――モーキン社

この企業は、禁酒法が施行される何年も前からモーキン一族が営んできた酒類輸入業の再建を主目的として、1933年７月に設立された。５万5000株の普通株が１株当たり6.75ドルで公募され、そのうち５ドルは同社の資金として支払われ、残りの1.75ドルは販売手数料および利益として引受業者の手元に残された。約26％というこの資金調達費用は、資本調達のために有名企業が支払う金額と比較して、明らかに多すぎる。しかしモーキンの資金調達にはこれ以外にも、株式購入者にとってさらに重要な要素が含まれていた。要約すると次のようなことだ。

1．１万4000株を１株当たり１ドルで購入できるオプションが、引受業者に渡された。

2．３万株を１株当たり７ドルで購入できる、約２年間有効の第二のオプションが、引受業者に渡された。

3．前任会社の全資産（87万6000ドルと“評価”され、バランスシート上では43万8000ドルとして計上されていた、商標名および10万8000ドルにすぎない有形資産など）に対して、旧オーナーたちに新会社の株式17万6000株がすでに発行されていた。

１万4000株を１株当たり１ドルで購入できるオプションが渡されたことに関しては、証券引受手数料について大衆の目を欺くこと以外にはまったく理解できる目的が見当たらない。即座にオプションを権利行使して株式を売却する意図が存在したことは間違いない。要するにこれはモーキン社にとって、５万5000株の発行に対して１株当たり５

ドル受け取るのではなく、６万9000株に対して１株当たり4.20ドルを受け取るという取引に他ならない。よって見かけ上は26％であるが、真の販売手数料は募集価格の38％に上ったのである。さらに、３万株を１株当たり７ドルで購入できるオプションのほうにもいくばくかの金銭的価値があり、これも資金調達コストに含めるべきものである。

前任会社のオーナーたちに向けて大量の株式が発行されたその条件は、証券分析をするに当たりさらに大きな重要性がある。もしこれが有形資産のみに基づいた株式発行ならば、旧オーナーたちは１株当たりたった62セントを支払っただけで17万6000株を受け取ったことになる。この企業の将来的な収益力を考えれば、商標名などが価値を有することは間違いないが、その価値が本当に、62セントと6.75ドルの差を生むほどのものなのかという点については、疑わしいと言わざるを得ない。

この証券発行の大筋は、次のように言えるかもしれない。つまりこのケースにおいて一般投資家は、収益実績を持たない有形資産42万4000ドルの企業に対し、１株当たり6.75ドルを支払うことによって、167万ドルという評価をつけるように求められたのだと。要するに実際上、募集価格のうち75％近くは、販売手数料、あるいは（取引のコネや、投資資本に対して高い利益を生みだす経営能力に対して）証券発行サイドに支払われるプレミアムだったのである。この分析によって、このような資金調達で一般投資家が被る２つの不利な条件が浮き彫りになる。第一点目は、計略的に真の取引条件が覆い隠されるということ、第二点目は――これについてはすでに強調して述べたが――引受業者と企業経営陣の間に、適度な距離を保ち、互いを批評し合うような関係が存在しないこと――である。

また、法律によっていくら情報開示が義務づけられようとも、経験豊かで判断力を備えた信頼できる投資銀行が行っていた節度ある公正な取引によって、かつて投資家たちが得ていたような高いレベルの安心感は得られないという結論も、不本意ながら下さざるを得ない(1933年の株式資金調達手法の典型と言える事例が他にも2つある。スペキュラティブ・プロフィット・シェアーズ社の株式公募は、証券発行サイドが明らかに三重の利益を得る構造になっていた。①15%の販売手数料、②オプション・ワラントによる報酬、③正味現金収入の20%に相当するマネジメント・フィー——の3つである。また、バリウム・スチール社のクラスA株式の場合、証券引受・販売手数料は11%であったが、引受業者は追加報酬としてクラスB株のおよそ40%をも受け取った)。

## ブルースカイのプロモーション

古き良き時代、詐欺目的の株式プロモーターは強引な販売技術に多くを頼っていたので、わざわざその取引内容に見せかけの好条件を盛り込んだりすることはめったになかった。株の買い手はたくさんいたし、ヘンリー・フォードの初期のパートナーたちを引き合いに出すという常套手段を使った作り話も通用した。金を出した犠牲者が実際に手に入れたのは「ブルースカイ(青空の一片ほどの価値もない証券)」であり、それ以外の何物でもなかった。ビジネス感覚を少しでも備えた人であれば、ひと目でこれら投機的事業の価値がゼロであることを悟ったであろうし、実際、目論見書に光沢紙が使われていることだけで、その取引が詐欺であることを見抜くに十分だったのである。

これら詐欺行為に対する連邦および州による規制が強化されたことで、違ったタイプの証券プロモーションが行われるようになってきた。完全に無価値なものを売り出すかわりに、プロモーターは適正価格の何倍もの価格で売ることができる実在企業を選ぶ。つまり、法が破られることなく、一般大衆は以前と同様カネをだまし取られるのである。このような株式発行には石油・採鉱関連の新規開発事業が数多く利用されている。なぜなら、その真価について誇張した話を未熟な投資家に吹き込むのは容易だからである。この手の典型的な石油株発行では、（大量の原油が噴出する）一時回収によって当期利益を上げて、あたかもそれが永遠に続くかのように見せかけている。その生産高を維持したり増加させたりするには、実際には奇跡と呼べるほどの幸運に恵まれなければならないにもかかわらず、その可能性の高さが強調されているのである。

1933年に数多く行われた金鉱会社の証券発行では、その大半のケースにおいて、かつては産出していたが良質の鉱石が掘り尽くされたためすでに利用されなくなった金鉱が含まれていた。こうした状況のために、①その鉱山から「今日までに」生産された金の高い生産高、②実際その開発・設備に費やされた莫大な合計金額――について、法的には正しいが非常に誤解を招きやすい記載のされた報告書が作成されてしまう結果となった。上昇する金価格が適度に強調されることに問題はないだろうが、一方でそのことがプロモーターやそのセールスマンたちによって過剰に利用されることは必至であった。ゆえに、典型的パターンを挙げるなら、軽率な買い手たちは１ドルしか真の価値を有さない株式に対しておそらく５ドル支払わされたことであろう。これら証券に支払われる金額のうち発行体の資金とされるのは数分の一にすぎず、残りは証券のプロモーションや販売費用に充てられるのであれば、奇跡でも起きないかぎり、大衆投資家が投資金額に見合う価値を得られるべくもないのは言うまでもない。そして奇跡は、石油・採鉱ビジネスにおいてすらめったに起きないのである。

大衆の耳目を集める分野であればいかなる新産業であれ、証券のプロモーション活動は広く行われるようになってきている。新興の分野で利益を上げた企業や、さらには設立直後に利益を上げた企業に関してさえも、その利益があたかも永続し、将来的には増益するかのように喧伝されることもある。これによって、完全に過大評価された売り出し価格がもっともらしいものに映ってしまうのである。1933年に新規設立されたアルコール飲料会社では、過大評価の度合いはすべて発起人たちの良心によって左右された。ゆえに、株式公募内容の一覧を見ると、完全に適正な低い価格からほとんど詐欺と言うべき過大評価された価格まで、ありとあらゆるパターンが存在した。この種の新規公開に関与していた名高い投資銀行は、彼らの提示する取引条件にはなんら不正な点がなかったとしても、非難されるべきである。なぜなら、彼らがこの分野に関与していたことによって、識別力のない大衆投資家たちが、悪徳業者の提示する一見同様の取引条件をより受け入れやすくなってしまったからである。

## 非倫理的投資銀行がもたらす影響

1920年代後半に投資銀行の規範が緩んでしまったことによって、また受取報酬を増やそうとする彼らによって巧妙な手法が用いられたために、企業経営の世界は深刻な影響を被った。執行役員たちは、自分たちには手厚い給与を受け取るだけでなく、企業の上げる利益の十分なる分配にあずかる権利があるものと考えていた。この点について言えば、投資銀行が自らの利益のために考案した取引が、「ビッグビジネス」の世界における刺激的な事例として受け止められていたのである。

成功した大企業の経営陣が年に数十万、場合によっては数百万ドルもの報酬を受け取るということが適当なのか否かという問題は、異論の多いところであろう。その答えは、経営陣独自の卓越した能力が企業の成功にどれだけ貢献しているかによって決まるが、それについて確信を持って結論を下すのは非常に難しい。だが、経営陣がこうした巨額の賞与を確保するに当たり、株主にきちんとした報告がなされないまま、正道を外れた疑問の余地がある手段が過去しばしば用いられたということについては、否定できないかもしれない。安い価格で株を購入することができるストックオプション・ワラント（つまり行使期間の長い新株引受権）は――株主と経営陣の関係について論じた個所ですでに指摘したように――結果として、こうした目的で用いられる格好の道具にされた。このような事柄については、継続的に徹底した公表を行うことが、理論上求められるのみならず、現実上も有益である。経営陣の受け取る報酬が完全に開示され（1934年２月に連邦取引委員会が連邦議会に提出した報告書には、1929～32年にかけて大企業の役員に支払われた給与および賞与に関する大量のデータが含まれていた）、それについて適切な調査が行われれば、経営報酬が合理的な限界を超えることを世論によって食い止めるという図式が、かなり期待できるかもしれない。

# 第48章

# 企業財務におけるピラミッディングについて

企業財務におけるピラミッディングとは、一社あるいは一連の持ち株会社による投機的な資本構成の創造を指す。そのオーガナイザーたちの主たる目的は、ほとんどあるいはまったく資本投資をすることなく大企業の支配権を握り、かつ利益剰余金や継続企業としての価値の上昇によって大きなメリットを享受することにある。この手法の典型的パターンとは、最も力のある集団が自分たちの配下の企業から投機的利益を得て、それと同時に支配権を握るというものである。このようなケースでは一般的に、これらの権力集団が他の営業会社にまでその支配力を拡大しようと努めるものだ。ピラミッディングのテクニックを説明するには、O・P・アンド・M・J・バン・スワリンゲンにおける一連の策略を例示するのがよいだろう。同社の最初の案件は、当時まだ相対的に小企業であったが急速に鉄道「王国」へと成長を遂げた、ニューヨーク・セントラル鉄道とニューヨーク・シカゴ・アンド・セントルイス鉄道の経営権取得であった（このピラミッディングがいかにして行われたかについては、株式取引業務について書かれた「Hearings before the Committee on Banking and Currency, United States Senate」73d Congress, 1st Session, on Senate Resolution 84 of the 72d Congress and Senate Resolution 56 of the 73d Congress,

Part 2, pp. 563-777, June 5 to 8, 1933にその詳細が記されている。これについて図表を用いてさらに詳しく描かれているのは、「Regulation of Stock Ownership in Railroads, Part 2」pp. 820-1173［House Report No. 2789, 71st Congress, 3d Session］である。また、近年において最も悪名高いピラミッディングの事例は、サミュエル・インサルのそれであろう。タイプの異なる興味深いケースとしては、US・アンド・フォーリン・セキュリティーズ社とインターナショナル・セキュリティーズ社との関係が挙げられる。これら２つの概略については、参考資料の注45を参照）。

**事例——バン・スワリンゲンにおけるピラミッディング**

バン・スワリンゲンが鉄道分野で最初の取引を行ったのは1916年のことだ。ニューヨーク・セントラル鉄道から、ニューヨーク・シカゴ・アンド・セントルイス鉄道の経営権を握れるだけの普通株と優先株を、850万ドルで購入したのである。そのための金融繰りとしては、売り手に650万ドル分の債券を渡し、200万ドルはクリーブランドの銀行から借りた現金で支払った。この案件に続く数多くの企業の経営権取得に際しては、さまざまな手段が利用された。その例を次に挙げる。

１．私的企業の形成（例えば、レーク・エリー・アンド・ウエスタン鉄道会社の経営権を得るためにウエスタン社を、トレド・セントルイス・アンド・ウエスタン鉄道の経営権を得るためにはクローバー・リーフ社を形成した。ともに1922年）

２．他社の経営権を取得するために、すでに経営権を得ている鉄道会社の資産を利用（例えば、ニューヨーク・シカゴ・アンド・セントルイス鉄道は1923～25年にかけて、チェサピーク・アンド・オハイオ鉄道とペレ・マーケット鉄道の大量の株式を購入）

３．個々の鉄道会社の経営権を得るためにそれぞれ持ち株会社を形成し、その持ち株会社の証券を一般に売り出す（例えば、チェサピー

ク社は1927年、チェサピーク・アンド・オハイオ鉄道の経営権を握り、自社の社債および株式を一般に売り出した）

4．包括的な持ち株会社の形成（例えば、1929年に設立認可を受けたアレゲーニー社。この野心的プロジェクトにおいては、鉄道会社や石炭会社をはじめ数多くの多業種にわたる企業の経営権を取得）

「バン・スワリンゲン持ち株会社群」に関して、1930年に下院に提出された報告書（House Report 2789, 71st Congress, 3d Session, Part 2, pp. 820-1173）には、バン・スワリンゲンのそれぞれの持ち株会社が経営権を握る各企業における、相対的に小さな資本持ち分と、それら企業に対して行使された経営支配権との対照を示す、興味深い図表が含まれている。後続ページに、これらデータの概要を掲載した。Aの欄の数字は、バン・スワリンゲンが握る議決権証券のパーセンテージであり、Bの欄の数字は、直接的あるいは間接的に彼らが実際に保有する「拠出資本」（債券、株式および剰余金）の割合である。

ロック・アイランド社のケースが有名であるが、鉄道会社をピラミッディング形式で支配するために、第一次世界大戦以前にも持ち株会社が同様の利用のされ方をしていたということを、思い出すべきであろう。1902年に設立されたロック・アイランド社は子会社を通じて、シカゴ・ロック・アイランド・アンド・パシフィック鉄道のほぼ全普通株と、セントルイス・サンフランシスコ鉄道の株式資本のおよそ60％を取得した。これら株式の代わりに、２社の持ち株会社は証券担保付きの債券、優先株、普通株を大量に発行した。1909年、セントルイス・サンフランシスコ鉄道株は売却された。1915年には、ロック・アイランド社も、中間の子会社もともに破産し、その営業会社の株式は証券担保付き債券の保有者に引き継がれ、持ち株会社の発行株式は完全に吹き飛んだ。

| 企業名 | 〈A〉経営支配権(%) | 〈B〉資本持分(%) |
|---|---|---|
| 持株会社 | | |
| バネス | 80.0 | 27.7 |
| ゼネラル・セキュリティーズ | 90.0 | 51.8 |
| ジュネーブ | 100.0 | 27.7 |
| アレゲーニー | 41.8 | 8.6 |
| チェサピーク | 71.0 | 4.1 |
| ペレ・マーケット鉄道 | 100.0 | 0.7 |
| バージニア・トランスポーテーション | 100.0 | 0.8 |
| ピッツトン | 81.8 | 4.3 |
| 鉄道会社 | | |
| ニューヨーク・シカゴ&セントルイス鉄道 | 49.6 | 0.7 |
| チェサピーク&オハイオ鉄道 | 54.4 | 1.0 |
| ペレ・マーケット鉄道 | 48.3 | 0.6 |
| エリー鉄道 | 30.8 | 0.6 |
| ミズーリ・パシフィック鉄道 | 50.5 | 1.7 |
| ホッキング・バレー鉄道 | 81.0 | 0.2 |
| ホイーリング&レーク・エリー鉄道 | 53.3 | 0.3 |
| カンザスシティー・サザン鉄道 | 20.8 | 0.9 |

この投機の構図が不名誉な崩壊を迎えたのは、鉄道事業分野における「ハイファイナンス（大型金融取引）」終焉のときであった。だがその約10年後、同様に腐敗した手法がまたもや編みだされたが、今度はさらに大規模となり、それに呼応して、投資家が被る損失もより深刻なものとなった。さらに加えて述べておくべきことがある。鉄道持ち株会社に対して1930年連邦議会による調査が行われたが、1914年には州際商業委員会が似たような調査をロック・アイランド社に対して行っていたのだ。金融界は周知のとおり、悲惨なまでに忘れっぽいの

である。

## ピラミッディングの罪悪

証券を購入する大衆投資家にとって、ピラミッディングはいろいろな点で有害である。ピラミッディングが行われると、大量の安全性の低い優先証券が創出され、投資家たちに売られるようになる。また、持ち株会社が普通株を発行し、それらは順調な年には急速に収益力が増加しているかのように見せかけられ、大衆にとっては必然的に、不安定かつ不運を招く投機媒体になってしまう。真の資本投資を行わない者たちによる経営権の掌握は不公平であり、また無責任かつ堕落した経営方針を助長する。さらには、持ち株会社という仕組みを用いることで、高度成長期には収益や配当利回りや「帳簿価格」を誇張して見せるという金融慣行がまかり通るすきを与え、それによって投機熱が高まり、市場操作が容易となるのである。以上、企業によるピラミッディングに反対する根拠を４つ述べた。このうち最初の３つはあまりにも明白なことであるが、最後のひとつについては、それが示唆するさまざまな内容を明らかにするために、多少分析的な説明を要する。

### 収益の誇張

持ち株会社は従属会社から受け取る株式配当を過度に高く評価したり、あるいは従属会社の株式売却に伴う利益を収益に含めたりすることによって、見かけ上の収益力を誇張することが可能である。

### 事例

セントラル・ステーツ・エレクトリックの主要な資産は、ノースアメリカン社の大量の普通株であり、これに関しては定期的に株式配当が行われていた。1929年の終わり、セントラル・ステーツの報告書上にはこれら株式配当が現行市場価格ベースで、収益として記載されていた。株式配当に関する章ですでに述べたように、こうした市場価格を平均すると、ノースアメリカン側が計上した株式配当の価値をはるかに上回っており、また、ノースアメリカン普通株の分配可能収益をもはるかに超えていた。よってセントラル・ステーツ・エレクトリックの損益計算書は、同社に生じた収益について、誤った印象を与えるものであった。

パターンは少し異なるが、これと同様の影響を及ぼす取引が、アメリカン・ファウンダーズ・トラストの1927年の報告書上に表れていた。1927年11月、アメリカン・ファウンダーズは自社の株主に対し、8万8400株のインターナショナル・セキュリティーズのクラスＢ株を１株当たり16ドルで購入できる権利を付与した。インターナショナル・セキュリティーズ社はアメリカン・ファウンダーズの子会社であり、このクラスＢ株は1926年にアメリカン・ファウンダーズが１株当たり3.70ドルの現金を支払って取得したものであった。アメリカン・ファウンダーズは1927年、普通株の純利益を131万6488ドルと報告したが、そのほとんどは上に示した、自社の株主による子会社の株式購入によって創出されたものだったのである。

### 配当利回りの歪曲

市場価格ベースで見て当期利益を上回る株式配当が定期的に行われている場合、大衆投資家は配当利回りを読み誤まる可能性がある。これを巧みに利用してきたのが持ち株会社であり、それについてはすでに先の章で説明した。人々はまた、頻繁に付与される新株引受権は普通株の配当収入と等価値であると、容易に誤解してしまう。ピラミッド型の企業群は新株引受権の発行を惜しむことがない。なぜなら、新株引受権は新たな企業買収および新たな資金調達が続くことで自然と生じるものであり、支配グループの野心を助長し、かつ思惑筋を――

いずれ訪れる崩壊のときまで――熱に浮かさせ続ける道具だからである。

新株引受権の発行は、投機筋にとっては喜び、そしてアナリストにとっては絶望の種である奇妙な循環論法に、株式市場を陥れる危険性をはらんでいる。A社の株には、どう見ても25ドル以上の価値はない。思惑売買や市場操作行為によって、その株価が75ドルにまでつり上がった。追加の株式を25ドルで購入できる権利が提示され、その権利には、例えば10ドルの市場価値があるとする。投機家たちにとっては、これらの権利は10ドルの特別配当と実質上同等のものである。それは、75ドルの高値を正当化するのみならず、さらなる楽観論といっそうの高値の裏付けとなる、特別配当なのである。アナリストにとっては、これら一連の流れは、欺きでありまた落とし穴だ。新株引受権にどのような価値がつけられようと、それは投機家の誤った熱狂の産物にすぎない。だがこの空想上の価値は、実際上の収益として、そしてそれを生みだした熱狂を証明するものとして、受け入れられるのである。このように、投機筋に背中を押された大衆投機家は、目もくらむような不合理な高値へと自ら突き進むのである。

### 事例

1928年８月から翌29年２月にかけ、アメリカン・アンド・フォーリン・パワーの普通株は無配にもかかわらず、33ドルから138 7/8ドルに急騰した。分離型ワラントつきの第二優先株を購入することができる新株引受権が、普通株主（およびその他の証券保有者）に付与された。当初約３ドルの市場価値があったこのワラントの付与を、多くの人は普通株の配当と同等のものと解釈した。

### 簿価の誇張

簿価の誇張が行われるのは次のようなケースであろう。つまり、持ち株会社がある子会社の株をほとんど保有しており、結果として数が少ない市場流通株を操作することで、その子会社の株価を容易につり上げることができるような場合である。そしてこの高値は、持ち株会社の株式の帳簿価格（「清算価値」と呼ばれることもある）を計算するときのベースに用いられる。こうしたことが行われた初期の事例として、ユナイテッド・シガー・ストアーズ・カンパニー・オブ・アメリカの普通株の約80％を保有していた、タバコ・プロダクツ社（バージニア州）のケースを挙げよう。1927年、市場に流通する数少ないシガー・ストアーズ株に異常と思われるほどの高値がついており、この高値が、うぶな投資家にタバコ・プロダクツ株を魅力的だと思わせるための道具として利用された。ユナイテッド・シガー・ストアーズのまったくもっていかがわしい会計方法と配当方針――これについてはすでに論じた――は、この市場操作活動に付随するものだったのである。

このような簿価の誇張が行われた最も驚くべき事例はおそらく、エレクトリック・ボンド・アンド・シェアーのケースであり、同社はアメリカン・アンド・フォーリン・パワーのワラントの大半を保有していた。そのすべての手立ては、完全に狂気じみた価格をそうと気づかせることなく大衆が支払うように仕向けるために考えだされたかのようである。この誇張された価値という幻影を概観してみるのは、証券分析の学習者にとってためになるはずだ。

まず、アメリカン・アンド・フォーリン・パワー社は総計で、160万の普通株と、追加の710万株を25ドルで購入できるワラントを発行した。これによって同社の普通株には、収益や将来性は十分すぎるほど織り込みながら、ワラントの存在については考慮に入れない価格がつけられた。すでに説明したように、株価は新株引受権の発行によって支えられていたのである。

次に、相対的に発行数が少ない普通株に高値がついたことによって、数百万のワラントに自動的に、それと呼応した高い価値がつけられた。

第3に、エレクトリック・ボンド・アンド・シェアーはこれらの高い評価額を、大量に保有するアメリカン・アンド・フォーリン・パワーの普通株とワラントに適用することが可能で、これによって自社の普通株にも相応に誇張された評価額がつけられた。

### ワラントの悪用

こうした一連のプロセスが踏まれた結果、1929年にはほとんど信じられない状況になっていた。アメリカン・アンド・フォーリン・パワーの普通株の利益はそれまでの間、次のような上昇トレンドを描いていた（ただし、その大半は継続的な新規合併によるものだ）。

| 年 | 普通株の利益 | 株式数 | 1株利益 |
|---|---|---|---|
| 1926年 | 216,000ドル | 1,243,988 | 0.17 |
| 1927年 | 856,000ドル | 1,244,388 | 0.69 |
| 1928年 | 1,528,000ドル | 1,248,930 | 1.22 |
| 1929年 | 6,510,000ドル | 1,624,357 | 4.01 |

「優良な公益事業株の価格は、当期利益の50倍までなら許容できる」という理論の下、アメリカン・アンド・フォーリン・パワーの普通株は199 1/4ドルまで買われたのである。連鎖的にワラント価格は174ドルにつり上がった。かくして、ウォール街のばかげたマジックによって、たった650万ドルの収益が、普通株3億2000万ドル、ワラント12億4000万ドル、合わせて15億6000万ドルという信じられない市場価格に姿を変えたのである。

ワラントの80%以上はエレクトリック・ボンド・アンド・シェアーが有していたので、アメリカン・アンド・フォーリン・パワーの下位証券にこれらばかげた価格がついた結果、エレクトリック・ボンド・

アンド・シェアーのほうも必然的に、それに呼応して普通株の清算価値がばかげたものとなった。この「清算」価値は、エレクトリック・ボンド・アンド・シェアーの株価が上昇を続けると考える正当な根拠として、せっせと利用された。1929年３月、「この企業の所有するポートフォリオの市場価格からすると、同社の株の価値は１株当たりおよそ108ドル相当となるのに対し、実際の市場価格は91～97ドルのレンジにある」という事実が注目を集めた。その示唆するところはすなわち、エレクトリック・ボンド・アンド・シェアーの株は"過小評価"されているということであった。1929年９月、株価は184 1/2ドルにまで上昇していた。その「清算価値」は当時、同社の管理監督・建設業に対する価値を含めずとも約150ドルに上ると見積もられていたのだ。この「帳簿価格」のかなりの部分は、同社がほんの数年前に（アメリカン・アンド・フォーリン・パワーの第二優先株に付随して）無償で受け取った資産に対してつけられた、本質的に虚偽の市場価格に基づいたものであるという事実について、大衆投資家は慎重に思考を巡らせることを怠ったのである。

ワラントのこうした利己的な利用はなかなかすたれず、1932～33年にかけた恐慌最中の時期ですら横行していた。だが時の経過とともに、一時はまばゆいばかりの成功を収めたアメリカン・アンド・フォーリン・パワーが、破産ぎりぎりまで陥っていた。表面利率５％の社債に15 1/4の債券価格がついていたことを見れば明白だ。にもかかわらず1933年11月、この実質がないワラントは、なおも合わせて5000万ドル近い市場価値を保持していた。優先証券の並外れて低い価格と対比すると、この5000万ドルという数字はとんでもないものであった。この状況が非常に不合理であったこと、また、よりシビアに相対的価値評価が下されるべき株価下落の時期と重なったことでその不合理性がさらに増すことが、次ページの表から分かる。

| 証券 | 発行済み | 1933/11の価格 | 市場価格合計（ドル） |
|---|---|---|---|
| 5％無担保債券 | 50,000,000ドル | 40 | 20,000,000 |
| 7ドル第一優先株 | 480,000株 | 21ドル | 10,100,000 |
| 6ドル第一優先株 | 387,000株 | 15ドル | 5,800,000 |
| 7ドル第二優先株 | 2,655,000株 | 12ドル | 31,900,000 |
| 普通株 | 1,850,000株 | 10ドル | 18,500,000 |
| ワラント | 6,874,000単位 | 7ドル | 48,100,000 |

## 持ち株会社すべてが行き過ぎたピラミッディングを行っているわけではない

誤解を招かないように付け加えておく。ピラミッディングを行うのは通常持ち株会社ではあるが、だからといって「すべての持ち株会社がそういう目的のために作られており、ゆえに非難すべき対象である」ということにはならない。例えば、①単一企業の集団が統合的かつ経済合理的な営業を行えるようにする、②投資先やリスクを分散する、③柔軟性や利便性の上での強みを獲得する――といった完全に合法的な目的のために、持ち株会社の形態が利用される例は多いのである。数多くの健全な有力企業が、持ち株会社の形態をとっている。

### 事例

ユナイテッドステーツ・スチール（USスチール）社は、完全なる持ち株会社である。当初はその資本構成にピラミッディング的な要素が若干認められたが、後年になってこの問題点は解消した。アメリカン・テレフォン・アンド・テレグラフ社は紛れもなく持ち株会社であるが、その財務構成が深刻な非難を浴びたことは一度もない。ゼネラルモーターズはほぼ持ち株会社と言える企業だ。ゆえに、持ち株会社というのはその真価をもって評価されるべきである。アメリカン・ライト・アンド・トラクション社などは、完全に合法な目的のために組織された持ち株会社の典型例だ。片や、ユナイテッド・ライト・アンド・レールウエーズ（デラウェア州）によるこの企業の経営権取得は、ユナイテッド・ライト・アンド・レールウエーズによるピラミッディング行為と見なすべきものである。

## 投機的な資本構成が生み出されるその他のパターン

持ち株会社の形態を利用することなく投機的な資本構成が創造されるケースもあり得るということも、ここで指摘しておくべきであろう。

**事例**

先の章で取り上げたように、メイタッグ社の資本再構成は、持ち株会社を形成して上位証券を売り出した場合と同等の結果をもたらした。また、コンチネンタル・ベーキング社のケースでは、持ち株会社の形態がとられたことは、ピラミッディング的結果を生んだ本質的な要因ではなかった。同社の投機的な資本構成はすべて、親会社が大量の優先証券を発行したことによるものであり、さらに言えば、コンチネンタル・ベーキングがもし従属会社群を排除してすべての資産を直接取得していたとしても、その状況はなおも存在していたことであろう。

# 第49章

# 同一業種に属する企業の比較分析

同業のグループについて統計的比較を行うという作業は、アナリストにとっては日常業務の一環と言ってもよいだろう。このような作業によって、業界全体との対比で個々の企業の業績を分析することが可能になる。それによって、過小あるいは過大評価された銘柄がはっきりと認識できたり、同一業種内の別の企業に投資を振り向けるべきだという結論に達したりすることも多い。

この章では、こうした比較分析の標準的な方法を提示し、さらにはそれに含まれるさまざまな項目の重要性について論じたいと思う。言うまでもなく、「標準的」という言葉は概して効果的であるという意味で用いているのであって、完全無欠だということではない。みなさんにはそれぞれの目的に合わせ、適切と思うあらゆる変更を加えてもらって構わない。

## パターンI　鉄道会社の比較

A．資本

1．正味控除額

2．実効債務（正味控除額×20）

3．優先株の時価合計（株式数×株価）

4．普通株の時価合計（株式数×株価）

5．総資本

6．総資本に対する実効債務の割合

7．総資本に対する優先株の割合

8．総資本に対する普通株の割合

B．損益勘定

9．総収入

10. 総収入に対する維持費の割合

11. 総収入に対する鉄道事業の（税引き後正味）営業利益の割合

12. 総収入に対する正味控除額の割合

13. 総収入に対する優先配当の割合

14. 総収入に対する普通株利益の割合

C. 各種計算

15. 正味控除額に対する収益の倍率

15. I.P.　正味控除額＋優先配当に対する収益の倍率

16. 普通株の１株利益

17. 普通株の収益株価率（％）

18. 総収入に対する普通株の時価合計の割合（項目９÷項目４）

16. S.P.　優先株の１株利益

17. S.P.　優先株の収益株価率（％）

18. S.P.　総収入に対する優先株の時価合計の割合
（項目９÷項目３）

19. 子会社の未分配利益による収益または損失の、
貸方あるいは借方勘定

D．７年間平均の値

20. 普通株の１株利益

21. 普通株の時価による収益株価率（％）

20. S.P.　優先株の１株利益
21. S.P.　優先株の時価による収益株価率（％）
22. 正味控除額に対する収益の倍率
23. 金融費用に対する収益の倍率
22. I.P.　正味控除額＋優先配当に対する収益の倍率
23. I.P.　金融費用＋優先配当に対する収益の倍率

E. トレンドを示す値

24～30. 過去７年間それぞれの普通株の１株利益
（必要があれば、収益は現在の資本に合わせて調整する）

24. S.P～30. S.P.　投機的優先株に関する同様のデータ
（必要な場合）

F. 配当

31. 普通株の配当率
32. 普通株の配当利回り
31. P.　優先株の配当率
32. P.　優先株の配当利回り

**鉄道会社の比較分析**（ここで用いる用語の意味などについては、先の章で既述したとおり）

収益関連の数字は通常、暦年前年のデータが使用される。こうしたデータは企業統計集に網羅されている場合もあるので、それを利用すれば分析の作業を簡素化できるだろう。また、より最新の数字を使いたい場合は、月間報告書を利用すれば過去12カ月での比較が可能となるはずだ。正味控除額が分からない場合、暦年前年の数字から概算することができるだろう。

われわれの示した分析法には、７年間平均に基づいた重要な計算がいくつか含まれている。徹底的な分析研究を行う場合、平均データをより詳細に精査すべきだ。補足的な平均データを計算するのは、「標準的フォーム」のデータをチェックした後でさらなる調査対象として選んだ鉄道会社のみに絞ることを勧める（時間節約のため）。

優先株関連の数字については、優先株を確定利付の投資としてとらえるか、あるいは投機媒体としてとらえるかによって、２つのうちどちらのカテゴリーに含めるべきかが決まる（通常であれば、特定の証券がどちらのカテゴリーに属するかは、その市場価格によって明白に区別できる）。"I.P."（investment preferred）のマークが付いた項目は、投資としての優先株を検討する場合に、"S.P."（speculative preferred）のマークが付いた項目は、投機として優先株を検討する場合に利用できる。下位の収益社債が存在する場合、最も簡単で最も納得のいく手順とは、脚注に実際の項目名を記した上で、あらゆる点においてそれらを優先株として扱うというやり方である。これによって、変動的な債券利息が正味控除額や金融費用から除外されることになる。

便宜上、われわれは真の債務を明らかにするために「正味控除額ベース」を利用している。過去７年間の金融費用も網羅しているのは、これら両方の指針を利用することでその債券（あるいは優先株）が適切に保護されているかを判断できるようにするためである。投資目的で優先証券を選択するための助けとしてわれわれの分析フォームを用いるのであれば、利息（および優先配当）の要件を上回った余裕率の平均を示す、項目22と23（あるいは22 "I.P." と23 "I.P."）を最重視することになるだろう。また、総資本のうち、上位証券と下位証券がどのような割合になっているかを示す項目６～８についても、検討の対象とすべきである（債券について検討する場合、優先株は劣後証券の扱いとなる。また優先株への投資を考えているのであれば、債券は実効債務の範疇に含めるべきだ）。維持費が不十分あるいは子会社からの未収配当が上乗せされているといった理由から、収益が誇張されていないかをチェックするには、項目10と19もまた検討すべきである。

投機的な優先株の分析には通常、普通株を分析するときとほとんど同様の方法がとられるものであり、優先株の価格が安くなるほどその傾向は強い。しかし、優先株は同様の分析結果を示す普通株と比較すれば、論理的に言って常に魅力が薄いということを忘れてはならない。例えば、１株利益が５ドル、配当率が６％の優先株は本質的に、１株利益が５ドルの普通株より魅力が薄い。なぜなら、後者は現在および将来的なすべての利権を有するが、片や優先株は将来に関する権利については厳しく限定されているからである。

鉄道会社の普通株（および優先株）を比較分析する場合、最初に検討すべきことは、収益株価率である。これは項目10と19を考慮に入れて多少修正することになろう。その企業の資本構成が相対的に投機的なのかあるいは保守的なのかについては、項目12と18を見れば分かる。投機的な資本構成を持った鉄道会社というのは、収益に対する正味控除額の比率が大きく、また多くの場合、総収入に対する普通株の時価合計の割合が低い。保守的な資本構成を持った鉄道会社の場合、これらが逆になる。

## 同一業種内の資本構成が異なる企業を比較するときの限界

鉄道会社の普通株が２銘柄あり、一方は投機的な資本構成を持ち、もう一方は保守的な資本構成を持っている場合、両者の相対的魅力について結論を下そうとしてはならない。そのようなケースでは、状況の変化にそれぞれがまったく異なった反応を示すものなので、特定の状況下でどちらか一方が有していた強みは、ひとたび変化があれば容易に失われる可能性があるからである。

### 事例

次ページに挙げる表には、投機的な資本構成を持った普通株と、保守的な資本構成を持った普通株とを比較する上で陥りがちな二重の誤りが示されている。1922年、ユニオン・パシフィック鉄道普通株の収益株価率（収益÷株価）は、シカゴ・ロック・アイランド・アンド・パシフィック鉄道普通株の４倍に近かった。そのことを基に、ユニオン・パシフィックのほうが「安い」と結論づけたとすれば、それは誤りだったであろう。それぞれの資本構成があまりに異なっていたために、これら両社を単純比較することはできなかったからだ。この事実は、ロック・アイランドの事業がその後５年で穏やかに拡大して収益も株価も大きく上昇したことによって証明されている。

1927年には、22年の状況とほぼ逆になった。そのときロック・アイランドの普通株は比率的に、ユニオン・パシフィック普通株よりも収益が多かったのである。しかしここでロック・アイランドの普通株のほうが「本質的に安い」と判断していれば、それも先ほどと同様に誤りであったであろう。ロック・アイランドの資本構成は投機色が強かったために、状況の悪化に極めて弱く、1929年の恐慌後を生き抜くことができなかったのである。

## その他の事例は参考資料を参照

鉄道株（および債券）を比較分析するための実際的なアプローチを最も簡潔に例示するには、何年か前にNYSEの顧客サービスの一環として出版・配布された、いくつかの比較分析例を復元するのがよいかもしれない。これらについては参考資料の注46を参照してほしい。これらの分析例では、資本構成が似通った鉄道会社同士を比較対象にしている。ただしこの点について、アチソンとニューヨーク・セントラルの比較分析は例外である（このケースでは、ニューヨーク・セント

### ユニオン・パシフィックとロック・アイランドの普通株の比較

| 項目 | ユニオン・パシフィック鉄道 | シカゴ・ロック・アイランド&パシフィック鉄道 |
|---|---|---|
| A.全般的な景気向上の影響 | | |
| 普通株の平均株価(1922年)(ドル) | 140 | 40 |
| 1株利益(1922年)(ドル) | 12.76 | 0.96 |
| 収益株価率(%)(1922年) | 9.1% | 2.4% |
| 金融費用と優先配当に対する収益の倍率(1922年) | 2.39倍 | 1.05倍 |
| 普通株の時価合計に対する総収入の比率(1922年) | 62% | 419% |
| 総収入の伸び率(1927年対1922年) | 5.7% | 12.9% |
| 普通株の1株利益(1927年)(ドル) | 16.05 | 12.08 |
| 普通株利益の伸び率(1927年対1922年) | 26% | 1,158% |
| 普通株の平均株価(1927年)(ドル) | 179 | 92 |
| 平均株価の伸び率 | 28% | 130% |
| B.全般的な景気下落の影響 | | |
| 収益株価率(%)(1927年) | 9.0% | 13.1% |
| 金融費用と優先配当に対する収益の倍率(1927年) | 2.64倍 | 1.58倍 |
| 普通株の時価合計に対する総収入の比率(1927年) | 51% | 204% |
| 総収入の減少率(1933年対1927年) | 46% | 54% |
| 普通株の1株利益(1933年)(ドル) | 7.88 | 20.40(赤字) |
| 普通株利益の減少率(1933年対1927年) | 51% | 269% |
| 普通株の平均株価(1933年)(ドル) | 97 | 6 |
| 平均株価の下落率(1933年対1927年) | 46% | 93% |

注＝1933年6月、ロック・アイランドには破産管財人が任命された

ラルがいかなる変化に対してもよりダメージを受けやすいということが特に言及されていた)。

## パターンⅡ　公益事業会社の比較

公益事業会社の比較分析の方法は鉄道会社の場合と実質的に同じである。異なる点は次のとおり。項目１、２、12、15の正味控除額を「金融費用」に置き換え、項目22、22I.P.を削除する。実効債務を出すには金融費用に18を掛ける。項目10は「総収入に対する減価償却費用の割合」になる。「総収入に対する維持費の割合」を公表している企業なら、項目10Mとしてそれを入れ込んでもよいだろう。また、項目19の情報が手に入ることはめったにないので、これは削除しても差し支えない。

鉄道会社の比較に関するわれわれの所見は、公益事業の比較にも当てはまる。減価償却費の違いは、鉄道会社にとっての維持費の違いと同様に、非常に重要なポイントである。これに大きな開きがあるとき、それらは過度に保守的な企業とその逆の企業であると容易に結論すべきではないが、重要な要因ではあるので、可能なかぎり入念に調査しなければならない。データに基づき、ある公益事業株が別会社の株よりも魅力が高いという結論に達したとしても、即座に行動を起こしてはいけない。株を買う前に、その他の質的要素による裏付けのほか、料金の状況やあらゆる変化に対する相対的な将来性に関する調査結果を参照すること。

## パターンⅢ　製造会社（同業）の比較

先の２パターンとは分析法が多くの点で異なるので、すべてを記すことにする。

実効債務（正味控除額×20）

A．資本

1．債券（額面）

2．優先株の時価合計（株式数×株価）

3．普通株の時価合計（株式数×株価）

4．総資本

5．資本に対する債券の割合

6．資本に対する優先株時価総額の割合

7．資本に対する普通株時価総額の割合

B．損益勘定（直近年）

8．総収入

9．減価償却

10．債券利息充当可能額正味

11．債券利息

12．優先配当所要額

13．普通株の利益

14．売上高営業利益率（項目10÷項目８）

15．総資本に対する収益の比率（項目10÷項目４）

C．各種計算値

16．支払利息に対する収益の倍率

16．I.P.　支払利息に対する収益の倍率＋
優先配当に対する収益の倍率

17．普通株の１株当たり利益

18．普通株の収益株価率（％）

17．S.P.　優先株の１株利益

18．S.P.　優先株の収益株価率（％）

19．普通株時価合計に対する総収入の比率

19. S.P.　優先株の時価合計に対する総収入の比率

D.　7年間平均の値

20. 支払利息に対する収益の倍率

21. 普通株の1株当たり利益

22. 普通株の収益株価率（%）

（20I.P.、21S.P.、22S.P.——必要なら優先株についても同様の計算を行う）

E. トレンドを示す値

23. 過去7年間にわたる毎年の普通株1株当たり利益
（必要なら発行済み株式数の変化に応じた調整を行う）

23. S.P.　必要なら、投機的優先証券についても同様のデータを出す

F. 配当

24. 普通株の配当率

25. 普通株の配当利回り

24. P.　優先株の配当率

25. P.　優先株の配当利回り

G. バランスシート

26. 現金資産

27. 売掛金（準備金を差し引く）

28. 棚卸資産（適正な準備金を差し引く）

29. 流動資産合計

30. 流動負債合計

30. N.　短期借入金（銀行融資と支払手形を含む）

31. 正味流動資産

32. 流動負債に対する流動資産の比率

33. 総資本に帰する正味有形資産

34. 普通株1株当たりの現金資産価値

（すべての先順位負債を差し引く）

35. 普通株１株当たりの正味流動資産価値

（すべての先順位負債を差し引く）

36. 普通株１株当たりの正味有形資産価値

（すべての先順位負債を差し引く）

（34S.P.、35S.P.、36S.P.――必要なら投機的優先株についても同様の計算を行う）

H. 補足データ（入手可能な場合）

1. 物的生産量――ユニット数、ユニット当たり受取額、ユニット当たりコスト、ユニット当たり利益、ユニット当たり総資本、ユニット当たり普通株評価額
2. その他――例えば、営業店舗数、店舗当たり売り上げ、鉱石の備蓄量、現行の（または平均）生産速度を続けた場合の鉱山の寿命

## 工業会社比較の所見

この分析フォームを利用するときに役立つであろう所見をいくつか挙げておこう。純利益の数字は、可能なかぎり歪曲や遺漏を考慮に入れて修正しなければならない。もしも満足のいくような修正ができない場合は、分析の材料としてその数字を使うべきではない（信頼できないデータから導かれた推論もまた、信頼に値しない）。減価償却費の数字を正確に比較しようとしてはいけない。減価償却費の数字が有用なのは、その数字に大きく明白な相違がある場合だけである。また、債券のインタレストカバレッジの計算をする場合、支払利息に相当する大きな賃借債務のある企業については、第17章で述べたような条件を考慮に入れる必要が生じる。

普通株の市場価格に対して収益が何％になるか（項目18）は、すべ

ての比較分析における重要な要素であり、それと同じくらい重要なのは、総資本に対する収益率（項目15）である。これらおよび項目７と19を併せ見ることで、比較対象企業中、資本構成についてどこが保守的あるいは投機的であるかが分かる（資本構成の理論については、第40章を参照）。

実際の分析手順において、総資本に対する収益率（項目15）もまた高ければ別であるが、普通株の収益株価率（項目18）が同業平均より高いという事実に頼って結論を下すのは危険である。さらに、収益が乏しい企業において、普通株時価合計に対する総収入の比率（項目19）が相対的にかなり高い場合、その企業は全般的な事業環境の改善があれば投機的チャンスをもたらす可能性が高いと言えるかもしれない。

バランスシート関連の項目は、それらによって財務的な弱さが明らかになったり、あるいは市場価格に対して当座資産価値が大きく超過しているのでないかぎり、重要性はそう高くない。当期の業績や７年間平均、トレンドの間で何に重きを置くかは、完全に証券分析者の裁量次第である。当然ながら、これらすべてによって裏付けられた結論に対しては、より確信を深めることができよう。

## 標準フォームの利用例

標準フォームを使って相対的な価値に関する結論を導きだす場合のパターン例に、みなさん興味があるはずだ。1927年７月に主要製鉄会社の普通株を対象として行った調査では、ヤングズタウン・シート・アンド・チューブの普通株が優勢で、コロラド・フューエル・アンド・アイアンの普通株は平均より見劣りするという結果になった。次に掲載する表では、これら２社に関する各データが網羅されている（標準フォーム中、重要性のない一部の項目は削除してある）。

（単位：1000ドル）

| 項目 | ヤングズタウン | コロラド・フューエル&アイアン |
|---|---|---|
| 普通株価（1927年7月） | 84 | 92 |
| 1.債券額面 | 67,200 | 33,945 |
| 2.優先株時価合計 | 15,665 | 2,600 |
| 3.普通株時価合計 | 82,908 | 31,326 |
| 4.総資本 | 165,773 | 67,871 |
| 7.総資本に対する普通株の比率 | 50.1% | 46.2% |
| 暦年1926年 | | |
| 8.総収入 | 150,023 | 35,758 |
| 9.減価償却 | 9,167 | 1,860 |
| 10.債券利息充当可能額正味 | 19,439 | 4,556 |
| 11.債券利息 | 4,391 | 1,808 |
| 12.優先配当 | 997 | 160 |
| 13.普通株の利益 | 14,151 | 2,588 |
| 14.売上高営業利益率 | 13.0% | 12.7% |
| 15.総資本に対する収益率（%） | 11.8% | 6.7% |
| 16.支払利息に対する収益の倍率 | 4.54倍 | 2.50倍 |
| 17.普通株の1株利益（ドル） | 14.33 | 7.60 |
| 18.普通株の収益株価率（%） | 17.06% | 8.26% |
| 19.普通株時価合計に対する総収入の比率 | 161% | 114% |
| 4年間平均 | | |
| 20.支払利息に対する収益の倍率 | 4.1倍 | 1.8倍 |
| 21.普通株の1株利益（ドル） | 12.08 | 3.74 |
| 22.普通株の収益株価率（%） | 14.4% | 4.1% |
| トレンドを示す値 | | |
| 23.年ごとの1株利益（ドル） | | |
| 1927年（1-6月まで） | 3.87 | 6.98 |
| 1926年 | 14.33 | 7.60 |
| 1925年 | 12.38 | 4.65 |
| 1924年 | 6.68 | 1.05 |
| 1923年 | 14.94 | 1.67 |
| 配当 | | |
| 24.普通株の配当率 | 4.00 | なし |
| 25.普通株の配当利回り | 4.8% | なし |
| 財務ポジション | | |
| 29.流動資産合計 | 80,381 | 16,020 |
| 30.流動負債合計 | 16,640 | 8,004 |
| 31.正味流動資産 | 63,741 | 8,016 |
| 33.総資本に帰する正味有形資産 | 199,079 | 71,888 |

## この比較分析に関する所見

さまざまな項目中、コロラド・フューエル・アンド・アイアンのほうが勝っていたのは、たった１項目――過去６カ月の収益――だけであった。その他の項目ではすべてヤングズタウン・シート・アンド・チューブの優勢が明白で、それぞれの価格においてこの２種類の普通株のどちらに相対的価値があるかということには、疑問の余地がないほどである。1926年の業績、そして過去４年の平均データから、ヤングズタウンには次の重要な各ポイントにおいて統計的優位性があることが分かる。

普通株の利益
総資本の利益
インタレストカバレッジ
普通株に対する総収入の比率
売上高営業利益率
減価償却費の妥当性
運転資本のポジション
配当利回り

コロラド・フューエル・アンド・アイアンの普通株よりヤングズタウン・シート・アンド・チューブの普通株のほうが、投資的観点から見て明らかに優勢である。だが投機的観点から見ても、ヤングズタウンの普通株のほうがより魅力的に映る。なぜなら、普通株の株価１ドル当たりで見て、ヤングズタウンのほうがコロラドよりも、普通株にとっての売上高がかなり高くなっているからである。

## 質的要因の分析も行う

このように各データを見比べて結論を出すには、その前に質的要因も注意深く検討しなければならない。同業で似たような業績を上げる他社の証券と比較して、ある証券があまりに安く売られているように見えるとき、データ上には表れていなくとも、そういった矛盾が生じるに十分な理由が存在する場合があるからである。例えば、将来展望があまりに不透明であるとか、経営手腕に疑問の余地があるといったことだ。普通株の配当利回りの相対的な低さは、通常は大きな相殺要因とは見なすべきでない。なぜなら、配当は時間とともに収益力に合わせて調整されるのが普通だからである。あまりに保守的な配当方針が長期間にわたり継続されるケースもある（第29章参照）一方で、そうしたケースにおいてさえも、株価がいずれは収益力を反映するという明白な傾向があるのである。

相対的な人気と相対的な値動きという２つの要因は、証券の本質的価値とは無関係ではあるが、とは言っても継続的に株価に強力な影響を及ぼすことがままある。証券分析をするに当たってはこれらの要因に注意を払わなければならないが、もし値動きが大きく人気の高い証券ばかりを選んでしまうのであれば、分析に費やされた努力は無駄になるであろう。

アナリストにとって証券の乗り換えを推奨することは、もともとの投資銘柄を推奨することよりも、アナリストにかかる個人的責任が重くなるように思える。投資目的で証券を保有する人たちは証券の乗り換えを嫌うものなので、もし後のマーケットによってその行動が愚かなことだったというようになると、彼らはとりわけ腹を立てるからである。また投機家というのは、その後の（通常は短期間での）マーケット推移によってすべてのアドバイスの価値評価をする人たちである。アナリストはこれらの人間心理を念頭に置き、投機家にはよほどのことがないかぎり普通株の乗り換えを避けるであろうし、また投資目的の人たちに対しても、新たな推奨銘柄が際立った統計的優位性を有しているような場合を除けば、乗り換えを勧めることをためらうはずなのである。任意のルールとしてわれわれが挙げるのなら、乗り換えによって投資家にとっての投資メリットが、少なくとも50%以上アップすると確信できる根拠がなければだめである。

## 同質性の度合いが比較分析の価値に及ぼす影響

工業会社の比較分析の信頼性は、対象となる業種の特質によって異なる。もちろん問題の基本は、将来的状況変化が同業の企業すべてに対して一様の影響を及ぼすのか、あるいは企業によって受ける影響が違うのか、ということである。影響が一様なのであれば、統計データから得られる過去の相対的パフォーマンスに焦点を合わせることが重要になるだろう。このようなタイプの工業会社群は、「同質」のグループと呼べるだろう。だがもしも同じ業種に属する個々の企業が新たな状況下でばらばらな反応を示す可能性が高いのであれば、相対的パフォーマンスの指針としての信頼性はずっと低くなるはずだ。このようなグループは「異質」グループと呼べるだろう。

鉄道会社は地理的に豊かな多様性があるにもかかわらず、極めて「同質」のグループだ。それと同じことが、大手の公益事業会社にも言える。製造会社の分野における「同質」グループの最も分かりやすい例は、原材料や規格品など、商標名が大きな重要性を持たない製品を製造する企業である。砂糖、石炭、金属、鋼材、セメント、綿プリント織物などが挙げられる。石油会社は規模が大きければかなり「同質」であると言えるかもしれないが、規模の小さい企業は比較に適さない。なぜならそうした企業は生産高や貯蔵量、相対的な受取価格という点で重大な変化による影響を受けやすいからである。大手の銀行業、乳製品製造業、梱包会社は「同質」グループの範疇に含めてよいだろう。規模の大きいチェーン展開企業についても、業種が同じ――例えば食料品、安物雑貨店、レストランなど――であれば、同様のことが言える。百貨店は「同質」性が低いが、必ずしもこの分野での比較が不可能ということではない。

名の知れた商標のついた工業製品を製造するメーカーは、全般的に「異質」グループに属すると見なすべきだ。このような分野では、他社の犠牲の下で１社が繁栄を謳歌するという傾向が強く、よって同グループ内の企業群の浮き沈みは一致しない。例えば自動車メーカーでは常に、各社ごとの景気に顕著な違いが生じている。さまざまな機械類や用具類の製造業者にもまた、これに近い傾向がある。さらには、製造販売の独占権を持った製薬業社にも同様のことが言える。中間的な位置にある業種としては、業績順位の入れ替わりが少ないタイヤやタバコ製品、靴などを製造する大手メーカーが挙げられる。

過去データを使って比較分析の結論を下す場合、それが「異質」グループであるときは細心の注意を払わなければならない。当然ながらこの分野では、（周知の質的要因によって優位性が相殺されないかぎり）最も優れた業績を上げている企業群に的が絞られることになろう。それがより信頼性の高い選択基準に思えるというのがその理由だが、一方でこうした優位性は一過性のものである可能性があることを十分に承知しておくべきだ。一般的ルールを挙げるなら、企業群の同質性が低ければ低いほど、比較に際しては質的要因によって大きな注意を払わなければならない。

# 第50章

# 価格と価値の矛盾

　われわれが詳述してきた証券分析内容には、過大・過小評価された証券のさまざまな例が含まれていた。証券市場がそのような評価を下すに至るプロセスは、どうやら非論理的かつ誤りであることも少なくないようだ。第１章で指摘したように、これらのプロセスは証券を売買する人々の心のなかで進行していくものなので、自動的ではなく心理的なものである。よってマーケットの間違いは、個人の集団の間違いだ。その間違いの大半は、３つの基本原因のひとつ以上が引き金となっている。それらは、誇張、過剰な簡略化、怠慢――の３つである。

　この章と次の章では、証券市場におけるさまざまなパターンの矛盾を詳細に検討していく。この問題については証券分析者の実際的作業の観点から取り組み、その分析作業が各事例において有益なチャンスをどの程度もたらすのかを明確にするよう努める。よってこの取り組みは、新たな議論をベースにしつつも、証券分析の範囲および限界という点ではこれまでに述べてきた内容の延長線上にある。

　価格と価値の最も分かりやすい矛盾は、周期的に訪れるにわか景気と不景気によって生じる矛盾だ。強気相場では株価が必要以上に高く、弱気相場では必要以上に安くなるというのは、自明の理だ。なぜならこれは実のところ、「株価のいかなる上昇にも下落にも必ず限界があり、その限界（あるいはその他のレベル）で株価が永遠にとどまることはあり得ないので、後から見れば株価が過剰に上昇あるいは下落していたということになる」と言っていることと同じだからである。

## 株価の周期的変動は利用できるか？

一般市場の周期的な行き過ぎを、証券分析を行うことでうまく利用できないものだろうか？　過去の経験上、次のような手順によってかなり満足のいく結果を得ることができるはずだ。

1．主力銘柄の普通株で分散されたポートフォリオを組む

2．過去７年平均利益の10倍以下（例えば７倍）で売られている銘柄があれば、複合的に購入する。

3．そのようにして買った銘柄の株価が過去７年平均利益の10倍以上（例えば15倍）まで十分に上昇したら、売却する。

これは何年も前にロジャー・バブソンが開発した手法の概要であり、1925年まではかなり良好な成績を上げていた。だがこの手法では第37章で述べたように、1921〜33年の景気サイクル（底から底へ）の間で言えば、1921年が買いでおそらく1925年が売りとなり（つまり1927〜29年の素晴らしい景気の間は完全にマーケットを傍観していなければならず)、1931年に再度買いに入るとその後の深刻な市場価値の下落にさらされることになったのである。こうしたパターンを守っていれば、極度の心理的負担を強いられることになったであろう。だが、将来的な相場サイクルが前回の異常な相場サイクルほど大掛かりでなくまた期間も短いと常識的に仮定すれば、「安く買って高く売る」というやり方そのものは極めて実行可能だということが、結果として表れるであろう。

## 信用取引で相場の波をとらえることはできない

信用取引や空売りを含んだ投機的な観点からすれば、このようなやり方は実際的でないと見なされるに違いない。何の制約もない株主は、買った直後にマーケットが下落したり売った直後に上昇したりすることを覚悟してさえいれば、すぐに買ってすぐに売っても別に問題はない。だが信用取引を行う人は、必然的に目先の結果を気にすることになる。なぜなら彼らは潮流に乗って泳いでいるのであって、流れが転換する正確なタイミングをはかってその直前にストロークを変えようとする人たちだからである。だがたいていもくろみは外れ、一時的に成功しても完全な惨敗に終わることが多い。本質的に言って投機家というのは、安いからではなく上がると考えるから株を買い、その逆のときに株を売る人たちだ。よって、投機家と証券分析者の視点には本質的な隔たりがあり、両者にまともな接点を見いだすことはできないのである。

債券価格は相場サイクルを通じて、株とある程度似通った動きを見せる傾向が強いということに疑問の余地はない。また、債券投資家は、これら相場サイクルの天井近くで売り、サイクルの底近くで買い戻すという方針に従うべきだと一般に言われている。だがわれわれは、これに従うことで概して満足のいく結果が得られるのかということに関して懐疑的である。普通株で言えば株価収益率のような、優良債券が安いか高いかを決める明確な基準は存在せず、主要な売買基準としてはマーケットの動きを判断するテクニックに頼らざるを得ない。売却から買い戻しの間の受取利息の損失は、大きなマイナスの要因であり、債券売買による正味利益では、投資家が価格変動を重視する場合には付き物の心理的脅威を受け入れるべき根拠として不十分でだとわれわれは考える。

## 知名度の低い「二流」証券が秘めるチャンス

普通株に話を戻すと、主力銘柄が過大あるいは過小評価されていると言えるのは、相場サイクルがある一定のポイントにあるときだけであるが、数多く存在する「無名の」つまり「二流の」銘柄群のなかには、常に過小評価されている銘柄が存在する可能性が高い。主導的銘柄が安いとき、知名度が低い普通株の一部はそれよりもずっと安くなっているはずだ。例えば1932～33年の間、プリマス・コーデッジやペッパレル・マニュファクチュアリング、アメリカン・ランドリー・マシーナリーをはじめ数多くの企業の株が、過去および現在の業績から見て信じられないほど安く売られていた。ゼネラル・エレクトリックのように傑出した株を控え目に見積もった評価額の50％以下で、また知名度が相対的に低いペッパレルのような株を同25％以下で買えるときに、どちらを買うべきかというのは、個々の投資家の判断に委ねるべきであろう。

平均株価が高いか安いかはっきりしない中間的な時期、抜け目ない株式投資家ならば、知名度や目覚ましい値動きが欠けているとしても、明白に過小評価されていると思われる普通株を選好するであろう。

### 事例

第１章で取り上げた1923年のライト・エアロノーチカルの事例は、この範疇に入る。ここではこの種の他の事例を２つ取り上げることにする。

**≪バンゴア＆アルーストク鉄道普通株≫**

| | |
|---|---|
| 平均株価（1926年） | 39 1/2ドル |
| 配当 | 3ドル |
| １株利益 | |

| | |
|---|---|
| 1926年 | 8.69ドル |
| 1925年 | 6.22ドル |
| 1924年 | 6.21ドル |
| 1923年 | 4.55ドル |

**≪ファイアストン・タイヤ&ラバー普通株株価≫**

| | |
|---|---|
| 1925年11月の株価 | 120ドル |
| 配当 | 6ドル |
| １株利益（10月締めの各年度） | |
| 1925年 | 32.57ドル＊ |
| 1924年 | 16.92ドル |
| 1923年 | 14.06ドル |
| 1922年 | 17.08ドル |

＊　偶発損失準備金差引前の利益は１株当たり40.95ドル

この両社のケースでは、本来の収益力が株価に十分反映されていなかったと言える。

## 標準的銘柄であるかどうかによる相場変動の違い

普通株の値動きを研究していくと、全体的に次のようなことが分かる。

１．標準的、つまり主力銘柄はたいてい報告利益が即座に株価に反映される。その度合いが非常に強いため、毎年の収益変動が過剰に反映される傾向がある。

２．知名度の低い企業の場合、その株価の動きは投機筋がその銘柄についてどんな売買をしたかが色濃く反映される。もしだれも見向きをしなければ、その株価は業績の数字とかけ離れたものになりかねない。市場操作によってであれ、もっと合法的にであれ、もしその銘柄に人々の関心が集まれば、これとは逆の結果が容易にもたらされ、株価は業績変化に対して極端な動きを見せることになろう。

### 非標準的銘柄の値動きの事例

次に挙げる２つの事例には、非標準的普通株の値動きの多様性がよく表れている。

**ビュート&スーペリア・コッパー（銅ではなく実際は亜鉛）普通株**

| 期間 | １株利益（ドル） | １株当たり配当（ドル） | 株価変動幅（ドル） |
|---|---|---|---|
| 1914年 | 5.21 | 2.25 | 44-24 |
| 1915年第１四半期 | 4.27 | 0.75 | 50-36 |
| 1915年第２四半期 | 7.73 | 3.25 | 80-45 |
| 1915年第３四半期 | 10.13 | 5.75 | 73-57 |
| 1915年第４四半期 | 11.34 | 8.25 | 75-59 |
| 1915年 | 33.47 | 18.00 | 80-36 |
| 1916年 | 30.58 | 34.00 | 105-42 |

このデータから、この普通株は収益も配当も並外れて大きかったことが分かる。戦時下で亜鉛価格が上昇していたという事実を考慮したとしても、その株価は同社の目覚ましい業績がまったく顧みられていないことを示していた。その理由は、その証券への一般の関心が薄かったこと、あるいは投機筋の不在である。

このデータを、次に示すマリンズ・ボディ（後のマリンズ・マニュファクチュアリング）普通株に関するデータと対比してみよう。

| 年 | 1株利益(ドル) | 配当 | 株価変動幅(ドル) |
|---|---|---|---|
| 1924 | 1.91 | なし | 18-9 |
| 1925 | 2.47 | なし | 22-13 |
| 1926 | 1.97 | なし | 20-8 |
| 1927 | 5.13 | なし | 79-10 |
| 1928 | 6.53 | なし | 95-69 |
| 1929 | 2.67 | なし | 82-10 |

1924～26年の間は、低位の「二流」普通株に特徴的な相場が展開されていた。1927年の初め、10ドルの値がついていたこの株には、投機的に見て大きな魅力があった。過去３年の平均収益からして割安だったからである。1927～28年にかけての、目を見張るべきとまでは言えないが、かなりの収益上昇によって、典型的な投機相場が生みだされた。1927年に10ドルだった株価が翌28年には95ドルまで急騰し、その後29年にはまた10ドルまで急落したのである。

## こうした状況へのアナリストの対応

先に挙げたような時期における、ライト・エアロノーチカルやバンゴア・アンド・アルーストク鉄道、ファイアストン、ビュート・アンド・スーペリア・マイニングなどの状況に、アナリストが賢明かつかなりうまく対応するのは可能である。また、1927年の早い時期にマリンズについて価値ある所見を下すことさえ不可能ではなかったはずである。だが投機筋の手に落ちてしまった後は、もうアナリストの判断の域を超えてしまった。ウォール街において、マリンズはすでに企業ではなく、ティッカーテープ上の象徴にすぎなくなっていたのである。この銘柄は、買うのも売るのも、同様に危険であった。アナリストはその危険性について警鐘を鳴らすことはできても、その下落あるいは上昇幅の限界についてはまったく見当もつかなかったのである（だが実際には、同社は1928年に転換優先株を発行し、それによって収益が見込めるヘッジ取引――優先株を購入して普通株を売却――が可能になった）。

マーケット全体が過熱状態にあると感じた場合、アナリストは、たとえ割安に思えても知名度の低い普通株の推奨には慎重になるべきである。マーケット全体が深刻な落ち込みをみせれば、あらゆるタイプの株の価格に影響を与えることになり、取引の薄い銘柄は、必然的な売り圧力の影響を受けやすいからだ。

## 収益変化以外の要因によるマーケットの行きすぎ

### 配当率の変更

株式市場の慢性的な過大評価傾向は、収益の変化以外の要因にまで及んでいる。数え上げればきりがないが、例えば、配当率の変更や株式分割、企業の合併、分割などである。現金配当の増加は好ましい変化であるが、年間配当額が５ドルから６ドルに上昇したというだけの理由でその株価が20ドルもつり上がるなどというのは不合理である。上昇後にその株を買った人は、新しい配当率による配当上乗せ額の20年分を先払いしていることになる。株式配当に対して頻繁にみられる活気立った反応は、これよりさらに合理性を欠くものだ。なぜなら、株式配当というのは本質的に、単なる紙切れにすぎないからである。株式数を増やすだけで株主にとってはなんらプラスにならない株式分割についても、同じことが言える（1933年にアトラス・タックでは、一般投資家を引きつけようと、１対３の株式分割を約束した。30ドル台で売られている株にこのような処置がとられようとも、何らかの真の意味がもたらされることはあり得なかった。アトラス・タックの株価が33年に1 1/2ドルから34 3/4ドルに上昇し、その後10ドルにまで急落したときの周辺状況は、市場操作の典型的事例として研究する価値がある。この銘柄の1929年以前について、株価と収益、また株価と資産の関係を比較対照するのは意味がある）。

## 企業の合併、分割

ウォール街は企業合併に過剰反応するが、その逆である企業分割にも同様の熱狂をみせる。株式市場では「２＋２」がしばしば「５」となり、その「５」が後に「３」と「３」に分割されるのである。企業合併後の結果についてこうした帰納法的研究を行ったところ、収益力増強という点で見た合併の有効性にはかなりの疑問があるようだ（例えば、1921年11月発行のクォータリー・ジャーナル・オブ・エコノミックス誌に掲載された、アーサー・S・デューイングの「A Statistical Test of the Success of Consolidations」を参照してほしい。また、ヘンリー・R・シーガーとチャールズ・A・ギューリックの共著『Trust and Corporation Problems』pp.659-661, New York, 1929、『Report of the Committee on Recent Economic Changes』Vol. I ,pp.194ff., New York, 1929も参照）。さらには、企業経営における人的要因が真に有益な合併の障害となるケースが多いということ、また合併が成就した場合、先々不利な状況が訪れたときに主導権を握る人たちが絡んでいる場合もあるということを、信ずるに足る理由も存在する。

それ自体相対的に重要度が低いと思える変化に株式市場が過剰反応する理由は、投機家心理という観点から容易に説明がつく。彼らは何よりまず「価格変動」を望んでおり、強気な口実を与えられさえすれば、いつでもそれに加担したい気持ちがあるのだ（証券仲介業者の顧客たちの大部分は、偽善であれ自己欺瞞であれ、自分たちが単にティッカーテープの相場情報でギャンブルをしているにすぎないということを認めたがらず、自分たちが買った銘柄についてうわべだけの「理屈」をこねるものである)。株式分割やそれに類する他の「好ましい変化」が格好の口実となり、それが投機筋に徹底的に利用され、企業側がその状況を黙認することもある。この図式がもし悪意によるものでないとすれば、子どもだましと言うべきだろう。証券分析を行う者は、いかにしてこのような不合理が生まれるかを知るべきであるが、こういったものには近寄らないように心するのが賢明というものである。

**訴訟**

極端に走る傾向が強いウォール街は、一方で訴訟を激しく嫌う。いかなるものであれ訴訟が絡んだ証券はマイナスの影響を受ける。そしてその下落の程度は訴訟の深刻さとは比例しない。もちろん特殊なチャンスではあるが、この手の事柄によって真のチャンスが生み出されることもある。最も広範な重要性を持つのは、破産管財人による財産管理に関する側面だ。それによって過小評価が生じるのはたいてい債券に限られているので、このテーマについては上位証券との関連において後ほど取り上げることとする。

**事例**

訴訟が普通株の価値に影響を与えた顕著な事例として、レディング社のケースを挙げておこう。1913年、アメリカ政府は同社の鉄道と石炭部門を分離させようと訴訟を起こした。両部門の分離そのものは一般的に「明るい材料」と見なされるべきものだったにもかかわらず、独特の単純思考しか持たない株式市場は、これをレディング社への危険な攻撃とみた。その後の1921年、ある計画において両者が合意に達した。その計画の実質上の意味は、石炭子会社の株がレディング社の普通株および優先株の株主たちに比例配分されるというものだった。

今度これは、好ましい事柄として歓迎された。だが実際のところは、政府のレディング社に対する勝利を意味していたのである。

しかし普通株主のなかには優先株主が石炭会社の「権利」に参加することに異議を唱える者もいた。これら権利を普通株に限定することを求めて訴訟が起こされた。驚くまでもないが、このことがレディング社の普通株の価格を押し下げる作用を及ぼしたというのは興味深い。論理的に言えば普通株は値上がりするはずだった。なぜなら、もしも普通株主の主張が通れば下位証券の価値は高まるはずであり、またたとえ訴訟に負けたとしても（実際にはそうなったわけだが）、以前以上に価値が下がることはなかったからだ。だが株式市場は新しい訴訟が持ち上がっているというだけの理由で、レディングの普通株は「静観する」べきと判断したのである。

訴訟が絡む場合には、一般的な質的アプローチではなく、量的アプローチを用いて利益を得られることも多い。ある破産企業が現金清算され、その正味金額の、例えば50％が債券保有者への分配に回せる状況にあると仮定しよう。しかしこの現金のうちかなりを費やす可能性がある、第三者から訴えられた係争中の訴訟がある。その訴訟はほとんどばかばかしいと言うべきものかもしれないし、また原告は下級裁判所で敗訴し、今や連邦最高裁判所で審理される可能性はゼロに等しい状況かもしれない。たとえそうだとしても、単に係争中の訴訟を抱えているというだけの理由によって、この企業の債券の市場価値は大幅に減少するのである。今挙げたような状況下では、額面１ドルに対して50セントのはずが35セントにまで下がる可能性が高い。ここでの矛盾とは、原告が自らにとってほとんど真の価値を持たないと考えるような望み薄の権利請求権が、マーケットにおいては被告側の大きな負債と同等のものに見なされるということである。ここに、われわれにとって数学的に説明可能な過小評価のケースが存在する。これをひとつの分野ととらえると、証券分析をする者にとって極めて素晴らしい利用分野となるのである。

### 事例——アイランド・オイル・アンド・トランスポート社８％の中期債

1933年６月、この中期債は価格18で売られていた。このとき同社の管財人はその証券について約45％に相当する現金資産を確保しており、手数料その他を差し引くと、この中期債に分配可能な残高は額面のおよそ30％であった。損害賠償を求める訴訟を抱えていたため、その分配は遅延していた。その訴訟はそれまでさまざまな法的段階において不首尾に終わり、今や最終決着の段階に近づきつつあった。この訴訟が、証券の市場価値に、その真の価値とはまったく逆の影響を及ぼしていた。というのは、相対的に少額の支払いでこの係争は解決できるはずだったからである。上級裁判所の初期の判決がついに下されると、債券保持者は1934年４月、1000ドルにつき290ドルの分配金を受け取った。少額の追加分配が行われる兆候もあった。

## 過小評価された証券への投資

第22章では、投資適格の過小評価された債券および優先株について述べ、第26章ではこの要素を投機性の高い上位証券との関係で検討した。過小評価された証券は、たゆみない調査を続けることによって、どんな時期であっても見つけられる可能性はある。多くの場合、債券や優先株に低い価格がつくのは、マーケットが貧弱だからであり、そのこと自体はその証券の規模が小さいことから生じているのだが、まさにこの規模の小ささこそがその証券の質の向上に貢献する場合もある。第26章で取り上げたエレクトリック・リフリジレーション・ビルディングの債券（表面利率６％、1936年満期）は、このパラドックスを浮き彫りにする事例である。

時として、何らかの特別な変化によって上位証券のポジションが大きく強化されることがあるが、そのことが価格に反映されるまでには時間の開きがあり、そこに割安の機会が生じる。これらの変化はだいたい資本構成や企業間関係に関連したものだ。いくつかの例を挙げて説明しよう。

### 事例

ヤングズタウン・シート・アンド・チューブ社は1923年、スチール・アンド・チューブ・カンパニー・オブ・アメリカの資産を買い入れ、スチール・アンド・チューブ社の一般担保付き社債（表面利率７％、1951年満期）の債務を引き継いだ。ヤングズタウンはこの買い入れの資金調達のために、利率６％の無担保社債を価格99で売りに出した。そのときの価格と利回りはそれぞれ次のとおり。

| 企業名 | 価格 | 利回り |
|---|---|---|
| ヤングズタウン・シート＆チューブの無担保社債（利率６％） | 99 | 6.02% |
| スチール＆チューブの一般担保付き社債（利率７％） | 102 | 6.85% |

スチール・アンド・チューブ社債の状況変化にマーケットは気づいていなかったために、同社の債券は、債務者が同じで無担保の債券よりも高い利回りとなる不合理な価格で売られていた。アナリストにとってこれは紛れもなく、購入または乗り換えを勧めるべき機会であった。

1922年、デトロイト市はデトロイト・ユナイテッド鉄道から都市部の路線を購入し、市側は同社の、表面利率4 1/2%、1932年満期の一番抵当付き社債を償還するに十分な金額を支払うことに合意した。その契約には、並外れて強力な保護条項が盛り込まれ、厳密にそうではないとしても実質上、この債券の債務者はデトロイト市であった。しかし契約完了後、この社債には82の価格がつき、利回りは７％を超えていた。債券市場は、これが事実上デトロイト市の債務であるという現実を見落としていたのである。

1924年、コンゴリウム社は配当率７％の優先株180万ドルを発行済みで、その上位証券としては289万ドルの社債、下位には平均市場価格が約4800万ドルとなる96万株の普通株が存在した。その年の10月に同社は、1500万ドルの有形資産を有する同業の大手企業ネアン・リノリウム社の事業を買収するために、68万1000株の普通株を追加発行した。このようにして少ない上位証券に対して莫大な株主持ち分が創出されたことによって、その安全性は揺るぎないないものになったにもかかわらず、優先株の価格は依然額面を割っていた。

1927年、エレクトリック・リフリジレーション社（後のケルビネーター社）は37万3000株の普通株を660万ドルで発行し、普通株は合計100万株となり、その平均市場価値は2100万ドルで、その上位証券としては1936年満期の利率６％の中期債が288万ドル存在するだけであった。しかしこの中期債の価格は74、利回りは11％に達していた。債券価格が安かったのは、1927年に被った多額の営業損失が原因であったのだが、マーケットは、同社が株式の追加発行によって損失を上回るキャッシュを手に入れたことで、この少額の中期債に対する支払能力が大きく増強されていたことを考慮に入れていなかったのである。

これら４つの上位証券はいずれも、額面またはそれ以上で償還されている（1934年にコンゴリウム・ネアンの優先株は価格107で償還された）。この手の事例を挙げるのは物書きにとって無難である。というのは、後々の何らかの不運によって彼らの判断が疑問視される危険性がないからである。われわれにとってあまりに有利となるような偏った議論を避けるため、この章を執筆している現在の実例も付け加えておく。

### 現在の事例

1931～32年にかけて巨額の損失を出したフォックス・フィルム社は、自社債務のおよそ95％分の保持者に対し、普通株を渡すのと引き換えに債務を放棄することを説得する形によって、1933年４月に資本の再構成を行った。その結果、同社の銀行借り入れは消え、1936年４月満期の中期債は3000万ドルから180万ドル以下にまで圧縮された。1933年12月、この利率６％の中期債は価格75、利回りは20％を超えていた。また普通株の時価総額は約3500万ドル、正味流動資産はおよそ1000万ドルであった。量的分析では必ずや、この中期債が十分に保護され、ゆえに75という債券価格は安いという結論に達したはずだ。

この結論の信頼性はどれほどあったのだろうか？　この株には3500万ドルもの価値などなかった、あるいは180万ドルのこの中期債は完全に安全だと結論づけるのは、極めて無難である。しかしこの手の結論は、言葉の響きほどに決定的とは言えない。なぜなら通常、投機性が極めて高い株の相対価格と、投資適格の上位証券との価格差をうまく利用する方法など存在しないからである（フォックス・フィルムのケースでは、この利率６％の中期債はなおも資本再構成計画ベースでの株への交換――すなわち１株当たり18.90ドル――が可能であった。これが単なる任意ではなく契約に基づいた転換権であったとすれば、いかなる観点から見ても、価格75のこのフォックスの中期債は明らかに、14ドルの普通株よりも優れていたと言えただろう）。証券分析をする者は、その証券そのものとして考えたときに魅力ある買い物であるかどうかを考えるべきだ。もしもそのビジネスが極めて安定性を欠いているとすれば、莫大にある普通株さえも完全に吹き飛び、少額の中期債さえ償還不能に陥るかもしれない（参考資料の注32で取り上げた、ウィリス・オーバーランド社の表面利率6 1/2％、1933年９月

１日満期の一番抵当付き社債は、極めて悲惨な結果となった実例である)。フォックス・フィルムのケースでは、一方においては、有力業界における大企業であることが、何はともあれ少額の債務の確実な弁済という意味での安定性の裏付けとなるはずだ。他方においては、映画製作ビジネスは過去極めて投機的で、1930年以降のフォックス・フィルムの業績は安心感を抱かせるものではなかったのである。

しかしわれわれは、1933年12月におけるこれら中期債の量的裏付けが並外れて大きかったことから、相対的に小さい債務への不払いのリスクは低いと結論づけざるを得ない。防衛手段としての分散投資を再度強調するために、このタイプの証券を分散して購入すれば、おそらくは全体として見たときに満足のいく結果を得られるであろうという見解を示しておく。多少の損が出るのは言うまでもないが、それら損失の度合いは、1930～33年のような激変期と比べれば1923～27年のような平均的期間のほうが間違いなくずっと小さくなるはずである。

## 財産管理下における価格と価値の矛盾

第18章で企業の再建について触れたとき、財産管理下で生じるタイプが異なる矛盾の事例を２つ取り挙げた。そのひとつは、裏付けとなる流動資産との比較で見て、債券に信じられないほど安い価格がつけられていたフィスク・ラバー社の事例であり、もうひとつは、表面利率６％の中期債の価格が明らかに株価と釣り合っていなかった、スチュードベーカーの事例である。一般論としては次のようなことが言えるであろう。つまり、破産管財人の管理下で、最終的にかなりの金銭的価値が実現するようなケースにおける上位証券は、安すぎる価格で売られていたことが後になって確認されるものである――と。このことは２種類の帰結へとつながる。先にわれわれが達した結論では、財務上の問題を抱えることになる可能性が高い企業の証券はいかなるものであれ、（投機ではなく）投資として買うことに強い警鐘を鳴らした。それに対して今回われわれは、このような問題が起きた後に、証券分析が生きる魅力的好機が生じる可能性があるということについて言及したい。

これが当てはまるのは、なにも再建を通じてダメージを受けないほど強力に保護された証券（例えば、第２章で取り上げた、ブルックリン・ユニオン・エレベーテッド鉄道の表面利率５％の債券）に限ったことではなく、「一定率で切り下げられた」あるいは財政建て直し計画によってその他の影響を受けた上位証券にも言えることだ。最も一貫性が認められるのは、企業の清算あるいは外部への売却が最終的に、現金の分配やそれに似通った結果に終わるケースのようだ。

**事例**

そのような結果となった３つの典型的事例を紹介しよう。

１．オンタリオ・パワー・サービス社の表面利率5 1/2％、1950年満期の一番抵当付き社債

この証券は1932年７月１日に利払いが滞った。このころ同債券は21という安い価格で売られていた。その後間もなく、オンタリオ州の水力電気委員会が同社の資産を買い取り、オンタリオ・パワー・サービスの1000ドルの債券は、オンタリオ州によって完全に保証された額面900ドルの無担保債券と交換された。新しい無担保債券の価格は1933年12月に90をつけ、これは旧債券価格81に相当した。債券を手放していなかった数少ない旧債券の保有者たちは、70％を現金で受け取った。

２．アマルガメイテッド・ランドリーズ社の表面利率6 1/2％、1941年および1930年満期の社債

破産管財人が任命されたのは1932年２月。同年４月時点におけるこの債券の価格は４であった。同年６月には資産が第三者に売却され、

２カ月後の８月と翌33年の３月にはそれぞれ、12 1/2％と２％の清算配当が実施された。1933年12月時点でまだ４という価格がつけられており、この価格には少なくともその分以上の、さらなる分配がなされることへの期待感が表れている。

３．フィスク・ラバーの表面利率８％の一番抵当付き社債（1941年満期）、利率5 1/2％の無担保社債（1931年満期）

この債券に関してはすでに、第18章で触れた。破産管財人の任命は1931年１月。1932年には利率８％の一番抵当付き社債と利率5 1/2％の無担保社債が、それぞれ16、10 1/2という安値で売られていた。1933年には再建計画が実施され、これによって利率８％の一番抵当付き社債には40％、利率5 1/2％の無担保社債には37％の現金と、さらには後継会社２社の証券が分配された。これら現金と新たな証券の1933年末時点における価値を足し合わせると、利率８％のほうはほぼ100％、利率5 1/2％のほうは70％にも達していた。

## 財産管理下で見られる価格パターン

破産管財人の管理下に置かれた企業では、その期間が延長される場合には特に、ある種の価格パターンをたどる傾向がある。まず、債券の価格との比較ということだけでなく絶対的な意味で（つまり考え得る最大価値との比較で）、株には極めて高値がつく傾向が強い。これは、表面的に安値圏にあるように見える証券に魅力を感じる、投機的関心を持った人たちが絡んでくるためである。上位証券の場合は、財産管理の期間が長引くにつれ、一般投資家の関心が薄れていき、価格はそれに伴い下落傾向をたどることになる。結果、再建計画が発表される直前には、最低レベルの価格まで落ち込んでいることが多いのである。

よって、財産管理の状況を詳細に追い、本質的価値を大きく割り込んで売られている証券を見つけ、それに投資すべき最良のタイミングをはかる努力をするという証券分析活動を行うことで利益を上げられる分野が、ここに存在するはずである。だがこうした活動においてわれわれは、あらゆる証券分析を行う場合と同様に、投資のタイミングにあまりにこだわりすぎることに対して警告を発する。われわれの考える証券分析の本質から言えば、時間という要因は重要度の低い考慮対象だ。ゆえに、われわれが時間について明言を避けるのは、着手する“正しいタイミング”を決める上で、数カ月とか時にはもっと長期間を意味する自由裁量の余地があることを示しているのである。

# 第51章

# 価格と価値の矛盾（続）

前章で主力普通株と二流普通株との間の実際的な相違について説明したが、上位証券にも安定証券と新興の証券との間には同様の相違が存在する。安定証券というのは、投資家たちに昔からよく知られている大手企業の証券であると定義できよう（企業自体が投資家の間で高く評価されてきたのであれば、証券そのものは比較的新しいとしても安定証券と言えるだろう）。時として安定証券と非安定証券は、マーケットでそれぞれ異なったパターンをたどる傾向がある。

1．安定証券は、その投資適格性がかなり低下している場合でも、価格が維持される場合が少なくない。

2．非安定証券は、いかなるものであれ不利な変化による影響を強く受けやすい。よってその価格は、業績などによって裏付けられる価格を下回っている場合が多い。

## 安定証券の価格の惰性

両者が対照的な特徴を持つ理由の少なくとも一端は、一般投資家の洞察力の欠如と怠慢さにある。彼らは証券分析の結果というよりは評判を基準に投資を行い、一度買ったら執拗に持ち続ける。よって、古くから有名な企業の証券を持つ者は、簡単にそれを手放すことがなく、またそうした証券は、ちょっとした下げがあればさらなる買いを呼ぶのである。

### 事例

安定証券のこの特徴は、USラバー社の非累積的優先株（配当率８％）の株価推移によく表れている。この優先株には1905～27年の間、満額の配当が支払われていた。この期間中1924年を除いたすべての年、この株に対して額面以上の金額を支払った投資家が存在した。その人気はすべて、高い評判と配当履歴によって支えられていたと言える。というのは、この期間の大半における同社の業績は、工業債にとってさえ素晴らしいと言えるものではなく、よって非累積的優先株の購入を正当化できるにはほど遠いものだったからである。1922～27年の間、支払利息と優先配当の合計に対するカバレッジは、次のとおりであった。

| | |
|---|---|
| 1922年 | 1.20倍 |
| 1923年 | 1.18倍 |
| 1924年 | 1.32倍 |
| 1925年 | 1.79倍 |
| 1926年 | 1.00倍 |
| 1927年 | 1.01倍 |

1928年、この優先株には109という高値がついていた。この年、同社は莫大な損失を出し、同株式の配当は停止された。ひどい業績と無配にもかかわらず、1929年には現実に92 1/2で売られていた（1932年の株価は3 1/8）。

## 非安定証券のぜい弱性

非安定証券に話を移せば、これらはほとんどすべて工業会社の証券に限られていると言ってよいかもしれない。鉄道会社のさまざまな上位証券では、安定性という要素はあまり大きな意味を持たず、また公益事業の分野（電力、都市ガス、電話、上下水道会社など）では、事業規模が特に小さい場合を除き、証券価格は業績をかなり正確に反映したパターンを描き、人気や知名度という要因によって大きく影響を受けることはない。

製造会社の資金調達によって、マーケットには新たな社債や優先株という投資対象が絶えることなく投入されている。たいていこれら募集された証券は、同レベルの安定証券の標準より多少高い利回りという魅力によって、投資家たちの買いを誘おうとする。証券発行後も収益力が保たれれば、その新しい証券は満足のいく買いであったことが自ずと証明されることになる。しかし何らかの不利な変化があれば、通常その市場価格の大きな下げが誘発される。非安定証券のこのぜい弱性から、実際的な結論を導くことができる――「新興の工業債や優先株を、純粋な投資として買うのは賢明ではない」。

こうした証券は不利な形勢変化による影響をもろに受けやすいので、しばしば価格が必要以上に下落し、そこには魅力的な買いのチャンスが生まれるように思えるだろう。これは紛れもない真実であるが、価格と価値のこうした矛盾を利用して利益を得ようとするには、細心の注意が必要である。第一に、非安定証券のマーケットにおける不人気は、事実認識の欠如による単なる主体的な問題ではないことが挙げられる。安定というのは通例客観的な特性であり、ビジネスの嵐的状況を切り抜ける能力が証明されることによって生じるものだ。この定義は必ずしも完全なものではないが、投資家が安定証券を選好することをおおむね正当化する根拠としては十分である。

だがおそらくこれよりも重要なのは、安定証券と非安定証券を比べた場合の、規模と知名度における顕著な差である。規模が大きい企業はたいてい歴史の古い企業であり、上位証券は昔から一般投資家になじみがある。よって、そうではない社債や優先株の大半は、二次的な重要性しか持たない企業の証券ということになる。工業会社への投資について議論した第７章でわれわれは、この分野では群を抜いた規模というのが最も望ましい特質と考えられるであろうと述べた。要するに、非安定証券は一様に、この点でかなり不利な状況にさらされていると考えられるのである。

### 不安定な工業証券は投資適格とはなり得ない

論理的かつ実際的な結論に照らせば、不安定な工業証券の多くは投資適格とはなり得ず、ゆえにこれらを購入する場合には、必ずそれが投機であると心するべきである。つまり、一般にはその価格が70を割り込み、将来に大きな値上がり益が期待できるほど安くなったところでしか買えない。

投機的な上位証券の特徴を検討したとき（第26章）、この種の証券の安全性に対する投資家の考え方はまちまちであるため、投資家が買いを入れる「主観的な価格帯」は70～100であろうと指摘した。しかし、不安定な工業債や優先株についてはその会社の業績がいかに目を見張るようなものであっても、証券アナリストはそうした価格帯での買いを正当化してはならない。そうした証券の買いが推奨できるのは、明らかに投機的な安値においてだけである。

このルールに例外をつけるとすれば、先の章で取り上げたフォックス・フィルム社の中期債（利率６％）のように、データ的裏付けが並外れて素晴らしい場合であろう。われわれが懸念するのは、優先株には契約上の弱点があるので、不安定な工業会社の優先株に、こうした例外を設けてよいのかという点である（先に取り上げたコンゴリウム社の優先株について言えば、同社は業界内で支配的な規模を有していたので、その優先株はマーケットにおいて低調であったがさほど“非安定的”ではなかった)。

### 相対的な価格矛盾

比較分析がたとえ不愉快なものであろうとなかろうと、そこにはアナリストを惑わせる魅力がある。証券Ａをそのものの価値で見たときに投資適格であるかどうかの結論を下すよりは、証券Ａと証券Ｂではどちらが優れているのかを決めるほうが、ずっと簡単なことに思えるからである。だが比較分析について説明した章でわれわれは、証券乗り換えを推奨することに付随する特別な責任について暗に触れ、量的な優位性のみを重視しすぎることに警鐘を鳴らした。統計的データがどうであれ、未来がそれによって決まることは少ない。この警告は、次のように言い換えることができるかもしれない――「アナリストは、①推奨する証券が、それそのものとして見たときに魅力ある買い物である、または②比較対象である２つの証券の間に、契約で保証された明確な関連が存在する――といういずれかの条件が満たされないかぎり、証券の乗り換えを強く勧めるべきではない」。次に、①について２つの比較分析の事例を示して検討してみよう。

### 事例Ｉ――1932年３月における比較

| 項目 | ウォード・ベーキング一番抵当付き社債（表面利率６％、1937年満期）価格85 1/4 利回り9.70％ | ベスレヘム・スチール一番抵当付き社債（表面利率５％、1942年満期）価格93 利回り5.90％ |
|---|---|---|
| 支払利息に対する利益の倍率 | | |
| 1931年 | 8.1倍 | 1.0倍 |
| 1930年 | 8.2倍 | 4.3倍 |
| 1929年 | 11.0倍 | 4.8倍 |
| 1928年 | 11.2倍 | 2.7倍 |
| 1927年 | 14.0倍 | 2.3倍 |
| 1926年 | 14.5倍 | 2.6倍 |
| 1925年 | 12.6倍 | 2.1倍 |
| ７年間平均 | 11.4倍 | 2.8倍 |
| 債券発行高 | 4,546,000 | 145,000,000* |
| 株式時価合計（1932/3平均） | 12,200,000 | 116,000,000 |
| 現金資産 | 3,438,000 | 50,300,000 |
| 正味運転資本 | 3,494,000 | 116,300,000 |

＊保証株式を含む

両証券のデータを比較するかぎり、ウォード・ベーキングのほうがベスレヘム・スチールよりもはるかに優勢である。さらにウォード・ベーキングは、高い利回りにもかかわらず、投資適格を正当化できるほど十分に保護されているようにも見えた。質的要因にも、ビジネス破綻の危険性がうかがえる兆候はなかった。よって同債券は、新たな買い、あるいはベスレヘム・スチールの５％からの乗り換え対象として推奨できるだろう。

## 事例Ⅱ――1929年３月における比較

| 項目 | スピアー＆カンパニー（家具販売店）配当率７％の第一優先株(価格77　利回り9.09％) | リパブリック・アイアン＆スチール配当率７％の優先株(価格112　利回り6.25％) |
|---|---|---|
| (支払利息と)優先配当に対する利益の倍率 | | |
| 1928年 | 2.4倍 | 1.9倍 |
| 1927年 | 4.0倍 | 1.5倍 |
| 1926年 | 3.0倍 | 2.1倍 |
| 1925年 | 2.5倍 | 1.7倍 |
| 1924年 | 4.7倍 | 1.1倍 |
| 1923年 | 6.5倍 | 2.5倍 |
| 1922年 | 4.3倍 | 0.5倍 |
| ７年間平均 | 3.9倍 | 1.6倍 |
| 債券発行高 | なし | 32,700,000 |
| (第一)優先株発行高 | 3,900,000 | 25,000,000 |
| 下位証券の時価 | 3,200,000* | 62,000,000 |
| 正味運転資本 | 10,460,000 | 21,500,000 |

＊価格50で計算した第二優先株を含む

この比較分析では、リパブリック・アイアン・アンド・スチール優先株と比較して、スピアー・アンド・カンパニーの第一優先株のほうが間違いなく勝っていた。しかしそれ単独で見た場合、同社の業種やこれが優先株であることを考えると、この程度では投資適格の裏付けとしては不十分であった。またキャピタルゲインを最大の目的とする「完全な投機」対象として推奨できるほどには、同証券の価格は安くなかった。よって同証券は、リパブリック・アイアン・アンド・スチールの優先株をはじめ、その他の証券の乗り換え対象として全面的に推奨することはできなかったということになる。

## 関連する証券の比較

比較する証券が完全に関連のあるものの場合、状況は異なってくる。そうした場合に証券の乗り換えを検討するのであれば、特定の状況下における各証券の価値という観点から判断するのでなければならない。新たに買う、あるいは保有を続けるための責任を、アナリストが負う必要はない。本書ではこれまですでに、相対的価格が明らかに釣り合っておらず、よって確実に乗り換えを勧めて問題ないケースをいくつも取り上げてきた。このような矛盾は、契約条項による影響はマーケットに反映されないケースが多いことや、投機的相場では普通株にばかり関心が集まって上位証券は顧みられない傾向が強いことなどが理由で生じる。前者の事例は、保証証券に関する価格の矛盾について触れた第17章で挙げている。参考資料の注42で取り上げたインターボロー・ラピッド・トランジット社のさまざまな証券間の価格矛盾や、第２章で検討したブルックリン・ユニオン・エレベーテッド鉄道とブルックリン・マンハッタン・トランジット・システムの債券間の価格矛盾もまた、これと同じ部類に属する事例である（読者のみなさんには、ある企業が別企業の証券を保有していることから生じる矛盾を調べてみることを勧める。その比較分析材料としては、1929年のピアース・ペトロリアムとピアース・オイルの優先株と普通株、1934年１月時点のセントラル・ステーツ・エレクトリックの利率5 1/2％の社債とノースアメリカン社普通株、1933年におけるアドバンス・ルメリー社とアリス・チャマーズ・マニュファクチュアリング社のそれぞれ普通株――が適当だろう）。

第25章で議論した、転換権付き上位証券と普通株の間に生じる不合理な価格関係は、ボラティリティが相対的に大きい下位証券に投機的関心が集中することから利益のチャンスが生じる例である。同様の傾向が見られる別の例としては、1933年８月、アメリカン・ウオーターワークス・アンド・エレクトリック社の「議決権のない」普通株と、それよりもボラティリティが低い同じ証券の議決権信託証書との間に、７ポイントの開きが生じていたことが挙げられる。こうした現象が起きた場合、証券の乗り換え対象としてだけでなく、ヘッジ手段としての利用も可能である。

## その他の矛盾

これまで挙げてきた例は数学的に証明可能な矛盾である。だがほかにも、あまり明確に証明できないとしても実際上それを利用するには十分なほど、上位証券と下位証券との間に価格の矛盾が存在する大きな分野がある。その例として、コロラド・フューエル・アンド・アイアンによる保証が付いた、コロラド・インダストリアルの社債（表面利率５％、1934年８月１日満期）について触れよう。同債券の1933年５月における価格は43であり、片やコロラド・フューエル・アンド・アイアンの配当率８％の優先株は無配であったが価格45で売られていた。コロラド・インダストリアル社債は14カ月後には満額償還されるはずのものであり、もしそうでないとすれば優先株のほうは破産管財人による管理を経て完全に消滅する可能性に直面していたということだ。同じ価格で買うのであれば優先株のほうの価値が高いということが証明されるためには、この債券が１年余りのうちに満額償還されるだけでなく、その短期間のうちに優先株が復配して未払い配当金が支払われる必要がある。これはほとんどあり得ないことであった。

また、配当率５％のサザン鉄道の非累積的優先株（1933年５月時点で無配、価格は32 7/8）と、サザン鉄道への賃借契約の下で利払いが保証されたアトランティック・アンド・ダンビル鉄道の二番抵当付き社債（表面利率は４％で1948年満期、1933年５月時点での価格は30 1/2）の間にも、同様のことが言えるかもしれない（無期限で４％の配当を保証する、サザン鉄道とモービル・アンド・オハイオ鉄道の株式信託証書は、サザン鉄道の優先株が価格49で売られていた1933年７月当時、39 3/4で売られていた。つまり、前者は後者よりも明らかに安かった）。同様の比較が可能な２つの証券をもう一例挙げれば、ニューヨーク・ニューヘブン・アンド・ハートフォード鉄道の配当率７％の優先株（1933年５月時点で無配、価格は47）と、ニューヘブンによる完全な保証が付いたニューヨーク・ウエストチェスター・アンド・ボストン鉄道の債券（表面利率は4 1/2％で1946年満期、有配で価格は48）である。

同じ企業の普通株と、転換権の付かない優先株とを比較すると、両証券がともに投機的である場合、相対的に前者のほうに高すぎる価格がつくという同様の傾向をわれわれは確認している。しかし、比較分析によってこの種の結論を安全に下せるのは、優先株の配当が累積的な場合だけである（その理由については、非累積的証券の不利さについて議論した第15章を参照）。アメリカン・アンド・フォーリン・パワーの額面７ドルの累積的第二優先株が価格11で売られていた1933年４月、同じ会社の普通株に10ドルという価格がつけられていたのは明らかに不自然であった。これと同様のことが、1927年２月時点のシカゴ・グレート・ウエスタン鉄道についても言えるだろう。１株当たり44ドルの配当が累積されていた配当率４％の優先株に33 1/2の価格がつけられていたのに対し、同社の普通株は21 1/2ドルで売られていたのである。

こうした状況下でもし顕著な望ましい変化が起きることがあれば、普通株の価値が優先株の価値を大きく超えることになる可能性もある。だがたとえそうした場合でも、その企業は優先配当を再開してさらに累積された配当を支払うという期間を経なければならない。これは優先株の直接的な利益となるので、少なくとも短期的には、優先株は普通株よりはるかに高い市場価値を持つものと考えられる。よって、何らかの目に見える状況改善を想定すれば、低い価格レベルで優先株を買うほうが、普通株を買うよりもよい結果となるはずなのである。

## 特殊な需給要因によって生じる矛盾

われわれがこれまで検討してきた不合理な価格関係は、需要と供給のバランスから生じるものであり、その需給状況というのは無分別な投機買いがもたらすものである。ただし、特殊かつ一時的な要因が需要あるいは供給に影響を与えることによって価格矛盾が生じるケースもある。

### 事例

インターボロー・ラピッド・トランジットの表面利率５％の社債と同７％の社債の間に1933年生じた価格矛盾は、かなりの規模を有する減債基金が５％の債券は買い入れ、７％のほうは買い入れなかったことで、前者の価格が不均衡に釣り上がったためであることは間違いない。この種の顕著な例としては、1921〜22年にかけた財政再建期における、連邦政府の自由国債（表面利率4 1/4％）の値動きが挙げられる。この債券は第一次世界大戦中、愛国心的感情から大量に買われ、その支払いは銀行融資によってまかなわれていた。その後これらの融資弁済のために一般による大量の売りが誘発され、価格は下落した。実際この特別な売り圧力によって、安全性という点では間違いなく劣り、かつ税金面でも相対的に不利となる優良鉄道債と大差ないところまで、自由国債の価格は大幅に下落したのである。1920年９月時点におけるそれぞれの価格を比較してみよう。

この状況は証券アナリストにとって、伝統ある鉄道会社の債券から自由国債への乗り換えを勧めるべき好機であった。

| 証券 | 価格 | 利回り |
|---|---|---|
| 第4回米国自由国債 | | |
| （表面利率4 1/4%、1938年満期） | 84 1/2 | 5.64%＊ |
| ユニオン・パシフィック一番抵当付き社債 | | |
| （表面利率4%、1947年満期） | 80 | 5.42% |

＊　租税免除については考慮に入れていない

この少し後、これほど顕著ではないが不合理な価格関係がみられたのは、これら自由国債と戦勝国債（表面利率4 3/4%、1923年満期）である。われわれ共著者のひとりがこのときの状況について説明している、当時書かれた文書を参考資料の注47に転載してある。「実践的証券分析」の事例として参照してほしい。

# 第52章

# マーケット分析と証券分析

証券価格の予測は、証券分析の範疇に含まれるべきものではない。しかし、一般的にこれら２つは密接に関係していると考えられており、両方を行う個人や組織も多い。価格動向の予想はさまざまな目的の下で行われており、そのための方法は多種多様である。ウォール街では、経済紙で用いられるさまざまな指数によって代表される「一般市場」の直近の値動きを予測するテクニック、あるいはそれによる気晴らし効果に、最大の重点が置かれている。情報サービスや専門家の一部は、日々の価格変化ではなく例えば数カ月といったもっと長期で見た変動を重視すると称して、活動の目的をより長期のトレンド予測に限定している。また、マーケット全体の動きは考えずに個別証券の値動きを予測するという方法にも、大きな注目が集まっている。

## 証券分析の代替あるいは付属要素としてのマーケット分析

単なる推測の域を超え、こうした活動が真剣に行われるものとすれば、それを「マーケット分析」という名称で呼ぶことができるかもしれない。この章では、証券分析の代替あるいは付属要素としてのマーケット分析を、どの程度真剣にとらえるべきかについて考えたい。これは重要な問題である。多くの人が信じるように、株価の動きについて、その内在する価値とはまったく無関係に信頼性のある予測を下すことが可能なのであれば、証券分析は債券投資の分野に限定してしまって差し支えないだろう。なぜなら、普通株のような証券について言えば、その本質的価値を判断するために骨の折れる作業をするよりも、売買すべきタイミングをはかったり、最も早くそして大きく成長する証券を選択したりするためのテクニックをマスターしたほうが、明らかに儲かるからである。最良の結果を得るには、本質的価値の分析と併せて、株のマーケットポジションを分析するべきだと信じる人も大勢いる。もしもこれが正しいとすれば、債券投資の分野以外を扱う証券アナリストは、マーケットアナリストとしての能力も有していなければならず、またすべてについて同時に双方の観点から考察しなければならない。

あらゆるマーケット分析法の理論やテクニックを詳細に批評するのは、われわれの活動領域ではない。よってここでは、価格予測という大前提に関する大まかな論理に限定して話を進めたい。そうした簡単な方法によったとしても、マーケット分析と証券分析の関係という当惑させられる問題について、何らかの有益な結論を導くことができるはずである。

## マーケット分析の種類

マーケット分析は２つに分けることができるだろう。第一は、予測のための材料をマーケットにおける過去の値動きに限定する方法、そして第二は、全体および特定分野の景気、金利、政治面での将来展望など、ありとあらゆる経済要因を考慮対象にする方法——である。前者の根本的理論は、「最良のマーケット予測者はマーケットそのものである」という言葉に要約できるだろう。マーケットの動きは、個々の株式の平均あるいは「株価平均」が記されたチャートによって分析されている。

## 第一のタイプのマーケット分析が示唆すること

こうした「テクニカル分析」が広く流行しだしたのは、過去10年ほどの間であるというのはみなの共通認識であろう。証券分析は1927年ごろから明白にその名声を失墜し続けている一方で、チャートリーディングの信奉者は長期にわたる恐慌期でさえも増加したようである。ややもすれば、このような分析法を占星術や魔術のようなものだとして捨て去るような懐疑論者も多い（こうした姿勢に関連して、1925年開催のアメリカ統計協会の会議においてフレデリック・R・マコーレーが述べた事柄を引用したい。その要旨とは、コインを数千回投げ、表ならプラス１点、裏ならマイナス１点としてその結果をチャートに表したところ、抵抗線やトレンドライン、ダブルトップ、アキュミュレーションなどが見られ、あらゆる点で典型的な株価チャートのような結果になった――というものである。このグラフからはコイン投げの将来結果について予測するための手掛かりは得られそうにないので、株価チャートも同様に価値がないという言外の強い含みがあった。マコーレー氏の説は1925年６月発行のJournal of the American Statistical Association誌第20号248ページに掲載されている）が、ウォール街では非常に重要視されているため、ある程度真剣にその内容を精査すべきだ。論理的推論の枠から外れないようにするため、われわれの議論では意図的に、チャートリーディングの主要教義の概略さえ触れないでおく（チャートリーディングの理論および方法に関する詳細を知りたい人は、R・W・シャバッカーの『Stock Market Theory and Practice』B.C. Forbes, New York, 1930、ロバート・レアの『The Dow Theory』Barron's, New York, 1932――を参照。また、この同じテーマでは、ハロルド・M・ガートレーの著書『Charting

The Stock Market』Harper & Brothers, New York, 1934――が出版予定)。われわれが検討したいのは、過去の株価変動を研究することで将来の値動きを予測して利益を得られるといった考え方が意味するところである。

そうした検討を行うことによって、次のような結論に行き着くはずだとわれわれは考えている。

1．チャートリーディングは科学たり得ない。

2．チャートリーディングが株式市場で利益を得るための信頼できる方法であるという証明は、これまでの結果からは得られない。

3．その理論上の基本は、誤ったロジック、さもなくば単なる根拠のない主張の上に成り立っている。

4．その人気が高まっているのは、無計画な投機と比べるとある種の強みを有しているためであるが、そうした強みはチャート信奉者の数が増えるにつれて減少していく傾向がある。

**1．チャートリーディングは科学ではないし、それによって成功し続けることはあり得ない**

チャートリーディングが科学たり得ないというのは、明白に証明することができる。もしそれが科学だとすれば、それによる結論は原則として信頼できるものだということになる。仮にそうだとすれば、明日や来週の価格変化をだれもが予測し得るということであり、つまり、正しいタイミングで売買すれば全員が継続的に利益を得られるということになる。これは絶対にあり得ない。ちょっと考えれば分かることだが、人間が作りだす経済上の成り行きを科学的に予測するなど無理に決まっている。そのような予測の「信頼性」そのものが、人間の行動を引き起こすもととなり、それによって信頼性は無価値になるからだ。ゆえに、継続的成功は、優れたメソッドをごく少数の人間以外には教えないことにかかっていると、思慮深いチャーチストは認めている。

**2．** この事実から、チャートリーディングの広く知られたメソッドで、過去長期にわたって継続的に好成績を上げているものは存在しないという結論につながる。もし優れたメソッドが周知のものになれば、即座に無数のトレーダーたちが追随することになる。この追随がまさに、その有用性にピリオドを打つことになるだろう。

### 3．疑問のある理論的ベース

チャートリーディングの理論的ベースとは、だいたい次のようなものである。

a．マーケットの（あるいは特定の株の）動きが、それに関心を持つ人たちの行動や心理に影響を及ぼす。

b．よって、過去の相場を検証することで、次にそのマーケットに何が起きるかが分かる。

前提はおそらく正しいのだろうが、結論のほうは必ずしもそうだとは言えない。チャートを研究すれば、ある銘柄のテクニカルポジションについて多くのことを知り得るかもしれないが、だからといって、その株の売買によって利益を上げられるのに十分な情報を得られるとは言い切れないからだ。相場のチャートは、競馬ファンたちによって根気強く研究され続けている「過去のレース結果」とよく似ている。こうしたチャートが競走馬の優劣について大きな情報を提供してくれることは間違いない。チャート研究によってレース予測が当たることは多々あるとしても、問題なのはそれが、競馬でお金を賭けてほぼコンスタントに利益を出せるほどの、有益な情報の供給源にはならないということである。

証券分析のほうにもこれと類似した面がある。企業の過去の収益は、その将来収益をはかる目安として「有益」ではあっても「絶対確実」

ではない。よって、証券分析もマーケット分析も、将来については不確実なデータを扱うという点において同類である。われわれが指摘したい両者の違いは、マーケット分析では否定されている安全余裕率によって、証券分析では自らを守ることができるという点である。

### 4．その他の理論上および実際的な弱点

株式投資家にとってチャートリーディングの魅力は、不治の病に効く特許薬の魅力に例えることができる。実際、株の投機家はほとんど治る見込みのない慢性病に苦しんでいる。しかし彼らが求める治療薬は、投機を絶つことではなく、利益である。どんな悲惨な経験をしようとも、損は必ず取り戻せると自らを納得させ、この目的のためにありとあらゆる方法を貪欲かつ無差別に試みるのである。

われわれの考えでは、チャートリーディングのもっともらしさは、「損切りは早く利食いはゆっくり」という堅実な投機の格言からきている。この原則に従っていれば通常は不意の大きな損失を避けることができ、時には大きな利益が得られることもある。ゆえに、それによる結果は、“マーケット予想”に従って無計画な投機を行った場合よりも優れているように見える。この強みに気づいた投資家たちは、チャートリーディングのテクニックを高めるほど、継続的利益が保証される確率が高まることを確信しているのである。

しかし彼らのこうした考え方には、二重の誤りが潜んでいる。ルーレットで賭けをする人たちのなかにも、同様の――各セッションでの損を限定し、時には大きな利益をモノにできるという――考えに頼っている人が少なくない。だがいつも最終的には、たくさんの小さな損の合計が数少ない大きな利益を超えてしまうのである（彼らの数学的オッズから言って、いずれは必ず負けることになるので、これは当然である）。株式トレーダーについても同じことが言える。売買コストの重さによって、サイコロはトレーダーに不利な目ばかり出ることに

なるのである。第二の問題は、多くの人がチャートリーディングのメソッドを利用するようになるにつれ、損するトレードでの損失額は増え、逆に利益は減る傾向があることである。なぜなら、ほぼ同時に買いのシグナルを得る、同じシステムに従う人たちが増加していくことになるので、この競合的な買いによって、そのシステムの信奉者たちが高い平均価格で買うという結果になるはずだからだ。また逆に、この膨らみ続ける集団が同時に売り注文を出した場合、それが損切りであれ利食いであれ、ここでも彼らが受け取る平均価格はより低くなるという結果がもたらされるはずなのである（かつてはトレーダーにとってテクニカル上の有用な手段であった「ストップロス注文」を使う人が増えたことで、防御手段としてのその価値が大幅に縮小するという影響がまさにもたらされた）。

もっと賢明なチャーチストたちはこれらの理論上の弱点を認識している（とわれわれは信じている）し、マーケット予測とは才能や判断力、直観などの個人的資質が求められる技術なのだという見解を持っている。それに従ってさえいれば自動的に成功が保証されるような方法など存在しないと、彼らは認めているのである。

## メカニカルなマーケット予測の第二のタイプ

この譲歩の重要性について考える前に、タイプが異なる機械的予測法の話をしよう。これはマーケットそのもの以外の要因に基づいた予測法である。一般市場に関して言えば、これはまず、金利や貨物量、鋼鉄の生産高など、さまざまな経済的要因を表す指標を作り出し、これら指標の変化を観察することでマーケットの差し迫った変化を予測する——という手順で行われる。こうしたメソッドのごく初期の、そして非常に単純な例は、溶鉱炉の稼働率をベースにしたものであった。

この理論を開発したのは、クリーブランド・トラスト・カンパニーのレナード・P・エアーズ氏であり、要約すれば、「証券価格は溶鉱炉の稼働率が60％を超えて落ち込むと通常底を打ち、逆に稼働率が60％の基準を超えて上昇すると天井をつける」という理論である（デビッド・F・ジョーダンの『Practical Business Forecasting』New York, 1927に転載された、クリーブランド・トラスト・カンパニーの会報を参照）。エアーズ氏の理論はもうひとつあった。銑鉄の生産高が底をつけたおよそ14カ月後に債券価格は天井をつけ、また株価のピークは銑鉄生産高の底から約２年後に訪れる――というものである（1922年にクリーブランド・トラスト・カンパニーが発行した小冊子「Business Recovery Following Depression」を参照）。

このシンプルなメソッドは、①演繹的推論によるとなんとなく信頼性があるように思える、②それが過去何年にもわたって「機能」し続けてきたということをその正しさの拠り所としている――という２つの点において、すべての売買システムの代表例と言ってよいものである。これらすべてのシステムの必然的弱点は、時間的要因にある。例えば、「金利が高いといずれマーケットは急落するだろう」という予測をするのは容易かつ安全である。問題は、それがいつになるか、ということだ。この問題に、科学的に回答を下すのは不可能だ。よって、相場予測サービスの多くが、過去に数回たまたま起きた（あるいは苦労して試行錯誤の末に見いだされた）ある種のタイムラグや偶然は、将来も繰り返されるであろうという考えを前提とした「偽の科学」に陥るのは、避けられないことなのである。

よって大ざっぱな言い方をすれば、メカニカルな指標に頼って証券価格の変化を予測しようとする努力は、チャート信奉者たちのメソッドと同様の支障を抱えることになるということだ。これらが正確には科学的と言えないのは、それを支持する説得力ある根拠がないからであり、さらには経済の分野において真に科学的な（つまり完全に信頼の置ける）予測をするというのは、理論的にも不可能だからである。

## 証券分析と比較したときのマーケット分析の劣位性

その結果われわれは、「マーケット分析は、それで成功を収めるには特別な才能が求められる技術である」という、すでに下した結論へと立ち返ることになる。証券分析もまた技術であり、それを行う人が、知識はもちろん能力を有していなければ、満足な結果を得ることはできないという点は同じである。しかし、証券分析にはマーケット分析と比較していくつかの優位性があり、そのために、訓練を積んだ賢明な人たちにとって前者は、より成功できる分野であるとわれわれは考えている。証券分析では、不測の事態に対する防御ということに最大の重点が置かれる。その根底にあるのは、たとえその証券が結果的に思ったより魅力のないものだった場合でも、その投資は納得のいくものになる可能性がある、という考え方である。マーケット分析には安全余裕率などという概念はなく、正しいか間違っているかのどちらかであり、もし間違っていたとすれば、虎の子を失うのだ。

損切りは早く、利食いはゆっくり（下落が始まるまでは売らない）という、マーケット分析を行う人たちの最重要ルールに従えば、アクティブに売買を繰り返すという方向に向かう。これは言い換えると、最終的な売買結果にとって、売買コストが重い足かせになるということである。証券分析に基づく売買は、通常は「投資」であり、アクティブな売買とは無縁である。

マーケット分析の第３の劣位性は、それが本質的に「機知比べ」を伴うものであるという点だ。マーケットでトレードすることによって得られる利益の大部分は、自分と同じことをしようとしている他人の犠牲の上に成り立つ。トレーダーは必然的に、より値動きの激しい証券を好むものであり、そしてそれら証券の価格変化は、数多いその他の似たような人間たちの売買行動による結果なのである。マーケット分析によって成功を期待できるのは、自分が競合者たちよりも賢い

——あるいは運がよい——という前提に立つ場合だけなのである。

片や証券アナリストが取り組む作業には、他の証券アナリストとの競争といった性質はまったくない。指摘しておかなければならないのは、証券分析ではマーケット分析よりもはるかに数多くの証券を分析対象にしているという事実だ。証券アナリストはこの莫大な証券群のなかから、おそらく一時的なものにすぎない不利な要因が必要以上に織り込まれている、あるいは、単にその証券が無視されているといった理由から、市場価格がその本質的価値をはるかに下回っている、例外的なケースを探し出すのである。

マーケット分析のほうが証券分析よりも簡単に思えるし、手早くより大きな利益を得られる可能性もある。まさにこのことが原因となって、長期的に見ると期待外れの結果となる公算が大きいのだ。ウォール街にもそれ以外の場所にも、一獲千金のための確実な方法など存在しないのである。

## 目先の将来見通しに基づいた予測

金融の分野における分析やアドバイスのほとんどは、検討対象である企業の目先の見通しを拠り所にしている。もしその見通しが収益上昇を示唆するものであれば、現実に収益成長が報告されたとき上昇するという期待の下、その証券は買うべきだと考えられている。この考え方によれば、マーケット分析も証券分析も同じだということになる。相場見通しは業績見通しと一致すると考えられているのだ。

しかしわれわれが思うに、目先の見通しを最大の根拠に株を買うという理論に従えば、あまりに容易に投機性の高い証券を選択することにつながってしまう。その弱点は、「現行の市場価格は将来展望に関する人々の総意をすでに織り込んでいる」という事実にある。そして多くの場合、その将来展望は過度に織り込まれていたという結果となる。来年には収益が上昇する見込みがあるという理由によってある株が買い推奨されるとすれば、そこには二重の危険が待ち受けている。ひとつには、翌年の収益予測が間違っているかもしれないという危険、さらには、たとえそれが正しかったとしても、そのことはすでに現在の価格に（十分に）織り込まれているかもしれない危険性である。

もしもマーケット全般がその年の収益のみを反映するものだとすれば、翌年の業績に関する優れた予測は計り知れない価値を持つ。だがその前提は間違っている。USスチール普通株の1901～33年にかけての、１株当たり利益と価格レンジを示した表を見てほしい。（景気の変化があまりに激しく、株価もそれに応じた大きな変動を余儀なくされた）1928～33年を除いた期間で見て、収益変動と株価変動との間の明白な相関関係を見いだすことは難しい。

参考資料の注48には、ある有力な統計データ会社が1933年後半に作成した、２銘柄の普通株に関する分析および推奨の重要部分を抜粋・転載した。その推奨の主な根拠は1934年の見通しである。ビジネスの適正価値を求めてその価値を現行価格と比較するといった努力がなされた形跡はない。売り推奨されている株は、目先の将来見通しが悪いというだけの理由でその本質的価値に満たない価格で売られているにすぎず、またこれとは逆のことが、見通しが明るいという理由から保有を続ける価値があるとされた普通株に当てはまるというのは、徹底した統計的分析を行えば分かることであろう。

個々の証券の近い将来の価格変動を、アナリストが結構な確率で予測するのは可能かということについて、われわれは懐疑的だ。予測の拠り所がそのマーケットのテクニカル的なポジションであれ、あるいは業界の全般的な見通しであれ、また個々の企業の将来性であれ、同じことである。われわれとしては、アナリストが決定的な判断を下す領域を次のような事柄に限定すれば、もっと満足のできる結果を得ることができるであろうと考えている。

## USスチール普通株(1901-1933年)

| 年 | 1株利益(ドル) | 株価レンジ(ドル) | | |
|---|---|---|---|---|
| | | 高値 | 安値 | 平均 |
| 1901 | 9.1 | 55 | 24 | 40 |
| 1902 | 10.7 | 47 | 30 | 39 |
| 1903 | 4.9 | 40 | 10 | 25 |
| 1904 | 1.0 | 34 | 8 | 21 |
| 1905 | 8.5 | 43 | 25 | 34 |
| 1906 | 14.3 | 50 | 33 | 42 |
| 1907 | 15.6 | 50 | 22 | 36 |
| 1908 | 4.1 | 59 | 26 | 48 |
| 1909 | 10.6 | 95 | 41 | 68 |
| 1910 | 12.2 | 91 | 61 | 76 |
| 1911 | 5.9 | 82 | 50 | 66 |
| 1912 | 5.7 | 81 | 58 | 70 |
| 1913 | 11.0 | 69 | 50 | 60 |
| 1914 | 0.3(赤字) | 67 | 48 | 58 |
| 1915 | 10.0 | 90 | 38 | 64 |
| 1916 | 48.5 | 130 | 80 | 105 |
| 1917 | 39.2 | 137 | 80 | 109 |
| 1918 | 22.1 | 117 | 87 | 102 |
| 1919 | 10.1 | 116 | 88 | 102 |
| 1920 | 16.6 | 109 | 76 | 93 |
| 1921 | 2.2 | 87 | 70 | 79 |
| 1922 | 2.8 | 112 | 82 | 97 |
| 1923 | 16.4 | 110 | 86 | 98 |
| 1924 | 11.8 | 121 | 94 | 108 |
| 1925 | 12.9 | 139 | 112 | 126 |
| 1926 | 18.0 | 161 | 117 | 139 |
| 1927* | 12.3 | 246 | 155 | 201 |
| 1927† | 8.8 | 176 | 111 | 144 |
| 1928 | 12.5 | 173 | 132 | 153 |
| 1929 | 21.2 | 262 | 150 | 206 |
| 1930 | 9.1 | 199 | 134 | 167 |
| 1931 | 1.4(赤字) | 152 | 36 | 99 |
| 1932 | 11.1(赤字) | 53 | 21 | 37 |
| 1933 | 5.4(赤字)‡ | 68 | 23 | 46 |

＊40％の株式配当考慮前

†40％の株式配当考慮後

‡1933年9月までの9カ月

1．安全性に関する厳しい検証をパスした一流の上位証券の選択

2．投資適格で、またかなりの価値上昇のチャンスを秘めた上位証券の発掘

3．その本質的価値をはるかに下回る価格で売られていると思われる普通株や投機的上位証券の発掘

4．関連性のある証券間に、証券を乗り換えたりヘッジや裁定取引を行ったりしてもよいほど、明白な価格の矛盾が存在するケースの判定

# 参考資料

**注1**

株式を発行して既発債を償還した好例を1929年のUSスチールに見ることができる。同社は普通株の増資によって調達した1億4300万ドルと自己資金の約1億9500万ドルを使って、同社と子会社2社のすべての既発債を償還した。

次の表は、新株引受権の行使による株式発行を含む米国の新規証券発行額を示したものである（この数字には国債と地方債の発行額は含まれていない)。

**各種証券の新規発行額（1924～33年）（単位：100万ドル）**

| 年 | 新株引受権の行使による普通株・優先株 | 債券 | 普通株 | 優先株 | 株式・債券の発行総額 |
|---|---|---|---|---|---|
| 1924 | 444.7 | 4,186.0 | 111.8 | 283.5 | 5,026.0 |
| 1925 | 752.9 | 4,605.3 | 220.9 | 730.4 | 6,309.5 |
| 1926 | 901.2 | 4,857.0 | 234.4 | 687.5 | 6,580.1 |
| 1927 | 1,442.4 | 6,813.3 | 263.7 | 942.1 | 9,461.5 |
| 1928 | 2,399.5 | 5,132.2 | 918.1 | 1,620.4 | 10,070.2 |
| 1929 | 4,205.0 | 3,375.1 | 2,021.7 | 1,808.2 | 11,410.0 |
| 1930 | 1,135.2 | 4,686.2 | 249.0 | 496.0 | 6,566.4 |
| 1931 | 196.3 | 2,643.0 | 27.4 | 106.4 | 2,973.1 |
| 1932 | 40.0 | 933.0 | 14.4 | 5.7 | 993.1 |
| 1933 | 82.1 | 172.9 | 110.9 | 23.0 | 388.9 |

出所＝「スタンダード・スタティスティカル・ブレチン」

**注２**

USエキスプレスをめぐる一連の状況は、投資家の関心が株式から債券に移っていった経緯を端的に物語っている。

1914年に会社清算となった同社は1918年５月までに、普通株10万株に対して１株当たり52ドルの清算配当金を支払った。残りの資産はニューヨークのレクター通りにある抵当権の付いていないUSエキスプレス・ビルと簿価で約68万ドルの不動産で、これに対する負債は微々たるものであった。同社株はなおも１株当たり約15ドルで売買され、その時価総額は約150万ドルだった。

レクター通りのビルとその隣接地は1919年12月に、327万5000ドルでナショナル・シティーに売却された。ナショナル・シティーはその買収資金を、そのビルと土地の一番抵当で担保されているツー・レクター・ストリート社の一番抵当付き社債（利率６％、1935年満期）を300万ドル（額面）で売却して調達した。ナショナル・シティーによれば、ニューヨークの大手不動産鑑定会社４社に評価してもらったところ、その社債はニューヨーク州法令に基づくトラスト・ファンド向け適法投資の条件を満たしており、その時価評価額は少なくとも500万ドルに上るという。

USエキスプレスの普通株を15ドルで購入することと、ツー・レクター・ストリート社の一番抵当付き社債を額面で購入することの違いは次のようなものである。USエキスプレス株を150万ドルで購入すれば、レクター通りの土地とビルの「全所有権」に加え、その他の資産も手に入れられる。これに対し、ツー・レクター・ストリート社の一番抵当付き社債を300万ドルで購入しても、それらの資産の「一部の所有権」しか得ることはできない。株式購入者は債券購入者の半分の資金で債券購入者と同じ資産に加えて、その他のあらゆる剰余利益の権利も入手できる。

同社債が発行された直後にニューヨークには不動産ブームが訪れ、

レクター通りのビルも転売され、結局その社債は1925年４月に繰上償還された。同社債の保有者の利回りは３％だった。一方、USエキスプレスはそのビルと他の資産の売却資金で１株当たり37.50ドルの清算配当金を支払ったのに続き、1929年にも1.75ドルの特別配当を実施した。以上の経緯を見ると、15ドルの株式のほうが額面の債券よりもはるかに安全で有利な投資であることが分かる。一般投資家は株式投資を投機と見なす一方、同じ資産の権利という点では株式よりも不利な債券の購入を投資だと考えている。その原因のひとつは、「債券（Bond）＝安全」という偏見によるものであろう。また、その一番抵当付き社債がトラスト・ファンドの適法投資になったことも見逃せないだろう。

## 注３
## 標準的な証券形態とは異なる変種の証券

以下に列挙した各種証券のリストは、従来の契約形態とは異なる変種の証券の一部である。これらの証券を検討することで、各証券の持つ名称に惑わされることなく、また購入の対象となる証券の条件などを詳しく知ることができるだろう。

### 変種の債券

#### A．一定期日の確定利払いという無条件の権利を変更した債券

①収益社債（整理社債）――一定限度までの利払額はその会社の収益水準によって決められる。利払額は取締役会の任意で満額または一部となることもある。未払利息は累積的または非累

積的のいずれかである。アチソン・トピーカ鉄道債（表面利率４％、1995年満期）、シカゴ・ミルウォーキー・パシフィック鉄道債（４％、2000年）、サード・アベニュー鉄道債（５％、1960年）、シカゴ・ラピッド・トランジット債（６％、1963年）など。

②一定期間の任意利払いのあと確定利払いとなるハイブリッド債――例えば、デンバー・リオグランデ鉄道債（５％、1955年）は1929年２月までは取締役会が利払いの有無を決定するが、実際にはそれに先立つ５年間は利払いがなかった。しかし、利払額の25％は支払配当金に優先して累積された。類似の債券にはサクラメント鉄道債（1937年）、エイティンゴン・シルドの収益社債シリーズＡ（５％、1938年）などがある。両社の債券は1937年１月までは不定利息であるが、それ以降満期までは確定利息となる。

③利払額の一部は確定利息だが、残りは収益次第または取締役会の任意で決められる社債――例えば、シンシナティ・ハミルトン鉄道の一般担保付き社債（1939年）は利払いの面だけでなく、その他の面でも変則的である。

④利払いが延期される可能性のある社債――例えば、ボストン・ウースター鉄道の整理社債（５％、1947年）では1927年から６年間は利払いが優先配当よりも劣後するうえ、利払額も取締役会の任意によって決められる。

⑤利息率が漸増または漸減する社債――例えば、カンザスシティー・パブリック・サービスの一番抵当付き社債シリーズＢ（1951

年）の支払利息は３～７％の割合で変動する。パブリック・サービス・ニュージャージーの永久債（６％）の利息も1904～13年は変動制である。ボストン・メーン鉄道の一連の一般担保付き社債では支払利息が漸増するが、なかには漸減するものもある。

⑥保有者が現金または株式のいずれかの利息受け取りを選択できる社債――セントラル・ステーツ・エレクトリックのオプション債（５％、1954年）、ワーナー・ブラザーズ・ピクチャーズのオプション債（６％、1939年）など。

⑦無利息社債――例えば、メキシカン・ライト・アンド・パワー債（1937年）は既発の収益社債（６％）の累積利息の支払原資を調達するために発行されたもので、その全額を親会社のメキシコ・トラムウェイズが保有する。また、アラバマ・ウオーター・サービスが発行した無利息の転換社債（満期なし）もその全額を親会社のフェデラル・ウオーター・サービスが保有する。

⑧優先配当率に応じて利息率が決められる社債――例えば、アソシエーテッド・ガス・アンド・エレクトリックの転換社債（6 1/2％）は会社側のオプションで優先株（配当6.50ドル）と転換される。その利息率と利払方法は当該優先株の条件に応じて決められる。その目的は優先株への転換によってその社債を繰上償還することにある。

⑨利払いが優先配当に劣後する社債――例えば、シカゴ・ラピッド・トランジットの整理社債（６％、1963年）は利払いが２回にわたる優先株配当に劣後する。類似の債券にはボストン・ウ

ースター鉄道の整理社債（５％、1947年）、アラバマ・ウオーター・サービスが1927年に発行し、その全額を親会社が保有する譲渡不能な無利息社債などがある。

### B．一定期日の元本償還という無条件の権利を変更した社債

①繰上償還不能な永久債――リーハイ・バレー鉄道の整理社債（利率６％）、パブリック・サービス・ニュージャージー債（６％）、カナディアン・パシフィック鉄道の不償還整理社債（４％）。

②一定の満期日がない繰上償還可能債――アトランティック・コースト・ラインのクラスＢ債（４％）、ノバ・コスシア・スチールの永久債（６％）。

③一定期日以降に発行者のオプションによって元本が償還される社債――ユナイテッド・レールウエーの収益社債（４％）では1949年３月以降に発行会社のオプションで元本が償還される。

④一定期日以降に保有者のオプションによって元本を償還できる社債――例えば、バミューダ・トラクションの利益参加社債（７％）には一定の満期日がなく、1968年以降に保有者のオプションで元本（105ドル）が償還される。クルーガー・アンド・トウルの利益参加社債（５％）にも一定の満期日はなく、保有者は2003年７月以降に元利の支払いを請求できる。この種の債券は実質的には参加的株式であり、シーメンス・アンド・ハルスケの利益参加社債シリーズＡ（1930年）のように、最低繰上償還価格は額面の５倍、最高同価格は償還日に先立つ同社株式の

平均価格によって決定されるという変種の社債もある。

⑤当該会社の売却日または再建日が満期という社債――例えば、グリーン・ベイ鉄道のクラスＡ～Ｂ債は満期日に関する規定があいまいであり、それらは実質的には参加的優先株と同普通株である。アソシエーテッド・ガスにも1932年時点でいくつかの既発債があるが、それらには一定の満期日がなく、発行会社のオプションで株式に転換される。

⑥元本の償還がオプションになっている社債――例えば、レールロード・セキュリティーズの株式信託証券（４％、1952年）には元本の償還または預託株式の比例配分のいずれかを選択できる発行会社のオプションが付いている。USセキュリティーズの証券担保付き収益社債（７％、1962年）にも、満期日に先立つ５年間に預託株式の売却益を保有者に比例配分する発行会社のオプションが付いている。

⑦株式への転換で元本の償還がなくなる発行会社のオプション付き社債――1931年に上場されたアソシエーテッド・ガスのいくつかの社債、チューダー・シティー・ユニッツの中期債など。

⑧プレミアム付き社債――例えば、デトロイト・インターナショナル・ブリッジの利益参加社債（７％、1952年）の元本償還額は額面の125％で、満期日直前の繰上償還価格にプレミアムが付く。ワーナー・ブラザーズ・ピクチャーズ債（6 1/2％、1928年）でも保有者は価格105での元本償還額、または額面＋普通株7 1/2株のいずれかを選択できる。

⑨ディスカウントで繰上償還される社債——例えば、エイティンゴン・シルドの収益社債シリーズA（5％、1938年）は1937年5月までに額面より低い価格で繰上償還することができる。ブルックリン・マンハッタン・トランジット債（6％、1934年）も1934年2月までにディスカウントで繰上償還可能である。

⑩さまざまな基準による価格で元本が償還される社債——例えば、ランド・カルデクス債（7％、1955年）の元利は米労働統計局が発表する卸売物価指数に連動して決められる。

**C．議決権を含め、一定の元利以外は発行会社の資産や利益に対する追加請求権がないという通常の債券条件を変更した社債**

①利益参加社債——例えば、クルーガー・アンド・トウル債（利率5％）には額面の5倍の価格で繰上償還する条項が付いている。またシーメンス・アンド・ハルスケ債（6 1/2%、1951年）には割増利息のワラントが付いている。アソシエーテッド・ガス債（8％、1940年）の支払利息は同社の各種株式の配当率に応じて決められる。ユナイテッド・オイル・プロデューサーズの一番抵当付き利益参加社債（8％、1931年）では一定の産油量に応じた利益分配がある。

②転換社債——その会社の資産や利益に対する債券保有者の請求権が限定されるという通常の債券の条件を大きく変更した代表的な債券である。転換社債の条件は転換率、転換行使期間、転換する証券、転換権の特別な制限、以上の諸条件を組み合わせたもの——などに応じて極めて多岐にわたる。以下のリストはその一部である。一般に希薄化防止条項の付与によって転換条

件は変更される。

（1）発行会社がその転換社債を繰上償還することで転換請求期間が終了する社債——テキサス・コーポレーションの５％債（1944年）。

（2）条件は上記の転換社債と同じだが、発行日から一定期間については繰上償還が認められない社債——ボルチモア・オハイオ鉄道の4 1/2%債（1960年）。

（3）繰上償還不能な転換社債——ニューヨーク・ニューヘブン鉄道の６％債（1948年）。

（4）転換権が行使されるまで償還されない社債——アチソン・トピーカ鉄道の4 1/2%債（1948年）。

（5）満期または繰上償還日だけによって転換期間が限定される社債——カリフォルニア・パッキングの５％債（1940年）。

（6）満期前の特定日に転換権が消滅する社債——ボルチモア・オハイオ鉄道の4 1/2%債（1960年）。

（7）発行日から一定期間経過後に転換権が行使できる社債——チェサピークの５％債（1947年）。

（8）株式またはその他の債券に転換できる発行会社のオプション付き転換社債——1931年に上場されたアソシエーテッド・ガスの一連の転換社債、ウエスタン・ニューヨーク・ウオーターの一番抵当付き社債（５％、1951年）、ニューヨーク・ウオーター・サービスの一番抵当付き社債シリーズA（５％、1951年）など。

（9）転換権の特別制限により保有者または発行会社のいずれかが他の証券に転換する社債——ロンドン・テラス・アパートメンツの６％債（1940年）。

（10）収益に関する一定条件を満たしたときに転換できる社債

――ノースアメリカン・エジソンの転換社債シリーズA（5％、1957年）、パワー・セキュリティィーズの担保付き収益社債（6％、1949年）など。

(11) 主証券の一部だけが転換できる社債――ドッジ・ブラザーズの6％債（1940年）、ニューイングランド・ガスの5％債（1947年）など。

(12) 年間の転換額が一定限度に制限されている社債――1930～33年に発行されたボストン・メーン鉄道の一般担保付き社債シリーズQ～GG。

(13) 一定株数に転換されると転換期間が終了する社債――ポルトリカン・アメリカン・タバコの担保付き転換社債（6％、1942年）。

(14) 普通株に転換する社債（最も一般的な転換社債）――ITTの4 1/2％債（1939年）など。

(15) 優先株に転換する社債――ロング・アイランド・ライティングのシリーズA債（5 1/2％、1952年）。

(16) 優先株に劣後するクラスA株式に転換する社債――インターナショナル・ハイドロエレクトリック・システムの6％債（1944年）。

(17) 他の債券に転換する社債（通常は保有者に元利の償還または再投資の選択権を与えるため短期債から長期債に転換）――インターボロー・ラピッド・トランジットの7％債（1932年）、ハッケンサック・ウオーターの担保付き転換社債（5％、1938年）など。

(18) 2つ以上の証券に転換できる社債――アレゲーニーの証券担保付き転換社債（5％、1944年）、シカゴ・ミルウォーキー・セントポール鉄道の転換収益社債シリーズA（5％、2000年）など。

(19) ２種類の優先株または普通株と転換する社債――USデアリー・プロダクツの転換社債シリーズB～C（6 1/2%、1934～35年）。

(20) 以上の条件を組み合わせたもっと複雑で特殊な転換社債――プレスト・スチール・カーの６％債（1933年）、1931年に上場されたアソシエーテッド・ガスの利付き株式割当証券（配当８ドル）や転換権付き投資信託証券（６％）など。

(21) 発行会社以外の会社の証券に転換する社債――チェサピークの５％債（1947年）、ポルトリカン・アメリカン・タバコの６％債（1942年）、ドーソン・レールウエーの一番抵当付き社債（５％、1951年）など。

(22) ほかの転換証券に転換する社債――1931～32年に発行されたアソシエーテッド・ガスの一連の社債。転換権付きクラスA株式に転換するイーストコースト・ユーティリティーズの中期債（６％、1932年）など。

(23) 参加的転換証券に転換する社債――ナショナル・サービス債（６％、1932年）、ドメスティック・インダストリーズ債（6 1/2%、1940年）など。

(24) ワラント債や優先株に転換する社債――ワケンバ・コールの証券担保付き社債（6 1/2％、1947年）、フォックス・メトロポリタン債（6 1/2％、1932年）、パブリック・ユーティリティーズの担保付き社債（６％、1938年）など。

(25) 参加的証券に転換する社債――インターナショナル・ハイドロエレクトリックの６％債（1944年）、コミュニティー・テレフォンの６％債（1949年）など。

(26) 社債権利の放棄と現金の払い込みを条件に株式に転換す

る社債——セロテックスの６％債（1936年）。

(27) 社債権利の放棄が条件となるが、必要な現金を払い込めばもっと多くの株式に転換できるオプション付き社債——ATTの4 1/2%債（1939年）。

(28) 転換権の有効期間中は均一価格で株式に転換できる社債——アチソン・トピーカ鉄道の4 1/2%債（1948年）。

(29) 一定期間については転換価格が変更される社債——ボルチモア・オハイオ鉄道の4 1/2%債（1960年）。

(30) 保有者が転換権を行使する程度に応じて転換価格が変わる社債——アナコンダ・コッパー・マイニングの７％債（1938年）、ドッジ・ブラザーズの６％債（1940年）など。

③ワラント付き社債——発行会社の資産や利益に対する参加権が通常の社債よりも有利な債券で、転換社債と同様にその種類は多岐にわたる。以下のリストはその一部である。一般に希薄化防止条項の付与によって転換条件は変更される。

（１）主証券の満期とともにワラントが消滅するワラント債——インベスターズ・エクイティーのシリーズＢ債（５％、1948年）。

（２）主証券の満期前にワラントが消滅するワラント債——レミントン・ランドのシリーズＡ債（5 1/2%、1947年）。

（３）主証券の償還に伴ってワラント行使期間も終了するワラント債——ロイヤル・ダッチのシリーズＡ債（４％、1945年）。

（４）ワラント有効期間中は均一価格で株式を購入できるワラント債——シェル・ユニオン・オイルの５％債（1949年）。

（５）特定の期間中は株式購入価格が変動するワラント債——

ユニオン・オイルの５％債（1945年）。

（６）ワラント権行使順に従って株式購入価格が決められるワラント債――セントラル・ステーツ・エレクトリックのオプション付き社債シリーズ（5 1/2%、1954年）。

（７）外国為替のドル・レートに基づいて割高な価格のほうで株式が購入されるワラント債――イソッタ・フランスキーニの７％債（1942年）。

（８）普通株のボーナス付きワラント債――ショーマット・バンク・インベストメント・トラストの上位社債（利率は4 1/2%と５％、満期は1942年と1952年）。

（９）同時に２つの異なる価格で株式を購入できる２つのワラント付き社債――サザン・ナショナルの６％債（1944年）。

（10）一定価格で株式を購入できるほか、さまざまな価格で株式を追加購入できるワラント債――インサル・ユーティリティー・インベストメンツのシリーズＢ債（６％、1940年）。

（11）均一価格で一定株数の株式を購入できるワラント債――シェル・ユニオン・オイルの５％債（1949年）。

（12）均一価格で不定株数を購入できるワラント債――エルパソ・ナチュラル・ガスの6 1/2%債（1943年）。

（13）各種の価格で不定株数を購入できるワラント債――アドルフ・ゴベルのシリーズＡ債（6 1/2%、1935年）。

（14）参加的クラスＡ株式を購入できるワラント債――セントラル・パブリック・サービスの5 1/2%債（1949年）。

（15）転換優先株を購入できるワラント債――レキシントン・テレフォンの６％債（1944年）。

（16）２種類以上の銘柄から成る株式パッケージを購入できる

ワラント債――ユーティリティーズ・パワーの５％債（1959年）。

（17）主証券が償還されたときだけワラントが分離する分離型ワラント債――サザン・パシフィックの4 1/2％債（1969年）。

（18）主証券が繰上償還されるとワラントも無効になるワラント債――ロイヤル・ダッチのシリーズＡ債（４％、1945年）。

（19）ワラントの分離にはその会社の正式な承認が必要なワラント債――エルパソ・ナチュラル・ガスの6 1/2％債（1943年）。

（20）発行時からワラントが分離している分離型ワラント債――フィアットの７％債（1946年）。

（21）発行から一定期間後にワラントが分離する分離型ワラント債――キャピタル・アドミニストレーションのシリーズＡ債（５％、1953年）。

（22）現金を払い込んでワラント権を行使するワラント債――アブラハム・アンド・ストラウスの5 1/2％債（1943年）。

（23）現金または主証券の額面価額で払い込みをするワラント債――ランド・カルデクスの5 1/2％債（1931年）。

④さまざまな特権付き社債。

（１）ワラント付き転換社債――セントラル・パブリック・サービスの5 1/2％債（1949年）、インターコンチネンツ・パワーの６％債（1948年）など。

（２）参加的転換社債――アメリカン・アンド・オーバーシーズ・インベスティングの５％債（1932年）。

（３）ワラント付き利益参加社債――アソシエーテッド・ゼネラル・ユーティリティーズの５％債（1956年）。

⑤議決権付き社債。

（１）完全議決権付き社債の代表的なケースは、USシップビルディングが1902年にチャールズ・M・シュワブ氏に対してベスレヘム・スチールの一部保有株式と交換する形で発行した1000万ドルの社債（利率５％）である。これにより、同氏はUSシップビルディングの支配権を持つことになった。その他の例としては、エリー鉄道の優先担保付き整理社債（４％、1996年）、シカゴ・テレホート鉄道の収益社債（５％、1960年）など。

（２）限定的な議決権付き社債――サード・アベニュー鉄道の収益社債（５％、1960年）、ハドソン・マンハッタン鉄道の収益社債（５％、1957年）など。

## 変種の優先株

### A．通常の優先株とは利益権が異なる優先株

①オプション配当権付き優先株――現金配当または配当額に相当する普通株のいずれかを選択できる優先株である。ブルー・リッジの転換優先株（配当３ドル）、コマーシャル・インベストメント・トラストの転換優先株オプション・シリーズ（６ドル）など。

②参加的優先株

（１）優先配当権はないが普通株の利益参加権の付いた優先株

——ビュサイラス・エリーの転換第二優先株（会社清算時には7.50ドルの優先配当）。

（２）優先配当を受け取ったあとも普通株の利益参加権がある優先株——セラニーズの参加的優先株（７％）。

（３）優先配当と普通配当を支払ったあとの残余利益に対する参加権がある優先株——ウェスチングハウス・エレクトリックの優先株（７％）、シカゴ・ミルウォーキー・パシフィック鉄道の優先株（５ドル）など。

（４）期差利益参加権が付いた優先株——シカゴ・ノースウエスタン鉄道の参加的優先株（７％）。

（５）優先配当とそれを下回る普通配当を支払ったあとの残余利益について普通株への参加権が発生する優先株——ユナイテッド・カーボンの優先株（７％）。

（６）優先配当とそれを上回る普通配当を支払ったあとの残余利益について普通株への参加権が発生する優先株——サザンカリフォルニア・エジソンの参加的優先株（５％）、ポルトリカン・アメリカン・タバコのクラスＡ参加的優先株など。

（７）利益参加権に限定がない優先株——Ａ・Ｍ・バイアーズの優先株（７％）。

（８）多元的な利益参加権が付いた優先株——ホワイト・ロック・ミネラル・スプリングスの第二優先株（５％）。

（９）金額は明示されないが一定の利益に参加できる優先株——セルロイドの参加的第一優先株（７ドル）、セラニーズの参加的優先株（７％）など。

（10）１株当たりの一定限度まで利益に参加できる優先株——ケンダルの参加的優先株シリーズＡ（６ドル）、ジョージ・Ａ・フラーの参加的第一優先株と第二優先株（ともに６

ドル）など。

（11）利益参加の最高限度が決められている優先株――バイユク・シガーズの参加的優先株（７％）、ハーシーチョコレートの転換優先株など。

③転換優先株――保有者は利益権に限度がある通常の優先株から広範な利益権を持つ普通株に転換することでさまざまなメリットが受けられる。この種の優先株の条件は転換社債と同様に極めて多岐にわたっている。

（１）転換権の有効期間に制限がない優先株――ニューヨーク・ニューヘブン鉄道の転換優先株（配当７％）。

（２）転換権の有効期間に制限がある優先株――タイド・ウオーター・オイルの優先株（６％）。

（３）償還日まで転換が可能な優先株――ハーシーチョコレートの転換優先株。

（４）償還日までに転換有効期間が終了する優先株――ユナイテッド・ビスケットの転換優先株（７％）。

（５）償還日に転換権は無効となるが、その代わりにワラントが発行される優先株――フリーポート・テキサスの転換優先株（６％）。

（６）転換権の行使の程度に応じて転換価格が変動する優先株――エンジニアーズ・パブリック・サービスの転換優先株（５ドル）、タイド・ウオーター・オイルの転換優先株（５％）。

（７）表示期間に基づいて転換価格が変動する優先株――シェル・ユニオン・オイルの転換優先株（5 1/2％）。

（８）収益が一定の最低基準を満たせば発行会社のオプションで債券に転換できる優先株――ノックスビル・ガスの優

先株（６％）。

（９）転換権と利益参加権の両方が付いた優先株――ハーシーチョコレートの転換優先株、シンシナティ・ボール・クランクの参加的転換優先株など。

（10）参加的証券に転換できる優先株――アーノルド・プリント・ワークスの累積的優先株（７ドル）。

（11）発行会社のオプションで普通株や他のクラスの優先株に転換できる優先株――レディングの第二優先株（４％）。

（12）権利の一部だけが転換できる優先株――インターナショナル・ペーパーの優先株（７％）。

④ワラント付き優先株――優先配当とその他の利益にも参加できる優先株で、ワラントの条件はワラント債の場合と同様に極めて多岐にわたる。以下のリストはその主なものである。

（１）永久ワラント付き優先株――メリカン・フォーリン・パワーの第二優先株（配当７ドル）。

（２）一定期日後に消滅するワラント付き優先株――エンジニアーズ・パブリック・サービスの優先株（5.50ドル）。

（３）ワラント有効期間中は均一価格で株式を購入できるワラント付き優先株――アレゲーニーの優先株（5 1/2%）。

（４）一定期間中に変動価格で株式を購入できるワラント付き優先株――ゼネラル・リアルティの優先株（６ドル）。

（５）ワラントが行使される程度に応じて株式購入価格が変動するワラント付き優先株――セントラル・ステーツ・エレクトリックの優先株（６％）。

（６）同じ優先株を追加購入できるワラント付き優先株――ナショナル・パブリック・ユーティリティーズのクラスＡ株式。

（７）普通株を購入できるワラント付き優先株――アメリカン・フォーリン・パワーの第二優先株（７ドル）。

（８）普通株より上位証券を購入できるワラント付き優先株――リビア・コッパー・アンド・ブラスの優先株（７％）。

（９）他社の株式が購入できるワラント付き優先株――ソルベー・アメリカン・インベストメントの優先株（5 1/2％）。

（10）現金を払い込んで権利を行使するワラント付き優先株――メイタッグの優先株（３ドル）。

（11）ワラントで購入する普通株の額面分を払い込む優先株――エレクトリック・パワー・アンド・ライトの第二優先株シリーズA（７ドル）。

（12）分離型ワラント付き優先株――オリバー・ファーム・エクイプメントのクラスA第一優先株（６ドル）。

（13）上位証券が償還されたときだけ分離するワラント付き優先株――ユナイテッド・エアクラフト・アンド・トランスポートのクラスA優先株（６％）。

（14）ワラント付き転換優先株――ナショナル・パブリック・サービスの優先株（3.50ドル）。

（15）ワラント付き参加的優先株――ケンダルのシリーズA優先株（６ドル）。

（16）現金または普通株で配当を受け取れるワラントとオプション付き転換優先株――エレクトリック・シェアホールディングズのオプション配当シリーズ優先株（６ドル）。

⑤発行会社の利益について変種の優先株。

（１）未払累積配当について５％の利息を支払う優先株――ピ

ッツバーグ・コールの参加的優先株（６％）。

（２）（普通株を含む）すべての株式に優先権を持たない優先株——グレート・ノーザン鉄道の優先株。

（３）債券よりも配当優先順位が高い優先株——シカゴ・ラピッド・トランジットの第一優先株シリーズＡ～Ｂ（7.8%、7.2%）。

（４）配当保証付き優先株——スタンダード・オイル・エクスポートの優先株（５ドル）、ピッツバーグ・フォートウェーン鉄道の優先株（７％）。

（５）収益に応じて配当率が変動する優先株——バド・ホイールの参加的優先株（７％）。

（６）他の証券の配当率に連動して配当される優先株——サザンカリフォルニア・エジソンの優先株（５％）。

（７）配当額が漸増減する優先株——1931年以前に発行されたアメリカン・パワーの優先株（５ドル）、サザン・パワーの優先株（４ドル）、ゼネラル・ベーキングの転換優先株（６ドル）など。

（８）取締役会の任意で追加配当が受けられる優先株——インターナショナル・マッチの参加的優先株（2.60ドル）。

（９）転換権の消滅による損失を補償する増配付き優先株——ワーナー・ブラザーズ・ピクチャーズの転換優先株（2.20ドル）では、転換権が消滅した1930年に3.85ドルに増配された。

（10）一定の優先・普通配当が支払われたあとの残余利益について参加権のある優先株——アメリカン・ブレーキ・シューの優先株（７％）。

### B．発行会社の資産について変種の優先株

①資産に対する請求権がない優先株――ミッドランド・スチール・プロダクツの非累積的優先株（２ドル）。

②資産に対する優先権がない優先株――シカゴ・アンド・ノースウエスタン鉄道の参加的優先株（７％）、ニューヨーク・ドックの優先株（５％）など。

③資産や配当について優先順位の低い優先株――エレクトリック・ストーリッジ・バッテリーの参加的優先株。

④保有者の任意によって資産に対する優先順位が変わる優先株。

⑤一定の清算金を支払ったあとの剰余資産に参加権がある優先株。

（１）剰余資産・配当に参加権を持つ優先株――ホワイト・ロック・ミネラル・スプリングズの第二優先株（５％）、ハーシーチョコレートの転換優先株など。

（２）参加的配当権はないが、剰余資産に参加権を持つ優先株――ウォバッシュ鉄道の転換優先株B（５％）。

⑥剰余資産への参加権はないが、参加的配当権を持つ優先株――ウェスチングハウス・エレクトリックの参加的優先株（７％）、ユナイテッド・カーボンの優先株（７％）。

⑦優先担保権を持つ優先株――ジョージア・サザン鉄道の第一優先株（５％）。

⑧極めて高いプレミアムで繰上償還可能な優先株――175ドルで

繰上償還されたアメリカン・ラジエーターの優先株（７％）、160ドルで繰上償還されたデニソン・マニュファクチュアリングの累積的優先株（８％）など。

⑨強制的に償還される可能性のある優先株――マーリン・アームズの優先株（７％）は1915年に発行されたあと1917年初めに全額強制償還された。優先株の一種であるヒューデール・ハーシーのクラスＡ株式も1953年７月に１株45ドルで強制償還される。

⑩会社清算時に元本償還が保証された優先株――スタンダード・オイル・エクスポートの優先株（５％）、アーマー・オブ・デラウェアの優先株（７％）など。

**Ｃ．議決権について変種の優先株。一般に優先株には議決権はなく、あっても普通株の議決権より優先順位が低い。**

①優先株主に議決権がある典型的なケースは、ロックアイランド・ニュージャージーの優先株など。

②独占的な議決権を持つ優先株――インターナショナル・シルバーの優先株（７％）。1902年１月までは普通株主に議決権はなく、それ以降も優先株主の議決権のほうが優位にある。

③支配的な議決権を持つ優先株――アメリカン・ブレーキ・シューの優先株（７％）。

④複式投票で優位的な議決権を持つ優先株――アメリカン・タバコの優先株（６％）。

⑤２株を合算した優先株が普通株より大きい議決権を持つ優先株――アソシエーテッド・ドライ・グッズの配当６％と７％の優先株。

⑥（一定期間の無配など）特定の事態について独占的な議決権を持つ優先株――スチュードベーカーの優先株（７％）、バイユク・シガーズの参加的優先株（７％）、エンディコット・ジョンソンの優先株（７％）、ウィリス・オーバーランドの優先株（７％）など。

⑦何らかのデフォルトが発生したときに取締役員の大半の選任権を持つ優先株――コンソリデーテッド・シガーの第一優先株（6 1/2%）、ゼネラル・タイヤ・アンド・ラバーの優先Ａ株（６％）、コンソリデーテッド・オイルの優先株（８％）など。

## 変種の普通株

以上列挙してきた変種の上位証券に比べると、変種の普通株の分類はそれほど複雑ではない。その大きな理由は、これまで列挙してきた変種の上位証券の多くに本来ならば普通株だけが持っていたさまざまな権利と利益権が付与されるようになったからである。このため変種の普通株を発行している会社の多くは、上記のような変種の上位証券も発行している。

### A．発行会社の利益について変種の普通株

①配当権が制限されている普通株。

（1）A・O・スミスの普通株は優先株発行残高が150万ドル以上になると、普通配当額は年に1株当たり1.20ドルに制限される。

（2）アメリカン・ブレーキ・シューの普通配当は、1920年までは年に1株当たり7ドルに制限されていた。

（3）マーリン・アームズの普通株は1915～17年について、350万ドルの既発の優先株（配当7％）が全額償還されるまで普通配当は支払われなかった。

②他のクラスの証券の利益参加権が優先されるため、普通株の利益参加権が制限されるもの。

③普通株への転換証券の保有者の任意によって利益参加権が変わる普通株。

④ワラント付き証券の保有者の任意によって利益参加権が変わる普通株。

⑤配当保証付き普通株――ミシガン・セントラル鉄道株、ピッツバーグ・フォートウェーン鉄道株など。

⑥他の証券に優先する利益請求権を持つ普通株――グリーン・ベイ鉄道の収益社債シリーズBに優先する普通株、イースタン・ユーティリティーズ・アソシエーツの転換株式に優先する普通株など。

### B．発行会社の資産について変種の普通株

①会社清算時の資産に対して債券に次ぐ請求権を持つ普通株――シーメンス・アンド・ハルスケ株など。

②普通株への転換証券、または資産に対する普通株の利益権に参加する証券に次ぐ優先順位を持つ普通株。

③一定の条件で普通株を購入できるワラントやオプション付きの普通株。

④会社の資産に対する請求権を持たない優先証券よりも下位にある普通株――ミッドランド・スチール・プロダクツ株など。

⑤会社の資産に対する請求権はあるが、その金額に制限のある普通株――グリーン・ベイ鉄道株など。

**C．議決権を行使してその会社の経営政策に関与できる権利について変種の普通株**

①支配的または独占的な議決権について上位証券よりも優先順位の低い普通株。

②無議決権普通株――グレート・アトランティック・アンド・パシフィック・ティー株、アメリカン・タバコのクラスＢ株式など。

**D．分類株式（Classified Stock）**――分類株式の多くは発行会社の資産、利益および議決権に関して通常の普通株と同じような権利を持つため、普通株の一種と考えられる。しかし、多くの点で優先株と同じ性質を持つ分類株式もある。以下の分類では、「クラスＡ」、「クラスＢ」または「普通株」といった名称は保有者の権利や義務について特別な区分を表すものではない。

①「クラスＡ株式」はクラスＢ株式や普通株よりもさまざまな点で優先権を持つ。

（１）配当についての優先権――コカ・コーラのクラスＡ株式。

（２）資産についての優先権――ノーザン・ステーツ・パワーのクラスＡ株式。

（３）資産と配当についての優先権――コンチネンタル・ベーキングのクラスＡ株式（インターナショナル・ペーパーのクラスＡ普通株は、クラスＢ～Ｃ株に優先して12ドルの配当を受け取れる。そのあとにクラスＡ株式とクラスＢ株式は平等に12ドルの追加配当を受ける権利があり、それ以降の追加配当についてはクラスＡ～Ｃ株は平等な権利を持つ）。

②クラスＡ株式はこうした優先権に加え、他の証券への転換権や利益・資産への参加権を持つものも少なくない。例えば、カーティス・ライトのクラスＡ株式（転換権付き）、ミドル・ステーツ・ペトロリアムのクラスＡ株式（参加権付き）、マコード・ラジエーターのクラスＡ株式（転換権と参加権付き）など。

③本来的に優先株であるクラスＡ株式は繰上償還されたり（ゼネラル・アウトドア・アドバタイジングのクラスＡ株式など）、減債基金を持つものもある（オースチン・ニコルスのクラスＡ株式など）。

④議決権についてクラス別の権利を持つ株式。

（１）クラスＡ株式に議決権はあるが、クラスＢ株式にはない――アメリカン・シアナミドなど。

（２）クラスＢ株式に議決権はあるが、クラスＡ株式にはない――ユナイテッド・ライト・アンド・パワーなど。

（３）普通株に議決権はあるが、クラスＢ株式にはない――リゲット・アンド・マイヤーズ・タバコなど。

## その他の変種の証券

**Ａ．経営者株（Management Stock）、発起人株（Founders' Stock）および従業員株（Employees' Stock）**――経営者株と発起人株は議決権を持つが、一般に資本構成に占める比率は小さい。これらの株式には議決権を持つ通常の普通株とは異なるさまざまな特徴がある。例えば、チャールズ・Ｅ・ハイアズの経営者株は他者に譲渡できないが、議決権がなく譲渡可能なクラスＢ株式に転換できる。一方、デニソン・マニュファクチュアリングは経営者株と従業員株を持つが、経営者株には独占的な議決権がある点を除いて、両株式の権利はほぼ同じである。両株式は経営陣の所有から離れると上位のクラスＡ株式と交換できる。このほか、ニューヨーク・シップビルディングの発起人株は1929年１月以降に支払われた優先配当のあとの純利益の35％を得る権利がある。残りの65％は議決権のない参加的株式に帰属する。

**Ｂ．制限株（Restricted Stock）**――この株式には当初は配当権がないが、特定の条件（一定期間経過または一定水準の収益を達成するなど）を満たすと配当を受け取る権利が生じる（トリコ・プロダクツの制限株など）。

**C．名称は社債だが実質は普通株**――グリーン・ベイ鉄道の収益社債Ｂ。

**D．無担保優先株（Debenture Stock）**――「Debenture Stock」という名称は米国では意味のない呼び方である。実際には通常の優先株であるのに、無担保証券のようなイメージを与えるのでかなり紛らわしい。この名称は英国やカナダなどではまた別の意味がある。発行例はブッシュ・ターミナル株（配当７％）、デュポン株（６％）、デニソン・マニュファクチュアリング株（８％）など。

**E．配当参加証書（Dividend Participation Certificate）**――例えば、ゼネラル・ガス・アンド・エレクトリックの配当参加証書は被合併会社の参加的優先株に付与されていた参加的権利を有する。この証書には会社清算時の資産に対する参加権はないが、優先配当支払い後の追加配当について下位株式とともに参加権を持つ。1929年にはそうした配当が支払われたほか、同社のクラスＡ株式とも交換できた。交換不能な同証書は1929年11月に１株30ドルで償還された。

**F．バンカーズ・シェア（Bankers' Share）**――シティーズ・サービスのバンカーズ・シェアは値がさ株を分割するために発行された。同社の高い株価を分割して投資家に購入しやすくすることがその目的である。

**G．株式割当証書（Allotment Certificate）**――アソシエーテッド・ガスの利付き株式割当証書（配当８ドル）は発行会社のオプションで株式と交換できるほか、保有者のオプションで他の証券とも交換できる。同社は1932年に株式と交換するため同証書を繰上償還した。

**H．整理優先株（Adjustment Preferred）**――ノーフォーク・ウエスタン鉄道の整理優先株（配当４％）は会社再建時に発行される整理社債や収益社債とはまったく関係がない。

**Ｉ．担保付き無担保社債（Secured Debenture）**――アメリカン・コミュニティー・パワー債（5 1/2%、1953年）。米証券の通常の名称に照らせば、この呼び方はまったく矛盾している。

**Ｊ．優先配当は支払われないが、普通配当が支払われたケース**――こうした異常な事態は1932～33年のアメリカン・シップビルディングで見られた。これについて同社社長は、1932年６月30日に終了した年度のアニュアル・レポートのなかで次のように説明している。「昨年には優先株の積立基金から非累積的優先株の７％の配当金を支払ったが、同基金は優先配当が無配だった過年度に積み立てたものである。しかし、この配当支払いによって積立基金はほぼ底を突いたので、配当可能な利益が上がるまで優先配当は再び停止される」。

**Ｋ．破産管財中に収益社債に利息が支払われたケース**――ウォバッシュ鉄道の非累積的社債シリーズＢ（６％、1939年）では、他の利付き証券がデフォルトになっていた1932～33年に利息が支払われた。これは他の利付き証券は多額に上っていたが、既発の収益社債は少なかったというのがその理由である。

### 注４

クルーガー・アンド・トウルが1928年７月に発行した参加的無担保社債（利率５％）は、次のような特徴から見て普通株の一種であると考えられる。

①表面利率は年５％で、普通株の配当率が５％を超えると各１％につき同率の割合で追加配当が受けられる。

②発行価格は額面価額の5.25倍で、（非累積的な）利息が５％であるということは公募価格の利回りは１％以下である。

③リターンはこの社債の参加的権利にかかっており、それは普通株の配当率によって決まる。つまり社債部分が持つ元利価値は約1/5にすぎず、残りの4/5は変動する普通株の特徴を持つ。その内訳は次のとおりである。

**額面当たりの内訳**

| 項目 | 社債の部分 | 普通株の部分 | 計 |
|---|---|---|---|
| 元本 | 5.36ドル | 22.78ドル | 28.14ドル |
| 1928年の利息 | 0.27ドル | 1.07ドル | 1.34ドル |

**注５**

ナショナル・ビスケットの優先株の投資適格性は、これまでの価格と配当実績を見ても明らかである。1898年の会社設立以来、その優先株は常に年７ドルの配当を維持してきた。またその株価も1907年以来、額面（100ドル）を割り込んだことがない。1907～32年12月末の同優先株の平均株価は125.25ドルで、７ドルの配当の利回りは5.59％だった。ニューヨーク証券取引所における1899～32年のその平均株価は119.50ドル、利回りは5.855％だった。この間の安値は1900年の79 1/2ドル、高値は1931年の153 1/4ドルである。ニューヨーク証券取引所に上場してからこの34年間に株価が額面割れしたのはわずか５年だけだった。1907年の暴落相場のときを除き、同社の優先株が額面割れをしたのは1903年から一度もない。

## 注6

シーボード・オール・フロリダ鉄道は1925年に、総額2500万ドルの一番抵当付き社債シリーズA（利率6％、1935年満期）を価格98 1/2で発行した。この社債には同鉄道、フロリダ・ウエスタン鉄道およびイースト・アンド・ウエストコースト鉄道の連帯保証が付いていたほか、シーボード・エアライン鉄道が元利の支払いを保証していた。エアライン鉄道はこの社債の年間支払利息に相当するリース料が入るいくつかの鉄道線路を賃貸していた。この社債の調達資金は既発の一番抵当付き社債の償還と、フロリダ州東西海岸の全長約217マイルに及ぶ新しい線路の敷設資金に充当された。

シーボード・オール・フロリダ鉄道は1931年2月に、エアライン鉄道に続いて破産管財人の管理下に入り、同社債の利払いはデフォルトとなった。両鉄道のこうした盛衰をもたらしたのは、この時期にフロリダ州に押し寄せた不動産ブームとその衰退であった。この社債の購入者は同州の線路敷設の資金として2500万ドルを支払ったわけだが、その価格は1931年12月までにわずか1に下落し、その時価総額はたったの25万ドルとなった。

## 注7

旧ブルックリン・ラピッド・トランジットが発行した優先担保付き社債のその後の経緯が参考になるだろう。その利払いは1919年にデフォルトとなったが、それ以降に延滞金の全額が支払われた。それには、1923年に実施された同社再建策の一環として誕生した後継会社のブルックリン・マンハッタン・トランジットが発行した優先株の分も含まれている。

一方、コニーアイランド鉄道が発行した整理社債（利率4％、1955年満期）の場合は、その大口保有者であるエクイタブル・ライフ・アシュアランス・ソサイエティの措置によってユニークな経緯をたどった。同社債の保有者には延滞利息が現金で支払われたのに加え、旧社債と交換された新社債には以前よりも高い利息が支払われたのである。

**注8**

インディアナポリス鉄道の一番抵当付き社債（利率７％、1906年満期）やコロラド・ユール・マーブルの一番抵当付き社債（同６％、1920年満期）などは珍しいケースである。というのは、担保権が実行された抵当付き社債の保有者の受取金は額面以下であるのが普通であるからだ。

**注9**

ミズーリ・カンザス鉄道は1915年に破産管財人の管理下に入ったが、それに伴って既発の一番抵当付き社債（利率４％、1990年満期）も1905年の高値104 1/4から1914年には91 7/8に下落した。1915年の破産管財という事態に至るまでこの社債は投資適格の優良債券だった。1903～12年の11年間においても、1907年の相場暴落時の安値でも98 1/2という価格を維持していたからである。同社の再建手続きは長引き、その間の利払いが大幅に遅れることも珍しくなかった。テクニカル・デフォルト（事務的な手違いによるデフォルト）こそ免れたものの、この社債はニューヨーク証券取引所で破産扱いとなり、その投資適格ランクも急落した。その結果、1917年と1919年には60を割り込み、1920年には52 1/8の最安値をつけた。再建計画が発表された1921年の価格も56の低水準で、以前の投資適格ランクの90以上を回復したのは1927年以降であった。この同社の例を見ても分かるように、社債の一番抵当権でもその会社の経営危機による証券価格の下落から保有者を守ることはできないのである。

これと類似するもうひとつのケースは、ブルックリン・ユニオン鉄道の一番抵当付き社債（利率５％、1950年満期）であろう。この社債にはブルックリン・ラピッド・トランジット（同社は1918年12月末に倒産し、1923年にブルックリン・マンハッタン・トランジットとして再建された）の主要高架鉄道に対する一番抵当権が付いていた。この社債は1907年の85という例外的な一時期を除いて、1903～17年には優良社債として90を割り込むことは一度もなかった。しかし、その直後に破産管財人の管理下に入った同社のこの社債は再建手続きが順調に進められていたにもかかわらず、1920年には55まで落ち込み、以前の投資適格ランクを取り戻したのは再建手続きが終了した1926年であった。

**注10**

123ページの表の注釈と重複するため省略。

## 注11

**減債基金債(利率5 1/2%、1942年満期)を発行したガルフ・ステーツ・スチールのインタレスト・カバレッジ(起債額は1927年に98 3/4で1400万ドル、1930年に98ドルで200万ドル)**

| 年 | 金融費用に充当可能な純利益(ドル) | 1929年の金融費用に対する利益の倍率 | 社債価格 |
|---|---|---|---|
| 1922 | 958,208 | 4.15 | (1927年まで |
| 1923 | 1,576,521 | 6.90 | は未発行) |
| 1924 | 979,315 | 4.29 | |
| 1925 | 1,036,778 | 4.54 | |
| 1926 | 799,793 | 3.50 | |
| 1927 | 881,607 | 3.86 | 97½-94 |
| 1928 | 1,154,923 | 5.06 | 95⅝-87⅜ |
| 1929 | 1,538,779 | 6.73 | 99 -94¾ |
| 1930 | 489,902(赤字) | (赤字) | 100⅞-89 |
| 1931 | 658,538(赤字) | (赤字) | 90 -26 |
| 1932 | 318,078(赤字) | (赤字) | 57½-21 |

**減債基金債(利率6%、1947年満期)を発行したマリオン・スチーム・シャベルのインタレスト・カバレッジ(起債額は1927年に99 1/2で360万ドル)**

| 年 | 金融費用に充当可能な純利益(ドル) | 金融費用に対する利益の倍率 | 社債価格 |
|---|---|---|---|
| 1922 | 1,012,759* | 4.68† | (1927年まで |
| 1923 | 1,357,494* | 6.35† | は未発行) |
| 1924 | 974,905* | 4.52† | |
| 1925 | 837,844* | 3.88† | |
| 1926 | 867,130* | 4.01† | |
| 1927 | 654,433* | 3.03† | 100 -97 |
| 1928 | 583,717 | 2.78 | 102 -98¾ |
| 1929 | 737,495 | 3.62 | 99½-81 |
| 1930 | 488,904(赤字) | (赤字) | 88¾-81 |
| 1931 | 583,267(赤字) | (赤字) | 47 -21 |
| 1932 | 689,766(赤字) | (赤字) | 55 -21 |

* ニューヨーク証券取引所に報告された被合併会社の数字

† 1927年の金融費用に基づく

**無担保社債(利率5 1/2%、1941年満期)を発行したマクロイ・ストアーズのインタレスト・カバレッジ(起債額は1926年末に98で600万ドル)**

| 年 | 金融費用に充当可能な純利益(ドル) | 1931年の支払利息に対する利益の倍率 | 1931年の金融費用に対する利益の倍率 | 社債価格 |
|---|---|---|---|---|
| 1922 | 1,185,070 | 4.35 | 2.72 | (1926年まで |
| 1923 | 1,671,093 | 6.13 | 3.84 | は未発行) |
| 1924 | 1,988,987 | 7.30 | 4.58 | |
| 1925 | 2,298,684 | 8.44 | 5.29 | |
| 1926 | 2,850,236 | 10.46 | 6.56 | |
| 1927 | 3,285,267 | 12.06 | 7.56 | 101¼-97 |
| 1928 | 3,004,149 | 11.02 | 6.91 | 102⅝-98½ |
| 1929 | 2,957,550 | 10.85 | 6.80 | 99⅜-92 |
| 1930 | 2,492,092 | 9.11 | 5.71 | 100½-93¾ |
| 1931 | 1,417,566 | 5.20 | 3.26 | 100 -74 |
| 1932 | 312,900 | 1.15 | 0.72 | 91 -52 |
| 1933* | | | | 63 -21⅝ |

*1933年1月に裁判所に破産申し立て

## 注12

**一番抵当付き社債(利率6 1/2%、1934年満期)を発行したボタニー・コンソリデーテッド・ミルズのインタレスト・カバレッジ**

| 年 | 金融費用に充当可能な利益(ドル) | 金融費用に対する利益の倍率 | 社債価格 |
|---|---|---|---|
| 1916-1923 | 2,982,145* | 5.73† | (1924年に発行) |
| 1924 | 2,119,608 | 5.43 | 95ビッド |
| 1925 | 991,778 | 1.67 | 96½-94 |
| 1926 | 3,882,687(赤字) | (赤字) | 96 -80½ |
| 1927 | 184,741 | 0.17 | 92 -80 |
| 1928 | 510,926(赤字) | (赤字) | 83⅛-59 |
| 1929 | 1,926,149(赤字) | (赤字) | 73⅛-40 |
| 1930 | 2,356,770(赤字) | (赤字) | 48¾-33 |
| 1931 | 2,773,531(赤字) | (赤字) | 36½-15 |
| 1932‡ | | | 19 - 5 |

*1923/11/30までの7会計年度の平均
†1924年に発行した社債の金融費用
‡1932/3/28に破産管財人の管理下に入った

**一番抵当付き社債(利率6 1/2%、1934年満期)を発行したR・ホーのインタレスト・カバレッジ**

| 年 | 金融費用に充当可能な利益(ドル) | 金融費用に対する利益の倍率 | 社債価格 |
|---|---|---|---|
| 1919 | 1,058,288 | 2.73* | (1924年に発行) |
| 1920 | 680,174 | 1.76* | |
| 1921 | 1,101,402 | 2.85* | |
| 1922 | 1,301,676 | 3.36* | |
| 1923 | 1,316,214 | 3.40* | |
| 1924 | 835,167 | 2.16* | 100¾-99¼ |
| 1925 | 390,978 | 1.01 | 100¼-94 |
| 1926 | 874,975 | 2.19 | 99¼-91½ |
| 1927 | 255,192 | 0.65 | 102½-96 |
| 1928 | 300,116 | 0.79 | 99¼-85 |
| 1929 | 1,047,447 | 2.39 | 94½-74⅝ |
| 1930 | 580,664 | 1.25 | 90 -65 |
| 1931 | 310,948(赤字) | (赤字) | 68 -20 |
| 1932† | | | 30 - 6⅛ |

*1925年の金融費用に対する利益の倍率。1924年に450万ドルの一番抵当付き社債(利率6 1/2%、1934年満期)を発行するまでの金融費用はかなり少なかった
†1932/4/22に破産管財人の管理下に入った

**一番抵当付き社債(利率6%、1946年満期)を発行したロングベル・ランバーのインタレスト・カバレッジ(親会社に既発債はない、連結ベース)**

| 年 | 金融費用に充当可能な利益(ドル) | 金融費用に対する利益の倍率 | 社債価格 |
|---|---|---|---|
| 1922 | 5,047,310 | 7.08 | (1927年に97で発行) |
| 1923 | 6,742,616 | 6.22 | |
| 1924 | 5,493,046 | 3.69 | |
| 1925 | 6,099,748 | 4.74 | |
| 1926 | 4,358,519 | 2.66 | 96-93 |
| 1927 | 1,274,270 | 0.68 | 95-85 |
| 1928 | 2,215,212 | 1.12 | 93-88 |
| 1929 | 1,992,785 | 1.02 | 93-75 |
| 1930 | 1,725,937(赤字) | (赤字) | 82-65 |
| 1931 | 3,142,062(赤字) | (赤字) | 60-17 |
| 1932* | 3,456,064(赤字) | (赤字) | 16- 6 |

*1932年にすべての既発債の利払いがデフォルトとなる

**無担保社債(利率6 1/2%、1947年満期)を発行したナショナル・ラジエーターのインタレスト・カバレッジ**

| 年 | 金融費用に充当可能な利益(ドル) | 金融費用に対する利益の倍率 | 社債価格 |
|---|---|---|---|
| 1922 | 1,020,675 | 1.3* | (1927年8月に額面価格で発行) |
| 1923 | 2,456,076 | 3.1* | |
| 1924 | 3,405,764 | 4.4* | |
| 1925 | 3,488,980 | 4.5* | |
| 1926 | 3,472,185 | 4.4* | |
| 1927† | 896,948† | 3.24† | 101 -99½ |
| 1928 | 587,124(赤字) | (赤字) | 101 -73⅛ |
| 1929 | 490,370(赤字) | (赤字) | 82¼-20 |
| 1930 | 761,855(赤字) | (赤字) | 40 -14 |
| 1931‡ | | | 25⅞- 5 |
| 1932 | | | 25 - 7 |

*1927年に発行した社債の金融費用

†8/30～12/31の数字。年全体では推定180万ドルで2.3倍

‡1931/10/9に破産管財人の管理下に入った

## 注13

例えば、1933年６月にはニューヨーク証券取引所に上場していたメキシコ政府発行のすべての債券の利払いがデフォルトとなり、その価格も４～６となったが、メキシカン・ライト・アンド・パワーの一番抵当付き社債（利率５％、1940年満期）はデフォルトとはならず50で売買されていた。

チリ政府が発行した６％債は1931年にデフォルトとなり、その価格も11～12に急落したが、チリ・コッパーの無担保社債（利率５％、1947年満期）は1933年６月にも67で売買されていた。

1931年にデフォルトとなったリオデジャネイロ市債もその後に10まで下落したが、リオデジャネイロ・トラムウエーの一番抵当付き社債（利率５％、1935年満期）は1933年６月も87で売買されていた。このほか、イタリアのピレリが発行した減債基金付き転換社債（利率７％、1952年満期）も1933年６月にはデフォルトとはならず額面以上で売買されていた。

## 注14

1932年９月１円に予定されていたアルパイン・モンタン・スチールの一番抵当付き社債（利率７％、1955年満期）の利払いは、同社の支払い能力に問題はなかったが、オーストリア政府が実施した外国為替規制策の影響で行われなかった。また、1932年８月１日に予定されていたリマ・スチールの一番抵当付き社債（利率７％、1955年満期）の利払いも、ハンガリー政府が1931年12月23日に国内通貨の海外持ち出し禁止策を打ち出したため実施されなかった。このほか、1932年９月１日に満期になったドイツ銀行の中期債（利率６％）でも、ドイツ政府が実施した為替規制策の影響で元本の償還が行われなかった。同債券の保有者は海外持ち出しが規制されたマルクで即座に元本を受け取るか、それとも1935年９月以降に２％のプレミアム付きでドルで元本を償還されるかの選択を迫られた。

**注15**

設備信託証書（Equipment Trust Certificate）の投資適格性と投資実績の詳細については、ケネス・ダンカン著の『設備信託証書』（ニューヨーク、1924年）を参照されたい。そこでは1900年以来の鉄道会社の破産管財に伴う同証書の元利支払い状況について詳しく述べられている。それによれば、「設備信託証書の保有者が現金の代わりに他の証券の受け入れを余儀なくされたケースはわずか３件、同証書を発行会社から取り戻して売却したケースが２件、破産管財時の元本に相当する現金またはその他の証券のどちらも受け取れなかったケースはゼロであった」。

設備信託証書の専門取扱会社であるフリーマン社が1932年６月に公表した調査報告書によれば、鉄道会社の破産管財に伴う設備信託証書の元利支払い状況は次のようになっている。

**破産管財人の管理下になった鉄道会社と設備信託証書のその後の経緯**

過去5年間に国内投資家向けに販売された設備信託証書は約40億ドルで、最終的に投資家の損失となったケースはゼロだった。これは国債を除くほかの投資証券には見られない素晴らしい実績である。1888～1930年には1897年、1902年、そして1907年などの相場暴落期があったが、それでも設備信託証書がこのような実績を上げられたのは、同証書の高い安全性を証明するものであろう。

以下は、破産管財人の管理下になった鉄道会社と設備信託証書のその後の経緯を示したものである。

1886年——デンバー・リオグランデ鉄道　担保付き社債や優先株と交換され、その後それらの価値は設備信託証書の価値の1.4倍となった

1888年——チェサピーク・オハイオ鉄道　利払いのデフォルトはなく利息は全額支払い

1892年——セントラル・レールロード・バンキング　利払いのデフォルトはなく利息は全額支払い

1892年——サバンナ・アメリカス・モンゴメリー鉄道　利払いのデフォルトはなく利息は全額支払い

1895年——アチソン・トピーカ鉄道　管財人は満期になった同証書（額面1000ドル）を償還するため1200ドルの担保付き社債を発行

1895年——ニューヨーク・レーク・エリー鉄道　同証書の利払いを保証するため破産管財人証書を発行

1895年——ユニオン・パシフィック鉄道　満期になった同証書を償還するため担保付き社債を発行

1896年——フィラデルフィア・レディング鉄道　利払いのデフォルトはなく利息は全額支払い

1896年——ノーザン・パシフィック鉄道　利息は定期的に支払い

1899年——コロンバス・ホッキング鉄道　利息は即時払い、元本は新たな取り決めに基づいて10%ずつ定期的に償還

1900年——カンザスシティー・ピッツバーグ鉄道　元利を保証するため一番抵当付き社債を新規に発行

1905年——シンシナティ・ハミルトン鉄道　利払いのデフォルトはなかった

1905年——ペレ・マーケット鉄道　利払いのデフォルトはなく、破産管財中に利率６％の設備信託証書を追加発行

1908年——シーボード・エアライン鉄道　満期になった同証書を償還するため破産管財人証書を発行

1908年——デトロイト・トレド・アイアントン鉄道　弁護士報酬やその他の費用を控除した元本の残りの全額を返還

1910年——バッファロー・サスケハンナ鉄道　設備資産を売却して元利を返還

1915年——ウォバッシュ・レールロード　現金または利率６％の設備信託証書で返還

1916年——ミネアポリス・セントルイス鉄道　利払いのデフォルトはなく利息は全額支払い

1916年——ミズーリ・パシフィック鉄道　利払いのデフォルトはなく利息は全額支払い

1916年——ニューオリンズ・テキサス鉄道　利払いのデフォルトはなく利息は全額支払い

1916年——セントルイス・サンフランシスコ鉄道　利払いのデフォルトはなく利息は全額支払い

1916年——ウエスタン・パシフィック鉄道　利払いのデフォルトはなく利息は全額支払い

1916年——ホイーリング・レーク・エリー鉄道　利払いのデフォルトはなく利息は全額支払い

1917年——ウォバッシュ・ピッツバーグ・ターミナル　利払いのデフォルトはなく利息は全額支払い

1918年——シカゴ・ペオリア・セントルイス鉄道　利払いは一時中断したが、1919年に再開

1920年——ワシントン・バージニア鉄道　新経営陣が延滞利息を支払い

1921年——ミズーリ・カンザス・テキサス鉄道　利払いのデフォルトはなく利息は全額支払い

1921年——アトランタ・バーミンガム鉄道　現金で元利払い

1922年——シカゴ・オールトン鉄道　利払いのデフォルトはなく利息は全

額支払い

1923年――ミネアポリス・セントルイス鉄道　利払いのデフォルトはなく利息は全額支払い

1927年――シカゴ・ミルウォーキー・セントポール鉄道　利払いのデフォルトはなく利息は全額支払い

1931年――ウォバッシュ鉄道　利払いのデフォルトはなく利息は全額支払い

1931年――フロリダ・イーストコースト鉄道　利払いのデフォルトはなく利息は全額支払い

1931年――シーボード・エアライン鉄道　元本の償還は1935年まで１年延長、利息は全額定期的に支払い

1932年――モービル・オハイオ鉄道　利払いのデフォルトはなく利息は全額支払い

**注16**

設備信託証書の投資実績を見ると、1932～33年に発行された同証書の利回りはかなり高い。フィッチ・ボンド・レコードが1933年６月に公表した資料によれば、1933年６月現在の鉄道各社の同証書シリーズの利回りは次のとおりである。

| 鉄道各社の設備信託証書シリーズ | 現在利回り(%) | |
|---|---|---|
| | 買い | 売り |
| アトランティック・コースト・ラインの「D」 | 5.50 | 4.50 |
| ボルチモア・オハイオ鉄道の「A」 | 6.75 | 5.50 |
| カナディアン・パシフィック鉄道の「B」 | 7.25 | 6.00 |
| セントラル・ジョージア鉄道の「Q」 | 14.00 | 9.00 |
| チェサピーク・オハイオ鉄道の「T」 | 4.80 | 4.00 |
| シカゴ・ノースウエスタン鉄道の「J」 | 12.00 | 8.00 |
| シカゴ・グレート・ウエスタン鉄道の「A」 | 12.00 | 9.00 |
| シカゴ・ミルウォーキー・パシフィック鉄道の「E」 | 14.00 | 9.00 |
| シカゴ・ロック・アイランド鉄道の「L」 | 13.50 | 9.50 |
| エリー鉄道の「LL」 | 8.75 | 7.25 |
| グレート・ノーザン鉄道の「B」 | 6.00 | 5.00 |
| イリノイ・セントラル鉄道の「F」 | 7.00 | 6.00 |
| ルイビル・ナッシュビル鉄道の「D」 | 5.50 | 4.50 |
| ミズーリ・パシフィック鉄道の「D」 | 12.50 | 9.00 |
| ニューヨーク・セントラル鉄道の「7-1920」 | 6.50 | 5.50 |
| ニューヨーク・シカゴ・セントルイス鉄道の「5-1923」 | 12.00 | 9.00 |
| ニューヨーク・ニューヘブン・ハートフォード鉄道の「5-1925」 | 6.50 | 5.50 |
| ノーフォーク・ウエスタン鉄道の「4 1/2-1924」 | 4.25 | 3.75 |
| ノーザン・パシフィック鉄道の「4 1/2-1925」 | 6.00 | 5.00 |
| ペンシルベニア鉄道の「A」 | 4.50 | 3.75 |
| ペレ・マーケット鉄道の「6-1920」 | 12.00 | 9.00 |
| レディングの「4 1/2-1924」 | 4.65 | 4.00 |
| セントルイス・サンフランシスコ鉄道の「BB」 | 14.00 | 10.00 |
| サザン・パシフィックの「E」 | 6.25 | 5.25 |
| サザン鉄道の「W」 | 11.00 | 8.50 |
| ユニオン・パシフィック鉄道の「A」 | 4.50 | 3.75 |
| ウォバッシュ鉄道の「F」 | 14.00 | 10.00 |

**注17**

米投資銀行協会の不動産証券委員会が公表した中間報告書によれば、1931年５月現在の不動産抵当債券の発行残高は推定100億ドルで、その信用格付けの内訳は次のようになっている。

| | | |
|---|---|---|
| クラス1 | 債務率は不動産の現在評価額の75％以下で、財務内容・業績ともに良好 | 2,000,000,000ドル |
| クラス2 | 債務率は75％以上ながら今のところ問題はなく、満期までに担保権の実行や損失の可能性はない | 2,000,000,000ドル |
| クラス3 | 債務率は75％以上で、満期までに担保権の実行や損失の可能性は10～25％ | 2,500,000,000ドル |
| クラス4 | 債務率は125～150％で、満期までに担保権の実行や損失の可能性は25～60％ | 3,000,000,000ドル |
| クラス5 | この会社の賃借権・二番抵当付き社債を含むすべての証券の購入はかなりリスクが大きい。満期までに担保権の実行や損失の可能性は60～100％ | 500,000,000ドル |
| 合計 | | 10,000,000,000ドル |

1931年11月に開かれた投資銀行協会の第20回年次総会に提出された年次報告書では、不動産抵当債券の発行残高について次のように述べている。

「多くの小口発行分については記録がないため、不動産抵当債券の発行残高の正確な数字を把握するのは困難である。しかし連邦準備制度理事会の推計によれば、現在までの発行残高は最高で60億ドルと推定される。この数字は先の推定額をかなり下回っているが、実際の数字に近いものであろう。……

都市部の不動産価格の下落に伴い、不動産抵当債券の発行残高の約60％が何らかのデフォルトになっていると見られる。そのなかには一時的な元利のデフォルトや税金の未払いといった軽度のものから、発行会社の破産管財や担保権の実行といった深刻なケースも含まれる」

以下の表は、ダウ・ジョーンズが公表した各年の11月1日現在の利息または元利の支払いがデフォルトになっている不動産抵当債券の発行残高を示したものである。

| | |
|---|---|
| 1928年 | 36,229,000ドル |
| 1929年 | 59,755,000ドル |
| 1930年 | 137,463,000ドル |
| 1931年 | 327,968,000ドル |
| 1932年 | 739,326,000ドル |
| 1933年 | 995,017,000ドル |

**注18**

ニューヨークのウエストエンド・アベニューに建設された「ハドソン・タワーズ」は、悲惨な結末を迎えた典型的なケースである。この27階建てのビルは、病人とその家族を対象としたホテル・保養所・病院という特殊な目的で建設された。土地代は39万5000ドル、総工費は130万ドルと見られていた。これに対し、土地・建物の見積評価額は260万ドルとされていたため、1923年に発行された165万ドルの一番抵当付き社債はニューヨーク州法令のトラスト・ファンド向け適法投資基準を満たしていた。その後、このビルの権利は売却・転売を繰り返し、1927年には115万ドルの二番抵当付き社債が一般投資家向けに発行された。

しかし結局、このビルは1932年８月の完成を待たずに一番抵当権の実行で20万ドルで売却された。結局、その一番抵当付き社債（額面1000ドル）に対する返還額は8.14ドルと投資額の1/100以下にすぎなかった。

**注19**

米投資銀行協会の工業証券委員会は1928年の報告書のなかで次のように述べている。「各社の募集案内書を調査したところ、賃借ビルの資産を頼りに優先株を発行している会社もあった。それらの会社では優先費用であるリース料についてほとんど投資家に説明していなかった。そうした会社の募集案内書を見ると、優先株の配当金は利益から控除される最優先費用という印象を受ける。しかし残念なことに、一般投資家は証券発行会社の募集案内書を詳しく調べることはなく、そうしたリース料に関する説明もほとんど読まない。そうした費用については債券の支払利息と同じように投資家に詳しく説明されなければならない」

これと同じことは、リース料などより優先順位が低い債券利息についても当てはまる。賃借地一番抵当付き社債（利率７％、1954年満期）を発行したウォルドーフ・アストリア（ニューヨーク）が、借地料でつまずいたケースを紹介する。

同社は1929年10月に1100万ドルの同社債を発行したが、その年には30万ドルだった借地料は２年後には60万ドルに、さらに数年後には80万ドルにまで値上げされた。この負担に加えて、同社は本来ならば固定費用に計上すべき他の建物・減債基金充当費を「営業費用」として処理していた。社債の募集案内書では支払利息に対する収益の倍率は4.55倍以上に上ると説明されていたが、借地料がまもなく支払利息を上回るのは確実であり、これらすべての費用が営業費用として利益から控除されていた。この社債の保有者がこうした借地料の存在を知ったならば、投資額の1100万ドルの利払いが累積借地料2300万ドルの支払いより後回しになることに驚くだろう。

1932年初めに未払いになっていた借地料について、地主（ニューヨーク・セントラル鉄道の子会社）と交渉が行われた。その再建計画によれば、地主が将来の地代と支払い時期について一定の譲歩をする見返りに、社債保有者は確定利息が保証されない収益社債に変更するよう求められた。その結果、この賃借地一番抵当付き社債は1932年には3 1/4まで売られた。

このほか、1926年に額面発行されたタワー・ビルディング（シカゴ）の190万ドルの賃借地一番抵当付き社債（利率6 1/2%）でも、当初は19万ドルだった年間の借地料は徐々に値上げされていった。同社はこの重い負担に耐えきれず、1931年にその借地権を放棄し、同社債はすべて紙くずとなった。

**注20**

「クラスＩ」の鉄道会社の1926〜30年における営業総収益に対する維持費用の比率は次のとおりである。

| 地域 | 総収益に対する線路の維持費(%) | 総収益に対する設備施設の維持費(%) | 合計(%) |
|---|---|---|---|
| 全国 | 13.69 | 19.51 | 33.20 |
| ニューイングランド地方 | 15.28 | 17.82 | 33.10 |
| 五大湖 | 12.49 | 20.90 | 33.39 |
| 中東部 | 12.53 | 20.66 | 33.19 |
| ポカホンタス地方 | 13.40 | 20.02 | 33.42 |
| 南部 | 14.47 | 20.01 | 34.48 |
| 北西部 | 14.49 | 18.28 | 32.77 |
| 中西部 | 13.95 | 18.10 | 32.05 |
| 南西部 | 15.85 | 17.97 | 33.82 |

1920年以前に比べて地域的な格差は小さくなっているほか、1931〜32年の各鉄道会社の維持費用は上記の数字をかなり下回っている。例えばイリノイ・セントラル鉄道の1932年の維持費用の比率は、線路で8.36%、設備施設で19.48%となっている。

| 年と鉄道会社 | 総収益に対する線路の維持費(%) | 総収益に対する設備施設の維持費(%) | 総収益に対する維持費(%) |
|---|---|---|---|
| 1926-1930年の南西部地域の平均 | 15.85 | 17.97 | 33.82 |
| アチソン | | | |
| 1929 | 15.79 | 18.13 | 33.92 |
| 1930 | 15.66 | 20.05 | 35.71 |
| 1931 | 13.15 | 21.98 | 35.13 |
| 1932 | 11.52 | 23.69 | 35.21 |
| セントルイス・サウスウエスタン | | | |
| 1929 | 19.97 | 16.26 | 36.24 |
| 1930 | 15.32 | 15.66 | 30.98 |
| 1931 | 10.93 | 14.56 | 25.49 |
| 1932 | 14.65 | 16.87 | 31.52 |
| サザン・パシフィック | | | |
| 1929 | 12.63 | 17.46 | 30.09 |
| 1930 | 12.66 | 17.16 | 29.82 |
| 1931 | 12.41 | 17.21 | 29.62 |
| 1932 | 11.86 | 18.57 | 30.43 |

**注21**

チェサピーク・オハイオ鉄道の1921～29年の維持費用は異常に増加している。先の表のポカホンタス地方の数字と比べるとそれがよく分かる。

| 年 | 総収益に対する線路の維持費(%) | 総収益に対する設備施設の維持費(%) | 合計(%) |
|---|---|---|---|
| 1921 | 14.51 | 23.87 | 38.38 |
| 1922 | 12.70 | 27.01 | 39.71 |
| 1923 | 12.60 | 28.10 | 40.70 |
| 1924 | 14.40 | 27.90 | 42.30 |
| 1925 | 15.20 | 25.30 | 40.05 |
| 1926 | 14.23 | 22.89 | 37.12 |
| 1927 | 14.37 | 22.38 | 36.75 |
| 1928 | 13.47 | 22.29 | 35.76 |
| 1929 | 14.39 | 22.36 | 36.75 |
| 1930 | 13.55 | 19.55 | 33.10 |
| 1931 | 12.88 | 18.99 | 31.87 |

一方、次の表は子会社（ルイビル・ナッシュビル鉄道）の多くの当期利益が親会社（ルイビル鉄道の普通株の51％を保有するアトランティック・コースト・ライン）に支払われていない一例を示したものである。

| 年 | 1株利益(ドル) | 1株配当(ドル) | 配当控除後の利益(ドル) | ルイビル鉄道の未分配利益に対するアトランティック・コーストの持分(ドル) |
|---|---|---|---|---|
| 1922 | 14.72 | 7.00 | 5,558,019 | 2,834,590 |
| 1923 | 11.54 | 5.00 | 7,648,935 | 3,900,957 |
| 1924 | 12.08 | 6.00 | 7,112,794 | 3,627,525 |
| 1925 | 15.98 | 6.00 | 11,680,711 | 5,957,163 |
| 1926 | 16.60 | 7.00 | 11,232,111 | 5,728,377 |
| 1927 | 14.29 | 7.00 | 8,536,241 | 4,353,483 |
| 1928 | 12.24 | 7.00 | 6,133,220 | 3,127,942 |
| 1929 | 11.73 | 7.00 | 5,536,543 | 2,823,636 |

シカゴ・バーリントン鉄道も1922〜29年には支払配当を大きく上回る利益を上げたが、1930〜32年には一転して支払配当が利益を上回る状況となった。同鉄道の普通株の各48%はグレート・ノーザン鉄道とノーザン・パシフィック鉄道が保有している。

**注22**

基本的には工業会社であるが、「公益事業会社」を装っている会社には次のようなものがある。①1927年設立のユナイテッド・パブリック・サービスの事業は電気・天然ガスの供給、製氷、冷蔵業など、②1928年設立のユーティリティーズ・サービスは小都市の電話20社と大都市の製氷4社を買収・営業している、③1928年設立のセントラル・アトランティック・ステーツ・サービスの事業は製氷、石炭、冷蔵業など、④1928年設立のウエストチェスター・サービスの事業は石炭、製氷、燃料油、ビル販売など、⑤1928年設立のナショナル・サービス（ウエストチェスター・サービスの持ち株会社）は製氷、燃料、その他の関連事業に従事。これらの会社の事業は基本的に工業であるが、資本構成などは公益事業会社のそれをまねていた。

**注23**

米投資銀行協会は1925年に公表した債券募集案内書の作成・使用に関する特別報告のなかで、債券発行会社の募集案内書では減価償却費についてまったく触れられていない、またはその実際の数字は損益計算書の一括項目として処理されている—と批判し、さらに次のように述べている。

「減価償却費とその取り扱いについてはさまざまな意見があるが、各社がどのような政策を取るにしても、投資家はその実体について知る権利がある。減価償却費に触れていない募集案内書とは、投資家が資金を提供しようとする会社の重要事項が抜けているようなものである。

一部の募集案内書ではバランスシートにも減価償却費の記載はなく、ほとんどの場合は債券の募集案内書で簡単に触れている程度である。しかし、減価償却費・所得税控除前の利益を公表するのは一般的な企業慣行であり、投資銀行協会としても募集案内書のなかにその詳しい数字を盛り込むように企業側に働きかけていく方針である。

もし投資家がバランスシートを理解し、その内容にも熟知するようになれば、当該会社の経営陣が減価償却費をどのように処理しているのかがよく分かるだろう。減価償却費・所得税控除後の利益を公表している募集案内書もあるが、そこでもそれらの費用控除前の利益は明らかにされていない。投資家が知る権利のある情報とは、減価償却費の金額、減価償却費控除前と控除後の利益、支払利息に充当可能な利益——などである」

### 注24

公益事業持ち株会社のインタレスト・カバレッジを計算するときの少数株主持ち分の求め方

ユナイテッド・ライト・アンド・レールウエーズの1932年の決算報告には、普通株の54％を保有する子会社のアメリカン・ライト・アンド・トラクションの決算数字が盛り込まれていた。アメリカン・ライトの46％の少数株主に帰属する利益は約280万ドルで、その計算法には次の３つの方法がある。

「方法Ａ」（一般的な方法）……少数株主の利益は親会社の支払利息のあとに控除する。こうすれば当該社債のインタレスト・カバレッジには影響を及ぼさない。

「方法Ｂ」（正確だが複雑な方法）……子会社の利益と金融費用は親会社の株式保有比率に応じてその損益収支に含める。逆に言えば、少数株主の持ち分はそれらを控除した利益となる。

「方法Ｃ」（望ましい方法）……少数株主の利益は費用勘定と同じように、インタレスト・カバレッジを計算する前に純利益から控除する。この方法で計算するとＢの計算法よりはインタレスト・カバレッジが小さくなるが、その程度の違いは許容範囲であろう。

以下の表は、以上の３つの方法で計算した1932年のユナイテッド・ライトの決算数字である。

| 項目 | 方法A（ドル）（一般的） | 方法B（ドル）（正確） | 方法C（ドル）（保守的） |
|---|---|---|---|
| 総収益 | 67,550,000 | 50,970,000† | 67,550,000 |
| 純利益 | 23,318,000 | 18,100,000† | 23,318,000 |
| 少数株主持分 | | | 2,804,000 |
| 金融費用に充当可能な利益 | 23,318,000 | 18,100,000† | 20,514,000 |
| 金融費用＊ | 15,453,000 | 13,039,000† | 15,453,000 |
| 少数株主持分 | 2,804,000 | | |
| 親会社普通株の利益 | 5,061,000 | 5,061,000 | 5,061,000 |
| 金融費用に対する利益の倍率 | 1.51倍 | 1.39倍 | 1.33倍 |

＊子会社の支払利息・優先配当および親会社の支払利息

## 注25
## 「長期投資対象としての優先株」に関するロバート・ロッドキー教授の追跡調査

ロッドキー教授はこの調査を通じて、既発債を持たない工業優先株の長期投資は報われるという結論を引き出しているが、その調査法とは次のようなものであった。

1908年1月11日に前年中に最も活発に取引されていた普通株の発行会社の優先株10銘柄のリストと、やはり前年中に最も活発に取引されていた優先株のリストを作成した。各銘柄に1000ドルずつ投資し（比較のため普通株にも同額を投資）、既発債を持つ優先株についてはそれを売却して既発債のない会社の優先株に乗り換えた。参考日の1921年1月1日を含む1932年1月1日までの毎年について、それらの時価総額と配当のインカムゲインを追跡調査したところ、次のような結果が明らかになった。

| テスト | 1908/1/1の時価総額（ドル） | | 1921/1/1の時価総額（ドル） | | 1932/1/1の時価総額（ドル） | |
|---|---|---|---|---|---|---|
| | 優先株 | 普通株 | 優先株 | 普通株 | 優先株 | 普通株 |
| テスト5 | 10,000 | 10,000 | 11,617 | 27,003 | 11,035 | 36,279 |
| テスト6 | 10,000 | 10,000 | 17,462 | 62,441 | 11,113 | 16,663 |
| その合計 | 20,000 | 20,000 | 29,079 | 89,444 | 22,148 | 52,942 |
| テスト5a | | | 10,000 | 10,000 | 9,705 | 11,657 |
| テスト6a | | | 10,000 | 10,000 | 9,682 | 16,822 |
| 4つのテストの合計 | | | 49,079 | 109,444 | 41,535 | 81,421 |
| 1万ドル当たりの平均時価 | 10,000 | 10,000 | 12,270 | 27,361 | 10,384 | 20,355 |

| テスト | 1932年の安値（ドル） | |
|---|---|---|
| | 優先株 | 普通株 |
| テスト5 | 7,727 | 17,991 |
| テスト6 | 5,385 | 6,989 |
| テスト5a | 6,847 | 5,220 |
| テスト6a | 6,656 | 7,265 |
| | 26,615 | 37,465 |
| 平均 | 6,654 | 9,366 |

この調査結果によれば、優先株のリターンは満足すべきものであり、普通株のリターンはさらに高かった。ロッドキー教授は長期投資対象としての優先株の有利さの証拠として、高いインカムゲインと元本の安全性を挙げている。

一方、この実験の方法と結論について次のような反論も出た。

①各優先株の満足すべきリターンは普通株の値上がりによるところが大きかった。実際、普通株が下落すると優先株もそれにつられて値下がりしているため、優先株は低迷期の投資対象としては安定さに欠ける。

②優先株のこうしたもろさは、1932年の安値を示した上記の表を見ても明らかである。普通株が平均して取得原価水準を保っているのに対し、優先株は投資額の1/3を失っている。

③ロッドキー教授の優先株リストは相場低迷期の1908～21年に購入したものであるため、その結果を一般化することはできない。しかも活発に取引されている銘柄となれば、安い投機的な銘柄が多くなる。その結果、対象銘柄の下落分の多くは一部の銘柄の大きな値上がりで帳消しにされている。また、このテストで行われた銘柄の乗り換えも一般投資家には実行できないものである。さらにテスト６の結果によれば、1932年１月２日現在の２銘柄の優先株（投資額は1000ドル）の時価は合わせて7417ドル、残りの8000ドルの銘柄の時価総額はわずか3697ドルという異常な結果になっている。

④このリストの銘柄を（任意に選択した相場低迷期ではなく）通常の時期に選択したならば、鉄道債は既発債のない工業優先株よりもはるかに安定していたであろう。以下の表は、各証券の1921～24年の平均価格と1932年１月２日の時価を比較したものである。

それによれば、1932年１月の鉄道債の時価は1921～24年の平均価格と同じであるが、鉄道普通株はほぼ半額になっている。これから判断する限り、（少なくともこの時期に関しては）鉄道債のほうが不況期

| 期日 | 鉄道普通株 | 鉄道債 | 既発債のない工業優先株 | |
|---|---|---|---|---|
| | | | 優先株 | 普通株 |
| 1921～24年の平均 | 100 | 100 | 100.0 | 100.0 |
| 1932/1/2の時価 | 51 | 100 | 114.7 | 89.5 |

に対して抵抗力があり、鉄道普通株よりは投資適格度が高くなる。一方、工業優先株が平均価格より約10%下落しているのに対し、普通株は逆に15%値上がりしている。これは、優先株のリスト銘柄が平均して値を保ったのは普通株の大幅な上昇によるところが大きいとする先のわれわれの主張を裏付けるものである。相場が変動しても普通株では全体としてバランスのとれた結果となったのに対し、優先株では下げ圧力が強く、その平均価格は下落したであろう。

⑤もしテスト銘柄が取引高の代わりに厳密な投資基準に従って選択されていれば、もっと良い結果が出ただろう。業績好調の銘柄は不況期でもそれなりの高値を維持するうえ、この実験テストで選ばれた安い投機的な優先株よりは米産業の発展の恩恵をいっそう多く受けるだろう。

**注26**

優先配当の安全余裕率というものについて、投資出版物の著者たちはほとんど目を向けていないようだ。その理由のひとつは、（例えばローレンス・チェンバレン氏のように）優先株を初めから投資適格対象に含めていないこともある。過去数十年間に大量の優先株が発行されたにもかかわらず、その投資適格性についてはいまだに意見が分かれているほか、「科学的な証券投資」に関する各種出版物の著者の間でもこの問題に対する関心はかなり低い。

それらの多くの著書では優先株のインタレスト・カバレッジを計算するのに、依然としてプライア・ディダクションズ・メソッドが使われている。例えば、カール・クラフトとルイ・スタークウェザーの共著『工業証券の分析』（ニューヨーク、1930年）でも、ジョーンズ・ブラザーズ・ティーの優先株を分析するのにこの間違った方法が使われ、計算したレシオ結果についても分析がなされていない。

またJ・E・カーシュマンもその著書『投資の原則』（ニューヨーク、1933年）のなかで、プライア・ディダクションズ・メソッドに基づいてフェデラル・ウオーター・サービスの優先株を分析し、過去数年間のインタレスト・カバレッジは数倍に達するという結論を出している。1928～32年の同優先株の金融費用＋優先配当に対する利益の倍率は実際には1.37倍以下であった。これに対し、D・F・ジョーダンは特に公益事業会社の優先株にこの方法を適用することの誤りを指摘し、オーバーオール・メソッドを使うべきだと主張している。

**注27**

この事件の発端は、ホッキング・バレー鉄道とトレド・オハイオ・セントラル鉄道がカナワ・ホッキング・コールの社債の元利支払いを共同保証することで、石炭輸送を独占的に支配しようとしたことである。これについてオハイオ州裁判所は、鉄道会社が石炭会社の過半数の株式を保有して石炭輸送を独占するのは違法であるとしてこれを認めなかった。

その後1915年には独占禁止法に基づいて石炭会社と鉄道会社は分離されることになったが、社債の保証人と保有者との保証契約の有効性については判断が示されなかった。この問題についてはオハイオ州裁判所も当該社債保有者の権利についてうんぬんすることはできないとし、また連邦裁判所も被告の鉄道会社に対し、その社債の保証人としての義務を履行させることはできないとしていた。

1915年７月にカナワ・コール債の利払いがデフォルトとなったため、保護委員会はニューヨーク地方裁判所に対して鉄道会社が保証人としての義務を履行するよう要請した。これに対し、被告のホッキング・バレー鉄道は先のオハイオ州裁判所の判断を取り上げて、そうした義務を履行する法的な責任はないと主張した。しかし、ニューヨーク地方裁判所は1916年10月に保護委員会の主張を全面的に認め、共同保証人のひとりであるトレド・オハイオ・セントラル鉄道に対して保証義務の履行を命じたが、ホッキング・バレー鉄道については同社の主張を入れて判決を保留した。カナワ・コール債の利払いは1918年１月に再開され、その後は定期的に支払われた。社債の元利保証をめぐるこの訴訟は、1919年11月のオハイオ州裁判所と同州控訴裁判所の判決で全面解決した。

この裁判が続いていた1916年12月に、ニューヨーク・セントラル鉄道が裁判所に求めていた保護委員会の保有するカナワ・コール債のほぼすべての買収が認められた。その後に策定された同社再建策に基づき、1919年11月には既発債の1/3が額面で償還されたほか、残りの2/3についても新会社が発行する一番抵当付き社債（利率６％）と交換することで当事者間で合意が成立した。

**注28**

デービソン・ケミカルはシリカゲルが発行した中期債（利率6 1/2%、1932年満期）の元本保証を拒否し、その代わりに自社の債券を新たに発行するよう既発債の保有者に申し入れた。これは実質的には既発債の借り換え、または償還延長を意味する。この債券交換の申し出に対し、既発債の保有者は購入金の全額の返済を求める訴訟を起こしたが、その直後にデービソン・ケミカルは倒産した。

一方、サボイプラザが発行した無担保社債（利率5 1/2%、1938年満期）にはUSリアルティの保証が付いていた。この保証は同債券を連続して償還するというもので、1932年10月にその既発債は102 1/4の価格ですべて繰上償還された。

**注29**

1929年10月にカンザスシティー・ターミナル鉄道の４%債（1960年満期）は86（利回り4.9%）で、シカゴ・ロック・アイランド鉄道の４%債（1988年満期）は90（同4.5%）でそれぞれ売買されていた。ところがそれから４年後の1933年11月には、連帯保証が付いていたカンザスシティー鉄道債が同じ86ドルで売買されていたのに対し、ロック・アイランド鉄道債は42に下落した。

**注30**

ニューヨーク・ハーレム鉄道のケースは、リース契約と債券の元利保証という点で興味ある事例を提供している。

ハーレム鉄道の多くの資産はニューヨーク・セントラル鉄道に契約期限が401年、ハーレム鉄道が発行する債券の支払利息＋優先株・普通株の配当金５ドルに相当する賃貸料でリースされていた。セントラル鉄道はハーレム鉄道債の元利を保証していたが、株式の配当金は保証していなかった。それでもハーレム鉄道の配当金は1873年以降も順調に支払われていた。

一方、ハーレム鉄道の別の鉄道資産も１株配当金＋２ドル相当額の賃貸料でセントラル鉄道にリースされていたが、その後セントラル鉄道が倒産したため、これらのリース契約は無効となり、ハーレム鉄道がそれらの設備を運営することになった。ところが1932年に新しいニューヨーク・セントラル鉄道と鉄道資産のリース契約（期間は999年）が再び結ばれたが、リース料は45万ドルの一括払いであったため、実質的にはこの金額でその鉄道資産を売却したも同然であった。

ハーレム鉄道の一部の株主はセントラル鉄道に対し、そのリース契約では高架鉄道などの貴重な空中権がカバーされていないとして追加リース料の支払いを求める訴訟を起こした。この思惑を映してハーレム鉄道の株価は1928年には505ドルの最高値をつけたが、その申し立てが棄却される1932年までに株価は82ドルまでに下落した。

## 注31

## インダストリアル・オフィス・ビルディングの再建

同社の再建プロセスでは、一番抵当付き社債の保有者の理論上の権利と現実には大きな隔たりがあることを如実に物語っている。

同社は1926年にニュージャージー州ニューアークに総工費380万ドルでオフィス・ビルを建設したが、その際にその土地の評価額は当初の30万ドルから最終的には200万ドルまで引き上げられた。総工費は次のような証券発行で賄われた。

| | |
|---|---|
| 一番抵当付き社債（利率６％） | 3,150,000ドル |
| 無担保中期債（同７％） | 450,000ドル |
| 優先株 | 450,000ドル |
| 普通株 | 100,000ドル |

その後の業績悪化で1932年６月に既発債の利払いがデフォルトとな

り、破産管財人が選任された。その再建計画の内容は次のようなものであった。①一番抵当付き社債（1947年満期）を同じ満期の収益社債（利率５％）と交換する、②無担保中期債を無担保収益社債（利率７％、1948年満期）と交換する、③優先株（配当８％）を同じ配当率の新優先株と交換する、④普通株を新普通株と交換する、⑤これらの交換はすべて額面または株式１対１で行う。

ところが、再建委員会が担保権を実行するため保有資産を10万ドルで売却したため、新証券と交換しなかった既発債の保有者はわずか56ドルの現金（額面1000ドル）しか受け取れなかった。このように、債券保有者は資産に対する請求権はもとより何の補償も受けられなかったのに対し、株式保有者はほとんど失うものはなかった（配当金は既発債の2/3が償還されるまで支払われなかったが、それでも既発債が少なくなれば株式保有者にとってはそれだけメリットが大きくなる）。同社の資産の所有者には優先株主も含まれているが、これら優先株主には資産の請求権はまったく与えられておらず、優先株主にはこのオフィス・ビルは極めて高い買い物となった。

550万ドルと評価されていた同社の資産をわずか10万ドルという価格で売却したことは大きな問題である。同社の1932年上半期の税引後純利益が６万7000ドルであったことを考えると、その売却価格があまりにも安すぎることは明らかである。会社再建策の一環とはいえそのような不当に安い価格で資産を売却したことは、通常の再建手続きから株主やその他の権利者を締め出すことよりもっと不公平な措置である。一般に債権者が自らの権利を実行するのは極めて難しいが、同社の場合には法的手続きを利用して債券保有者の権利を無効にしたというのが真相である。

**注32**

次の２社の例は、①信託証書の保護条項、②工業債を選択するときの業績――というものがいかに当てにならないかということをわれわれに教えている。

最初はウィリス・オーバーランドの一番抵当付き社債（利率6 1/2%、1933年満期、発行額1000万ドル）のケース。その信託証書の保護条項には次のように記載されていた。①すべての固定資産に対する一番抵当権と子会社が保有するすべての株式で担保、②満期以前に90%の既発債を償還するため発行額の10%ずつを減債基金（年間100万ドル）として積み立てる、③常に債券発行残高の1.5倍以上の正味流動資産を維持する、④1923年９月以降には当期利益だけから利息を支払い、支払利息控除後の流動資産は流動負債の２倍以上、正味流動資産も既発額面総額の２倍以上を維持する。

一方、1928年末までの同社の業績は次のようになっている。①1928年の支払利息に対する収益の倍率は12倍、1923～28年の平均倍率は11倍以上、②1928年末現在の優先株と普通株の時価総額は１億1000万ドルで債券発行残高の22倍、③連結正味流動資産は2870万ドルで債券発行残高の５倍以上、④支払利息に充当可能な連結正味流動資産は債券発行残高の14倍以上。

これに対するその後の同社の経緯は、1929～32年の連結黒字が3960万ドルから40万ドルに急減したため、600万ドルの支払利息控除後の損益収支は大幅な赤字。正味流動資産も3000万ドル以上減少して流動負債が流動資産を240万ドルも上回ってしまった。減債基金による買い入れ消却で1931年末の債券発行残高は200万ドルまで減少したが、1932年７月に減債基金の積み立ては不可能になり、翌年３月には利払いがデフォルトになったのに続き、９月には元本の償還も不履行になった。その結果、1931年には101ドルの高値をつけた同債券の価格は1932年には92を維持したものの、1933年末には24まで売られた。

1932年7月に減債基金の積み立てができなくなり、その後運転資本が一定率を割り込んだ時点でも受託会社や債券保有者は何の対策も講じなかった。同社が破産管財になったあとで設置された債券保有者から成る保護委員会は、再建計画の実施は不可能と判断し会社清算の方法を選んだが、法的手続きの問題から資産の担保権も実行できなかった。

もうひとつは、バーキー・アンド・ゲイ・ファニチャーの一番抵当付き社債（利率6％、1927～41年に連続償還、発行額150万ドル）のケースである。その信託証書の保護条項には次のように記載されていた。①440万ドルの評価額の固定資産に対する一番抵当権付き、②正味流動資産は常に200万ドル、流動負債に対する流動資産の倍率も2倍を維持する、③満期日以前に債券発行残高の2/3を償還するため毎年7万ドルの減債基金を積み立てる。

1927年末までの同社の業績は次のようなものであった。①1927年の支払利息に対する収益の倍率は3倍以上、1922～27年の平均倍率は4.5倍、②正味流動資産は369万8000ドルで債券発行残高の2.5倍以上、③支払利息に充当可能な流動資産は850万ドルと1債券当たり約6000ドル。

これに対するその後の同社の経緯は、1931年7月までの累積赤字が300万ドルに達したほか、1930年に運転資本は290万ドルから65万ドルに急減し、翌年7月には流動負債が流動資産を上回った。1931年11月に利払いがデフォルトになったのに続き、1932年2月には破産管財人の管理下となった。翌年4月には担保権の実行が発表され、その結果1928年に額面で発行された同債券は1933年末にはわずか1まで下落した。

利払いがデフォルトになったあとに債券保有者から成る保護委員会が設置されたが、あまりの状況に手の打ちようもなかった。せめて運転資本が一定率を割り込んだ1930年末時点で適切な対策が取られていれば何らかの打開策も見い出せたであろうが、それから１年近くも何の手も打たれなかったことが致命傷となった。

## 注33

ムーディーズ・マニュアルに掲載された特権付き証券の発行残高（債券と株式を含む）を見ても、そうした証券による資金調達が急増しているのが分かる。

| 年 | 特権付き証券発行残高 | 転換証券 | 利益参加証券 | ワラント付き証券 |
|---|---|---|---|---|
| 1925 | 434 | 434 | (不明) | (不明) |
| 1926 | 613 | 503 | (不明) | 110 |
| 1927 | 1,129 | 537 | 410 | 182 |
| 1928 | 1,551 | 716 | 539 | 296 |
| 1929 | 2,091* | 932 | 638 | 521* |
| 1930 | 2,661† | 1,173† | 882† | 606 |
| 1931 | 2,668 | 1,214 | 862 | 592 |
| 1932 | 2,559 | 1,213 | 829 | 517 |
| 1933 | 2,338 | 1,120 | 791 | 427 |

* 投資信託とその他の金融機関が保有する（ワラント付き）証券119銘柄を含む
† この年から数字が増加しているのは、投資信託とその他の金融機関が保有する転換証券と利益参加証券を含めたため

## 注34

チェサピークが1927年５月に発行した担保付き転換社債（利率５％、1947年満期）の希薄化をめぐる状況は次のようなものであった。

同社債はチェサピーク・オハイオ鉄道の普通株で担保されていたが、1932年５月15日以降はその普通株に転換できる。希薄化防止条項が盛

り込まれた同社債の信託証書には、新しい転換価格を計算するうえでチェサピーク鉄道の発行済み普通株約119万株を残しておくと記載されていた。その後チェサピーク鉄道は次のような形で新株を発行した。①1929年４月末現在の株主に対して１株100ドルで約30万株発行する、②1930年にホッキング・バレー鉄道の普通株と交換するために４万6000株を発行する。ホッキング鉄道の普通株の時価は総額約707万ドルであるため、交換比率は１株当たり153ドルとなる、③1930年６月12日現在の株主に対して１株100ドルで３万8000株を発行する。1930年７月末にチェサピーク鉄道の普通株の額面が100ドルから25ドルに引き下げられたため、旧株１株が新株４株と交換される形で発行された。その結果、新しい転換価格は約44ドルとなった。

$$
\begin{aligned}
C' = \Big[ \big\{ & (1{,}190{,}049 \times 220\,\text{ドル}) + (296{,}222 \times 100\,\text{ドル}) + \\
& (46{,}066.5 \times 153.62\,\text{ドル}) + (382{,}211 \times 100\,\text{ドル}) \big\} \div \\
& (1{,}190{,}049 + 296{,}222 + 46{,}066.5 + 382{,}211) \Big] \div 4 \\
= {} & 43.97\,\text{ドル}
\end{aligned}
$$

**注35**

コンソリデーテッド・テキスタイルが1920年４月に発行した転換社債（利率７％、1923年満期）の信託証書には、額面1000ドル当たり普通株22株、額面500ドルに対しては普通株11株と交換できるうえ、普通株が１株46ドル以下で追加発行された場合は転換価格がさらに引き下げられると記載されていた。

同年11月に現株主に対して普通株が１株21ドルで追加発行されたため、転換価格はそれまでの46ドルから21ドルに引き下げられた。しかし、この有利な転換権はほとんど価値がなかった。というのは、同社の株価は1920年11月までに46ドル以上にはならなかったし、それ以降も21ドルを超えることはなかったからである。結局、この転換社債は1921年10月に102で繰上償還された。

**注36**

ATTが1913年に発行した6700万ドルの転換社債（利率4 1/2％、1933年満期）は珍しいケースのひとつである。この社債は1915年３月～1925年３月に１株120ドルで普通株と転換できるが、その信託証書には「転換された普通株は授権資本に繰り入れられるため、通常の希薄化防止条項は付与されない」と記載されていた。この社債を含めて同社の転換社債には希薄化防止条項が付与されていない。

この社債は普通株に転換できる最初の年の1915年に発行残高の半分が転換され、残りも急速に普通株への転換が進んでいった。転換終了年の1925年には約190万ドル分が未転換として残ったが、これも1931年に繰上償還された。一方、1925年までに数回にわたってワラントが株主に供与されたが、普通株の配当が８～９ドルと有利なものであったため、ワラント権の行使による株式の購入が急速に進んだ。

もうひとつの例は、ブルックリン・ユニオン・ガスが1925年12月に発行した転換社債（利率5 1/2％、1936年満期）である。この社債は1929年１月以降に普通株20株と転換できるが、その信託証書では「満期までに当社株式の性質が変化した場合は、転換する普通株式数も増減する可能性がある」といったあいまいな説明がなされていた。これはさまざまな希薄化に対する保護がないこと、つまり株式配当や併合などに対しても保護しないという意志表示にほかならなかった。その結果、普通株に転換できる1929年１月までにこの社債と株式には大きな価格差が生じていたが、それは普通株に転換するとかなり有利な配当が得られるといった思惑を反映したものであった。

| 期日 | 普通株価（ドル） | 転換後の価格を債券価格に換算した価格 | 社債時価 | 社債1000ドル当たりの利ザヤ（ドル） |
|---|---|---|---|---|
| 1926/ 3/19 | 71½ | 143 | 129 | 140 |
| 1926/ 6/18 | 81 | 162 | 145 | 170 |
| 1926/ 9/17 | 91 | 182 | 155 | 270 |
| 1926/12/24 | 93½ | 187 | 162½ | 245 |
| 1927/ 3/18 | 91 | 182 | 159 | 230 |
| 1927/ 6/17 | 115 | 230 | 197 | 330 |
| 1927/ 9/23 | 142 | 284 | 224 | 600 |
| 1927/12/30 | 152 | 304 | 265 | 390 |
| 1928/ 3/30 | 153 | 306 | 272 | 340 |
| 1928/ 6/29 | 143 | 286 | 262 | 240 |
| 1928/ 9/28 | 166 | 332 | 309 | 210 |
| 1928/12/28 | 187½ | 375 | 375 | 0 |

**注37**

ドッジ・ブラザーズが1925年に発行した転換社債（利率６％、1940年満期）のケースは、発行会社が他社と合併したときにどのような転換方式になるのかを示すひとつの好例である。この社債はクラスＡ株式の発行残高7500万ドルのうち最高3000万ドルまで交換できる。その転換比率は、①最初の500万ドルについては額面30ドル当たりクラスＡ株式１株と交換、②２～６回目の各500万ドルについては転換価格を35ドル、40ドル、50ドル、60ドル、70ドルに順次引き上げる――となっていた。その信託証書では、同社が他社と合併した場合でもこれと同じ条件で転換できるとしていた。

同社が1928年７月にクライスラーと合併するまでに１～３回分の1500万ドルがクラスＡ株式と転換された。しかし両社の合併後には、ドッジ・ブラザーズのクラスＡ株式５株がクライスラーの普通株１株と交換されることになった。信託証書の規定に従えば、４回目の500万ドルは額面1000ドル当たりクライスラー普通株４株（転換価格はクライスラー１株につき250ドル）と交換できるが、５～６回目の転換価格はそれぞれ同300ドル、350ドルとなる。

**注38**

スパニッシュ・リバー・パルプが1911年に発行した一番抵当付き社債（利率６％、1931年満期）は利益参加権のない普通社債であった。1915～16年に利払いがデフォルトになったため、債券保有者と会社側の間で次のような取り決めが結ばれた。①利払い時期を1922年10月まで延期する、②減債基金の積み立てを一時停止する、③債券保有者は満期までに同社の優先株と普通株の配当金の10％相当額を受け取る。

これにより、この債券保有者は債券が繰上償還された1928年までにその配当相当額に加え、未払配当分を補償するため1920年７月に42％の株式配当として発行された優先株の配当金の10％相当額も手にしたのである。次の表はこの債券の収益率を示したものである。

| 年 | 支払利息に対する利益の倍率 | 社債の価格推移 |
|---|---|---|
| 1919 | 2.62 | 105½- 97 |
| 1920 | 3.03 | 97½- 93 |
| 1921 | 4.39 | 87 - 86¼ |
| 1922 | 2.39 | 115 - 93¼ |
| 1923 | 3.46 | 105 - 95 |
| 1924 | 4.37 | 104 - 97 |
| 1925 | 3.85 | 106¼-106¼ |
| 1926 | 3.95 | 108 -105 |
| 1927 | 3.36 | 108¾-108½ |
| 1928 | （110で繰上償還） | |

## 注39

次の表は、1918～19年におけるピアース・オイルの中期債（利率６％、1920年満期）と普通株のヘッジ取引の一例を示したものである。この中期債は普通株50株といつでも交換できる（この債券の未払利息などの要因は除外する）。

| 期日 | 買い(戻し) | この月の値動き | 売り | この月の値動き |
|---|---|---|---|---|
| 1918/10 | 債券100½＝1008ドル | 99½-101½ | 25株×19ドル＝470ドル | 16¼-19⅛ |
| 1918/12 | 25株×16ドル＝403ドル | 15¾- 17　ドル | | |
| 1919/ 1 | | | 25株×19ドル＝470ドル | 16　-19⅜ |
| 1919/ 5 | | | 25株×28ドル＝696ドル | 24¾-28⅝ |
| 1919/12 | 50株×17½ドル＝881ドル | 17　- 20⅝ドル | 債券100＝1000ドル | (100ドルで繰上償還) |
| | 2,292ドル | | 2,636ドル | |
| 利益 | 344ドル | | | |

この中期債の1918年10月～1919年12月の安値は99 1/2である。この一連の売買を説明すると次のようになる。

①債券の額面近辺の買いに対して、その半分相当額の株式を売った。株式が下落すれば利益が出るし、その反対に株式が上昇しても債券の半分を売れば株式の損失分をカバーできる。

②その後株式が値下がりしたので、これを買い戻して利益を確定し

た。

③株価が戻したので、再度売り直してもとのポジションをつくった。

④株価がさらに上昇したのでさらに同数の株式を売った。

⑤株価が再び下落したのですべての売り残を買い戻す一方、債券の買い残を売却した。

⑥同社の安定した財務内容を映して債券が額面近辺の価格を維持していたので、債券は売らずに株式の売りを繰り返した。

## 注40

第14章でも言及したように、ニューヨーク証券取引所に上場している優先株の95％は1932年に投資適格水準を維持できなかった。次のリストは、1933年１月発行のフィッチ・ボンド・レコードに掲載された国内外社債（外国政府債は含むが、米国債は除く）の1932年の安値の価格別分布状況を示したものである。

| 価格別分類（ドル） | 銘柄数 | 全体に占める割合（％） | 累積比率（％） |
|---|---|---|---|
| 0- 10 | 725 | 15.74 | 15.74 |
| 11- 20 | 566 | 12.29 | 28.03 |
| 21- 30 | 424 | 9.21 | 37.24 |
| 31- 40 | 338 | 7.34 | 44.58 |
| 41- 50 | 366 | 7.95 | 52.53 |
| 51- 60 | 412 | 8.95 | 61.48 |
| 61- 70 | 384 | 8.34 | 69.82 |
| 71- 80 | 415 | 9.02 | 78.84 |
| 81- 90 | 383 | 8.32 | 87.16 |
| 91-100 | 417 | 9.06 | 96.22 |
| 100ドル以上 | 175 | 3.78 | 100.00 |
| 合計 | 4,605 | 100.00 | |

**注41**

欧州各国の会社法では企業に対して一定の準備金積み立てを義務づけているが、その目的は定期配当を維持することにある。そうした準備金は当期利益から繰り入れられるが、その金額はそれほど大きいものではない。配当政策は主に年次株主総会で決定される。一方、英国会社法では配当政策の決定を年次株主総会に限定せずに、当該企業の総会や総会の招集権を持つ取締役会が決めることもある。次の表は、主な外国企業の配当率を示したものである。

**ロイヤル・ダッチ**(現インドネシアで原油生産に従事、単位：1000ギルダー)

| 年 | 普通株の利益 | 普通株の配当 |
|---|---|---|
| 1920 | 129,062 | 128,291 |
| 1921 | 100,820 | 99,652 |
| 1922 | 85,853 | 85,186 |
| 1923 | 82,059 | 80,364 |
| 1924 | 86,251 | 84,464 |
| 1925 | 92,833 | 92,564 |
| 1926 | 98,024 | 96,844 |
| 1927 | 99,328 | 98,905 |
| 1928 | 99,920 | 98,905 |
| 1929 | 123,089 | 120,870 |
| 1930 | 90,229 | 85,616 |

**バターフシェ・ペトロリアム**
(ロイヤル・ダッチの主要生産子会社、単位：1000ギルダー)

| 年 | 配当可能純利益 | 配当準備金繰入額 | 普通株の利益 | 普通株の配当 |
|---|---|---|---|---|
| 1914 | 45,140 | 10,772 | 34,418 | 35,000 |
| 1915 | 44,277 | 9,100 | 35,178 | 35,000 |
| 1916 | 77,655 | 39,149 | 34,016 | 34,000 |
| 1917 | 102,786 | 54,445 | 42,841 | 43,000 |
| 1918 | 126,170 | 28,763 | 90,392 | 90,000 |

**シーメンス・アンド・ハルスケ**
(ドイツの大手電機メーカー、単位：1000ライヒスマルク)

| 年 | 純利益 | 支払配当 | 取締役員の報酬 | 特別準備金繰入額 | 残高 |
|---|---|---|---|---|---|
| 1925 | 6,245 | 5,460 | 66 | 750 | 31(赤字) |
| 1926 | 12,730 | 9,100 | 299 | 3,500 | 168(赤字) |
| 1927 | 16,401 | 10,920 | 415 | 5,000 | 67 |
| 1928 | 15,936 | 12,740 | 531 | 2,500 | 166 |
| 1929 | 16,036 | 12,901 | 538 | 2,500 | 97 |
| 1930 | 13,622 | 13,382 | 560 | | 321(赤字) |
| 1931 | 8,615 | 8,603 | 255 | | 243(赤字) |
| 1932 | 2,474 | 6,193 | 111 | | 3,830(赤字) |

### ブリティッシュ・アメリカン・タバコ
（9/30に終了する年度、単位：1000ポンド）

| 年 | 純利益 | 優先配当 | 普通配当 | 剰余金繰入額 | 普通株の利益率（%） | 普通株の配当率（%） |
|---|---|---|---|---|---|---|
| 1921 | 4,323 | 225 | 3,842 | 256 | 25.95 | 24 |
| 1922 | 4,401 | 225 | 4,012 | 165 | 26.02 | 25 |
| 1923 | 4,495 | 225 | 4,015 | 255 | 26.57 | 25 |
| 1924 | 4,866 | 225 | 4,259 | 382 | 28.88 | $26\frac{1}{2}$ |
| 1925 | 5,145 | 225 | 4,488 | 433 | 30.61 | $27\frac{11}{12}$ |
| 1926 | 6,196 | 225 | 4,957 | 1,014 | 25.43 | 25 |
| 1927 | 6,354 | 225 | 5,875 | 254 | 26.08 | 25 |
| 1928 | 6,564 | 225 | 5,883 | 456 | 26.92 | 25 |
| 1929 | 6,358 | 225 | 5,892 | 241 | 26.01 | 25 |
| 1930 | 6,502 | 555 | 5,895 | 51 | 25.22 | 25 |
| 1931 | 5,334 | 585 | 4,717 | 33 | 20.14 | 20 |
| 1932 | 5,438 | 585 | 4,717 | 137 | 20.58 | 20 |

### ゼネラル・エレクトリック・カンパニー（単位：1000ポンド）

| 年 | 純利益 | 優先配当 | 普通配当 | 準備金繰入額 | 剰余金繰入可能額 |
|---|---|---|---|---|---|
| 1919 | 382 | 85 | 114 | | 183 |
| 1920 | 490 | 108 | 123 | 150 | 110 |
| 1921 | 613 | 229 | 211 | | 172 |
| 1922 | 207 | 233 | 106 | | 131（赤字） |
| 1923 | 311 | 249 | 106 | | 43（赤字） |
| 1924 | 396 | 252 | 106 | | 38 |
| 1925 | 585 | 252 | 158 | 172 | 2 |
| 1926 | 629 | 252 | 161 | 120 | 96 |
| 1927 | 584 | 252 | 169 | 140 | 23 |
| 1928 | 612 | 252 | 225 | 130 | 4 |
| 1929 | 631 | 252 | 225 | 130 | 24 |
| 1930 | 715 | 252 | 316 | 130 | 17 |
| 1931 | 632 | 252 | 225 | 133 | 22 |
| 1932 | 582 | 252 | 180 | 130 | 19 |

＊注＝同社は利益の多くを社内に留保するという米企業の会計慣行を順守している。その留保利益の多くは「準備金勘定」に繰り入れられている

**注42**

1919年11月にインターボロー・コンソリデーテッドの4 1/2%債と優先株はともに価格が13であった。その後その債券はデフォルトとなり、同社も破産管財人の管理下となった。債券保有者はかなりの価値がある同社のあらゆる資産に対する請求権を有していたが、株式保有者の持ち分はなかった。その後に発表された会社再建計画によれば、優先株と普通株は紙くずとなったが、債券保有者には旧社債の額面の13%以上の価値がある新証券が発行された。

一方、1920年１月にはインターボロー・ラピッド・トランジットの７%債（1921年９月満期）は64、一番抵当付き借り換え債（利率５%、1966年満期）は53で売買されていた。この７%債は５%債の1562ドルの積立金で担保されていたうえ、５%債の1144ドルの積立金相当額と転換することもできた。７%債の有利さは、①担保が極めて厚い、②リターンも高い、③転換権によって５%債の値上がり益も享受できる――などからも明らかである。

７%債の償還は１年延長されて表面利率も８%に引き上げられたうえ、1922年には保有者に対して100ドルの現金と900ドル相当の担保付き転換社債（利率７%、1932年満期）による償還条件が提示された。このように1921～22年のどの時期に５%債から７%債に乗り換えても、大きく儲けることはあっても損をすることはなかったのである。

## 注43

次の表は、1931年初めから1932年４月までの期間における正味流動資産以下で売られていた代表的な普通株と優先株をリストにしたものである。これら証券の大半は、1932年後半にはさらに安値となった（単位はドル）。

| 企業名 | 1931/1-1932/4 | | 1株当たり正味当座資産優先株 | 1株当たり正味当座資産普通株 | 1932-1933の安値 | |
|---|---|---|---|---|---|---|
| | 安値優先株 | 安値普通株 | | | 優先株 | 普通株 |
| アリス・チャマーズ | | 6½ | | 11 | | 4 |
| アメリカン・アグリカルチュラル・ケミカル | | 4⅜ | | 43 | | 3½ |
| カリフォルニア・パッキング | | 5⅜ | | 8 | | 4¼ |
| ダイアモンド・マッチ | 19½ | 10⅝ | 48 | 14 | 20½ | 12 |
| エンディコット・ジョンソン | 98⅜ | 23½ | 276 | 37 | 98 | 16 |
| リキッド・カーボニック | | 11¾ | | 23 | | 9 |
| マック・トラックス | | 12 | | 36½ | | 10 |
| ミッドコンチネント・ペトロリアム | | 3¾ | | 8 | | 3¾ |
| モンゴメリー・ウォード | 59 | 6½ | 462 | 16 | 41 | 3½ |
| ナショナル・キャッシュ・レジスター | | 7⅛ | | 15 | | 5⅛ |
| USインダストリアル・アルコール | | 19¼ | | 23½ | | 13¼ |
| USパイプ&ファンドリー | 12¼ | 8¾ | 26 | 10½ | 11½ | 6⅛ |
| ウェッソン・オイル | 44¼ | 9½ | 74 | | 40 | |
| ウェスティングハウス・エアブレーキ | | 9½ | | 11 | | 9¼ |
| ウェスティングハウス・エレクトリック | 60¼ | 19⅞ | 1,164 | 34½ | 52½ | 15⅝ |

これと類似したリストを次に挙げる。1932年の1月から5月に付けた安値が、1株当たり現金資産を割っていた銘柄のリストである（単位はドル）。

| 企業名 | 1932年1-5月の安値 | 1当たり現金資産 | 1株当たり正味当座資産 | 1932-1933の安値 |
|---|---|---|---|---|
| アメリカン・カー&ファンドリー* | 20 | 50 | 108 | 15 |
| アメリカン・ロコモーティブ* | 30¼ | 41 | 63 | 17⅛ |
| アメリカン・スチール・ファンドリーズ* | 58 | 128 | 186 | 34 |
| アメリカン・ウールン* | 15½ | 30½ | 85 | 15½ |
| コンゴリウム・ネアン | 7 | 7 | 12 | 6½ |
| ハウ・サウンド | 5¾ | 10 | 11 | 4⅞ |
| ハドソン・モーター | 2⅞ | 5½ | 7 | 2⅞ |
| ハップ・モーター | 1½ | 5½ | 7½ | 1½ |
| リマ・ロコモーティブ | 8½ | 19 | 36 | 8½ |
| マグナ・コッパー | 4½ | 9 | 12 | 4¼ |
| マーリン・ロックウェル | 5¾ | 11½ | 13 | 5¾ |
| モーター・プロダクツ | 11 | 15½ | 19 | 7⅜ |
| マンシングウェア | 10 | 17 | 34 | 5 |
| ナッシュ・モーターズ | 8 | 13½ | 14 | 8 |
| ニューヨーク・エアブレーキ | 5 | 5 | 9 | 4¼ |
| オッペンハイム・コリンズ | 5 | 9½ | 15 | 2½ |
| レオ・モーター | 1½ | 3 | 5½ | 1⅜ |
| スタンダード・オイル・オブ・カンザス | 7 | 8½ | 14 | 7 |
| スチュアート・ワーナー | 1⅞ | 3½ | 7 | 1⅞ |
| ホワイト・モーター | 7 | 11 | 34 | 6⅞ |

*優先株

これらのデータは、こうした事象について研究している共著者の一人が執筆した記事から拾い出したものだ。ベンジャミン・グレアム執筆による、1932年1月1日号フォーブス誌p.11「Inflated Treasuries and Deflated Stockholders（不当に高い財務省証券と資産価値が目減りした株主たち）」、1932年6月15日号フォーブス誌p.21「Should Rich Corporations Return Stockholders' Cash?（資産価値の大きな企業は株主たちにキャッシュを戻すべきか?)」、1932年7月1日号フォーブス誌p.13「Should Rich but Losing Corporations Be Liquidated?（資産価値は大きくとも利益の出ない企業は清算されるべきか？)」を参照。1932－1933年の安値をデータに入れ込んだのは、状況をより鮮明にするためである。

### 注44

アナリストは新株引受権やその当該普通株の相対的価値を計算しなければならないことがよくある。こうした計算が楽にできるよう、2つの単純な公式を掲載しておく。

**条件**　R＝権利が持つ価値
M＝株の市場価格
S＝株の権利行使価格
N＝1株を購入するために必要な権利の数

**公式A**

株式が「権利落ち」で売られる以前に適用可能（つまり、株式を買った人が権利を受け取る資格を得る）

$$R = (M - S) \div (N + 1)$$

**公式B**

株式が「権利落ち」で売られて以降に適用可能（つまり、株式を買った人は権利を受け取れず、その権利は名義株主が持ち続ける）

$$R = (M - S) \div N$$

**事例**

保有する５株ごとに50ドルで１株を購入する権利が与えられる。株は現在、“権利付き”で64ドルの値がついている。

権利の価値＝（64ドル－50ドル）÷（5＋1）＝2.33ドル

**事例**

条件は上記の事例と同じで、株は現在、“権利落ち”で90ドルの値がついている。

権利の価値＝（90ドル－50ドル）÷5＝8ドル

だが上記の計算式は、必要に応じて次の要素を加味して修正しなければならない――①旧株式では受け取れるが新株式では受け取れない配当があればその分について（その逆の場合も含む）、②権利が失効するまでは新株の代金を支払う必要がないという理由による金利節約分。

## 注45
## ピラミッディングの２つの事例

普通株の先順位負債
（1931年12月31日）

企業１（頂点の企業）
コーポレーション・セキュリティーズ社
専門的な投資会社。全ポートフォリオ１億4500万ドル中、主な持分は企業２の5900万ドルと、企業３の4200万ドルであった。

| | |
|---|---|
| 銀行融資など | 33,000,000ドル |
| 債券発行による長期債務 | 24,000,000ドル |
| 優先株 | 37,000,000ドル |

企業２
インサル・ユーティリティー・インベストメンツ社
同社もまた専門的な投資会社。全ポートフォリオ２億5200万ドル中、同社の主要な持分は企業３の6400万ドルであった（企業１の3260万ドル相当の株式も保有していた）。

| | |
|---|---|
| 銀行融資など | 53,000,000ドル |
| 債券発行による長期債務 | 58,000,000ドル |
| 優先株 | 46,000,000ドル |

企業３
ミドルウエスト・ユーティリティーズ社
いくつかの子会社を管理する公益事業持株会社。1931年の事業規模は１億7300万ドル。主要な子会社は企業４。

親会社

| | |
|---|---|
| 銀行融資など | 35,000,000ドル |
| 債券発行による長期債務 | 40,000,000ドル |
| 優先株 | 61,000,000ドル |

（注＝一般投資家の保有高

| | |
|---|---|
| 子会社の債券 | 283,000,000ドル |
| 子会社の優先株 | 152,000,000ドル |
| 子会社の普通株 | 10,000,000ドル） |

企業４
ナショナル・エレクトリック・パワー社
いくつかの子会社を管理する公益事業持株会社。1931年の事業規模は6800万ドル。主要な子会社は企業５。

親会社

| | |
|---|---|
| 銀行融資など | データなし |
| 債券発行による長期債務 | 10,000,000ドル |
| 優先株およびクラスA株 | 36,000,000ドル |

企業5
ナショナル・パブリック・サービス社
4つの子会社を管理する公益事業持株会社。1931年の事業規模は3600万ドル。主要な子会社は企業6。

| | |
|---|---|
| 親会社 | |
| 銀行融資など | データなし |
| 債券発行による長期債務 | 20,000,000ドル |
| 優先株およびクラスA株 | 30,000,000ドル |

企業6
シーボード・パブリック・サービス社
6つの子会社を管理する公益事業持株会社。1931年の事業規模は1600万ドル。主要な子会社は企業7。

| | |
|---|---|
| 親会社 | |
| 債券発行による長期債務 | なし |
| 優先株 | 9,000,000ドル |

企業7
バージニア・パブリック・サービス社
公益事業の営業および持株会社。1931年の事業規模は760万ドル。

| | |
|---|---|
| 債券発行による長期債務 | 37,000,000ドル |
| 優先株 | 10,000,000ドル |

**事例1**

上に挙げた抜粋的概要にはインサル式ピラミッディングの本質が表れていると言えるかもしれない。

連続的な6社の持ち株会社が連なるピラミッド型構造が、さまざまな営業会社の上に築かれていたことに注目してほしい。これら重なり合った6社の持ち株会社が1社残らず破産に追いやられたという事実が、この構造の完全な崩壊を示している。インサル・グループに関する詳細については、ジェームズ・C・ボンブライトとガードナー・C・ミーンズによる『The Holding Company』(1932年、ニューヨーク)を参照。

**事例2**

USアンド・フォーリン・セキュリティーズの事例には、投資会社全般におけるピラミッド構造の仕組みが、簡潔に表れている。

この会社の設立は1924年。一般投資家が配当6ドルの第一優先株を額面価格で買って2500万ドルが支払われ（企業の受け取りは2400万ドル）、オーガナイザーである投資銀行は配当6ドルの第二優先株を額面価格で買い、500万ドルを支払った。また、名ばかりの出資金として1株当たり10セントで、普通株100万株が25％は一般投資家へ、75％はオーガナイザーへと配分された。これによって、オーガナイザーは資本の6分の1（残りの6分の5よりも下位）を供給し、利益剰余金の4分の3に対する権利を得た。1928年の末ごろ、ピラミッド型持ち株会社の形態が利用され、6000万ドルの第2の会社、US・アンド・インターナショナル・セキュリティーズが形成された。資本のうち5000万ドルは一般投資家が支払った。彼らは配当5ドルの第一優先株を額面で買い、それプラス普通株の5分の1を受け取った。US・アンド・フォーリン・セキュリティーズ社は1000万ドルを供給（配当5ドルの第二優先株を額面で購入）し、普通株の5分の4を受け取った。これによって、もともとのオーガナイザーはさらなる投資を行うことなく、支配権を拡大させた。US・アンド・フォーリン・セキュリティーズ社の資産価値評価が3000万ドル上昇したことによって、1928年末になると、最初に500万ドルを供給しただけのオーガナイザーは1億1000万ドルの資本（新株引受権を含む）に対する支配権を握り、利益剰余金あるいはその価値上昇の約78％に対する権利を得ていた。

これらのことを、帳簿価格（清算価値）および株価という観点から見た実際的な影響については、次の表を参照してほしい。

## A.1924-28年

| 項目 | 合計 | 一般投資家の持分 | オーガナイザーの持分 |
|---|---|---|---|
| 最初の出資額(ドル) | 30,000,000* | 25,000,000 | 5,000,000 |
| 簿価(1928/12)(ドル) | 60,000,000 | 32,000,000 | 27,000,000 |
| 簿価の上昇率 | 100% | 30% | 450% |
| US&フォーリン資本の最大市場価値(ドル) | 100,000,000 | 42,000,000 | 57,000,000 |
| 市場価値の上昇率 | 233% | 70% | 1,040% |

＊企業側の受け取りは2900万ドル

†第一優先株は100、第二優先株は80、普通株は70ドルで計算

## B.1928-33年

第一優先株は企業による株の買い戻しで発行済み株式数が減少したために、最初の出資額100ドルに対する表示になっている。

| 日付 | 一般投資家の投下資本(ドル) | オーガナイザーの投下資本(ドル) |
|---|---|---|
| 帳簿価格 | | |
| 1928/12/31 | 130* | 550 |
| 1932/12/31 | 100* | 35 |
| 1933/9/30 | 107* | 111 |

＊額面計算による第一優先株プラスそれに付随した普通株の清算価値

| 日付 | 一般投資家の投下資本(ドル) | オーガナイザーの投下資本(ドル) | 第一優先株 | 第二優先株(理論値) | 普通株(ドル) |
|---|---|---|---|---|---|
| 市場価格 | | | | | |
| 高値(1929年) | 170 | 1,150 | 100 | 80 | 70 |
| 安値(1932年) | 27½ | 11½ | 26 | 10 | 1½ |
| 1933年11月 | 73 | 185 | 64 | 50 | 9 |

これらの数字には、状況の良い時期と悪い時期の双方を通じて、極めて投機性の高い資本構成の特徴が表れている。投資会社の証券に対する大衆のイメージが過剰な楽観論や悲観論に傾くことによって、簿

価や清算価値の評価が両方向に過剰にぶれていたことが分かるはずだ。また、当初の１株当たり投資金額とほぼ同等の価値まで簿価が回復した1933年、市場価格で見ると、大衆投資家側の資本にとってかなりの価値下落となり、その分オーガナイザー側がプラスになっていることにも、注意を払うべきである。

### 注46

## ミズーリ・カンザス・アンド・テキサス鉄道とセントルイス・サンフランシスコ鉄道との比較分析（1922年１月発行）

### はじめに

ミズーリ・カンザス・アンド・テキサス鉄道（MK&T）の新たな証券は、投資家にとっても投機家にとっても、いくつかの魅力を備えたものだ。最近その実施が伝えられた懸案の再建計画によって、金融費用がかなり堅実なレベルにまで圧縮されるので、結果として債券利息はかなり余裕をもって支払われることになるはずだ。さらに、現行の不利な状況下で同社が素晴らしい業績を上げているという事実によって、下位証券にとっての収益力の堅ろう性が保証される。

MK&Tでは破産管財人による管理期間が引き延ばされたので、それによって最終的には新たな証券の安全性が強化されたということが明白になるであろう。なぜならこの期間、あらゆる点における大きな支出を伴う具体的な再建策がとられたからである。それによって、鉄道および設備の運転効率が上昇し、結果として、前年の輸送コストは同業他社よりもかなり低いレベルを達成している。

MK&Tの新証券を分析するときは、セントルイス・サンフランシスコ鉄道（フリスコ）との比較が最も適切である。両社は所在地、輸送の特徴、財務体系といった点において極めて類似性が強い。実際、ミズーリ・カンザス・アンド・テキサス鉄道の再建計画は、1916年に完了したセントルイス・サンフランシスコのそれに忠実に倣ったものなのである。

さまざまな証券について現在の価格と利回りを記した次の表には、両社の資本の類似性が表れている。

**表I**

| | フリスコ | | | | MK&T | | | |
|---|---|---|---|---|---|---|---|---|
| | 利率 | 満期 | 価格 | 利回り（%） | 利率 | 満期 | 価格 | 利回り（%） |
| 優先担保付き社債 | 4 | 1950 | 69½ | 6.35 | 4 | 1970 | 65 | 6.35 |
| | 5 | 1950 | 83½ | 6.25 | 5 | 1970 | 78 | 6.50 |
| | 6 | 1928 | 96½ | 6.55 | 6 | 1932 | 92 | 7.15 |
| 整理社債† | 6 | 1955 | 73½ | 8.16 } | 5 | 1967 | 45 | 11.11* |
| 収益社債† | 6 | 1960 | 55½ | 10.81 } | | | | |
| 優先株 | (6) | | 38 | | (7) | | 25½ | |
| 普通株 | | | 21½ | | | | 8¼ | |

*完全な利払いを想定
†単純利回りで表示

引き続き数ページを費やして両社の全般的状況（資本構成や業績）を確認し、詳細な証券分析へと進むことにする。われわれの分析によって、MK&Tにはフリスコと比較して、①総収益とのバランスで見て金融費用が低い、②運転効率が高い――という基本的な強みが２つあるということが分かる。

これらの重要な強みによって、MK&Tの社債の安全性は高まり、また株の相対的な収益力も高まるはずだと考えられる。この両社の研究に基づくわれわれの結論として、フリスコの証券保有者には次の乗り換えを勧めたい。

A――フリスコの優先担保権付き債券（表面利率４％、５％、６％）は、同じ利率のMK&Tの（債券価格が相対的に安い）優先担保権付き債券へ

B――フリスコの収益社債（表面利率６％、価格55 1/2）は、MK&Tの整理社債（表面利率５％、価格45）へ

C――フリスコの普通株（21 1/2ドル）は、MK&Tの優先株（25 1/2ドル）へ

さらに、MK&Tの個々の証券の価値評価を行った結果、優先担保権付き債券は安全性が高い高利回りの投資対象であり、また整理社債、優先株、普通株は魅力ある投機対象であるという結論に達した。

ミズーリ・カンザス・アンド・テキサス鉄道とセントルイス・サンフランシスコ鉄道は、営業地域がかなり重複しており、その他にも共通点が多い。

**表Ⅱ　輸送マイル数（1920/12/31）**

| 州 | MK&T | フリスコ |
|---|---|---|
| ミズーリ | 544 | 1,720 |
| カンザス | 487 | 626 |
| テキサス | 1,721 | 495 |
| オクラホマ | 1,036 | 1,517 |
| その他 | 19 | 898 |
| 合計 | 3,807 | 5,256 |

両社の輸送の特徴は非常に似通っている。例外は、セントルイス・サンフランシスコのほうが石炭や木材の輸送量がかなり多く、また石油の輸送量が少ないことくらいである。貨物輸送と旅客輸送ともに、マイル当たりの料金はほとんど同じだ。だが平均するとMK&Tのほうが、列車ごとの輸送量も輸送距離もかなり大きかった。

**表Ⅲ　1920年（暦年）**

| 項目 | MK&T | フリスコ |
|---|---|---|
| 輸送量平均 | 442トン | 398トン |
| 運賃トン当たりの輸送距離平均 | 248マイル | 187マイル |

これら２つの強みは間違いなく、1921年のMK&Tの輸送コストが、フリスコのそれよりもかなり低かったことの主因である。

### 資本

２社の発行証券を比較したのが下の表である。

**表Ⅳ　資本の比較（単位：ドル）**

| 項目 | MK&T | フリスコ |
|---|---|---|
| 設備および担保付き証券 | 7,248,000 | 86,782,000 |
| 優先担保付き社債 | 93,073,000 | 121,748,000 |
| 整理社債 | 57,500,000 | 39,220,000 |
| 収益社債 | | 35,192,000 |
| 優先株 | 24,500,000 | 7,500,000 |
| 普通株 | 783,155株<br>（額面なし） | 504,470株<br>（額面100ドル） |
| 長期債務利息 | 4,917,717 | 9,248,374 |
| 偶発的利払い費用 | 2,875,000 | 4,750,912 |
| 支払利息合計 | 7,792,717 | 13,999,286 |

セントルイス・サンフランシスコについて、上記の数字は直近の入手可能な報告書（1920年12月31日付）から転記したものである。MK&Tについては、再建計画条項の下ですべての旧証券が交換されるという仮定に基づいて計算した値だ。しかし、現在の優先担保付き社債の一部――特に、利率４％、1990年満期の一番抵当付き社債――がそのまま残る可能性は高い。そうした場合、上に挙げた担保付き社債の総額が増加、優先担保付き証券の総額は減少し、その合計は実質的に変わらないということになるであろう。公算としては、長期債務利息は再建計画で見積もられた合計額よりも実際は若干少なくなると考えられる。なぜなら同社はこうした交換されない4000万ドルの一番抵当付き社債（利率４％）について、金利負担が年に1/2％軽減されるからである。

**表V　総収益と輸送マイル当たりの支払利息の比較**

| | MK&T | | フリスコ | |
|---|---|---|---|---|
| | マイル当たり（ドル） | 対総収益（％） | マイル当たり（ドル） | 対総収益（％） |
| 総収益* | 16,870 | 100.0 | 16,730 | 100.0 |
| 長期債務利息 | 1,300 | 7.7 | 1,790 | 10.7 |
| 偶発的利払い費用 | 760 | 4.5 | 920 | 5.5 |
| 支払利息合計 | 2,060 | 12.2 | 2,710 | 16.2 |

＊1921年の数字（12月は概算）

「偶発的利払い費用」というのは、収益があった場合にのみ支払いの必要性が生じる、収益社債と整理社債への利払い額を表している。この融通性は２社ともにとって強みとなるものだ。なぜならそれによって、難局に直面した年には財務上の混乱を来すことなく利払い負担を抑えることができるからである。

表Ｖには、金融費用が劇的に縮小したことによるMK&Tの優位性が示されている。同社の金融費用は、１ドルの収入ごとにたった7.7セントにすぎないということであり、これは通常の状況下における同社の優先担保付き社債に大きな安全余裕率を保証するに足る比率である。この点において、金融費用も偶発的利払い費用も比率的に低いMK&Tは、セントルイス・サンフランシスコに対して多大な優位性を享受していると見てよいだろう。

### 収益力

２つの企業の収益力を比較する場合、数年を網羅した報告書の平均値を使うのが一般的である。だがこのケースでは、連邦政府の管理による厄介な影響のために、そうした手順を踏むことができない。なぜなら、何年も前の数字では古すぎるし、1917～20年の数字ではあまりに変則的すぎて有効な証券分析の材料にはならないからだ。よって、最も直近の業績を最重視する必要性が生じる。1921年11月までの11カ月をカバーした報告書がちょうど公表された。これの数字に11分の１を付け加えたものを、丸１年分の損益勘定として利用する。その結果は次のとおり。

下記の数字を使って分析を行う場合、特に注目すべき点はMK&Tの維持費が相対的にかなり大きいということだ。１ドルの収入ごとに費やされる維持費は、フリスコの31.1セントに対し、MK&Tでは38.6セントにも上っている。容易に理解できることとしては、維持費の金額はおおむね経営陣の任意で決定されるものなので、それをどの程度にするかによって純利益の人為的操作がある程度可能になるということだ。同じ地域の鉄道会社と比較すると、セントルイス・サンフランシスコは維持費が過少で、片やMK&Tは過多であるように思える。この経営方針の違いによって、維持費が一般的な規模であるケースと比較して、セントルイス・サンフランシスコの純利益のほうをより大きく、MK&Tの純利益をより小さく見せる結果となった。

**表VI　暦年1921年の損益勘定（うち1カ月分は推算）**

| | MK&T | | フリスコ | |
|---|---|---|---|---|
| | 収入（ドル） | 対総収入（%） | 収入（ドル） | 対総収入（%） |
| 輸送マイル数（マイル） | 3,784 | | 5,165 | |
| 総収入 | 63,842,000 | 100.0 | 86,521,000 | 100.0 |
| 維持費 | 24,635,000 | 38.6 | 26,874,000 | 31.1 |
| その他営業費用 | 25,072,000 | 39.3 | 37,275,000 | 43.1 |
| 税金 | 2,731,000 | 4.3 | 3,790,000 | 4.4 |
| 賃借料等（その他の収入は除く） | 1,654,000 | 2.6 | 1,065,000 | 1.2 |
| 利払い費用充当可能分 | 9,750,000 | 15.2 | 17,517,000 | 20.2 |
| 長期債務利息 | 4,918,000 | 7.7 | 9,248,000 | 10.7 |
| 偶発的利払い費用 | 2,875,000 | 4.5 | 4,750,000 | 5.5 |
| 株式の利益 | 1,957,000 | 3.0 | 3,519,000 | 4.0 |
| 優先配当所要額 | 1,715,000 | 2.7 | 450,000 | .5 |
| 普通株の利益 | 242,000 | 0.3 | 3,069,000 | 3.5 |

＊一部1920年の数字を使用

この両社のケースにおいて、もし維持費が平均的レベル（総収入の35％）だったとすれば、実際の報告利益と比べて、MK&Tの純益は230万ドル大きく、またセントルイス・サンフランシスコの純益は328万ドル小さくなったことであろう。

このような修正がさまざまな証券の安全性にいかなる根本的影響を及ぼすかについては、下の表を見てほしい。

**表Ⅶ　1921年の収益力**

| 項目 | 実際の数字 | | 修正後（維持費比率35％） | |
|---|---|---|---|---|
| | MK&T | フリスコ | MK&T | フリスコ |
| 長期債務利息に対する収益の倍率 | 1.94倍 | 1.89倍 | 2.51倍 | 1.54倍 |
| 利払い費用総額に対する収益の倍率 | 1.25倍 | 1.25倍 | 1.55倍 | 1.02倍 |
| 優先株の1株利益（ドル） | 8.00 | 46.92 | 17.39 | 3.19 |
| 普通株の1株利益（ドル） | 0.30 | 6.08 | 3.25 | なし |

### 優先担保付き社債

MK&Tの優先担保付き証券は、フリスコの同様の債券より数ポイント安い価格で売られているが、上の表から安全性はより高いということが分かる。なぜならMK&Tのほうが維持費はかなり大きいにもかかわらず、1921年には長期債務利息の支払額から見て十分な収益を確保していたからである。維持費の違いが適切に加味されれば、MK&Tの優位性は際立つことになる。

### 収益社債および整理社債

セントルイス・サンフランシスコの収益社債（利率６％）の利息は累積されないが、MK&Tの整理社債（利率５％）は1925年以降累積されることになる。今後３年間、この整理社債に帰属する収益の、少なくとも半分は利子として支払われるはずだ。1921年の収益ベースで見ると、この年満額５％の利子が支払われる確率は高い。

もし利子が満額支払われれば、これら２つの社債の利回りは等しくなる。MK&Tの整理社債は支払順位が優先担保付き証券のすぐ下であり、フリスコの利率６％の収益社債もまた整理抵当より下位である。表Ⅶに示されているように、通常の操業条件下では、MK&Tの整理社債のほうがずっと大きな収益力を享受していると考えられるのである。

### MK&Tの配当率７％の優先株（1928年１月１日以降は累積的優先株）

この証券は、市場価格が近いという理由から、フリスコの（優先株ではなく）普通株と比較することができる。MK&Tの優先株は当期利益の点で素晴らしい実績を上げており、紛れもなくフリスコの普通株より好ましいのみならず、投機対象としても魅力が高そうである。

### MK&Tの普通株

普通株が復配するのは間違いなくかなり先になるだろうが、業界全体を取り巻く環境、あるいはMK&T社の状況が上向くことがあれば、株価は短期間で反応するはずだ。低位の鉄道株として、８ 1/4ドルという現在の株価には、並外れた投機のチャンスが秘められている。

## アチソン、サザン・パシフィック、ニューヨーク・セントラルの証券の比較分析（1922年４月発行）

## はじめに

ここ数週間で、優良鉄道証券に人々の関心が戻ってきた。このことが特に重要性を持つ理由は、それが投資と投機の両方の観点に基づいたものだからである。債券の動きに最初に続いたのが優先株であり、今や人々の注目は投資としての普通株――つまり、配当支払い歴の長い普通株に集まっている。

投機的な観点から見ても、優良鉄道証券の魅力は高まってきている。1921年と比較して、1922年には純利益に明らかな上向きの兆しが出ている。輸送量の大幅増加はすでに報告されており、この流れは今年（1922年）後半に期待される景気回復によってさらに強化されるはずだ。さらに重要度が高いのは、営業費用が縮小を続けていることであり、それによって総収入に対する純利益の比率も、徐々に通常レベルを回復しつつある。

ゆえに、優良鉄道会社の普通株は、投資家にとっても投機家にとっても考慮の対象とすべき価値がある。今回は、そういった銘柄のなかから３社――アチソン、サザン・パシフィック、ニューヨーク・セントラル――を選び、その証券の現況と過去の記録を検討した結果を公表する。次の表は、最も重要性の高いデータをまとめたものである。

**普通株**

| 鉄道会社 | およその価格 | 配当率（%） | 利回り（%） | 1株利益（ドル） | | 対金融費用で見た収益の倍率（1921年） |
|---|---|---|---|---|---|---|
| | | | | 1921年 | 1914-21年の平均 | |
| アチソン | 100 | 6 | 6.00 | 14.69 | 12.89 | 4.00倍 |
| サザン・パシフィック | 90 | 6 | 6.67 | 7.25* | 8.35* | 2.13倍* |
| NYセントラル | 91 | 5 | 5.50 | 8.92 | 6.64 | 1.44倍 |

＊一部推算値

これらの数字から、収益力および財務面での強さという点でアチソンが傑出していることは明白だ。ニューヨーク・セントラルとの比較では、アチソンが配当率でも収益の面でも勝っており、さらに債券債務も相対的に少ない。サザン・パシフィックのほうはアチソンと同じ６％の配当率であるが、収益面ではアチソンのほうが格段に上であり、10ポイントの価格差を十分に正当化できる。

これらの素晴らしい収益記録に加え、アチソンには他にも特筆すべき点がある。

１．現金資産の豊富さ

２．保有する貴重な石油資源

３．債券発行による長期債務の少なさと着実な減少

これら３社のデータの詳細な分析については、続く数ページに掲載してある。入手可能なデータを基に注意深く研究した結果、われわれは次のような結論に達した。

A――現時点でのアチソンは、投資あるいは穏当な投機利益を目的にするのであれば「買い」である

B――収益力が大きく勝るアチソンは、サザン・パシフィックよりも本質的価値が高い

C――配当利回りと収益力の高さ、財務的な安定を重視するのであれば、ニューヨーク・セントラルを投資目的で保有している人はアチソンに乗り換えたほうがよいかもしれない

投機的な観点に立てば、次のように言えるだろう。つまり、債券発行による長期債務や総収入と照らしてみると、ニューヨーク・セントラルの株式数は少ないので、良好な状況下では１株当たり利益が急速に増加する可能性がある。だが裏返せば、純利益が多少減少した程度でも、株に帰属する利益が大幅に減少する恐れもある。

## 企業構造

鉄道会社の状況を分析するにはたいてい、その会社の業績だけでなく、その会社がかなりの投資を行っている子会社や関連会社の業績も調べなければならない。アチソンとサザン・パシフィックはともに連結財務諸表を出しているが、ニューヨーク・セントラルが大量の持ち分を持つ重要な関連会社群は、報告書が個別になっている。これら企業群の輸送マイル数の合計は、現にニューヨーク・セントラル本体のそれを上回っている。子会社は毎年相当な額の剰余金を計上しており、そのかなりの部分は実際にニューヨーク・セントラルの株に帰属することになるが、それについては現在の企業収益には反映されていない。ニューヨーク・セントラル株の価値を適正に判断するために、同社の数字をそれ単体および全子会社の連結とで比較したい。関連会社の事業を自社に吸収する目的で、ニューヨーク・セントラルはまだ手中に収めていない残りの発行済み株式を取得するという意図を明らかにしており、それがこのような分析法をとるもうひとつの理由である。

次の表は個別に運営されているニューヨーク・セントラルの子会社について、輸送距離とニューヨーク・セントラルによる株式保有比率をまとめたものである。

**NYセントラル関連の企業群**

| 社名 | 輸送距離(マイル) | 被保有比率(%) |
|---|---|---|
| ニューヨーク・セントラル鉄道 | 6,069 | |
| シンシナティ・ノーザン | 245 | 56.9 |
| CCC&セントルイス | 2,421 | 50.1 |
| インディアナ・ハーバー・ベルト | 120 | 60.0 |
| カノワ&ミシガン | 176 | 100.0 |
| レーク・エリー&ウエスタン | 738 | 50.1 |
| ミシガン・セントラル | 1,865 | 89.8 |
| ピッツバーグ&レーク・エリー | 224 | 50.1 |
| トレド&オハイオ・セントラル | 492 | 100.0 |
| 全社合計 | 12,350 | |

サザン・パシフィックに関しても、最近行われた石油事業の分離による修正を反映するには、前年の業績に修正を加える必要がある。かつての産油収入が消えたこと、そして転換社債を株式に転換してパシフィック・オイル株の売却で現金4300万ドルを得たという事柄も、加味しなければならない。

### 収益力

1921年の業績に特に注目が集まるのは、それが最新の情報であるからだけではなく、独立的な操業となって初年のデータだからである。1921年の損益勘定の要旨を次に挙げる。

サザン・パシフィックの金融費用と営業外収益は、1920年の報告書(石油事業の分離を織り込み済み)をベースにしている。

1株利益の大きさだけでなく、特に収益に対する金融費用の少なさでもアチソンが群を抜いていることは、一目瞭然だろう。ニューヨーク・セントラルとその子会社の損益勘定を連結することで1株利益がかなり大きくなるが、債券と賃借契約に代表される総資本が大きいという点にも十分な注意が必要だ。

各企業の1914年以降の数字もチェックすることで、1921年の数字から導かれる結論について確信を深めることができる。次に挙げるのは、この期間における年間1株当たり利益の一覧である。1918年、1919年、1920年については、実際の業績に基づく数字、政府のレンタルと保証に基づく数字の双方が示されている。サザン・パシフィックの数字に関しては、先ほど述べた修正を加えてある。

アチソンの純益が1915年以降ずっと高いレベルで保たれているというのは、この期間はほぼずっと運輸業界全体が深刻な状況下にあったことを考えると、無視できないポイントである。転換の年となった1920年、ニューヨーク・セントラルおよびサザン・パシフィックとの対照さは、ひときわ目を引く。

### 損益勘定(1921年)(単位：1000ドル)

| 項目 | アチソン | サザン・パシフィック | NYセントラル鉄道 | NYセントラル(含子会社) |
|---|---|---|---|---|
| 輸送マイル数(マイル) | 11,678 | 11,187 | 6,077 | 12,350 |
| 総収入 | 228,925 | 269,494 | 322,538 | 535,821 |
| 賃借料差引純益 | 41,268 | 39,823 | 56,679 | 90,615 |
| その他収益 | 11,082 | 8,000* | 15,665 | 17,251 |
| 総収益 | 52,350 | 47,823 | 72,344 | 107,866 |
| 金融費用等 | 13,018 | 22,800* | 50,048 | 71,519 |
| 優先配当 | 6,209 | | | 500 |
| 少数株式適用分 | | | | 4,302 |
| 普通株の利益 | 33,123 | 25,023 | 22,296 | 31,545 |
| 1株利益 | 14.69 | 7.25 | 8 .91 | 12.62† |

*推算値
†NYセントラル株1株当たり

### 普通株の年間1株利益(1914-21年)(単位：ドル)

| 暦年 | アチソン | | サザン・パシフィック | | NYセントラル鉄道 | | NYセントラル(含子会社) | |
|---|---|---|---|---|---|---|---|---|
| | 営業ベース | 保証ベース | 営業ベース | 保証ベース | 営業ベース | 保証ベース | 営業ベース | 保証ベース |
| 1921 | 14.69 | | 7.25 | | 8.92 | | 12.62 | |
| 1920 | 12.54 | 13.98 | 1.89 | 8.61 | 12.34(赤字) | 5.49 | 14.65(赤字) | 9.68 |
| 1919 | 15.41 | 16.55 | 7.03 | 8.40 | 6.23 | 7.97 | 10.73 | 8.62 |
| 1918 | 10.59 | 9.98 | 10.63 | 8.38 | 6.59 | 7.16 | 13.39 | 8.34 |
| 1917 | 14.50 | | 13.96 | | 10.24 | | 13.25 | |
| 1916 | 15.36 | | 11.00 | | 18.26 | | 23.50 | |
| 1915 | 10.99 | | 8.90 | | 11.08 | | 13.80 | |
| 1914 | 9.03 | | 6.01† | | 4.10 | | 3.69 | |
| 平均 | | | | | | | | |
| 営業ベース | 12.89 | | 8.33 | | 6.64 | | 9.54 | |
| 保証ベース | 13.14 | | 9.06 | | 9.16 | | 11.69 | |

*本文参照
†6/30締めの1年

もうひとつの注目すべき点は、アチソンの営業外収益が大幅に上昇した（1918年は431万1000ドルだったのに対し、1919年は1510万ドル、1920年は984万2000ドル）ことである。これらの大部分は同社の石油資源に負うものであり、その重要性は十分に認識されていないようである。

### 営業分析

サザン・パシフィック、ニューヨーク・セントラルの２社との比較でアチソンの収益力がずば抜けているのは、総収入との比較で資本が少ないこともその理由の一部ではあるが、最大の理由は営業費用が少ないことにある。次の表には輸送コストの面におけるアチソンの強みがはっきりと表れている。

**営業費用の分析**

| 総収入に対する費用比率(%) | アチソン | | | サザン・パシフィック | | | NYセントラル鉄道 | | |
|---|---|---|---|---|---|---|---|---|---|
| | 1921 | 1918-20 | 1913-17 | 1921 | 1918-20 | 1913-17 | 1921 | 1918-20 | 1913-17 |
| 維持費 | 36.9 | 36.0 | 30.1 | 33.9 | 34.3 | 25.4 | 31.9 | 36.3 | 29.9 |
| 輸送コスト他 | 38.7 | 39.6 | 34.1 | 45.0 | 45.1 | 38.8 | 45.1 | 47.6 | 40.0 |
| 営業費用合計 | 75.6 | 75.6 | 64.2 | 78.9 | 79.4 | 64.2 | 77.0 | 83.9 | 69.9 |

上の表からは、アチソンが常に維持費を惜しみなくかけてきていることが分かる。営業地域が似ているサザン・パシフィックと比べると、アチソンのほうが総収入に対する維持費の比率は常に大きく、輸送コストの比率はかなり小さい。

### 資本構成

長期債務に対する株式の比率が最大なのはアチソン、その比率が最小なのはニューヨーク・セントラルである。後者の資本構成は安定性を欠いているようであり、その結果、純益に多少の変化があった程度でも１株当たり利益に大きな影響を与えることになる。好況期には債券発行債務の多さが株式の収益力向上に大きく貢献するが、不況下ではそれが大きな負担になりかねない。

**一般投資家の保有証券（単位：1000ドル）**

| 証券の種類 | アチソン（1921/12/31） | 比率（%） | サザン・パシフィック（1921/1/14） | 比率（%） | NYセントラル（1920/12/31） | 比率（%） | NYセントラル（含子会社）（1920/12/31） | 比率（%） |
|---|---|---|---|---|---|---|---|---|
| 債券、保証株式 | 289,888 | 45.3 | 473,644 | 57.9 | 840,110＊ | 77.1 | 1,156,261＊ | 77.5 |
| 優先株 | 124,173 | 19.4 | | | | | 9,998 | 0.9 |
| 少数株式 | | | | | | | 74,302 | 4.9 |
| 普通株 | 225,398 | 35.3 | 344,780 | 42.1 | 249,597 | 22.9 | 249,597 | 16.7 |
| 合計 | 639,459 | 100.0 | 818,424 | 100.0 | 1,089,707 | 100.0 | 1,490,158 | 100.0 |

＊リースされた企業群の証券、および現金レンタル料6670万ドルを、資本の５％として含む

### 結論

鉄道分野におけるアチソンのたぐいまれな強さは、その財務ポジションに最もよく表れている。過去８年間アチソンは実質上債券を発行していないにもかかわらず、1921年時点で現金5270万ドル以上と国債を有しており、流動負債の合計は2827万9000ドルにすぎなかったのである。

大きな収益力と優れた財務状態によって、いずれ配当率も上昇するであろうと合理的な期待を持つことができるのである。

## シカゴ・ミルウォーキー・アンド・セントポールとセントルイス・サウスウエスタン（1922年９月発行）

10年前、これら２社を比較するのは意味がないことに思えただろう。当時セントポールは最強鉄道会社のひとつであり、知名度、収益力、配当履歴、さらには将来展望といった点において、セントルイス・サウスウエスタンが明白に劣っていたからである。これら２社の相対評価は、両社の普通株の平均価格――セントポールは額面以上、セントルイス・サウスウエスタンは30以下――を基にしたものである。だが今日では、両社の普通株優先株ともに同じ価格――それぞれ約52、33――で取引されている。マーケット評価の極端な変化は、収益力の逆転を反映したものだ（次に掲げる1913年と1921年の損益勘定要旨を参照）。

最初に断わっておくと、セントポールの1921年の営業費用は純益に大きく響くほど異常なまでに大きかったので、総収入や金融費用の相対的増加が最も重要である。セントルイス・サウスウエスタンが確実に上向いてきているのは、費用と比べて総収入が２倍の速さで伸びているからだ。片やセントポールが不振なのは、金融費用が輸送量の３倍のスピードで増加しているからである。これらの数字がクローズアップされることで、この２社の将来的展望に関して誤った印象が植え付けられてしまう可能性はある。多くの人が言うように、セントポールの1921年の業績低迷は、より大きな成功に向け、過去の繁栄からの痛みを伴う転換期の最終局面なのかもしれない。また人によっては、セントルイス・サウスウエスタンの大きな業績向上を偶然による一時的なものと考えるかもしれない。よって信頼できる結論を導くために、両社をさまざまな角度から徹底分析していくことにする。

| 項目 | シカゴ・ミルウォーキー＆セントポール | | | セントルイス・サウスウエスタン | | |
|---|---|---|---|---|---|---|
| | ～までの1年 | | 上昇率（%） | ～までの1年 | | 上昇率（%） |
| | 1913/6/30 | 1921/12/31 | | 1913/6/30 | 1921/12/31 | |
| 輸送マイル数（マイル） | 9,613 | 10,808 | 12.4 | 1,609 | 1,808 | 12.4 |
| 総収入（ドル） | 94,084,000 | 146,766,000 | 56.0 | 13,297,000 | 25,113,000 | 88.8 |
| 税引利益（ドル） | 27,376,000 | 9,763,000 | | 3,600,000 | 4,881,000 | |
| 金融費用等（ドル） | 9,235,000 | 23,112,000* | 150.0 | 1,714,000 | 2,404,000 | 40.3 |
| 配当充当可能分（ドル） | 18,141,000 | 13,349,000（赤字） | | 1,886,000 | 2,477,000 | |
| 金融費用に対する収益の倍率 | 2.96倍 | 0.42倍 | | 2.10倍 | 2.03倍 | |
| 優先株の１株利益（ドル） | 15.60 | なし | | 9.48 | 12.53 | |
| 普通株の１株利益（ドル） | 8.60 | なし | | 5.45 | 9.16 | |

*政府から支払われるべき227万8000ドルは、前年までの適用となるため営業外収益から除外

次に掲げる興味深い表は、通常の営業環境下における両社の将来的収益力を推算したものだ。1921年の総収入データを基本にするに当たり、控え目な計算をするため、輸送量の増加は料金の引き下げによって相殺されるものとした。

もしこれらの数字が実際の状況を正しく反映しているものだとすれば、セントポールよりもセントルイス・サウスウエスタンのほうが勝っていると迷うことなく結論づけることができる。後者のほうが支払利息から見て大きな安全余裕域を有する――優先株の１株利益は３倍、また普通株の利益は10ドル近くなる（セントポールはゼロ）であろう――と考えられるからだ。

## 将来的収益力の推算

| 項目 | セントポール | | セントルイス・サウスウエスタン | |
|---|---|---|---|---|
| | 収入(ドル) | 対総収入比率(%) | 収入(ドル) | 対総収入比率(%) |
| 総収入(1921年ベース) | 150,000,000 | 100.0 | 25,000,000 | 100.0 |
| 税(20%)引後利益 | 30,000,000 | 20.0 | 5,000,000 | 20.0 |
| 金融費用等(1921年ベース) | 23,500,000 | 15.7 | 2,400,000 | 9.6 |
| 配当充当可能分 | 6,500,000 | 4.3 | 2,600,000 | 10.4 |
| 金融費用に対する収益の倍率 | 1.28倍 | | 2.08倍 | |
| 優先株の1株利益 | 4.32 | | 13.07 | |
| 普通株の1株利益 | なし | | 9.81 | |

＊1つ前の表の脚注を参照。シカゴ・テレホート・アンド・サウスイースタン鉄道(1921/7/1にリース)については、1年分で算入済み

セントルイス・サウスウエスタンのこの優位は、輸送コストや営業費用の一時的変動などによるものではない。その最大の理由は、資本構成における基本的な強みである。金融費用（正味）と優先配当の合計は、セントポールの場合1921年の総収入の21.1％に当たるが、セントルイス・サウスウエスタンではその比率が13.6％にすぎない。この7.5％という差が、片や優先配当支払い不能、片や普通株の大きな1株利益という大きな違いを生み出しているのである。

すでに述べた顕著な事柄とそれを後押しする上の推算結果に基づくと、セントルイス・サウスウエスタンの優先株および普通株は、近い価格で売られているセントポールの株式よりも、確実に魅力が高いものに思える。

次に、この両社のさまざまな債券の相対的な安全性について調べることにする。

### 輸送量の伸び

セントポールのより高い収入増加の可能性を考慮に入れていないということで、上記の推算値の信憑性は脅かされるかもしれない。セントポールは極めて望ましいロケーションに位置しており、また一般に、ピュージェット湾の延長線によって営業テリトリーが拡大すれば、同社の輸送量は目を見張るほど上昇するものと考えられている。

過去のデータから、この理論の正当性を示すなんらかの証が得られるはずだ。1913年（この年にピュージェット湾延長線を吸収）と1921年のデータを比較すると、輸送密度の大幅減少という驚くべき事実に突き当たる。実際、路線が1200マイルも延長されたにもかかわらず、セントポールが輸送した貨物も旅客も、そして輸送距離も、1913年より1921年のほうが減少している。料金の急騰でもないかぎり、総収入は９年半前よりも減少したと考えられるのである。

一方でセントルイス・サウスウエスタンは、輸送量に大きな伸びがあった。輸送トン数が最大であった1920年を見てみると、セントルイス・サウスウエスタンの１マイル当たりの輸送量は、セントポールの４倍のスピードで伸びていることが分かる。

**1913-21年の輸送密度の変化（輸送1マイル当たりのトンマイル数）**

| 年 | セントポール | | セントルイス・サウスウエスタン | | 全鉄道会社 | |
|---|---|---|---|---|---|---|
| | 合計 | 変化率（%） | 合計 | 変化率（%） | 合計 | 変化率（%） |
| 1913 | 892,000 | | 542,000 | | 1,335,000 | |
| 1920 | 1,071,000 | ＋20 | 1,022,000 | ＋89 | 1,748,000 | ＋31 |
| 1921 | 770,000 | −14 | 730,000 | ＋35 | | |

## 金融費用

緩慢な輸送量の伸びとは対照的に、セントポールの金融費用はこの期間に大きく膨らんでいる。輸送距離は12.4％しか伸びていないのに、債券利息は65.7％も増えているのだ。営業外収益をはじめ、賃借料やその他の控除額を考慮に入れれば、この状況はさらに際立つ。これら項目のバランスは、1913年には貸方万2000ドルだったものが、1921年には借方416万4000ドルへと転じている。相殺分を除く正味の全控除額は、過去10年でちょうど150％上昇しているのである。これは紛れもなく、最も重視すべきマイナス要因だ。

一方セントルイス・サウスウエスタンに目を移すと、支払利息の上昇率が非常に穏当（11.4％）であり、実際伸び率は輸送距離のほうが大きい。約21万8000ドルという賃借料などの増加と、「その他収益」におけるほぼ同額の減少によって、正味控除額が40％まで上昇した。これは輸送量の上昇幅より小さく、また総収入増加率の半分以下にすぎない。

## 営業費用

政府による統制が行われる前の時代、営業費用のトレンドを深く研究することには価値があったが、これら費用には極端なまでにさまざまなパターンが存在するため、今日では営業費用をベースにした将来予測の価値は大幅に減少してしまった。とはいえ、過去10年の業績報告書を３つの期間――統制前、統制時期、統制後――でグループ分けすれば、これら鉄道２社の営業上の問題について、興味深い手掛かりを見いだすことができる。

これによってまず目につくのは、この期間セントルイス・サウスウエスタンが、総収入に対する実際の輸送コストを統制前とかなり近いレベルのまま保ち続けることに成功してきているという事実であり、２つ目に挙げられるのは、同様の費用について、セントポールでは政府の統制下で急上昇してしまったレベルから下げることが困難であったという事実である。これについて、1918～20年におけるセントルイス・サウスウエスタンの10％のアドバンテージは、偶発的であるとして看過されるかもしれないが、その比率を1921年以降も維持しているという事実は極めて重要である。

次の表における維持費の数字からは結論が出ない。1913～17年の間、セントポールは維持費が不十分だったように見える。政府の統制期間中、両社ともに維持費は同様の高いレベルに達しており、そこから通常レベルに戻るまでのスピードは、セントルイス・サウスウエスタンのほうがいくぶん速かった。

将来的収益力を見積もるに当たっては、セントポールもセントルイス・サウスウエスタンも、相対的な費用比率は同程度に設定した。上のデータに表れているように、このような仮定をとるのはつまり、経営陣が極めて有能であるという可能性についてかなり楽観視しているということである。

**営業費用の推移（対総収入での百分率）**

| 項目 | 1913-17年の平均 | | 1918-20年の平均 | | 1921-22年6月の平均 | |
|---|---|---|---|---|---|---|
| | セントポール | セントルイスSW | セントポール | セントルイスSW | セントポール | セントルイスSW |
| 維持費 | 27.02 | 31.36 | 42.31 | 42.57 | 37.74 | 35.03 |
| その他費用と税金 | 45.95 | 44.05 | 56.92 | 46.30 | 57.07 | 47.04 |
| 合計 | 72.97 | 75.41 | 99.23 | 88.87 | 94.81 | 82.07 |

### 財務状態

現在の債券市場および財務省による弱体鉄道会社支援によって、流動資産と流動負債の問題はかつてよりも重要性が薄れたように思える。国から5500万ドル以上の融資を受けることでセントポールは、欠損を埋め、有形固定資産勘定を増やし、まずまずのキャッシュポジションを保ってきている。セントルイス・サウスウエスタンには短期借入金がなく、実際1913年以降債券発行による長期債務もある程度減少している。それと同時に同社は、1915年６月30日付ではマイナス54万ドルだった正味流動資産を、プラス572万6000ドルへと一転させている。

セントポールは、今後１年半以内に満期の到来する債務を計5300万ドル抱えており、さらには来年１月１日には国への中期債務1000万ドルが満期を迎える。だがセントルイス・サウスウエスタンは、設備債務が多少ある以外には1932年６月１日以前の返済債務はない。

### 鉄道業務の現状

A．輸送の特徴

セントルイス・サウスウエスタンは「コットンベルト路線」を自称しているが、輸送においてその地域性に頼り切っているというわけではない。実際、1921年の総トン数のうち、綿花および綿製品の割合はたった6.2％にすぎない。セントポールのコムギとトウモロコシ輸送への依存度はいくぶん高く、この２種を合計すると昨年の輸送量の9.3％を占めている。注目すべき点としては、セントポールにおいて工業製品などの優良な重量物の占める割合が漸減し、セントルイス・サウスウエスタンではこれとまったく逆の変化が見られるということである。

**B.輸送量と輸送距離**

| 項目 | セントポール | | | セントルイスSW | | |
|---|---|---|---|---|---|---|
| | 1913年 | 1921年 | 変化率(%) | 1913年 | 1921年 | 変化率(%) |
| 輸送量平均(トン) | 357 | 483 | ＋35.3 | 300 | 465 | ＋55.0 |
| トン当たりの輸送距離平均(マイル) | 246 | 243 | − 1.2 | 238 | 252 | ＋ 5.9 |

セントポールよりも「コットンベルト」のほうが輸送量を急速に伸ばし、また輸送距離平均が徐々に伸びてきていることが分かる。輸送重量が大きいことと輸送距離が長いことはともに、輸送コスト削減のための重要な要因である。

C．設備

この点に関する両社の相対的関係は、次の事実に最もよく表れている。つまり、セントポールは他社の鉄道車両を使用するため恒常的にかなりの額を支払っているが、セントルイス・サウスウエスタンでは余剰の設備を賃貸することでかなり純益を上乗せしているということだ。

**要約**

上に述べてきた事実が特に目を引くのは、すべての点においてセントポールよりもセントルイス・サウスウエスタンのほうが勝っているという結論が出ているためである。検討を行ったほぼすべての事柄に関して、10年前はセントポールのほうが優勢であったが、1921年の状況はまるっきり逆転していると言ってもよいかもしれない。総収入、営業費比率、支払利息やその他費用、輸送の特徴、財務ポジションその他にも、この結論は当てはまるであろう。

優先株の価格も普通株の価格も、セントポールよりセントルイス・サウスウエスタンのほうに高い市場価格がつくべき価値があるという結論は必至である。

われわれが特に強調したいのは、セントルイス・サウスウエスタン普通株の持つ、投機的観点から見た可能性だ。1914年以降、５％の非累積的優先株を無配としてきたことによって、その分を有形資産に回すことが可能となり、それは終局的には普通株にとっての利益になるのだ。1912年６月30日以降、このように再投資された利益剰余金は1287万5000ドルに達しているが、これは普通株１株当たり80ドルに当たる（現在の株価は34ドル）。

## 注47

### 戦勝国債の保有者に向けたメモ（1921年５月配布）

われわれが指摘したいのは、表面利率4 3/4％、1923年６月１日満期の戦勝国債を保有する人たちが、同国債を売り、現行価格で等価値分の第４回自由国債（表面利率4 1/4％、1938年満期）に乗り換えることによるメリットである。

これを執筆している今、利率4 3/4％の戦勝国債は約97.70ドル、同4 1/4％の自由国債はおよそ87.20ドルで売られている。両証券ともに、単純利回りは4.86％である。換言すれば、コストと配当利回りがともに同等ベースで、400ドルの戦勝国債は450ドルの自由国債との交換が可能だということである。

だが市場価格の上昇見込みという点から見れば、自由国債のほうが戦勝国債よりも大きな強みを有している。戦勝国債は満期が近い（1923年）ために大きなプレミアムがつくことは考えられないので、その値上がりの余地は２ポイントに限られている。しかし自由国債は額面を大幅に割っている（12 1/2％以上）ので、数年以内に大きく価格が上昇する可能性が非常に高い。

ちょっと極端な話ではあるが、仮に1923年までにすべての戦勝国債および自由国債が額面まで戻ったとすれば、第４回自由国債の価格上昇率は12％以上になるが、対する戦勝国債の上昇率はたった２％にすぎない。われわれの提案に従って証券を乗り換えれば、投資家は現在保有する戦勝国債の400ドル分につき、450ドルを得ることになるだろう。いずれにせよ、表面利率4 1/4％の自由国債が今後２年以内にたった２ポイント上昇しさえすれば、この乗り換えによるメリットが生まれるのである。

ここで指摘したいのは、さまざまな点から、優良債券の価格は近い将来上昇するであろうと考えられるということだ。連邦の公定歩合の引き下げによって証明されているように、金利の下落兆候はすでに見えている。よって現在では一般的に、長期債のほうが短期債よりもかなり人気が高く、ゆえに前者に見込める配当利回りは満期が近いもののそれと比較して著しく低くなっている。だが戦勝国債の場合、単純利回りが少しもマイナスにならない形で、長期債である自由国債との交換が可能なのである。

自由国債はこれまで換金が非常に多く、ごく最近までずっとその状態が継続していたが、今ではもうほとんど収まったようである。借金で公債を買っていた人たちの大半は返済が終わったか債券を手放した。体力のない投資家の大半は一掃され、今やこの自由国債の大部分は真の投資家の手にあると考えてよいだろう。テクニカル面におけるポジションの大幅改善によって、同国債はあらゆる買いに反応し、価格がかなり上昇するはずである。

この乗り換えによって得られるさらなる利点は、普通所得税はもちろん所得税付加税にまで適用される自由国債の税控除にある。戦勝国債の税控除は、普通所得税にしか適用されない。価格上昇の余地および可能性がずっと高い、そして税金面でも優遇されている——という、これら２つの重要なる理由から、われわれは戦勝国債の持ち分を、等価値の第４回自由国債（表面利率4 1/4%）へと乗り換えることを勧めるものである。

この提案に関して、希望があればより詳細な情報を喜んで提供する。そして特に、この証券乗り換えによって得られる減税効果について、個々の投資家たちと議論したいと考えている。

### 注48

スタンダード・スタティスティクス社の“INVESTOR'S GUIDE STOCK REPORTS”は、1933年の10月と12月、以下の２つの定期報告を行った。

**B（NYSE）　　ボールドウィン・ロコモーティブ・ワークス**

| 株式 | レーティング | 配当 | 価格(ドル) | 日付 | 利回り |
|---|---|---|---|---|---|
| 普通株 | ホールドII | なし | 11 1/8 | 33/12/21 | なし |
| ７ドルの優先株 | ホールド＊ | なし | 34 7/8 | | なし |
| ワラント | ホールドII | | 7 | | |

＊　やや投機的

**助言**

先行きへの期待感から、いずれ株式ワラントが権利行使されることによる普通株へのマイナス影響が相殺されている。優先株には長期の投機的魅力がある。

### 現状と展望

ボールドウィンは営業費用を最小限に抑えてきているが、1933年に機関車の受注がなかったことが響き、今年度も純損失の計上となりそうである。連結帳簿上は穏やかな上昇傾向を示してきており、また、連邦政府機関であるPWA（公共事業局）によって30台の機関車を含む新規設備購入のための貸付金が鉄道会社数社に下りたことで、1934年の同社の見通しはかなり明るくなっている。さらにはその他の鉄道会社からの設備購入を目的とした融資申請にはまだ懸案中のものもあり、これによって機関車133台のニーズが新たに見込める。よって、鉄道会社による近代化プログラムはすでに始動したと考えてよいだろう。この計画は1934年後半ころにピークを迎えるはずだ。業界大手のボールドウィンは、このビジネスにおいてかなりのシェアを獲得すると思われる。同社の普通株は、抵当整理社債に付けられた、48万株の普通株を１株当たり５ドルで購入できるワラントが権利行使されることによる深刻な希薄化という危険があるために、１株利益がプラスに転じるにはまだ時間がかかるが、普通株の１株当たり損失は今後徐々に減少していくであろう。

### 背景事情

ボールドウィン・ロコモーティブ・ワークスは、蒸気機関車製造業界ではトップ２の一社である。鍛造物、水力機械や特殊機械、発動機、空調設備、冷却装置なども製造している。また同社は、ゼネラル・スチール・キャスティングスの株式およびフィラデルフィアの価値ある不動産を所有している。

### 資本

（債券発行による）長期債務……1550万ドル。配当率７％の累積的優先株（額面100ドル）……20万株。普通株（無額面）……84万3000株。優先配当累積額合計……現在１株当たり17.50ドル

| | 利益 | | 配当 | | 株価レンジ | |
|---|---|---|---|---|---|---|
| | 普通株 | 優先株 | 普通株 | 優先株 | 普通株 | 優先株 |
| 1933 | （推算値）5.24（d） | （推算値）15.50（d） | なし | なし | 17⅝－3½ | 60－9½ |
| 1932 | 6.50（d） | 20.39（d） | なし | なし | 12－2 | 35－8 |
| 1931 | 6.55（d） | 20.61（d） | 0.87½ | 3.50 | 27⅞－4⅝ | 104½－15 |
| 1930 | 1.94 | 15.18 | 1.75 | 7.00 | 38－19⅜ | 116－84 |

d　マイナス
注意＝上記のデータは信頼の置ける筋から入手したものであるが、確実なものではない
INVESTOR'S GUIDE STOCK REPORTS
（著作権者、出版元はスタンダード・スタティスティクス社）

| BRY（NYSE） | | | ビアトリーチェ・クリーマリー | | |
|---|---|---|---|---|---|
| 株式 | レーティング | 配当 | 価格（ドル） | 日付 | 利回り |
| 普通株 | 売り | なし | 12 1/2 | 33/10/17 | なし |
| ７ドルの優先株 | 売り | ７ドル | 72 | | 9.9％ |

### 助言

近い将来の不透明さを踏まえると、同社の普通株および優先株はより将来性の高い証券へと乗り換えるべきである。

### 現状と展望

乳製品製造業界はなおも不況が続いている。ミルクの生産量は消費需要を大幅に上回っており、こうした状況によって、バターやミルクの在庫量が記録的に膨らんだだけでなく、これら製品の価格維持は不可能となった。州の組織であるAAA（農業調整局）の合意が主因で引き起こされた牛乳価格の上昇分は、ほとんど農場主たちに渡った。さらには、８月31日までの６カ月間の収益は、NRA（米国復興局）の指導で費用が増加したこと、７～８月にかけてのアイスクリームの最大需要期に売り上げが伸び悩んだことによる影響で打撃を受けた。この期間における１株利益は、優先株が4.47ドル、普通株が0.28ドルであった（前年の同時期はそれぞれ、6.34ドル、0.82ドル）。季節的要因から、続く６カ月ではさらに利益が縮小するであろう。牛乳の供給過多の状況が続く限りは、大きな回復は当分見込めない。財務状態は良好。

### 背景事情

ビアトリーチェは乳製品製造業界で第３位の規模を有している。かつてはその収益の大部分はバターによるものであったが、近年ではアイスクリームやミルクへと業務を拡張している。またチーズや卵、鶏肉の配達も行う。業務は主に中西部で展開されているが、東西の沿岸地域にまで販売地域を広げている。

### 資本

（債券発行による）長期債務……なし。配当率７％の累積的優先株（額面100ドル）……10万7851株。普通株（額面25ドル）……37万7719株。

| | 利益 | | 配当 | | 株価レンジ | |
| --- | --- | --- | --- | --- | --- | --- |
| | 普通株 | 優先株 | 普通株 | 優先株 | 普通株 | 優先株 |
| 1933 | 0.84(赤字) | 4.03 | なし | 7.00‡ | 27 - 7 | 85 - 45 |
| 1932 | 3.54 | 19.30 | 2.50 | 7.00 | 43½-10½ | 95 - 62 |
| 1931 | 7.12 | 32.49 | 4.00 | 7.00 | 81 -37 | 111 - 90 |
| 1930 | 7.31 | 34.02 | 4.00 | 7.00 | 92 -62 | 109¼-101¼ |

＊2/28締めの各１年間
†暦年
‡継続可能
注意＝上記のデータは信頼の置ける筋から入手したものであるが、確実なものではない
INVESTOR'S GUIDE STOCK REPORTS
（著作権者、出版元はスタンダード・スタティスティクス社）

ボールドウィン・ロコモーティブ株はホールド、ビアトリーチェ・クリーマリー株は売りとされた最大の根拠は、機関車製造業は明るく、乳製品製造業は暗いという業界展望である。前者に関しては、状況の改善は何年も続くであろうということが示唆されており、ビアトリーチェのほうは「大きな回復は当分見込めない」という表現が、その回復時期について数カ月先を指すのか数年先を指すのかがはっきりしない。

本書で展開した原則やテクニックをベースにして、これら２銘柄の普通株の分析に取り組むとすれば、その方法はこのレポートに示された方法とはかなり異なる――実際、ほとんど逆になる――だろう。その場合、アナリストのビアトリーチェ・クリーマリーに関する推論過程は、まず次のような点から始まるだろう――「現状が望ましいものでないことは周知の事実であり、近い将来の展望もまた同様に芳しくないと考えられている。株価はもう十分に下落した。現状を反映したこの安い株価を大幅に上回るような本質的つまり永久的価値を、この

株は有しているのだろうか？」。

ボールドウィン・ロコモーティブの場合は、これとは逆方向の推論になると言ってよいだろう。

「1933年や32年と比較して、同社の1934年の展望は間違いなく明るい。だが、この株は1932年の安値の５倍で売られている。過去10年の非常に不満足な業績を考えた場合、これらの望ましい将来見通しは、現在の株価で普通株を買うことの魅力の裏付けとなり得るだろうか？」

これらの疑問に答えを出すには、次のような手順に沿った統計的分析を行うのがよいだろう（これらのデータを掲載したのは、ボールドウィンとビアトリーチェの一般的な意味における「比較分析」を行うためではなく、それぞれの証券について個々の分析結果を導くためである）。

| 項目 | ボールドウィン・ロコモーティブ | ビアトリーチェ・クリーマリー |
|---|---|---|
| A.資本 | | |
| 債券(額面)(ドル) | 15,500,000 | |
| 優先株(時価)(ドル) | 7,000,000 | 7,750,000 |
| 上位証券合計(ドル) | 22,500,000 | 7,750,000 |
| 普通株(時価)(ドル) | 9,400,000 | 4,700,000 |
| ワラント(時価)(ドル) | 3,400,000 | |
| 普通株合計(ドル) | 12,800,000 | |
| 総資本(ドル) | 35,300,000 | 12,450,000 |
| B.直近の損益 | 1933/9までの12カ月 | 1933/8までの12カ月 |
| 売上高(ドル) | 7,730,000 | 44,045,000 |
| 減価償却と利息支払前の純利益(ドル) | 1,000,000(赤字) | 1,831,000 |
| 減価償却費(ドル) | 1,850,000 | 1,605,000 |
| 支払利息(ドル) | 1,160,000 | |
| 優先配当所要額(ドル) | 1,400,000 | 750,000 |
| 普通株の利益(ドル) | 5,410,000(赤字) | 524,000(赤字) |

## C.過去の収益(単位:1000ドル)

| 年 | ボールドウィン・ロコモーティブ | | | ビアトリーチェ・クリーマリー | | | |
|---|---|---|---|---|---|---|---|
| | 売上高 | 総資本に対する収益 | 普通株の利益 | 売上高 | 総資本に対する収益 | 普通株の利益 | 普通株の1株利益 |
| 1933 | 7,730 | 2,850(赤字) | 5,410(赤字) | 44,045 | 226 | 524(赤字) | (赤字) |
| 1932 | 10,579 | 2,941(赤字) | 5,478(赤字) | 46,264 | 434 | 323(赤字) | (赤字) |
| 1931 | 20,436 | 2,982(赤字) | 5,523(赤字) | 54,059 | 2,101 | 1,363 | 3.54 |
| 1930 | 49,872 | 4,202 | 1,637 | 82,811 | 3,354 | 2,626 | 7.12 |
| 1929 | 42,797 | 3,093 | 900 | 83,682 | 2,489 | 1,971 | 7.31 |
| 1928 | 37,214 | 600 | 1,104(赤字) | 53,307 | 1,523 | 1,103 | 6.31 |
| 1927 | 49,011 | 3,400 | 1,685 | 52,744 | 1,223 | 890 | 6.66 |
| 1926 | 65,569 | 5,800 | 4,049 | 33,974 | 1,006 | 735 | 5.97 |
| 1925 | 27,876 | 500(赤字) | 2,225(赤字) | 35,050 | 1,003 | 760 | 6.18 |

* 〈ボールドウィン〉1933年は9/30締めの1年間で、それ以前は暦年。1925年を除く数字は比較可能。1925-28年の数字は第34章で説明したように年間平均102万2000ドルの減価償却を反映してある。1928年の総資本に対する収益は概算値
〈ビアトリーチェ〉1933年は8/31締めの1年間。1932年は1933年2/28締めの1年間、1925-31年も同様。1928年に生じた証券売却益38万9000ドルは除外

## D.「標準的期間」1925-30年の結果

| | |
|---|---|
| ボールドウィン・ロコモーティブ・ワークスの総資本に対する収益の平均 | 2,900,000ドル |
| ボールドウィンの普通株利益の平均とワラント | 824,000ドル |
| ボールドウィン普通株の1株利益平均(ワラントが権利行使され企業受取額に対し6%の利益が上がるという前提) | 0.73ドル |
| ボールドウィン普通株の最大の1株利益(修正後) | 3.17ドル |
| ビアトリーチェ普通株の1株利益平均 | 6.59ドル |
| ビアトリーチェ普通株の最大の1株利益 | 7.31ドル |

注意=ビアトリーチェ・クリーマリーでは1925-32年にかけて追加の株式発行を継続的に行っていたため、普通株に帰属する利益については1株利益を重視すべきである

## E.バランスシートの数字(1932/12/31)(ドル)

| 項目 | ボールドウィン | ビアトリーチェ |
|---|---|---|
| 流動資産(ドル) | 13,900,000 | 9,410,000 |
| 流動負債(ドル) | 1,200,000 | 748,000 |
| 正味流動資産(ドル) | 12,700,000 | 8,662,000 |
| 普通株1株当たりの有形資産価値(ドル) | 26.50 | 48.75 |

注意＝ボールドウィンの運転資本の数字からはミッドベール社の少数株主の持分は除外されている。ボールドウィン普通株の資産価値はワラントが権利行使されたという仮定で調整済み。ビアトリーチェ普通株の資産価値は、1933年の固定資産評価切り下げが反映されていない

以上の分析からは、約11ドルという価格のときにボールドウィン・ロコモーティブ株に十分な本質的価値があるとする根拠を導くことはできない。目を引く望ましい点を強いて挙げれば1926年の収益と簿価であるが、これらはどちらもさほど重要と見なされないであろう。上位証券が多いことを考えると、表面上は同社の普通株には「レバレッジ」の要因がある――つまり資本構成が投機的である――ように見える。しかし現実上、このレバレッジが真の価値を持ち得るのは、利益が1926年以降のレベルを上回った場合だけなのである。

ビアトリーチェ・クリーマリーについて言えば、これらのデータは２つの重要な点で目を引く。その第１点目は、1925～30年の６年間を通じて１株当たり利益がコンスタントに高く、現行株価12 1/2ドルの50％に近かったという点である。そして第２点目は、普通株の時価１ドルごとの売り上げが非常に大きいことである。乳製品が値崩れした1933年でさえ、同社は普通株の時価１ドル当たり９ドルの売り上げを達成していたのだ。1929年のその比率は１対18であった。当然、対売上高の利益が非常に少なくても、株の現在価格に対する収益の比率は

大きくなるのである。

ビアトリーチェのデータからは他にも興味深い特色を挙げることができる。

1．テクニカルな面から見ると、同社の資本構成は普通株に特に望ましい投機機会をもたらすものとなっている。相対的に大きな上位証券は優先株しかなく、これによって財務上のひっ迫が起きる危険性はない。

2．市場価格に対して有形資産価値が大きいことに重要性はない。この点にあまり目を奪われるべきではないが、一方でその企業が長期的に見てそこそこの普通株利益を上げる可能性があるかどうかという問題に影響を与える要因である。固定資産の評価切り下げが計画されていたが、だとしてもこの結論に変わりはないだろう。

3．固定資産の評価切り下げが容認できるものだとすれば、近年の減価償却費用は必要以上に大きかったということになるであろう。1934年２月締めの１年間、減価償却費用は約140万ドルまで減額された（前年は190万ドル）。この比率が1933年２月締めの12カ月に適用されていたとすれば、この年同社には普通株にいくらかの利益が残ったであろう。

4．この手の企業にしては、また、その株価の割には、同社の運転資本のポジションは堅牢である。

### 質的要因について

A．ボールドウィン・ロコモーティブ――この企業の長期的見通しや通常の収益力について、信頼できる結論を下すのは困難に思えるだろう。同社が従事するのは基幹産業であり、また過去数年にわたり並外れて機関車の購入が落ち込んでいたことから、間違いなく累積的に需要が高まるものと考えられる。とはいえ、同社のビジネスは極端に不安定であり、その将来業績についての展望は、知的予測というよりは憶測と言うべきものである。

B．ビアトリーチェ・クリーマリー――同社のビジネスは、永続性はもちろんのこと根本的安定性をも有しているように思える。機関車への需要はさまざまな要因によって左右されるが、乳製品への需要にはそういったことはない。供給過多によって製品の販売価格は大きな影響を受けるかもしれないが、その他無数の業種と比較して、それによる問題がより深刻だとは言えない。過去にもそうであったように、乳製品製造業は長期的将来にわたって成長するだろうと信じるに足る根拠がある。1929～33年にかけての需要の落ち込みは深刻な恐慌による当然の現象であり、これは将来的な業績悪化を暗示するものだとは思えない。生産品目も多く商標のブランド力によって大きな利益を上げている大手２社（ボーデン社とナショナル・デアリー・プロダクツ社）と比べると、ビアトリーチェ・クリーマリーの置かれた状況は見劣りする。しかし、全体的な状況の改善があれば、ビアトリーチェ・クリーマリーの収益力がかつての安定したレベルに近いところまで回復する可能性は十分にあるだろう。

未来の状況にかかっているこういった個々の予測は、迷走することもある。だがこの種の思考法に基づいて下された結論は、この注のはじめに転載した「マーケット診断」的タイプの予測よりも、平均的・長期的に見てより大きな利益を生むものとわれわれは考えている（スタンダード・スタティスティクス社のメソッドの一部に関するわれわれの批判は、この素晴らしい組織の仕事全般について異議を唱えるものではない。それどころか、そのデータ提示における正確性と完璧さ、調査の範囲や技術の開発に際して進取の気性に飛んだ姿勢は、称賛に値するものである）。

## ■著者紹介

### ベンジャミン・グレアム（Benjamin Graham）

「現代の証券分析の父」と言われ、ウォール街で新時代を画した人物である。「バリュー投資スクール」の創始者として、グレアムはウォーレン・バフェット、マリオ・ガベリ、ジョン・ネフ、マイケル・プライス、ジョン・ボーグルといったその後の多くの伝説的な投資家たちに大きな影響を与え続けてきた。グレアムはニューヨーク市で育ち、コロンビア大学を卒業した。

### デビッド・ドッド（David Dodd）

グレアム理論の信奉者であり、また彼の同僚でもあった。コロンビア大学証券分析学部助教授を務めていた。

## ■訳者紹介

### 関本博英（せきもと・ひろひで）

上智大学外国語学部英語学科を卒業。時事通信社・外国経済部を経て翻訳業に入る。国際労働機関（ILO）など国連関連の翻訳をはじめ、労働、経済、証券など多分野の翻訳に従事。訳書に『賢明なる投資家（財務諸表編）』（パンローリング刊）。

### 増沢和美（ますざわ・かずみ）

山脇学園短期大学英文科卒業。同年より５年間、損害保険会社にて役員秘書業務に従事。現在は自宅で翻訳を行う。主な訳書に『賢明なる投資家』『投資参謀マンガー』『オニールの成長株発掘法』『新マーケットの魔術師』『マーケットの魔術師【株式編】』（パンローリング刊）など多数。

2002年10月14日　初版第１刷発行
2005年 5月 1日　　　第２刷発行
2006年 9月 1日　　　第３刷発行
2009年 6月 5日　　　第４刷発行
2012年 1月 5日　　　第５刷発行
2014年 2月 1日　　　第６刷発行
2020年 4月 5日　　　第７刷発行
2022年12月 5日　　　第８刷発行

ウィザードブックシリーズ㊹

# 証券《しょうけん》分《ぶん》析《せき》【1934年《ねん》版《ばん》】

著　者　　ベンジャミン・グレアム、デビッド・L・ドッド
訳　者　　関本博英、増沢和美
発行者　　後藤康徳
発行所　　パンローリング株式会社
〒160-0023　東京都新宿区西新宿 7-9-18-6F
TEL 03-5386-7391　FAX 03-5386-7393
http://www.panrolling.com/
E-mail　info@panrolling.com
編　集　　エフ・ジー・アイ（Factory of Gnomic Three Monkeys Investment）合資会社
装　丁　　新田“Linda”和子
印刷·製本　株式会社シナノ

ISBN978-4-7759-7005-8

# 賢人たちに学ぶ成功法とは

*PanRolling Classics*

## ベンジャミン・グレアム

(Benjamin Graham)

1894/05/08 ロンドン生まれ。1914 年アメリカ・コロンビア大学卒。ニューバーガー・ローブ社（ニューヨークの証券会社）に入社、1923-56 年グレアム・ノーマン・コーポレーション社長、1956 年以来カリフォルニア大学教授、ニューヨーク金融協会理事、証券アナリストセミナー評議員を歴任する。バリュー投資理論の考案者であり、おそらく過去最大の影響力を誇る投資家である。

### 人物相関図

恩師

**フィリップ・A・フィッシャー**
(Philip A. Fisher)

尊敬

**ウォーレン・バフェット**
(Warren Edward Buffett)

米国の長者番付「フォーブス400」に常にランクイン

親子

親子2代で成長株を追求

**ケン・フィッシャー**
(Kenneth L. Fisher)

PSR分析の父（株価売上倍率）

著者のケン・フィッシャーは、バフェットが尊敬する人物、フィリップ・A・フィッシャーの息子。
世界中の年金・基金・大学基金・保険会社・政府などから資金を預かり運用総額は400億ドル（約4兆円）。

ウィザードブックシリーズ10

# 賢明なる投資家

## 割安株の見つけ方とバリュー投資を成功させる方法

電子書籍版あり　オーディオブックあり

定価 本体3,800円+税　ISBN:9784939103292

**市場低迷の時期こそ、威力を発揮する「バリュー投資のバイブル」**

ウォーレン・バフェットが師と仰ぎ、尊敬したベンジャミン・グレアムが残した「バリュー投資」の最高傑作！　だれも気づいていない将来伸びる「魅力のない二流企業株」や「割安株」の見つけ方を伝授。

ウィザードブックシリーズ87

# 新 賢明なる投資家 (上)・(下)

電子書籍版あり

**著者　ベンジャミン・グレアム／ジェイソン・ツバイク**

**上巻**　定価 本体3,800円+税　ISBN:9784775970492
**下巻**　定価 本体3,800円+税　ISBN:9784775970508

**時代を超えたグレアムの英知が今、よみがえる！**

古典的名著に新たな注解が加わり、グレアムの時代を超えた英知が今日の市場に再びよみがえった！ 20世紀最大の投資アドバイザー、ベンジャミン・グレアムは世界中の人々に投資教育を施し、インスピレーションを与えてきた。こんな時代だからこそ、グレアムのバリュー投資の意義がある！

**目次**

# フィリップ・A・フィッシャー

1928年から証券分析の仕事を始め、1931年にコンサルティングを主としたフィッシャー・アンド・カンパニーを創業。現代投資理論を確立した1人として知られている。本書を執筆後、大学などでも教鞭を執った。著書に『株式投資で普通でない利益を得る』、『投資哲学を作り上げる／保守的な投資家ほどよく眠る』（いずれもパンローリング）などがある。なお、息子であるケネス・L・フィッシャーは、運用総資産300億ドル以上の独立系資産運用会社フィッシャー・インベストメンツ社の創業者・会長兼CEO、フォーブス誌の名物コラム「ポートフォリオ・ストラテジー」執筆者、ベストセラー『ケン・フィッシャーのPSR株分析』『チャートで見る株式市場200年の歴史』『投資家が大切にしたいたった3つの疑問』（いずれもパンローリング）などの著者である。

ウィザードブックシリーズ 238

## 株式投資で普通でない利益を得る

定価 本体2,000円+税　ISBN:9784775972076

### 成長株投資の父が教える バフェットを覚醒させた20世紀最高の書

バフェットが莫大な資産を築くのに大きな影響を与えたのが、成長株投資の祖を築いたフィリップ・フィッシャーの投資哲学だ。10倍にも値上がりする株の発掘法、成長企業でみるべき15のポイントなど、1958年初版から半世紀を経ても、現代に受け継がれる英知がつまった投資バイブル。

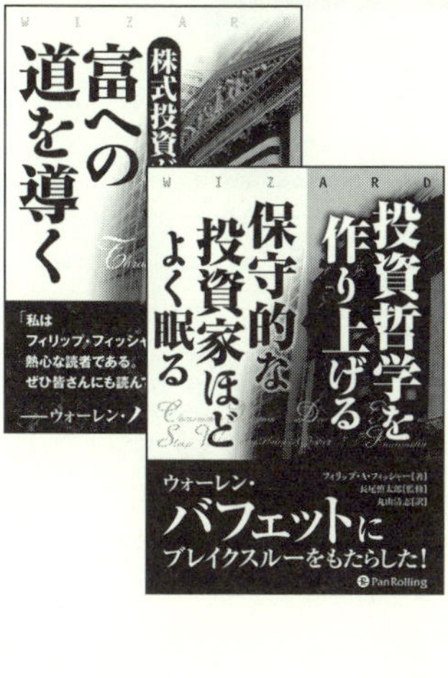


ウィザードブックシリーズ 235

## 株式投資が富への道を導く

定価 本体2,000円+税　ISBN:9784775972045

### バフェットの投資観を変えた本!

ウィザードブックシリーズ 236

## 投資哲学を作り上げる／保守的な投資家ほどよく眠る

定価 本体1,800円+税　ISBN:9784775972052

### バフェットにブレイクスルーをもたらした大事な教え

ウィザードブックシリーズ 249

## バフェットの重要投資案件20 1957-2014

イェフェイ・ルー【著】

定価 本体3,800円+税　ISBN:9784775972175

### 現代の一流ポートフォリオマネジャーが、バフェットが投資した企業の当時のデータを現代の視点で徹底検証！

1950年代以降、ウォーレン・バフェットと彼のパートナーたちは、20世紀の流れを作ってきた最も利益率が高い会社のいくつかに出資してきた。しかし、彼らはそれが正しい投資先だということを、どのようにして知ったのだろうか。前途有望な会社を探すために、何に注目したのだろうか。そして、何をどう分析すれば、彼らと同じような投資ができるのだろうか。

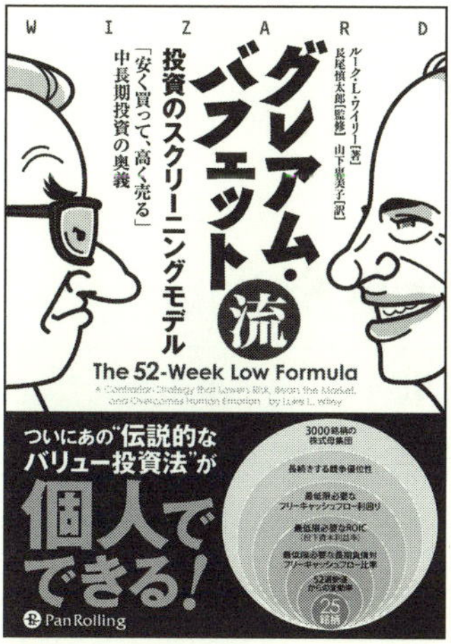


ウィザードブックシリーズ 229

## グレアム・バフェット流 投資のスクリーニングモデル

ルーク・L・ワイリー【著】

定価 本体3,800円+税　ISBN:9784775971963

### 「個人投資家」のための初めて開発された伝説的バリュー投資法

本書ではCFP（公認ファイナンシャルプランナー）のルーク・L・ワイリーが、人々に見落とされている優れた会社と素晴らしい投資機会を見つけるためのフィルターを紹介する。

豊富な経験と、幅広いリサーチ、そして健全な懐疑主義を基に、ワイリーは、会社の何を見ればよいのか、どういった条件を満たせばよいのか、そしてなぜそうした判断基準を使うのかを解説する。

# 現代によみがえる古典的名著

*PanRolling Classics*

## ジョン・バー・ウィリアムズ

ハーバード大学にて数学と化学を専攻。卒業後、ハーバード・ビジネス・スクールに進み、経済予測と証券分析を学ぶ。その後、証券会社で証券アナリストとして活躍。1932 年、プロのエコノミストを目指し再びハーバード大学文理学部に入学。修士論文として本書を執筆。株式や証券の価格形成の本質的価値に初めて着目した一人。

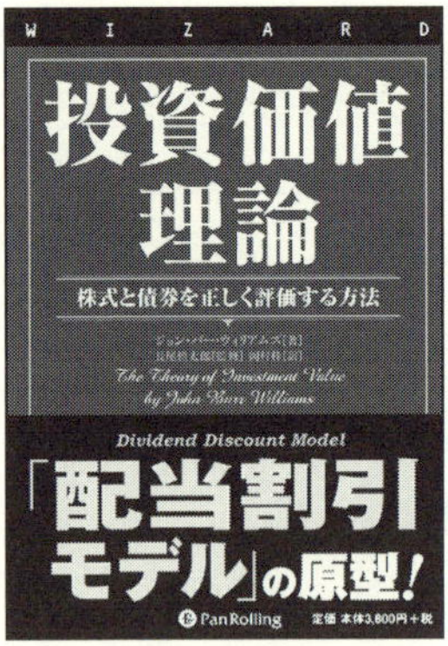


ウィザードブックシリーズ172

**投資価値理論**

**株式と債券を正しく評価する方法**

**著者　ジョン・バー・ウィリアムズ**

定価 本体3,800円+税　ISBN:9784775971390

**『証券分析』に並ぶバフェット激賞の名著**

**ハーバードの教科書にも採用**

## 配当割引モデル《DDM》とは　……将来もらえる配当の割引現在価格

現在の株価・・・P　　1年後の配当金・・・D1　　割引率・・・r　とすると

$$P = \frac{D1}{1+r} + \frac{D2}{1+r} \cdots\cdots\cdots \frac{Dn}{1+r}$$

$$P = \sum \left( \frac{Dn}{(1+r)^n} \right) + \frac{Pn}{(1+r)^n}$$

$$P = \frac{D}{r}$$

毎期の配当金Dが将来も同様であると仮定した場合

# 「投資価値理論」の記念碑的古典!

60年以上読み継がれてきた本書は、ベンジャミン・グレアムやワイコフの著作と並び称される古典的名著である。ジョン・バー・ウィリアムズが本書を書いたのは、第一に、「投資価値理論」という新しい学問分野の姿を明らかにすることであった。この「投資価値理論」とは、独占理論、貨幣理論、国際貿易理論など、経済学という大きな大河から枝分かれした明晰な原理から成り立っている。第二は、抽象的な経済原論と投資の実際の問題を結びつけて考えること、そして、利子率、地代、賃金、収益、税、貨幣の各理論を適用して株式や債券を評価する方法を示すことである。第三は、投資家にとってのニューディール政策の経済的重要性について検証し、現在の投資政策で最も重要な問題を見つけることである。

本書は主に、賢明な投資家やプロの投資アナリストを対象としているが、経済理論家にも興味を持ってもらうように、ジョン・バー・ウィリアムズは執筆した。というのも、長期金利や短期金利、流動性選好、不確実性やリスク、将来の利率、インフレの可能性、それに対する株式と債券の反応、市場の動向、株価の形成、投機的商品の価格と株価の連携、さまざまな税の負担など、さまざまな問題についても提案しているからだ。

「これまでの投資分析が投資家の要求にまったく見合ったものでなかったことは、近年見られた株価の大変動で明らかになった」――大恐慌を経験したジョン・バー・ウィリアムズだからこそ、価格変動を知る信頼できる評価基準を学問まで昇華させることができたのだ!

## 目 次

# 近代ファイナンスの教科書

*PanRolling*

## アスワス・ダモダラン

ニューヨーク大学・レナード・N・スターン経営大学院のファイナンス理論教授。ニューヨーク大学・教育優秀賞をはじめとする教育における数々の賞を受賞。1994 年には、ビジネスウィーク誌の全米ビジネススクール教授トップ 12 人のひとりに選ばれる。

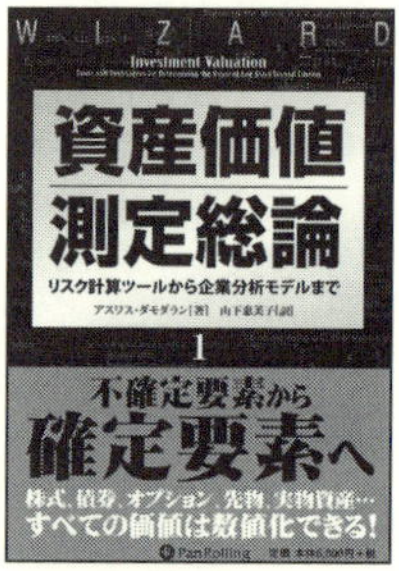


ウィザードブックシリーズ131・132・133

**資産価値測定総論1・2・3**

**著者　アスワス・ダモダラン**

| | | |
|---|---|---|
| 1 | 定価 本体5,800円+税 | ISBN:9784775970973 |
| 2 | 定価 本体5,800円+税 | ISBN:9784775970980 |
| 3 | 定価 本体5,800円+税 | ISBN:9784775970997 |

### 目次

# ウィリアム・J・オニール

証券投資で得た利益によって30歳でニューヨーク証券取引所の会員権を取得し、投資調査会社ウィリアム・オニール・アンド・カンパニーを設立。顧客には世界の大手機関投資家で資金運用を担当する600人が名を連ねる。保有資産が2億ドルを超えるニューUSAミューチュアルファンドを創設したほか、『インベスターズ・ビジネス・デイリー』の創立者でもある。

ウィザードブックシリーズ 179

## オニールの成長株発掘法【第4版】

定価 本体3,800円+税　ISBN:9784775971468

### 大暴落をいち早く見分ける方法

アメリカ屈指の投資家がやさしく解説した大化け銘柄発掘法！ 投資する銘柄を決定する場合、大きく分けて2種類のタイプがある。世界一の投資家、資産家であるウォーレン・バフェットが実践する「バリュー投資」と、このオニールの「成長株投資」だ。

ウィザードブックシリーズ 71

## オニールの相場師養成講座

定価 本体2,800円+税　ISBN:9784775970577

### キャンスリム（CAN-SLIM）は一番優れた運用法だ

何を買えばいいか、いつ売ればいいか、ウォール街ではどうすれば勝てるかを知っているオニールが自立した投資家たちがどうすれば市場に逆らわず、市場に沿って行動し、感情・恐怖・強欲心に従うのではなく、地に足の着いた経験に裏付けられたルールに従って利益を増やすことができるかを説明。

ウィザードブックシリーズ 93

## オニールの空売り練習帖

定価 本体2,800円+税　ISBN:9784775970577

**売る方法を知らずして、買うべからず**
**「マーケットの魔術師」オニールが**
**空売りの奥義を明かした！**

正しい側にいなければ、儲けることはできない。空売りのポジションをとるには本当の知識、市場でのノウハウ、そして大きな勇気が必要である。空売りの仕組みは比較的簡単なものだが、多くのプロも含めほとんどだれも空売りの正しい方法を知らない。オニールは本書で、効果的な空売り戦略を採用するために必要な情報を提供し、詳細な注釈付きのチャートで、最終的に正しい方向に向かうトレード方法を示している。

---

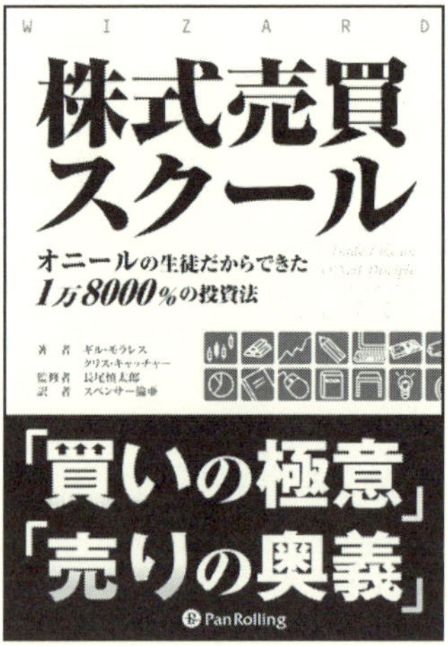


ウィザードブックシリーズ 198

## 株式売買スクール

**著者　ギル・モラレス、クリス・キャッチャー**

定価 本体3,800円+税　ISBN:9784775971659

**伝説の魔術師をもっともよく知る２人による**
**成長株投資の極意！**

株式市場の参加者の90％は事前の準備を怠っている。オニールのシステムをより完璧に近づけるために、大化け株の特徴の有効性を確認。

## ギル・モラレス

ウィリアム・オニール・アンド・カンパニーの元社内ポートフォリオマネジャー兼主任マーケットストラテジスト。現在はモカ・インベスターズの常務取締役を務めている。オニールの手法をもとに、１万 1000％を超える利益を上げた。また、オニールと共著で『オニールの空売り練習帖』（パンローリング）も出版している。スタンフォード大学で経済学の学士号を修得。

## クリス・キャッチャー

ウィリアム・オニール・アンド・カンパニーの元社内ポートフォリオマネジャー兼リサーチアナリスト。現在はモカ・インベスターズの常務取締役を務めている。オニール手法をもとに、７年間で１万 8000％のリターンを達成した。カリフォルニア大学バークリー校で化学学士号と原子物理学の博士号を修得。